LOVE CARDS

What Your Birthday Reveals About You and
Your Personal Relationships

撲克命牌
我的愛情

從生日, 找到我的天作之合

羅伯特·李·坎普 *Robert Lee Camp* ———— 著　星光餘輝————譯

生日之本命牌

一月

1	K♠	17	10♦
2	Q♠	18	9♦
3	J♠	19	8♦
4	10♠	20	7♦
5	9♠	21	6♦
6	8♠	22	5♦
7	7♠	23	4♦
8	6♠	24	3♦
9	5♠	25	2♦
10	4♠	26	A♦
11	3♠	27	K♣
12	2♠	28	Q♣
13	A♠	29	J♣
14	K♦	30	10♣
15	Q♦	31	9♣
16	J♦		

二月

1	J♠	16	9♦
2	10♠	17	8♦
3	9♠	18	7♦
4	8♠	19	6♦
5	7♠	20	5♦
6	6♠	21	4♦
7	5♠	22	3♦
8	4♠	23	2♦
9	3♠	24	A♦
10	2♠	25	K♣
11	A♠	26	Q♣
12	K♦	27	J♣
13	Q♦	28	10♣
14	J♦	29	9♣
15	10♦		

三月

1	9♠	17	6♦
2	8♠	18	5♦
3	7♠	19	4♦
4	6♠	20	3♦
5	5♠	21	2♦
6	4♠	22	A♦
7	3♠	23	K♣
8	2♠	24	Q♣
9	A♠	25	J♣
10	K♦	26	10♣
11	Q♦	27	9♣
12	J♦	28	8♣
13	10♦	29	7♣
14	9♦	30	6♣
15	8♦	31	5♣
16	7♦		

四月

1	7♠	16	5♦
2	6♠	17	4♦
3	5♠	18	3♦
4	4♠	19	2♦
5	3♠	20	A♦
6	2♠	21	K♣
7	A♠	22	Q♣
8	K♦	23	J♣
9	Q♦	24	10♣
10	J♦	25	9♣
11	10♦	26	8♣
12	9♦	27	7♣
13	8♦	28	6♣
14	7♦	29	5♣
15	6♦	30	4♣

五月

1	5♠	17	2♦
2	4♠	18	A♦
3	3♠	19	K♣
4	2♠	20	Q♣
5	A♠	21	J♣
6	K♦	22	10♣
7	Q♦	23	9♣
8	J♦	24	8♣
9	10♦	25	7♣
10	9♦	26	6♣
11	8♦	27	5♣
12	7♦	28	4♣
13	6♦	29	3♣
14	5♦	30	2♣
15	4♦	31	A♣
16	3♦		

六月

1	3♠	16	A♦
2	2♠	17	K♣
3	A♠	18	Q♣
4	K♦	19	J♣
5	Q♦	20	10♣
6	J♦	21	9♣
7	10♦	22	8♣
8	9♦	23	7♣
9	8♦	24	6♣
10	7♦	25	5♣
11	6♦	26	4♣
12	5♦	27	3♣
13	4♦	28	2♣
14	3♦	29	A♣
15	2♦	30	K♥

七月

1	A♠	17	J♣
2	K♦	18	10♣
3	Q♦	19	9♣
4	J♦	20	8♣
5	10♦	21	7♣
6	9♦	22	6♣
7	8♦	23	5♣
8	7♦	24	4♣
9	6♦	25	3♣
10	5♦	26	2♣
11	4♦	27	A♣
12	3♦	28	K♥
13	2♦	29	Q♥
14	A♦	30	J♥
15	K♣	31	10♥
16	Q♣		

八月

1	Q♦	17	9♣
2	J♦	18	8♣
3	10♦	19	7♣
4	9♦	20	6♣
5	8♦	21	5♣
6	7♦	22	4♣
7	6♦	23	3♣
8	5♦	24	2♣
9	4♦	25	A♣
10	3♦	26	K♥
11	2♦	27	Q♥
12	A♦	28	J♥
13	K♣	29	10♥
14	Q♣	30	9♥
15	J♣	31	8♥
16	10♣		

九月

1	10♦	16	8♣
2	9♦	17	7♣
3	8♦	18	6♣
4	7♦	19	5♣
5	6♦	20	4♣
6	5♦	21	3♣
7	4♦	22	2♣
8	3♦	23	A♣
9	2♦	24	K♥
10	A♦	25	Q♥
11	K♣	26	J♥
12	Q♣	27	10♥
13	J♣	28	9♥
14	10♣	29	8♥
15	9♣	30	7♥

十月

1	8♦	17	5♣
2	7♦	18	4♣
3	6♦	19	3♣
4	5♦	20	2♣
5	4♦	21	A♣
6	3♦	22	K♥
7	2♦	23	Q♥
8	A♦	24	J♥
9	K♣	25	10♥
10	Q♣	26	9♥
11	J♣	27	8♥
12	10♣	28	7♥
13	9♣	29	6♥
14	8♣	30	5♥
15	7♣	31	4♥
16	6♣		

十一月

1	6♦	16	4♣
2	5♦	17	3♣
3	4♦	18	2♣
4	3♦	19	A♣
5	2♦	20	K♥
6	A♦	21	Q♥
7	K♣	22	J♥
8	Q♣	23	10♥
9	J♣	24	9♥
10	10♣	25	8♥
11	9♣	26	7♥
12	8♣	27	6♥
13	7♣	28	5♥
14	6♣	29	4♥
15	5♣	30	3♥

十二月

1	4♦	17	A♣
2	3♦	18	K♥
3	2♦	19	Q♥
4	A♦	20	J♥
5	K♣	21	10♥
6	Q♣	22	9♥
7	J♣	23	8♥
8	10♣	24	7♥
9	9♣	25	6♥
10	8♣	26	5♥
11	7♣	27	4♥
12	6♣	28	3♥
13	5♣	29	2♥
14	4♣	30	A♥
15	3♣	31	Joker
16	2♣		

如何使用本書？

我的愛情・簡易查詢步驟說明

步驟 1：查出自己的「本命牌」，了解自己的性格

在本書開頭的「生日本命牌一覽表」中，從生日，找到你的「本命牌」。翻閱至第三章，閱讀你本命牌所代表的人格特質及親密關係課題，以及你的牌面數字之含義。目前單身或無特定對象者，可直接跳至步驟四。

例如，A君生日是9月1日，其本命牌為方塊10。首先，閱讀關於方塊10之性格描述及關係課題說明（第210頁）。其次，閱讀關於數字10的整體含義說明（第201頁）。

步驟 2：查出對方的「本命牌」，了解對方的性格

同前一步驟，在「生日之本命牌一覽表」中，從對方的生日，找到對方的「本命牌」，閱讀其本命牌的人格特質及親密關係課題，及牌面數字的含義說明。

例如，B君生日是5月1日，其本命牌為黑桃5。首先，閱讀關於黑桃5之性格描述及關係課題說明（第124頁）。其次，閱讀關於數字5的整體含義說明（第111頁）。

步驟 3：查看你們的「關係連結」（連結1至連結5），及三種「綜合指數評級」（吸引力、強度、相容性）

首先，翻至你的本命牌頁面，與其他52張牌的關係對應表中，找出對方「本命牌」為首的那一列，其後的五個連結就是你們之間最重要的關係連結（從連結1至連結5，影響力會依序遞減）。其次，翻至附錄2（第397頁），查看這五個連結的英文代碼之含義說明。最後，查看你的本命牌與對方的本命牌之間的三種「綜合指數評級」數值的含義（第337頁）。

例如，A君（你）的本命牌為方塊10，B君（對方）的本命牌為黑桃5。首先，翻至方塊10的關係連結一覽表（第213頁），查找黑桃5為首的橫列所顯示的五種連結：連結1為PLFS、連結2為MOF……等等。從附錄2中，找出並閱讀其英文代碼的含義：PLFS意指「對方是你靈性牌陣中的冥王星」（第320頁），MOF意指「對方是你人生牌陣中的月亮牌」（第288頁）。最後，查看方塊10的關係連結一覽表（第213頁）中，與黑桃5的「綜合指數評級」：吸引力指數6，強度指數2，相容性指數1，翻至第337頁閱讀數值含義。

步驟 4：查看自己的天作之合

翻閱至你的本命牌頁面，在與其他52張牌的關係連結一覽表中，查看最右方的「綜合指數評級」，其中「相容性」數值最高的那幾張本命牌，即為天生與你較適合的伴侶人選。

目錄

作者序
遠古先民的神聖系統

　　我始終是生命的學生，總是想要知道「幸福快樂的關鍵」是什麼。或許，就是這份永恆的追尋引領我發現這套最神奇的系統。朋友遞給我一本談論撲克牌的舊書，當時他說：「在這裡，查一下你的牌，看看怎麼說。」我滿腹狐疑。怎麼可能有一套系統，單單依據我的生日，就可以說些與我相關的事？我好歹是個占星師啊，許多人都知道，占星圖需要我們的出生日期、出生時間和出生地點均準確無誤。儘管如此，我還是興致勃勃，讀了一小段關於我的「本命牌」（Birth Card），讀完後，我有點震驚。首先，關於我，它所說的正確無誤，但那些是我自己還沒接受的特質。對於我的本命牌「方塊Q」，我覺得那本書的解讀有點負面，但卻不得不承認，它的描繪精確無誤。書中的內容告訴我，我已經碰巧遇上了一塊知識的寶石。我對書籍和資訊的「第二層意涵」（the second sense）一直是準確的，我當下就知道，這份資訊來自某個高階且名副其實的靈性真理。

　　我立即取得了那本書，書名是《遠古先民的神聖符號》（*Sacred Symbols of the Ancients*），然後開始好好解讀我所認識的每一個人。我對更多資訊的渴求日益滋長。但經過一再搜尋，卻找不到其他著作談論這套神祕的紙牌系統。有許多著作談論撲克牌解命，但沒有一本帶給我這本書賜予我的感受。大約一年後，我終於放棄搜尋，安於現實，認定其實並沒有其他著作談論這個主題。

　　幾個月後，我做了一個大動作，搬遷到洛杉磯。奇怪的是，搬到那裡不到兩週，一個朋友來訪，注意到我書架上的《遠古先民的神聖符號》。「你也有那本書啊？」她

說。「你知道城裡有一個人寫了另一本關於紙牌的書嗎？他叫阿恩・雷因（Arne Lein），他一直在教這方面的課。」長話短說，我認識了阿恩・雷因，上了他的課，得到啟蒙，進入了這個美妙的信息天地。過了一年，在阿恩去世之後，我致力於將這套系統介紹給全世界，同時開始撰寫我的第一本相關著作。

大約六年前，我曾請洛杉磯的一位知名靈媒幫我算命。那次解命的大部分內容都是無用的廢話，但在過程中的某個時刻，那位靈媒突然不再談論當時談到的話題，反而說：「你死去的阿姨伊麗莎白想要告訴你一件事，而且一定要我告訴你這件事，才肯放過我。」我要他直說無妨，於是他說：「你阿姨本身是作家。她知道你正在寫書，她要我告訴你，你寫書的時候，要想像正在創造一本你一輩子尋找的著作。想像什麼樣的書會讓你覺得好像你已經找到了世界上最珍貴的寶藏。然後，動手把那本書寫出來。」

我記了些筆記，靈媒則繼續解讀其餘部分。但那則訊息在我身上烙下了久久難忘的印記。伊麗莎白姨媽描述的感覺正是我發現《遠古先民的神聖符號》時的感受。老實說，曾有好幾本其他著作讓我感覺到那樣的感受，而且每一本都證明它們在我的生命中是非常珍貴的，為我帶來無價的信息，幫助我蛻變人生的方方面面。我希望《撲克命牌・我的愛情》對你造成那樣的衝擊。

如今，當我認識別人時，我會立馬詢問對方的生日。一旦知道對方的生日，我對對方的認知經常勝過他們對自己的了解。透過這套系統的使用，我不斷研究人們，愈來愈了解大眾。這門知識帶來某種力量。我可以

對人做出會隨著時間應證百分之九十的預測。知道一個人的命牌透露出，可以對這人期望些什麼，也讓人有個概念，知道我們彼此要如何相處。那讓人了解帶來莫大喜悅的人生。

此外，那幫助我理解和接納自己。人生早年的許多苦痛和折磨消失了，一部分是因為我不再費力地與自己拚搏。在過去時常混亂和衝突的領域，我已經接納了自己，而且我相信，這是這套系統提供的無價禮物之一。如果你讀了這本書，能夠更加了解和接納自己，那我就已經成功了。

但此處蘊藏的潛力不僅止於此。這份信息簡直有數百種用途，所有這一切一定有助於你的人生以及你的摯愛的人生。

真理其實是一個充滿愛的東西，真理所到之處，光隨之散布，釋放掉我們因誤解和內在衝突而經驗到的許多緊張。誠如智者斯瓦米・克里帕魯・瓦南吉（Swami Kripalu Vanandji）曾經說過的：

在黑暗的地方，讓光明存在。
在悲傷的地方，讓喜樂存在。
在無知的地方，讓真理存在。
在仇恨和憤怒的地方，讓愛存在。

願你在通向光明、喜樂、真理和愛的個人道路上，享有最美好的祝福。

羅伯特・李・坎普（Robert Lee Camp）

一、性格篇

52張牌深度解析

1

太初有牌

　　本書有兩大宗旨，兩者之間有點關係。第一個宗旨是從這套系統的觀點呈現一年中每一個生日的相關資訊，我稱之為「撲克命牌」。然後循線索驥，你將會發現「本命牌」和「守護星牌」的詳細資訊，兩者都是從生日推導出來的。你將學到如何查詢任何人的本命牌和守護星牌，也能夠解讀重要而有用的信息，這些將會大量揭露出這人的性格和業命。我將「業命」（karmic destiny）定義成我們要走的一條人生路，而那是在我們進入此生之前就事先選擇好的。

　　若要充分利用本書的第一個特點，你一定要了解本命牌、守護星牌、業力牌和身分牌的含義。你將學到如何查詢這些，以及每一種牌如何反映自我人格的面向。這聽起來很複雜，實則不然，但如果你想要真正善用這套系統，建議你花時間仔細讀完這一章，因為我們將在本章循序漸進地仔細說明這一切。

　　本書的第二個宗旨是賦予你獨特的洞察力，得以洞悉你的個人關係，尤其是你的親密關係。第2章將會帶領你逐步完成任兩人之間我稱之為「完整的關係解讀」（Complete Relationship Reading）的流程。當你研究著歷任親密愛人的牌組時，你一定會更加了解自己。畢竟，我們的關係是我們所能找到最清晰的鏡子。

　　所以，以上是本書的兩大特點，儘管你一定會發現，關於你、你的人生、你的關係，在此提出的許多其他資訊也都相當有用。因此拜託，慢慢來，仔細閱讀每一個章節，熟悉使用的術語以及不同的牌各是什麼樣子。這就好像學習新的語言，而且是一種一旦入門便能如魚得水的語言。

我們的個人指示牌

「撲克命牌」系統當中有許多牌，作用如同符號，象徵我們是誰。我們將會一一探討，但為了大致了解，下述內容將顯示這些牌在整體架構中的相對重要性：

本命牌（Birth Card）

個人指示牌當中最重要的一張。我們的靈魂在今生今世的本體。

守護星牌（Planetary Ruling Card）

第二重要的個人指示牌。讓我們在工作和人生中好好表達自我的牌。

業力牌（Karma Card）

反映前世的天賦以及我們在哪些領域有靈性的成長和挑戰（特殊家族的七張牌除外——說明見後續）。

身分牌（Personality Card）

我們今生可以隨時選擇扮演的角色，但不是一個強健的本體，除非我們刻意如此表現。可以隨心所欲地改變。可以自由選擇的身分。

本命牌

在這套系統中，年度的每一天都被分配到整副牌中五十二張牌的某一張。其實，有五十三張牌，因為12月31日屬於小丑牌。但我們不會太常談論小丑牌，因為基於許多原因，小丑牌神祕地脫穎而出，用法與其他牌大相逕庭。如果你想要進一步了解小丑牌，本書後續會談到。至於其餘生日，每一天都有一張牌守護，而且牌的分布並不均勻。查看本書最前頁的「生日之本命牌」圖表，就可以快速找到你的本命牌。此外，你會發現，似乎沒有哪一套可定義的系統能夠用來斷定哪一張牌落在哪一天。譬如說，方塊和梅花生日的數量大約是紅心和黑桃的兩倍。此外，有些牌，例如，黑桃K和紅心A，只守護一個生日，而其他牌，例如，梅花K和方塊A，則守護十二個生日。

其實，哪一張牌落在哪一天，背後都有一套特定的系統和推理，但那是一個最好另闢專書探討的主題。現在，只要開始查詢熟人朋友的生日，看看他們的本命牌是什麼。

本命牌也可以稱作「太陽牌」（Sun Card），很像占星術中的太陽星座，是我們出生當天守護地球的那張牌。在特定某一張牌守護之下出生的人們，都會共享某些顯著的特性，儘管這些特性的表達方式可能有所不同。我堅信，是我們自己選擇了在那一天出生。選擇某一張特定的本命牌可以被視為一個局限，有點將我們這一輩子放入某種盒子的意味。有些人可能不喜歡這樣的概念，但不管喜不喜歡，它每天影響你。生命中的每一個選擇都可以被視為某種局限，因為我們做出的任何選擇都會自動排除掉其他選項。

本命牌是最強、最重要的符號，代表今生我們是誰。我們也會談論其他牌，但知道你的本命牌最為重要，絕不要忽略這一個細節。如果你只研究人們的本命牌，也會獲得大量的信息。本命牌是個人靈魂的本質，是我們最強烈認同自己的那張牌。舉個例子，所有的皇后都認為自己是某一類型的母親，他們很有母性，終其一生滋養著他人。這是他們最內在本體的一部分。解讀你的本命牌的相關資訊時，要看看你能否認出自己的某些部分。每一張牌都有高階和低階的表達。雖然你可能選擇顯化本命牌的最高階特質，但你的內在還是擁有那些最低階的特質。我們是自己本命牌的總和，不只是本命牌的某一面。至於要向世人呈現哪些面向，則是我們的抉擇。稍後你可能會發現，你已經與牌理上的鏡像對象建立了意義非凡的關係。在這些情況下，伴侶往往顯化同一張牌的相反特質。現在，只要敞開來，接納本命牌說明當中你可能代表的模樣，然後等你有時間看見整體情況後再做評斷。

本命牌說明以四張一組的形式列出。四張A擺在一起，其後是四張2，依此類推。每一組說明的前面一頁或兩頁，談論那一組四張牌的共同特質。好好閱讀那一、兩頁，你將會更進一步洞悉你自己，或許其中某些東西是後續說明你的本命牌時可能遺漏的。

對半夜出生的人來説，這裡有一個重點要特別注意。你可能認為自己的本命牌是某一張，實則不然！哪一張牌支配年度哪一天是非常特定而明確的。它採用所謂的「真太陽時」（True Solar Time）來斷定你的出生時間和日期。如果你是在某地「日光節約時間」的午夜一小時內出生，或是如果你出生地所在位置的時區遠離（東或西）標準時子午線（Standard Time Meridian），你的實際出生時間可能會比出生證明上記錄的日期早一天或晚一天。

人類採用一套稱為「時區」的系統，藉此，在某一特定地理「帶」範圍內的每一個人，在手錶上看到的時間都是一樣的。然而，太陽可能不在意你手錶上的時間。它逕自移動，當太陽在頭頂正上方時，就是正午，不管你的手錶如何顯示。這樣的時間就是我們所謂的「真太陽時」，相對於每一個人在各自的時區內觀察到且同意稱之為「準確」的時間。許多情況下，真太陽時與觀測到的時間可能有極大的差異，因為有些時區的涵蓋範圍相當廣。這可能造成依太陽推算的出生時間偏離多達一小時。此外，日光節約時間又替時間的計算增添另一個變數。你的實際出生時間可能與過去行之有效的日晷時間又有另外一小時的差異。「撲克命牌」系統嚴格使用真太陽時，因此，如果你認為，你的本命牌説明不適合你，也知道你出生在午夜時分，那就值得好好調查一下。

此外，每一張本命牌有一篇人格側寫，更生動地闡明那張本命牌的本質。研究自己的本命牌時，一定要好好閱讀那一部分。

守護星牌

你的守護星牌源自於你的生日，但也需要知道你的太陽星座。代表你的牌當中，這一張是第二重要的。它的作用在許多方面就像第二張本命牌，或是像占星術語中的上升星座（Rising Sign 或 Ascendant）。

有些生日並沒有個別的守護星牌。舉個例子，出生在獅子座的人，其守護星牌與本命牌相同。獅子座就像是其本命牌的「超級充電」版。不論本命牌的特質如何，他們都會生動表達並強化突顯本命牌，將生氣勃勃的太陽能量全數賦予本命牌。當然，結果可能很好或很糟。發現自己沒有不同的守護星牌可能令獅子座有點失望，但假使獅子座真有守護星牌，恐怕就不會有那麼大的個人力量了。

無論如何，你的守護星牌將會告訴你更多關於你自己的信息。這是另一個我們認同自己是什麼的符號，但比較是以外在的方式。由於「天頂」（Midheaven）象徵我們如何向世界呈現自己或世界如何看待我們，因此，以占星的角度看，守護星牌與天頂的關連多數勝過與上升星座的關連。但這些細微的區別在實際使用時可能沒什麼差異。歸根結柢，我們的舉止行為經常出自守護星牌，而且非常認同守護星牌。當你知道某人的生日時，除了本命牌，一定要確定對方的守護星牌。想要徹底了解對方，你只需要知道這兩張牌即可。

下表顯示太陽星座以及該星座的守護星。如果你將本表的行星對照自己和他人「人生牌陣」中的牌組，就會很快明白守護星牌是如何導出的。

若要更加了解你的守護星牌以及守護星牌可以賦予你的特質，請先閱讀第4章提供的各張守護星牌簡要説明。此外，也可以閱讀同一張牌的本命牌相關資訊。舉個例子，如果你的生日是3月27日，本命牌是梅花9，守護星牌是紅心K。閱讀紅心K本命牌的相關説明將會使你更了解自己的守護星牌。

出生於宮首日的人

守護星牌的基礎在於你的本命牌和太陽星座，因此，你必須絕對確定自己的太陽星座，才能知道你的守護星牌。許多人出生在我們所謂的「宮首日」（cusp

太陽星座	守護星	太陽星座	守護星
牡羊座	火星	天秤座	金星
金牛座	金星	天蠍座	冥王星、火星*
雙子座	水星	射手座	木星
巨蟹座	月亮	摩羯座	土星
獅子座	太陽	水瓶座	天王星
處女座	水星	雙魚座	海王星

date），可能是這個或那個星座。一年的每一個月都有幾天，通常是二至四天，太陽於此時從某個星座轉換到下一個星座。由於閏年和其他考量，每年的這個轉換可能發生在三至四天內。當你出生在這些宮首日之一，多半需要有一張專業的天宮圖，才能斷定自己究竟是哪一個星座。如果你出生在宮首日，就會發現一個「或」字出現在你可能是的兩張守護星牌之間，到底是哪一張，取決於你的太陽星座。首先，你必須解決你的太陽星座的問題。這個資訊非常重要，可能的話，你一定希望這方面是正確的。

天蠍座請注意

天蠍座是守護星牌的另一個例外。由於天蠍座是由冥王星和火星兩顆星守護，所以研究天蠍座的性格時，必須考慮兩顆行星的守護星牌。天蠍座的內在有兩種特質。

他們通常選擇一次將大部分的注意力集中在一顆守護星上，但兩顆星在某種程度上始終存在。我起初選擇了冥王星守護，也就是本書列出的第二張守護星牌，但最終，你應該要兩者兼顧。事實上，天蠍座不就是喜歡比其他牌更複雜嗎？我們其他人可能需要多花一些時間才能搞清楚天蠍座的所有那些小祕密。

業力牌

在神奇的撲克牌世界中，業力牌具有雙重效用，理解這兩項不同的功能相當重要。首先，我們的業力牌代表自己人格的不同面向，就像我們的本命牌和守護星牌

一樣。然而，業力牌的特徵通常是初識某人時不會明白顯現的，這些是不常對他人顯現的特性和特徵，但同樣存在。舉個例子，方塊Q本命牌有方塊3作為第一張業力牌。方塊3的一些顯著特質是擔心財務，感覺就是不夠──錢不夠、愛不夠等等。初識方塊Q時，你可能沒有覺察到對方內在有這樣的不安全感。不過，如果你多花一些時間與對方相處，顯而易見的，那就是他們生命中的一大要素。

多數人有兩張業力牌。具體而言，五十二張本命牌當中，四十五張牌有兩張業力牌。對這些本命牌來說，列出的第一張業力牌所代表的隱藏特質是該牌有待成長的領域，而第二張業力牌代表的隱藏特質則是當事人擁有的天賦和能力。對這些本命牌來說，兩張業力牌的影響力都是前世的業力影響，第一張業力牌比較是負面的業力影響，第二張業力牌則比較是正面的業力影響。查出自己的業力牌時，請謹記這點。

特殊家族的七張牌

其餘七張本命牌分為兩大類，其中，有四張稱為「半固定牌」（Semi-Fixed Card），三張稱為「固定牌」（Fixed Card）。三張固定牌是紅心J、梅花8和黑桃K。為這些本命牌列出的六張業力牌完全沒有鏡映出本命牌的個人特徵。這三張牌唯一的共同處在於，它們的性質是固定的，除此之外，三者並不共享任何重要的東西，行為舉止也不鏡映彼此之間的任何特徵。四張半固定牌實際上是兩對彼此強力鏈結的牌。第一對是梅花A和紅心2。這兩張是彼此的完美鏡子，個別擁有許多對方的特質。梅花A對愛（紅心2）的嚮往就跟紅心2對

知識（梅花A）的渴望一樣強烈。另一對半固定牌是方塊7和紅心9，它們彼此之間的共同處就跟第一對半固定牌一樣，不勝枚舉。我把這些成對的牌稱為「宇宙的靈魂雙生子」（Cosmic Soul Twins），因為在所有撲克牌當中，只有這四張牌有另一張牌與自己親密連結。我們將在後續進一步談論特殊家族的七張牌。現在，好好記住，只有兩對半固定牌的行為鏡映出彼此的特徵。

之前提到，業力牌有兩種效用。我們已經詳細討論了第一種效用，亦即：鏡映出我們的某些特質，通常是不容易被他人感知到的特質。

業力牌的第二項功能是告訴我們，我們與生命中的某些人，有來自前世的強大業力羈絆。業力牌並不是與我們唯一有前世連結的人，但這些人卻是其中最重要的。某人是我們的業力牌之一，那麼我們與這人之間的關係通常會以某種重要的方式顯得意味深長——在那類關係的過程中，將有一些前世帶來的債務要清償。

在多數案例中，我們有兩張業力牌，一是我們欠對方某樣東西，二是對方欠我們某樣東西而我們要在今生取回。特殊家族七張牌之外的四十五張牌，其間的關係就是這樣。舉個例子，如果你的本命牌是梅花10，你虧欠黑桃J某樣東西，同時將會從黑桃4領回某樣東西，這些是你的兩張業力牌。在解讀過程中找出你的業力牌時，列出的第一張永遠是你的債主，列出的第二張則是來還債的那個人。關於這點，若要了解更多，可以詳讀「關係連結釋義」那章之中的「業力牌連結」（KRMA）。

在三張固定牌和四張半固定牌的特殊家族之間，故事是截然不同的。他們的業力以某種方式全部連結在一起。你將會注意到，經常發現這些人聚在一起。舉個例子，大部分的方塊7跟紅心J、梅花A或梅花8走得很近。因為某股使其彼此吸引的神祕前世能量，這些牌一定會聚在一起。然而，我還無法觀察到他們之間任何隱含的交流方向。你會看見他們以不同的方式生活在一起，但可能無法斷定當中的哪一個（如果有的話）正在償還另一方債務。似乎能量同時在兩個方向運作。他們被發現在一起的頻率比一般的平均值高出許多，因此，關於他們的互動，一定有什麼特殊之處。在《遠古先民的神聖符號》中，佛蘿倫絲‧坎貝爾（Florence Campbell）和伊迪絲‧蘭德爾（Edith Randall）並沒有對此多作說明，只談到三張固定牌。關於固定牌，她們說，當任兩張這樣的本命牌相聚時，一股強大的力道被創造出來，假使得到適當的疏導，就可以改變世界。我已經用自己的研究證實了這一點，因此，你將在本書中找到只存在於固定牌之間的「力量連結」（POWR）。

身分牌

談到在整體架構中的重要性，身分牌是墊底的。不過，某些情況下，身分牌的重要性將在某些個人身上被注意到。最好把身分牌想成我們可能為不同場合穿戴的「帽子」，是我們可以隨意穿上或脫下的角色。身分牌根本不是我們，但每一個人都有能耐憑藉神所賜予的力量，為這些角色吹入生命的氣息。身分牌是與我們的本命牌同花色的騎士、皇后和國王。他們每一個都有自

己的性格，當我們扮演那個角色時，也就承繼了一套特徵，無論我們是否意識到這點。不管你的性別為何，你可以是你的身分牌中的任何一張。不過，準則是，女性扮演同花色的皇后，男性扮演同花色的騎士。我們來個別討論一下，看看他們如何運作。

騎士牌

當男人年輕時，比如說，通常在二十一歲以前，或是當一個不論什麼年齡的男人被浪漫沖昏了頭，這時，他多數扮演著同花色的騎士角色。這樣的騎士角色會不計代價地用言語、行動或身分來贏得某位女子的芳心。

大部分的男人可能不好意思承認這點，大部分的女人可能會猶豫一下才承認這點，但這就是男人在人生中許多浪漫時期的模樣。騎士的原型是：說話速度快、迷人、有創意、浪漫、有趣，大部分的銷售人員都是在澈底發揮他們的騎士特質。甚至你會發現，許多銷售人員是騎士本命牌；藝術家、音樂家、創意工作者、政治人物也是如此。我們在這裡看到一個模式嗎？我當然希望是這樣。必須注意的是，騎士擁有另一個同樣重要的人格面向，那是不成熟、不負責、不可靠、不真實的部分。這與騎士的本性相隨，不可能取其一而捨其二。申請貸款或信用卡時，這些職業在銀行家的清單中之所以墊底，絕非巧合。因此，男人在戀愛時是騎士，工作時是銷售員、音樂家、藝術家或政治人物。要謹記這點。當男人扮演那個角色時，他承繼了騎士的所有人格特質，無論好壞。

順帶一提，你將會注意到，扮演這些角色的大部分男人選擇使用比較親暱、孩子氣的名字。約翰（John）說自己是傑克（Jack），威廉（William）變成了比爾（Bill），羅伯特（Robert）變成了鮑勃（Bob）等等。從一個男人要求你叫他什麼名字，通常就可以知道這個男人正在扮演哪一個角色。

女人也可以是騎士，但紅鸞心動時除外。如果女性從事騎士的職業，她也會扮演騎士的角色。如前所述，這些職業勢必包括銷售和所有追求創意的職業——繪畫、珠寶製作、音樂、雕刻等等。當女性從事這類職業時，她便擁有前述提到的許多或全部的騎士特質。的

確，有些女同性戀正在扮演騎士的角色。如果這位特定的女同志完全扮演比較陽剛的角色，多半是真的在扮演騎士。許多女同志選擇打扮男性化、表現自己的陽剛特性，而我會想像，這些時候騎士很適合他們。

皇后牌

女人最常用到的身分牌是與其本命牌同花色的皇后牌。皇后牌代表一個女人成為母親、妻子或浪漫情人的角色。因此，戀愛時，男人成為騎士，女人成為皇后。皇后不像騎士那樣信口開河、行徑幼稚。不過，如果細看四張皇后牌，就會發現，這四張本命牌在關係區塊往往備受挑戰。梅花Q和方塊Q是整副牌中對浪漫情愛最優柔寡斷、最猶豫不決的。紅心Q是最為共依存且在情緒方面最容易上癮的幾張牌之一，而黑桃Q時常陷在奮鬥與平庸之中。當女人墜入愛河時，她承襲了同花色皇后牌的許多特質，而且許多時候，那些特質與其說是祝福，不如說是累贅。在《遠古先民的神聖符號》中，佛蘿倫絲·坎貝爾和伊迪絲·蘭德爾告誡大部分的梅花女和方塊女，生活度日絕不要仰賴自己的身分（這是梅花女和方塊女扮演皇后角色時的慣用做法）。有些本命牌本身非常強大而成功，但如果改而選擇以某張身分牌操作，就會失去許多力量。以皇后牌而言，這點通常恆真。但女人很難不扮演同花色的皇后。如果你是個女人，那麼墜入愛河的行為就意謂著，你和某人的關係已經成為你最優先考慮的事項。當個人的關係想當然耳地認為這點非常重要時，你就是皇后，必須將皇后的個人業力當作你自己的部分業力處理。當你愈是深入研究這套系統，這點就會愈是明白清楚。現在，最好讓自己熟悉你的同花色皇后本命牌的相關說明。不管喜歡與否，當你戀愛時，都會共享這張皇后本命牌的某些特質。

慈母般關切保護的本性是皇后比較正向的特質，這些往往是很強的創作或藝術面向，很像騎士的特質。皇后有很強的管理和組織能力，可以被用來創造和維持美好的家庭生活。此外，皇后非常能幹，能夠輕而易舉地展現權威。請記住，皇后的權力僅次於國王，何況在許多方面，她更是威力強大。她不必強迫事情發生，她將

需要的東西吸引過來，運用直覺了解周遭究竟是怎麼一回事。

如果某男子是單親，或從事本質上要發揮母性的工作，他可能最終成為皇后的角色。這通常相當罕見。男同志可能有資格成為同花色的皇后，而且許多男同志被吸引到比較女人氣的職業，例如，美髮師、化妝師、服裝設計師等等。男同志可能適合成為皇后，也可能不適合，你必須逐一檢視每一個人才能斷定。

國王牌

國王身分牌是專門保留給生活型態或職業安排他們負責監督或管理他人的人士。男人和女人都可能是國王。傳統上，國王身分僅指派給男人，而且每一個男人都在三十六歲被授予國王身分牌。不過，我的研究顯示，「成為國王」是專門保留給真正扮演國王角色的人，不只是因為性別或年齡符合，便被授予國王的職位。凡是管理他人、領導他人、為他人負責的人，就是在扮演國王的角色。這樣的角色當然會自然而然地落入傳統上身為家中父親的男性身上。

男人成天工作，妻子則養育孩子，操持家務。不過，在當前這個時代，這些傳統角色已經失去了它們的重要性，無論男女，都可以扮演國王的角色。單親家庭的母親可以被稱為國王，因為對子女而言，她們往往既扮演父親又扮演母親的角色。一個人必須熟悉國王如何操作，才能在某些情況下做出決定。

國王本質上是有權威、有紀律的。他通常不要求，而是強索。有智慧的國王用慈悲和智慧領導，但世界上也有許多獨裁、傲慢的國王。在家裡，要斷定誰是國王可能有點難，但在職場上，可就相當容易。如果某人管理著其他人，這人就是國王。假使你被賦予責任，要指導他人如何工作或努力，你多半在扮演國王的角色，不管你的正式職稱為何。

有一事可以幫助你了解一個男人是否從國王的角色運作，就是：這人希望別人怎麼稱呼他。就像騎士通常偏愛孩子氣、親暱的名字，國王通常希望別人稱呼他正式的全名，例如，威廉（William）而不是比爾（Bill），或者，麥可（Michael）而不是麥克（Mike）。

如果對方要求你稱呼他「某某先生」，你就知道，這人多半是以國王的身分在運作。

使用身分牌時，最重要的是：確定你正在解命的對象是否以突顯的方式扮演著其中一個這樣的角色。當然，有些人本命牌就是騎士、皇后或國王。假使情況如此，這些人終其一生扮演著那張本命牌。那是他們的本體。他們還是可以在任何一段時期選擇成為另一張身分牌，但卻逃脫不了自己本命牌的含義。舉個例子，大部分的黑桃K男性以同花色騎士的身分行事，他們通常是演員、音樂家、賭徒或銷售人員。假使某男子或女子的職業使當事人強力認同自己的某張身分牌，你一定想當然耳地認為，這人一生中展現出許多那樣的特徵。舉個例子，假使某人是全職的汽車銷售員，你就知道這人大大發揮了他的騎士面。你可以斷定這人擁有騎士的好、壞面向。你可以信任這人嗎？或是相信他說的是實話嗎？也許可以，也許不行。那要取決於對方允許展露哪些騎士的特質。他們會敲你竹槓嗎？有可能。與他們出遊會既浪漫又好玩嗎？多半是。騎士酷愛有趣好玩和魅力無窮。

不管是誰，只要耗上一天絕大部分的時間扮演某個角色，無論是騎士、皇后或國王，身分牌就變得相當重要。這時，你應該運用這張身分牌作為研究這人的一個方法，同時以這張身分牌為那人進行一部分的關係解讀。除此之外，不要過分重視身分牌。

還要牢記另外一點。許多本命牌自身的影響力與騎士、皇后或國王相彷，然而由於大家的職業相同，這些人其實可以透過那些身分牌演出，也可以不那麼做。舉個例子，數字3全都是非常有創意的。你遇見一個藝術家數字3，未必代表對方正在打騎士牌。每當對這點有所疑慮時，要想當然耳地認為對方不是在扮演身分牌的角色。請謹記，這些身分牌是我們穿戴的臨時面具，與真正的我們無關。

再談承擔身分牌的業力

當我們扮演其中一張身分牌時，就承繼了與那張牌相關聯的某些特性，無論好壞。舉個例子，所有梅花女

以梅花Q的身分運作時，就承繼了梅花Q的某些不耐煩和急性子，因為那些是梅花Q的某些基本特質。事實上，某些案例最好避免演出你的身分牌角色，因為那麼做會削弱你的力量或好運。舉個例子，多數方塊花色的女性最好避免觸及她們的皇后方塊Q，因為方塊Q本命牌是整副牌當中最優柔寡斷、最麻煩棘手的幾張牌之一，尤其是在親密關係的領域。如果更進一步檢視這點，我們還可以推斷出，每當方塊花色的女性涉入浪漫戀情時，因為與方塊Q相關聯的艱難業力負擔，她最終會在人生中體驗到更多的困境。因此，所有方塊女性都很難在情愛和浪漫中找到幸福。

這聽起來很奇怪，但我的研究卻發現它精確無誤。對梅花女來說，情況也相差無幾。

難道這意謂著，所有方塊女和梅花女命中注定個人的親密關係永遠無法順遂或幸福嗎？不是的，不完全是這樣。不過，這點要特別注意。凡是與本命牌相關聯的任何問題或挑戰，均可透過自我覺察和有意識的努力加以克服。就浪漫情愛而言，方塊Q和梅花Q是整副牌中最艱難的兩張牌。但這些困難可以追溯到恐懼、與過去不良關係的負面關聯，以及遇到情緒上的難關便想一走了之的傾向。許多方塊Q和梅花Q在面對了從前操控其抉擇的許多恐懼之後，已經繼續為自己打造美麗的人生。

對本命牌司掌力量和實力的案例來說，例如，梅花8或方塊K，當這位女性扮演同花色的皇后時，就會經驗到力量的喪失。難道她要完全放棄自己的陰柔面嗎？不是的，但她必須找到方法，將個人的親密關係融入生活之中，讓親密關係不至於成為生活上最重要的事。司掌力量牌的女性（多半是騎士、皇后、國王、數字8和10）需要有事業，也需要覺得：除了直系親屬，她們正在對世界做出某種有價值的貢獻。如果婚姻或戀情介入，使其無法達成終生志業，她們會變得鬱鬱寡歡。她們必須找到方法，讓親密關係在不竊取其對志業的關注下契入生命之中。

如果想要了解更多關於身分牌特質的資訊，請好好閱讀那些牌的個別說明，將它們視為彷彿是你的本命牌，然後你可能會發現更多與自己相關的訊息，甚至可能會發現，大多時候，你都透過自己的某一張身分牌操作。每當我們以自己的某一張身分牌操作時，就承繼了一些身分牌的特質和業力，包括好與壞。

如果本命牌已經是騎士、皇后或國王，怎麼辦？

許多人出生便帶著騎士、皇后或國王本命牌，這些人扮演著那張特定的本命牌，多數時候，那也是一張身分牌。擁有騎士本命牌的人，終其一生都將扮演騎士，不論好壞。皇后和國王也是如此。不過，他們仍然有潛力以其他身分牌操作。舉個例子，我是方塊Q，身為男性方塊Q，我保有某些方塊Q的陰柔和母性特徵。我很敏感，喜歡給予人們一定程度的母愛。不過，我仍然可以隨時選擇以方塊J或方塊K操作。

自我研究的步驟

我要在此扼要重述本章的重點，提供一套循序漸進的程序，讓讀者盡可能學到如何運用這套奇妙的自我理解系統了解自己。一開始，你一定要解讀許多案例，但當你與這套系統互動一段時間，持續研究目前與你親近或曾經與你親近的人的本命牌時，許許多多關於你、你的人生以及生命本身的答案將會浮現。這是一趟奇妙的發現之路，我希望你好好享受這一切。

1. 首先，解讀自己的本命牌。閱讀談論你的本命牌的那一章，包括本命牌的人格側寫。記得也要閱讀那一節開頭談論本命牌「數字」的那一部分。如果你是方塊7本命牌，就要閱讀那一節開頭談論數字7的部分。

2. 解讀你的守護星牌。在你的「人生牌陣」那一頁找到你的守護星牌（見第3章）。閱讀第4章守護星牌的簡要說明，然後解讀更多本命牌與你的守護星牌相同的人。你見到多少那樣的特性顯化在你自己的生命中呢？

3. 斷定你是否正耗費許多時間扮演某一張身分牌的角色。如果是這樣，繼續好好解讀那張牌，找出那張牌的正面和負面特性，在你扮演那個角色時，那些將成

為你生命的一部分。

4. 為了更徹底的分析，你可以深入檢視你的「人生軌跡」（Life Path）的每一張牌。第3章詳細介紹了這個主題，讓你可以自行探索。你的人生軌跡牌組就跟你的本命牌一樣，也是你不可或缺的一部分。它們是息息相關的。

5. 研究你的關係模式，把它當作自己的一面鏡子。當你閱讀第2章並開始做關係比對時，大概會注意到——模式從你已做出的個人關係抉擇中顯現出來（例如，曾經與你在一起的每一個男人都與你母親或父親有著相同的本命牌）。要想當然耳地認為，你所做的每一個抉擇都鏡映出你自己的某個重要部分。那告訴你關於自己的什麼訊息呢？由於看見這些抉擇的進展過程，你能夠確認目前選擇的道路是邁向更多的自我覺察嗎？你能否看見自己目前在哪條人生路上的什麼位置？接下來的幾步可能是什麼呢？

6. 最後，閱讀第9章，那些文章揭露了一些愛和生命所隱藏的真理。或許你將在那裡找到自己的某些映像，找到看待自己那個部分的新方式，這將會帶來更多的清明與理解。

有了所有這些工具和資訊來源，你很可能在研究本書的同時領悟到自己的許多面向。希望這些會為你帶來更多愛、好玩和快樂的契機。現在，你可能已經準備好要找出更多與你的個人關係相關的訊息。下一章將會打開許多新的理解之門。雖然乍看似乎很複雜，但如果遵照相關的簡單步驟操作，那你只需要幾分鐘，就可以開始解讀。你已經具有不錯的基礎，現在可以開始以不同的方式應用這些資訊。

當你準備要學習這套系統的額外資訊、你的人生軌跡牌組以及關係課題時，請翻到第7章，那裡有好幾篇提供豐富資訊的文章，一定會幫助你理解這套系統和你自己。假使你準備好要進行你的第一次關係解讀，請翻到第2章。

2

如何解讀兩人的親密關係

在這一章中，我們要介紹一套程序，循序漸進地解讀兩人之間的關係。你即將學到的技巧，將會揭示你的關係以及熟人朋友的關係的所有親密細節。一副牌中的每一張牌，與其中每一張其他的牌，均有能量的「連結」。沒有哪兩張牌是完全不相干的。你所查詢和閱讀的連結一定會告訴你，關係中那些場景的背後是怎麼一回事，這些往往揭露出隱藏的原因，說明你為何被吸引，進而與某一個人在一起。

完整的關係解讀由兩個基本要素構成。第一個要素是分別了解每一個個人。每一張牌都有建立關係的特定方法，或是某種可以預測的行為模式，那會告訴你許多資訊，明白當事人捲入的任何關係。因此，你必須先了解你即將解讀的每一個個人，然後再細查兩張本命牌的互動，如兩張牌之間的連結所示。要研究兩人的本命牌和守護星牌。解讀所有相關資訊，然後尋找與兩人的關係課題和模式有關的事物。

等做好這事，就可以完成細查雙方連結的第二個要素。是性吸引力引動這兩人的嗎？還是前世的未竟事宜？兩人之間真的相容嗎？還是一切都是幻相？牌與牌之間的連結將會揭示所有這一切以及更多深入的細節。

為了讓整個解讀的過程更合情合理、更容易學習，因此區分成四個不同的步驟。如果你仔細遵照這些步驟，就會知道在一段親密關係中，兩人之間究竟是怎麼一回事。第四步驟可以任選，這是一個在特定情境下才會採用的步驟，此時，伴侶一方或雙方耗費大量時間演出某一張身分牌。後續會再詳述這點。

你要學會的四個步驟如下：

步驟一：解讀兩人的本命牌、守護星牌、身分牌

開始解讀兩人的關係之前，你應該要先讓自己熟悉代表雙方的不同牌組。有些本命牌偏愛在個人的關係中擁有較多的自由，有些則需要較多的安全感。有些很難做出承諾，有些則擁有美好的姻緣。有些經常性慾高漲，有些則將工作和事業奉為畢生最重要的東西。在解讀兩人有多適合在一起之前，要盡可能了解雙方，這對你來說將有所助益。親密關係的成功或失敗，與其說取決於兩人在一起的適合程度，倒不如說，往往取決於雙方個別的整體特質。舉個例子，不論這兩人多麼相容，假使一方或雙方厭惡承諾，那麼這段關係充其量是過眼雲煙。許多人其實厭惡承諾，儘管一開始可能不會表現出來。每一個人的本命牌、守護星牌和身分牌所透露的資訊將會回答你的許多問題，包括雙方以及他們在個人關係領域的模式。因此，在這個步驟中，你要做的是，研究雙方的牌組，了解雙方的一切。這三張牌當中，最重要的是本命牌，其次是守護星牌，最後才是身分牌。為了讓自己熟悉你所要解讀的每一個人，以下是你應該解讀的資訊：

1. 解讀雙方的本命牌。

   一開始，翻到本書最先的「生日之本命牌」，根據兩造的生日查詢雙方的本命牌。接下來，翻到第3章，閱讀雙方本命牌的相關說明。一定要讀完整段說明，尤其是當事人在關係中往往如何表現的部分。本命牌說明是最重要的，這點你日後將會明白。關於雙方本命牌的「人格側寫」可以更加闡明這兩人，使你進一步洞悉他們的人格和特性。

2. 解讀兩人的守護星牌。

   在每一張本命牌四頁一節的第三頁，你會找到那張本命牌的守護星牌列表，依出生日期的先後排列。查詢這對情侶的守護星牌，然後在第3章中找到這些牌，解讀其含義，就像解讀本命牌一樣。所以，如果你的本命牌是黑桃A，而你的守護星牌是方塊7，就要先查詢並解讀黑桃A本命牌，然後查詢方塊7本命牌，同樣解讀那張牌。儘管技術上，你並不是方塊7本命牌，但那張牌的說明將會透露某些與你相關的信息，因為你的守護星牌是方塊7。第4章有好幾節的標題是「_____是守護星牌」。閱讀與你的守護星牌相關的那一節。若要了解更多守護星牌的重要性及用法，請翻到第26頁。現在，把守護星牌視為就像是第二張本命牌，它帶來我們如何表現的額外信息。

3. 必要的話，解讀雙方的身分牌。

   對於兩個相愛的人，身分牌是我們尋找資訊的下一個地方。不過，只在某些情況下，我們才細看身分牌。閱讀第1章關於身分牌以及如何找出身分牌那一節。如果，在讀完那一節後，你認為在這段關係中，一方或雙方正在演出他們的某張身分牌，那就像解讀本命牌和守護星牌一樣，繼續詳細解讀那張身分牌。不過，多數案例不見得需要最後這個步驟。本命牌和守護星牌通常提供了完整的說明，讓人澈底理解到一個人的特徵。

4. 查出每一個人的本命牌和守護星牌的適婚因子。

   最後，你可能想要解讀每一張牌的「適婚因子」（Marriageability Factor）。根據我的經驗和對這套系統的認識，我開發了一套適婚等級，告訴你每一張本命牌和守護星牌的適婚程度。如果你是「不適婚族」之一，或是正與不適婚族約會，不論你們現在的關係如何，這段關係都將是過眼雲煙。事先知道這點可以省下許多時間和精力。第7章一開始就是你需要了解的一切適婚因子相關訊息，以及為所有本命牌製作的適婚表。你應該要比對此表中每一個人的本命牌和守護星牌，看看它們被評定在哪一個等級。本命牌數值和守護星牌數值應該要一併採用。兩者都很重要，而且其中一個數值可以抵銷另外一個數值。

解讀任何既定關係中的兩人時，你正在評估雙方的個人特質和模式。單是知道他們的本命牌往往就會揭示

出，現在是怎麼一回事以及未來將會發生的事。舉個例子，如果雙方都是不婚適族，這段關係大概不會持續太久。我還發現，找出與雙方過去的關係史相關的訊息非常有幫助。如果真要探討人類，那就是，談到情愛，我們都是習慣的生物。過去的關係告訴我們許多事，包括我們的性格，以及什麼對我們很重要。

因此，我們始終必須從這裡開始。分別評估每一個個人。仔細閱讀書中關於雙方的內容。那些說明中沒有廢話——假使提到某個特定的模式，要好好注意。事實可能會證明，那個模式的顯著性和重要性大過你的認定。一旦你研究過雙方的本命牌，就等於準備好要做一或多段的關係解讀。現在，你已經更能掌握這兩人的本性吧。

步驟二：解讀本命牌

這個步驟有幾個重要部分。首先，我們要查詢存在於雙方本命牌之間的連結，然後解讀「指數評級」（Index Rating）。當你完成這個步驟時，就已經完成了相當完整的關係解讀，可以用來判斷兩人的整體相容性和相處課題。如果你喜歡，可以到此為止。你一定可以相當準確地評估這兩人之間的連結，那會告訴你許多兩人相處時的個別體驗。之後，如果你想要詳究最細節的部分，可以用守護星牌進行步驟三。

這個步驟三可是很重要，因為我們發現，某些最深具意義的連結往往出現在一方的本命牌與另一方的守護星牌之間，或是反之亦然。

探索存在於兩人之間的連結

緊接在本命牌說明和人生牌陣之後的那一頁，你會找到一份列表，顯示你的本命牌與所有其他本命牌之間的「關係連結」。這些連結頁其實是比對技術的核心，多年研究的結果，將這套系統的原始方法應用到個人關係的各個領域。如果你沿此列表向下掃描，在左欄找到熟人朋友的本命牌，就會發現，橫列從左至右的縮寫，代表你的牌與對方的牌之間，三至五個最具重大意義的連結。百分之九十八以上的案例有五個連結，有幾張本命牌的組合只產生四個連結，少數本命牌只有三個連結。

這些連結代表你與另一人之間的振動能量。有些和諧而自在，有些則產生大量的能量或緊張。每一個連結都在你的關係的整體組成中扮演一個重要的角色，且構成你們兩人如何相處的一個不同面向。在這個步驟中，你要做的是逐一查找每個連結的含義，同時在過程中牢記幾件事。

我想要強調的第一件事情是，這些連結是從該頁那張牌的觀點出發，而不是從另一方的觀點。這意謂著，如果你正在為梅花10和梅花9解讀，而目前正在解讀梅花10那一頁的連結，那麼這些連結代表梅花10這人經驗這段關係的方式，而不是另一方經驗這段關係的方式。若要查出梅花9如何經驗這段關係，我們必須翻到梅花9的頁面，從梅花9的觀點看待這段關係。同一段關係，兩個伴侶經驗到的總是有點不太一樣。等你解讀過幾次之後，就會注意到，兩人時常共享同樣的連結，但即便如此，對這些連結卻有不同的詮釋，取決於你從誰的觀點看待這段關係。你的觀點與對方的觀點之間總是有些微的差異，有時候差異還挺大的。舉個例子，如果你是我「人生牌陣」中的金星牌，那麼金星的仰慕特質使我對你的仰慕勝過你對我的仰慕。從某種意義上說，你代表我仰慕的對象，但你未必仰慕我。然而，如果我仰慕你，你肯定喜歡那樣的感覺，因此，你從成為被仰慕者得到某種經驗且將那經驗回映給我。

接下來要記住的是，這些連結始終按照重要性排列。這意謂著，「連結1」最重要，同樣是從你正在解讀的對象的觀點出發。在「連結1」之後列出的每一項連結，重要性依次遞減，但仍有一些效力。即便是最後一個連結，雙方偶爾還是會感受和體驗到，只是不像第一或第二項那麼意義重大。

在每一段關係的個別連結列表之後，有三個數字，範圍從−10到+10，稱為「綜合指數評級」（Overall Index Ratings）。這些指數數值在三個重要領域量化關係：吸引力（Attraction）、強度（Intensity）、相容性（Compatibility）。我們將在本章稍後討論這三者的意義。

我們來檢視一下梅花10和梅花9之間的連結，以求

更好地理解連結如何運作以及這樣的信息如何安排。如果翻到說明梅花10連結的209頁，我們可以掃描列表，找尋有梅花9的那一排。看起來就像這樣：

梅花10與	連結1	連結2	連結3	連結4	連結5	吸引力	強度	相容性
梅花9	MOFS	VEM	MOF	CRFS	PLR	8	−2	8

可以在第5章查到如此的詳細說明。如前所述，第一個連結是這兩人之間最強烈的連結，說明兩人一起經驗到的一大部分。後續連結的力量和重要性依次遞減，「連結5」是兩人之間最不重要的連結。

閱讀關係連結的說明

目前為止，你還不知道這些連結是什麼意思。不過，在第5章「關係連結釋義」之中，有每一個連結的完整說明。在那一章裡，你會找到所有連結與完整的說明一起列出。若要快速查找想要解讀的任何連結的說明在哪一頁，只要翻到本書附錄2，查看「關係連結英文代碼」。在此，你將看見按照字母順序列出的每一個連結與其完整的名稱，以及連結說明的所在頁碼。可直接查找你正在解讀的兩人之間的第一個連結。

閱讀這些說明，就會理解這個連結的所有含義，包括總體含義和特定含義，以及它如何影響你正在解讀的那一方。以上述例子而言，我們發現，MOFS代表「對方是你靈性牌陣中的月亮牌」，如果我們閱讀288頁MOFS的詳細說明，就會確切理解到，從梅花10的觀點，這段關係中最重要的影響是什麼。

你所讀到的每一個後續連結，重要性都稍微遜於第一個。不過，可別認為它們根本不重要。事實上，有許多關係，雙方之間的連結居然有十或十個以上。我選擇只列出前五名。在我看來，這些是最重要的，說明了那段關係百分之九十以上的情況。前五名以外的任何連結，對任一方的影響都可以忽略不計。對於只列出三或四個連結的案例來說，這些連結變得更加重要。這意謂著，列出的這三、四個是這兩張牌之間「僅有」的連結。與總共有五個連結的案例相較，這些連結中的每一個都具有更大比例的重要性。

這個列表告訴我們，梅花10和梅花9之間的第一個且最意義重大的連結（連結1）是「MOFS」連結。MOFS是「對方是你靈性牌陣中的月亮牌」的縮寫，你

閱讀連結的肯定句

在每一個連結說明的最後，都是為那個連結列出的肯定句。給出的肯定句是將那個連結置於最高的亮度下，它闡明，如果擁有此一關係的當事人以最為正向、最具建設性的方式對待這段關係，那個連結就可以對這段關係做出那樣的貢獻。這些肯定句可以確實顯示，你為什麼選擇了那段關係，或是至少指出，你如何從中獲得最大收益。往往某事在我們的生命中究竟是好、是壞，唯一差別在於當事人的觀點。這些肯定句指向這樣的觀點：鼓勵更常感恩和讚賞這段關係為每位伴侶帶來的一切。這類感恩將會大大增加這段關係長期成功的機會。

值得注意的是，若處在令人不滿、幾年前就已經變質的關係中，當事人早就忘了兩人初次邂逅時因對方而升起的感受。這些肯定句往往揭露出兩人當初共享的那些感覺，那時，他們對彼此的讚賞是如此的強烈。相互讚賞是任何美好關係的真正核心，沒有它，一對情侶多半沒有力氣去經歷人生和這段關係一定會帶來的挑戰。如果一對情侶願意好好讀懂這些肯定句，將之銘記在心，然後細看是什麼事物導致雙方的讚賞之流被阻塞，那麼他們完全有可能重新點燃那樣的讚賞。關係絕不會真正結束，除非雙方都說，它結束了，而且說到做到。

關係的綜合指數評級

以上述例子而言，出現在「吸引力」、「強度」和「相容性」等標題下方的數字叫做那段特定關係的「綜合指數評級」（Overall Index Ratings），是從正在比對的當事人的觀點出發。這些評級旨在讓你快速概覽這段關係，明白它在多數案例中會顯化成什麼樣子。由於涉及

許多個人因素，可能無法準確反映出雙方如何經驗這段關係。不過，這是一個很好的綜合指南，可以精確地套用在多數案例之中。對於忙著約會的情侶來說，這會製造許多樂趣，使雙方快速概覽這段關係。認真的親密關係總是需要更加深入的分析，但這是一個不錯的起點。

這些指數數字是將列出的每一個連結的同類指數數值加總起來所得到的結果。

換句話說，如果你有五個連結，每一個連結在這三個類別中都有自己的個別指數數值。我採用一個公式求得這些連結的平均值，給予第一個連結較大的權重，且讓後續每一個連結依次減少在綜合數值中所占的百分比。這產生一個相當準確的評估，可以套用在多數的案例之中。下述說明更詳細地描述個別指數的相關細節。

每一個連結的個別指數評級

每一個連結列出的指數評級顯示，那個特定的連結傾向於為關係的綜合指數評級加分或減分。以上述例子而言，我們看見梅花10和梅花9之間的綜合指數評級為：吸引力：8，強度：−2，相容性：8。然而，MOFS連結本身的指數是：吸引力：8，強度：−4，相容性：10。我們可以從這個例子中看出，這段關係中一定有其他連結為MOFS連結的數值加分或減分，我們才會得到那樣的綜合指數評級。不過，因為這個MOFS是第一個連結，所以它強過其他連結，它的影響力在綜合指數評級所占的百分比大於後續的任何其他連結。

吸引力指數（Attraction Index）告訴你，那個連結增加了多少你渴求與對方相處的欲望。這也顯示你們共享多少生理上、情緒上、心理上和性愛方面的吸引力。月亮、金星、火星、海王星和冥王星連結代表兩人之間最大的吸引力。有些連結，例如，土星，其實會產生負數的吸引力或「排斥作用」，那將會反映在這些評級當中。在具有高度吸引力評級的關係之中一定有許多的能量，如果關係要存活下去，就必須建設性地使用這些能量。如果不帶著覺知操縱能量，能量其實會成為毀滅關係的一大因素。選擇具有高度吸引力指數的關係的人們，通常會在那段關係中解決憤怒和性愛的課題。高度吸引力的關係一定會刺激我們在生活中採取行動，對個

人發展可是至關重要。

強度指數（Intensity Index）告訴你，每一個連結增加多少關係的戲劇性、興奮度和挑戰性。這也可以指出，這段關係引發多少的「靈性或個人成長」。高強度意謂著高度成長和個人發展。火星、土星、冥王星之類的連結對高強度有所貢獻。金星和月亮連結會降低強度。對一般人來說，高強度關係恐怕是吃不消的。高強度關係往往是持續的挑戰和對抗。如果沒有某種程度的相容性，高強度關係不可能持續太久。要長期處理這樣的關係可能實在是太過激烈。話說回來，有些人在高強度的環境中長大，對那樣的成長和挑戰水平感到比較自在。

相容性指數（Compatibility Index）告訴你，每一個連結增加或減少你的總體相容性以及長時間共同生活的能力。相容性是相處的「自在程度」。在相容性方面，凡是大於0的數字都被認為是有利的，凡是大於2的數字都有利於結婚。金星、木星以及奠基於月亮的連結對相容性貢獻最大，而土星連結通常大大降低相容性。很少有人在人生早期選擇高相容性的關係，我們通常需要很長一段時間才會領悟到，高相容性最適合長期的親密關係。高相容性意謂著「絕配」，我們可以與對方和平共存。

每一個人可能會有自己喜歡的特定關係類型。例如，我傾向於喜歡吸引力指數高、強度低、相容性高的對象，例如5、1、5這組數字。研究關係的模式時，你會發現，指數連結對你來說可能有效，也可能無效。

一旦讀懂了這些指數，你就完成了完整關係解讀的第一且最重要的部分。現在，你可以從這段關係的乙方觀點進行同樣的事，查詢列在乙方本命牌說明後一頁的連結和指數。翻到這一頁，在關係連結頁面找到甲方的本命牌，從乙方的觀點逐一查詢各個連結。然後，你將得到一個相當詳細而精確的畫面，明白對這段關係以及這段關係對雙方意謂著什麼。

如何將個別的連結影響力合併成關係的全貌

每一個連結的說明都詳細而精確。然而，你必須將這些牢記在心，才能思考這段關係是什麼樣子或可能是

什麼樣子。有時候，某一連結將有助於補償另一個連結。舉個例子，你可能會發現兩人共享強力的土星連結。對一方或雙方來說，這樣的連結通常會使關係的某個面向變得困難重重。兩人中的一人往往會對另一人吹毛求疵或需索無度。然而，假設同樣兩人之間也有強力的金星連結，在此情況下，他們之間會有大量的愛和關懷，這將有助於補償土星連結的嚴酷。土星的吹毛求疵或嚴酷可能仍然存在，但會因為金星的愛與關懷而得到調和。

因為這兩個連結大相逕庭，有人可能會認為它們相互抵消。相反的是，它們被雙方同時經驗到。每一個連結都是那段關係必不可少的一部分，對關係的影響可以立即被涉入其中的兩人經驗到。正是另外一部分，顯然相反的部分，為關係新增了雙方可以選擇聚焦的另一個面向，有助於緩和連結對關係造成的效應。以我們所舉的例子而言，如果對某人來說，我既是土星又是金星，我可能會覺得我有責任指出對方的缺點。然而，金星連結賜予我慈悲，將那份覺察轉化成愛的話語，或是幫助我於顯然在批評對方的同時，表達我對對方的愛。如果我的確表達出某種批評，很有可能對方不會看得太嚴重，因為金星提醒對方，我愛他，而且我不是基於仇恨而那麼做。此外，我的伴侶可能會選擇將許多的關注集中在我多麼愛他，而不是那些我為了促使他進步才偶爾提出的建議。這是一個例子，說明某些相異的連結在同一段關係中如何相互作用。

步驟三：解讀守護星牌

這個步驟從某方面看是可以任選的。一旦完成了步驟二，你對這段關係的全貌有了相當不錯的概念。如果你很滿意目前學到的，也可以就此打住。不管怎樣，接下來這個步驟一定會揭示某些你不想錯過的東西。許多案例顯示，某些真正重要的連結將會來自於與守護星牌的連結。解讀守護星牌比解讀本命牌更複雜，有更多的牌和更多的連結要查找。不過，如果你已打定主意，要在這樣的解讀中力求完整，那麼化費心力學習接下來這一部分，將會使你收穫滿滿。學習這個步驟需要慢慢

來，注意範例解讀，如此，你才能盡可能理解這個步驟如何運作。

比對守護星牌

解讀守護星牌與解讀本命牌完全相同，只有兩件事除外。其一，當然，我們不但採用本命牌，也採用守護星牌。其二，在每一次比對中，我們只細看雙方之間的前兩個連結，而不是查看為本命牌列出的所有三到五個連結。只採用前兩個連結的原因是，列出的三到五個連結不僅是根據雙方的本命牌，而且是依據雙方的業力牌。用業力牌為守護星牌做關係解讀並不是那麼的精準。這是多走一步便差之千里。只使用前兩個連結可以確保解讀的是守護星牌本身的連結，比較不會解讀到業力牌或守護星牌之間的連結。做任何守護星牌比對時，記住只採用前兩個連結，就可以保持更高的準確度。

我建立了一份「關係解讀工作單」，讓你在進行包括守護星牌在內的完整關係解讀時可以使用。副本可以在後續幾頁中找到。建議你使用這些副本，將可能出現的複雜度減至最小。你不妨製作許多這類表格副本，方便進行不同的解讀。

你需要為正在解讀的雙方各填寫一份，因為我們要從雙方個別的觀點看待這段關係。

因為有更多的牌需要考量，所以這樣的解讀是由六個獨立的步驟所構成。如果你正在為某個天蠍座解讀，此時最好從天蠍座的兩張守護星牌中選擇一張，而不是解讀兩張。兩張都解讀需要更多的步驟才能完成。

解讀守護星牌的六個步驟如下：

1. 將本命牌比對本命牌的連結寫入關係解讀工作單。
2. 尋找守護星牌與本命牌之間是否「相合」。
3. 找到並解讀你的本命牌與伴侶的守護星牌之間的前兩個連結。
4. 找到並解讀你的守護星牌與伴侶本命牌之間的前兩個連結。
5. 找到並解讀你的守護星牌與伴侶的守護星牌之間的前兩個連結。
6. 綜合上述一切，然後結合你的發現與你已經完成的本命牌比對本命牌解讀。

步驟一

若要完成步驟一，請填入你在本章第一部分找到的三至五個本命牌之間的連結。關係解讀工作單讓你得以填入每一個連結的縮寫以及實際完整說明的所在頁碼。你可以翻到本書末頁，快速取得那些頁碼，然後在填入所有連結後再一一查閱。我預留了一共可以填入十二個連結的空間，對你所做的大部分解讀來說，這應該綽綽有餘。

步驟二

步驟二非常重要，尤其對某些案例而言。在許多成功的婚姻中，一方的本命牌正是另一方的守護星牌。有些案例則顯示，雙方的守護星牌相同，儘管本命牌並不一樣。這兩個連結都很重要，但你必須自己把它們找出來。如果你找到第一個連結，甲方的本命牌與乙方的守護星牌相合，請閱讀334頁的內容，叫做「本命牌／守護星牌相合」（MATCH）。然後，如果你發現兩張守護星牌都一樣，請閱讀335頁的內容，「相同的守護星牌」（SHARE）。

關於「相同的守護星牌」連結，還有一事要考慮。如果兩人出生在年中的同一天，可能有相同的本命牌和守護星牌。在此情況下，「相同的本命牌」（SBC）連結其實勝過「相同的守護星牌」連結。有鑑於鏡像特質，SBC連結的強度大許多。這通常不會發生在SHARE連結中。當兩人同一天生日時，我通常只解讀SBC連結，而不是解讀兩者。還有一個可能會遇到的罕見例外。可能有相同的本命牌和相同的守護星牌，卻不是出生在同一天。舉個例子，兩個人，一個生於6月10日，另一個出生在9月4日。這兩人都是方塊7，而且都有黑桃5作為守護星牌。這是因為一個是雙子座，另一個是處女座，兩者都由水星守護。在這些罕見的情況下，請閱讀SBC和SHARE連結，因為事實上，兩者的太陽星座不同，因此有相當的差異。

步驟二、三、四最好透過實際解讀加以說明。我們舉個例子來解釋這如何運作。仔細按照下述操作，然後你在解讀守護星牌時，就能毫無困難地執行這些步驟。

實例

假設我們正在為5月30日出生的女子和9月29日出生的男士解讀。我們查閱雙方的生日，獲得如下資訊：

人名	生日	本命牌	守護星牌
瑪麗蓮	5月30日	2♣	K♣
約書亞	9月29日	8♥	6♠

先從瑪麗蓮的角度看，我們將填寫關係解讀工作單，包括她的梅花2本命牌和約書亞的紅心8本命牌之間的五個連結。這些可以在65頁找到。它們是：

連結1	連結2	連結3	連結4	連結5
URF	NERS	PLFS	MOF	PLRS

我們直接將這些填入關係解讀工作單，留下七個以上的連結空間，以備不時之需（見下一頁已完成的工作單）。此外，我們還寫下這些連結是介於本命牌之間（如果偏愛縮寫，就填入BC比BC）。

接下來，我們快速檢查，看看雙方是否有本命牌／守護星牌相合（MATCH），或是否有同樣的守護星牌（SHARE）。我們發現並沒有這些，於是移到下一步。如果雙方確實有這兩個連結之一，我們會在工作單上填入第6項連結。

下一步涉及拿瑪麗蓮的守護星牌比對約書亞的本命牌。翻到有梅花K（瑪麗蓮的守護星牌）關係連結的那一頁，查詢列在紅心8（約書亞的本命牌）那一列的第一個連結。第一個是「SAF」，代表「對方是你人生牌陣中的土星」。隨後的第二個連結是「VER」，這是人生牌陣中的逆向金星連結。我們要查詢這兩個連結的含義，看它如何融入這段關係的動力。這裡請注意，我們不會解讀列出的任何其他連結。基於之前提到的原因，解讀守護星牌時，只有前兩個連結適用。

下一步，我們要倒轉前一個步驟，拿瑪麗蓮的本命牌梅花2，比對約書亞的守護星牌黑桃6。翻到梅花2的關係連結（65頁），找到梅花2與黑桃6之間的第一個連結。我們注意到，它叫做「PLF」。查詢這個連結，

我們看見它意謂著「對方是你人生牌陣中的冥王星」。我們解讀那層意思，然後繼續進行到下一個連結，即「NEF」。這個連結說「對方是你人生牌陣中的海王星」。然後我們會進入這兩個連結的詮釋頁面。一旦你讀完這兩則詮釋，就是準備好要展開下一個步驟。

為了完成步驟四，我們查詢同樣的梅花K（瑪麗蓮的守護星牌）頁面，找到與黑桃6（約書亞的守護星牌）的第一個連結。在此，我們注意到列出的第一個連結是「NEF」，然後我們查詢「NEF」連結的含義，發現它意謂著「對方是你人生牌陣中的海王星」。同樣的，下一個連結是「PLR」，意思是「你是對方人生牌陣中的冥王星」。我們解讀那層意思，然後準備好，將這一切綜合在一起，完成這次的解讀。

若要開始綜合，就要填入完成的每一個比對的「關係指數數值」。首先查出瑪麗蓮本命牌（65頁）頁面的BC比BC指數，取得梅花2比對紅心8的指數，然後將數字填入工作單上註明「本命牌（BC）比BC」那一列，分別是：吸引力：4，強度：2，相容性：0。由於已經來到了正確的頁面，因此也可以取得瑪麗蓮本命牌（梅花2）比對約書亞的守護星牌（黑桃6）的數值，然後將數字填入工作單上註明「甲方BC比乙方守護星（PR）」那一列，分別是：吸引力：3，強度：6，相容性：-4。

現在翻到瑪麗蓮的守護星牌（梅花K）那一頁，取得梅花K比對紅心8的指數數值。這可以在263頁查到，數值是：吸引力：1，強度：2，相容性：1。最後，在同一頁面取得梅花K比對約書亞的守護星牌黑桃6的數值，分別是：吸引力：5，強度：3，相容性：2。

現在將四項比對得到的指數數值加總起來，得到合計：吸引力：13，強度：13，相容性：-1。然後將這些數字除以4，得到平均值，於是：吸引力：3.25，強度：3.25，相容性：0.25。我建議將這些數字四捨五入為3、3和0，這是利用瑪麗蓮和約書亞的本命牌和守護星牌，相當可靠地指出這段關係的情況。

我們就是這樣把全部資料查出來然後寫下。雖然書中並沒有根據剛才完成的事顯示來自約書亞的觀點，但你也可以自己完成這些連結。現在我們來仔細檢視這段虛構的關係，看看從查到的連結中可以得知什麼訊息。

綜合實例解讀

首先，我們檢視雙方的本命牌，發現瑪麗蓮是兩人中比較適婚的。約書亞的紅心8本命牌是有名的花心蘿蔔。紅心8一旦意識到自己對異性的魅力和磁性，通常選擇利用這點創造一系列的風流韻事，而不是將這樣的魅力全數消耗在一個人身上。這在男人身上比在女人身上更為真切。然後同樣的，黑桃6守護星牌可能也有一些親密問題，主要是因為在黑桃6的人生軌跡中，土星落在紅心3。這創造出隱藏的恐懼，害怕得不到足夠的愛。因此，我會說，這段關係一過蜜月期（持續時間可能從三週到一年），約書亞必是離開的那一方。黑桃6是一張通常拒絕針對情緒問題下工夫的牌。瑪麗蓮的牌組雖然不完美，卻顯示出更多的婚姻潛力。但如果她吸引到像約書亞這樣不適合結婚的人，那麼她大概還沒有準備接受長期承諾的關係。所以，單從雙方的生日，我們就可以預測一段壽命短暫的親密關係。

接下來，我們細看指數，藉此進一步解讀。虛構個案瑪麗蓮和約書亞的案例顯示，我們得到極高的吸引力和強度，以及略低於平均值的相容性。單是這一點便指出，這多半是一段主要被雙方用來促進靈性成長的關係。我們可以稱之為「合作關係」（working relationship），在那樣的關係中，雙方必須付出一些心力，關係才能夠持續下去。強度等級高顯示，雙方都有許多地方要下工夫。掃描列出的連結，我們看見有四個冥王星連結。大部分的高強度多半來自這些地方。何況如果仔細查看，就會發現，這些冥王星連結是均勻分布的——兩個針對瑪麗蓮（這時，約書亞是她的冥王星牌），兩個針對約書亞。因此，針對必須在這段關係的過程中經歷某種個人的蛻變，這兩人要分擔同等的責任。那麼多冥王星能量有時可能導致雙方進入真正的戰鬥。冥王星時常以無可企及的方式威脅我們的安全。但在得出任何重要的結論之前，我們先來看看在這樣的關係背景下，這兩人還有什麼其他事要面對。

下一個既突出又明顯的連結是海王星——我們列出了三個海王星連結。而且同樣的，分布還算平均。雖然瑪麗蓮從約書亞那裡得到兩個海王星連結，但兩者都位

完整的關係工作單

從甲方的觀點

甲方名字：瑪麗蓮　　本命牌：梅花2　　乙方名字：約書亞　　本命牌：紅心8

生日：5/30　　守護星牌：梅花K　　生日：9/29　　守護星牌：黑桃6

序號	縮寫	頁碼	比對了哪些牌	註：
1	URF	311	BC比BC	約書亞是瑪麗蓮人生牌陣中的天王星
2	NERS	317	BC比BC	瑪麗蓮是約書亞靈性牌陣中的海王星
3	PLFS	320	BC比BC	約書亞是瑪麗蓮靈性牌陣中的冥王星
4	MOF	288	BC比BC	約書亞是瑪麗蓮人生牌陣中的月亮牌
5	PLRS	321	BC比BC	瑪麗蓮是約書亞靈性牌陣中的冥王星
6	SAF	306	瑪麗蓮的PR比約書亞的BC	約書亞是瑪麗蓮人生牌陣中的土星
7	VER	292	（梅花K比紅心8）	瑪麗蓮是約書亞人生牌陣中的金星
8	PLF	320	瑪麗蓮的BC比約書亞的PR	約書亞是瑪麗蓮人生牌陣中的冥王星
9	NEF	316	（梅花2比黑桃6）	約書亞是瑪麗蓮人生牌陣中的海王星
10	NEF	316	瑪麗蓮的PR比約書亞的PR	約書亞是瑪麗蓮人生牌陣中的海王星
11	PLR	321	（梅花K比黑桃6）	瑪麗蓮是約書亞人生牌陣中的冥王星
12				

關係指數工作單

比對了哪些牌？	吸引力	強度	相容性
本命牌（BC）比BC	4	2	0
甲方BC比乙方守護星牌（PR）	3	6	−4
甲方PR比乙方BC	1	2	1
甲方PR比乙方PR	5	3	2
合計	13	13	1
平均（合計除以4）	3.25	3.25	−0.25

完整的關係工作單

從甲方的觀點

甲方名字：_____　　本命牌：_____　　乙方名字：_____　　本命牌：_____

生日：_____　　守護星牌：_____　　生日：_____　　守護星牌：_____

序號	縮寫	頁碼	比對了哪些牌	註：
1				
2				
3				
4				
5				
6				
7				
8				
9				
10				
11				
12				

關係指數工作單

比對了哪些牌？	吸引力	強度	相容性
本命牌（BC）比BC			
甲方BC比乙方守護星牌（PR）			
甲方PR比乙方BC			
甲方PR比乙方PR			
合計			
平均（合計除以4）			

於工作單偏下方，兩相結合，大概相當於瑪麗蓮是約書亞的海王星那一個連結。海王星的重點在於希望和夢想，當我們與和自己有強力海王星連結的對象相處時，會覺得對對方的愛有一種宿命和不受時間圍限之感。這對男女大抵感覺到心靈的連結，大概想像這段關係與他們對真愛的許多夢想和希望相應相合。

不過，所有的冥王星連結都表示，許多這樣的夢想將會受到考驗，而且在兩人之間強力指出的蛻變轉化過程中，有些夢想一定會被摧毀。冥王星告訴我們，雙方一定會發生許多的改變，但沒告訴我們改變的相關面向。海王星連結激增表示，有些這樣的改變是在考驗彼此因對方激起的情愛幻想是否真實有效。

我們得到一個月亮連結和一個金星連結，這些連結是相容性的最佳指標，但兩個不算多。然而，這確實告訴我們，雙方之間頗有好感（金星），也有親密的潛力（月亮）。檢視這個月亮連結時，我們看見約書亞是瑪麗蓮的月亮牌。這意謂著，若要達至月亮連結指出的深度親密與情愛連繫的潛能，約書亞必須扮演支持的角色，讓瑪麗蓮成為這段關係的真正領導者。這可能行得通，也可能行不通，尤其是當我們看見約書亞同時是瑪麗蓮的土星牌時。這告訴我們，約書亞也會有些批評挑剔要與瑪麗蓮分享，在某種程度上，約書亞是瑪麗蓮的老師。由瑪麗蓮領導這段關係是否令約書亞感覺舒服（尤其當約書亞很容易看見瑪麗蓮的缺失時），將是判定雙方能夠因這個月亮連結親近到什麼程度的真正決定因素。

我們最先找到的天王星連結是唯一沒有提到的連結。在一段關係中，天王星連結可以是決定因素，也可以不是。如果有兩個或兩個以上的天王星連結，我會認為，這可能是這兩人正在下工夫的課題。但因為只有一個，這多半意謂著，瑪麗蓮和約書亞都讚賞讓彼此有些自由的關係。他們會先作朋友，再作情人，否則這段關係永遠不會成形。

步驟四：解讀身分牌

如果要將關係解讀盡可能做到完整，守護星牌解讀是必不可少的步驟，除非你正在解讀的一方或雙方都是獅子座。第1章提過，獅子座並沒有個別的守護星牌。這裡要談的最後一個解讀——身分牌解讀——是只在特定時候採用的解讀法。偶爾，你會遇到有點專門操作守護星牌的人。不然就是，你正在解讀的對象是獅子座，而你找不到那麼多你希望用來解讀的連結。無論是上述哪一種情況，務必檢查身分牌連結，以此作為解讀的一部分。

在這個解讀中，我們基本上想要處理的是：找出雙方的身分牌如何影響彼此。完成了之前的幾種解讀後，你多半有了不錯的概念，知道該如何進行這個解讀。當然，我們先逐步檢視一下。就跟解讀守護星牌一樣，我們只會採用兩張牌之間查到的前兩個連結。我們只需要最前面的基本連結。那足以讓我們清楚地明白這些連結是怎麼一回事。

當你需要更多的連結來填滿某人關係的全貌時，我建議，男性使用騎士牌，女性使用皇后牌。這些身分牌是我們紅鸞心動時最常用到的牌。因此，為了學習這套技術，我們將以一男一女為例，分別採用他們的騎士牌和皇后牌。茲以下述生日為例，看看如何進行這個過程：

人名	生日	本命牌	守護星牌	性別	身分牌
蘇珊	7/30	J♥	無	女	Q♥
哈洛	9/16	8♣	6♦	男	J♣

首先，使用身分牌時，不必雙方都採用，可以只輕鬆採用其中一方的身分牌。你可以自行決定到底要採用一方或雙方的身分牌。以這對情侶而言，我們會先採用蘇珊的身分牌，因為她沒有守護星牌。如果細看33頁的工作單，你會發現，透過本命牌和守護星牌解讀，我們能夠取得七個連結。

對某些人來說，那樣也許就夠了，但就試試看十項或十一項連結吧，如此更接近我們多數時候的解讀項數。假使將蘇珊的皇后（紅心Q）比對哈洛的本命牌和守護星牌（梅花8和方塊6），我們會得到四個新的連結，總共是十一個，那足以解讀這段關係。

因此，下述步驟說明，利用蘇珊的身分牌比對哈洛的本命牌和守護星牌，從而得到的所有連結。

1. 選取蘇珊的身分牌（紅心Q）與哈洛的本命牌（梅花

8）之間的前兩個連結。

2. 選取蘇珊的身分牌（紅心Q）與哈洛的守護星牌（方塊6）之間的前兩個連結。

　　這兩個步驟的連結都可以在紅心Q的連結頁面（241頁）找到，如同讀者在工作單上所見，我比對了紅心Q與梅花8和方塊6，填入了額外的連結。記住，只採用列出的前兩個連結。

　　在工作單底部，我也做了指數加總，採用從每一次比對得出的個別指數。這張工作單只從蘇珊的觀點看待這段關係，但卻用實例說明了該如何將身分牌加入正在進行的解讀之中。

採用多張身分牌

　　如果雙方各採用一張身分牌，解讀過程就會變得冗長許多。但請記住，你只需要十或十一個連結。一旦有了那麼多連結，就可以停止查詢連結的步驟。以下是採

用兩張身分牌（解讀的雙方各採用一張）時，應該要考量的一些排列：

1. 甲方的身分牌與乙方的本命牌（如上所述）。

2. 甲方的身分牌與乙方的守護星牌（同樣如上所述）。

3. 乙方的身分牌與甲方的本命牌。

4. 乙方的身分牌與甲方的守護星牌。

5. 甲方的身分牌與乙方的身分牌。

完整的關係工作單

甲方名字：蘇珊　　　　本命牌：紅心J　　　　乙方名字：哈洛　　　　本命牌：梅花8

生日：7/30　　　　　守護星牌：無　　　　　生日：9/16　　　　　守護星牌：方塊6

序號	縮寫	頁碼	比對了哪些牌	註：
1	KRMA	332	BC比BC	兩人互為對方的業力牌
2	POWR	333	BC比BC	兩人有力量連結
3	CLF	326	BC比BC	哈洛是蘇珊人生牌陣中的宇宙功課牌
4	CLFS	326	BC比BC	哈洛是蘇珊靈性牌陣中的宇宙功課牌
5	PLF	320	BC比BC	哈洛是蘇珊人生牌陣中的冥王星
6	MARS	297	蘇珊的BC比哈洛的PR	蘇珊是哈洛靈性牌陣中的火星
7	MOFS	288	蘇珊的BC比哈洛的PR	哈洛是蘇珊靈性牌陣中的月亮牌
8	JUF	301	蘇珊的身分牌比哈洛的BC	哈洛是蘇珊人生牌陣中的木星
9	CRFS	324	蘇珊的身分牌比哈洛的BC	哈洛是蘇珊靈性牌陣中的宇宙回報牌
10	CLFS	326	蘇珊的身分牌比哈洛的PR	哈洛是蘇珊靈性牌陣中的宇宙功課牌
11	MAM	298	蘇珊的身分牌比哈洛的PR	互為人生牌陣中的火星
12				

關係指數工作單

比對了哪些牌？	吸引力	強度	相容性
本命牌（BC）比BC	6	8	2
甲方BC比乙方守護星牌（PR）	7	3	4
甲方PC比乙方BC	6	1	5
甲方PC比乙方PR	6	7	2
合計	25	19	5
平均（合計除以4）	6.25	4.75	1.25

3

本命牌性格特質解析

在這一章中，你將找到五十二張牌的人格以及小丑牌（小丑牌是所有的牌，也同時什麼都不是）的個別說明。你將在本章發現構成個人本命牌人格的每一項特性，也可以在此查找任何一張牌與整副牌中所有其他牌之間的關係連結。

本命牌說明除了出自人生軌跡牌組，全都擷取自那一張牌在人生牌陣（Life Spread）和靈性牌陣（Spiritual Spread）當中的位置。本書將每一張牌的人生軌跡牌組列舉出來，這些將為讀者提供某些基礎，方便更深入研究撲克牌命理學。如果你想要進一步了解人生軌跡牌組，請閱讀第7章「人生牌陣、靈性牌陣、我們的人生軌跡牌組」那一節。那裡有一些一旦知道每一張牌的相對意義便可深入探究的資訊。

每一張本命牌都有一個名稱或詞組，用來快速辨識這張牌的常見性格特徵。這些名稱有些是恭維，有些不是。我一直努力為這些牌選用比較正向的名稱，同時在說明當中帶出各牌較具挑戰性的一些特質。有些牌通常人生異常艱辛，如同其人生軌跡的牌組所示，但這些牌也有好的一面，可以被牌主取用。即使是人生軌跡最為艱難的案例，當事人總是有機會扭轉局面，締造輝煌的成就。因此，這些說明呈現每一張牌的正面和負面，而且由你決定個人如何取用那些潛能。

你的業力牌

每一張本命牌的幾頁說明當中會列出當事人的業力牌。固定牌和半固定牌（見第1

章）除外，每一個案例列出的第一張業力牌都代表你的債主，第二張則是欠你債的人。此外，第一張業力牌代表你將在此生改進的前世特徵，第二張則代表你擁有的前世天賦。請閱讀第5章關於業力牌連結的所有信息，找出你與業力牌人士的更多關係。

你的業力親屬

業力親屬（Karma Cousin）代表與我們共享同一張業力牌的人。舉個例子，如果你是梅花9，你的業力親屬之一是黑桃10，因為你們倆都有紅心Q業力牌。在業力親屬關係中，存在著能量的交換（見第5章業力親屬連結的詳細說明），但它們不像業力牌關係那樣是你的鏡子。跟業力牌一樣，列出的第一張是你將能量傳送過去給對方，第二張則是對方將某樣東西傳送給你。最好知道這些人是誰，如此，當你遇見他們時，就知道兩人關係的基本能量正朝著哪個方向流動。固定牌和半固定牌並沒有業力親屬。

你的前世牌

事實上，許多牌都與我們每一個人擁有前世連結。凡是與我們有靈性牌陣連結的人，技術上都可以被稱作「前世牌」（Past-Life Card）。不過，你的本命牌頁面列出的前世牌是最強大的其中幾張。與出生在這些本命牌的人相處，你多半會感覺到一種直接連線。你與這些人的相容性也勝過一般人，而且你很可能與對方一同打造美妙的關係、友誼或婚姻。

實例一則：證明身分牌解讀有見地

我有一個學生是紅心8，與一個梅花7結婚。她時常抱怨，說她多麼希望另一半會長大。她的伴侶始終過著派對生活，講笑話、酒喝得有點過了頭、時時娛樂別人。男方幾乎完全從他的梅花J身分牌操作，我很納悶，想知道為何情況如此。研究他們的連結時，我注意到，紅心8是男方身分牌梅花K的土星，這意謂著，當

男方行為像國王或是表現成熟時，女方往往會批評他。我也注意到，女方的身分牌紅心Q是男方梅花K身分牌的冥王星。由於對男方的國王牌來說，這兩個連結都困難重重，所以我可以判定，每當男方選擇以梅花K的身分操作時，女方會變得非常壓抑，這對男方來說很難解。男方不知不覺地得到那樣的訊息，於是決定幾乎專以梅花J的身分操作，因為梅花J與女方的紅心8有美好的金星連結。我詢問女方，將家庭和關係的責任和領導地位交給男方，讓男方成為國王，她覺得如何。她說，那會令她非常不舒服。她不相信男方的領導或指揮能力。簡言之，這描述了他們之間的關係，解釋了男方幾近怪異的行為模式。因為對於成為家中的首腦（國王），他並沒有接收到任何正向的回應或鼓勵，於是不斷演出騎士的角色，以此接收女方的情感（金星）。女方在我們的對話中覺察到這點，她領悟到，她可以改變這點，只要有意識地信任和鼓勵男方，幫助他變得更負責，並在婚姻中擔負起比較強大的領導角色。

訣竅和提示、問題與解答

提示：一定要查出解讀的對象是否適婚。

第7章有一節叫做「適婚因子」。在那裡，你將會找到整副牌中每一張牌的適婚等級，根據的是每一張牌與承諾的平均關連度，加上難以承諾的最可能原因。當你研究任何一對情侶時，最好參照本節，了解面對的人是誰。舉個例子，你面對兩個人，就「不適婚因子」而言，兩人的等級都在5或5以上，那麼可以肯定地說，這兩人都不是真心尋求那種認真對待的承諾或婚姻。兩人甚至可能告訴你，他們很認真，但通常撲克牌會告訴你實情。好好讀一讀談論適婚性的那一整節，你會完全了解那股動力如何運作。等你了解以後，就有辦法分辨百分之九十以上的情況，知道關係中的人只是在玩玩，還是真的有興趣找到對象並安頓下來。

提示：尋找關係中的主題是否有多重的同類連結。

正如第2章的範例解讀所示，當你看見兩個、三個

或多個同類型的連結時，例如，火星連結，你知道那段關係中有一個重要的主題。一旦你看過許多連結，請讀一讀第7章名為「與他人的連結告訴我們關於自己的什麼訊息」那一節，以便發掘更多關於那個主題的訊息，以及那對你和你的伴侶意謂著什麼。關係中的首要主題常會揭示出潛在的原因，說明我們為什麼處在那段特定的關係之中。這點的重要性再怎麼強調也不為過。幫人解讀時，我努力讓對方看見行為的真正原因，如此，假使當事人願意，就可以選擇不同的做法。在理解為什麼做出某些選擇之前，我們不可能嘗試選擇別的東西。我仔細研究人們現在和過往的關係，因為，研究那些首要的主題告訴我，當事人在那些關係中學到什麼，而且往往還包括，他們其實是在為自己尋找什麼。這樣的資訊是無價的。

提示：將每一個人的伴侶視為當事人自己的映像。

這則提示將會為你帶來許多資訊，使你成為解命大師。不要理會對方告訴你他們的生活如何，直接細看他們對伴侶有何感受和想法。沒錯！你會得到精確的描述，說明這人對自己的感受以及他們如何看待自己。舉個例子，如果你聽到有人說：「我的伴侶一直很害怕。我受不了他（或她）成天恐懼。」於是你知道，這人本身非常害怕，而且不喜歡另一半提醒他們這一點。

同樣這一個人可能看起來無所畏懼、非常能幹，他們可能告訴你，正在考慮離開一段親密關係，因為覺得，伴侶跟自己層次不同。但事實上，這人非常害怕，因此選擇了某人來反映這點，好讓他們看見是否可以學會疼愛自己的這個部分。如果他們離開這段關係，一定會吸引到另一個同樣的伴侶。利用這項工具好好解讀，它將會對你揭示許多重要的事。

提示：如何判定關係或婚姻是否會持續下去：

如果你正在研究的兩人非常相容，那是建立長期親密關係的好兆頭。但你必須同時檢查兩人的適婚性。假使其中有一人不適婚，那麼你需要問自己：「這人是否覺察到自己的個人問題呢？是否正做出真誠而堅定的努力，要治癒自己呢？」多數不適婚的人之所以不適婚，

是因為或這或那的情緒／親密問題。這樣的人很少真正選擇沒有親密關係的生活。因此，大部分不適婚的人所擁有的問題，都可以被解決和治癒。如果這麼做，他們可以變成適婚。但不要被愚弄了。需要真誠而堅定的努力，才能夠治癒自己這些類型的問題。有興趣做出這番努力的人少之又少，但有些人的確會那麼做。如果你發現這樣的人與比較適婚的某人處在親密關係中，而且如果兩人之間的相容性不錯，就可以預測長期的成功和幸福。

問題：如果一方的身分牌與另一方的本命牌相同，該怎麼辦呢？

解答：這是一個有趣的情況，發生在一方的本命牌是騎士、皇后或國王，就跟另一方的身分牌一樣。最佳解答是：擁有皇家本命牌的人天生就了解他人性格的這個面向。譬如說，方塊Q本命牌的人對所有方塊女性都有親切感，能從對方的觀點對人生有某種理解。那有助於他們更融洽地與這些女性相處嗎？確實是可以，但那其實取決於方塊Q喜歡自己的程度以及他們與每一張牌所共享的連結。

問：哪些花色最合得來？

答：準確地說，應該要經常細看個人的牌組，才能評估這點。但如果一定要我快速回答這個問題，我會說，梅花和方塊的整體相容性最佳，紅心和黑桃也享有同樣的整體相容性。細看成對的各花色身分牌（梅花J與方塊Q、黑桃J與紅心Q等等）之間的連結，就可以觀察到這點。但絕不要用這條規則做出絕對的判斷。許多梅花牌很難與某些方塊牌相處，同樣的情況也適用於紅心和黑桃。

問：婚姻的最佳連結是什麼？

答：月亮是成功婚姻中最常見到的連結。金星也是關係中的莫大祝福，但似乎是月亮連結使人們感覺到彷彿兩人可以用比較有意義的方式連繫。月亮連結並不保證婚姻永遠成功，但似乎驅策我們至少如此嘗試。細看月亮連結時，我們看見太陽和月亮在一起，那是男性和

女性、亞當和夏娃、諸如此類的基本原型。那是最強大且實際存在的婚姻連結。如果想要對此多加了解，第7章有一節專門談論這點。

問：為什麼我會被與我相容性那麼低的人所吸引？

答：許多人將會經歷這樣的人生階段：以充滿挑戰的關係作為工具，學習許多的功課。土星連結尤其難以對付。如果你發現自己被這些挑戰性十足的關係所吸引，就必須假設，你要從這些關係中學習某樣重要的東西。吸引我們的正是我們在靈性上需要的，為的是達到人生的下一站。從實際角度看，吸引力可能沒什麼道理可言，但卻是精確的映像，鏡映出我們自我理解的過程。不論我們是被土星、火星或其他星球所吸引，都揭示出某樣重要的東西，說明我們想要了解自己的哪些部分。

歸根結柢，我們吸引到的人鏡映出我們與自己的相容程度。

這是一條金科玉律。我們的關係其實鏡映出我們內在的情況以及我們對自己的感覺。一旦我們開始更加疼愛自己，就會吸引到更有愛心的伴侶。

問：什麼方法可以快速了解兩個人的相處情況？

答：只要細看兩人本命牌頁列出的指數。以第一人為例，翻到有這人本命牌連結列表的那一頁，查看這人本命牌比對另一人本命牌和守護星牌的指數數值。沿列表掃描，就可以一目了然，明白那人與整副牌中其他牌的相處情況。

問：採用的連結超過十一個，可以嗎？我可以看見伴侶與我的連結不只十一個。

答：只要你願意，再多列幾個也無妨，但你會發現有點多餘。一旦超過第十一個連結，你會發現那些連結的重要性微不足道。唯一的例外是：當你在工作欄下方又發現某個月亮連結。月亮連結對親密關係意義非凡，如果在第七項之後看見月亮連結，那還是會對這份關係產生影響。如果你和另一半的前七項並沒有任何的月亮連結，那麼看看到底有沒有月亮連結會是個好主意。如果真的有，我會因為月亮連結的重要性而將那些連結囊括在解讀之中。

問：你認為，什麼是理想的婚姻指數值？

答：在我的研究當中，高吸引力、低強度、高相容性是婚姻的理想組合。例如，5、2、6這一組數值很不錯，或是7、1、4這一組。再次強調，這不是保證，但高吸引力為你們提供維繫伴侶關係的「黏合劑」。沒有一些吸引力，你們可能會發現沒有理由在一起。低強度是好事，這樣的關係有一定的和平。高強度關係似乎總是處在動盪之中，宛如一場持續的衝突。高相容性意謂著，你們兩人有許多的共同點。共同點是成功關係的基礎。相容性等級高於1以上便可以結婚。

「太初有道，道與神同在，道就是神。」

從〈約翰福音〉一開始的這些字詞中，我們得出王牌A的本質。最重要的是，王牌A代表陽剛的原初本色、有創意的主角、召喚事物進入存在的「道」。在〈創世記〉當中，我們看見神創造天地，完全只靠，說怎麼樣，就怎麼樣（「於是神說……然後你瞧……成形」）。我們知道的世界是由陽性和陰性能量的巨大「矩陣」（matrix）所構成，陰陽相互作用和演化，然而始終保持平衡。所有的陽剛能量都是神的創造力的一部分，而陰柔能量則是繁殖的、接收的神力。我們可以說，人類的一切創造最終來自於「神的聖心」，有創意的人是神的構想的器皿。還有誰會將所有這些點子放進我們的頭腦裡呢？所有的王牌A，無論男女，本性都多少有些陽剛，要麼是身體上，要麼是性格的一部分，而且都會在生命中反映出如此陽剛、有創意的法則。

王牌A對創造和顯化瞭若指掌，他們的人生是一連串不斷的創作，一件又一件。他們示現了創造力，是許多新點子、新企劃的導管。有人可能會說，他們不斷接收到來自某個高階原力輸入的信息，要動手創造新的東西。他們酷愛新的開始，熱愛看見自己的點子實現。眼看、耳聽、品嚐或接觸自己創造的東西，為他們帶來莫大的愉悅。這是他們與生俱來的一部分，要讓許多以前不存在的東西成形。這帶給他們最大的滿足和最大的挑戰。

王牌A通常以沒耐心著稱。這一生有那麼多的事情要完成，而可以完成的時間卻那麼的少，因此他們幾乎沒有時間可以浪費在排隊等候，或是等待他人把話說完。他們興致勃勃地渴望促成某事發生。等待某事發生並不是他們的本性。他們往往不喜歡排隊等候，不論是與人們一起大排長龍，還是陷在車陣之中。如果王牌A與你相處的時間似乎有點短暫，那是因為他們有重要的事想要去完成，而不是他們不喜歡你。

然而，王牌A也可能是迷人而關心他人的。有三張王牌A，方塊A、梅花A和黑桃A，個別都有一張數字2作為他們的業力牌之一。這份隱藏的作用帶來一定量對他人的關懷和體諒，主要是因為，在某種程度上，他們需要其他人的存在才能感覺到完整。時常感覺需要獨處的王牌A也對完美的配偶或同伴有莫大的渴望，這很弔詭。此外，他們多數時候善於溝通。王牌A的生活往往是接連不斷的電話、電子郵件和書信。多數時候，他們被人們圍繞。不過，不要被這樣的表相給愚弄了。王牌A是「個人」高於一切。他們需要時間面對自己，探索自己的本性。成為王牌A意謂著，在某種程度上只顧自己，許多王牌A可以被歸類成獨行俠，這是牡羊座能量。牡羊座是黃道十二宮的第一個星座，以專注於自己而聞名。儘管有數字2的影響，但如果不是實質上對他們有所貢獻，那麼王牌A生命中的東西，不管是什麼，便毫無意義。假使王牌A與你的關係已經無法給予他們想要或需要的東西，那麼你可能會成為過往雲煙。

儘管每一個王牌A都以或這或那的方式「尋找自己」，但與其他王牌A相較，紅心A用更多的方式體現這點。紅心A的花色告訴我們，他們在哪一個基本的人生領域強調這樣的搜尋。紅心A的人在關係中尋找自己，不僅包括戀人和配偶，也包括家人和朋友。梅花A尋求自己的意義，透過閱讀的書籍和以其他方法學到的事物，他們跟紅心A一樣，也尋求完美的情愛關係，那將滿足他們對完整圓滿的深切思念。方塊A發現，他們強勁的野心以及對同伴和婚姻的渴望之間存在著衝突，似乎無法同時擁有兩者。他們就像所有的方塊一樣，傾向於根據擁有的物資或財務上的成就來評估自己的價值。他們企圖取得或達成某樣很有價值的東西，那使他們成為有價值的人，他們想要成為的人。黑桃A通常在情愛方面遭遇困難，使得找到幸福看似不可能。他們往往完全放棄追求幸福，將所有的熱情發揮在工作和事業上。工作上的完善，要麼透過品質，要麼透過分量，是他們為自己找到心中所愛的手段。他們被認為是整副牌中最具野心的諸牌之一。

不論在什麼情況下，自我接納都是王牌A不為人知的動機。然而，由於有太多的陽剛能量被表達成行為和成就，他們試圖在自我達成的映像中找到自己，而不是停下來，向內看。但願他們喜歡自己的創作並完成這個循環，發現忙著尋找的東西早就已經在自己裡面。他們是試圖回家的浪子。

紅心A：渴求愛

紅心A的人格特質

整副牌中的第一張牌是紅心A，意思是：「渴求愛」。然而，由於方塊A業力牌，紅心A對金錢的渴求也同樣存在。身為整副牌中的第一張牌，有人可能會想當然耳地認為，就像黃道十二宮的第一個星座牡羊座一樣，紅心A是年輕的靈魂，容易犯下許多錯誤，且有自私的傾向。有些紅心A的確如此，但絕非大多數。許多紅心A是作家，或是從事其他創造的行業，一生飛黃騰達。他們受到雙重王牌A的影響，可能感情用事。這其實是一個象徵勇氣的符號，而勇氣正是紅心A的主要特性之一。紅心A欠缺的往往是結合這份勇氣、指揮行動邁向美滿成果的智慧。成功的紅心A修煉耐性，學會先仔細觀看，再縱身一躍。

擁有這張本命牌的人具有強烈的靈性傾向，但他們往往被「誘惑」，因優柔寡斷和隱藏的欲望而偏離正軌。尤其，錢財不夠的恐懼需要被處理，如此，紅心A才能享有更大的成功和心靈的平安。方塊A業力牌指出，需要好好開發感激之情和繁榮之感。但由於同樣這張方塊A也是紅心A人生軌跡中的水星牌，所以金錢或財物的取得一定同樣是人生中一個重大的主題。這些人成就出眾，往往在財務上享有巨大的成功。

紅心A需要小心，不要讓自己伸展太過或涉入太多的方向，那恐怕會造成巨大的壓力和身體上的問題。紅心3業力牌以及紅心A人生軌跡中的兩張數字3，賦予紅心A巨大的創造潛能。但天賦有時可能是累贅，而數字3的缺點是優柔寡斷、擔憂和壓力。遠離工作的安靜時間是一種治療方法。同樣這些數字3創造出工作多樣化的需求，於是紅心A善於架構自己的生活和工作，使自己始終擁有一些彈性。紅心A都是摩羯座，因此，工作很重要，工作帶來的認可也很重要。黑桃3守護星牌告訴我們，許多紅心A將會享有藝術家或創意人的名聲。晚年困境多，包括情緒上和心理上，如果將興趣轉向玄學和自我理解，就可以避開許多困境。假使紅心A將注意力聚焦在尋找靈性的意義，他們的晚年歲月將是這一輩子最為令人滿意的。

紅心A經常是焦躁不安的靈魂，變換不定的價值觀將是他們揹負的最大十字架之一。如果紅心A真要找到他們尋求的頭腦的平靜和心靈的平安，就應該避免反覆無常和濫交的傾向。找到一條讓自己無私付出的途徑將為紅心A帶來最大的回報。

紅心A的親密關係課題

紅心A正展開一場全新的探險，在每一個關鍵時刻尋覓愛的體驗。他們有時情緒焦躁不安，可能價值觀變化無常，導致浪漫生活大動盪。紅心A通常喜愛「有錢的女人」作伴，大致上人緣很好。假使某人正考慮與某個紅心A建立親密關係，那麼最好了解到，除非紅心A覺察到自己在

業力牌：	
方塊A	紅心3
業力親屬：	
方塊2	梅花Q
前世牌：	
黑桃K	紅心2

愛情方面優柔寡斷和焦躁不安的傾向，否則兩人的戀情不可能長久。

紅心A也可能非常自私，只顧自己的需求。害怕金錢和「財物」不夠可能會干擾他們的愛情生活。若要幸福快樂，紅心A可能需要有些變化的親密關係，包括，經驗的分享、良好的溝通、旅遊的機會，這些有助於滿足所有具有創意和焦躁不安的衝動，那些正是紅心A模式的一部分。

身分牌連結之間的通性

紅心A男性與所有方塊女相處融洽。紅心A女性大致上與梅花男相處融洽，黑桃男則覺得紅心A女性迷人、難以抗拒。

人格側寫

紅心A —— 自我的追尋

如果從「自然牌陣」（Natural Spread）或「靈性牌陣」（Spiritual Spread）數算，紅心A是整副牌中的第一張牌，比任何其他牌都更能代表：走出來，進入我們的靈魂和人格的世界。身為1，紅心A是陽剛和創造的原力，代表第一步，從0（零）這個未被顯化的潛力踏出來。據此，紅心A代表神的「道」（「一」）得到顯化，有點像是一道指示，要動手創造。

跟所有的奇數牌一樣，紅心A的人絕不會真正休息。他們始終在追求、發明或創造新的東西。不管怎樣，紅心A最關心的莫過於發現「自我認同」（self-identity，譯註：在界定群我關係的過程中，我們對自我的認識或概念就叫做「自我認同」）。紅心A有點等同於牡羊座管轄的黃道第一宮。紅心A的人可能是非常自我中心的，且在許多情況下相當自私。只有一個出生日期對應到紅心A，即12月30日。所在位置與小丑牌和黑桃K如此相近，使得紅心A的人有點獨立和唯物。但這些人是整副牌中的兒童，他們的行為與其歸因於財物或權力的積累，倒不如說是對自我認同的追求。雖然外在看來，他們可能野心勃勃、物質至上，但這些牌告訴我們，內心裡，這只是他們探究自我本性的方式。

由於紅心A可以被定義為「渴求情感」，所以我們發現，許多紅心A掙扎於愛自己的需求與被他人認可的需求之間。由於紅心3是業力牌，紅心A可能會擔心從他人那裡得不到足夠的情感。同樣這張紅心3也可以說明他們在愛情生活中的濫交本性或一定量的焦躁不安。對於愛，他們往往有點理智取向——許多概念和想法需要真實體驗加以驗證。他們會嘗試某些關於愛的信念，看看是否行得通，然後嘗試別的東西，評估、比較、試圖用自己的頭腦釐清這一切。他們會窮盡畢生之力取得經驗，而且通常是透過嘗試錯誤，然後逐漸融入他們尋求的愛的智慧。當一切說完了、做完了，他們的智慧告訴他們，問題和疑難的解答就在自己裡面，包括他們的感受和信念。在最高階的層面，紅心A意謂著「對自己的愛」。如果我們可以先愛自己，就可以在所到之處找到愛。對紅心A而言，他們往往需要很長的時間才能將注意力轉而向內，但最終，這卻是他們找到心之所嚮的地方。

我們必須謹記，王牌A始終是某種程度的獨行俠。他們需要時間獨處並詢問這個問題：「什麼會使我開心呢？」答案是對自己的愛，那帶來最真實的滿足，但對自己的愛與對另一個人的愛如何在人類的關係中共存呢？誰先出現的？是我們的伴侶還是我們自己呢？首先，我們會領悟到，我們對另一個人的感受以及我們在對方身上看到的美好特質，其實都在我們自己裡面。對方可以是幫助我們看見自己那些部分的催化劑，但事實上，這些特質和感受只屬於我們自己。這是紅心A的一部分重要功課。事實上，伴侶可能會也可能不會分享我們正在經驗的美妙感受或品質。我們的感受就只是我們的感受。當我們領悟到那一層，就會開始看見，我們所有的關係都只是自己的鏡像。我們可以將感受到的愛回傳給自己，真正看見自己是多麼的特殊。然後我們可以珍愛自己的伴侶，不害怕對方會逃跑並帶走所有我們因對方而感受到的愛。

紅心 A

人生牌陣牌組		
行星牌	符號	牌
月亮	☽	8♠
太陽（本命牌）	☀	A♥
水星	☿	A♦
金星	♀	Q♦
火星	♂	5♥
木星	♃	3♣
土星	♄	3♠
天王星	♅	9♥
海王星	♆	7♣
冥王星	♇	5♦
結果（宇宙回報）	♃+	Q♠
宇宙功課	♄+	J♣

名人生日

傑克・洛德（JACK LORD）
12/30/1930 • 演員
魯德亞德・吉卜林（RUDYARD KIPLING）
12/30/1865 • 作家
崔西・厄爾曼（TRACEY ULLMAN）
12/30/1959 • 喜劇演員
伯特・帕克斯（BERT PARKS）
12/30/1914 • 電視名人
山迪・柯法斯（SANDY KOUFAX）
12/30/1935 • 棒球運動員
麥克爾・奈史密斯（MICHAEL NESMITH）
12/30/1942 • 吉他演奏家
大衛・瓊斯（DAVID JONES）
12/30/1946 • 歌手
班・強森（BEN JOHNSON）
12/30/1961 • 短跑運動員
老虎伍茲（TIGER WOODS）
12/30/1975 • 高爾夫球手
梅莉莎・米蘭諾（MELISSA MILANO）
12/30/1982 • 女演員
雷霸龍・詹姆斯（LEBRON JAMES）
12/30/1984 • 籃球運動員

守護星牌		
生日	守護星座	守護星牌
12/30	摩羯座	黑桃 3

對象	伴侶之間的連結					綜合指數評級		
紅心A與	連結1	連結2	連結3	連結4	連結5	吸引力	強度	相容性
A♥	SBC	MOR	VEFS	MOF	VERS	7	0	5
2♥	MORS	JUMS	VEF	MOFS	PLF	6	-3	7
3♥	KRMA	VEFS	NEF	NEFS	MAM	7	3	3
4♥	MAFS	JUR	CLRS	URRS	JURS	3	2	3
5♥	MAF	JUFS	VEF	VEFS	MAFS	6	1	5
6♥	CLR	SAFS	CRR	VEMS	MAF	2	4	-1
7♥	URFS	NEFS	PLRS	NEF	PLR	4	2	2
8♥	NEFS	PLRS	NERS	VEM	URFS	6	2	3
9♥	URF	PLFS	JUMS	SAF	URFS	2	3	-2
10♥	MAR	CRFS	CLF	CRRS	JUR	6	6	0
J♥	CLFS	VEM	MOFS	URR	VEMS	6	0	4
Q♥	JURS	URMS	MARS	MAR	JUR	3	2	4
K♥	VERS	VEF	SARS	VEFS	VER	5	-1	1
A♣	MORS	JUMS	MOR	VEF	PLF	6	-3	6
2♣	VERS	VEM	VEMS	MAF	URF	7	-2	3
3♣	JUF	PLF	MAF	NEF	PLR	6	4	2
4♣	CRR	VEMS	CLR	SAFS	CLRS	3	2	1
5♣	MAF	JUFS	CRR	VEMS	CRRS	6	2	3
6♣	MOF	URRS	PLR	PLRS	URR	4	0	2
7♣	NEF	PLR	NER	PLF	MARS	6	4	3
8♣	URR	CLFS	VEM	MOFS	NER	4	1	2
9♣	MARS	SAR	SARS	VEM	MAR	3	5	2
10♣	NER	PLF	MARS	JUR	CLRS	6	4	3
J♣	CLF	MAR	CRFS	CRF	MARS	7	7	-1
Q♣	MAM	MAMS	KRMC	VEFS	VER	7	5	3
K♣	VER	MAM	SAMS	MOF	URRS	5	3	-1
A♦	KRMA	MOR	PLR	NEF	NEFS	7	3	2
2♦	PLR	MOR	KRMC	MORS	CRR	6	1	1
3♦	MAF	JURS	CLR	SAFS	VEF	3	3	3
4♦	CRRS	MAF	JUFS	MAFS	CRR	6	4	2
5♦	PLF	JUF	NEF	PLR	JUFS	5	3	1
6♦	SAR	MARS	SAF	URR	SAFS	0	6	0
7♦	JUMS	URF	PLFS	URFS	PLF	2	1	0
8♦	CRF	VERS	NEF	PLR	NEFS	7	2	3
9♦	VEF	PLF	CLF	PLFS	JUMS	7	4	3
10♦	VER	SARS	MAM	MAMS	CRF	5	4	5
J♦	SAF	CLF	VER	CLFS	JUF	2	5	-2
Q♦	VEF	MAF	JURS	MOR	JUR	6	0	5
K♦	JUF	NERS	VEM	VEMS	MAF	6	-1	7
A♠	URFS	VERS	MAF	URF	NEF	4	1	0
2♠	MAM	SAMS	MAR	PLRS	VER	5	8	-1
3♠	SAF	SAR	JUF	URR	SAFS	-2	4	-3
4♠	JUR	CLRS	URRS	MAFS	SAR	1	1	4
5♠	CRRS	MAR	CRFS	CRF	JUR	6	5	1
6♠	MAR	PLRS	VEF	SARS	MAM	5	5	3
7♠	NERS	VEM	NEFS	PLRS	CRRS	6	1	4
8♠	MOF	URRS	VER	PLRS	SAM	4	-1	2
9♠	VEF	SARS	MAR	PLRS	MARS	4	3	3
10♠	JURS	URMS	MAFS	MAM	MAF	3	2	2
J♠	NER	PLF	MARS	NEF	PLR	7	5	2
Q♠	CRF	VERS	VER	SARS	PLF	6	2	6
K♠	MOFS	URR	CLFS	VEM	MOF	5	-1	4

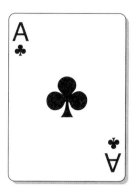

梅花A：渴求知識

梅花A的人格特質

渴求知識，加上渴求愛（紅心2業力牌），是這張牌的主要影響力。結合這兩者，你得到一個愛的學生，這人真正想要找到自己的理想伴侶。這張牌曾以濫交而聞名，但濫交的真實性僅限於在他們找到夢中情人之前。梅花A跟誰在一起都好，就是不願獨自一人，但直到對的人出現，他們才會全然付出。梅花A跟所有的王牌A一樣，沒有耐性、焦躁不安。好奇心促使他們成為狂熱的學生，時常與汗牛充棟的圖書館以及各式各樣的學習素材為伍。同樣這份好奇心通常使他們保持年輕，甚至持續到人生的最後幾年。他們總是對新的事物、構想和討論主題興致勃勃。

他們非常聰明，可以靠大腦和創意生出充裕的資金。他們可以在與藝術或一群群女人相關聯的事物中賺錢，不論在哪裡，都可以利用創造力和敏捷的思維獲取利潤。梅花A非常友善而體貼，這幫助他們在職場上結交朋友，也賦予他們良好的溝通技巧。大部分的人在梅花A身邊感覺自在舒適，因為他們有能力讓他人感到特殊、不被排斥。他們的頭腦非常迅速、敏銳，說話機智詼諧、熱情有勁。

梅花A的母親通常是他們生命中格外重要的人物。這位母親通常是非常強而有力的女性，心智敏銳，直覺力強。梅花A跟方塊A一樣，都有一張皇后作為他們的水星牌，與母親的關係對他們形成持久的印記，往往終生影響梅花A的愛情生活以及與一般女性的關係。

除非梅花A轉向靈性尋求指引，否則他們的晚年不會盡如人意。位於天王星和海王星的兩張數字7，代表梅花A一生的最後部分，可能要麼帶來物質上的問題，要麼帶來靈性上的成功。最幸福的梅花A將對知識的永恆追求同樣延伸到自我認識，他們往往是那種「神聖的不滿」（divine discontent），在生活和工作方面需要旅行和有所變化，才能滿足他們對知識的渴求和內在的焦躁不安。

梅花A的親密關係課題

這是我們稱之為半固定牌的四張特殊牌之一。梅花A與業力上的靈魂雙生牌紅心2有獨特的連結，這樣的連結在整副牌中只有另外兩張牌（方塊7和紅心9）共享。雖然你看見列出了六張業力牌，但只有紅心2與梅花A親近。梅花A和紅心2幾乎是彼此精確的鏡像，共享彼此的人格特質和特徵。因為紅心2是「情人」牌，所以梅花A終生具有找到完美愛情的雄心。這未必意謂著完美的婚姻。我們可以與我們的完美情人結婚，但一旦涉及紅心2，婚姻未必是必要條件。梅花A尋找的是情愛關係——不受時間圍限的永恆愛戀，或許並不存在人世間。

許多梅花A就跟紅心2一樣，因濫交而聞名。不過，這只發生在還沒有找到心

業力牌：
紅心2　方塊7　紅心9
紅心J　梅花8　黑桃K
業力親屬：
無
前世牌：
紅心K　梅花2

中真愛的梅花A身上。一旦找到自己的夢中情人，他們是忠貞不二、一夫一妻的。

他們的眼中有浪漫的光芒，因為梅花A知道，有一份特殊的關係為他們存在於某個地方。他們從不放棄永恆真愛的夢想。假使梅花A選擇了你成為今生的特殊人物，那麼你真是走運啊。

梅花A跟某些其他牌一樣，對愛懷有崇高的理想。因為如此，當夢想沒被滿足時，他們可能澈底崩潰。梅花A往往帶著莫大的期望和熱情進入關係，尤其當他們認為自己已經找到了「那個人」時。如果他們對那段關係的期望太多，而戀情失敗了，他們可能會緊閉心扉，發誓絕不再信任或永不敞開心扉。他們的夢想永遠不會丟失，但為了保護自己，他們可能永遠不再冒險。曾經受到如此傷害的梅花A需要用比較實際的眼光看待他們的關係。最佳的親密關係之所以被創造出來，是因為以開放而有愛心的方式針對個人和情緒的課題下工夫，不只是因為找到可以相伴的合適人選，後者可能是梅花A的紅心2業力牌創造出來的幻相。

身分牌連結之間的通性

常見女性梅花A與其他梅花男在一起，通常因友誼或愛情而與對方建立起友善的連結。方塊男通常為女性梅花A帶來問題，尤其是方塊J和方塊K。黑桃男喜歡梅花A女性。紅心女與梅花A男性難以相處。男性梅花A總是有其他的梅花女性朋友，有些時候，梅花女是情人。

人格側寫

梅花A —— 孤獨一個人

梅花A似乎有兩種類型。有非常群居的梅花A，風流韻事一樁接一樁，也有情愛生活似乎經歷漫長乾旱的梅花A。信不信由你，對於情人，這兩種類型都展現出梅花A的吹毛求疵。為什麼呢？這樣說吧，就連外向、群居的梅花A，也不真讓自己的任何一個情人太過親近。他們就跟長年乾旱的梅花A一樣，等待著那個完美人選到來，那個可以全心全意信任的情人。基於這個原因，梅花A常是孤獨的人，等待著一個對他們來說真正特殊的人，而且就是不接受任何差強己意的對象。哦，但當他們真的找到那個對象時，可要小心啊！少數幾張牌可能與梅花A深深墜入愛河，不然就是，在情事上，墜入愈深，受傷愈深。

一定要記住，梅花A最重要的業力牌是紅心2。紅心2不僅是戀愛牌，更位於「大太陽牌陣」（Grand Solar Spread）的海王星／金星位置。如此海王星（幻想、夢境、神祕主義）與金星（愛、關係、歡愉）的結合，是整副牌在關係方面最浪漫且最令人上癮的。但同樣這些對情愛的崇高理想，卻可能使梅花A變得非常孤獨。他們可能永遠遇不到能夠符合其幻想或冗長要求清單的對象。這可能會造就許多孤獨的梅花A。

有這張紅心2的另一個危險是，當梅花A終於找到似乎是這個完美人選的對象時，紅心2會創造出這類愛的幻想以及這類對完美伴侶的夢境，他們如實地展開一趟我們多數人甚至無法想像的浪漫飛行。大家都知道，飛得最高的，往往掉落時摔得最嚴重。對梅花A來說也一樣。如果他們選擇的伴侶其實不是他們想像的那樣，那麼接踵而來的衝突可能會非常痛苦。

有些梅花A就是會以種種方法利用他人的那一類型。這類梅花A往往漂亮好看，有點性魅力。有時候，他們會利用他人滿足性慾，或是利用對方滿足金錢和安全感。但你總是可以斷定，梅花A要麼在戀愛，要麼不在戀愛，這些人沒有中間地帶。如果你和一個梅花A約會或結婚，最好問問自己，你是不是對方一直等待的「那一個」。如果不是，很可能你只是被用於某個其他目的。但如果你真的是那一個，那麼你擁有的這人會拿全天下作籌碼，只為了換得跟你在一起。

梅花 A

人生牌陣牌組

行星牌	符號	牌
月亮	☽	3♥
太陽（本命牌）	✳	A♣
水星	☿	Q♣
金星	♀	10♠
火星	♂	5♣
木星	♃	3♦
土星	♄	A♠
天王星	♅	7♥
海王星	♆	7♦
冥王星	♇	5♠
結果（宇宙回報）	♃+	J♥
宇宙功課	♄+	9♣

守護星牌

生日	守護星座	守護星牌
5/31	雙子座	梅花 Q
6/29	巨蟹座	紅心 3
7/27	獅子座	梅花 A
8/25	處女座	梅花 Q
9/23	處女座或天秤座	梅花 Q 或黑桃 10
10/21	天秤座	黑桃 10
11/19	天蠍座	梅花 5 和黑桃 5
12/17	射手座	方塊 3

名人生日

克林・伊斯威特（CLINT EASTWOOD）
5/31/1930 ● 男演員
茱蒂・佛斯特（JODIE FOSTER）
11/19/1962 ● 女演員
史恩・康納萊（SEAN CONNERY）
8/25/1930 ● 男演員
柯林・法洛（COLIN FARRELL）
5/31/1976 ● 男演員
斯托克利・卡麥克爾（STOKELY
CARMICHAEL）
6/29/1941 ● 民權領袖
迪吉・葛拉斯彼（DIZZIE GILLESPIE）
10/21/1917 ● 爵士音樂家
布魯斯・史普林斯汀（BRUCE
SPRINGSTEEN）
9/23/1949 ● 音樂家
胡利歐・伊格萊西亞斯（JULIO IGLESIAS）
9/23/1943 ● 歌手
雷・查爾斯（RAY CHARLES）
9/23/1930 ● 歌手
佩姬・佛萊明（PEGGY FLEMING）
7/27/1948 ● 滑冰運動員
賴瑞・金（LARRY KING）
11/19/1933 ● 脫口秀主持人
布魯克・雪德絲（BROOKE SHIELDS）
5/31/1965 ● 女演員
雷納德・伯恩斯坦（LEONARD BERNSTEIN）
8/25/1918 ● 指揮家
泰德・透納（TED TURNER）
11/19/1938 ● 媒體執行人
華特・惠特曼（WALT WHITMAN）
5/31/1819 ● 詩人
大仲馬（ALEXANDRE DUMAS）
7/27/1824 ● 作家
威廉・薩菲爾（WILLIAM SAFIRE）
12/17/1929 ● 新聞從業人
梅格・萊恩（MEG RYAN）
11/19/1961 ● 女演員
卡文・克萊（CALVIN KLEIN）
11/19/1942 ● 設計師

| | | | 關　係 | | | | | |

對象 梅花A與	連結1	連結2	連結3	連結4	連結5	吸引力	強度	相容性
A♥	MOF	MOFS	JUMS	VER	URRS	6	-3	8
2♥	KRMA	NEF	NEFS	PLR	SAF	6	5	1
3♥	MOF	MOR	MORS	PLR	JUMS	7	-3	8
4♥	CLRS	MAR	VEF	SARS	VEFS	4	3	2
5♥	JUR	CRRS	CLR	URR	MAF	2	1	2
6♥	PLRS	MAFS	VEM	JUF	MAF	6	3	2
7♥	URF	NERS	PLFS	PLR	URRS	4	3	-1
8♥	PLR	URRS	URF	NERS	PLFS	2	3	-1
9♥	KRMA	SARS	NEF	PLR	NEFS	4	6	0
10♥	JURS	SAR	CLFS	PLF	SAMS	1	4	-1
J♥	KRMA	CRF	MARS	VER	VEMS	7	6	2
Q♥	SAR	VERS	VEF	SARS	CLF	3	1	2
K♥	MOFS	MORS	MOR	URF	JUF	7	-3	9
A♣	SBC	NEF	PLR	NER	PLF	6	5	0
2♣	MORS	SAF	MOFS	NER	PLF	4	1	3
3♣	VEFS	VER	VERS	MAR	NEF	7	-1	7
4♣	MAFS	VEM	MAF	JUFS	PLRS	7	3	4
5♣	MAF	JUFS	JUR	CRRS	MAFS	5	2	4
6♣	NER	SAFS	MAM	VERS	VEFS	4	4	0
7♣	URFS	JUM	MAR	JUMS	CLR	2	1	2
8♣	KRMA	NEFS	PLRS	CRF	MARS	7	6	0
9♣	CLF	PLFS	SAR	VERS	MAMS	5	6	-3
10♣	JUR	CRFS	MAR	MARS	CLRS	5	4	2
J♣	SAR	CLFS	SAM	JURS	JUR	0	5	-2
Q♣	MOR	MOF	URR	PLRS	PLR	5	-1	5
K♣	VEMS	CRR	MAM	MAMS	NERS	7	2	4
A♦	VERS	VER	URRS	SAF	CLF	4	0	3
2♦	VERS	NER	SAFS	SAF	CLF	3	3	0
3♦	JUF	PLRS	JUMS	PLR	MAR	3	1	2
4♦	CLR	URR	PLF	SAMS	JUR	2	4	-2
5♦	MARS	VEFS	MAR	VERS	JUM	7	3	4
6♦	MAMS	CLF	PLFS	JURS	PLF	6	7	-2
7♦	KRMA	NEF	PLR	SARS	NEFS	5	5	0
8♦	MAR	URFS	JUM	JUMS	MORS	4	2	2
9♦	MARS	JUMS	JUM	VEFS	SAFS	4	1	3
10♦	MOR	MAFS	VEM	URR	PLRS	7	1	5
J♦	SAM	JURS	SAR	CLFS	JUR	-1	4	-1
Q♦	JUMS	JUF	MARS	SAFS	PLR	2	1	2
K♦	VER	VEFS	VEF	NEF	PLR	7	-2	8
A♠	SAF	URF	NERS	PLFS	MORS	1	4	-3
2♠	CRR	URR	VEMS	PLFS	CRRS	5	2	1
3♠	JURS	MAMS	SAM	MAM	SAMS	3	5	1
4♠	MAR	JUR	CRFS	CLRS	CRF	5	4	2
5♠	PLF	SAMS	JURS	CLR	URR	2	5	-3
6♠	URR	CRR	CRRS	VEMS	URRS	3	1	2
7♠	VER	PLR	URRS	PLRS	VEF	4	1	2
8♠	MAM	VEMS	NER	SAFS	NERS	6	3	2
9♠	MOFS	URR	MOF	URRS	JUF	4	-2	6
10♠	VEF	SARS	CLRS	SAR	VERS	2	1	2
J♠	URFS	JUM	JUR	CRFS	URF	1	-1	3
Q♠	MAR	MARS	MAFS	VEM	CLR	8	6	1
K♠	KRMA	VER	VEMS	NEFS	PLRS	7	2	4

方塊A：渴求愛與金錢

方塊A的人格特質

這張牌與生俱來的熱情可以用種種方式加以表達，但對方塊A來說，同時擁有金錢（或事業）和愛情似乎總是困難重重。或許這是因為，方塊A的本質就是將整個人聚焦在某個特定的方向，排除其他。無論如何，對男性和女性方塊A來說，這個主題都相當突顯。

他們可以沒耐性、自私、唯利是圖，也可以是最偉大的付出者。他們是人生牌陣中的木星／海王星牌，有時候，木星傾向於將海王星的理想和慈善擴展到極致。在某個層面，方塊A各個善良敦厚，會竭盡全力幫助比較不幸的人。他們仁慈對待動物，討厭看見他人受苦。強勢的海王星影響力可能促使他們嚮往崇高的理想，因此許多方塊A對某個值得的目標做出巨大的貢獻。大部分的方塊A幻想自己是或這或那的救星，拯救自己的朋友、家人、事業夥伴、情人或是已婚的另一半。但海王星可能是幻相，引領我們踏上巨大欺騙兼理想錯置的道路。這一切取決於個人的區辨能力。保羅·紐曼（Paul Newman）是方塊A，他對慈善事業貢獻良多。阿道夫·希特勒（Adolph Hitler）是惡名昭彰的方塊A，他認為自己在為這世界做好

事，而且找到了一個對屠殺數百萬無辜人民感覺良好的方法。這兩人代表海王星理想主義的相反極端。我們發現，這個由方塊A表達的夢幻、樂觀本性，儘管差異極大，但始終存在。

這些人很有創意，能夠同時身兼二職。他們每天結識新朋友，許多好運也來自這類邂逅。他們雄心勃勃，多數具有某些藝術能力。他們的工作通常涉及他們所熱愛的旅行。方塊A的生活是一連串的電話和各式各樣的溝通交流，通常還有一系列的活動。不論做什麼，他們都相信自己在人間是要幫助這個世界，且在過程中做出重要的貢獻。所有方塊A都具有成為通靈人的傾向，許多更自然而然地受到生命的形上面所吸引。假使金錢或權力在他們的價值觀中不是太過優先的選項，那麼方塊A的一生可以擁有莫大的滿足與成就。

方塊A的親密關係課題

之前提過，方塊A在情愛方面的主要挑戰在於：是否必須放棄自己的事業，才能擁有想要的愛情。方塊A時常擁有偶爾見到另一半的遠距親密關係。這讓他們有充裕的時間工作，而工作通常是最為重要的。某些案例則顯示，方塊A和另一半時常一起旅行。許多方塊A一生至少有一次體悟到，相對於相隔千山萬水，有另一半陪伴是多麼的重要。

方塊A的一生有很強的海王星／雙魚座元素瀰漫，滲透到他們的個人關係中。儘管他們看見伴侶最崇高的一面，而且天生善於照顧伴侶，但有時候，另一半並沒有活出他們妥協後的目標，於是方塊A變得失望或生氣。他們需要學習如何大聲說

業力牌：
方塊2　紅心A
業力親屬：
梅花6　紅心3
前世牌：
梅花K　方塊2

出自己的需求，同時學習如何看見他人的真實本性。

由於溝通，一切事情皆有可能。

許多人說，方塊A男性應該永遠不結婚。他們焦躁不安的天性似乎比較適合戀愛，不適合長期承諾。然而，如果他們與如此的焦躁不安達成協議，就可以找到願意與他們一起旅行的完美伴侶，因此也能夠滿足通常導致風流韻事的同一股能量。

身分牌連結之間的通性

方塊A女性總是較善於與梅花男相處，尤其是較懂得表現性格成熟面的梅花男。所有方塊A都有許多的方塊女性朋友，但通常不建議與方塊結婚。方塊A男性可能較善於與紅心女相處。不過，是否適合與方塊A在一起，還是應該要查看個人特有的牌組，才能得出故事的全貌。

人 格 側 寫

方塊A ──有距離的情人

有趣的是，方塊A經常在自己與配偶之間創造距離。紅心5在金星，與他們的情愛生活為什麼變成這樣大有關係。所有的數字5都具有射手座的特質。射手座是探險家的星座，這人熱愛旅行，想要見見世面。紅心5在金星可以被比作金星在射手座、金星在第九宮、或是金星因木星而形成相位，因為木星守護第九宮與射手座。你會發現，多數的方塊A在他們的本命星盤中都找得到一個這樣的占星連結。

總之，方塊A在個人的關係中似乎總是有某個旅行或距離的元素。他們時常愛上經常旅行、出門在外的某人。不然就是，他們本身四處旅行，而伴侶留在家中。極端的案例則顯示，兩人會一起旅行，乃至允許伴侶享有與他人約會的自由。所有案例均顯示，方塊A與他們最親密的關係之間存有某種距離。有時候，如果雙方都喜歡且接受這是兩人關係的一部分，

那麼這樣的距離是好事。其他情況下，距離是真正的問題。許多這樣的現象可以追溯到金星在射手座中的業力意涵。

赫萊瑞恩（Hilarion）在他的著作《靈性占星學》（*Astrology Plus*）之中告訴我們，金星在射手座的人，在人世間是要學習了解有配偶和情人陪伴的價值。他說，這些人一生當中，將有一或多段「遠距」的親密關係，而且這個距離將會在他們內在創造出有伴侶陪伴的渴望。這個渴望有助於平衡前世總是遠離伴侶的模式。對方塊A來說，這似乎非常真實。最終，他們學到，不僅擁有相愛的伴侶很重要，更重要的是這個伴侶在生理上、性方面、情感上陪伴他們。為了學到這一課，方塊A從建立這些遠距關係開始，但遲早，他們會改變自己這方面的價值體系，建立更健康、更平衡的模式。

方塊 A

人生牌陣牌組		
行星牌	符號	牌
月亮	☽	A♥
太陽（本命牌）	☀	A♦
水星	☿	Q♦
金星	♀	5♥
火星	♂	3♣
木星	♃	3♠
土星	♄	9♥
天王星	♅	7♣
海王星	♆	5♦
冥王星	♇	Q♠
結果（宇宙回報）	♃+	J♣
宇宙功課	♄+	9♦

守護星牌		
生日	守護星座	守護星牌
1/26	水瓶座	梅花 7
2/24	雙魚座	方塊 5
3/22	牡羊座	梅花 3
4/20	牡羊座或金牛座	梅花 3 或紅心 5
5/18	金牛座	紅心 5
6/16	雙子座	方塊 Q
7/14	巨蟹座	紅心 A
8/12	獅子座	方塊 A
9/10	處女座	方塊 Q
10/8	天秤座	紅心 5
11/6	天蠍座	梅花 3 和黑桃 Q
12/4	射手座	黑桃 3

			關　　係					
對象	伴侶之間的連結					綜合指數評級		
方塊A與	連結1	連結2	連結3	連結4	連結5	吸引力	強度	相容性
A♥	KRMA	MOF	NEF	NEFS	MAMS	8	3	4
2♥	VEF	URFS	SAR	MORS	VEFS	3	-1	5
3♥	MAMS	MOF	KRMC	VERS	VEFS	8	2	5
4♥	SAR	MAM	JUM	MAMS	MAFS	3	5	0
5♥	VEF	MAFS	CRRS	MAF	JUFS	7	3	4
6♥	MAFS	CLR	CLRS	VEFS	VER	5	3	1
7♥	MAM	MAF	MAFS	URFS	NEFS	7	7	0
8♥	MAM	NEFS	PLRS	MAMS	NERS	7	6	1
9♥	SAF	URFS	VER	URF	PLFS	0	3	-2
10♥	JUR	CRF	MARS	SAF	MAR	3	4	1
J♥	VEMS	NER	PLF	URRS	PLR	6	1	2
Q♥	MAR	MAM	SARS	VEM	VEMS	6	5	1
K♥	VEFS	VEM	MARS	JUR	MAR	7	0	7
A♣	VEF	URFS	VEFS	SAR	JUMS	4	-1	5
2♣	VEM	MAF	VEFS	MAR	VERS	8	2	6
3♣	MAF	NEF	PLR	JUFS	VEMS	7	4	2
4♣	CLR	CLRS	CRRS	MAFS	MOF	3	3	0
5♣	CRRS	VEF	CLR	CLRS	MAF	4	1	3
6♣	PLRS	VER	KRMC	MORS	CRR	5	2	3
7♣	URF	NERS	PLFS	NEFS	PLRS	4	3	-1
8♣	NER	PLF	URRS	VEMS	VEF	6	2	1
9♣	SARS	VEM	MAR	URR	SAFS	3	3	1
10♣	JURS	JUM	PLR	SAR	SARS	0	0	2
J♣	CRF	MARS	VER	CLFS	JUR	7	4	2
Q♣	VERS	MAMS	MAR	CRFS	MARS	8	5	3
K♣	MOFS	VERS	VER	MAM	SAMS	7	-1	7
A♦	SBC	MORS	CRR	MOF	MOFS	6	1	5
2♦	KRMA	MORS	CRR	PLRS	NEF	6	3	3
3♦	VEFS	MAFS	MOR	MORS	MAF	8	0	7
4♦	MAFS	VEF	VEFS	CRR	CRRS	7	2	5
5♦	NEF	PLR	JUFS	CLF	PLFS	5	3	1
6♦	URR	SAFS	SARS	VEM	JUF	-1	3	-1
7♦	URFS	SAF	CLR	SAFS	JUMS	-2	4	-3
8♦	NEFS	PLRS	PLF	URF	NERS	5	4	-1
9♦	CLF	PLFS	MOR	NEF	PLR	7	5	-1
10♦	MAR	CRFS	VERS	PLF	URF	7	5	1
J♦	VER	CLFS	JUF	CRF	MARS	6	2	3
Q♦	MOR	VEFS	CLF	PLFS	CLFS	7	1	4
K♦	VEMS	MAF	MAR	VEM	JUF	8	2	5
A♠	MAF	VEM	VEMS	MAFS	URFS	8	2	5
2♠	VERS	MAMS	MOFS	MAM	SAMS	7	2	4
3♠	JUF	URR	SAFS	VER	CLFS	1	1	2
4♠	SAR	JURS	JUM	JUF	JUR	0	0	3
5♠	JUR	MAFS	CRR	CRRS	SAF	4	3	2
6♠	MAMS	MARS	VERS	JUF	MAR	7	5	3
7♠	VEMS	MAM	MAMS	NERS	VEM	8	3	4
8♠	VER	MOFS	PLRS	NEF	MOF	7	-1	6
9♠	MARS	VEFS	MAMS	URR	VEF	7	3	3
10♠	MAM	MAR	MARS	JURS	URMS	6	6	1
J♠	PLR	URF	NERS	PLFS	JURS	3	3	-1
Q♠	PLF	MAR	CRFS	NEFS	PLRS	7	7	-2
K♠	NER	PLF	URRS	VEMS	MAF	6	3	0

黑桃A：野心與祕密

黑桃A的人格特質

　　黑桃A是古代神祕奧義的符號，是整副牌中最靈性的牌，然而在許多情況下，也是最雄心勃勃和物質導向的。黑桃A也被稱為「先知牌」（Magi Card），因為它從前是、現在仍舊是許多祕傳知識學派所使用的符號，其中包括成員為負責保存和傳播這套撲克牌系統的「先知會」（The Order of the Magi，譯註：先知會據說起源於兩萬年前的亞特蘭提斯時期，大概是迄今存在的最古老靈性組織）。

　　黑桃A通常有一份畢生的衝突，掙扎於世俗的物質敦促與深厚的前世靈性傳承之間。這張牌的人生軌跡有兩張7和兩張9，這兩個靈性數字代表物質層面的考驗和磨難。這四張靈性牌真正要告訴黑桃A的是，唯有採納靈性的觀點看待自己的人生並在那個層面尋求滿足，才會找到屬於黑桃A的快樂幸福。事實上，黑桃A在靈性界域擁有的能力和資源勝過整副牌中大部分的其他牌，而且一旦他們開始朝那個方向搜尋，多數人摸索不到的許多門戶就會豁然敞開。領悟到這點正是黑桃A的挑戰。

　　黑桃A似乎是一張極端的牌——要麼高度唯物主義，受到自己的工作和事業所

業力牌：
紅心7　梅花2
業力親屬：
紅心8　紅心K
前世牌：
方塊K　黑桃2

驅動，要麼非常靈性，心思難懂。就連唯物主義的黑桃A，也有為他人付出的區塊和方式。付出是他們生命的一部分，對每一個黑桃A來說都是自然而然的。業力牌紅心7暗示，他們某些最具挑戰性的考驗落在親密關係、家庭和友誼的領域。紅心7也賦予他們天賦，使其有能力建議朋友和需要幫助的人。有些黑桃A甚至以此為終生事業。他們正在學習：讓他人就是他人，以及無條件地愛對方。有時候，那些教訓是非常痛苦的。最終，這些人變得非常有愛心且體貼他人。他們的使命是：終生服務且致力於更高的法則，從而找到內在的平安。當來自前世的業力解除了，黑桃A會開始領悟到這點，同時學會遵循「種瓜得瓜，種豆得豆」的不成文律法。他們用許多方法將自己置於十字架上。每當他們偏離這套律法或漠視自己的靈性本質時，似乎就會受到不公的懲罰。

　　那些多數時候唯物主義的黑桃A似乎有一個接一個的問題。然而，當他們切實遵從更高法則同時好好聆聽自己內在的聲音時，就會得到指引和保護，透過覺察自己的精神財富，找到尋覓的內在平安。

黑桃A的親密關係課題

　　黑桃A關係的成功或失敗主要取決於，當事人是否大致上採取比較靈性的方式面對自己的人生。心思比較唯物的黑桃A發覺，自己在愛的領域一再被挑戰。對這些人來說，情感上的依戀帶來持續的痛苦。摯愛和家人可能會背叛，幻滅一次又一次，直到他們領悟到自己不著痕跡的依戀才是這些問題的根源。黑桃A突顯的另一個元素是，他們將真愛置於如此崇高、

理想的境地。黑桃A跟梅花A和其他人一樣，尋求與另一個人完美結合，要麼是靈性上的，要麼至少本質上是永恆的。

他們感應到在愛中神聖結合的可能性，時常將莫大的期望帶進自己的關係中。一旦黑桃A將這樣的幻想擱置一段時間，同時開始針對自己的情緒和感覺的交流下工夫，他們的關係就會改善，連帶找到靈魂伴侶的機會也會提高。他們的親密關係之路是艱難的，但並不是不可能。

內心深處，黑桃A是非常有愛心且願意付出的，懷著珍貴的愛的夢想，等待實現。如此理想的關係並非遙不可及，但通常出現在後半輩子。

身分牌連結之間的通性

黑桃A女性總是因紅心男而受惠，而且通常為梅花女帶來好事。黑桃男往往追求黑桃A女性，而黑桃A女性則喜歡方塊男，不過對方塊男來說，跟黑桃A女性在一起並不是那麼容易。

人 格 側 寫

黑桃A ── 黛安娜王妃

黛安娜王妃是黑桃A情愛生活的絕佳實例。我們在此看見一位嫁給心中王子的王妃，表面上看似一則童話故事。大部分的人認為，一定會有個童話般的結局，公主和王子結婚，從此過著幸福快樂的生活。畢竟，他們倆一切順遂，不是嗎？就連他們的太陽星座（巨蟹和天蠍）也被許多人認定是黃道中最相容的星座。但黛安娜王妃的人生結果證明是比較像典型的黑桃A，在情愛的領域遭遇相當艱難的挑戰。

黑桃A被稱為「先知牌」，就神祕的生命奧義而言，它一直是最重要的古代符號之一。黑桃A多半是整副牌當中最有靈性的，凡是擁有這一張作為本命牌的人，都必須活出靈性的人生，否則將承受巨大的苦難。在這層意義上，靈性意謂著黛安娜王妃並不比你或我更進化。她的命運將她置於大眾面前，讓我們親眼目睹她的人生際遇，而且透過那樣的方式，或許讓我們每一個人學到與名望和皇室相關的東西──亦即，單是這些東西並無法使我們幸福快樂。黑桃A常有深刻的情緒傷疤和創傷要療癒。細看他們人生軌跡中的牌組：兩張7和兩張9，其中一個9在土星。這是一個困難重重的組合，與他們跟誰結婚或是擁有多少金錢或名聲無關，這些恐懼和情緒習性將在黑桃A的關係中起作用，需要被好好處理。黛安娜王妃生命中的每一次自我描述，都揭示了促使兩人最終分離的情緒問題和挑戰。

黑桃A有紅心2在海王星。最重要的是，他們渴求完美的愛。對於愛，他們往往對愛過度理想且太過脆弱，而且將自己的眼界定得太高，誰都無法符合。然而，當這些理想被冷酷的事實碾碎時，必定墜落的卻是他們。以黛安娜王妃而言，她嫁給天蠍座、梅花6的查爾斯王子。他們共享許多連結，其中大部分是好的。不過，海王星連結也在那裡。她一定一直認為，她一開始就擁有完美的婚姻。其實，他們之間有足夠良好的連結，因此，這原本可以是一椿完美的婚姻。許多金玉良緣擁有的美好連結比他們倆還少。雖然她未必是兩人離異的罪魁禍首，但這的確闡明，一個人的業力會如何影響這人的親密關係。

黑桃A常有悲劇的情感生活。他們只能從對他人付出之中找到安慰。以此例而言，大家都知道黛安娜王妃曾經參與過許多的慈善事業，她利用自己的職位幫助許多人。在這方面，她享有她想要的所有成功，證明了她本命牌的靈性力量。

黛安娜王妃在許多方面經歷了悲劇性的人生，也經歷了悲劇性的死亡。她是活生生的證據，證明外在環境不是我們快樂或不快樂的原因。如果她觸動過的生命能夠因她而學到如此重要的一課，那麼她的人生便已實現了一個美好的宗旨。

黑桃 A

人生牌陣牌組		
行星牌	符號	牌
月亮	☽	3◆
太陽（本命牌）	✳	A♠
水星	☿	7♥
金星	♀	7◆
火星	♂	5♠
木星	♃	J♥
土星	♄	9♣
天王星	♅	9♠
海王星	♆	2♥
冥王星	♇	K♥
結果（宇宙回報）	♃+	K◆
宇宙功課	♄+	6♥

守護星牌		
生日	守護星座	守護星牌
1/13	摩羯座	梅花9
2/11	水瓶座	黑桃9
3/9	雙魚座	紅心2
4/7	牡羊座	黑桃5
5/5	金牛座	方塊7
6/3	雙子座	紅心7
7/1	巨蟹座	方塊3

名人生日

畢・雷諾斯（BURT REYNOLDS）
2/11/1936 ● 男演員
珍妮佛・安妮斯頓（JENNIFER ANISTON）
2/11/1969 ● 女演員
黛安娜王妃（PRINCESS DIANA）
7/1/1961 ● 威爾斯王妃
丹・艾克洛德（DAN AYKROYD）
7/1/1952 ● 男演員
伊曼紐爾・劉易斯（EMMANUEL LEWIS）
3/9/1971 ● 男演員
詹姆斯・葛納（JAMES GARNER）
4/7/1928 ● 男演員
羅素・克洛（RUSSELL CROWE）
4/7/1964 ● 男演員
奧蘭多・布魯（ORLANDO BLOOM）
1/13/1977 ● 男演員
馬修・勞倫斯（MATTHEW LAWRENCE）
2/11/1980 ● 男演員
韋恩・羅傑斯（WAYNE ROGERS）
4/7/1933 ● 男演員
萊斯里・尼爾森（LESLIE NIELSEN）
2/11/1922 ● 男演員
成龍
4/7/1954 ● 男演員
鮑沃（LIL' BOW BOW）
3/9/1987 ● 饒舌歌手／男演員
麗芙・泰勒（LIV TYLER）
7/1/1977 ● 女演員
霍瑞修・愛爾傑（HORATIO ALGER）
1/13/1834 ● 作家
潘蜜拉・安德森（PAMELA ANDERSON）
7/1/1967 ● 女演員
西德尼・謝爾頓（SIDNEY SHELDON）
2/11/1917 ● 作家
托尼・多賽特（TONY DORSETT）
4/7/1954 ● 橄欖球明星
法蘭西斯・福特・柯波拉（FRANCIS FORD COPPOLA）
4/7/1939 ● 電影導演
比莉・哈樂黛（BILLIE HOLIDAY）
4/7/1915 ● 歌手
凱莉・羅蘭（KELLY ROWLAND）
2/11/1981 ● 歌手
布蘭蒂・諾伍德（BRANDY NORWOOD）
2/11/1979 ● 歌手
泰咪・懷尼特（TAMMY WYNETTE）
5/5/1942 ● 歌手
湯瑪斯・愛迪生（THOMAS EDISON）
2/11/1847 ● 發明家
艾倫・金斯堡（ALLEN GINSBERG）
6/3/1926 ● 詩人

對象	伴侶之間的連結					綜合指數評級		
黑桃A與	連結1	連結2	連結3	連結4	連結5	吸引力	強度	相容性
A♥	URRS	VEFS	SARS	JUF	MAR	1	2	3
2♥	NEF	URF	SARS	SAR	VEF	1	3	0
3♥	URR	NER	JURS	VEFS	JUR	3	0	4
4♥	URF	MARS	VEF	SAR	MAF	3	4	1
5♥	SAFS	MARS	VERS	CLR	CLRS	3	7	-1
6♥	CLF	MOFS	CRF	CRRS	MOF	6	4	1
7♥	KRMA	MOR	PLRS	JUF	JUFS	6	5	3
8♥	JUFS	MORS	KRMC	URF	NERS	4	1	6
9♥	VEFS	NER	URRS	VEF	NERS	6	0	5
10♥	MAFS	VEF	SARS	SAF	VEFS	4	6	1
J♥	JUF	MAF	JUFS	JURS	NER	3	2	5
Q♥	CLR	URR	JUFS	JURS	SAFS	1	3	2
K♥	PLF	NEF	KRMC	URFS	URF	6	4	-1
A♣	SAR	URR	NEFS	URFS	MOFS	0	3	0
2♣	KRMA	PLFS	JUF	PLF	MOF	6	6	-1
3♣	JUF	MAFS	CRFS	MORS	CRR	5	3	4
4♣	CLF	CLFS	VEFS	VER	MAR	6	5	1
5♣	VER	MAR	MAFS	SAF	SAFS	5	6	2
6♣	MAFS	SARS	VEFS	NEF	JUFS	4	5	2
7♣	URR	SAFS	PLR	URRS	CLFS	1	5	-3
8♣	SAF	VER	SAFS	VERS	URFS	0	4	-1
9♣	SAF	JUF	NEFS	JUR	URFS	0	3	1
10♣	CRR	CLR	VEF	CLF	PLFS	6	5	1
J♣	SAF	VEFS	MAR	CRFS	MARS	3	6	0
Q♣	JUR	SAR	MAFS	CLFS	URR	1	5	1
K♣	VEFS	URRS	MOR	MORS	NEFS	6	0	6
A♦	JUF	MAR	VEF	VEFS	JUFS	4	2	7
2♦	VEF	VEFS	JUFS	MARS	MAF	6	2	8
3♦	MOF	VER	SAFS	VERS	CLF	5	2	5
4♦	CLRS	JUF	MAF	JUFS	SAFS	3	5	3
5♦	CRRS	MAF	JUR	JUFS	SAR	4	4	2
6♦	PLRS	SAF	VER	VEFS	JUF	3	5	0
7♦	VEF	NERS	MOR	SAR	NEF	6	1	5
8♦	PLR	URRS	CRR	PLRS	MAF	5	6	-2
9♦	SARS	MAFS	JURS	VER	VERS	2	5	2
10♦	JURS	MAF	JUFS	MARS	JUR	3	3	4
J♦	MARS	VEF	SAR	SAFS	VEFS	3	6	1
Q♦	VERS	JUF	MAR	MOF	SARS	5	2	6
K♦	MOFS	CRF	PLF	MAF	MAFS	7	5	2
A♠	SBC	MOF	MOR	PLRS	JUF	6	4	4
2♠	MORS	SAF	SAFS	VEFS	URRS	1	4	0
3♠	VEFS	SARS	MAF	PLR	PLRS	4	6	1
4♠	MAFS	URFS	JURS	CRR	URF	4	3	1
5♠	MAF	JUFS	VEF	CLRS	MAFS	6	4	4
6♠	SAFS	SAF	PLF	URF	PLFS	-1	7	-7
7♠	URFS	MOF	MOFS	CRF	JUFS	4	1	5
8♠	NEFS	CRRS	VEF	URR	JUFS	6	1	3
9♠	URF	PLFS	SAF	PLF	SAFS	1	6	-5
10♠	MAR	CRFS	JUR	CLRS	URRS	5	5	2
J♠	CLFS	CRRS	CRR	URR	SAFS	5	5	-2
Q♠	PLRS	MAF	JUR	MAFS	JURS	6	6	1
K♠	NER	URFS	VERS	PLR	NERS	6	1	2

數字2：關係與平衡

在數字2當中，王牌A的幹勁和激情找到了補足與平衡。因為與使自己完善的某人在一起，男性和女性的性能量找到了平衡。這份因為找到齊鼓相當的對手才達致的平衡，正是數字2的重點。我們的世界是一齣多數人無法領悟的二元戲劇，人生中的每一樣東西其實不過是對立之物以不同數量混合得出的大雜燴，為的是創造出所有色彩、感覺、聲音和想法的質地，亦即我們所謂活生生的宇宙。數字2對平衡與和諧的法則有著自然而然的理解，他們試圖在自己的人生和周遭人的生活中創造平衡。他們永遠尋找著使自己完善的另一半，就像王牌A不斷尋求創造新的東西。數字2若要找到滿足感，就要成為一段成功關係的一部分。如果他們的關係磨人，他們通常也會受苦。數字2很難將自己從親密關係中分隔出來。

許多數字2被指責害怕獨處，但這只是一種看法。我們也可能會說，王牌A害怕平衡和停滯，或是王牌A害怕自己創造不出新的東西。數字2與他人建立關係，與我們連繫，讓我們感受到他們的一部分人生。在這個過程中，我們感覺被接納、被需要，我們發現自己在他們的生命中占有一席之地，那有點像個家。數字2可是使我們感到安心自在且被呵護照顧的最佳選擇。

數字2可能同時使我們感到窒息和被操縱。如果一個數字2沒有覺察到自己內心深處冀望與他人一起圓滿的驅力，他們可能會努力用相反的事說服自己，然後下意識地執行自身的大部分行為。表面上，他們可以假裝冷漠無情，表現得好像不需要任何人，獨自一人也跟有人陪伴一樣開心，然而事實並非如此。無論說什麼話，不管如何行事，他們的首要動機之一就是找到這份圓滿。如果這點沒有被坦率、誠實地承認，就可能偏離成不健康的情緒模式和種種討厭的行為。每一個數字2都很伶俐，懂得建立精巧的智性防禦措施，抵擋試圖找出其真正需求和動機的任何人。他們可以是最佳辯士兼最糟辯士。最佳是因為，他們的解釋和結論似乎難以探測。找個數字2爭辯，你恐怕永遠贏不了。最糟則是因為，他們在自身周圍築起牢固的圍牆，疏遠身旁的人，因而澈底喪失了自己。

許多數字2在愛情方面走極端，時常在長期沒有情人與愛得神魂顛倒之間輪替。當他們真的以這種方式墜入愛河時，對象通常不配得這樣的愛，或是無法回報這樣的愛。他們的熱誠和熱情嘗試彌補伴侶所欠缺的，不幸的是，最後真正勝出的是對方，他們寄予的厚望落空、消散。如此教訓的痛楚可以解釋為什麼許多數字2長期避開愛情。人類為了避開痛苦所採取的行動通常多過為了追求歡愉。

數字2聰明且往往具有生理美，看似擁有追求幸福的人心中想要的一切。但在觸及內在、看見並接納自己的真實本性之前，他們的不快樂模式將會繼續。戀愛與失戀之間的永恆拉鋸戰將會繼續，他們對友誼和情感、愛情與觸動的急切需求將會無法實現。快樂的數字2接納自己對互補關係的需求，同時著手創造這樣的關係。何不索性承認「人」和「愛」是最重要的呢？然後他們可以接納自己的這個部分，停止假裝成自己不是的模樣，以及隨之而來的所有異常行為。在接納中，會出現一種自由與平和，那是一份特殊的獎勵，當他們接納自己的真實模樣時，就不再注定要以那樣特定的方式存在或行動。他們現在可以自由選擇要這樣或那樣。神智清醒的數字2理解並接納自己的「二重性」（Two-ness），允許自己以喜歡的方式自由顯化，而不是被迫養成上癮的行為模式。他們以有愛心和有意識的方式找到結合。

紅心2：戀愛牌

紅心2的人格特質

身為半固定牌的特殊家族之一，紅心2有一張業力上的靈魂雙生子梅花A，且共享梅花A的許多特徵。身為半固定牌也帶來堅強的意志力——他們很確定自己的方向，而且就是打從心底接納這個方向。他們具有非凡的心智以及永不滿足的天生好奇心，促成莫大的心智發展。然而，他們絕不會大幅偏離「情人」牌紅心2的基本含義。他們需要他人，對愛情和婚姻擁有非常崇高、有時不切實際的理想。他們總是寧可跟某人在一起，也不願獨自一人，而且只要有必要，就會等待對的人出現，讓他們可以向對方獻出自己全然而專注的愛。不過，對某些案例來說，當心中對親密關係的細緻理想衝撞到現實的嚴酷時，他們可能會迴避自己極度想要的東西。他們必須找到方法，在冀望高階的靈性之愛與人間的現實之間取得平衡，而現實往往牴觸紅心2對情愛擁有的溫柔夢境。培養比較務實的愛的方法，可以帶來實質的好處。

紅心2擁有相當幸運的人生路，尤其是在金錢和商業方面。不過，他們應該要謹慎參與所有的商業交易。財務協議宜詳加說明、明確定義，以避免出現問題。不管喜不喜歡，紅心2幾乎總是最終與人合夥做生意，而這正是他們需要仔細操作的地方。當愛與生意混為一談時（那是非常有可能的），就應該要格外小心，因為他們常有沒說出口的重大期望。

紅心2通常最終與有錢財、有權勢的人交往，而且偏愛這類同伴。財務方面的恐懼不時出現，必須謹慎處理，免得影響健康和幸福。對玄學的研究總是帶來更多正向的指引和滿足。許多紅心2擁有天生的通靈能力，可以用來娛樂或獲利。但身為摩羯座，每一個紅心2都有過於實際和苛求自己和他人的傾向。

紅心2的親密關係課題

紅心2是一張人生中絕對必須有人陪伴的牌。畢竟，紅心2是戀愛牌。他們跟梅花A一樣，通常會選擇在人生中擁有「哪一個人」都好，而不是獨自一人。不過，有些案例顯示，他們在受到傷害或夢想破滅後會對自己否定愛。對於愛，他們有一種理智取向，而且必須從經驗中學習，才能平衡他們秉持的所有概念以及經驗到的真相。此外，他們必須小心自己表達熱情的方式，因為關於個人歡樂的追求，他們需要通過考驗，尤其如果那樣的追求是以犧牲他人為代價。

身分牌連結之間的通性

紅心2女性時常被方塊男所吸引，尤其如果對方有些錢或有些成就。紅心2女性也是紅心男適合的婚配對象，對紅心2女性來說，紅心男魅力無窮。此外，紅心2女性常有一些黑桃男當朋友。男性紅心2時常與梅花女成為好友。

業力牌：

梅花A　方塊7　紅心9

紅心J　梅花8　黑桃K

業力親屬：

無

前世牌：

紅心A　紅心3

紅心2 ——梅花A的靈魂雙生子

特殊家族中的四張牌通常被稱作「半固定牌」，紅心2是其中一張。然而，半固定的稱號並沒有真正說出牌組之間這些特殊關係的故事全貌。半固定牌是兩對牌，在牌主的一生中，每兩年一次，這些牌從「大太陽牌陣」中的一個位置移動到另外一個位置。紅心2與梅花A每年彼此換位，另一對方塊7與紅心9也一樣。整副牌中的其他牌不會這麼做。但最有趣的是這兩對牌彼此連結的方式。紅心2與梅花A非常相似，難以區分彼此的特徵。解讀其中一方的人生軌跡牌組，就可以明白另一方的人生軌跡，兩者是相關的。另一對業力靈魂雙生子方塊7和紅心9也一樣。從這個角度看，幾乎就像他們是靈魂伴侶。然而，這並不表示，你會發現許多紅心2與梅花A結婚。實際情況是，你可能會發現，甚至很難找到紅心2，因為紅心2只出生在12月29日這一天，沒有其他日子。

儘管紅心2很罕見，但驚人的是，他們常有梅花A作為父母、祖父母、兄弟、姊妹、情人或閨密。

紅心2邂逅梅花A就像遇見與你同一張本命牌或同一天生日的另一個人。感受到結合與親密的潛能是巨大的。假使雙方真的在某個浪漫層面交會，他們的結合可以顯化成夢想成真的關係。但業力上的靈魂雙生關係也意謂著某種債務或尚待解決的前世未竟事宜。沒有方法可以斷定這可能是哪一類債務，或是兩人中的哪一方將在今生的交流中處於付出或接收端。但我們的確注意到，紅心2／梅花A關係的優勢遠遠大於平均律。而且我們確實知道，這兩張牌在人生和靈性牌陣中的位置是互換的。單是這些事實就告訴我們，這兩者被吸引在一起是有重要原因的，他們的關係對兩張牌都具有特殊的意義。

紅心2

人生牌陣牌組		
行星牌	符號	牌
月亮	☽	9♠
太陽（本命牌）	✳	2♥
水星	☿	K♥
金星	♀	K♦
火星	♂	6♥
木星	♃	4♣
土星	♄	2♦
天王星	♅	J♠
海王星	♆	8♣
冥王星	♇	6♦
結果（宇宙回報）	♃+	4♠
宇宙功課	♄+	10♥

守護星牌		
生日	守護星座	守護星牌
12/29	摩羯座	方塊2

對象	伴侶之間的連結					綜合指數評級		
紅心2與	連結1	連結2	連結3	連結4	連結5	吸引力	強度	相容性
A♥	MOFS	VER	MORS	JUMS	URRS	6	-3	8
2♥	SBC	SAR	SAF	NEF	NEFS	2	6	-2
3♥	MORS	MOFS	MOF	PLR	JUMS	7	-3	8
4♥	VEFS	CRF	CLR	SARS	CLRS	4	2	3
5♥	MAFS	JURS	SAM	CRR	VEMS	3	4	1
6♥	MAF	JUFS	JUF	PLR	PLRS	5	2	3
7♥	URR	SAFS	URFS	NER	PLF	0	3	-3
8♥	URFS	PLRS	URR	SAFS	PLR	0	3	-2
9♥	KRMA	NEFS	PLRS	SAR	SARS	5	6	0
10♥	CLF	PLFS	JUR	CLRS	URRS	4	4	-2
J♥	KRMA	MAR	CRFS	VERS	VEM	7	6	2
Q♥	SAR	CLFS	CLR	SARS	VER	1	4	-3
K♥	MOR	MOF	URRS	MOFS	URF	6	-3	7
A♣	KRMA	NEF	NEFS	SAR	NER	6	5	1
2♣	NER	PLF	MOR	MORS	SAF	6	2	2
3♣	VERS	MAR	VEF	VEFS	NEF	7	1	6
4♣	JUF	CRR	VEMS	MAF	JUFS	5	0	5
5♣	CRR	VEMS	MAFS	JUF	MAF	6	2	4
6♣	NERS	VEM	SAF	NER	SAFS	4	2	1
7♣	JUMS	URF	JURS	URFS	JUM	0	-2	3
8♣	KRMA	NEF	PLR	MAR	CRFS	7	6	0
9♣	VER	SAR	CLFS	PLF	CLF	4	3	0
10♣	MARS	URF	JURS	CRF	JUR	4	3	2
J♣	JUR	SARS	CLF	PLFS	SAR	1	3	-1
Q♣	MORS	MOR	URR	PLRS	PLR	5	-1	5
K♣	MAMS	NERS	VEM	VEMS	JUM	7	2	4
A♦	VER	SAF	MOFS	URRS	VERS	3	0	3
2♦	SAF	VER	VERS	CLF	SARS	2	3	0
3♦	PLR	MAF	JUFS	JUF	MAR	5	3	2
4♦	JURS	SAM	JUR	CLRS	URRS	-1	1	2
5♦	MAR	JUM	VERS	MARS	VEFS	6	2	4
6♦	PLF	VER	MAM	SAMS	MAMS	6	6	-1
7♦	KRMA	SAR	NEFS	PLRS	NEF	4	6	0
8♦	JUMS	MARS	MAR	MORS	CLR	5	3	3
9♦	JUM	MAR	MARS	VEFS	JUMS	5	2	3
10♦	MARS	MAFS	VEM	URR	PLRS	7	5	2
J♦	JUR	SARS	MAM	SAMS	SAM	1	4	0
Q♦	PLR	JUM	JUMS	SAFS	JUF	1	1	1
K♦	VEF	VERS	PLRS	VER	NEF	6	-1	6
A♠	NER	PLF	URR	SAFS	SAF	3	5	-3
2♠	CRRS	MAMS	CRR	PLFS	URR	6	5	0
3♠	MAM	SAMS	PLF	JUR	SARS	4	7	-2
4♠	CRF	MARS	VEFS	MAR	VER	7	5	3
5♠	JUR	CLRS	URRS	CLF	PLFS	1	1	1
6♠	CRRS	MOF	URRS	URR	VEMS	4	0	4
7♠	PLRS	VEF	URFS	VER	NEF	4	1	3
8♠	NERS	VEM	MAMS	MAM	VERS	7	3	4
9♠	MOF	URRS	MOR	CRRS	JUF	5	-2	6
10♠	CLR	SARS	VEFS	SAR	CLFS	1	3	0
J♠	URF	JURS	MARS	URFS	JUM	2	1	2
Q♠	MARS	JUMS	MAFS	VEM	CLR	6	3	3
K♠	KRMA	VERS	VEM	NEF	PLR	7	2	4

梅花2：對話牌

梅花2的人格特質

在這張牌的牌主之間，你會注意到各式各樣的性格。有些人害怕幾乎每一件事，尤其害怕獨自一人，而且會竭盡全力確保自己被仰慕者包圍或始終與人交談。他們善於交際，享受良性刺激的對話。還有一些梅花2是隱遁的，似乎不需要任何人。事實上，這些梅花2同樣害怕，總是依附著某個特殊的人。黑桃A業力牌可能意謂著內在對死亡或改變的恐懼，那可以解釋梅花2的許多行為。

無論如何，這些人天生具有許多能力和天賦，可以在經商和與人交往方面表現出色，工作上偏愛合夥，不愛單打獨鬥。他們其實擁有一條比較幸運的人生路，有許多防護圍繞著這張牌，因此每一個梅花2都有許多要感恩的。如果他們單純地體認到自己生命中的豐盛，將有助於驅散可能造成許多傷害的潛在恐懼。

梅花2酷愛講話和分享點子。他們有一顆難以置信的頭腦，可以做出最細微的區別。他們詼諧而迷人，除非陷入恐懼之中，那使他們變得易怒而好辯。

梅花2一生中的許多事都是命中注定的，他們的一部分挑戰則在於：單純地接受事物本來的樣子，尤其是他們自己和他們最親近的關係。

梅花2的親密關係課題

在最具生理美、最有吸引力、最聰明的人們當中，有些是梅花2，看到他們，你通常會認為，他們可以擁有心中渴求的幾乎任何人。有些案例顯示，為什麼梅花2最後選擇跟那樣的對象在一起實在是個謎。梅花2女性比梅花2男性更容易顯現這個特性。他們的情愛關係更常鏡映出他們內在安康與自愛的狀態，而不是任何其他因素。假使與生俱來的恐懼沒有被體認到並加以面對，他們常會隨便找個人安頓下來，只為了避免孑然一身，或是遷就在某方面下流虐人、精神錯亂或怪異難料的對象。這可能會導致共依存和其他令人不快的關係。

他們的黑桃6冥王星牌和紅心Q結果牌常是一或多段命定關係的指標，旨在幫助他們學習責任在感情中蘊含的意義。黑桃6冥王星牌的含義應該要仔細研究，因為往往與橫阻在當事人與情愛滿足之間的障礙有關聯。紅心4在火星告訴我們，梅花2往往選擇非常性感、好辯或好鬥的配偶，而且他們自己也可能會煽動不時出現的爭執。梅花2擁有那種可以拆解他人、找出對方所有錯誤和缺點的頭腦，但這似乎無法幫助他們在自己的關係中做出實質的抉擇。許多梅花2曾因選擇了在許多方面均不甚理想的配偶而出名。然後，一旦與那人在一起，他們的挑剔本性便浮上檯面，於是可能將大量的時間和精力聚焦在伴侶的負面特質。成功的親密關係往往要求梅花2緩和如此的批判傾向，帶出伴侶的最佳狀態，同時不允許他們的理想主義

業力牌：

黑桃A　紅心K

業力親屬：

紅心7　黑桃9

前世牌：

梅花A　梅花3

完全忽視伴侶性格中的明顯缺陷。

選擇伴侶的識別力將為梅花2帶來巨大的回報。這是通常可以找到心儀伴侶的其中一張牌。他們在這方面有較多選擇的自由，因為梅花2本身有許多可取之處。如果他們花些時間了解自己的衝動、需求、欲望和感受，就會吸引到比較有愛心、比較體貼的伴侶，這樣的伴侶可以滿足梅花2的強烈欲望，使其擁有可與之分享一切的完美同伴。

身分牌連結之間的通性

梅花2女性與梅花男和方塊男均相處融洽。如果梅花2女性願意成為宜室宜家、生兒育女的妻子，梅花男多半會成為丈夫的最佳人選，尤其是梅花K。與方塊男之間存有帶來歡愉的強力浪漫連結，但恐怕無法持久。梅花2男性應該多留意紅心女，因為彼此共享挑戰性十足的連結。

人格側寫

梅花2 ——深層的擔心

佛蘿倫絲·坎貝爾在著作《遠古先民的神聖符號》之中對梅花2相當嚴苛。根據她的說法，梅花2是整副牌中最擔心害怕且心理上挑戰性十足的幾張牌之一。根據我的經驗，許多本命牌梅花2的人的確如此。他們的第一張業力牌黑桃A一定是所有這一切的罪魁禍首。黑桃A是死亡和轉化的強大符號，可以帶來深度的精神官能症，根植於對死亡的基本恐懼。如果一個人對死亡有強烈的恐懼，這可以在他們的幾乎任何人生領域造成恐懼反應。梅花2在這方面並不孤單，但我們發現，這個法則在梅花2這張牌中表現得最為一致。

許多梅花2患有想像出來的疾病或身心症。他們可能成為某種程度的疑病症患者，花費大量的時間和精力保持自己的健康。有些梅花2患有對他們來說相當艱難的特有恐懼症，例如，害怕飛行，害怕處在封閉空間，或是害怕身在高樓大廈之中。

並不是每一個梅花2都會承認這些恐懼，但大部分願意承認。他們的黑桃A業力牌代表位於人類邏輯心智之外的浩瀚未知。對梅花2而言，那份未知的性質可以帶出某些最可怕的恐懼。在那些懼怕之中，居首位的是孑然一身。舉個例子，我有個朋友是梅花2。第一任妻子離開他時，他非常害怕，怕到在床上蜷縮成一球，在那裡待了六週！但總的來說，這人非常善於交際，相當有成就。此外，他有許許多多的朋友，於是他把生活安排成讓自己絕不需要獨自一人。梅花2寧可跟誰在一起都好，就是不要獨自一人，這似乎是真的。對所有的數字2來說，這點在某種程度上的確如此，但梅花2在這方面相當突出。

當我們出於恐懼做出決定時，結果總是造成比原始問題更大的問題。當人害怕時，我們與自己的天生直覺失聯。我們處於緊急狀態，緊抓著可以迅速挽救局勢的東西。在如此狀態下做出的抉擇往往滿足我們的迫切需求，但長期而言卻不是好事。恐懼是我們每一個人多少都有的，它是生命中自然而然的一部分，在許多情況下有其好意，防止我們做出可能傷害自己或他人的事。但當恐懼變得過度時，就會產生討厭的結果，有些梅花2就是發生這樣的事。他們只是根據心中的恐懼不斷地做出那些決定，那會使他們的問題永遠存在。

梅花2的治療法是去面對那些時常縈繞他們的深層恐懼。邱吉爾曾說：「除了恐懼本身，我們沒有什麼好怕的。」這個說法適用於梅花2。對許多梅花2來說，他們首先需要對自己承認這點。他們必須打開昏暗心房中的燈光，面對隱藏在那裡的妖怪。確實面對心中妖怪的梅花2在自己內在發現新的力量，那股由古代神祕知識與「先知會」的符號——黑桃A——所揭示的玄祕力量。

梅花2

人生牌陣牌組		
行星牌	符號	牌
月亮	☽	7♠
太陽（本命牌）	☀	2♣
水星	☿	K♣
金星	♀	J♦
火星	♂	4♥
木星	♃	4♦
土星	♄	2♠
天王星	♅	8♥
海王星	♆	6♣
冥王星	♇	6♠
結果（宇宙回報）	♃+	Q♥
宇宙功課	♄+	10♣

守　護　星　牌		
生日	守護星座	守護星牌
5/30	雙子座	梅花K
6/28	巨蟹座	黑桃7
7/26	獅子座	梅花2
8/24	處女座	梅花K
9/22	處女座或天秤座	梅花K或方塊J
10/20	天秤座	方塊J
11/18	天蠍座	紅心4和黑桃6
12/16	射手座	方塊4

名人生日

麥克爾・J・波拉德（MICHAEL J. POLLARD）
5/30/1939 • 男演員
史考特・拜歐（SCOTT BAIO）
9/22/1961 • 男演員
斯蒂夫・克騰伯格（STEVE GUTTENBERG）
8/24/1958 • 男演員
約翰・庫薩克（JOHN CUSACK）
6/28/1966 • 男演員
維果・莫天森（VIGGO MORTENSEN）
10/20/1958 • 男演員
薇諾娜・茱德（WYNONNA JUDD）
5/30/1964 • 歌手
瑪格麗特・米德（MARGARET MEAD）
12/16/1901 • 人類學家
姬兒妲・瑞德納（GILDA RADNER）
6/28/1946 • 喜劇女演員
葛蕾西・阿倫（GRACIE ALLEN）
7/26/1905 • 喜劇女演員
梅爾・布魯克斯（MEL BROOKS）
6/28/1928 • 喜劇演員
凱文・史貝西（KEVIN SPACEY）
7/26/1959 • 男演員
米克・傑格（MICK JAGGER）
7/26/1943 • 歌手
瑪格麗特・愛特伍（MARGARET ATWOOD）
11/18/1939 • 作家
凱西・貝茲（KATHY BATES）
6/28/1948 • 女演員
湯姆・佩蒂（TOM PETTY）
10/20/1952 • 音樂家
米奇・曼托（MICKEY MANTLE）
10/20/1931 • 棒球運動員
珍・奧斯汀（JANE AUSTEN）
12/16/1775 • 作家
瑪麗・麥特琳（MARLEE MATLIN）
8/24/1965 • 女演員
路德維希・范・貝多芬（LUDWIG VAN
BEETHOVEN）
12/16/1770 • 作曲家
艾倫・雪帕德（ALAN SHEPARD）
11/18/1923 • 太空人

對象	伴侶之間的連結					綜合指數評級		
梅花2與	連結1	連結2	連結3	連結4	連結5	吸引力	強度	相容性
A♥	VEFS	VEM	VEMS	MAR	VERS	8	-2	9
2♥	HMOFS	NEF	PLR	MOF	SAR	6	0	5
3♥	VEMS	VEFS	CLFS	URR	VEF	6	-1	6
4♥	MAF	JURS	URM	JUR	CRRS	3	2	3
5♥	CLR	CLRS	JUF	SAF	MAFS	1	2	0
6♥	CRRS	VEFS	VERS	CLF	VEF	6	0	5
7♥	PLRS	JUM	KRMC	JUMS	URF	2	1	2
8♥	URF	NERS	PLFS	MOF	PLRS	4	2	0
9♥	NER	URRS	MOFS	JURS	VEF	4	-1	4
10♥	SARS	VEM	VEMS	MAR	CRFS	5	2	3
J♥	JURS	URF	URFS	JUF	JUR	0	-2	4
Q♥	CRF	MARS	JUF	NEFS	PLRS	6	4	2
K♥	KRMA	VERS	PLF	NEFS	NEF	7	4	2
A♣	MOFS	SAR	MORS	NEF	PLR	5	0	5
2♣	SBC	VERS	VEFS	NEF	PLFS	7	2	4
3♣	MORS	CRR	SAR	VEMS	MAM	5	0	4
4♣	VEFS	SAF	MAFS	CRRS	MAF	4	4	1
5♣	SAF	MAFS	CLR	CLRS	VEFS	2	5	-3
6♣	NEF	JUFS	VEF	JUMS	MAF	5	-1	6
7♣	URR	SAFS	NEFS	PLRS	PLR	1	4	-2
8♣	URFS	JURS	URF	VER	PLFS	1	-1	2
9♣	JUF	NEFS	PLRS	CRF	MARS	5	2	3
10♣	CLF	PLFS	JURS	CRR	CLFS	5	5	-2
J♣	MAR	CRFS	VEF	SARS	VEM	6	4	2
Q♣	CLFS	VEMS	MARS	JUR	VEM	6	2	3
K♣	MOR	SAF	VEF	JUMS	VEFS	3	0	4
A♦	VEM	MAF	VEFS	MAR	VERS	8	2	6
2♦	MAF	NEF	JUFS	VEM	VEMS	7	2	5
3♦	VERS	CRRS	MOF	CRR	CLF	6	0	5
4♦	JUF	CLR	CLRS	MAF	JUFS	2	1	3
5♦	SAR	VEMS	VER	MORS	CRR	4	0	4
6♦	JUF	NEFS	PLRS	PLR	NEF	4	1	3
7♦	NER	URRS	MOFS	VEF	NERS	5	0	4
8♦	JUR	MAMS	URR	SAFS	PLR	2	3	1
9♦	VER	SAR	VEMS	SARS	VERS	4	0	4
10♦	MARS	CLFS	JUR	MAMS	JURS	5	5	1
J♦	VEF	PLR	MAR	CRFS	SAR	6	3	2
Q♦	VERS	VER	CRR			7	-1	6
K♦	MAM	MAMS	MORS	CRR	MOF	8	4	3
A♠	KRMA	PLRS	JUM	JUMS	PLF	4	4	0
2♠	SAF	PLF	NEF	MOR	MORS	4	5	-2
3♠	PLR	VEF	VEFS	PLRS	NEF	5	1	4
4♠	JURS	CLF	PLFS	MAF	MAFS	5	4	0
5♠	SARS	VEM	VEMS	JUF	MAF	4	0	4
6♠	PLF	NEF	SAF	SAFS	URF	3	6	-4
7♠	MOF	MAM	MAMS	URF	NERS	7	3	3
8♠	VEF	JUMS	MOR	NEF	JUFS	5	-3	8
9♠	VERS	PLF	KRMC	NEF	URF	7	3	2
10♠	MAF	CRF	MARS	MAR	CRFS	8	7	0
J♠	URR	SAFS	CLF	PLFS	CLFS	1	5	-4
Q♠	JUR	MAMS	MARS	MAR	VEMS	6	4	3
K♠	URF	URFS	JURS	NER	VER	1	-1	2

方塊2：老謀深算的生意人

方塊2的人格特質

方塊2具有天生的直覺，如果好好聽從，總會引導他們達致成功，使其看見可以遵循的正道。如此的直覺天生蘊含一套崇高的價值觀，而且人生中時常帶有始終涉及伴侶和他人的使命。他們有一定程度的野心，通常是追求金錢，那使他們動機十足。這類雄心是好的，因為他們有時可能陷入窠臼——尤其是在最親近的關係中。如果他們契入自己的內在指引，就會找到一條迷人而有益的道路等待著他們。在某一行中好好立足並堅持下去，方塊2會有最佳的表現。這是整副牌中最有成就的幾張牌之一，如果方塊2不是開心而有生產力的，那麼除了自己，誰也怪不得。方塊2被稱為「老謀深算的生意人」（Wheeler Dealer），因為他們熱愛參與商業和金融，尤其是與朋友和同事合夥。這是一張夥伴關係牌，通常選擇與他人合作而非單打獨鬥。

2是邏輯的數字，而方塊2擁有善於區別和評估的敏捷心智。基於同樣的原因，他們常被電腦所吸引且善於與電腦合作。只有當方塊2的情緒無處發洩時，他們能幹的心智才會變得悲觀而好辯。

財務上，這是整副牌中最幸運的幾張牌之一。多數的方塊2都賺進不少錢，尤其是在三十五歲以後。他們有許多要感恩的。

方塊2應當注意，他們的社會責任並不會連累他們的健康和福祉。有時候，他們太過沉迷於工作，忘了照顧自己。他們可以在房地產中賺取大筆金錢，尤其是在晚年，而且終生保持良好的健康狀態。這是有可能活到一百歲的其中一張牌。這些人酷愛交遊和交際，也酷愛安排與他人「交易」。

對某些方塊2來說，他們的人生具有特殊的目的，這個使命涉及向世人和他們的摯愛帶來某種更高階的知識。這些人是光的使者。

方塊2的親密關係課題

在浪漫情愛上，方塊2對愛抱持堅決而固定的態度、想法和原則，一方面，這令人欽佩，另一方面，這些卻是他們通向浪漫和情感幸福的最大障礙。許多方塊2必須學習到，愛情和婚姻不僅止是他們對自己的固定想法。一旦方塊2置身關係之中，不論好壞，他們通常被這些固定的原則卡住，可能使他們流連於幸福不在的地方。當這樣的情況發生時，他們變得刻薄，有負面傾向，顯化這張牌愛好爭辯的那一面。男性方塊2若處在情感上已然結束的婚姻中，一定會經常外遇，甚至是多重外遇，但卻不惜一切代價迴避離婚。「人們應該要保住婚姻」是方塊2在婚前應該要好好檢視是否正確有效的信念。

他們的紅心A冥王星牌指出強烈但往往隱藏的情感需求，那可能未被注意到或未被承認，因為他們如此投入人生的心智

業力牌：
梅花6　方塊A
業力親屬：
黑桃8　紅心A
前世牌：
方塊A　方塊3

層面以及自己的工作或業務。這份內在對情感和自尊的需求是他們大部分關係課題和困難的核心。

方塊2通常是非常理智的人。如此強大的心智,用在事業上非常出色,在個人的親密關係中,卻可能是達致成功的絆腳石,因為那抑制了他們好好感受的能力。多下工夫,這樣的抑制可以被克服,然後他們可以學會去傳達健康的關係必要的親密感受。

身分牌連結之間的通性

方塊2女性可與黑桃男締結良緣。方塊2男性與紅心女相處可能較為融洽。方塊2男女都有許多的方塊女性朋友。

人 格 側 寫

方塊 2 ── 追求愛情與金錢

方塊2和方塊A共享某些有趣的模式,這與他們的情愛生活大有關係。兩者都顯示,這個模式源自於在人生牌陣中彼此相鄰排列的兩張王牌A、紅心A和方塊A。如果細看方塊2和方塊A兩者的人生牌陣,你會發現這兩張王牌A相當突出,更何況事實上,紅心A是方塊A的業力牌,而方塊A是方塊2的業力牌。我們發現,這兩張王牌A非常重要,而且這與方塊2和方塊A牌主的情況大有關係──兩張牌似乎都很難同時在工作和愛情方面成功順遂。

方塊2有紅心A作為他們的冥王星牌,方塊A作為結果牌。往往,冥王星牌和結果牌扮演我們必定會做出的某種選擇。我想要愛(紅心A)還是我想要事業成功(方塊A)?這是方塊2和方塊A都面臨的問題。以方塊2而言,他們的紅心A冥王星牌透露出內心深處對情愛的需求,那對他們來說是一輩子的挑戰。方塊2有傑出的智力,通常在工作上非常成功。但在愛情生活中,那個紅心A是他們的最大弱點之一。就是在這個領域,他們的傑出智力幫不上忙。

當方塊2墜入愛河時,他們在親密關係中會不知所措。情感的需求得到滿足,這樣的體驗可是既美妙又強大。當這情況發生時,他們往往認為這樣的關係是他們唯一需要的。那就像快要渴死的人在沙漠中找到綠洲。他們的工作和事業往往退居二線,次於親密關係。這是不均衡的,但紅心A對情愛的需求正在被滿足,所以他們順隨局勢。然而,之後,親密關係的進展過了蜜月期,關係中的問題開始浮上檯面。當這樣的情況發生時,方塊2開始有點驚慌。他們試圖釐清自己的愛情生活,不斷設法將智力應用到這個情感的領域,以求找出解決方法。當方塊2這麼做時,通常會失敗。他們唯一需要下工夫的是自己對愛情和婚姻的固定想法。他們不斷想著:「我一定要保住婚姻。我應該要保住婚姻。結婚比離婚好。」以及其他這類的想法。他們處境不佳,不斷抱怨這事,但沒有對此採取行動。有些方塊2實際上與另一個情人持續同居許多年,卻絕不與配偶離婚。假使他們的親密關係真的失敗了,方塊2會對愛情不抱希望,然後回到工作上重拾滿足感。如此,這個循環完成了,一切重新開始。

這個循環並不是一則硬性規定,但卻可以在許多方塊2和他們的愛情生活中見識到。願意面對深層情愛需求的方塊2可以克服這個模式,採取不一樣的行動。總的來說,與整副牌中的任何其他牌相較,方塊2有更多要感謝的。他們可以既幸福快樂又有生產力,同時感到被愛。

方塊 2

<table>
<tr><th colspan="3">人生牌陣牌組</th></tr>
<tr><th>行星牌</th><th>符號</th><th>牌</th></tr>
<tr><td>月亮</td><td>☽</td><td>4♣</td></tr>
<tr><td>太陽（本命牌）</td><td>✳</td><td>2♦</td></tr>
<tr><td>水星</td><td>☿</td><td>J♠</td></tr>
<tr><td>金星</td><td>♀</td><td>8♣</td></tr>
<tr><td>火星</td><td>♂</td><td>6♦</td></tr>
<tr><td>木星</td><td>♃</td><td>4♠</td></tr>
<tr><td>土星</td><td>♄</td><td>10♥</td></tr>
<tr><td>天王星</td><td>♅</td><td>10♦</td></tr>
<tr><td>海王星</td><td>♆</td><td>8♠</td></tr>
<tr><td>冥王星</td><td>♇</td><td>A♥</td></tr>
<tr><td>結果（宇宙回報）</td><td>♃+</td><td>A♦</td></tr>
<tr><td>宇宙功課</td><td>♄+</td><td>Q♦</td></tr>
</table>

<table>
<tr><th colspan="3">守護星牌</th></tr>
<tr><th>生日</th><th>守護星座</th><th>守護星牌</th></tr>
<tr><td>1/25</td><td>水瓶座</td><td>方塊 10</td></tr>
<tr><td>2/23</td><td>雙魚座</td><td>黑桃 8</td></tr>
<tr><td>3/21</td><td>雙魚座或牡羊座</td><td>黑桃 8 或方塊 6</td></tr>
<tr><td>4/19</td><td>牡羊座</td><td>方塊 6</td></tr>
<tr><td>5/17</td><td>金牛座</td><td>梅花 8</td></tr>
<tr><td>6/15</td><td>雙子座</td><td>黑桃 J</td></tr>
<tr><td>7/13</td><td>巨蟹座</td><td>梅花 4</td></tr>
<tr><td>8/11</td><td>獅子座</td><td>方塊 2</td></tr>
<tr><td>9/9</td><td>處女座</td><td>黑桃 J</td></tr>
<tr><td>10/7</td><td>天秤座</td><td>梅花 8</td></tr>
<tr><td>11/5</td><td>天蠍座</td><td>方塊 6 和紅心 A</td></tr>
<tr><td>12/3</td><td>射手座</td><td>黑桃 4</td></tr>
</table>

名人生日

丹尼斯・霍柏（DENNIS HOPPER）
5/17/1936 • 男演員

杜德利・摩爾（DUDLEY MOORE）
4/19/1935 • 男演員

休・葛蘭（HUGH GRANT）
9/9/1960 • 男演員

凱特・哈德森（KATE HUDSON）
4/19/1979 • 女演員

馬修・柏德瑞克（MATTHEW BRODERICK）
3/21/1962 • 男演員

彼德・方達（PETER FONDA）
2/23/1939 • 男演員

山姆・謝巴德（SAM SHEPARD）
11/5/1943 • 男演員

伊莉莎白・艾倫（ELIZABETH ALLAN）
1/25/1934 • 女演員

珍・曼絲菲（JAYNE MANSFIELD）
4/19/1933 • 女演員

寇特妮・考克絲（COURTNEY COX
ARQUETTE）
6/15/1964 • 女演員

蘿西・歐唐納（ROSIE O'DONNELL）
3/21/1962 • 女演員／喜劇女演員／脫口秀主
持人

切奇・馬林（CHEECH MARIN）
7/13/1946 • 喜劇演員

亞當・山德勒（ADAM SANDLER）
9/9/1966 • 喜劇演員

愛德溫・紐曼（EDWIN NEWMAN）
1/25/1919 • 新聞從業人／作家

約翰・S.巴哈（JOHANN S. BACH）
3/21/1685 • 音樂家

唐妮・布蕾斯頓（TONI BRAXTON）
10/7/1967 • 歌手

奧齊・奧斯本（OZZY OSBOURNE）
12/3/1948 • 歌手

提摩西・達頓（TIMOTHY DALTON）
3/21/1946 • 男演員

舒格・雷・倫納德（SUGAR RAY LEONARD）
5/17/1956 • 拳擊手

哈里遜・福特（HARRISON FORD）
7/13/1942 • 男演員

麥克爾・基頓（MICHAEL KEATON）
9/9/1951 • 男演員

海倫・杭特（HELEN HUNT）
6/15/1963 • 女演員

吉姆・貝魯什（JIM BELUSHI）
6/15/1954 • 男演員

恩雅（ENYA）
5/17/1961 • 歌手

艾利斯・哈利（ALEX HALEY）
8/11/1921 • 作家

赫克・霍肯（HULK HOGAN）
8/11/1953 • 摔角運動員

西蒙・高維爾（SIMON COWELL）
10/7/1959 • 電視名人

對象	伴侶之間的連結					綜合指數評級		
方塊2與	連結1	連結2	連結3	連結4	連結5	吸引力	強度	相容性
A♥	PLF	MOFS	KRMC	CRF	MOF	7	3	2
2♥	SAR	VEFS	CLR	SAFS	VEF	1	2	1
3♥	PLF	MARS	VEM	URF	VEMS	7	4	0
4♥	JUM	MAMS	JUF	MARS	JUR	4	2	4
5♥	VEFS	VEF	CLRS	MAR	MAFS	6	0	6
6♥	VER	MOF	MORS	MAFS	VERS	8	-2	8
7♥	MAFS	VEM	VEMS	MAM	MAF	8	3	5
8♥	MAMS	MAFS	MOF	MAM	PLR	8	6	2
9♥	VER	CLR	SAFS	VEFS	VEF	3	1	3
10♥	SAF	JURS	MAM	CRR	CRRS	1	4	-1
J♥	PLR	MAF	VEF	NERS	PLFS	6	4	1
Q♥	VEMS	MARS	NER	URRS	VEF	6	1	4
K♥	JUR	MAR	URR	URRS	JUM	2	1	3
A♣	VEFS	SAR	CLR	SAFS	NEF	2	2	1
2♣	MAR	VEM	VEMS	JUR	NER	7	1	6
3♣	VEM	MAFS	MAR	MARS	MAF	8	5	3
4♣	MOF	VEF	CLRS	VER	VERS	6	-2	7
5♣	VEF	CLRS	MOF	MOFS	CLF	6	-1	6
6♣	KRMA	JUR	CRRS	NEF	PLF	5	4	2
7♣	PLRS	URFS	MOR	JUMS	MORS	3	0	2
8♣	VEF	NERS	PLFS	PLR	MAF	7	3	2
9♣	NER	URRS	VEMS	MAF	JUFS	5	1	3
10♣	SARS	MOR	JUMS	JUF	MAF	3	0	3
J♣	JURS	MAM	CRFS	SAF	CLR	3	4	1
Q♣	MARS	VEM	URF	PLFS	PLF	6	4	1
K♣	VERS	NEF	URR	NEFS	MOFS	6	0	5
A♦	KRMA	MOFS	CRF	PLF	NEFS	7	4	2
2♦	SBC	JUR	CRRS	MOFS	CRF	4	2	3
3♦	MORS	VER	CLF	CLFS	VEFS	7	0	5
4♦	VEFS	CRR	MAR	MAFS	VEF	7	2	4
5♦	MAFS	VEM	NEFS	PLRS	VEMS	8	3	4
6♦	MAF	JUFS	NER	URRS	VERS	5	2	3
7♦	CLR	SAFS	VER	VEFS	VERS	2	2	1
8♦	URFS	PLRS	JUF	NEFS	PLF	3	2	1
9♦	NEFS	PLRS	CLF	CLFS	MAFS	6	5	-1
10♦	URF	PLFS	MARS	VEM	MAR	5	4	-1
J♦	CRFS	VERS	JURS	MAM	SAR	5	2	3
Q♦	CLF	CLFS	MORS	NEFS	PLRS	6	4	0
K♦	MAR	VEM	MAMS	VEMS	MARS	8	4	4
A♠	VEM	VEMS	MAFS	MAR	MARS	8	1	6
2♠	JUF	VERS	VER	PLF	MAMS	6	-1	5
3♠	VERS	MAF	JUFS	CRFS	JUF	6	1	5
4♠	JUF	SARS	JUM	MAMS	MAM	2	1	3
5♠	CRR	SAF	VEFS	CRRS	JUR	2	3	1
6♠	JUF	URR	MOR	PLF	MAMS	4	0	4
7♠	MAMS	MAR	PLR	VEMS	MAM	7	6	1
8♠	NEF	VERS	KRMC	JUR	CRRS	6	1	5
9♠	URR	JUR	JUF	MARS	URRS	1	0	3
10♠	MARS	JUM	MAMS	VEMS	CRF	6	4	3
J♠	MOR	JUMS	PLRS	SARS	PLR	3	0	3
Q♠	URF	PLFS	URFS	PLF	MAR	4	4	-3
K♠	MAF	VEF	NERS	PLFS	PLR	7	4	2

黑桃2：友誼牌

黑桃2的人格特質

黑桃2是合作夥伴兼友誼牌。此外，數字2也以恐懼牌著稱，而且通常是恐懼孑然一身，黑桃2也不例外。許多黑桃2會竭盡全力讓自己有他人陪伴，因此當他人背叛他們的友誼或信任時，黑桃2必定受傷。黑桃2的業力牌黑桃6，是所有業力牌中比較強效有力的一張，它告訴我們，黑桃2的人生比其他牌具有更多命中注定的特質。同樣這張牌可能導致黑桃2的人生不時陷入窠臼，也說明黑桃2在健康方面的某些挑戰。正向的健康習慣對多數黑桃2來說是必不可少的。

黑桃2落在靈性牌陣的天王星／天王星位置，這告訴我們，每一個黑桃2都有強力的直覺天賦。然而，若要存取此一天賦，他們必須真心實意地培養對靈性面向的興趣，多數黑桃2往往忽略這事，總是偏向於強大的工作和事業興趣。

他們擁有強大的邏輯心智，可以藉此謀得不錯的生活，但同樣的邏輯心智對他們的個人親密關係幫助不大。許多黑桃2十分投入工作、非常專注於自己的邏輯力量，導致完全避開在親密關係領域考驗他們的感受和情境，這可能包括避開婚姻和親密關係中的承諾。他們非常友善，在社交場合一帆風順，但他們的紅心3冥王星牌道出了他們在浪漫情愛和一般事務上都有一些疑慮和猶豫，而那可以折磨他們一輩子。總的來說，黑桃2的人生路比多數人輕易，因此不應該讓自己變得放縱或懶惰。他們往往為錢成婚。

許多黑桃2命中注定被賞識或成名。男性尤其表現突出，通常晉升到領導職。他們的第二張業力牌梅花K告訴我們，每一個黑桃2都有領導能力，當機會降臨時，就能輕鬆自然地發揮。

如果黑桃2轉向靈性，他們可以非常先進、動力十足，有助於將人間形塑成和諧與合作的世界。這一張「新時代」牌，強調「合作」與「兄弟之愛」，亦即人類世界此時此刻正要邁入的「水瓶座時代」。就這方面而言，黑桃2可是友誼特質的典範，而我們可以預期，那將是主導未來兩千多年的主題。

黑桃2的親密關係課題

黑桃2在整副牌中算是擁有較佳姻緣的幾張牌之一。不過，如此的美好婚姻通常出現在後半輩子，在他們解決了與有人陪伴相關的某些優柔寡斷和恐懼之後。他們常有「推拉關係」（push-pull relationship），先是希望伴侶親近些，然後又把伴侶推開，害怕更多親密可能帶來的結果。這張牌是高度邏輯的，因此他們的愛情方式往往反映這一點。他們會分析婚姻和在一起的概念，嘗試得出關於愛情和親密關係的真理或結論，如此，才能對這些做出某種處置。但多數時候，這些屬於情緒的範圍，是黑桃2往往忽略的領域。

> **業力牌：**
> 黑桃6　梅花K
> **業力親屬：**
> 黑桃9　黑桃8
> **前世牌：**
> 黑桃A　黑桃3

黑桃2確實擁有前世曾在婚姻中付出許多所得來的好姻緣，因此在今生的某個時候，將會接收到應有的報償。他們是出色的丈夫和妻子——穩定而忠實的那種。愛情生活可能處於長期不活動的狀態，對此，他們也只能責怪自己。往往是自己的恐懼或疑慮阻止他們在浪漫的層面展開新的伴侶關係或承諾。任何針對情緒面所下的工夫在這方面都大有助益。

紅心3冥王牌是黑桃2對愛情和婚姻猶疑不定的主要罪魁禍首。他們時常試圖用頭腦釐清愛情和婚姻，然後猛兜圈子，不明白正是自己內在對可能發生的事有所恐懼，才造成他們的憂傷。某些案例顯示，這個紅心3的行為像是促使愛遠離他們的相斥型磁鐵。同樣的，他們通常沒有意識到如此的效應，因為他們的大部分精力都集中在邏輯的左腦。

身分牌連結之間的通性

黑桃2男性得到紅心女的青睞。男女黑桃2都有梅花女當朋友和同伴。女性黑桃2對其他黑桃男懷有強烈的遐思，但方塊男卻覺得黑桃2女性特別有魅力。梅花男覺得黑桃2女性挑戰性十足。

人格側寫

黑桃2 ——大家的好朋友

保羅就是我們所謂的典型黑桃2。他的生日是5月4日，而且他跟許多黑桃2一樣，正是工作勤奮、合乎邏輯的那種人。他是電腦程式設計師，事業非常成功，曾在矽谷最熱門的一家電腦遊戲公司工作。佛蘿倫絲‧坎貝爾在《遠古先民的神聖符號》中談到黑桃2，她說，大部分的數字2都害怕獨自一人。我們的本命牌，就像我們的太陽星座一樣，是一股我們傾向於與之密切認同的能量，而且密切到我們根本認為自己就是那股能量。對於數字2來說，他們往往將自己視為夥伴關係的一半，與王牌A恰好相反，後者將自己視為個人，是某種程度的獨行俠。

保羅重視男性和女性的友誼，視之為人生最重要的事情之一。他偏愛與他人合作大部分的事情，不愛單打獨鬥。就連他一個人的時候，通常也是在與好友講電話。他常與一或多個朋友待在家裡，或是和朋友一起出門做些什麼。他耗費大量精力讓自己的時間表填滿要跟他人一起合作的事情。有好幾次，他讓朋友之一搬進他的公寓住一段時間。這事本身並不是那麼的不尋常，但將他人生的其餘部分考量進去時，我們看見一個模式浮現。當他的好友之一搬離此區，遷移到美國的另一州時，他情緒崩潰，病了大約一週。友誼對他來說，重要性勝過一般人眼中的友誼。身為黑桃，友誼涉及一起做事，不是像梅花2或方塊2那樣，只是談話或賺錢。他喜歡騎自行車、打保齡球、越野滑雪、打電玩遊戲、在家舉辦團體活動。

在親密關係領域，故事就有點不一樣了。保羅曾經差一點結婚，但從不曾一路走到婚姻的聖壇。他似乎吸引到那些無法做出承諾的對象，不然就是他自己推掉了婚姻。他強大而邏輯的心智迄今尚未能夠在愛情和婚姻的領域得出明確的解答或方向。

數字2的強勢面在於，他們可以是最好的朋友。保羅一直是他所有朋友的好友，甚至是他從前愛人的好友。黑桃2唯一的挑戰是，當朋友離開時，他們所感受到的痛苦。

黑桃2

人生牌陣牌組		
行星牌	符號	牌
月亮	☽	4♦
太陽（本命牌）	✳	2♠
水星	☿	8♥
金星	♀	6♣
火星	♂	6♠
木星	♃	Q♥
土星	♄	10♣
天王星	♅	8♦
海王星	♆	K♠
冥王星	♇	3♥
結果（宇宙回報）	♃+	A♣
宇宙功課	♄+	Q♣

守護星牌		
生日	守護星座	守護星牌
1/12	摩羯座	梅花10
2/10	水瓶座	方塊8
3/8	雙魚座	黑桃K
4/6	牡羊座	黑桃6
5/4	金牛座	梅花6
6/2	雙子座	紅心8

2

對象	伴侶之間的連結					綜合指數評級		
黑桃2與	連結1	連結2	連結3	連結4	連結5	吸引力	強度	相容性
A♥	MAM	SAMS	VEFS	PLF	MAF	5	6	-1
2♥	CRF	PLRS	CRFS	MAMS	URF	6	6	-1
3♥	PLF	MAM	SAMS	CLF	URF	5	8	-4
4♥	VER	VEFS	PLFS	SAR	VEF	6	0	4
5♥	MOF	MAFS	JUR	MAF	JUFS	6	1	5
6♥	JUF	SAFS	MAMS	MAM	JUFS	2	4	1
7♥	MOR	MOFS	SAM	SAMS	VER	4	1	5
8♥	MOR	URR	SAFS	VER	SAF	2	1	2
9♥	VEM	JUMS	PLRS	CRF	URR	4	0	4
10♥	MAF	PLR	SAF	MAFS	SAFS	4	7	-3
J♥	NEF	JUM	JUF	NEFS	JUFS	5	-1	5
Q♥	JUF	PLFS	MOR	PLF	VEFS	6	2	3
K♥	JUFS	SAR	NEFS	PLRS	PLR	2	2	2
A♣	CRF	PLRS	URF	VEMS	CRFS	5	3	1
2♣	SAR	MOFS	JUFS	PLR	NER	3	1	3
3♣	VEF	CLR	CLRS	VERS	VEFS	4	-1	5
4♣	MAMS	JUF	SAFS	JUFS	CRRS	3	4	1
5♣	MAMS	CRF	VER	PLRS	MAFS	7	5	1
6♣	VEF	URFS	MOF	PLR	URF	4	-1	5
7♣	MAFS	URF	NERS	PLFS	CRFS	6	5	-1
8♣	JUM	NEF	JUMS	SARS	JUFS	3	-1	4
9♣	JUF	CRRS	MAR	JURS	PLF	4	2	3
10♣	SAF	NEF	CRFS	VEFS	VEF	3	4	0
J♣	PLR	MAR	JURS	MAF	MAFS	5	5	0
Q♣	CLF	URF	VEMS	PLF	SARS	4	3	-1
K♣	KRMA	JUR	PLF	NEFS	URFS	5	4	1
A♦	VEFS	MAM	SAMS	MAMS	MORS	6	4	3
2♦	VEF	VEFS	JUR	PLR	URF	5	-2	7
3♦	JUF	SAFS	MARS	VEM	CLF	2	3	1
4♦	MOF	SAF	MAFS	JUR	MAF	4	3	2
5♦	CLR	CLRS	NER	URRS	VEF	2	1	0
6♦	CRRS	MORS	URFS	MAR	JURS	5	1	3
7♦	PLRS	VEM	JUMS	CRF	VEMS	5	1	3
8♦	URF	NERS	PLFS	CRR	CLFS	4	3	-1
9♦	NER	URRS	MARS	VEM	CLR	5	2	2
10♦	SARS	CLF	URF	VEMS	CRR	2	3	-1
J♦	MAR	JURS	MORS	PLR	URR	5	2	3
Q♦	MARS	VEM	NER	URRS	NERS	6	2	3
K♦	VERS	VEF	URR	SAFS	URRS	4	-1	4
A♠	MOFS	SAR	SARS	VERS	SAM	2	1	2
2♠	SBC	MAF	JUFS	JUR	MAR	5	4	3
3♠	MORS	CRRS	MAR	JURS	MARS	6	1	5
4♠	VEFS	SAF	NEF	VER	VERS	4	1	3
5♠	SAF	MAFS	MAF	MOF	MOFS	4	6	-1
6♠	KRMA	MAF	JUFS	NEFS	PLRS	6	5	2
7♠	URR	SAFS	VERS	MOR	MORS	2	1	1
8♠	URFS	JUR	KRMC	VEF	SAR	2	0	4
9♠	NEFS	PLRS	KRMC	JUFS	MAF	5	3	2
10♠	PLFS	VER	JUF	PLF	JUFS	6	3	1
J♠	CRFS	MAFS	SAF	NEF	JUF	5	6	-1
Q♠	CRR	CLFS	SARS	URF	NERS	3	4	-1
K♠	NEF	JUM	JUF	NEFS	JUFS	5	-1	5

數字3：表達與創意

為了充分了解數字3以及整副牌中所有奇數牌的性質，你必須回頭細看王牌A，同時將這看作是從「零」踏出的進化步驟。王牌A是所有奇數牌中最首要的，而且所有奇數牌都以某種方式反映王牌A的一些特質。所有奇數牌都代表背離前一個數字的穩定性與均勻性。對數字3來說，這是背離數字2的圓滿。因為數字3是「脫離」數字2，所以許多數字3永遠不滿意自己擁有的，而這在他們的個人親密關係中尤其真實。這不是一個要被詬病或被視為壞事的特質，數字3就是這個樣。我們每一個人在某個時候，都會因為數字3出現在我們的「流年牌陣」（Yearly Spread）之一，從而經驗到當個數字3是什麼樣子。在特定的某一年，我們可能有一張紅心3「長期牌」（Long Range Card），於是在我們的浪漫生活中經驗到大量的多樣性或優柔寡斷。另一年，我們可能有一張方塊3冥王星牌，於是備受挑戰，要將我們對金錢的擔憂轉化成正向、賺錢的理念，得以落實並達致更大的財務成功。但對於數字3是本命牌的人來說，如此「脫離」的特質基本上是一種生活方式，他們若要擁有平安與滿足，就必須在人生的某個時刻，與此一特質達成協議。

平安與滿足對所有奇數本命牌來說都是挑戰。奇數總是代表失衡，要透過創造別的東西尋求平衡。這些奇數本質上其實是陽剛的——有創造力且總是處於動態。不論一個數字3是男還是女，他們都會展現這股尋求表達的創造動力。他們的平安只能透過某種行動或物質層面的成就出現，那最終將會引領他們回歸自我。對數字3的人來說，這股推動力是為了自我表達和多樣性。他們是點子、想法和感受的產生器，必須找到適當的出口，以免承受擔憂和優柔寡斷的後果。

數字3就像雙子太陽星座的人，多才多藝，往往相當健談。他們可以與許多不同類型的人、文化和概念產生關連，因為數字3靈活有彈性。他們也相當足智多謀，有辦法解決面臨的幾乎任何問題。如果你需要一個好點子，找個數字3聊聊吧。他們通常有滿滿好幾抽屜的點子，有些是他們正在構思的，但許多是永遠不會有時間或精力開始構思的，更不用說完成。藝術、音樂、寫作是數字3豐富創意的絕佳出路。許多數字3在一或多個這樣的領域取得成功，如果他們要實現自己與生俱來的權利同時達致內在的滿足，就需要至少有一個這樣的出口。許多數字3有好幾份計畫或工作同時進行。這為他們帶來心中渴求的多樣性。當數字3開始厭倦正在進行的其中一樁計畫時，他們可以切換到第二或第三樁計畫繼續進行。這恰好是數字3的成功策略之一。否則，許多數字3會從一份工作換到另外一份工作，永遠一事無成，最終感到沮喪而悲哀。他們需要看見至少自己的某些想法開花結果。

數字3酷愛浪漫。在占星學上，第五宮的能量與創造力和自我表達以及戀愛和浪漫相關連。就找到成就感的方式而言，數字3的人似乎與這個第五宮有某種強力連結。按理說，具有最大創造天賦的人對浪漫情事與性愛歡愉也會有最強烈的需求，加上數字3對新體驗和多樣性的天生好奇與渴望，於是你可以看見，為什麼許多數字3成為偉大的情人，但卻不是那麼好的婚姻伴侶。在親密關係中，他們就像對待眼前某樁創意計畫一樣，很可能感到無聊。他們可能希望有新的戀情來補救這樣的情況，然後等那樁戀情無聊了，再跳回到你懷裡。雖然這麼說可能有點誇張，但這就是數字3共同關注的事項。

可能促成數字3不忠的另一件事情是他們令人擔憂的本性。多數的數字3，尤其是梅花3和方塊3，擔心沒有足夠的（愛、金錢、身體健康等等）。雖然這通常顯化成對財務的擔憂，但也可能蔓延到浪漫生活中。數字3的人可能會推論說，如果他們隨時有二或三個情人，當他們需要愛時，缺愛的機會就會比較少。這也可以解釋為什麼他們可能迴避承諾和長期的關係。

如果將所有這些成分歸納在一起，就可以明白，為什麼數字3會是非常複雜的人，擁有要麼幸福要麼不快樂的莫大潛力。最幸福的是那些找到地方表達自己的創意且因此獲得高薪的數字3。他們的點子和傳達點子的能力得到了認可。許多這樣的數字3將會運用他們的創造天賦對人世間產生真正的影響，我們則會因為他們的貢獻而欽佩他們。

紅心3：多樣化的愛情

紅心 3 的人格特質

紅心3是人生牌陣中的第一張牌，代表男人和女人離開伊甸園。誘惑是他們離開的原因，而紅心3可以在許多層面指出這層誘惑。此外，由於紅心3是人生牌陣中的第一張牌，我們可以認為，這張牌是踏出來、進入二元和混亂世界的位置。紅心3的經驗可能像是你初次抵達某個外星異世界，必須自己搞清楚每一件事。

在這方面，紅心3的人永遠好問，而且心智上準備妥當，要去評估並分析他們觀察到的事物。男性和女性紅心3與男性合作都相當成功，而女性紅心3在男性主導的公司和社團工作時，其表現更優於多數女性。他們在工作上是先進的，通常透過旅遊或做出改變來改善自己的生活或財務狀況。他們是勤奮工作的人，只要專心致志，就會成功。他們需要職業有一定程度的變化或旅遊才會開心。紅心3擁有巨大的藝術和創造潛力。表達是他們最強健的靈魂特質之一。

他們人生中最重要的兩大功課是：克服對貧困的恐懼，以及學習將因價值觀造成的優柔寡斷轉化成工作或業務方面的創意。他們正在學習培養信心，相信需要時，必要的資源將永遠為他們而在。不論是真實的還是想像的，他們的許多財務匱乏都源自於，不明白人生中對他們最重要的是什麼。在此情況下，他們天生的創造力變成了優柔寡斷的負擔。他們可以想出許許多多該做什麼和可能想要什麼的點子，多到著手的事永遠完成不了，或是永遠積攢不夠，無法在財務上感到安全。某些挑戰性十足和業力促成的關係，問題根源同樣是這份優柔寡斷，在那樣的關係中，他們遇見同樣具有這些特質的人，然後因為懷疑自己是否被愛而離開對方。

一旦紅心3學到了基礎和穩定的價值，他們的創造力就成為帶領他們走向目標的巨大天賦。一旦學會付出和接受同樣是好事，他們就會找到莫大的成就感，懂得在人生中對他人給出愛和真理。晚年熱衷追求玄學或宗教主題的紅心3擁有更多的滿足和平安。

紅心 3 的親密關係課題

每一個數字3都強力要求探索可能性的自由，而紅心3可能是其中在心智上和情緒上最為迷惘的。在尋找熱愛什麼和喜愛誰的過程中，他們常會變得不確定或不滿意，就連發現完美的愛就站在眼前，也不例外。在更深的層面，紅心3可能代表情緒的不穩定。「我會被愛嗎？」以及「我會在愛中開心快樂嗎？」往往是他們心中第一優先的問題。這樣的不確定往往可以追溯到童年那些在情緒上極具挑戰的經驗。有時候，紅心3能量造成性愛的猶豫不定和不斷實驗。雙性戀和同性戀是許多紅心3在追求智慧時選擇去探索的概念。

第一張業力牌紅心A告訴我們，紅心3的人最需要花些時間與自己相處，如此

業力牌：
紅心A　梅花Q
業力親屬：
方塊A　方塊10
前世牌：
紅心2　紅心4

才能學會在情感上更加自立自強、自給自足。當紅心3學會將他們的某些豐富能量給予自己時，就會感覺到不那麼匱乏，也比較不會那麼發狂似的要從他人那裡得到愛。

然後，他們的情愛生活會變得好玩許多、快樂有趣，那正是他們想要的。這些人酷愛輕鬆愉快。

紅心3是非常迷人而有吸引力的，不難吸引到別人來愛他們。一旦他們找到對象，挑戰隨之而來。他們通常被詼諧風趣、高智商的對象所吸引，但對方往往跟他們一樣優柔寡斷。紅心3可是整副牌中最反覆無常的其中一張牌，但這股同樣的能量可以被表達成深奧的說話和自我表達

能力。如果有反覆無常的情況，可以從情緒衝突和對承諾的恐懼當中找到問題的根源。有人可能會說，紅心3在人間是要透過實驗形形色色的關係變化和理念來了解愛。透過這些經驗，他們獲得智慧，令自己的決定踏實可靠，也為愛情和浪漫帶來更大的成功。

身分牌連結之間的通性

對多數的梅花女來說，紅心3男性有天生的親和力，他們對方塊女來說也很有吸引力。紅心3女性與許多梅花男和紅心男會有相處上的問題。黑桃男覺得紅心3女性非常有吸引力，但其他方面則困難重重。

人格側寫

紅心3——三心二意

每一個數字3本命牌都強力認同他們的創意面。紅心3因為是數字3當中的第一個，所以最有可能犯下與年輕氣盛（紅心）相關聯的錯誤，也最有可能必須從社會大學中學習。若要更加了解紅心3，最好更深入探究數字3的含義。當我們細看一個3的時候，會看見一個2和一個1。那個2代表結合與圓滿、平衡和穩定——快樂、結合成對的符號。這是數字3的人與生俱來的一部分，就跟他們的其他部分一樣豐富。這個2的能量告訴我們，數字3的人的確重視一個伴侶或生命中的圓滿。這是一個陰性法則，使他們滿意於已然擁有的，無論是一個人、一份工作、一個點子或是什麼都好。增加的那一個是陽性法則，總是敦促數字3的人往前，去嘗試各式各樣新的事物、關係和經驗。不過，數字3並不想要為了獲得新的事物、人或經驗而放掉已然擁有的2。就好像，他們想要原本擁有的，又想要原本沒有的，而且同時想要兩者。其他奇數牌也共享這個想要新的事物、關係和經驗的特質，但唯有數字3擁有如此的特性：在這個過程中同時想要保有原本已然擁有的。

這可能會為紅心3製造問題，尤其是在個人的親密關係方面。首先，少有伴侶願意成為數字3生活中的眾多伴侶之一。往往，本命牌是3的人，尤其是紅心3，必須向伴侶撒謊，以便維繫他們尋求的多重關係。這樣的撒謊占去大量的精力並造成壓力，但因為創造力佳，只要他們願意，就可以有效地完成此事。接下來，因為他們帶

著情愛來回奔波，所以時常感覺沒有保障，擔心得不到足夠的愛。這份擔心反過來又成為他們嘗試更多關係的動機，於是，就某些案例而言，這個循環不斷重複，無窮無盡。那變成了愛的旋轉木馬，幾乎沒有帶來深度和滿足感，只是種類繁多。數字3的人發覺如此既刺激又好玩，但有時也頗為傷神且令人心痛。

對大部分的數字3而言，一大功課是：親密需要某種承諾。親密是我們每一個人在某種程度上都想要的。我們想要與另一個人親近，親近到可以感覺並享受對方的愛和我們對對方的愛的深度。然而，當我們開始感受到這份巨大的愛時，也同時覺察到隱藏在我們的意識心後方的其他感受，例如，害怕被遺棄或我們的自我拒絕。因此，我們對愛的追求比任何東西都更令自己驚駭。那需要與另一個人互許承諾，才能賜予我們堅持不懈並面對這些恐懼的勇氣，同時享受著與伴侶共享的愛。這是許多數字3的人必須歷盡艱辛才能習得的教訓。

並不是所有的數字3都是如此飽受折磨的靈魂。任何的數字3都有可能面對這些內在的恐懼，然後運用為另一個人獻上的真愛和親密過著美好的生活。我們的本命牌只是鏡映行為的模式。當這些模式呈現負面時，它們可以被加以識別、處理和接納，從而使我們不再受其影響。當我們遇見紅心3或其他數字3時，我們可以很快看出他們在這個接納和意識的過程中如何表現。只要問問他們情愛生活如何，就可以知道答案了！

紅心3

人生牌陣牌組		
行星牌	符號	牌
月亮	☽	K♠
太陽（本命牌）	✳	3♥
水星	☿	A♣
金星	♀	Q♣
火星	♂	10♠
木星	♃	5♣
土星	♄	3♦
天王星	♅	A♠
海王星	♆	7♥
冥王星	♇	7♦
結果（宇宙回報）	♃+	5♠
宇宙功課	♄+	J♥

守 護 星 牌		
生日	守護星座	守護星牌
11/30	射手座	梅花5
12/28	摩羯座	方塊3

對象 紅心3與	伴侶之間的連結					綜合指數評級		
	連結1	連結2	連結3	連結4	連結5	吸引力	強度	相容性
A♥	KRMA	VERS	MAMS	NEF	PLFS	8	5	2
2♥	MOFS	MOR	PLF	MORS	URF	7	-1	6
3♥	SBC	VERS	VEF	VEFS	VER	6	1	6
4♥	MORS	CLR	URR	MAF	URRS	4	0	3
5♥	VEFS	CRR	JUF	MAF	JUFS	5	0	6
6♥	MAFS	VEM	VERS	SAF	CLR	6	2	3
7♥	NEF	PLR	JUFS	NER	SAFS	4	2	2
8♥	NER	SAFS	CRRS	NEF	PLR	3	4	-1
9♥	URFS	JUM	PLF	MOR	URF	3	0	1
10♥	NEFS	MARS	CRF	MAR	CRFS	8	6	1
J♥	CLF	PLFS	MOF	MARS	CLFS	7	5	-1
Q♥	JUR	CRFS	URM	MAF	URRS	3	2	2
K♥	VER	CLFS	VEMS	NERS	VEM	7	0	5
A♣	MOR	MOFS	PLF	MOF	URF	7	-1	6
2♣	VEMS	URF	VER	CLFS	VERS	5	-1	5
3♣	JURS	JUF	JUR	CRRS	PLF	2	-1	6
4♣	VERS	JUF	MAFS	VEM	CRR	6	0	6
5♣	JUF	VEFS	VERS	VEF	NERS	5	-3	8
6♣	URR	VEMS	PLRS	PLR	URRS	3	1	2
7♣	VER	SARS	NEF	PLR	JUR	4	1	2
8♣	CLF	PLFS	MOF	MARS	URR	6	5	-1
9♣	JUR	CRFS	URM	MAR	MARS	3	2	2
10♣	MAR	SARS	SAR	VERS	NER	3	5	-1
J♣	MARS	NEFS	CLF	MOFS	VEMS	7	4	2
Q♣	KRMA	VEF	NEF	PLFS	MAM	7	4	3
K♣	SAM	PLR	PLRS	VER	MORS	2	5	-2
A♦	MAMS	VERS	KRMC	MOR	VEFS	7	2	5
2♦	URR	VEMS	MAMS	PLR	MAFS	5	2	2
3♦	SAF	MAFS	VEM	JUR	SARS	2	4	0
4♦	CRR	CRF	VEFS	SAFS	CRRS	5	3	1
5♦	JURS	JUMS	PLF	URFS	JUM	2	0	3
6♦	MAR	SAR	NEFS	MARS	CRF	5	6	0
7♦	PLF	URFS	JUM	MOR	JUMS	4	2	0
8♦	VER	SAR	JURS	JUR	CRFS	2	0	4
9♦	JUMS	JUR	SARS	JURS	SAR	0	-1	3
10♦	MAM	VEF	KRMC	SAR	JURS	5	3	3
J♦	MARS	VEMS	SAF			5	4	1
Q♦	JUR	SARS	SAF	JUMS	VEF	-1	1	1
K♦	CRRS	VERS	JUF	JUR	MARS	4	0	5
A♠	URF	NEF	PLR	JUFS	VEMS	4	1	2
2♠	PLR	SAR	CLRS	URRS	SAM	0	4	-3
3♠	MAR	SAF	SAR	NEFS	VEMS	3	6	-2
4♠	MAR	MORS	CLR	URR	JUR	5	2	3
5♠	CRF	NEFS	CRR	CRRS	NEF	7	4	2
6♠	SAR	CLRS	URRS	NERS	PLR	1	3	-2
7♠	CRRS	NER	SAFS	NERS	VEM	4	3	0
8♠	PLRS	SAM	URR	VEMS	MOF	2	4	-1
9♠	NERS	VER	CLFS	SAR	CLRS	5	2	1
10♠	MAF	URRS	MORS	CLR	URR	5	2	2
J♠	SARS	MAR	NER	PLF	MARS	4	6	-2
Q♠	SAR	JURS	MAM	VER	CRF	2	2	2
K♠	MOF	MARS	CLF	PLFS	MOFS	7	3	2

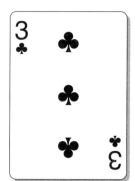

梅花3：作家牌

梅花3的人格特質

這張牌的創意可以顯化在許多方面。在高階面，他們可能是非常成功的作家、老師或表演者。在低階面，則可能擔心，變得優柔寡斷，把時間花在輕佻的活動上。就連在最成功的梅花3之中，我們也可以找到擔心和遲疑是他們生命中或多或少不斷出現的主題。

人生的成功始終取決於個人以及個人如何發揮神所賜予的天賦和能力。梅花3有天賦，但對貧窮的恐懼可能誘使他們以有問題的方式發揮創意。如果發生這樣的情況，他們很少可以蒙混過關。梅花3可以成為優秀的銷售人員和宣傳人員，但一直要到當事人決定依據某一套人生哲理且全力支持這套哲理時，才會具有實質的戰鬥力。

這是最強大的經營牌之一。第二張業力牌方塊K賦予他們天生的經營能力。他們傾向於大資金和大企業，無論在哪裡工作，都能輕而易舉地讓自己置身領導地位。不過，第一張業力牌方塊5促使他們選擇自由不會受到太多牽制的職業。因此，他們往往選擇自己當老闆或成為自由工作者。他們與生俱來的天賦是有創意，許多梅花3成為卓越的作家、演講人或是娛樂產業的製作人。

梅花3一定會有一些情感上的失落，有些關係他們認為應該要永遠持續下去，但事實並非如此，許多那樣的關係是天生注定的，而且本質上與業力有關。如果他們將自己視為「圓滿」以及晉升至較高的水平，就可以避免失望。他們的愛有可能在比較「普世」（universal）的層面實現。

如果梅花3利用自己承繼的靈性知識，許多成功可以被實現。他們在人世間是要成為能量的蛻變者——將擔憂轉化成創意，將恐懼淬煉成信心。如此，他們成為我們大家強而有力的典範。

梅花3的親密關係課題

這是一個基本上優柔寡斷的人——猶疑不定，不知該不該想方設法做出承諾。然後同樣的，他們熱愛嘗試不同的事物，喜歡經驗生命必會提供的一切。因此，我們注意到，許多梅花3在親密關係的抉擇上來來回回。另一方面，他們可能一再吸引到反映這些特質的人，對方害怕或不願意做出承諾。最幸福的梅花3似乎是接納自己對多樣性的需求，他們單純地為了追求約會帶來的歡愉而與人約會，捨棄婚姻生活，追求令人滿意的戀愛。

已婚的梅花3常會找個方法暗地裡偷腥。儘管人生會有些失落，但只要梅花3下定決心，拒絕接納少於自己真正欲求的東西，他們就可以擁有愛情和幸福。這些人擁有最真誠的心，幾乎可以為摯愛付出一切。只是，在個人層面，他們通常有許多要達成協議，長期的關係才可能成功。

業力牌：	
方塊5	方塊K
業力親屬：	
方塊9	黑桃7
前世牌：	
梅花2	梅花4

身分牌連結之間的通性

男性梅花3難以抗拒方塊女，而方塊女也與男性梅花3共享美好的愛情連結。基於這個原因，若要經營長期的親密關係，這可是不錯的選擇。

同樣的，女性梅花3對方塊男有不少的遐思，對女性梅花3而言，方塊男有某種神祕感。對男女梅花3而言，梅花男是好朋友，但或許不是最佳的結婚伴侶，除非梅花男可以給予梅花3完全的自由。男女梅花3最好都避開黑桃女，黑桃女不僅沒有好處，似乎還會帶來更多的問題。

梅花3 ——不時恐慌發作

凡是與梅花3有過親密關係的人多半都知道，這一小篇文章的標題指的是什麼。梅花3的人通常快樂、健談，跟他們相處通常很好玩。但偶爾，他們會變得憂傷、迷惘，可能質疑一切。所有數字3都喜歡生活中有些變化，因此時常保留有所選擇的餘地，以防自己渴望朝不同的方向前進。不過，保留所有那些選項有時可能變成負擔。太多的選擇可能是好玩和興奮的源泉，但也可能是無情的詛咒。沒有人比梅花3更了解這點。

許多梅花3不時會像這樣「恐慌發作」。某一刻，他們感覺一切美好，然後某事剛好驚嚇到他們。有時候，催化劑不過是一個想法或是他們在電視上看到的某樣東西。當這事發生時，他們多才多藝的心智破門而入，開始整理生命中每一個可以想像但尚未確定的主題。然後在搜尋心中恐懼的答案時，他們開始質疑一切，包括自己的承諾。

舉個例子，梅花3恐慌發作的情況可能從你的梅花3朋友打電話給你或是過來找你談話開始。他們問你一個困擾著他們的問題，而你給了一個平靜且令人放心的答案。他們似乎很滿意那個答案，但幾分鐘後，他們又會問你同樣的問題，彷彿你根本沒有回答過。在那一刻，一切對他們來說似乎無望而可疑。不幸的是，如果你設法說服他們擺脫疑慮，只會使他們的情況更加惡化。

舉個例子，我認識一個正與梅花3約會的男士。大約每隔兩週，他會打電話給我，說他的女友正在重新考慮兩人的關係。事實是，他女友正在重新考慮自己人生中的一切。這樣的情況發生過幾次以後，這位男士發現，最好的做法就是放鬆、等待。他不再設法給女友所有問題的答案，不再試圖讓她看見何以兩人關係沒有問題的一切原因。他帶她出去在樹林間散步，或是騎自行車，然後女友的所有恐懼似乎在幾分鐘內消失了。這些小小的恐慌發作總是會過去。

梅花3本命牌的人可能犯下的最大錯誤，或是他們的伴侶可能因此犯下的最大錯誤，是在這些恐慌發作期間做出重要的決定。因為那時有許多的情緒能量被激起，所以不可能清楚地看見事情，也不可能對眼前的課題做出客觀的評估。在這些小小的恐慌發作期間，每一個抉擇似乎都是錯誤的。梅花3的傾向是要從一切之中抽身，甚至是抽離將美好能量帶進生命中的事物。

這對我們每一個人來說都是一則教訓，因為這樣的梅花3示現了我們的心智。許多人都有自己的小小恐慌發作期，或是在這時似乎對人生中的許多人事物感到既迷惘又懷疑。我們可以學習到，唯一需要做的就是放鬆、等待，如大霧籠罩著我們的決策過程的雲層將會消散轉晴。「不要擔心，開心就好」的說法在此非常適用。梅花3就像大多數人一樣，喜愛快樂幸福。如果我們可以在某一次恐慌發作期間讓他們和我們自己想起這點，通常就可以重新與我們的喜悅和幸福連結，同時放下所有的心理壓力和優柔寡斷。

梅花3

人生牌陣牌組		
行星牌	符號	牌
月亮	☽	5♥
太陽（本命牌）	✳	3♣
水星	☿	3♠
金星	♀	9♥
火星	♂	7♣
木星	♃	5♦
土星	♄	Q♠
天王星	♅	J♣
海王星	♆	9♦
冥王星	♇	7♠
結果（宇宙回報）	♃+	2♣
宇宙功課	♄+	K♣

名人生日

比爾・莫瑞（BILL MURRAY）
9/21/1950 • 演員
丹尼・狄維托（DANNY DEVITO）
11/17/1944 • 男演員
約翰・李斯高（JOHN LITHGOW）
10/19/1945 • 男演員
麥特・勒布朗（MATT LEBLANC）
7/25/1967 • 男演員
托比・麥奎爾（TOBEY MAGUIRE）
6/27/1975 • 男演員
雪萊・隆恩（SHELLEY LONG）
8/23/1949 • 女演員
海倫・凱勒（HELEN KELLER）
6/27/1880 • 社會運動家
提姆・康維（TIM CONWAY）
12/15/1933 • 喜劇演員
約翰・F・甘迺迪（JOHN F. KENNEDY）
5/29/1917 • 美國前總統
鮑勃・霍伯（BOB HOPE）
5/29/1903 • 喜劇演員
羅斯・佩羅（ROSS PEROT）
6/27/1930 • 商人
金・凱利（GENE KELLY）
8/23/1912 • 男演員／舞者
史蒂芬・金（STEPHEN KING）
9/21/1947 • 作家
沃爾特・佩頓（WALTER PAYTON）
7/25/1954 • 橄欖球選手
茱莉亞・達菲（JULIA DUFFY）
6/27/1951 • 女演員
羅伯・莫羅（ROB MORROW）
9/21/1962 • 女演員
賽西爾・菲爾德（CECIL FIELDER）
9/21/1963 • 棒球運動員

守 護 星 牌		
生日	守護星座	守護星牌
5/29	雙子座	黑桃3
6/27	巨蟹座	紅心5
7/25	獅子座	梅花3
8/23	獅子座或處女座	梅花3或黑桃3
9/21	處女座	黑桃3
10/19	天秤座	紅心9
11/17	天蠍座	梅花7和黑桃7
12/15	射手座	方塊5

對象	伴侶之間的連結					綜合指數評級		
梅花 3 與	連結 1	連結 2	連結 3	連結 4	連結 5	吸引力	強度	相容性
A♥	JUR	MAR	PLR	NER	PLF	4	3	2
2♥	VEFS	VERS	MAF	VER	VEF	7	-1	7
3♥	JUR	JUF	CRFS	JUFS	PLR	2	-1	5
4♥	VEM	VEMS	PLR	PLF	SAFS	6	1	4
5♥	MOF	VERS	VEFS	SAR	VER	6	-2	7
6♥	VEF	CLRS	MORS	MOR	VEFS	6	-2	7
7♥	CRRS	PLRS	JUM	MAMS	JUMS	4	3	1
8♥	PLRS	PLF	CRRS	JUF	NEFS	5	4	-1
9♥	VEF	NERS	PLFS	VERS	VER	7	1	4
10♥	NER	URRS	URF	PLFS	MAF	4	2	0
J♥	SARS	MAMS	CLR	SAFS	MAM	2	6	-3
Q♥	JURS	URFS	VER	CLFS	VEM	3	-1	4
K♥	MARS	VEM	MOFS	CRF	MAM	8	2	5
A♣	VERS	VEFS	VEF	MAF	VER	7	-2	8
2♣	MOFS	CRF	JUM	MAMS	MARS	6	1	4
3♣	SBC	JUF	JUR	NEF	PLFS	4	2	4
4♣	MORS	VEFS	VEF	CLRS	MAFS	7	-2	8
5♣	VEFS	MOF	MORS	MAFS	SAR	7	-1	8
6♣	MAFS	VEM	SAR	VEMS	CRR	6	3	3
7♣	MAF	JUFS	MOF	MAFS	SARS	6	2	4
8♣	CLR	SAFS	SARS	MAMS	VEF	0	5	-3
9♣	URFS	JURS	CRR	VEMS	CRRS	2	-1	3
10♣	SAF	NEFS	PLRS	PLR	VEMS	2	5	-2
J♣	URF	PLFS	MARS	NER	URRS	5	4	-2
Q♣	JUF	CRFS	URR	URRS	JUM	3	0	3
K♣	CLF	CLFS	VER	SAR	URF	4	4	-1
A♦	MAR	VEM	JUR	NER	PLF	6	2	4
2♦	VEM	MAFS	MAR	MARS	MAF	8	5	3
3♦	VEF	CLRS	VER	VERS	CLR	5	-1	6
4♦	VERS	MAF	JURS	MOF	MOFS	6	0	6
5♦	KRMA	JUF	NEF	PLF	NEFS	6	4	2
6♦	CRR	VEMS	URFS	MOR	MORS	5	-1	5
7♦	VEF	NERS	PLFS	VERS	VEFS	7	1	4
8♦	SAF	MAF	JUFS	MAFS	SARS	2	6	-2
9♦	NEF	VER	KRMC	JUF	MAF	6	1	5
10♦	URR	JUF	CRFS	SAF	CLR	1	2	1
J♦	MARS	MOR	URF	PLFS	NEF	6	3	2
Q♦	VER	NEF	URR	NEFS	MOFS	6	0	5
K♦	KRMA	PLF	NEFS	PLFS	NEF	8	7	-2
A♠	JUM	MAMS	CRRS	MOFS	CRF	5	2	3
2♠	VER	CLF	CLFS	VEFS	VERS	6	2	3
3♠	MOR	CRR	VEMS	MARS	MAR	7	0	6
4♠	PLR	SAF	NEFS	PLRS	VEM	2	5	-2
5♠	MAF	JURS	NER	URRS	VERS	5	2	3
6♠	MAM	JUMS	VER	VERS	URFS	5	1	4
7♠	PLF	PLRS	KRMC	JUF	NEFS	5	5	-1
8♠	SAR	CLF	CLFS	MAFS	VEM	3	6	-3
9♠	MAM	JUMS	MARS	VEM	MAR	6	4	3
10♠	VEM	VEMS	JURS	CLFS	PLF	6	-1	6
J♠	MAF	JUFS	SAF	NEFS	PLRS	4	4	1
Q♠	SAF	URR	MOR	URFS	CLR	0	2	-1
K♠	MAMS	CLR	SAFS	SARS	MAM	3	7	-3

方塊3：財務上的創意

方塊 3 的人格特質

　　所有撲克牌當中，方塊 3 被認為是人生路最為艱難的幾張牌之一，尤其當方塊 3 是女性時，因為她的身分牌兼業力牌方塊 Q 是整副牌中另外一張最艱難的牌。價值觀的優柔寡斷伴隨前世的關係業力（紅心 6 業力牌），可能導致許多情感上的挑戰。此外，他們可能是最擔心自身財務狀況的族群之一。所有數字 3 都因擔心和優柔寡斷而自責，必須為他們過度活躍的心智找到建設性的出口。最好的治療法是讓他們的創造力有所表現。他們必須表達自己。

　　如果他們要在人生中經驗到更多的平靜，同時克服許多的障礙和誘惑，就應該要好好培養天生對玄學的興趣。這些人擁有能夠參透宇宙祕密的頭腦，這些祕密包括了解自己的人生以及他們在人世間所要處理的個人業力。這樣的理解為他們的人生帶來許多平安。

　　他們總是懂得區辨是非，不過有時候，卻設法忽略自己知道的。並不是所有方塊 3 都有這些問題。若從這張牌的高階面操作，他們創意十足、生產力高，以多種有成效的方式表達自己。他們可以成為最偉大的藝人或演說家。

> **業力牌：**
> 紅心 6　方塊 Q
> **業力親屬：**
> 梅花 4　方塊 9
> **前世：**
> 方塊 2　方塊 4

　　他們也都有非常強大的頭腦，而且通常搭配強而有力的聲音。有了這樣的聲音和心智資源支持，一旦找到了心中相信的東西，他們可以成為最有效力的推動者。如果有個方塊 3 促銷你的產品或服務，那你實在是很幸運。

　　他們在可以旅行或執行各種不同事情的業務中得到較大的滿足。通常他們必須為年紀較小的某人做出犧牲，對象往往是自己的一名或多名子女。人生軌跡中有兩個 9，因此晚年生活可能令人失望，除非當事人開發了自己的靈性面，那將會為他們帶來平安和智慧。這些人在人世間是要嘗試大大小小的許多構想，然後依據真理定奪。他們總是從改變和旅行中受益，最好去追求為他們在這方面帶來某些自由的事業。

方塊 3 的親密關係課題

　　方塊 3 與方塊 Q 可說是旗鼓相當，都是整副牌中在這個領域最為艱難的。這張牌有巨大的創造力，因此來到此生時，他們覺得彷彿有無限的界域可以探索和體驗。在某個時候，他們領悟到，自己也有被遺棄和遭背叛的巨大恐懼，必須在這條路上好好處理。這通常在愛情和結婚的相關事務上顯化成多重的親密關係或長期的猶豫不決。假使無法處理自己內在的不安全感，他們通常會選擇擁有短暫的親密關係。多次婚姻對這張牌來說是司空見慣，就跟方塊 Q 一樣。紅心 7 在金星告訴我們，他們正在學習讓他人就是他人的樣子，同時療癒自己對遭背叛或被遺棄的恐懼。

　　他們的第一張業力牌紅心 6 告訴我

們，降臨此生時，方塊3帶著有點兒不顧及他人感覺的傾向，加上無憂無慮的本性，那可能使他人覺得對他們的情愛沒把握。

在這一生中，他們將學習與自己的愛和情感保持一致的價值。這通常需要時間，所以我們自然而然地期望他們的浪漫幸福多半出現在後半輩子。對方塊3而言，那倒無妨，因為在這張牌中，對親密關係的浪漫驅力和欲求通常會好好持續到人生的最後幾年。

身分牌連結之間的通性

女性方塊3時常被紅心男和黑桃男所吸引，不過她們與梅花也同樣混得很好。並沒有與哪一個特定花色有強力的連結。方塊3男性對黑桃女有特殊的感覺，而梅花女深受男性方塊3所吸引。

人 格 側 寫

方塊3 ——如何找到幸福和愛？

方塊3的人生軌跡呈現許多的障礙。當我們考慮到這個事實：數字7和9一直被認為是個人人生軌跡中最具挑戰的牌，接著注意到，方塊3的人生軌跡中有兩個7和兩個9，就可以感受到他們的一生應該是什麼模樣。7和9是靈性數字，而且，正如奧尼·瑞屈門（Olney Richmond）所言，靈性數字在靈性層面以及問題、挑戰上帶來成功，而在世俗層面帶來挫折。強力的世間牌是數字4、8和10。兩個7落在金星和火星的位置，這指出，在性和親密關係中有許多前世的業力，例如，前一世在親密關係中濫用其性慾和伴侶的人，今生必須遭遇某些那樣的業力回報。兩個9落在天王星和海王星，這些與某些功課相關連，包括選擇對的職業，以及在生理和財務上克服對失落的恐懼。所以，我們可以看見，為什麼佛蘿倫絲·坎貝爾和伊迪絲·蘭德爾認為這張本命牌是最艱難的幾張牌之一，即使不是最困難重重的那一張。

儘管許多方塊3憂心忡忡、愛情生活有問題，但也有出色的實例顯示，方塊3正在存取其本命牌中最高階的潛力。方塊3之路在物質層面是艱難的，但在靈性層面，卻是滿滿的成功與成就。這意謂著，一旦方塊3深入研究自我，他們比多數人擁有更好的機會達致不仰賴人間事稱心如意所得到的快樂。真正的快樂是不仰賴外在的情勢或境遇維持的，而方塊3擁有最大的機會實現這個珍貴的目標。培養天生對神祕主題的興趣對方塊3的人生始終大有助益，這包括許多的宗教、占星術、數字命理學、撲克牌命理學等等。持續的研究最終回答了他們的所有問題，同時帶來頭腦與內心的平靜。

在我見過的最快樂方塊3當中，有一位女性是裝飾蛋糕的師傅，也在所屬教會擔負職責，領導大家。她是一位相當有靈性的女性，從經驗法則中學到如何活出自己的人生。她總是將自己奉獻給別人，每個星期天烘烤美味的甜點，帶著去作禮拜。她總是開開心心、有生產力，看似非常健康、活力充沛，朝氣蓬勃地好好活到七十多歲。

方塊 3

<table>
<tr><th colspan="3">人生牌陣牌組</th></tr>
<tr><th>行星牌</th><th>符號</th><th>牌</th></tr>
<tr><td>月亮</td><td>☽</td><td>5♣</td></tr>
<tr><td>太陽（本命牌）</td><td>☀</td><td>3♦</td></tr>
<tr><td>水星</td><td>☿</td><td>A♠</td></tr>
<tr><td>金星</td><td>♀</td><td>7♥</td></tr>
<tr><td>火星</td><td>♂</td><td>7♦</td></tr>
<tr><td>木星</td><td>♃</td><td>5♠</td></tr>
<tr><td>土星</td><td>♄</td><td>J♥</td></tr>
<tr><td>天王星</td><td>♅</td><td>9♣</td></tr>
<tr><td>海王星</td><td>♆</td><td>9♠</td></tr>
<tr><td>冥王星</td><td>♇</td><td>2♥</td></tr>
<tr><td>結果（宇宙回報）</td><td>♃+</td><td>K♥</td></tr>
<tr><td>宇宙功課</td><td>♄+</td><td>K♦</td></tr>
</table>

<table>
<tr><th colspan="3">守 護 星 牌</th></tr>
<tr><th>生日</th><th>守護星座</th><th>守護星牌</th></tr>
<tr><td>1/24</td><td>水瓶座</td><td>梅花9</td></tr>
<tr><td>2/22</td><td>雙魚座</td><td>黑桃9</td></tr>
<tr><td>3/20</td><td>雙魚座或牡羊座</td><td>黑桃9或方塊7</td></tr>
<tr><td>4/18</td><td>牡羊座</td><td>方塊7</td></tr>
<tr><td>5/16</td><td>金牛座</td><td>紅心7</td></tr>
<tr><td>6/14</td><td>雙子座</td><td>黑桃A</td></tr>
<tr><td>7/12</td><td>巨蟹座</td><td>梅花5</td></tr>
<tr><td>8/10</td><td>獅子座</td><td>方塊3</td></tr>
<tr><td>9/8</td><td>處女座</td><td>黑桃A</td></tr>
<tr><td>10/6</td><td>天秤座</td><td>紅心7</td></tr>
<tr><td>11/4</td><td>天蠍座</td><td>方塊7和紅心2</td></tr>
<tr><td>12/2</td><td>射手座</td><td>黑桃5</td></tr>
</table>

名人生日

詹姆斯・伍茲（JAMES WOODS）
4/18/1947 • 男演員
威廉・赫特（WILLIAM HURT）
3/20/1950 • 男演員
馬修・麥康納（MATTHEW MCCONAUGHEY）
11/4/1969 • 男演員
綺麗兒・拉德（CHERYL LADD）
7/12/1951 • 女演員
黛博拉・溫姬（DEBRA WINGER）
5/16/1955 • 女演員
茱兒・芭莉摩（DREW BARRYMORE）
2/22/1975 • 女演員
荷莉・韓特（HOLLY HUNTER）
3/20/1958 • 女演員
安東尼奧・班達拉鈽（ANTONIO BANDERAS）
8/10/1960 • 男演員
蘿珊娜・艾奎特（ROSANNA ARQUETTE）
8/10/1959 • 女演員
劉玉玲（LUCY LIU）
12/2/1968 • 女演員
朱利葉斯・厄文（JULIUS ERVING）
2/22/1950 • 籃球明星
比爾・寇斯比（BILL COSBY）
7/12/1937 • 喜劇演員
約翰・貝魯什（JOHN BELUSHI）
1/24/1949 • 喜劇演員
鮑比・奧爾（BOBBY ORR）
3/20/1948 • 冰上曲棍球明星
史派克・李（SPIKE LEE）
3/20/1957 • 電影導演
卡爾・雷納（CARL REINER）
3/20/1922 • 製片人／導演
尚恩・庫姆斯（SEAN COMBS）
11/4/1970 • 饒舌歌手／製作人
泰德・甘迺迪（TED KENNEDY）
2/22/1932 • 參議員
尼爾・戴門（NEIL DIAMOND）
1/24/1941 • 歌手
珮西・克萊恩（PATSY CLINE）
9/8/1932 • 歌手
布蘭妮・斯皮爾斯（BRITNEY SPEARS）
12/2/1981 • 歌手
羅傑斯先生（MR. ROGERS）
3/20/1928 • 電視名人
瑪莉・盧・雷頓（MARY LOU RETTON）
1/24/1968 • 體操選手
理察・西蒙斯（RICHARD SIMMONS）
7/12/1948 • 減重大師
華特・克朗凱（WALTER CRONKITE）
11/4/1916 • 新聞從業人
史蒂夫・厄文（STEVE IRWIN）
2/22/1962 •「鱷魚先生」

對象	伴侶之間的連結					綜合指數評級		
方塊3與	連結1	連結2	連結3	連結4	連結5	吸引力	強度	相容性
A♥	MAR	JUFS	VERS	SAR	CLF	5	3	3
2♥	PLF	JUR	MAF	JUFS	MAR	5	4	1
3♥	SAR	MAR	JUFS	JURS	MARS	2	4	1
4♥	VERS	VER	URF	URR	SAFS	4	-1	4
5♥	JUM	JUMS	MORS	MOF	MOFS	4	-3	7
6♥	KRMA	VEM	VEMS	NEF	NEFS	8	2	5
7♥	VEF	MAFS	MOR	MORS	CRR	8	0	7
8♥	MAFS	VEF	VEFS	CLF	PLFS	7	3	4
9♥	MAF	JUFS	JUR	MAFS	VEM	5	2	4
10♥	MAM	SARS	JUF	NEF	JUFS	4	3	2
J♥	SAF	MAMS	URR	PLRS	SAFS	1	6	-4
Q♥	CRR	VER	URF	NERS	PLFS	5	1	2
K♥	CRF	VEFS	NEF	PLR	VER	7	2	4
A♣	JUR	PLF	MAF	JUFS	PLFS	5	3	1
2♣	VEFS	MOR	CRF	CRFS	CLR	7	0	6
3♣	VEFS	CLF	CLFS	VER	VEF	6	2	3
4♣	VEM	VEMS	KRMC	MOF	MOR	7	-2	9
5♣	MOF	JUM	JUMS	VEM	VEMS	5	-3	8
6♣	CLRS	MOFS	CRF	MAR	CRFS	5	2	2
7♣	JUR	CRRS	NER	SAFS	VER	2	1	2
8♣	PLRS	SAF	MAMS	URR	JUF	2	5	-3
9♣	URF	NERS	PLFS	CRR	MAFS	4	3	-1
10♣	PLR	URRS	VER	VERS	MAF	4	1	2
J♣	SARS	PLFS	MAM	MAMS	PLF	5	7	-4
Q♣	MAR	JURS	SAR	NEFS	PLRS	4	4	1
K♣	SAR	MARS	MAM	VEMS	JUR	4	5	0
A♦	VERS	MOFS	MAR	JUFS	MARS	7	0	6
2♦	MOFS	CLRS	VERS	VEF	CLR	5	-2	6
3♦	SBC	CRFS	CRRS	PLF	NEFS	6	6	0
4♦	MORS	JUF	JUM	JUMS	PLRS	4	-3	7
5♦	VEFS	URFS	URF	NERS	MAR	4	0	4
6♦	MAFS	URF	NERS	PLFS	SAF	5	5	-1
7♦	MAF	JUFS	JUR	PLR	SARS	4	2	3
8♦	NER	SAFS	SAM	JUR	CRRS	0	5	-2
9♦	URFS	CRFS	KRMC	VEFS	MAR	4	3	2
10♦	NEFS	PLRS	MAR	JURS	SAM	5	4	1
J♦	PLFS	SARS	MOFS	MAF	JUFS	5	4	-1
Q♦	KRMA	CRFS	NEF	NEFS	URFS	7	5	1
K♦	CLF	CLFS	MOF	MORS	VER	6	3	1
A♠	MOR	VEF	VEFS	CLR	CRR	6	-2	8
2♠	CLR	URR	VEMS	SAR	MARS	2	1	1
3♠	MAFS	PLFS	MAF	JUFS	SAF	7	7	-1
4♠	VERS	PLR	URRS	URF	URR	3	0	2
5♠	JUF	MAM	MORS	NER	URFS	5	1	5
6♠	CLR	URR	VEMS	NEF	PLR	3	0	2
7♠	CLF	CLFS	MAFS	PLFS		6	8	-4
8♠	SAR	MARS	CLRS	CRF	MAR	3	6	-2
9♠	NEF	PLR	CRF	CLR	URR	5	3	0
10♠	VER	CRR	CRRS	VERS		6	0	5
J♠	VER	JUR	CRRS	PLR	URRS	4	-1	4
Q♠	SAM	NEFS	PLRS	NER	SAFS	2	6	-2
K♠	URR	PLRS	SAF	MAMS	URRS	1	4	-3

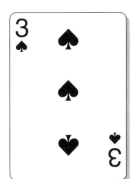

黑桃3：藝術家牌

黑桃3的人格特質

　　如果願意好好努力，黑桃3有機會在人生中飛黃騰達。他們的負擔比大部分的人沉重，這從他們在土星橫列的位置可以看出。但如果努力工作，他們將會接收到位於木星縱行（如353頁人生牌陣所示）的祝福。他們的方塊6業力牌告訴我們，有一份奠基於財務或「價值」的業債要償付。他們時常與這些債務的債主方塊6有關聯，而主要的功課是要運用財務交易以及通常運用金錢，學習責任與公平。黑桃3往往必須經歷某些覺得自己在財務上受到不公平待遇的體驗。這張方塊6告訴我們，這些大部分（如果不是全部）只是累世積欠的債款。

　　黑桃3可能代表工作或健康方面的優柔寡斷，他們應該要仔細觀察自己的健康狀況。黑桃3愈是擔心自己的健康，狀況可能就會愈糟糕，所以他們有責任留神觀察心中與健康問題相關連的想法和感受。許多案例顯示，他們的健康問題可以追溯到生活中的情緒壓力，他們強旺的工作和事業驅力往往干擾到他們對自己身體和情緒的關注。由於如此強烈的創作衝動，他們也可能將自己的戰線拉得過長，因此有時會感到壓力過大。

業力牌：
方塊6　方塊J
業力親屬：
梅花9　梅花J
前世牌：
黑桃2　黑桃4

　　黑桃Q（有一張方塊10業力牌）在木星使他們有機會透過嫻熟掌握其內在的價值而獲得非凡的商業成就。這可能是他們人生中最為滿意的途徑之一。這些人具有藝術天賦，懂得以自己選擇的媒介創作出最深邃、最激勵人心的作品。如果很清楚人生中對他們最重要的是什麼，那麼他們需要和想要的一切都會來到眼前。他們也可能善於銷售和推廣，不過就創造層面而言，這條途徑不像藝術追求那樣令人滿意。他們非常適合身兼數職，而且通常選擇這樣的做法，但必須小心，不要承擔太多。

　　身為數字3帶來大量的創意，而這也可能帶來誘惑，使當事人為了讓生活輕易些，只說出部分的事實或故事。因為黑桃3的業力牌方塊J之故，這點尤其真實。他們有辦法輕而易舉地講出他人相信的故事，而且暢銷的點子用之不竭。不過，由於梅花J位於土星位置，如果他們偏離了誠實不欺，總是會遇到某些失望或問題。唯有最高階的誠信之路以及真誠努力的意願，才會為他們帶來心中冀望的成功。世界上最成功的藝術家有些就是黑桃3。

黑桃3的親密關係課題

　　黑桃3是創意十足、極端浪漫的人，他們需要可以分享這些興趣的伴侶。愛情方面有障礙，奠基於內在被遺棄或遭拒絕的恐懼，必須被好好處理，但總的來說，他們擁有美好的婚姻潛力。黑桃3需要一個發揮創意的出口，因為他們的婚外情通常源自於不給自己一個正向、有創意的出口。

　　他們往往吸引到本性酷愛批判的配

偶，一個心態悲觀的伴侶。但儘管如此，同樣這個配偶通常會賺許多錢，而黑桃3挺享受關係的這個面向。

這張牌存有大量的理想主義，可能漫溢到當事人的浪漫戀情中。愛對他們來說可是非常靈性的東西，而且他們對婚姻時常懷有崇高的目標，但同樣這個理想主義往往蒙蔽了他們，使他們看不見眼前情人的負面特質，於是最終與那些並不真正符合夢想的對象在一起。

童年開始就時常存在的情緒挑戰必須被處理，黑桃3才可能擁有幸福的婚姻或浪漫的人生。如果他們要克服這方面的一些挑戰，還需要培養正向的心理習慣以及對愛的肯定。他們是焦躁不安的，這樣的特質可能會延伸到他們的浪漫生活。在另一個人身上找到符合自己多樣性特質的組合可能需要一些時間，但完全有可能辦到。

身分牌連結之間的通性

方塊女追求黑桃3男性，她們覺得黑桃3男性大致上很有吸引力。黑桃3男性和女性的人生中最好有個梅花男，儘管梅花男充其量是個好壞參半的角色。有時候，就連方塊男可能也有點難以相處。黑桃3女性對紅心男頗有好感。

人 格 側 寫

黑桃3 ──一生追求浪漫

值得注意的是，一副牌中的數字3與同花色的騎士J有許多相似之處。雖然騎士似乎是非常不一樣的數字（11），但他們展現出許多與同花色的數字3相同的特質。黑桃3和黑桃J就是絕佳實例。一個被稱為藝術家牌（黑桃3），另一個被稱為演員（黑桃J）。然而許多黑桃3是偉大的演員，而許多黑桃J是偉大的藝術家。黑桃是最強的花色。紅心代表感覺，梅花代表想法，方塊代表價值或我們想要的東西，但黑桃代表我們的實際作為。有創意的黑桃最有興趣的是作品的完善，而不是創作的感覺、想法或成本。黑桃藝術家是手工藝大師，而且黑桃3和黑桃J都採用這樣的方法。由於演戲涉及踏入某個角色的人生，做著對方所做的事，因此顯而易見的，黑桃3可以輕而易舉地成為演員，如同他們在其他領域成為藝術家、音樂家或表演者。

數字3跟騎士一樣，也有強烈的浪漫氣質。正如本書先前提到的，主宰創意表達的第五宮，也主宰浪漫和性歡愉。黑桃J和黑桃3在浪漫領域都很有天賦。凡是與這些人約過會或結過婚的人都會告訴你，這些牌在浪漫和性愛領域表現突出。他們造就一部分的最佳情人。

然而，這並不意謂著，他們會成為最好的結婚伴侶。眾所周知，大部分的演員、藝術家和音樂家通常有一連串浪漫戀情構成的愛情生活。即使他們結婚，也時常是婚姻短暫，或是出現一或多樁祕密韻事。承諾的能力或渴望就是不存在。如果你或我要去銀行申請貸款，假使銀行發現我們的職業是演員或藝術家，一定會從我們的信貸價值扣除積分。信貸價值與留著陪伴某樣事物並參透它的能力相關聯。最浪漫、最有創意的人在這方面往往是欠缺的。他們對這沒興趣。這條規則的明顯例外是那些在工作中真正發現自己的黑桃3和黑桃J，他們所有的創造和浪漫驅力都在工作上用完了，或者至少是發揮夠了，所以不需要為了找到那份滿足感而尋求新的戀情。

黑桃3

人生牌陣牌組		
行星牌	符號	牌
月亮	☽	3♣
太陽（本命牌）	☀	3♠
水星	☿	9♥
金星	♀	7♣
火星	♂	5♦
木星	♃	Q♠
土星	♄	J♣
天王星	♅	9♦
海王星	♆	7♠
冥王星	♇	2♣
結果（宇宙回報）	♃+	K♣
宇宙功課	♄+	J♦

守護星牌

生日	守護星座	守護星牌
1/11	摩羯座	梅花J
2/9	水瓶座	方塊9
3/7	雙魚座	黑桃7
4/5	牡羊座	方塊5
5/3	金牛座	梅花7
6/1	雙子座	紅心9

名人生日

伊凡・藍道（IVAN LENDL）
3/7/1960 ● 網球運動員
丹尼爾・楚維提（DANIEL TRAVANTI）
3/7/1940 ● 男演員
葛雷哥萊・畢克（GREGORY PECK）
4/5/1916 ● 男演員
喬・派西（JOE PESCI）
2/9/1943 ● 男演員
史賓塞・屈賽（SPENCER TRACY）
4/5/1900 ● 男演員
蓓蒂・戴維斯（BETTE DAVIS）
4/5/1908 ● 女演員
蓋兒・史東（GALE STORM）
4/5/1922 ● 女演員
瑪麗蓮・夢露（MARILYN MONROE）
6/1/1926 ● 女演員
米亞・法羅（MIA FARROW）
2/9/1945 ● 女演員
科林・鮑威爾將軍（GENERAL COLIN POWELL）
4/5/1937 ● 參謀總長
娜歐蜜・茱德（NAOMI JUDD）
1/11/1946 ● 歌手
道格・亨寧（DOUG HENNING）
5/3/1947 ● 魔術師
阿瑟・黑利（ARTHUR HAILEY）
4/5/1920 ● 小說家
彼德・沃爾夫（PETER WOLF）
3/7/1946 ● 搖滾歌手
卡洛・金（CAROLE KING）
2/9/1942 ● 歌手
法蘭基・維里（FRANKIE VALLI）
5/3/1937 ● 歌手
詹姆斯・布朗（JAMES BROWN）
5/3/1933 ● 歌手
亞歷山大・漢密爾頓（ALEXANDER HAMILTON）
1/11/1755 ● 政治家
威拉德・斯科特（WILLARD SCOTT）
3/7/1934 ● 電視名人
安迪・葛里菲斯（ANDY GRIFFITH）
6/1/1926 ● 男演員
摩根・費里曼（MORGAN FREEMAN）
6/1/1937 ● 男演員
海蒂・克隆（HEIDI KLUM）
6/1/1973 ● 模特兒

對象 黑桃3與	伴侶之間的連結					綜合指數評級		
	連結1	連結2	連結3	連結4	連結5	吸引力	強度	相容性
A♥	SAR	JUR	SAF	URF	SARS	-2	3	-2
2♥	MAM	SAMS	JUFS	CRRS	PLR	3	5	0
3♥	SAR	MAF	SAF	VEMS		2	5	-2
4♥	MORS	CRR	JUF	NEFS	PLRS	6	-1	6
5♥	VER	VEM	MAMS	PLF	VERS	8	1	5
6♥	VEF	SAR	JUR	MAM	PLRS	3	1	3
7♥	SAFS	MAM	MAMS	VER	VERS	4	6	-1
8♥	VER	NEF	JUFS	SAFS	MAM	5	1	4
9♥	MOR	CRRS	JUFS	CRR	JURS	5	-1	6
10♥	PLR	JUMS	SAF	VEFS	VEF	2	2	1
J♥	MAF	CLFS	MAFS	JUM	CLF	7	6	-1
Q♥	JUF	NEFS	PLRS	NEF	PLR	5	1	3
K♥	PLF	URFS	NER	JUMS	VER	4	3	-1
A♣	JUFS	MAM	SAMS	CRRS	MAMS	4	4	2
2♣	PLF	VERS	VER	PLFS	SAF	7	3	0
3♣	MOF	MAF	MARS	VEM	VEMS	8	2	5
4♣	VEF	MAMS	JUR	MAM	VEFS	6	2	5
5♣	MAMS	VER	VEF	VEFS	PLF	8	2	5
6♣	URR	SAFS	VEFS	SAF	MAMS	0	3	-2
7♣	VEF	SAF	PLRS	PLFS	VEM	3	3	0
8♣	MAFS	MAF	CLFS	MOF	CLF	8	6	0
9♣	CLR	CLRS	KRMC	NEF	PLR	3	3	0
10♣	PLFS	VEM	MORS	CRR	CRRS	7	2	3
J♣	SAF	CLF	KRMC	SARS	PLR	1	7	-4
Q♣	NER	URRS	NERS	VEMS	MAF	5	1	2
K♣	CRF	VEMS	MOFS	URR	SAFS	6	1	4
A♦	JUR	VEFS	SAR	URF	SARS	1	0	4
2♦	VEFS	JUR	MAR	JURS	CRRS	4	0	6
3♦	MAR	JURS	MARS	PLRS	SAR	5	5	1
4♦	VEM	VEFS	VER	VERS	VEF	7	-3	9
5♦	MAF	URF	NERS	PLFS	MOF	6	4	0
6♦	KRMA	CLR	CLRS	PLF	NEFS	4	5	-1
7♦	CRRS	MOR	JUFS	MORS	JURS	5	-1	6
8♦	SAF	PLRS	JUF	CRFS	VEF	1	4	-2
9♦	URF	NERS	PLFS	MAR	JURS	4	3	0
10♦	NER	URRS	JUF	CRFS	MAF	4	1	2
J♦	KRMA	CLF	SARS	PLF	NEFS	5	7	-3
Q♦	MAR	JURS	URF	NERS	PLFS	4	3	2
K♦	MARS	VEM	VEMS	MOF	NEF	8	1	6
A♠	VERS	SAFS	MAM	MAMS	PLF	4	5	0
2♠	MOFS	MAFS	VEM	VEMS	CRF	8	0	7
3♠	SBC	CLR	CLRS	CLF	SARS	3	5	-1
4♠	MORS	CRR	MOR	URFS	CRRS	6	-1	6
5♠	VEFS	PLR	JUMS	VEM	VEMS	5	-1	6
6♠	MAFS	VEM	VEMS	URFS	MOFS	7	1	3
7♠	NEF	JUFS	MARS	VEM	VEMS	6	1	5
8♠	URR	SAFS	CRF	VEMS	JUF	1	3	-1
9♠	URFS	MAFS	VEM	VEMS	CRR	5	1	3
10♠	JUF	NEFS	PLRS	MAM	MAR	5	2	3
J♠	PLFS	VEM	VEF	VER	VEMS	8	1	4
Q♠	JUF	CRFS	NER	URRS	SAF	3	2	2
K♠	CLFS	MAFS	MAF	JUM	CLF	6	6	-1

數字4：穩定與秩序

家庭、家人、穩定、保障、知足、基礎、生活必需品源源不絕——這些是數字4以及本命牌有4的人的關鍵詞。4的人時常外表看起來圓圓的或方方的，這適用於本命牌是4以及守護星牌有4的人。他們看起來似乎像是牢靠、踏實的人，激勵有安全和保障意識的人與其相處。占星學中的第四宮代表許多同樣的事物絕非偶然。主宰第四宮的巨蟹座代表滋養和保障。所有數字4對生活中的保障和穩定都興致盎然，但當然有程度上的差別。不論他們從事什麼工作，我們都可以看見，他們在自己的生活中以及選擇要保護的對象的生活中創造著如此的秩序和穩定。

保護是數字4的另一個關鍵詞。而且保護是他們與生俱來的權利。不過，這層保護只顯化給願意在人生中努力成就事物的數字4。透過勞動，他們所有的夢想得到實現。避開或忽略這個單一法則可能是數字4的人生活不快樂的最大原因。沒有這份投入心力的意願，他們會諸事不順，只是程度有別。應用承諾和努力，數字4可以成就大部分渴求的事物。不快樂的數字4總是避免或憎恨自己必須經常勞動的那一個。

許多數字4的安全意識過強。4的人若沒有好好滿足自己內在對工作和承諾的要求，就會變成控制狂，設法阻止每一個人做出的事可能攪亂他們已經創造的小小世界。操控子女、不斷將子女保護在家中、不讓子女發展出任何屬於自己的責任，這樣的母親或父親時常是數字4。他們會告訴朋友和自己，這麼做是要幫助孩子，但事實上，這是在阻礙子女成長。他們通常沒有領悟到，自己真正的動機是恐懼失去孩子，孩子代表他們安全系統的很大一部分。

微觀管理自身企業的老闆也可能是數字4。他可能過度關心組織和細節，沒能看見整個大局，因此實際的做法適得其反，不利於公司服務客戶的目標。他也可能對眼前擴展和成長的可能性視而不見。對4的人來說，太多的成長可能代表對自身的安全系統構成威脅。沒有

人比數字4更能努力保持事物的原貌，在他們眼中，如果事物以目前的樣子運作得夠好，為什麼要改變呢？

這並不意謂著，數字4不喜歡基於改變的緣故而改變。不是的，看似威脅到他們的安全系統時，他們才會反抗。事實上，方塊4和梅花4在許多方面都相當先進。他們也喜歡經常旅行，那是數字5的典型行為。或許這是因為方塊4和梅花4都有數字5作為他們的第一張業力牌。這些5的連結也說明了，為什麼這兩張4在做著工作並因此感到開心這方面遭遇到最多的困難。在工作帶來的快樂與直接請假的欲望之間，方塊4和梅花4似乎遭遇到最大的衝突。

4的人擅長組織、設定邊界、建立基礎、管理和運作。他們通常不是出現在領導職位上，而是傾向於找到一份可以貢獻自己、別人不太找碴的合適職務。他們通常不是最有創造力的人，也不是最有遠見或心胸開闊的人。但他們體現我們人生中一個重要且必要的元素——保障、穩定和努力工作的重要性。

在人生的歷程中，數字4必須努力工作，但進入晚年時，他們發覺自己有較多的金錢和自由，可以去旅行同時享受生活，沒有那麼要辛苦的工作。如果能夠放下「奮鬥的心態」，他們將會看見，有時候，不需要那麼多的努力，好東西便會流到我們面前。

在親密關係中，他們的命運大致上是摻雜的。他們往往想要安定下來，但有些數字4，尤其是方塊4，有困難的親密關係課題待處理，而且完全不可能逃脫浪漫生活中的挑戰。

許多數字4有能力以真正令人驚嘆的方式嫻熟掌握某些技能和技術。透過組織的應用和辛勤工作，他們在自己的專業中登峰造極。我們可以真心欽佩他們的成就，也可以信任他們在接受聘僱時，能夠提供優質的產品、點子和服務。「好」是數字4的用詞，說明大多數時候，不論做什麼，他們都呈現好的品質。

紅心4：婚姻和家庭

紅心4的人格特質

在此，我們介紹整副牌中的第一張數字4，尋求穩定和基礎的第一張牌。紅心4在關係中尋求穩定和基礎，要麼是親密關係，要麼是相關連的友誼和家人關係。這些人對愛情和家庭抱有崇高的理想，當這些理想沒有被達到時，痛苦可能非常大，大到需要某種逃避才能撫慰自己。如果他們的理想結合了真理和客觀，這些人可以在家庭和其他愛的領域擁有充實滿意的美好人生。他們聽見內在的召喚，要去幫助他人，將部分個人的考量暫且擱置。假使那麼做，他們會得到更多的滿足感，同時較少的夢想變成夢魘。

許多紅心4是治療師和保護者，別人在需要的時候來找他們尋求愛和支持。滿足感來自於奉獻自己和關懷他人。每一個紅心4都有自我表達的需求，在團體和組織中擔任教師和活動籌辦人總是表現出色。有些紅心4也擁有絕佳的科學頭腦。他們非常善於理財，如果他們的生活不是開心而有生產力的，那麼除了自己，誰也怪不得。他們必須保持良好的健康習慣，因為這張牌比其他牌更難逃放縱造成的傷害，要麼是身體上的，要麼是情緒上的。

業力牌：

黑桃4　黑桃10

業力親屬：

梅花10　紅心Q

前世牌：

紅心3　紅心5

所有的數字4都可能愛操控，紅心4時常試圖操控自己的家人，以求維繫他們認為自己生命中最重要的事——他們的家庭單位。如果操控過頭，等來到該讓子女自力更生的時候，他們一定會嘗到苦頭。就連朋友之間，基於個人的保障，他們也時常設法在生活中保持特定數量的朋友。他們需要留意共依存的行為。並不是世界上每一個人都像紅心4喜歡認為的那樣，需要被拯救或被滋養。

紅心4擁有強大的心靈面，如果加以開發，可以為他們帶來許多人世間的成就。每一個紅心4都將這個能力用在工作中，不論自己是否覺察到。開發一件事，然後堅持下去，這樣的紅心4通常最為成功。

許多紅心4注定要在他們選定的領域成為重要的領導者，而達致如此莫大成就的一部分途徑，導致他們要去面對周旋於金錢和權力的課題。在這個過程中，找到自己的力量同時維持愛和支持的基礎是一個重要的步驟。

紅心4的親密關係課題

紅心4在愛和家庭方面懷有崇高的理想，時常高到與現實不符。這些對愛的溫柔遐思往往因遭遇人間的現實而崩潰，導致當事人相當痛苦和絕望。不過，對於家人和摯愛，他們非常有愛心且相當忠實。在愛情以及有必要讓他人保持本性方面，一定會有某些挑戰。當他們找到比較「靈性」的方式看待自己的愛情生活時，他們的崇高理想就可以達成。紅心4通常人緣好，當他們專心致志時，有某種力量和魅力。

身分牌連結之間的通性

　　紅心4男性懂得如何偷走黑桃女的心，但通常能與方塊女造就更好的親密關係。紅心4女性可與梅花男締結良緣，而與方塊男和紅心女成為好朋友。

紅心4 ——家的守護者

　　紅心4比其他數字4更能代表家與家庭這些與巨蟹座相關聯的主題。巨蟹座主宰第四宮，我們在這裡找到關於住家、家庭、母親、滋養和保障的課題。所有這一切在紅心4的構成中都相當突出。我們可以預期，在紅心4的本命星盤中總能找到強旺的巨蟹、月亮或第四宮相位。

　　他們是住家和家庭單位的保護者，這些人滋養他們的孩子，不管子女的本性如何。如果你是紅心4的知心好友乃至同事，他們會像對待自己的孩子一樣對待你，好好照顧你，不管這個紅心4是男還是女。如此的紅心4滋養是非常陰柔的特質，使得紅心4很像同樣以滋養特質聞名的皇后牌。

　　但如此的滋養有時可能也是一種挑戰。紅心4通常會企圖維繫紅心4這張牌代表的紅心（人）小圈圈，生命中的人是他們的主要安全系統。當這些關鍵人物中的一或多位基於某個原因必須去到其他地方

時，不明就裡的紅心4可能會試圖阻止，沒有意識到自己心中對失去保障的恐懼正在刺激他們。紅心4只有三個生日。一個是摩羯座，一個是射手座，最後一個是天蠍座，就在萬聖節當天。天蠍座紅心4一定最愛操控，因為天蠍座一開始就是愛操控的太陽星座。再加上天蠍座紅心4的兩張守護星牌都是8，而8是力量／操控牌，於是我們可以看見，天蠍座紅心4最有可能運用操控策略來維護自己的安全系統。天蠍座紅心4是力量最大的紅心4，不管力量是被善用還是被濫用。這賦予他們巨大的責任，要覺察自己，不要讓心中的恐懼支配他們的決定。

　　但多數時候，紅心4是理想的父母。由於童年時期接收到的關愛，他們的子女長大後強壯而健康。紅心4的人提醒我們每一個人，安全保障的重要性，尤其是在童年的成長期。

紅心4

<table>
<tr><th colspan="3">人生牌陣牌組</th></tr>
<tr><th>行星牌</th><th>符號</th><th>牌</th></tr>
<tr><td>月亮</td><td>☽</td><td>J♦</td></tr>
<tr><td>太陽（本命牌）</td><td>✳</td><td>4♥</td></tr>
<tr><td>水星</td><td>☿</td><td>4♦</td></tr>
<tr><td>金星</td><td>♀</td><td>2♠</td></tr>
<tr><td>火星</td><td>♂</td><td>8♥</td></tr>
<tr><td>木星</td><td>♃</td><td>6♣</td></tr>
<tr><td>土星</td><td>♄</td><td>6♠</td></tr>
<tr><td>天王星</td><td>♅</td><td>Q♥</td></tr>
<tr><td>海王星</td><td>♆</td><td>10♣</td></tr>
<tr><td>冥王星</td><td>♇</td><td>8♦</td></tr>
<tr><td>結果（宇宙回報）</td><td>♃+</td><td>K♠</td></tr>
<tr><td>宇宙功課</td><td>♄+</td><td>3♥</td></tr>
</table>

名人生日

傑哈・德巴狄厄（GERARD DEPARDIEU）
12/27/1948 • 男演員
約翰・阿莫斯（JOHN AMOS）
12/27/1941 • 男演員
約翰・坎迪（JOHN CANDY）
10/31/1950 • 男演員
黛安・拉德（DIANE LADD）
11/29/1932 • 女演員
約翰尼斯・克卜勒（JOHANNES KEPLER）
12/27/1571 • 天文學家
珍妮・保利（JANE PAULEY）
10/31/1950 • 新聞主播
丹・拉瑟（DAN RATHER）
10/31/1931 • 新聞主播
露意莎・梅・奧爾柯特（LOUISA MAY
ALCOTT）
11/29/1832 • 作家
蓋瑞・桑德靈（GARRY SHANDLING）
11/29/1949 • 喜劇演員
路易・巴斯德（LOUIS PASTEUR）
12/27/1822 • 化學家
麥克爾・柯林斯（MICHAEL COLLINS）
10/31/1931 • 太空人
大衛・歐格登・史戴爾斯（DAVID OGDEN
STIERS）
11/29/1942 • 男演員
凱茜・莫里亞提（CATHY MORIARTY）
11/29/1960 • 女演員
保羅・賽門（PAUL SIMON）
11/29/1928 • 美國參議員
小賴瑞・慕蘭（LARRY MULLEN）
10/31/1961 • 音樂家
佛瑞德・史丹利・麥格里夫（REDERICK
STANLEY MCGRIFF）
10/31/1963 • 棒球運動員

<table>
<tr><th colspan="3">守 護 星 牌</th></tr>
<tr><th>生日</th><th>守護星座</th><th>守護星牌</th></tr>
<tr><td>10/31</td><td>天蠍座</td><td>紅心8和方塊8</td></tr>
<tr><td>11/29</td><td>射手座</td><td>梅花6</td></tr>
<tr><td>12/27</td><td>摩羯座</td><td>黑桃6</td></tr>
</table>

對象	伴侶之間的連結					綜合指數評級		
紅心 4 與	連結1	連結2	連結3	連結4	連結5	吸引力	強度	相容性
A♥	MARS	MOFS	CLF	URF	JUF	6	3	2
2♥	VERS	CLFS	CRR	CLF	SAFS	5	3	1
3♥	MOFS	CLF	URF	MARS	MAR	6	2	2
4♥	SBC	NERS	NEFS	NEF	URRS	6	4	2
5♥	MORS	MOR	VERS	NEF	PLR	7	-2	8
6♥	VEFS	URR	CRFS	SAR	VER	4	1	3
7♥	SAF	MAFS	MAF	JUFS	URM	3	6	-2
8♥	MAF	JUFS	JUR	CLRS	URRS	4	2	3
9♥	CLR	SAFS	CLFS	CLF	SAMS	1	6	-4
10♥	URFS	URR	MOR	VER	URF	3	-1	3
J♥	NEFS	CRF	JURS	VEM	NEF	6	1	4
Q♥	URF	PLFS	KRMC	NERS	MAMS	5	4	-1
K♥	JUF	CRFS	MAR	PLRS	SAM	4	4	2
A♣	CLFS	VERS	MAF	VER	SAFS	6	3	1
2♣	MAR	URM	JUF	CRFS	JUFS	4	3	2
3♣	VEM	VEMS	PLR	SARS	PLF	6	0	4
4♣	VERS	VEFS	SAR	VER	JUMS	5	-1	6
5♣	VERS	MORS	MAM	MOR	NEF	8	-1	7
6♣	JUF	CRRS	JUM	MAMS	MAM	4	1	4
7♣	CRR	VEMS	PLF	URRS	CRRS	6	2	2
8♣	NEFS	CRF	JURS	VER	JUFS	6	1	4
9♣	MAMS	URF	PLFS	MAF	JURS	6	6	-1
10♣	NEF	URRS	KRMC	URR	MAR	4	2	2
J♣	URR	MOF	URFS	VER	URRS	3	-1	4
Q♣	MARS	MOFS	CLF	URF	MAM	6	4	2
K♣	VER	VEF	CRRS	VERS	PLRS	6	-1	6
A♦	JUM	MAMS	MARS	SAF	MAM	4	5	0
2♦	JUM	MAMS	JUF	JUR	MAFS	4	1	4
3♦	VEFS	VEF	URR	CRFS		6	-1	6
4♦	MOR	MORS	MAR	URF	SARS	6	0	6
5♦	PLR	SAR	VEM	VEMS	PLRS	3	2	1
6♦	MAF	JURS	MAMS	MOF	MAM	6	4	3
7♦	CLR	SAFS	CLFS	VEF	CLRS	1	4	-2
8♦	PLF	NER	SARS	CRR	VEMS	5	5	-2
9♦	SAR	VEF	PLR	PLRS	VEFS	3	2	1
10♦	MAM	MARS	NER	PLF	SARS	7	7	-1
J♦	MOF	URR	URRS	CRF	JUR	4	-1	4
Q♦	VEF	SAR	URF	SARS	VEFS	2	1	2
K♦	SARS	VEM	VEMS	JUR	CLRS	3	0	4
A♠	URM	SAF	MAFS	MAR	MARS	2	5	-2
2♠	VEF	SAF	VER	VERS	PLRS	4	0	3
3♠	MAF	JURS	MOF	MOFS	CRF	6	1	5
4♠	KRMA	NEF	PLFS	NEFS	URRS	7	6	0
5♠	URFS	MOR	MORS	URF	SARS	4	-2	4
6♠	SAF	PLRS	SAM	VEF	VEFS	0	5	-3
7♠	JUR	CLRS	URRS	SARS	MAF	1	1	2
8♠	CRRS	VER	JUF	MAF	JUFS	5	0	5
9♠	PLRS	SAM	JUF	CRFS	SAF	1	5	-2
10♠	KRMA	NERS	NEF	PLFS	URF	7	5	0
J♠	URRS	CRR	VEMS	NEF	MAR	5	1	3
Q♠	NER	PLF	SARS	MAM	PLFS	5	6	-2
K♠	CRF	JURS	NEFS	CRFS	JUR	5	2	3

梅花4：心智的滿足

梅花4的人格特質

雖然這是一張穩定的牌，但潛藏的梅花5業力牌也指出，隱藏的焦躁不安可能以好幾種方式顯化。這些人是先進的，可以利用這點在選定的工作行業中創造新點子，而不是讓焦躁不安使他們無法達致任何成就。這些人知道自己知道什麼，除非他們親眼看見改變的價值，否則不可能因你的立場而改變心意。許多案例顯示，用「固執」形容梅花4比較貼切。他們喜歡辯論，因為通常會贏，而且在法律事務方面通常表現出色。

梅花4體質好，不怕辛苦，是一張成功的牌。他們擅長銷售工作，樂於談論自己的信念。他們人氣旺，在團體中表現出色；只要不讓自己對辯論的熱愛失控，就會在工作方面保有良好的聲譽。不過，梅花4也想要成功的愛情生活，而這是他們重大的人生挑戰。

梅花4的幹勁和決心時常遮蔽了渴求被他人接受的渴望，同樣的，他們也發覺很難接納自己。其他時候，他們對工作成功的渴望與對愛和情感的渴望相互競爭。晚年往往是梅花4最成功的時候，通常最終得到豐厚的財富或保護。梅花4全都是「知識的保管人」，他們讓我們看見，資訊具有實際的價值，我們可以因應用自己已然擁有的東西而快樂、成功。

梅花4的親密關係課題

儘管可以顯化在許多方面，但梅花4對情感的需求卻是人生的一大課題。這個課題結合了某種焦躁不安以及對承諾的恐懼，某些時候更可能造成難以言喻的痛苦關係。但並不是每一個梅花4都適用。他們的基本情緒是好的，如果能夠找到同樣欣賞彼此有些空間的伴侶，他們一定會更開心。

黑桃J在金星告訴我們，梅花4還必須留意，他們容易被聲譽不佳和道德低落的人所吸引。如果選擇在較低階的層面操作，梅花4可以是整副牌中最浪漫但不誠實的情人之一，不然就是，他們會吸引到有這些特徵的對象。許多梅花4被藝術家或其他創意工作者所吸引，但這些人往往具有不可靠的特徵。同樣這張黑桃J也可以在較高階的層次表現，吸引到對人生擁有較多靈性觀點的對象，因此這些關係通常進展得較為順利。

身分牌連結之間的通性

女性梅花4很容易與黑桃男成為朋友和同伴，但方塊和紅心男發現梅花4女性尤其動人。其他梅花男通常會是一大挑戰。男性梅花4招架不住其他梅花女，也難以抗拒黑桃女，尤其是年齡二十四歲以下的男性梅花4（行為如同梅花J）。

業力牌：	
梅花5	紅心6
業力親屬：	
紅心5	方塊3
前世牌：	
梅花3	梅花5

梅花4——小心愛情騙子

因為黑桃J在金星位置，所以梅花4很容易與不誠實或道德低下的人發生關係。黑桃J是演員兼小偷牌。因此，常會發現梅花4與音樂家、藝術家、演員或是動機或價值觀有問題的人在一起。即使幸福快樂地結婚了，梅花4還是應該稍微提防一下自己的配偶。舉個例子，一個梅花4女人幸福快樂地過了三十年的婚姻生活，然後丈夫去世了。丈夫去世後，她發現，二十多年來，丈夫一直與其他女性有染。不過，丈夫非常巧妙地隱瞞了這個事實，因此她從沒懷疑過。這張黑桃J巧妙地描繪了丈夫在兩人關係中行為表現。

黑桃J牌是騎士中最強的，當他們的創意能量以負面方式表達時，每一個騎士都有說謊的潛力。由於黑桃J是這些騎士中最強的，因此通常與比較戲劇性的實例相關聯，同時表現出騎士的正面和負面。對梅花4來說，這個黑桃J告訴我們，要麼，他們可以在自己的愛情生活中非常不誠實，要麼，他們吸引到非常不誠實的其他人。這可能包括瞞騙了他們的真實意圖；為了性慾、情感保障或金錢而利用他人；向來言不由衷；完全無法信任其他人。確實，騙子不可能相信別人的。

舉下述梅花4女性為例，她在親密關係中示現了這些模式之一。這位女性基本上經歷了許多關係，對象常是音樂家和吃軟飯的。這些關係的主題總是某人利用另外一個人。通常，被利用的是她，因為她往往比對方有錢。有一次，她透露說，她用自己的錢吸引對方並留住對方，因為私底下她認為，孑然一身是不夠的。這很有意思，因為她似乎是一個迷人而成功的女性，不需要任何其他條件幫她吸引配偶。然而，每當她讓關係中的金錢課題浮上檯面，關係不久之後就會結束，然後她覺得自己被利用了，有時候更是被劫掠了。

無論是男是女，黑桃J的另一面是梅花4通向幸福快樂的指標。這個強大的騎士可以代表不誠實和欺騙，也可以代表靈性的啟蒙。在此情況下，靈性的啟蒙意謂著，領悟到我們可以活出更好的人生，然後做出改變，從此表現得比較正向，那是由更高的法則和真理引導的。開開心心結婚的梅花4通常已經根據對他們很重要的人生哲理做出了決定，然後對那個哲理做出承諾。真實是人生哲理中常見的，如果天天練習，就可以改變一個人的人生。梅花4首先必須對自己誠實，坦誠是什麼恐懼引誘他們做出導致如此負面結果的選擇。先是對自己誠實，然後對身旁的人誠實，他們將會發現自己和自己對浪漫執著的真相。這可以引導梅花4在情愛生活方面來到高度靈性的狀態，這是其他牌少有機會經驗到的。擁有一份由真實的人生哲理引導的關係，可以帶來難以置信的親密和深邃的愛的體驗。內心深處，這是所有梅花4渴望的，也是一旦他們做出改變，就可以得到的。

梅花4

人生牌陣牌組		
行星牌	符號	牌
月亮	☽	6♥
太陽（本命牌）	✳	4♣
水星	☿	2♦
金星	♀	J♠
火星	♂	8♣
木星	♃	6♦
土星	♄	4♠
天王星	♅	10♥
海王星	♆	10♦
冥王星	♇	8♠
結果（宇宙回報）	♃+	A♠
宇宙功課	♄+	A♦

名人生日

泰勒・波西（TYLER POSEY）
10/18/1991 • 男演員
薇樂莉・哈波（VALERIE HARPER）
8/22/1940 • 女演員
蘇菲亞・羅蘭（SOPHIA LOREN）
9/20/1934 • 女演員
珍妮佛・洛佩茲（JENNIFER LOPEZ）
7/24/1970 • 女演員／歌手
愛蜜莉亞・艾爾哈特（AMELIA EARHART）
7/24/1898 • 女飛行家
諾曼・史瓦茲柯夫（NORMAN SCHWARZKOPF）
8/22/1934 • 美國將軍
查克・貝里（CHUCK BERRY）
10/18/1926 • 音樂家
史派克・瓊斯（SPIKE JONES）
12/14/1911 • 音樂家
克絲汀・鄧斯特（KIRSTEN DUNST）
4/30/1982 • 女演員
葛蕾蒂絲・奈特（GLADYS KNIGHT）
5/28/1944 • 歌手
威利・尼爾森（WILLIE NELSON）
4/30/1933 • 歌手
約翰・李斯高（JOHN LITHGOW）
10/18/1945 • 男演員
麥克爾・維克（MICHAEL VICK）
6/26/1980 • 橄欖球運動員
麥克・狄特卡（MIKE DITKA）
10/18/1939 • 橄欖球教練
貝瑞・邦茲（BARRY BONDS）
7/24/1964 • 棒球運動員
魯迪・朱利安尼（RUDY GIULIANI）
5/28/1944 • 前紐約市市長

對象 梅花 4 與	伴侶之間的連結					綜合指數評級		
	連結 1	連結 2	連結 3	連結 4	連結 5	吸引力	強度	相容性
A♥	CRF	VEMS	CLF	CLFS	VEFS	7	3	2
2♥	JUR	MARS	VEM	CRR	VEMS	5	1	5
3♥	VEFS	CRF	VEMS	PLFS	JUR	7	1	5
4♥	SAF	VEF	JUMS	VEFS	VERS	2	1	3
5♥	VEM	VEMS	KRMC	MORS	MOFS	7	-2	9
6♥	KRMA	MOF	PLF	PLFS	VEM	8	5	1
7♥	CLR	CLRS	JUR	CRRS	MAF	2	2	1
8♥	JUR	CRRS	MAR	CLR	CLRS	3	2	2
9♥	PLRS	CRR	VEMS	MARS	VEM	6	3	2
10♥	URF	NERS	NEFS	PLR	PLRS	4	2	1
J♥	NER	URRS	MAF	JUFS	URF	4	2	2
Q♥	SARS	VEF	JUMS	URR	SAFS	1	1	2
K♥	MAR	JURS	VERS	SAR	CLF	4	3	3
A♣	MARS	VEM	JUR	CRR	VEMS	6	1	5
2♣	VERS	MAR	JURS	SAR	MARS	5	2	4
3♣	MOFS	VERS	VER	CLFS		7	-2	7
4♣	SBC	MORS	MOF	MOFS	MOR	7	0	7
5♣	KRMA	MORS	VEM	VEMS	PLF	8	1	6
6♣	VEFS	PLF	MOR	MORS	CLR	7	0	5
7♣	MAFS	VEM	MAF	VEF	VEFS	8	3	5
8♣	MAF	JUFS	NER	URRS	MAFS	5	3	3
9♣	URR	SAFS	SARS	JUF	NEF	-1	3	-2
10♣	URFS	VEF	MAFS	SAF	NER	3	2	2
J♣	NEFS	MAM	URF	NERS	URFS	6	3	2
Q♣	PLFS	VEFS	NEF	VER	NEFS	8	2	2
K♣	CRFS	MAMS	PLF	PLFS	MAM	8	8	-2
A♦	CLF	CLFS	MOR	CRF	VEMS	6	4	0
2♦	MOR	VEFS	CLF	CLFS	VER	7	0	5
3♦	VEM	VEMS	KRMC	MOF	MARS	7	-1	8
4♦	PLR	VEM	VEMS	JUMS	SAF	5	0	4
5♦	VERS	MOFS	MAR	VER	CLFS	7	0	6
6♦	JUF	URR	SAFS	VER	VERS	1	0	2
7♦	CRR	VEMS	PLRS	MARS	VEM	6	2	3
8♦	MAF	MAM	MAFS	VEM	URR	8	6	1
9♦	MARS	VERS	MAR	JUM	VEM	7	3	3
10♦	NEF	PLFS	MAM	MAMS	PLF	8	6	-1
J♦	MAM	VER	NEFS	MAMS		8	4	3
Q♦	MARS	VEM	VEMS	JUM	MAR	7	1	5
K♦	VER	MOFS	MAR	MARS	MOF	8	1	6
A♠	CLR	CLRS	VERS	VEF	MAF	4	1	2
2♠	MAMS	JURS	CRFS	JUR	SARS	4	3	3
3♠	VER	JUF	MAM	MAMS	VERS	6	1	5
4♠	SAF	URFS	MAM	URF	NER	0	4	-3
5♠	PLR	URF	NERS	SAF	NER	2	3	-2
6♠	JURS	SAR	MAMS	CRR	VEF	2	2	2
7♠	MAR	VER	JUR	CRRS	JURS	5	2	4
8♠	PLF	CRFS	VEFS	MAR	CRF	7	6	0
9♠	SAR	MAR	JURS	PLF	JUR	3	4	0
10♠	VEF	JUMS	SARS	MOF	CRRS	4	-1	5
J♠	VEF	MAFS	VEM	URFS	MAF	7	1	5
Q♠	MAM	NEF	MAF	MAFS	NERS	8	6	1
K♠	MAF	JUFS	NER	URRS	SAR	5	3	2

方塊4：財務的穩定

方塊4的人格特質

方塊4是財務的保護牌。不過，那層保護只有透過辛勤工作才能取得。這張牌比多數其他牌更甚的是，必須付出心力，才能得到獎賞，但獎賞一定存在。如果他們試圖不勞而獲，失敗和挫折一定會是結果。他們擁有或收到的任何金錢必定涉及某些責任。

他們有非常好的生意頭腦以及成功地管理和組織企業的能力。儘管他人可能認為他們固執，但他們知道，堅持生活中的秩序和結構以及清楚對自己最重要的是什麼，總是會帶來成功和滿足。他們不會改變生活中對自己有益的任何事情，不論他人怎麼想或怎麼說。即使是孩提時代，多數的方塊4就知道，對他們來說，什麼重要，什麼不重要。

為了取得成功，他們經常必須與自己內在的焦躁不安（黑桃5業力牌）和不滿達成協議，這往往促使他們遠離讓自己在某個領域好好立足並取得真正的進展。他們必須下工夫的事時常涉及婚姻或最親近的關係。方塊4非常善於交際，認識許多人，通常有許多朋友。他們的人生中有些難題需要被好好處理，而且必須留意陷入

窠臼、墨守成規的傾向。然而，若要擁有更多的幸福快樂，他們唯一需要做的就是「下工夫」。一旦他們開始行動，一切就平順了，恐懼平息了。

方塊4的晚年往往擁有最多的自由、幸福以及金錢上的福分。他們通常很長壽，晚年喜愛環遊世界，體驗年輕時渴望的事物。

方塊4的親密關係課題

方塊4的男性和女性對愛都懷有崇高的理想，這些理想可能在現實的浪漫情境中製造混亂。雖然外表穩定而強悍，內心深處，方塊4是個非常焦躁不安的人。一部分這樣的焦躁不安可以套用在他們的浪漫生活中，因此，難怪有些方塊4很難找到對象安定下來。此外，方塊4有一個業力模式，總是造成一或多段艱難的婚姻，通常以離婚收場。將這一切加總起來，你得知，這人真心想要美好的關係，但必須通過一些考驗才能取得。

對方塊4（不論男女）而言，親密關係是下工夫，再下工夫。他們往往被剝奪了安逸和奢華的生活，直到晚年才改觀。如果他們將親密關係視為逃避人生嚴酷的手段，那麼問題總是隨之而來。

他們擁有高於常人的魅力，通常能夠在浪漫情境中得到自己想要的。他們必須小心翼翼，不要濫用這股力量。一旦濫用，報應是既快速又痛苦，有時還會影響健康。他們必須在親密關係中練習高度誠信，才能避開某些挑戰性十足的業力糾葛。

業力牌：
黑桃5　紅心5
業力親屬：
紅心10　梅花5
前世牌：
方塊3　方塊5

身分牌連結之間的通性

　　方塊4男性最好避開所有紅心女，他們與紅心女通常有難解的業力羈絆。方塊4女性可與黑桃男締結良緣，尤其是黑桃2。梅花男對方塊4女性來說有某種魅力，而方塊男喜愛追求方塊4女性。

方塊4 ── 自強不息的人生

　　數字4的人就像福特皮卡貨車（Ford pickup），大體上架構堅韌，能夠承受許多處罰。既然這樣，許多方塊4的人生中有困難的情境要應對就不足為奇了。原名蘿珊・阿諾德（Roseanne Arnold）的蘿珊・巴爾（Roseanne Barr）曾經有過這樣的生活，如同她在自傳中描述的。她是一個天蠍座方塊4，這種人似乎比其他方塊4能夠承受更多的虐待。如果不好好努力，他們會一事無成，而許多方塊4憎恨一生必須如此辛苦勞動。就連多數人認為是祝福的事，遇到方塊4，總是有些附加條件，那使得他們的人生比我們其他人多了一些憤憤不平的經驗。

　　許多數字4，尤其是方塊4，都有強烈的「奮鬥」倫理。他們幸福快樂的關鍵是：體認到自己的這個面向並重新評估這點。儘管他們似乎吸引到艱難的情境，而且這些似乎是他們的命運，但其實，他們內在對人生的信念才是造成這些經驗的原因。如果我根深柢固地相信，我必須為人生中的一切辛苦努力，少有事物會輕易地來到我面前，那麼我往往會以那樣的方式看待世界，同時吸引到那些類型的經驗。這正是發生在許多方塊4身上的情況。他們其實不喜歡陷入奮鬥和做苦工的生活，他們的探險面寧可四處旅行，體驗新的冒險活動。所以，他們有動機，可以終止這套似乎供養其艱辛困苦的信念系統。

　　揭開一個人的核心信念然後檢視這些信念的有效性，並不是一件容易的事，但可以做到。快樂的方塊4熱愛自己的工作，但不覺得工作是負擔。他們有敏銳的價值感，可以使他們接觸到的每一個人受益，那是一套面對工作、財務、人生的實用方法，可以帶來穩定和保護。快樂的方塊4在他們的意識中騰出空間，讓美好的事物輕易地來到眼前──而且好事真的發生。然後，他們的工作倫理成為他們的王冠，而不是必須揹負的十字架。

方塊 4

人生牌陣牌組		
行星牌	符號	牌
月亮	☽	4♥
太陽（本命牌）	☀	4♦
水星	☿	2♠
金星	♀	8♥
火星	♂	6♣
木星	♃	6♠
土星	♄	Q♥
天王星	♅	10♣
海王星	♆	8♦
冥王星	♇	K♠
結果（宇宙回報）	♃+	3♥
宇宙功課	♄+	A♣

守 護 星 牌

生日	守護星座	守護星牌
1/23	水瓶座	梅花10
2/21	雙魚座	方塊8
3/19	雙魚座	方塊8
4/17	牡羊座	梅花6
5/15	金牛座	紅心8
6/13	雙子座	黑桃2
7/11	巨蟹座	紅心4
8/9	獅子座	方塊4
9/7	處女座	黑桃2
10/5	天秤座	紅心8
11/3	天蠍座	梅花6和黑桃K
12/1	射手座	黑桃6

布魯斯・威利（BRUCE WILLIS）
3/19/1955 • 男演員
山姆・艾里歐特（SAM ELLIOTT）
8/9/1944 • 男演員
凱特・溫斯蕾（KATE WINSLETT）
10/5/1975 • 女演員
葛倫・克蘿絲（GLENN CLOSE）
3/19/1947 • 女演員
J.P.摩根（J.P. MORGAN）
4/17/1837 • 商業大亨
梅蘭妮・葛里菲斯（MELANIE GRIFFITH）
8/9/1957 • 女演員
瑪麗-凱特・歐森（MARY-KATE OLSON）與
艾希莉・歐森（ASHLEY OLSON）
6/13/1986 • 女演員
蘿珊・阿諾德（ROSEANNE ARNOLD）
11/3/1953 • 喜劇女演員
艾米特・史密斯（EMMITT SMITH）
5/15/1969 • 橄欖球運動員
利昂・斯賓克斯（LEON SPINKS）
7/11/1953 • 拳擊手
馬克・普萊爾（MARK PRIOR）
9/7/1980 • 棒球運動員
特里尼・洛佩茲（TRINI LOPEZ）
5/15/1937 • 歌手
貝蒂・蜜勒（BETTE MIDLER）
12/1/1945 • 歌手／女演員
夏綠蒂・澈奇（CHARLOTTE CHURCH）
2/21/1986 • 歌手
約翰・漢考克（JOHN HANCOCK）
1/23/1737 • 政治家
克里希・海特（CHRISSIE HYNDE）
9/7/1951 • 歌手
鮑勃・葛爾多夫（BOB GELDOF）
10/5/1951 • 電視製作人
康納・歐布萊恩（CONAN O'BRIEN）
4/17/1963 • 電視主持人／作家
惠特妮・休斯頓（WHITNEY HOUSTON）
8/9/1963 • 歌手
艾麗・西蒂（ALLY SHEEDY）
6/13/1962 • 女演員
威廉・巴特勒・葉慈（WILLIAM BUTLER
YEATS）
6/13/1865 • 詩人
科賓・柏森（CORBIN BERNSEN）
10/7/1954 • 男演員
亞當・安特（ADAM ANT）
11/3/1954 • 歌手
茱莉・凱夫納（JULIE KAVNER）
10/7/1951 • 女演員

對象	伴侶之間的連結					綜合指數評級		
方塊 4 與	連結 1	連結 2	連結 3	連結 4	連結 5	吸引力	強度	相容性
A♥	MARS	CRF	CRFS	MAR	JURS	7	6	0
2♥	JUFS	SAM	CLF	URF	SAF	0	4	0
3♥	CRF	SARS	CRR	VERS	CRFS	4	4	0
4♥	MOF	MAF	MOFS	NER	PLF	8	1	5
5♥	KRMA	VEF	NEF	NEFS	VEMS	7	3	5
6♥	JUMS	MOFS	NEF	MORS	PLF	6	-2	6
7♥	VEF	CLFS	VER	VEFS	MAFS	7	0	5
8♥	VEF	SAR	VEMS	MAFS	VEM	5	0	5
9♥	MAFS	SAF	CLF	URF	SAFS	2	7	-4
10♥	NER	PLF	KRMC	URRS	VERS	6	4	0
J♥	PLF	CRRS	MOR	URFS	CLR	6	3	0
Q♥	SAF	MAMS	PLRS	NEFS	URR	2	6	-3
K♥	JUR	SAF	PLFS	CLF	CLFS	1	4	-2
A♣	CLF	URF	JUFS	SAM	SAF	1	4	-1
2♣	JUR	CLFS	CLF	MAR	JURS	3	3	1
3♣	VEFS	MORS	CRR	JUF	CRFS	6	-1	7
4♣	VEMS	JUMS	PLF	VEM	SAR	5	0	4
5♣	VEMS	VEF	KRMC	SAR	NEF	6	0	6
6♣	MAF	MAM	VERS	MAFS	VEM	8	5	2
7♣	CLR	CLRS	NEF	JUFS	JUM	3	1	2
8♣	CRRS	PLF	CRR	VEMS	URFS	6	3	0
9♣	PLRS	SAF	MAMS	VEFS	VEF	3	5	-1
10♣	URF	NERS	PLFS	JUM	MAF	4	2	0
J♣	NER	PLF	URRS	VER	NEFS	6	3	0
Q♣	SARS	CRF	URFS	NER	CRR	2	4	-1
K♣	MAR	JURS	MOR	MAM	MAMS	6	3	4
A♦	MARS	VERS	VER	CRF	MAR	7	3	4
2♦	VERS	MAF	MARS	CRF	VER	8	3	3
3♦	MOFS	JUMS	PLFS	JUR	JUM	5	-1	5
4♦	SBC	VERS	VEF	VEFS	VER	6	1	6
5♦	MORS	CRR	URR	SAFS	VEFS	4	0	3
6♦	VEFS	PLRS	VEM	VEMS	PLR	6	0	6
7♦	SAF	MAFS	CLF	URF	MOF	2	6	-3
8♦	NEF	JUFS	PLR	CLR	CLRS	4	1	3
9♦	URR	SAFS	PLFS	MORS	CRR	2	4	-2
10♦	URFS	SARS	PLR	PLRS	SAR	0	3	-2
J♦	VER	NEFS	PLRS	VEM	NER	7	0	5
Q♦	PLFS	MOFS	URR	SAFS	URRS	4	3	-1
K♦	JUF	CRFS	VEFS	SAR	VEMS	4	0	5
A♠	CLFS	JUR	MAR	JURS	SARS	3	3	1
2♠	MOR	JUF	MAR	JURS	SAR	5	0	6
3♠	VEM	VEFS	VER	NEFS	PLRS	7	-2	8
4♠	MAF	URF	NERS	PLFS	MOF	6	4	0
5♠	KRMA	VERS	NEF	NEFS	PLF	7	3	3
6♠	JUF	MOR	MORS	MAF	JUFS	6	-2	8
7♠	SAR	VEMS	JUF	CRFS	VEF	3	1	4
8♠	MAM	MAR	JURS	MAF	MAFS	7	6	1
9♠	JUF	MAF	JUFS	CRRS	SAF	4	1	4
10♠	MOF	SAF	MAMS	URR	SAFS	3	3	0
J♠	JUM	CLR	CLRS	URF	NERS	1	0	1
Q♠	PLR	URFS	NEF	JUFS	NEFS	3	2	1
K♠	PLF	CRRS	CLR	PLFS	VEM	6	5	-3

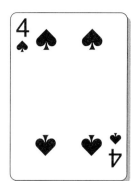

黑桃4：工作中求滿足

黑桃4的人格特質

黑桃4這張牌是透過工作得到滿足。這是整副牌中最「牢靠」的幾張牌之一。這張牌的人往往在某方面看似岩石或方塊。他們穩定而勤奮，在你需要他們的時候，可以倚賴。談到金錢和成功，他們擁有數一數二的幸運人生路，而且通常樂在工作。不過，他們的土星牌方塊A告訴我們，儘管他們很幸運，卻經常為錢而煩惱，而且如果不細查這點，可能會妨害他們的成就。紅心10在水星通常使他們在社交場合上立即被接受，還會成為善於溝通或發言的人。有些人可能是成功的作家、廣告業務專員或文藝表演者。

數字4可是非常固執的，而黑桃4則是有權利固執。由於梅花10是業力牌，他們見多識廣，且必須倚靠自己的真理而活。他們非常聰明，直覺力強，不喜歡在任何方面受限。方塊10在金星為他們帶來富裕的朋友，但在選擇朋友或情人時，黑桃4不宜過度重視金錢。

他們通常體質好，而且最好是藉由天然的方法照顧自身的健康。這是一張勞動牌，牌主在自己的工作中找到真正的平安與滿足。他們往往讓自己身負人道主義的使命，且因此找到莫大的滿足。

晚年往往耗在實現環遊世界的夢想，那是他們早年通常沒有體驗夠的事。

黑桃4的親密關係課題

這些人是非常善於付出且有愛心的，儘管他們可能頑強而固執，但因為寬宏大量，通常會對你真心付出。他們深受金融手段的吸引，而且可能因為試圖讓自己的親密關係「看似美好」而深陷其中，忘了美好的關係奠基於真正的價值。對黑桃4來說，將金錢和歡愉、不然就是事業和個人關係混為一談，那通常是不明智的。他們心中對財務的恐懼通常會為自己的愛情生活帶來太多的壓力和混亂。黑桃4想要可以一同旅行的對象，他們的姻緣優於常人。

身分牌連結之間的通性

黑桃4常有方塊女當朋友和同事。黑桃4女性特別令方塊男著迷，而黑桃男覺得黑桃4女性的體態很吸引人。梅花男通常是黑桃4男性和女性的頭痛人物。黑桃4女性可與黑桃男締結良緣，尤其是比較負責且成熟的黑桃男。

業力牌：
梅花10　紅心4
業力親屬：
黑桃J　黑桃10
前世牌：
黑桃3　黑桃5

黑桃4 ——要生存？還是要幸福？

黑桃4的外貌嚴厲，時而自鳴得意，隱藏在那背後的究竟是什麼呢？往往，那是一股強大的驅力，追求安全保障與物質上的舒適。在所有的數字4當中，黑桃4或許是最受安全保障驅動的。因為本質上是4，這就暗指一股欲望，想去創造一個所有基本需求均得到提供的情境。黑桃4在工作中尋求保障。他們是優秀的勞動者，在工作時總是感覺比較好。

但另外一個因素進入黑桃4的方程式中，使他們變得比整副牌中的其他牌更有動機。那個因素是，方塊A在他們人生軌跡中的土星位置。位於土星的牌往往指出我們人生中有難解課題的領域。某些時候，那代表幾乎不可能實現的事。以黑桃4而言，他們對金錢的渴望，或是對匱乏的恐懼，正是難題所在。多數時候，這是非常根深柢固的恐懼，因此大部分是無意識的。但這份恐懼可是他們生命中最重要的驅動因素之一，如果黑桃4想要免於掙扎奮鬥的人生，就需要好好檢視。工作狂是與黑桃4相關聯的共同特性。其他牌，例如，方塊A、黑桃A和黑桃10，也可能顯化這個特質，但基於不同的理由。對黑桃4來說，如此過度工作的特性，往往可以追溯到這份對物質保障的

永恆追求。方塊A在土星可以產生一種不斷糾纏的恐懼，害怕當我們需要時，需要的事物和資源不會存在。如果我們沒有覺察到這些感受，而且無法看見感覺的真實樣貌，就可能窮盡一生試圖填補感覺造成的空虛。

如此潛藏的欠缺感使許多黑桃4落入永恆的生存模式，不論當事人是否意識到。在生存模式中，我們往往著眼於短期，於是我們的決定時常製造出長期的問題。許多時候，我們的決定往往製造出自己正試圖避開的那樣東西。黑桃4如果願意正視自己，理解是什麼促使他們興起動機，那麼這個傾向就可以被改變。

有意識的覺察是改變這一切的關鍵。只要黑桃4捫心自問，是否樂於目前的工作，那就是美好的第一步。如果不是樂在工作，那麼我們多半是出於心中的某個恐懼而工作。我們的恐懼愈大，就愈無法樂在工作。數字4天生已有樂在工作的能耐，所以當他們問這個問題時，一定是實話實說。然後，如果他們發現有某些負面因素刺激他們如此努力工作，就可以開始用比較快樂的結果重組自己的人生。

黑桃4

人生牌陣牌組		
行星牌	符號	牌
月亮	☽	6♦
太陽（本命牌）	☀	4♠
水星	☿	10♥
金星	♀	10♦
火星	♂	8♠
木星	♃	A♥
土星	♄	A♦
天王星	♅	Q♦
海王星	♆	5♥
冥王星	♇	3♣
結果（宇宙回報）	♃+	3♠
宇宙功課	♄+	9♥

守護星牌		
生日	守護星座	守護星牌
1/10	摩羯座	方塊A
2/8	水瓶座	方塊Q
3/6	雙魚座	紅心5
4/4	牡羊座	黑桃8
5/2	金牛座	方塊10

對象	伴侶之間的連結					綜合指數評級		
黑桃4與	連結1	連結2	連結3	連結4	連結5	吸引力	強度	相容性
A♥	JUF	CLFS	URFS	SAF	MARS	2	2	0
2♥	CRR	MAF	VEF	CLRS	MAFS	6	3	2
3♥	JUF	CLFS	URFS	MAMS	MAF	4	3	2
4♥	KRMA	NEF	NEFS	URFS	NER	6	4	2
5♥	NEF	PLR	MAR	MAM	MAMS	7	5	1
6♥	URR	SAR	VEFS	MAR	URRS	2	2	1
7♥	URMS	SAFS	MARS	CLF	VEM	1	5	-2
8♥	SAFS	MAFS	VEM	URMS	JUR	2	4	-1
9♥	CLF	VEF	CLRS	MAF	VEFS	5	3	2
10♥	MOR	VER	MORS	JUR	URFS	6	-3	8
J♥	VEM	CRFS	VER	VEMS	NEFS	8	0	7
Q♥	URFS	MAFS	MOF	URF	PLFS	5	2	2
K♥	PLR	SAMS	JUFS	CLR	SAFS	1	5	-2
A♣	MAF	CRR	VEF	CLRS	JUF	6	3	3
2♣	JUFS	MARS	PLR	SAMS	CLR	3	4	1
3♣	PLF	VEMS	NER	JURS	SAR	6	2	1
4♣	SAR	MAM	URR	URRS	NEF	2	4	-1
5♣	MAM	NEF	PLR	SAR	SARS	5	5	0
6♣	MAM	JUMS	MAF	JUFS	JUR	5	3	3
7♣	CRRS	MAR	NEFS	MARS	CRR	7	5	1
8♣	VER	VEM	CRFS	VERS	VEMS	7	-1	7
9♣	MAFS	MOF	MOFS	VEM	MAMS	8	1	6
10♣	KRMA	MAR	NEFS	NEF	PLF	8	7	1
J♣	VER	URRS	MOR	MORS	URR	5	-2	6
Q♣	MAMS	VEF	NERS	PLFS	SAF	7	4	2
K♣	VERS	MAF	JUFS	CRR	MAFS	6	1	4
A♦	SAF	JUR	JUF	CLFS	URFS	-1	2	0
2♦	JUR	MAM	JUMS	SAF	SAFS	1	2	2
3♦	VEFS	URR	URF	SARS	PLF	3	0	2
4♦	MAR	MORS	NEF	PLR	URR	7	3	3
5♦	VEMS	PLRS	PLF	PLFS	PLR	6	3	0
6♦	MOF	MAFS	MOFS	CRF	CRFS	8	1	5
7♦	VEF	CLRS	CLF	MAF	CLFS	5	2	2
8♦	CRRS	PLFS	MOR	PLF	NER	7	4	0
9♦	PLRS	URF	SARS	VEMS	URR	2	2	0
10♦	VEF	NERS	PLFS	MAMS	MAM	7	3	2
J♦	URRS	MOFS	CRF	VER	PLR	5	0	4
Q♦	URF	SARS	VEFS	PLRS	VEF	2	1	1
K♦	NER	PLF	JURS	MAFS	VEM	6	3	1
A♠	MARS	URMS	JUFS	CRF	URM	4	3	2
2♠	VERS	VEFS	SAR	NER	VEF	5	-1	5
3♠	MOFS	CRF	MOF	URRS	CRFS	7	0	5
4♠	SBC	PLF	NEFS	NEF	PLFS	7	6	-1
5♠	MORS	MOR	MAR	VER	MARS	8	0	7
6♠	VEFS	CLR	SAFS	VERS	VER	3	1	3
7♠	MAFS	VEM	NER	PLF	JURS	7	3	3
8♠	MAF	JUFS	MAM	JUMS	MAMS	6	4	3
9♠	CLR	SAFS	PLR	SAMS	VEFS	0	5	-3
10♠	URFS	URF	KRMC	NERS	NER	2	1	1
J♠	MAR	NEFS	KRMC	MAM	URRS	7	6	2
Q♠	PLFS	VEF	NERS	CRRS	NER	7	3	1
K♠	CRFS	VER	VEM	VEF	CRF	7	1	5

數字5：探索與旅行

5是所有數字中最重要的一個，因為它是許多人所謂的「人類的數字」。5比其他數字更能象徵我們的種族以及生活在地球上的人類的特徵。我們的每一隻手上有五根手指頭，夜空中有五顆（肉眼）可見的行星，這絕非偶然。即便是迄今從環繞地球軌道運行的人造衛星上唯一可以辨識的人工地物「吉薩大金字塔」（Great Pyramid of Giza，譯註：即「古夫金字塔」），也有五個尖角。或許，該金字塔的創作者打算把它設計成銀河旅行者認得的符號，代表生活在這顆特別行星上的居民是一個類似5的種族。

5是探險和在二元界域尋求新經驗的數字。這個5不斷尋求擴展自己，試圖發現在家的安全保障之外還有什麼。身為人類的我們，有一個首要的主題：不斷探索不同的經驗和個人表達的形式。我們不斷動著，每一世代均以父母那一代為根基，尋求改善。改善和進步是我們的星球核心珍視的字詞，不過對數字5的人來說，尤其如此。想像一下一顆眾生以另一個數字作為根基的行星，這很有意思。一顆數字4構成的行星，其上居民主要關切的是安全保障，那會是什麼樣子呢？雖然你的本命牌可能是數字4或2，但由於是人類，你就展現許多數字5的特徵。

既然我們每一個人在某個層面已經是數字5，那麼當你的本命牌也是數字5時，會發生什麼事情呢？現在，我們見到一個多少有點誇張的數字5能量。許多案例顯示，數字5本命牌展現出追求全新體驗的極端實例，極端到周遭人難以理解他們的動機。數字5時常冒著莫大的風險，忍受艱辛，全部訴諸探險之名。無論他們在生活中做著什麼事，不管他們的動機似乎是什麼，他們的真正動機都是蒐集新的經驗、構想、關係和價值體系。他們是貪得無厭的探險家，要去找出地平線之外有些什麼。

一般而言，從事能夠旅行和多樣化的職業，數字5的表現較為出色。旅行帶來結識新朋友的機會，也可以接觸到全新的情境和習俗，那些全是數字5喜愛和欣賞的。即使暫時投入某份工作，他們也是先進的，試圖將這工作導入新的方向。某一類型的銷售似乎是數字5經常從事的職業。他們有某種渴望，想去理解並經驗使他們成為優秀銷售人員的一切。他們似乎有辦法在自己的層次上與幾乎每一個人相處，使對方感到自在和被理解。這些是成功的銷售人員最重要的某些成分。銷售也適合他們，因為銷售通常使他們能夠自由建立自己的時間表。

伴隨成為數字5而來的是大量的不滿足感和焦躁不安。這些人不同於其他牌（甚至是奇數牌），在焦躁不安的衝動難以負荷時，他們常會起而行，離開或移動到新的地點。雖然因人而異，但許多數字5就像眾所周知、永世流浪的猶太人一樣，時常覺得自己彷彿沒有真正的家。記得吧，家是數字4的領域，而5是從4演變而來的數字。對他們來說，尋求安全保障無異於在一個人的進化過程中走回頭路。數字5總是試圖離開已知的舒適和保障。對數字5而言，安頓下來、進入正常的家庭生活可能看似監獄。「自由」是他們的字彙中最重要的一個詞。如果有什麼似乎妨礙了數字5的自由，他們通常會反叛或乾脆離開。個人關係中的承諾似乎也會妨礙他們的自由，這正是為什麼數字5是所有牌中最不適婚的族群之一。他們可能實際上與某人同居多年，沒有任何正式的承諾或婚約。當然，有些數字5確實結婚了，但數字5的常用表達方式總是保留某些選擇的餘地。舉例來說，最吸引他們的對象通常是同樣不喜歡承諾的其他牌，例如，數字3、梅花Q和方塊Q。數字5要問的關係問題可能是：「一個人真的能夠滿足我在情愛區塊中全面體驗的需求嗎？」這個答案通常是否定的。

數字5若要幸福快樂，他們必須完全接受自己是誰。從某種工作、關係或生活狀態轉換到另一種工作、關係或生活狀態，一次又一次，這並不是我們的社會認為特別體面的事。這也往往使當事人感到沒保障，因為追求的時間都不夠長，因此一事無成。這可能引發數字5的內在衝突，許多數字5同樣強烈要求財務或浪漫上的保障，這些衝動直接與5的能量相衝突，因此我們發現，許多數字5不斷處於內在衝突中。最快樂的數字5認領自己與生俱來的權利，理解到，人世間不過是他們要探索的某樣東西。最重要的莫過於他們從經驗中學到和得到的。5的最高階表達是智慧的數字。智慧只能透過直接的經驗得到，如果我們與數字5交談，就是在與曾經「存在過、完成過」的某人談話。

紅心5：情感的探險家

紅心 5 的人格特質

如果想要在人生的任何方面達致長期的成功，所有的數字5都需要稍微安頓下來，紅心5也不例外。他們的方塊4業力牌告訴我們，這些人有安全保障的相關課題，那將是他們生命中持續存在的主題，直到他們與之達成協議為止。他們對安全保障的恐懼本質上主要是財務方面，勤奮努力且堅持不懈總是會帶來成功。問題在於，他們待在一個地方的時間是否長到足以收穫成果。許多紅心5的確那麼做，但這對他們來說往往是不容易的，似乎也不是來得自然而然。紅心5想要經驗愛情和金錢必會提供的一切。但如果一個人長期陷在同一個地方、同一份職務，這樣的經驗要如何完成呢？答案往往是一份需要旅行的職業。經常出差對他們來說無妨。他們通常準備就緒，幾乎哪裡都能去。

紅心5的追求各式各樣，尋找著全新和不同的關係體驗。通常，目前的關係只是他們的另一番體驗。確實長期保住婚姻的紅心5之所以待在婚姻裡，是因為想要感覺和經驗某樣重要的東西。一旦經驗夠某樣特定的東西，無論是一個人，還是紅心5對這人的感覺，他們可能會毫不猶豫地繼續前進。有些紅心5是濫交一族，

根本無法做出承諾。但有時候，他們對經驗的追求會藉由旅行和造訪外邦而得到滿足。以此方式，他們蒐集自己追求的新體驗。紅心花色除了代表人類的關係，也與我們的住家和家庭連結。紅心5可能在外邦建立新家和新的朋友圈，滿足他們對新事物的追求。

紅心5有梅花5作為第二張業力牌，方塊5作為其人生軌跡中的土星牌，這使得他們在許多方面比其他數字5更焦躁不安。他們人生軌跡中的偶數牌少之又少。這告訴我們，紅心5有創意，通常一直在動。許多紅心5有藝術天賦，要麼表達在專業上，要麼表現在處理與住家和摯愛相關的事宜。他們也有領會靈性概念和法則的天賦，有些更有心智方面的獨特天賦或能力，例如，圖像記憶或數學奇才。

總的來說，大量的奇數牌代表必須藉由靈性方法加以解決的挑戰和問題。舉個例子，在火星和冥王星的兩個9顯示，這些人必須時常放棄他們的個人欲求和願望，才能獲得想要的東西。當他們試圖我行我素時，常會掃興失望。但當他們放手時，一切自動降臨。如此後退一步的人生之道是人生軌跡中有許多奇數牌的典型，那是一份要去學習和理解的挑戰。最終，紅心5學會走上信仰之路，黑桃7宇宙回報牌是他們這方面的象徵符號。他們領悟到，遵循自己的個人之路，忠於自己，到頭來一切總會圓滿解決。一旦紅心5開始從自己的許多經驗中學習，就會得到一心追求的智慧，然後伴隨那份智慧而來的常是與他人分享的責任。許多紅心5成為最好的老師。他們傳授的課業來自他們親身經驗的智慧。

業力牌：
方塊 4　梅花 5
業力親屬：
黑桃 5　梅花 4
前世牌：
紅心 4　紅心 6

紅心5的親密關係課題

紅心5在愛情上天生有點焦躁不安，他們在人生的某個時候領悟到，自己的情愛生活需要一些自由。

若要擁有成功的親密關係，對象要是與他們享受同樣自由和個人表達的其他牌。紅心5跟其他的數字5一樣，內在常有對承諾的恐懼，將承諾視為剝奪他們見識人間的東西。雖然他們可以開開心心地結婚，但大部分的紅心5，單身最快樂，或是至少所在的親密關係給予他們許多移動的空間和自由。

紅心5有強健的黑桃3作為人生軌跡中的金星牌。這帶來對創作和藝術表現的熱愛，外加深受那類族群的吸引，但他們也喜歡個人關係中的多樣化。對某些紅心5來說，家花哪有野花香，不然就是，他們一定感覺到需要不只一個伴侶。

對紅心5來說，親密關係的告終如果到來，通常是苦澀而艱難的，常因憤怒和怨恨而有所損傷。紅心9在火星象徵，除非他們放棄自己的一切個人欲求，否則很少在離婚訴訟中勝出。經驗過這些離婚難題的紅心5可能會決定絕不再冒那個險，於是後半輩子保持單身。他們的親密關係之路是靈性的，那意謂著，唯有透過日漸增長的信心和信任，放下植根於恐懼或憤怒的個人執著，成功才會出現。9象徵靈性層面的勝利以及感應到神聖的愛。他們是有能耐經驗到這點的少數幾張牌。

身分牌連結之間的通性

紅心5男性可與方塊女締結良緣，且常有黑桃女當朋友。紅心5女性因年輕的梅花男而神魂顛倒，但與方塊男多半能有更美好的親密關係。

人 格 側 寫

紅心5 ——不安於室

我們總是有不只一種方式可以顯化自己本命牌和「流年牌陣」中諸牌的能量。紅心5的人也不例外，凡是學習撲克牌算命的學生都可以想像，那樣的顯化有些可能是什麼樣子。流年牌陣中的紅心5可以是離婚的指標。這是否意謂著，紅心5的人總是命中注定要離婚？那倒未必見得。不過，有許多紅心5的確是經歷一段又一段的親密關係。為什麼他們不可以這麼做呢？紅心5的人生使命往往是去經驗不同類型的親密關係是什麼樣子。凡是數字5的人，都是經驗的採集者。既然為我們帶來智慧的是經驗，大部分數字5最終成為非常有智慧的人，或許也是某個數字5的靈魂指點他們進入數字5的化身，明示開發和取得這份唯有來自經驗的智慧是其人生目的。

紅心5的人正在尋求親密關係、友誼、婚姻、愛戀、離婚和其他與愛相關的經驗。有些紅心5結了一次婚，維持婚姻大約二十年，然後離婚，永不再婚。彷彿他們嘗試了婚姻和承諾，而且真正進入婚姻，取得了完整的經驗。然後，當這些完成了，他們直接丟棄，絕不再來一次。值得注意的是，大部分的數字5絕不會對自己的過去或現在感到懊悔。即使許多紅心5看似違背正常的社會邏輯，但他們似乎可以氣定神閒地面對自己的決定。

有許多紅心5，尤其是大約1946年以前出生的族群，他們結了婚且保住了婚姻。他們找到了不同的方式顯化紅心5的能量，亦即在社交生活中不斷有新的朋友和熟人來來去去。這些人不斷邂逅新的朋友。他們非常群居而外向，無論去到哪裡，通常是派對上的靈魂人物。

1960年以後出生的紅心5往往是一個新的品種。由於文化使然，我們現在或多或少接受不婚的關係，於是新一代的紅心5多數是經常改變親密關係的旅人，往往戀愛或婚姻一樁接一樁。這可以被視為一種比較先進的紅心5能量，因為與1946年以前出生的族群所表達的形式相較，不是那麼的傳統。儘管如此，今天還是有不少實例展現其他類型的紅心5，甚至是來自更年輕的一代，而且這將會繼續演化。紅心5的表達方式還有許許多多，族繁不及備載，而我希望你好好留意你碰到的不同類型。當我們觀察不論哪一個數字5，必須始終謹記：無論當事人正在做什麼，做這事的主要原因之一是純粹為了體驗。他們就是想要知道那是什麼感覺。一旦滿足了那份需求，他們總是會繼續邁進至新的體驗。如果需要三十年婚姻才能得到完整的體驗，他們一定會照做。如果只需要一夜情，他們也一定會創造一夜風流。如果我們仔細觀看他們正在創造什麼，就會知道，他們需要哪些經驗才能夠滿足那顆焦躁不安的心。

紅心5

人生牌陣牌組		
行星牌	符號	牌
月亮	☽	Q♦
太陽（本命牌）	✳	5♥
水星	☿	3♣
金星	♀	3♠
火星	♂	9♥
木星	♃	7♣
土星	♄	5♦
天王星	♅	Q♠
海王星	♆	J♣
冥王星	♇	9♦
結果（宇宙回報）	♃+	7♠
宇宙功課	♄+	2♣

守 護 星 牌		
生日	守護星座	守護星牌
10/30	天蠍座	紅心9和方塊9
11/28	射手座	梅花7
12/26	摩羯座	方塊5

對象 紅心 5 與	伴侶之間的連結					綜合指數評級		
	連結 1	連結 2	連結 3	連結 4	連結 5	吸引力	強度	相容性
A♥	MAR	JURS	VER	VERS	MARS	6	2	5
2♥	MARS	JUF	CRFS	MAF	JURS	6	4	3
3♥	VERS	MAR	JURS	CRF	JUR	5	1	5
4♥	MOFS	NER	PLF	PLRS	MOF	7	1	3
5♥	SBC	VER	VEF	NEF	NEFS	7	2	5
6♥	MORS	VEM	VEMS	JUM	JUMS	7	-4	9
7♥	VEFS	MAFS	VEM	SARS	MAF	7	2	5
8♥	MAFS	VEM	CRF	VEFS	VEF	8	2	5
9♥	MAF	JUFS	JURS	JUF	CRFS	4	1	5
10♥	URR	SAFS	NEF	PLR	PLRS	1	4	-2
J♥	URFS	SARS	CRR	VEMS	URF	2	1	0
Q♥	NEFS	PLRS	MAM	SAF	MAMS	5	5	-1
K♥	PLFS	CLF	CLFS	CRRS	SARS	6	7	-4
A♣	JUF	CRFS	MARS	MAF	JURS	5	3	3
2♣	CLF	CLFS	SARS	PLFS	JUR	4	6	-4
3♣	MOR	SAF	VEF	VEFS	VERS	4	0	5
4♣	VEM	VEMS	KRMC	MORS	MOFS	7	-2	9
5♣	KRMA	NEF	PLFS	VEM	VEMS	8	5	2
6♣	VERS	JUR	CLRS	URRS	MAF	3	-1	4
7♣	JUF	CLR	NERS	CLRS	VEFS	3	0	3
8♣	CRR	VEMS	URFS	SARS	CRRS	4	1	3
9♣	MAM	NEFS	PLR	PLRS	NEF	6	5	0
10♣	MAMS	CLR	NERS	NER	PLF	6	5	0
J♣	NEF	PLR	URR	SAFS	NER	3	3	-1
Q♣	VERS	SAR	SARS	VER	NEFS	3	1	2
K♣	MARS	JUR	CLRS	URRS	MAR	3	3	2
A♦	VER	MAR	JURS	MARS	CRFS	6	2	4
2♦	VERS	VER	CLFS	MAF	CLR	6	1	4
3♦	JUM	JUMS	MORS	MOF	MOFS	4	-3	7
4♦	KRMA	VER	NEF	PLFS	NEFS	7	4	2
5♦	SAF	PLF	MOR	MORS	CRR	3	4	-1
6♦	PLR	MAM	VEF	VEFS	VERS	6	3	3
7♦	MAF	JURS	JUFS	JUF	CRFS	4	1	5
8♦	URF	URRS	JUF	NEF	JUFS	2	-1	3
9♦	PLF	MOF	SAF	URR	SAFS	3	4	-2
10♦	SAR	URF	URRS	URFS	MAMS	0	2	-1
J♦	VEF	NEF	PLR	VER	NEFS	7	0	5
Q♦	MOF	JUM	JUMS	PLF	PLFS	5	-1	4
K♦	VEF	MOR	CRF	JUF	CRFS	7	-1	7
A♠	SARS	VEFS	CLF	CLFS	VEF	3	3	1
2♠	MARS	MOR	JUF	CRR	VEF	6	1	5
3♠	VEF	PLR	VEM	MAMS	VEFS	6	1	5
4♠	NER	PLF	MAMS	MOFS	MAF	8	5	0
5♠	URR	SAFS	KRMC	VER	VERS	1	3	0
6♠	CRRS	JUF	CRR	VEF	PLF	5	1	4
7♠	CRF	VEF	MAFS	VEM	SAR	7	3	4
8♠	JUR	CLRS	URRS	MARS	VERS	2	0	3
9♠	CRRS	PLFS	PLF	CLF	SARS	6	6	-4
10♠	PLRS	MOFS	NEFS	MOF	VEFS	6	0	4
J♠	CLR	NERS	JUF	MAMS	JUM	4	2	2
Q♠	URF	URRS	SAR	PLR	MAFS	1	2	-1
K♠	SARS	CRR	VEMS	URFS	PLF	3	2	0

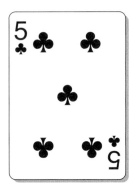

梅花5：追求真理

梅花5的人格特質

梅花5意謂著心智的變化和不安。我們發現，這些人有大量的好奇心，使他們幾乎動個不停。紅心5業力牌告訴我們，他們的浪漫生活也有許多變化，而且基於這個原因，梅花5通常不適合結婚。這些人基本上喜歡冒險，想要探索和研究。基於同樣的理由，與承諾相關聯的人事物通常像瘟疫一樣，避之唯恐不及。這使得某些梅花5像是遊牧民族，極端多變。梅花5是所有牌中最焦躁不安的一張。雖然他們非常靈活，但搬遷至新居或改變生活型態通常一定會引發許多的責任和挑戰，如黑桃5在土星所示。

黑桃A在金星道出祕密的風流韻事以及選擇上的優柔寡斷。同樣這張黑桃A也賦予許多梅花5非常性感而圓潤的聲音。方塊7在木星是百萬富翁牌，許多梅花5很有錢，不過花錢或賠錢的速度往往跟賺錢一樣快。投機和賭博應該要避免。雖然梅花5比多數人幸運，但愛花錢的傾向使他們不善於賭徒所謂的「資金管理」，亦即基本上知道何時該收手。梅花5善於銷售和推廣，因為他們能夠在自己的層次上與許多人相處。處女座和雙子座的梅花5往往有特別強而有力的聲音或表達自己的

方式，可以在銷售或推廣方面帶來巨大的成功。

天生的好奇心為他們帶來許多知識，但他們不常應用，或是堅持某一套思路。這往往使他們成為懷疑論者，甚至沒有從自創的信念架構中得到滿足。梅花5辯論時往往站在反方，因為這樣，他們就不會被一個概念所束縛。對靈性研究的興趣為他們的晚年帶來更多的滿足，也提供為人生帶來更多平安的答案。在這方面，靈性導師會有所幫助。

梅花5的親密關係課題

因為是梅花5，在親密關係領域可以是福報，也可以是詛咒，這點因人而異。在高階面，他們是先進的，可以在自己的層次上與任何人相處。這點使他們人緣好、善於交際。另一方面，對承諾的恐懼非常大，可能大到足以吸引最不尋常的情境，而且可能永遠得不到深度連結帶來的平安。在他們的人生中，不管如何迴避，都會有情感上的失落，但當事人的態度和價值會透露故事的原貌。

因為天性焦躁不安，梅花5被視為整副牌中最不適婚的幾張牌之一。多數梅花5想辦法盡可能避開承諾。如果他們同時很狡猾，可能會讓這事看起來好像他們不做出承諾都是伴侶的錯。事實上，他們深怕親密關係可能會剝奪了他們的自由。

由於迴避承諾以及黑桃A在金星，梅花5常對已婚人士有好感，或是有不為人知的祕密戀情。他們也喜歡保有自己的私人生活。單身是多數梅花5的生活方式，但也有例外，例外的梅花5安頓下來，在愛情和工作上做出莫大的貢獻。

業力牌：

紅心5　梅花4

業力親屬：

方塊4　紅心6

前世牌：

梅花4　梅花6

身分牌連結之間的通性

梅花5的男性和女性常與紅心男成為朋友，紅心男也喜歡他們。不過，他們之間也有偶爾可能難解的業力連繫。梅花女也喜愛梅花5男性和女性的陪伴。梅花5女性可與某些方塊男締結良緣，且通常對某些黑桃男有好感。

梅花5 ── 不缺錢的人生

布魯斯是一個典型的例子，示現了許多梅花5的正向特質。許多梅花5對自己不是很滿意，他們抱怨一生從未完成過有價值的事，不然就是不斷擔心金錢。但布魯斯顯然完全接納自己焦躁不安和好問好奇的本性，而且以正向的方式將那點融入自己的生命中。四十一歲的他從沒結過婚，經常四處旅行。他今生在財務上頗有斬獲，因此好幾年不需要工作。記得吧？在梅花5的人生軌跡中，方塊7在木星。那往往為梅花5的人生帶來大量的金錢，以布魯斯而言，那賦予他一股天生的富足繁榮感，不論他去到哪裡，似乎都與之相隨。

布魯斯在人生中經歷過一年竟然搬兩、三次家的時期。他似乎動個不停，顯然有許多他稱之為家的地方。他對許多主題都相當了解，而且無論去到哪裡，都結交許多朋友。他並不介意人生中沒有彼此承諾的關係，也接受炮友關係，那是不尋常的，因為多數人在情感上無法處理那類型的親密關係。

布魯斯非常自豪他的車。他的車在他的價值體系中如此突出是有道理的，因為車代表他在世俗面的自由。這是許多梅花5的特點。他非常關心他的車，擔心它，有時候跟它講話，彷彿它是一個真人。

布魯斯代表梅花5的開心面。他接受了自己的本性，也將本性發揮得淋漓盡致。很難找到如此快樂的梅花5，但的確存在。多數的梅花5不滿意自己的人生，而且似乎無法解決個人自由與在人生中建立某種根基所造成的衝突。最快樂的梅花5領悟到，他們在人世間是要蒐集經驗和想法，而且允許自己享有做到那點的自由。同時，他們深信，自己的需求一定會在必要時被提供。做到這點的梅花5通常得到的不只是他們的基本需求。他們的方塊7在木星是真正靈性與物質豐盛的一張牌，而且這是梅花5與生俱來的權利。

梅花 5

人生牌陣牌組		
行星牌	符號	牌
月亮	☽	10♠
太陽（本命牌）	✳	5♣
水星	☿	3♦
金星	♀	A♠
火星	♂	7♥
木星	♃	7♦
土星	♄	5♠
天王星	♅	J♥
海王星	♆	9♣
冥王星	♇	9♠
結果（宇宙回報）	♃+	2♥
宇宙功課	♄+	K♥

守 護 星 牌		
生日	守護星座	守護星牌
3/31	牡羊座	紅心7
4/29	金牛座	黑桃A
5/27	雙子座	方塊3
6/25	巨蟹座	黑桃10
7/23	巨蟹座或獅子座	黑桃10或梅花5
8/21	獅子座	梅花5
9/19	處女座	方塊3
10/17	天秤座	黑桃A
11/15	天蠍座	紅心7和黑桃9
12/13	射手座	方塊7

克里斯多福・華肯（CHRISTOPHER WALKEN）
3/31/1943 ● 男演員
丹尼爾・戴－路易斯（DANIEL DAY-LEWIS）
4/29/1957 ● 男演員
喬治・溫特（GEORGE WENDT）
10/17/1948 ● 男演員
伍迪・哈里遜（WOODY HARRELSON）
7/23/1961 ● 男演員
約翰・戴維森（JOHN DAVIDSON）
12/13/1941 ● 男演員／歌手
丹尼爾・雷德克里夫（DANIEL RADCLIFFE）
7/23/1989 ● 男演員
蜜雪兒・菲佛（MICHELLE PFEIFFER）
4/29/1957 ● 女演員
琴・凱特羅（KIM CATTRALL）
8/21/1956 ● 女演員
喬治・歐威爾（GEORGE ORWELL）
6/25/1903 ● 作家
威爾特・張伯倫（WILT CHAMBERLAIN）
8/21/1936 ● 籃球明星
蓋比・卡普蘭（GABE KAPLAN）
3/31/1946 ● 喜劇演員
傑里・賽恩菲爾德（JERRY SEINFELD）
4/29/1955 ● 喜劇演員
羅德・麥克庫恩（ROD MCKUEN）
4/29/1933 ● 詩人／作曲家
阿姆（EMINEM）
10/17/1974 ● 饒舌歌手
若望・保祿一世（JOHN PAUL I）
10/17/1912 ● 教宗
泰德・納金特（TED NUGENT）
12/13/1949 ● 搖滾吉他手
艾爾・高爾（AL GORE）
3/31/1948 ● 美國前副總統
肯尼・羅傑斯（KENNY ROGERS）
8/21/1938 ● 歌手
瓊安・蘭登（JOAN LUNDEN）
9/19/1951 ● 電視女主持人
安德烈・阿格西（ANDRE AGASSI）
4/29/1970 ● 網球運動員
喬治亞・歐姬芙（GEORGIA O'KEEFE）
11/15/1887 ● 藝術家
卡莉・西門（CARLY SIMON）
6/25/1945 ● 歌手
莫妮卡・陸文斯基（MONICA LEWINSKY）
7/23/1973 ● 前白宮實習生

對象	伴侶之間的連結					綜合指數評級		
梅花 5 與	連結 1	連結 2	連結 3	連結 4	連結 5	吸引力	強度	相容性
A♥	CRFS	JUR	MAR	JURS	CRF	4	3	3
2♥	CRF	VEMS	MAR	JURS	JUF	6	2	4
3♥	JUR	VER	NEFS	VERS	VEFS	5	-2	7
4♥	VEFS	MAM	MOF	MOFS	NER	8	0	7
5♥	KRMA	VEMS	PLF	PLFS	NEF	8	5	1
6♥	VEM	VEMS	KRMC	MOFS	MOR	7	-2	9
7♥	MAF	CLRS	VEF	VEFS	CLR	6	2	3
8♥	CLRS	JURS	MAF	MAFS	VEM	4	2	2
9♥	JUR	CRRS	JUF	MAR	JURS	3	0	5
10♥	PLRS	URFS	SAF	URR	SAFS	0	4	-3
J♥	URF	NERS	SAR	MAFS	VEM	3	2	0
Q♥	PLR	URRS	MOF	NEF	JUFS	4	1	2
K♥	CLF	SARS	SAR	MARS	PLF	2	6	-4
A♣	MAR	JURS	CRF	VEMS	JUF	5	3	4
2♣	SAR	MARS	VEF	CLF	SARS	3	4	0
3♣	VERS	MARS	MOR	MOFS	SAF	7	0	5
4♣	KRMA	MOFS	PLF	PLFS	VEM	8	5	1
5♣	SBC	MOFS	MORS	NEF	PLFS	7	2	5
6♣	MORS	CLR	URR	MAR	VER	4	0	4
7♣	VEFS	URR	VEMS	JUF	MAFS	5	-2	6
8♣	MAFS	VEM	URF	NERS	SAR	6	2	3
9♣	NEF	JUFS	PLR	URRS	VERS	4	1	3
10♣	NER	SAFS	MAM	MAMS	URFS	3	6	-2
J♣	URFS	PLRS	NEF	PLR	NEFS	3	3	0
Q♣	VER	NEFS	JUR	MAMS	PLFS	6	1	5
K♣	PLFS	MAR	MARS	CRFS	MAMS	8	8	-2
A♦	CRFS	VER	CLFS	CLF	CRF	6	4	1
2♦	VER	CLFS	MORS	CLR	URR	5	0	3
3♦	MOR	VEM	VEMS	JUM	JUMS	7	-4	9
4♦	VEMS	SAF	KRMC	VER	PLR	3	2	2
5♦	VERS	SAF	PLF			3	4	-1
6♦	VERS	NEF	JUFS	MAMS	PLR	6	0	5
7♦	JUF	JUR	CRRS	MAR	JURS	3	0	5
8♦	URR	VEMS	MAFS	VEFS	MAF	5	1	4
9♦	JUM	PLF	MARS	VERS		5	3	1
10♦	MAMS	VER	NEFS	MAFS	SAR	8	4	3
J♦	MAMS	URFS	MAM	VEF	VER	6	4	2
Q♦	JUM	MOR	MOF	MARS	JUMS	5	-2	7
K♦	MARS	VERS	JURS	VEF	VER	6	1	5
A♠	VEF	MAF	SAR	MARS	SARS	5	4	2
2♠	CRR	VEF	PLFS	MAMS	JURS	6	3	2
3♠	MAMS	VERS	VEF	VER	PLR	7	2	5
4♠	MAM	NER	SAFS	VEFS	PLF	5	5	0
5♠	SAF	PLRS	VEMS	PLR	URR	1	4	-2
6♠	CRR	VEF	PLF	JURS	CRRS	5	2	3
7♠	JURS	MARS	CLRS	CRF	MAR	4	3	2
8♠	MAR	PLFS	MORS	CLR	URR	7	5	0
9♠	PLF	CLF	SARS	CRR	VEF	5	6	-3
10♠	MOF	VEFS	PLR	URRS	PLRS	5	-1	5
J♠	VEFS	NER	SAFS	CLR	NERS	3	2	2
Q♠	MAFS	MAMS	URR	VEMS	URF	6	5	1
K♠	SAR	MAFS	VEM	URF	NERS	4	3	1

方塊5：價值的追求者

方塊5的人格特質

　　這張牌有屬於它的挑戰，也有屬於它的天賦。方塊5跟所有數字5一樣，不喜歡例行公事，厭惡凡是佯裝限制其自由或將其套進某個框架的東西。他們可以是永久的漫遊客，絕不為任何時間長到足以有所收穫的東西安頓下來。但有些方塊5在關係或工作中找到價值且堅持下去，在除此以外均不可靠的人生中創造某些安全保障。焦躁不安的主要領域包括工作和親密關係。所有方塊5的內在都有不滿足感，但他們也想要完成有價值的事，在自己的人生中增添穩定性。這兩個理想時常衝突，而且找到能夠兩者得兼的事業對他們來說就是變魔術。對許多方塊5來說，銷售是首選工作。他們能夠與所有層次的人相處，這使他們在這個領域飛黃騰達。

　　一生可能遭逢幾次財務損失，是本性善良使他們付出巨大的代價。與方塊9的緊密關聯使他們成為非常善於付出的人，而且告訴我們，此生有前世尚未償還的債務要清償。這些人是付出者，喜愛與家人和親近的朋友分享他們的資源，不過有時似乎被他人利用且可能因此憤憤不平。對他們來說，付出既是天賦禮物，也是功課教訓。

　　因位於海王星縱行，他們天生有靈性，知道什麼是真實的價值。他們的知識延伸到通靈的界域——許多方塊5在這方面能力非凡。挑戰來自於實踐他們所知道的。方塊5帶著一定量的業力來到此生，往往需要付出相當的辛勤努力才能清償。如果偷懶，就會有許多的問題。他們必須修練他們所知道的，且採取需要的做法完成工作，不推諉塞責。如此強烈的海王星影響創造了以幫助他人作為部分畢生志業的渴望。如果他們讓自己與更高階的目的或理想連成一氣，就可以成為自己天命的創造者，擁有更多的成功與滿足。

　　人生前四十五年最具挑戰性。隨著年齡的增長，他們的人生大幅改善。方塊5常在中年時期來到十字路口，必須澈底面對自己的恐懼。這是許多方塊5對自助主題或靈性產生興趣的時候。一次蛻變發生，然後他們的人生在許多方面煥然一新。許多方塊5成為某個領域的權威，要麼是作家，要麼是老師，大家尊重景仰，期盼領導和指引。

方塊5的親密關係課題

　　在浪漫情事上，方塊5不安又多變，往往不願意承諾。基於這些原因，許多方塊5很難讓親密關係長期持續下去。他們非常浪漫，許多深具魅力，性愛技巧高超，正如梅花J在金星所示（梅花J還有另一張騎士方塊J作為業力牌）。基於這個原因，方塊5被認為是最佳情人之一。

　　方塊5被機智而有創意的族群所吸引，而他們本人也可以相當迷人，不過談到愛情，他們同樣精打細算、詭計多端。許多案例顯示，愛情對他們來說是心智遊

業力牌：
方塊9　梅花3
業力親屬：
方塊Q　方塊K
前世牌：
方塊4　方塊6

戲，許多方塊5沉浸於分析所有的愛的概念，忽略了自己的感受。

假使選擇那麼做，他們可以在這方面非常鬼鬼祟祟，相當不老實。與此同時，接觸關於愛情與關係的書籍和其他教育素材，總是對他們產生巨大的影響，將他們帶到更高階的層次，也帶來更多的幸福快樂。

整個婚姻概念以及嚮往愛情所需要的親密，對他們來說是一大挑戰，在生命的歷程中，這是一個他們一定會時常面對的挑戰。因為是數字5，他們往往不想返回到婚姻代表的「框架」之中。他們想要探索和展開新的冒險。

身分牌連結之間的通性

方塊5男性與黑桃女有強力連結。女性方塊5對梅花男頗有好感，對方塊男則有某種魅力。他們需要不過度鉗制其生活型態的親密關係。

方塊5——要自由，還是要安穩？

我最要好的朋友馬克是典型的方塊5，他示範了許多數字5內心存在的衝突，想要個人自由？還是渴望贏得安全保障並為自己在人世間留下印記？馬克和我從小一起長大，共享了許多奇妙的冒險經歷。十八歲的時候，我們會立馬啟程，遊遍全美各地。這是那種我們永遠樂在其中的關係。我可以直接打電話給他說：「馬克，走吧，去全國各地玩玩。」而他通常會整裝待發。這是典型的方塊5特質。如果你提議去旅行，不論原因為何，他們通常傾向於放下一切，與你同行。

三十六歲左右，我的人生開始安頓下來，投入某個行業，人生有了更多因此產生的計畫。我變得不那麼多變，而且，在這個過程中，變得更加成功，而馬克仍舊經常旅行和搬遷。一段時間後，我的成功變成了提示，提醒馬克，因為方塊5多變和冒險的生活型態，他一直沒有任何實質的成就。這引發我們之間的某種緊張，因為我開始體現馬克想要成功的那個部分，但這與他熱愛自由的部分相衝突。

並不是說，所有的方塊5都有如此強烈的掙扎，但那是一個共同特性。不管是哪一個數字5，問題都是：我應該窮盡一生追求新的冒險並探索新的未知領域嗎？還是應該先建立一些可以作為未來展開冒險的保障和基礎？有趣的是，多數人將金錢與自由劃上等號。他們告訴你，金錢買不到快樂，但金錢的確帶給你自由，讓你可以做想做的事，在你想做的時候做，同時打開許多扇曾經封閉的大門，使你看見可能性。如果這是真的，那麼這恐怕是一則天大的笑話：極切想望自由的方塊5，必須暫且安頓下來，讓自己專注於某個職業且時間長到足以賺取使其能夠體驗更多冒險的金錢。或許，這是方塊5的功課：我可以掙得更多的自由，體驗更多、更好的冒險，只要我在人生中挪出一些時間去創造將會帶給我如此自由的財務榮景。但對許多方塊5來說，這是最難做到的事情之一。也因此，許多方塊5傾向於擔任業務。許多銷售工作允許個人可以自由旅行，那是工作的一部分。這往往是一石二鳥，允許方塊5創造出某種財務上的獨立，且在做這事的同時不覺得像被關在籠子裡。正是這些類型的成功處方區分出快樂的方塊5與不快樂的方塊5。

方塊 5

人生牌陣牌組		
行星牌	符號	牌
月亮	☽	7♣
太陽（本命牌）	✳	5♦
水星	☿	Q♠
金星	♀	J♣
火星	♂	9♦
木星	♃	7♠
土星	♄	2♣
天王星	♅	K♣
海王星	♆	J♦
冥王星	♇	4♥
結果（宇宙回報）	♃+	4♦
宇宙功課	♄+	2♠

守 護 星 牌		
生日	守護星座	守護星牌
1/22	水瓶座	梅花K
2/20	水瓶座或雙魚座	梅花K或方塊J
3/18	雙魚座	方塊J
4/16	牡羊座	方塊9
5/14	金牛座	梅花J
6/12	雙子座	黑桃Q
7/10	巨蟹座	梅花7
8/8	獅子座	方塊5
9/6	處女座	黑桃Q
10/4	天秤座	梅花J
11/2	天蠍座	方塊9和紅心4

名人生日

亞曼・阿桑提（ARMANDE ASSANTE）
10/4/1949 • 男演員
畢・蘭卡斯特（BURT LANCASTER）
11/2/1913 • 男演員
查理・卓別林（CHARLIE CHAPLIN）
4/16/1889 • 男演員
卻爾登・希斯頓（CHARLTON HESTON）
10/4/1922 • 男演員
達斯汀・霍夫曼（DUSTIN HOFFMAN）
8/8/1937 • 男演員
大衛・史威默（DAVID SCHWIMMER）
11/2/1966 • 男演員
彼德・葛雷夫斯（PETER GRAVES）
3/18/1936 • 男演員
薛尼・鮑迪（SIDNEY POITIER）
2/20/1927 • 男演員
彼德・烏斯蒂諾夫（PETER USTINOV）
4/16/1921 • 男演員／導演
黛安・蓮恩（DIANE LANE）
1/22/1965 • 女演員
琳達・布萊爾（LINDA BLAIR）
1/22/1959 • 女演員
皇后・拉蒂法（QUEEN LATIFAH）
3/18/1970 • 女演員／歌手
卡里姆・阿布都－賈霸
（KAREEM ABDUL-JABBAR）
4/16/1947 • 籃球明星
珍・柯庭（JANE CURTIN）
9/6/1947 • 喜劇女演員
亨利・曼西尼（HENRY MANCINI）
4/16/1924 • 作曲家
葛洛莉亞・范德比爾特（GLORIA
VANDERBILT）
2/20/1924 • 時尚設計師
派蒂・赫斯特（PATTY HEARST）
2/20/1954 • 被綁架的女繼承人
凱特・布蘭琪（CATE BLANCHETT）
5/14/1969 • 女演員
大衛・拜恩（DAVID BYRNE）
5/14/1952 • 歌手
科特・柯本（KURT COBAIN）
2/20/1967 • 歌手
威森・皮克特（WILSON PICKETT）
3/18/1941 • 音樂家
大衛・布林克利（DAVID BRINKLEY）
7/10/1920 • 新聞播報員
喬治・盧卡斯（GEORGE LUCAS）
5/14/1944 • 製片人
潔西卡・辛普森（JESSICA SIMPSON）
7/10/1980 • 歌手
蘇珊・莎蘭登（SUSAN SARANDON）
10/4/1946 • 女演員
喬治・布希（GEORGE BUSH）
6/12/1924 • 美國前總統
辛蒂・克勞馥（CINDY CRAWFORD）
2/20/1966 • 模特兒

對象	伴侶之間的連結					綜合指數評級		
方塊5與	連結1	連結2	連結3	連結4	連結5	吸引力	強度	相容性
A♥	PLR	NER	PLF	JURS	JUFS	4	3	0
2♥	MAF	VEFS	JUM	MAFS	VERS	7	2	4
3♥	JUFS	PLR	URRS	JUM	JUMS	2	0	3
4♥	PLF	VEMS	SAF	VEM	PLFS	5	4	-1
5♥	SAR	MOFS	CRF	PLR	MOF	4	2	2
6♥	VEFS	VERS	MAF	VEF	CLRS	7	0	7
7♥	JUMS	JUF	CRFS	JUFS	CRRS	3	-1	5
8♥	JUF	JUMS	PLF	PLRS	CRRS	3	1	2
9♥	VER	VEFS	SAR	VEF	NERS	5	-1	6
10♥	MAFS	VEF	NERS	NER	URRS	7	3	3
J♥	MAM	VEF	CLRS	MAMS	SARS	6	4	2
Q♥	VER	CRRS	JURS	VERS	URFS	5	-1	5
K♥	MAMS	SAF	VEMS	MARS	VEM	5	5	0
A♣	MAF	VEFS	MAFS	VERS	JUM	8	3	4
2♣	SAF	VEMS	JUF	CRFS	MAMS	2	2	1
3♣	KRMA	JUR	NEF	PLFS	NER	5	4	2
4♣	VEFS	MORS	VEF	CLRS		6	-3	8
5♣	SAR	VEFS	PLR			2	2	1
6♣	VEM	VEMS	CRR	MARS	CRF	7	0	6
7♣	MOF	MAFS	SAFS	JUR	MAF	5	3	2
8♣	VEF	CLRS	MAM	VEFS	CLR	5	1	4
9♣	CRRS	VER	MORS	URFS	JURS	5	-1	5
10♣	PLRS	SAFS	VEMS	URF	SAF	1	4	-2
J♣	VEF	NERS	NEF	PLR	URFS	6	1	4
Q♣	URRS	JUM	JUFS	CLR	SAFS	0	-1	2
K♣	URF	SARS	CLF	CLFS	CRR	1	4	-2
A♦	NER	PLF	JURS	MARS	VEM	6	3	1
2♦	MARS	VEM	VEMS	NER	PLF	8	2	4
3♦	VERS	URR	NEFS	URRS	MAF	5	0	3
4♦	MOFS	CRF	SAR	URF	SARS	4	2	2
5♦	SBC	MAF	JUFS	JUR	MAR	5	4	3
6♦	MORS	CRRS	MAR	MARS	VEM	7	2	4
7♦	VEFS	VER	VERS	SAR	VEF	6	-2	7
8♦	MAFS	MOR	MOF	MOFS	VER	8	0	7
9♦	KRMA	MAF	JUFS	URR	NEFS	6	5	2
10♦	CLR	SAFS	URRS	JUM	MOR	0	2	-1
J♦	NEF	PLR	URFS	MAR	VEF	5	3	1
Q♦	URR	NEFS	KRMC	VERS	MAF	5	2	3
K♦	PLFS	JUR	KRMC	JUF	JUFS	4	3	2
A♠	JUF	CRFS	JUMS	SAF	VEMS	3	1	3
2♠	CLF	CLFS	VERS	URF	SARS	4	4	-1
3♠	MAR	MORS	NEF	PLR	URFS	7	3	3
4♠	VEMS	PLRS	PLF	PLFS	PLR	6	3	0
5♠	MAFS	MOFS	CRF	JUF	CRFS	7	3	4
6♠	VERS	CLF	CLFS	MAM	JUMS	6	3	1
7♠	JUF	PLFS	MOR	PLF	JUFS	6	2	2
8♠	CRR	VEMS	URF	SARS	VEM	4	0	3
9♠	MAMS	VERS	MAM	JUMS	MARS	7	4	3
10♠	PLF	VER	VERS	SAF	VEM	6	2	1
J♠	SAFS	MOF	PLRS	MAM	JUR	2	4	0
Q♠	MOR	CLR	SAFS	MAFS	VER	4	2	2
K♠	VEF	CLRS	MAM	MAMS	VEFS	6	2	4

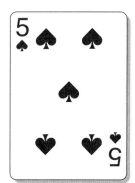

黑桃5：漫遊客

黑桃5的人格特質

　　黑桃5是變化和旅行牌，這些人有一定量的不安分，以種種有趣的方式顯化。多數黑桃5不喜歡例行公事，於是設法找到提供某些變化的職業。許多黑桃5熱衷於旅行或經常搬家。不管怎樣，他們的焦躁不安時常套用在自己的靈性追求、對真理的追求、以及內在的自我成長。紅心J在水星，會為生命中的摯愛做出某種程度的犧牲，或是犧牲受教育的機會。這在黑桃5的早年生活尤其真實。他們的業力牌紅心10為他們帶來許多社會上的成功，但有時候，他們的社交生活似乎是負擔，或是在某些方面經營過頭了。梅花9在金星道出本性善於付出愛，這點可能被他人所利用。個人層面的許多失望，尤其是涉及朋友和摯愛，源自於這個屬靈的梅花9落在代表關係的位置。因此，相較於一對一，他們與團體合作通常比較成功。他們有強烈的靈性傾向，必須學習在最親近的關係中表達無條件的愛，才能夠存取人生軌跡中個人位置（金星和火星）兩張靈性牌（梅花9和黑桃9）的高階面。就物質層面而言，黑桃5人生軌跡中的牌多半是成功牌，所以我們往往將黑桃5視為整副牌中比較幸運的幾張牌之一。

業力牌：

紅心10　方塊4

業力親屬：

梅花J　紅心5

前世牌：

黑桃4　黑桃6

　　黑桃5擁有健全的價值觀和良好的組織能力。許多黑桃5是非常成功的銷售人員或財務顧問。他們的人生隨著年齡的增長而改善，尤其是在三十九歲經歷了較優質的轉變後。愛情上的幸福和財務上的成功通常在三十九歲以後才開始，而且對旅行的需求逐漸消散，因為他們在享受居家和家庭生活中找到更多的滿足感。

黑桃5的親密關係課題

　　黑桃5人氣旺、人緣好，享受愛情、浪漫和旅行。愛情上必定不時有某些失望，因為黑桃5在人世間是要「了結」他們在累世開啟的某些親密關係然後放下這些關係。金星和火星中的兩個9告訴我們，一生中一定有某些關鍵的親密關係似乎正是他們想要的，但並不會如預期那樣開花結果。若是心態正確，這些結束可以被詮釋成畢業，冠上圓滿某些靈魂發展篇章的成就，因為這與他們的個人親密關係有關。黑桃5的人需要領悟到，那些似乎被奪走的關係多數對他們沒有益處，最好不要插手。

　　這兩個9在他們的私人生活中強旺而明顯。由於是金星和火星，我們期望找到實現個人與浪漫情愛的牌。但這兩張牌需要放棄自己想要的。對某些黑桃5來說，這可能是巨大的挑戰，對其他黑桃5而言，這讓偉大的靈性之愛的本質得到發展。他們有能耐為所愛的人做出犧牲，通常能夠給予伴侶自由，讓對方成為最優的自己。

　　此外，紅心2在木星也要列入考量，這張牌至少會帶來終生的友誼，那是獨一無二的回報。然而，一旦學到兩張9的功

課，這張紅心2也可以將莫大的愛帶進黑桃5的人生中。基於這個原因，他們最大的愛的經驗時常出現在晚年。

身分牌連結之間的通性

黑桃5女性可以成為紅心男的好妻子，但勢必有些挑戰和難題。方塊男可以成為好朋友。梅花女招架不住黑桃5男性。黑桃5女性與其他黑桃男相處融洽，不過在這樣的關係中必定會學到某些教訓。

黑桃5 ——渴求體驗

因為是數字5中最強的，黑桃5最有名的是：為了體驗新的人生經驗，他們會盡力而為到什麼程度。對所有的數字5而言，這點全都恆真，但黑桃牌向來是四種花色中最強的，所以在黑桃5身上，我們可以看見比較戲劇化的這類實例。因為5是「人類的數字」，代表在人世間品嘗何謂人生的人們。他們想要知道人生在各種不同的情況和環境中是什麼樣子，同時經驗人世間必會提供的一切。

舉個例子，某位黑桃5每隔六個月一定要搬遷到某間新房或公寓。更重要的是，對他來說，這是大家眼裡都很正常的生活模式。他無法想像生活在同一個地方超過六個月。這是身為黑桃5的一個方式。他只是在嘗試新的生活情境。

另一位黑桃5男性是「萬事通」。在這個獨特的黑桃5追求中，他比多數人嘗試過更多類型的工作和創新企業。他的辦公室裡有書籍、機器、配件以及其他二十多種不同業務的必需品。他擅長當業務人員，跟許多數字5一樣，但即便銷售事業的成功，也滿足不了他蒐集新體驗的渴望。今天，他還在嘗試新工作，探索新的領域和新的賺錢方法。

最後是另一個黑桃5，這次是一名女性，有兩個家（和辦公室），相距約四百八十二公里。這位女子把生活安排好，每隔兩週左右，她必須來回跑，從一地到另一地。她的工作主要涉及推廣大型活動，例如，音樂會和藝術展（全都是紅心10業力牌的領域）。在人生的某個時候，她邂逅了一名男子，開始與對方約會。他們開始同居，即使她通常每隔兩、三週離開，在她的另一個住處工作。有一次，她離開期間，男友結識了另一位沮喪且隻身在外的女子，而且邀請對方住進他家隔壁的一間公寓。當這位黑桃5返家時，家中有另一名女子每天早上與她男友共進早餐。這一切看起來非常可疑。這位黑桃5做了她所有朋友意想不到且非比尋常的事：她容忍這樣一個女人存在。結果，這個女人最終待了好幾個月，而且這位黑桃5的男友還幫這女人開創了新事業，為她做了許許多多的好事。所有黑桃5最親近的朋友都告訴她，她瘋了，居然受得了生活中有這樣一個女人。

最後，大約一年後，事情來到了緊要關頭，然後那個女人離開了。這位黑桃5透露，忍受這情況那麼久的真正原因是，她這一生從不曾感覺到親密關係中的嫉妒。她的男友是她遇過第一個使她感覺到占有慾和嫉妒心的男人。她想要知道那感覺像什麼，所以容忍了一年那樣的情況。當她覺得嫉妒夠了，她斷定，她對自己的經驗感到滿意，於是迅速終結那個情況。

這是一個實例，說明一個數字5如何做出其他人可能難以理解的決定，但從他們的觀點，這完全說得通。他們對新體驗的追求，以及那份基本的渴望，要去經驗他們可以體驗到的幾乎每一件事，都是潛藏的動力因子，使他們不同於整副牌中的其他數字。

黑桃 5

<table>
<tr><th colspan="3">人生牌陣牌組</th></tr>
<tr><th>行星牌</th><th>符號</th><th>牌</th></tr>
<tr><td>月亮</td><td>☽</td><td>7♦</td></tr>
<tr><td>太陽（本命牌）</td><td>✳</td><td>5♠</td></tr>
<tr><td>水星</td><td>☿</td><td>J♥</td></tr>
<tr><td>金星</td><td>♀</td><td>9♣</td></tr>
<tr><td>火星</td><td>♂</td><td>9♠</td></tr>
<tr><td>木星</td><td>♃</td><td>2♥</td></tr>
<tr><td>土星</td><td>♄</td><td>K♥</td></tr>
<tr><td>天王星</td><td>♅</td><td>K♦</td></tr>
<tr><td>海王星</td><td>♆</td><td>6♥</td></tr>
<tr><td>冥王星</td><td>♇</td><td>4♣</td></tr>
<tr><td>結果（宇宙回報）</td><td>♃+</td><td>2♦</td></tr>
<tr><td>宇宙功課</td><td>♄+</td><td>J♠</td></tr>
</table>

名人生日

亞歷克・鮑德溫（ALEC BALDWIN）
4/3/1958 • 男演員
鮑伯・丹佛（BOB DENVER）
1/9/1935 • 男演員
狄恩・史達威爾（DEAN STOCKWELL）
3/5/1936 • 男演員
馬龍・白蘭度（MARLON BRANDO）
4/3/1924 • 男演員
艾迪・墨菲（EDDIE MURPHY）
4/3/1961 • 男演員/喜劇演員
艾希頓・庫奇（ASHTON KUTCHER）
2/7/1978 • 男演員
桃樂絲・黛（DORIS DAY）
4/3/1924 • 女演員
珍妮・加思（JENNIE GARTH）
4/3/1972 • 女演員
查爾斯・狄更斯（CHARLES DICKENS）
2/7/1812 • 作家
葛斯・布魯克（GARTH BROOKS）
2/7/1962 • 鄉村歌手
茱蒂・柯林斯（JUDY COLLINS）
5/1/1939 • 歌手
麗塔・考里奇（RITA COOLIDGE）
5/1/1945 • 歌手
提姆・麥克羅（TIM MCGRAW）
5/1/1967 • 歌手
大衛・馬修（DAVE MATTHEWS）
1/9/1967 • 音樂家
韋恩・紐頓（WAYNE NEWTON）
4/3/1942 • 歌手
塞爾西奧・加西亞（SERGIO GARCIA）
1/9/1980 • 高爾夫球手

<table>
<tr><th colspan="3">守 護 星 牌</th></tr>
<tr><th>生日</th><th>守護星座</th><th>守護星牌</th></tr>
<tr><td>1/9</td><td>摩羯座</td><td>紅心 K</td></tr>
<tr><td>2/7</td><td>水瓶座</td><td>方塊 K</td></tr>
<tr><td>3/5</td><td>雙魚座</td><td>紅心 6</td></tr>
<tr><td>4/3</td><td>牡羊座</td><td>黑桃 9</td></tr>
<tr><td>5/1</td><td>金牛座</td><td>梅花 9</td></tr>
</table>

對象	伴侶之間的連結					綜合指數評級		
黑桃 5 與	連結 1	連結 2	連結 3	連結 4	連結 5	吸引力	強度	相容性
A♥	CRFS	CRR	MAF	CRRS	JUF	6	5	1
2♥	JUF	CLFS	URFS	PLR	SAMS	2	2	1
3♥	CRR	CRFS	NER	NERS	CRF	6	4	1
4♥	MOFS	URR	SAFS	URRS	MOF	2	0	2
5♥	VEFS	SAR	KRMC	URF	SARS	3	2	3
6♥	NEF	PLF	JUR	NER	JURS	6	3	2
7♥	VER	MAR	JURS	MARS	VEM	6	2	5
8♥	VEFS	VER	VERS	VEF	SAR	6	-2	8
9♥	SAFS	MOF	PLR	SAMS	MOFS	1	4	-1
10♥	KRMA	VER	PLF	NEFS	PLFS	7	5	1
J♥	MOR	CLR	PLFS	VEM	MORS	6	0	4
Q♥	URR	SAFS	VEF	VEFS	SAF	1	2	0
K♥	SAF	MAF	JUFS	CRR	MAFS	2	5	-1
A♣	PLR	SAMS	JUF	CLFS	URFS	2	5	-2
2♣	MAR	JURS	SAF	SAFS	VEM	2	5	0
3♣	MAR	JUFS	URF	SARS	NEF	3	3	2
4♣	PLF	SAR	NEF	URR	NEFS	4	5	-2
5♣	SAR	PLF	PLFS	VEMS	URF	4	5	-3
6♣	MAFS	VEM	CRF	CRFS	MAF	8	4	3
7♣	MAM	JUMS	CLRS	CLF	URFS	4	3	1
8♣	MOR	CLR	PLFS	VEM	MAR	6	1	3
9♣	VEF	VEM	VEMS	PLRS	VEFS	7	-2	8
10♣	VEF	MAFS	CLF	URFS	MOFS	6	2	3
J♣	NERS	PLFS	KRMC	JUM	VER	6	3	1
Q♣	NER	CRR	PLRS	MAF	SARS	5	4	0
K♣	MAMS	SAR	MARS	MAFS	VEM	6	7	0
A♦	CRF	CRFS	JUF	MARS	SAR	6	4	1
2♦	CRF	SAR	VERS	CRFS	MAF	5	4	1
3♦	JUR	NEF	URRS	MAM	MOFS	4	0	4
4♦	KRMA	VEFS	PLF	NEFS	NEF	7	4	2
5♦	JUR	CRRS	MAR	JUFS	MARS	4	2	4
6♦	VEM	VEMS	VEF	VERS	VER	8	-3	10
7♦	MOF	SAFS	PLR	SAMS	SAF	1	4	-1
8♦	CLRS	NEFS	MAM	JUMS	MAMS	5	3	1
9♦	JUR	CRRS	URRS	VER	URR	2	-1	4
10♦	PLRS	NER	NEFS	MOR	URFS	5	2	2
J♦	NERS	PLFS	JUM	VERS	VER	6	2	1
Q♦	URRS	JUR	CRRS	SAF	JURS	0	1	1
K♦	URF	SARS	MAR	JUFS	VEFS	2	3	1
A♠	MAR	JURS	VER	CLFS	MARS	5	3	3
2♠	SAR	MARS	MORS	MAMS	MAR	5	5	1
3♠	VERS	VEM	VEMS	NERS	PLFS	7	-2	7
4♠	MOFS	VEF	MAFS	MOF	MAF	8	-1	7
5♠	SBC	VER	VEFS	VEF	VERS	6	1	6
6♠	MORS	MAF	JUFS	SAR	MARS	6	1	4
7♠	VEFS	URF	SARS	SAR	VEMS	2	0	3
8♠	MAFS	VEM	MAMS	VEF	MAM	8	4	4
9♠	MAF	JUFS	SAF	MORS	CRR	4	3	2
10♠	URR	SAFS	URRS	SAF	MAMS	-1	4	-4
J♠	CLF	URFS	MAM	JUMS	VEF	4	3	0
Q♠	NEFS	PLRS	CLRS	VEM	PLR	5	2	1
K♠	CLR	PLFS	VEM	MOR	CLRS	5	2	1

數字6：責任與業力

天秤座的符號之一是「正義的天平」（Scales of Justice），象徵所有事物最終必須達致平衡。這個符號是代表永恆「業力法則」（Law of Karma）的另一種方式，它是因果律，支配著我們所知的人世間發生的一切。每一個數字6都非常熟悉業力和因果律。他們都在某個層面覺察到這套律法，也找到了種種方法將此律法融入生命的結構中。有些數字6過度覺察到這點，戒慎恐懼，絕不做、不說會打亂生命中業力平衡的任何事。許多數字6擔心會欠下日後必須償還的債務。正因為這個原因，他們會竭盡全力，避免招致任何債務。其他的數字6則覺察到這套律法，但深感受阻和受限，於是嘗試投機取巧，一生不必買單。這些人是不負責任的，而且當他們試圖不勞而獲或期望他人照顧自己時，必然問題叢生。然而，無論是處在兩個極端，還是位居其間的各個不同階段，每一個數字6在業力法則的某個層面都是有意識的。這是他們的出生數字，必會一生相隨，直到離開此生進入下一世為止。

數字6知道天數和命運，他們的6是命運的數字。他們感應到，自己的人生泰半是命中注定，源於自己的累世所為。他們時常納悶，哪些類型的好、壞事將會透過不可避免的業力法則來到眼前。他們可能犯下只是等待事情發生的過失，而且眾所周知，每一個數字6都會不時陷入過往窠臼。有些數字6感應到，未來自己可能會發生什麼可怕的事，於是對前景心生恐懼。其他數字6則感應到，好事將近，例如，意外之財，基於他們過去累世的善行。舉個例子，令人驚訝的是，許多方塊6玩樂透彩票。命運的確會來到數字6的眼前，但往往經過長時間的等待。他們的生活似乎長時間呈現某個樣子，然後終於改變成新的狀態。這段漫長的時間可能起起伏伏，在財務上、關係上或其他方面。許多時候，他們必須刺激自己脫離自滿，才能興起踏出下一步的動機。企圖改變他們通常會遭遇失敗。數字6的人只有在準備就緒時，才會稍微移動。

儘管天秤座在占星學上代表第七宮，但它是與數字6最密切關聯的星座。數字6的象徵符號是「大衛之星」（Star of David，譯註：又稱「六芒星」，猶太教和猶太文化的標誌），兩個互鎖的三角形，一個尖端朝上，另一個朝下，象徵平衡與和平。數字6的人就像天秤座，肯定是某一類型的和平使者。他們熱愛和平與和諧，而且會竭盡全力推廣。但數字6的人也跟天秤座一樣，可能心懷罪惡感，不接受人生時常包含的咄咄逼人和其他情緒特質。他們可能會試圖避開自己的感覺和衝突的情境，因為那會破壞他們的和平與平衡。當這樣的和平驅力變成逃避現實時，將不可避免地適得其反，然後他們自己天生咄咄逼人的一面會現形，讓所有人看見。這樣的數字6可能會忽略自己的憤怒，直到怒氣不斷積累，像火山一樣爆發出來。

內心裡，數字6相當好競爭，這似乎很弔詭，因為他們是多麼的喜歡和平啊。值得注意的是，許多成功的運動員是數字6。由於平衡的本性，當競爭對手壓迫到他們，他們會用同等的力道反壓回去。這是數字6在體育界和商業界勝出成功的關鍵，他們在這些領域時常表現優異。他們有一種公平和競爭意識，可以為他們帶來世人眼中的成功。有趣的是，紅心6這張牌落在人生牌陣的火星橫列與火星縱行，帶來雙重的火星含義。儘管我們可能認為數字6是最溫順、安靜的，但被激起時，他們可以是最咄咄逼人、最具競爭性的。

數字6被譽為整副牌中最善於通靈的數字之一。或許這是因為，他們在人生中達到足夠的平和，因此處於較佳的位置，可以聽見「內在的聲音」。許多數字6的人成為專業靈媒，而且所有數字6都承認會不時接收到印象。許多數字6的人在生命歷程中落實了某個特殊而獨特的目的，那代表成為路標，為他人指出更好的生活之道。施洗者約翰（John the Baptist）是一個典型的例子。雖然他自己不是上帝的兒子耶穌，但他為耶穌的降臨開道，帶領人們走向祂。許多數字6就是這樣，有些將會成為著名的靈性領袖和導師，其他則在家人或同事之間修煉，提升自己的靈魂。正是那些聆聽自己內在聲音的數字6，領悟到他們在人世間是要將其他人帶到光明之中。他們發現，與其天天得過且過，滿足個人的欲望和野心，那樣的生活更有意義。

紅心6：和平使者

紅心6的人格特質

這是一張在愛情和家庭方面平靜、和諧、穩定的牌。紅心6的人覺察到「愛的法則」，努力在關係中維持穩定。如此的穩定可能造就令人滿意的生活或單調乏味的人生，完全取決於個人如何處理。紅心6有點固定，不喜歡變化和煩亂。有時候，這可能使他們處在某份親密關係中的時間長過必要的時段，等候他們整理自己的意圖和動機。

他們通常是成功的，也能將自己的莫大心智力量應用到多數會成功的領域，儘管偶爾害怕沒有足夠的心智力量。他們的成功存在於知識和通信領域，若開發某個領域同時堅持不懈，他們的表現通常較為出色。紅心6有力量學習幾乎任何東西。

這張牌擁有遺傳的創造天賦。許多紅心6成為設計師、藝術家乃至有創意的財務規劃師，在這類工作中找到成功。他們可以非常有企業家精神，對於如何增加收入的好點子，絕不會茫然無感。

他們來到人間是要解決業力上的感情債，要去寬恕和遺忘，然後才能透過行動提升到靈性覺知的高點。他們絕不會帶傷投靠他人，而且非常清楚這個事實。因為統治聖誕節當天的牌同樣是這張紅心6，

他們的生活本該充裕而付出，與身旁的人分享他們豐富的愛。值得注意的是，紅心6常有要麼六個孩子（紅心時常代表子女），要麼最親近的圈子的人數是六個人。其他紅心牌同樣有此現象。

當一個紅心6覺得自己蒙冤受屈，或是他們關心的某人遭到不公平的對待，這時，我們會看見他們競爭面的力量浮現。以此方式挑動，紅心6會變得非常有力。這樣的競爭天性同樣可以延伸到經商交易，或是體育競技。他們可以保持冷靜的外表，同時投入激烈的戰鬥。

有些紅心6會在人生中經驗到發現特殊的「使命」，那意謂著，以特殊的方式將愛帶進他人的生命中。在這裡，他們找到自己最大的滿足和快樂。

紅心6的親密關係課題

在學習愛的責任的過程中，有些紅心6會有來自前世的個人關係要處理。這些關係的性質可能是正向的，也可能是負向的，取決於當事人獨一無二的業力，但這些關係似乎總是命中注定。基於同樣的理由，許多紅心6感覺到有一份特殊的愛在某處等待他們。他們感應到而且相信，有一天，某個特殊的人將會神奇地出現在他們的生命中，為他們改善一切。這可能會發生，也可能不會發生，但許多紅心6一生帶著這樣的夢想。

基本的情緣很好，可以擁有理想的婚姻。他們偏愛與可以合夥共創事業的對象在一起，且期待結婚的對象可以履行兩人約定的承諾。在愛情方面，只要保持負責任的態度，同時聆聽內在高階愛的本性的召喚，他們通常能夠得到心中的欲求。

> **業力牌：**
> 梅花4　方塊3
> **業力親屬：**
> 梅花5　方塊Q
> **前世牌：**
> 紅心5　紅心7

身分牌連結之間的通性

　　紅心6女性常被黑桃花色的男性所吸引，在她們吸引到的男性當中，可能有一或多個將會呈現出火星牌黑桃J不負責任或不誠實的一面。男女紅心6都樂於有梅花女相伴，尤其是梅花4、梅花8和梅花10。對紅心6女性來說，梅花4男性是一張強旺的婚姻牌，兩人共享某種業力連繫。紅心6女性最好避開紅心男。

紅心6 ──愛的業力法則

　　業力法則延伸到我們人生中每一個重要領域，但在今天這個時代，似乎關係的重要性更加明顯。我們從個人的關係中了解到許許多多與自己相關的信息，也難怪關係已然成為個人成長的頭號工具。在精通嫻熟愛的關係之前，我們其實還沒有準備好要在個人或靈性成長方面向前邁進。個人的關係是個人成長的「最終邊境」（final frontier）。紅心6這張牌蘊含許許多多對我們每一個人都很重要的事。紅心6的人身為這則信息的載體，也扮演教導我們明白愛的真義的角色。

　　在所有的數字6之中，我們發現兩種截然不同的類型，對戀情非常負責的，以及非常不負責的，紅心6也一樣。即使是看來負責的紅心6，也時常持續修煉著終於逮到他們的負面關係。與紅心6緊密牽繫的愛的法則保證，沒有一個紅心6逃脫得了今生在親密關係領域做出的任何不當行為。他們必須信守真實與公平，否則必會自食惡果。細看一個數字6時，我們看見六個角的大衛之星。這顆星有兩個三角形，以完美的平衡互鎖，象徵「業力的法則」。種瓜得瓜，種豆得豆。凡是奪取的，一定會被取走，凡是付出的，一定會回報。這是我們的宇宙必須遵守的不變法則。數字6的人在人間是要為我們體現這個法則，要麼是忠實可靠的執業人員，要麼示現如何濫用愛的法則並付出代價。

　　紅心6是整副牌中的和平使者。他們知道，唯有在一切處於完美的平衡與和諧時，和平才會發生。他們渴望這份平衡，以及相伴而來的和平。不管怎樣，他們時常避開不愉快和不和平的情境。往往被醜陋和任性的情緒性行為嚇退。然而，這些是生命的一部分。如果紅心6避開這些東西，那麼他們的和平便是假象，是逃避真正的生命。只有承認並接受生命的兩極，他們尋求的和平才會到來。唯有擁抱我們最不愉快的念頭和行為，才會找到真正的接納，那是所有和平之母。為了找到那份完美的愛，紅心6必須學會擁抱自己和他人內在不那麼吸引人的特質。

　　紅心6常被稱為「基督的完美之愛」，這近似於一份愛，超越所有的物質性且擁抱生命的兩極。每一個紅心6都可以與這份愛連成一氣，只要他們接納自己和摯愛以及彼此的所有不完美。

紅心6

<table>
<tr><td colspan="3" align="center">人生牌陣牌組</td></tr>
<tr><td align="center">行星牌</td><td align="center">符號</td><td align="center">牌</td></tr>
<tr><td align="center">月亮</td><td align="center">☽</td><td align="center">K♦</td></tr>
<tr><td align="center">太陽（本命牌）</td><td align="center">✴</td><td align="center">6♥</td></tr>
<tr><td align="center">水星</td><td align="center">☿</td><td align="center">4♣</td></tr>
<tr><td align="center">金星</td><td align="center">♀</td><td align="center">2♦</td></tr>
<tr><td align="center">火星</td><td align="center">♂</td><td align="center">J♠</td></tr>
<tr><td align="center">木星</td><td align="center">♃</td><td align="center">8♣</td></tr>
<tr><td align="center">土星</td><td align="center">♄</td><td align="center">6♦</td></tr>
<tr><td align="center">天王星</td><td align="center">♅</td><td align="center">4♠</td></tr>
<tr><td align="center">海王星</td><td align="center">♆</td><td align="center">10♥</td></tr>
<tr><td align="center">冥王星</td><td align="center">♇</td><td align="center">10♦</td></tr>
<tr><td align="center">結果（宇宙回報）</td><td align="center">♃+</td><td align="center">8♠</td></tr>
<tr><td align="center">宇宙功課</td><td align="center">♄+</td><td align="center">A♥</td></tr>
</table>

名人生日

李察・德雷福斯（RICHARD DREYFUSS）
10/29/1947 • 男演員
亨佛萊・鮑嘉（HUMPHREY BOGART）
12/25/1899 • 男演員
凱特・傑克遜（KATE JACKSON）
10/29/1948 • 女演員
西西・史派克（SISSY SPACEK）
12/25/1949 • 女演員
李小龍（BRUCE LEE）
11/27/1940 • 武術家／男演員
吉米・亨德里克斯（JIMI HENDRIX）
11/27/1942 • 音樂家
吉米・巴菲特（JIMMY BUFFETT）
12/25/1946 • 音樂家
傑西・李・巴菲爾德（JESSE LEE BARFIELD）
10/29/1959 • 棒球運動員
蘿蘋・吉文斯（ROBIN GIVENS）
11/27/1964 • 女演員
艾薩克・牛頓（ISAAC NEWTON）
12/25/1642 • 數學家
芭芭拉・曼黛兒（BARBARA MANDRELL）
12/25/1948 • 歌手
蘭迪・傑克遜（RANDY JACKSON）
10/29/1961 • 歌手／電視名人
安妮・藍尼克斯（ANNIE LENNOX）
12/25/1954 • 歌手
拉里・克遜卡（LARRY CSONKA）
12/25/1946 • 橄欖球運動員

<table>
<tr><td colspan="3" align="center">守 護 星 牌</td></tr>
<tr><td align="center">生日</td><td align="center">守護星座</td><td align="center">守護星牌</td></tr>
<tr><td>10/29</td><td>天蠍座</td><td>黑桃J和方塊10</td></tr>
<tr><td>11/27</td><td>射手座</td><td>梅花8</td></tr>
<tr><td>12/25</td><td>摩羯座</td><td>方塊6</td></tr>
</table>

對象	伴侶之間的連結					綜合指數評級		
紅心6與	連結1	連結2	連結3	連結4	連結5	吸引力	強度	相容性
A♥	CLF	SARS	MARS	VEM	CRF	4	5	-1
2♥	MAR	JURS	PLFS	PLR	JUR	5	4	1
3♥	MARS	VEM	CLF	SARS	VEF	6	4	2
4♥	VERS	URF	CRRS	SAF	VER	3	0	2
5♥	MOFS	JUMS	VEM	VEMS	JUM	6	-3	8
6♥	SBC	MOR	MOF	PLF	PLFS	7	3	3
7♥	MORS	CRR	VEFS	CLR	CLRS	6	-1	5
8♥	VEFS	MORS	CRR	JUR	CRRS	6	-2	7
9♥	MAFS	VEM	PLR	PLFS	PLRS	7	4	1
10♥	NEF	JUFS	MAMS	NER	URF	6	2	4
J♥	URR	SAFS	URRS	JUF	NER	-1	2	-1
Q♥	URFS	JUM	CRRS	SAR	SARS	1	1	1
K♥	VER	NEFS	PLRS	CRFS	JUR	6	1	4
A♣	PLFS	MAR	JURS	PLR	MARS	6	6	-1
2♣	CRFS	CLR	VER	NEFS	PLRS	5	3	2
3♣	VER	CLFS	MOF	MOFS	VERS	7	-1	5
4♣	KRMA	MOR	VEM	VEMS	PLF	8	1	6
5♣	VEM	VEMS	KRMC	MOFS	MOR	7	-2	9
6♣	CRF	VEF	VEFS	CLRS	PLF	6	1	4
7♣	VERS	JURS	MAF	PLRS	MAFS	5	1	4
8♣	JUF	URR	SAFS	URRS	MAF	0	1	1
9♣	SAR	URFS	JUM	SAF	URR	-1	2	-2
10♣	MAF	PLRS	URF	URFS	PLR	4	4	-1
J♣	MAMS	NEF	JUFS	NEFS	SARS	6	4	3
Q♣	VEF	MARS	VEM	PLF	SAMS	7	2	4
K♣	MAM	JUR	SARS	CRF	CRFS	4	4	1
A♦	MARS	VEF	CLF	SARS	CLFS	6	4	1
2♦	VEF	MARS	MOR	MOFS	VEFS	8	0	7
3♦	KRMA	PLF	NEFS	VEM	VEMS	8	5	1
4♦	JUMS	NER	MOFS	MORS	PLR	5	-1	5
5♦	MAR	VER	CLFS	VERS	VEFS	7	3	3
6♦	SAF	SAR	JUF	MAFS	URR	-1	4	-2
7♦	PLR	MAFS	VEM	PLFS	CRR	6	5	0
8♦	JURS	NERS	VERS	MAF	NER	5	0	5
9♦	MAR	VEM	URFS	MARS	CRFS	6	4	3
10♦	PLF	SAMS	VEF	NERS	NEF	5	5	-1
J♦	MAMS	MAM	PLFS	VER	SARS	8	7	-1
Q♦	VEM	MAR	KRMC	MARS	CRFS	7	4	4
K♦	MOF	VER	CLFS	CLF		7	0	4
A♠	CLR	MORS	CRR	CRFS	MOR	5	1	3
2♠	JUR	SARS	MAM	MAMS	JURS	2	3	2
3♠	SAF	VER	JUF	MAFS	PLFS	2	3	0
4♠	URF	MAF	VERS	SAF	URFS	3	3	0
5♠	NER	NEF	JUFS	JUMS	PLR	5	1	4
6♠	JUR	CLRS	URRS	SARS	JURS	0	0	2
7♠	MOF	VEFS	MAR	VER	CLF	7	0	7
8♠	CRF	MAM	PLF	CRFS	SAR	7	7	-2
9♠	JUR	CLRS	URRS	VER	NEFS	2	-1	3
10♠	CRRS	VERS	URFS	JUM	VEF	4	0	4
J♠	MAF	PLRS	VERS	VEF	MAFS	7	4	2
Q♠	NERS	PLF	SAMS	JURS	MAM	4	5	-1
K♠	URRS	JUF	URR	SAFS	MAF	0	1	1

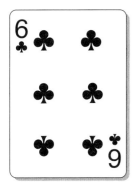

梅花6：傳教士

梅花6的人格特質

這張牌也被稱為通靈牌，而且令人訝異的是，出生在這些日期的人很少覺察到自己的天賦。梅花6也意謂著對真理的責任。這些人必須學會找到他們可以相信的真理系統，然後憑藉這套真理生活。一旦獲得這樣的真理，梅花6可以在人世間執行的善事便是無窮無盡的。

還沒有找到自己的路的梅花6，可能是整副牌中最憂心忡忡且耽擱拖延的族群。他們有責任保持內在的平衡並與生活中的人和平交流。他們時常獲得金錢上的富足，且天生善於保護自己的人生。這是可以達致最高階的物質或靈性成就的幾張牌之一。話說回來，他們也可能陷入自滿，終至一事無成。

這張牌司掌「口說的責任」，梅花6的課題總是關於他們的言辭、行為造成的結果。有些梅花6會聲明自己的真實性多年，同時暗中保留自己的謊言。所有這類案例顯示，梅花6的謊言遲早為自己帶來可怕的後果。代表高階面的梅花6始終修煉著自己宣揚的真理，同時謹慎言辭。

梅花6有與權力濫用相關的特殊業力，通常在人生的某個時候必須好好處理。他們要麼被賦予某個有權力的地位，然後透過如何操作權力學習何謂權力，要麼吸引到另一個一生專搞權力鬥爭的權勢之人。無論是哪一種，梅花6都會學習到，權力的真正含義，以及權力的傾向如何腐化持有者。

有些梅花6的人生負有特殊的使命，那意謂著，將其他人帶到某個古老而強大的真理的入口。這些梅花6是「荷光者」（bringers of light）。一旦他們接通自己隱藏的儲備能量，同時天生的直覺被大眾認可，就會發現自己的人生得到最高源頭的引導和保護。

梅花6的親密關係課題

梅花6喜愛在愛之中，但往往有些童年課題妨礙他們明智選擇的能力。數字6的傾向是避開使他們顯得情緒化或煩亂的感覺和情緒，但這些感覺是不可或缺的，如果這個6要真正理解自己，同時觸及影響其關係選擇課題的最底層。

梅花6女性會是好妻子、好母親，男性則一生常被特定的女性左右。這與他們的黑桃8業力牌有關。梅花6天生被賦予許多愉快的經驗。由於紅心Q在金星位置，他們在人生歷程中經驗到的浪漫和性愛享受將會高於平均。他們只需要注意在人生的感官面有過度放縱的傾向。同樣這張紅心Q帶來美好的姻緣，人生中通常至少有一段非常美好的婚姻。

梅花6對愛情和婚姻的觀念傾向於理想和浪漫。他們需要小心自己的選擇，因為有時候，他們的理想配偶結果可能不如預期。

> 業力牌：
> 黑桃8　方塊2
> 業力親屬：
> 梅花K　方塊A
> 前世牌：
> 梅花5　梅花7

身分牌連結之間的通性

梅花6男性時常與紅心女交往，他們非常愛慕紅心女。男性和女性梅花6都很難與黑桃男相處，尤其是三十六歲以上的黑桃男。方塊男與梅花6女性難以相處，儘管彼此有吸引力。所有梅花6都有其他的梅花男當朋友。

梅花6 ——我們的人生目的

撲克牌中的每一張牌都有某種最高階的表現，天生存在於花色、數字以及人生牌陣中的位置。如果每一個人都理解到那層最高階的表現是什麼，就可以加速人類邁向充實滿足和心靈平安的旅程。當我們找到自己的人生目的時，就有巨大的能量和熱情加持我們的工作。工作不再是職務，變成了使命，因為我們丟失了氣量狹小、自我導向的身分，與一份比我們偉大許多的事業聯合。這賦予我們從未想過可能存在的力量和能力。梅花6是完美的例子，示現我們該如何真正受益於知道自己的最高表現或人生目的是什麼。梅花的花色與知識和溝通有關。在某個層面，所有的梅花人都在尋求將會改變其人生的完美信息，就像方塊忙著尋求擁有將為他們帶來充實滿意的完美事物。梅花6可以帶領他人去到更高階的知識，這類型的知識可以在許多方面改善他們的人生。

許多梅花6是優秀的老師、書店老闆、輔導員、出版商，曾經出現和仍在世上的偉大靈性導師也有梅花6。當梅花6找到自己的定位時，他們在人們的生命中扮演催化劑的角色，啟發人們進入新的思考路線，就像施洗者約翰為人們施洗，帶領大家來到耶穌跟前。梅花6的人有助於帶領他人臻至他們的更高自我。他們也可以在比較世俗類型的工作中飛黃騰達。然而，假使沒有因成為他人蛻變轉化的工具而得來的深度，梅花6其實並沒有充分表達自己的最大潛能。

6是一個靜態的數字，因此，不管哪一個6，都可能不時陷入窠臼。他們的生活可能看似非常無聊，沒有太多的目的或方向。然而，在6的不變能量創造出來的寂靜中，他們達致某種平衡，寂靜的聲音在其中對他們說話，而且只對他們說話。如果他們聆聽這個內在的聲音，就被賜予通向那個王國的鑰匙，也就邁向了自己的道途。他們天生從兩面看事情的直覺和能力為所有數字6的人帶來大量的直覺。數字6的人是否聆聽到這個內在的聲音，決定他們是否充實滿意。除非梅花6成為有建設性乃至靈性信息的管道，否則他們並不會真正開心。那才不會辜負誕生在梅花6這張牌守護下的領地以及這個誕生的決定。

我們並不知道為什麼靈魂會在每一世選擇什麼牌的細節或機制。我們只知道，一旦某張特定的牌被選定在哪一天出生，我們就會在一定的人生經驗架構下運作，當中有一份實現最高成就和表現的個人計畫。藉由存取這個架構，我們可以實質經驗到宇宙的和諧流動。

梅花6

<table>
<thead>
<tr><th colspan="3">人生牌陣牌組</th></tr>
<tr><th>行星牌</th><th>符號</th><th>牌</th></tr>
</thead>
<tbody>
<tr><td>月亮</td><td>☽</td><td>8♥</td></tr>
<tr><td>太陽（本命牌）</td><td>✳</td><td>6♣</td></tr>
<tr><td>水星</td><td>☿</td><td>6♠</td></tr>
<tr><td>金星</td><td>♀</td><td>Q♥</td></tr>
<tr><td>火星</td><td>♂</td><td>10♣</td></tr>
<tr><td>木星</td><td>♃</td><td>8♦</td></tr>
<tr><td>土星</td><td>♄</td><td>K♠</td></tr>
<tr><td>天王星</td><td>♅</td><td>3♥</td></tr>
<tr><td>海王星</td><td>♆</td><td>A♣</td></tr>
<tr><td>冥王星</td><td>♇</td><td>Q♣</td></tr>
<tr><td>結果（宇宙回報）</td><td>♃+</td><td>10♠</td></tr>
<tr><td>宇宙功課</td><td>♄+</td><td>5♣</td></tr>
</tbody>
</table>

<table>
<thead>
<tr><th colspan="3">守 護 星 牌</th></tr>
<tr><th>生日</th><th>守護星座</th><th>守護星牌</th></tr>
</thead>
<tbody>
<tr><td>3/30</td><td>牡羊座</td><td>梅花10</td></tr>
<tr><td>4/28</td><td>金牛座</td><td>紅心Q</td></tr>
<tr><td>5/26</td><td>雙子座</td><td>黑桃6</td></tr>
<tr><td>6/24</td><td>巨蟹座</td><td>紅心8</td></tr>
<tr><td>7/22</td><td>巨蟹座</td><td>紅心8</td></tr>
<tr><td>8/20</td><td>獅子座</td><td>梅花6</td></tr>
<tr><td>9/18</td><td>處女座</td><td>黑桃6</td></tr>
<tr><td>10/16</td><td>天秤座</td><td>紅心Q</td></tr>
<tr><td>11/14</td><td>天蠍座</td><td>梅花10和梅花Q</td></tr>
<tr><td>12/12</td><td>射手座</td><td>方塊8</td></tr>
</tbody>
</table>

名人生日

法蘭克・辛那屈（FRANK SINATRA）
12/12/1915 • 男演員
弗蘭基・阿瓦隆（FRANKIE AVALON）
9/18/1940 • 男演員
約翰・韋恩（JOHN WAYNE）
5/26/1907 • 男演員
奧斯卡・王爾德（OSCAR WILDE）
10/16/1854 • 作家
華倫・比提（WARREN BEATTY）
3/30/1938 • 男演員
丹尼・葛洛佛（DANNY GLOVER）
7/22/1947 • 男演員
詹姆斯・甘多費尼（JAMES GANDOLFINI）
9/18/1961 • 男演員
葛麗泰・嘉寶（GRETA GARBO）
9/18/1905 • 女演員
蘇珊・索梅爾斯（SUZANNE SOMERS）
10/16/1946 • 女演員
傑・雷諾（JAY LENO）
4/28/1950 • 喜劇演員
亞歷克斯・崔貝克（ALEX TREBEK）
7/22/1940 • 競賽節目主持人
蘭斯・阿姆斯壯（LANCE ARMSTRONG）
9/18/1971 • 自行車賽車手
蘿絲・甘迺迪（ROSE KENNEDY）
7/22/1890 • 甘迺迪家族女家長
艾瑞克・克萊普頓（ERIC CLAPTON）
3/30/1945 • 音樂家
狄昂・華薇克（DIONNE WARWICK）
12/12/1941 • 歌手
藍尼・克羅維茲（LENNY KRAVITZ）
5/26/1964 • 歌手
約翰・梅爾（JOHN MAYER）
10/16/1977 • 歌手
宗毓華（CONNIE CHUNG）
8/20/1946 • 電視主播
哈波・李（HARPER LEE）
4/28/1926 • 作家
莎莉・萊德（SALLY RIDE）
5/26/1951 • 太空人
諾拉・瓊絲（NORAH JONES）
3/30/1979 • 歌手
鮑伯・巴克（BOB BARKER）
12/12/1923 • 電視名人
小漢克・威廉斯（HANK WILLIAMS, JR.）
5/26/1949 • 歌手
唐・金（DON KING）
8/20/1931 • 拳擊推廣人員

對象	伴侶之間的連結					綜合指數評級		
梅花6與	連結1	連結2	連結3	連結4	連結5	吸引力	強度	相容性
A♥	PLFS	URF	VEMS	MOR	URFS	5	2	1
2♥	NEF	SARS	VERS	NEFS	VEM	5	1	3
3♥	URF	VEMS	PLF	URFS	PLFS	4	1	1
4♥	JUR	MAM	JUMS	CRF	CRFS	4	2	3
5♥	VEFS	MAR	MOFS	CLF	URF	7	2	5
6♥	VERS	CLFS	CRR	VER	PLR	6	1	3
7♥	VEMS	MOF	MARS	MAFS	VEM	8	0	7
8♥	MOF	PLR	VEMS	MAMS	MAFS	7	1	5
9♥	VEF	CLRS	VERS	NEF	SARS	5	0	5
10♥	CRRS	CLR	SAFS	VER	SAF	2	3	-1
J♥	PLRS	SAF	NEF	MAFS	VEFS	3	5	-2
Q♥	VEF	NERS	CRF	SAF	MAFS	5	2	3
K♥	URRS	JUM	NER	JURS	JUR	1	-1	3
A♣	NEF	SARS	VERS	MAM	VEFS	5	2	3
2♣	NER	JURS	MARS	URRS	JUM	4	1	3
3♣	MARS	VEM	VEMS	SAF	CRF	6	3	3
4♣	VERS	MOFS	CLF	URF	PLR	6	0	4
5♣	MOFS	CLF	URF	VEFS	VERS	5	0	4
6♣	SBC	MAF	JURS	JUF	CRFS	5	4	2
7♣	MORS	JUF	PLF	PLRS	URFS	5	0	4
8♣	VEFS	PLRS	SAF	NEF	MAFS	4	3	1
9♣	SAF	MAFS	VEF	NERS	NER	3	5	-1
10♣	MAF	JUFS	MAM	JUMS	MAMS	6	4	3
J♣	CLR	SAFS	SAR	MAMS	CRRS	0	5	-3
Q♣	PLF	URFS	URF	VEMS	MARS	4	3	-1
K♣	URR	NEFS	KRMC	VER	MAF	5	2	3
A♦	PLFS	JUF	KRMC	CRFS	VEF	6	4	1
2♦	KRMA	JUF	CRFS	PLFS	NER	6	5	1
3♦	CLFS	MORS	CRR	VER	CLF	6	2	2
4♦	MAR	VEFS	MAM	MARS	VEM	8	5	3
5♦	VEM	VEMS	CRR	MARS	CRF	7	0	6
6♦	SAF	MAFS	JUR	MAF	JUFS	2	5	-1
7♦	VERS	VEF	CLRS	NEF	SARS	5	-1	5
8♦	JUF	MORS	URFS	CLF	JUFS	4	-1	5
9♦	CRR	VEMS	VEM	NEFS	PLRS	7	0	5
10♦	PLF	URFS	MOF	URF	PLFS	5	3	-1
J♦	SAR	MAMS	CLR	SAFS	CLRS	1	6	-3
Q♦	CLFS	CRR	VEMS	MAF	CRRS	6	4	1
K♦	MARS	VEM	PLR	CLR	PLRS	6	3	2
A♠	MARS	VEMS	NER	JURS	NERS	6	2	4
2♠	VER	MOR	PLF	URR	NEFS	7	0	4
3♠	SAR	MAMS	URF	SARS	VERS	2	5	-1
4♠	MAM	JUMS	MAF	JUFS	JUR	5	3	3
5♠	CRRS	MAR	MARS	VEM	CRR	7	5	2
6♠	MOR	PLF	VER	SAF	VERS	6	1	2
7♠	PLR	MOF	MOFS	MAMS	CLR	6	1	4
8♠	KRMA	MAF	JURS	URR	NEFS	5	5	2
9♠	URRS	JUM	MOR	PLF	MORS	3	-1	3
10♠	CRF	JUR	VEF	NERS	VEFS	5	1	5
J♠	MORS	MAF	JUFS	URR	MAFS	6	1	5
Q♠	JUF	CLF	JUFS	URF	PLFS	3	1	3
K♠	SAF	NEF	MAFS	VEFS	PLRS	3	5	-1

方塊6：財務上的責任

方塊6的人格特質

數字6意謂著責任和業力。方塊的花色與財務有關。方塊6的人敏銳地覺察到金融債務和償還借款。這種罕見的特點時常顯化成某種對擁有巨額債務的無端恐懼。舉個例子，方塊6可能會提前支付手機和公用事業帳單，如此，他們就不必想著未來可能會欠什麼錢。這是方塊6男性和女性的共同特性。

方塊6跟所有的數字6一樣，他們接收到的正是自己給出的。在他們的前世賬戶結算時，可能有巨額的財務損失和收益。就個人而言，他們似乎落入兩個範疇：竭盡全力償還債務的方塊6，以及在財務方面不負責任、需要學會自立的方塊6。有時候，債可能是別人欠他們的。不管情況如何，我們可以確定，方塊6得到的正是他們應得的。

由於惰性之故，方塊6可能會陷入低潮，因此每隔一段時間，他們需要刺激自己採取行動。一旦動起來，不論他們欲求什麼，大部分都可以獲得。在工作和行動方面，他們是有保護的，在等待樂透彩方面，卻不是那麼一回事。

在更深的層面，方塊6在人世間可能是要幫助其他人進一步理解什麼是價值。如果方塊6透過天生的直覺接納內在領受

到的東西，他們一定會永遠幸福快樂，不論處在什麼樣的人生境遇。假使他們發現了自己特殊的人生使命，就不會擔心自己有多少錢。這些方塊6成為優秀的導師，他們是付出的人，可以委以重任。他們必須給出的是：清楚地認識到更高階的價值，以及懂得區辨如何做出更好的個人抉擇。他們是這套律法的守護者。

方塊6的親密關係課題

在方塊6的堅強外表下，藏著一個很難滿足自己情感需求的人。常有被遺棄的深度恐懼潛藏在許多個人親密關係的行為底下。在直接處理那些恐懼之前，他們可能很難理解自己的情愛生活何以一再失敗。

方塊6對愛情也採取高度理智的方式，那可能導致他們認為，有辦法將自己的愛情生活建立得像大學課程一樣。當他們精彩的浪漫計畫被恐懼巧妙地驅動時，常會適得其反。他們必須學會，先給予自己他們向他人尋求的情感。誠實對待自己的感覺和情緒可以為方塊6帶來需要用來好好評估關係問題的信息。此外，他們必須練習對自己和他人誠實，不要陷入很有創意地說服自己接受和擺脫情境，同時避開自己的真實感覺。方塊6的業力模式通常涉及某段重大的親密關係告吹，那會蛻變當事人的人生，教導他們認識自己。

身分牌連結之間的通性

男性和女性方塊6在其他方塊眼裡都很有親和力，不過方塊6女性也可能被紅心男所吸引。對大部分的方塊6女性來說，黑桃男是一大挑戰和問題。

業力牌：
梅花9　黑桃3
業力親屬：
紅心Q　方塊J
前世牌：
方塊5　方塊7

方塊6——體壇名人

許多成功的體壇健將都是數字6，方塊6也不例外。O.J.辛普森（O.J. Simpson）、喬‧蒙塔拿（Joe Montana）、喬‧路易斯（Joe Louis）、傑克‧尼克勞斯（Jack Nicklaus）、佛瑞德‧庫普爾斯（Fred Couples），全都是方塊6，他們因為天生的運動能力而達致一定的名聲。這些人最有名的是，擁有巨大的成功驅力，以及在專業競爭的巨大壓力下像變魔法一樣運作的能力。方塊6能夠如此顯化的因素是什麼呢？創造如此成功的競爭對手的隱藏要素是什麼呢？

方塊6的人常有深層的情緒創傷，那被他們友善的外表給隱藏了，不讓世人看見。這點可以在他們的人生牌陣中被識別出來，因為紅心A在土星位置。這些情緒可以是催化劑，激發出非常強烈的驅力，達致成功。紅心A在土星創造出一份被喜歡和被接受的渴望，而那幾乎是不可能實現的。因此，方塊6在個人層面往往極端敏感且非常內向。然而，外表上，他們看似幸福快樂且適應良好。數字6不喜歡顯得情緒化，就連受到一丁點的影響也不愛。他們是有名的酷哥酷姊。

這可能是、也可能不是方塊6成功成為競爭者的主要因素。讓方塊6起作用的另一項特質是我們所謂的「扳回一城」，那是所有數字6在某種程度上都具備的特質。6是一個公平的數字。如果數字6覺得自己受到攻擊，就會以等同於他們感知到朝自己而來的力量回應。許多體育競技包括攻擊、防禦和反擊，這正是6的能量可以像魔法一樣運作的地方。不僅如此，而且這個6已經能夠採取行動，似乎不擔憂人生會發生什麼事。方塊6競爭者往往擁有在強大壓力下還能保持冷靜的名聲，此一特質可以嚇退競爭對手，鼓勵同隊隊友。所有這些特質結合在一起，創造出一個非常成功的體壇名人，於是大家知道的某些運動健將就是方塊6。

方塊6

<table>
<tr><th colspan="3">人生牌陣牌組</th></tr>
<tr><th>行星牌</th><th>符號</th><th>牌</th></tr>
<tr><td>月亮</td><td>☽</td><td>8♣</td></tr>
<tr><td>太陽（本命牌）</td><td>✳</td><td>6♦</td></tr>
<tr><td>水星</td><td>☿</td><td>4♠</td></tr>
<tr><td>金星</td><td>♀</td><td>10♥</td></tr>
<tr><td>火星</td><td>♂</td><td>10♦</td></tr>
<tr><td>木星</td><td>♃</td><td>8♠</td></tr>
<tr><td>土星</td><td>♄</td><td>A♥</td></tr>
<tr><td>天王星</td><td>♅</td><td>A♦</td></tr>
<tr><td>海王星</td><td>♆</td><td>Q♦</td></tr>
<tr><td>冥王星</td><td>♇</td><td>5♥</td></tr>
<tr><td>結果（宇宙回報）</td><td>♃+</td><td>3♣</td></tr>
<tr><td>宇宙功課</td><td>♄+</td><td>3♠</td></tr>
</table>

守護星牌

生日	守護星座	守護星牌
1/21	摩羯座或水瓶座	紅心A或方塊A
2/19	水瓶座	方塊A
3/17	雙魚座	方塊Q
4/15	牡羊座	方塊10
5/13	金牛座	紅心10
6/11	雙子座	黑桃4
7/9	巨蟹座	梅花8
8/7	獅子座	方塊6
9/5	處女座	黑桃4
10/3	天秤座	紅心10
11/1	天蠍座	方塊10和紅心5

名人生日

羅伯・洛（ROB LOWE）
3/17/1964 ● 男演員
巴布・紐哈特（BOB NEWHART）
9/05/1929 ● 男演員／喜劇演員
蓋瑞・辛尼茲（GARY SINESE）
3/17/1955 ● 男演員
班尼西歐・岱爾・托羅（BENICIO DEL TORO）
2/19/1967 ● 男演員
伊莉莎白・蒙哥馬利（ELIZABETH MONTGOMERY）
4/15/1933 ● 女演員
艾瑪・湯普遜（EMMA THOMPSON）
4/15/1959 ● 女演員
吉娜・戴維斯（GEENA DAVIS）
1/21/1957 ● 女演員
喬絲汀・貝特曼（JUSTINE BATEMAN）
2/19/1966 ● 女演員
拉蔻兒・薇芝（RAQUEL WELCH）
9/5/1942 ● 女演員
O.J.辛普森（O. J. SIMPSON）
7/9/1947 ● 運動員
潘妮洛普・克魯茲（PENÉLOPE CRUZ）
4/28/1974 ● 女演員
莎莉・賽隆（CHARLIZE THERON）
8/7/1975 ● 女演員
羅伊・克拉克（ROY CLARK）
4/15/1933 ● 鄉村歌手
喬・蒙塔拿（JOE MONTANA）
6/11/1956 ● 橄欖球四分衛
傑克・尼克勞斯（JACK NICKLAUS）
1/21/1940 ● 高爾夫球手
史摩基・羅賓森（SMOKEY ROBINSON）
2/19/1940 ● 歌手
吉兒・愛肯貝里（JILL EIKENBERRY）
1/21/1947 ● 女演員
湯姆・漢克（TOM HANKS）
7/9/1956 ● 男演員
金・懷德（GENE WILDER）
6/11/1939 ● 男演員
傑米・史密茲（JIMMY SMITS）
7/9/1958 ● 男演員
比利・寇根（BILLY CORGAN）
3/17/1967 ● 音樂家
彼德・蓋布瑞爾（PETER GABRIEL）
5/13/1950 ● 音樂家
納・京・高（NAT KING COLE）
3/17/1919 ● 歌手
寇特・羅素（KURT RUSSELL）
3/17/1951 ● 男演員
丹尼斯・羅德曼（DENNIS RODMAN）
5/13/1961 ● 籃球運動員
史提夫・汪達（STEVIE WONDER）
5/13/1951 ● 歌手
蔻特妮・洛芙（COURTNEY LOVE）
7/9/1965 ● 歌手
帕特里克・達菲（PATRICK DUFFY）
3/17/1949 ● 男演員

對象	伴侶之間的連結					綜合指數評級		
方塊6與	連結1	連結2	連結3	連結4	連結5	吸引力	強度	相容性
A♥	SAF	URF	SARS	MAF	MAFS	0	5	-4
2♥	PLR	MAMS	MORS	VEF	MAM	6	3	2
3♥	MAF	SAF	NERS	MAFS	SAR	4	7	-2
4♥	MAR	JUFS	MOR	MAM	MAMS	6	3	4
5♥	PLF	VERS	VEFS	MAM	VER	7	2	2
6♥	SAR	JUR	MARS	SAF	URF	0	4	-1
7♥	VEF	MAM	MAMS	PLFS	JUR	7	4	3
8♥	MAM	MAMS	VERS	VEF	VEFS	8	4	4
9♥	MORS	MAMS	MAR	MOR	CRRS	8	3	5
10♥	VEF	PLRS	VEM	VEMS	PLR	6	0	6
J♥	MAFS	JUM	MOF	MOF	MAF	7	1	5
Q♥	MAM	CLR	KRMC	CLRS	PLR	4	5	0
K♥	NER	PLF	CRR	VEMS	MAF	7	4	0
A♣	MAMS	PLR	MORS	CLR	PLRS	6	4	1
2♣	PLFS	NER	PLF	JUR	NERS	6	5	-2
3♣	CRF	VEMS	MOFS	URR	NEFS	7	0	5
4♣	JUR	VEFS	SAR	URF	SARS	1	0	4
5♣	VEFS	PLF	JUR	NER	JURS	5	1	4
6♣	JUF	MAR	JURS	SAR	MARS	3	2	4
7♣	VEMS	VEFS	VER	VERS	VEF	7	-3	9
8♣	MOF	MAFS	JUM	MOFS	CRF	7	0	6
9♣	KRMA	CLR	CLRS	NEF	PLFS	4	5	0
10♣	CRRS	VER	MOR	MORS	VEM	7	-1	6
J♣	PLRS	SAFS	VEF	VEFS	SAF	2	4	-1
Q♣	NERS	MAF	JUFS	CRR	MAFS	6	3	2
K♣	URRS	CRFS	JUF	JUFS	CRF	3	1	3
A♦	URF	SARS	MAR	JURS	SAF	1	3	-1
2♦	MAR	JURS	URF	SARS	NEF	3	3	2
3♦	MARS	SAR	NEF	PLR	URFS	4	5	-1
4♦	VERS	VEM	VEMS	PLF	PLFS	8	-1	6
5♦	MOFS	MAFS	VEM	CRF	VEMS	8	1	6
6♦	SBC	CLR	CLRS	CLF	CLFS	3	5	-1
7♦	MORS	MAMS	MAR	CRRS	JUFS	7	3	4
8♦	VEFS	VER	SAFS	VEMS	SAF	4	0	4
9♦	MAFS	VEM	NEF	PLR	URFS	7	3	3
10♦	MAF	JUFS	NERS	VER	SAFS	5	2	3
J♦	SAFS	CLF	KRMC	CLFS	PLRS	2	7	-4
Q♦	NEF	PLR	URFS	MARS	MAFS	5	4	1
K♦	URR	NEFS	CRF	VEMS	VERS	5	1	3 ·
A♠	PLFS	VEF	SAR	VERS	JUR	5	3	1
2♠	CRFS	URRS	MOFS	MAF	MAFS	6	3	2
3♠	KRMA	CLF	CLFS	NEF	PLFS	6	7	-2
4♠	MOR	CRRS	MAR	JUFS	MARS	6	1	5
5♠	VEM	VEMS	VEF	VERS	VER	8	-3	10
6♠	CRR	VEMS	CRFS	MAF	MAFS	7	3	3
7♠	VERS	URR	NEFS	MAM	MAMS	6	1	3
8♠	JUF	URRS	VER	URR	SAFS	2	-1	4
9♠	CRR	VEMS	NER	PLF	MOR	7	1	3
10♠	MAM	MAR	JUFS	PLR	JUF	6	5	2
J♠	VER	VEMS	CRRS	PLF	PLFS	7	0	4
Q♠	VER	SAFS	MAF	JUFS	VEFS	4	2	2
K♠	JUM	MOF	MAFS	VEF	JUMS	5	-1	6

黑桃6：命運牌

黑桃6的人格特質

　　黑桃6被稱為命運之牌，因為它是最強的「因果律」符號。種瓜得瓜，種豆得豆，不論好壞。當本命牌是6時，我們可以預期，在人生的不同時段會出現「命中注定」的事件。這些是累世透過行為或言辭所啟動的事件，當時果報被暫且擱置，等待日後再被經驗，屆時，因緣俱足，便可以創造同等於那些事件的情境。有些這樣的事件可能是正向而有幫助的，其他這類事件則可能讓我們看見，處在某些負面事件的接收端是什麼樣子。對於數字6當中最強大的黑桃6來說，人生似乎比多數人擁有更多這些命定的事件，多到許多黑桃6開始認為，人生是一處他們幾乎沒有什麼選擇權、也幾乎沒有什麼力量改變結果的地方。的確，事件一旦被啟動，就無法改變，但人生還是有許多我們有巨大責任要承擔的事件，而我們今生在這方面的抉擇向來重要。這是黑桃6的主要功課之一。

　　這是一張強大的牌，而擁有此牌之人在人間是要學習伴隨如此強大力量的責任。這些人要麼讓自己與更高階的目的和願景連成一氣，達致巨大的成功，要麼因垮臺導致原有的權力反對自己。通常，這些人對他們的行為非常負責，但強旺的海

王星影響可能促使許多黑桃6走上逃避現實之路，浪費時間沉迷於空想和幻相。他們當然是夢想家，因此，如果希望夢想不要變成夢魘，就必須小心翼翼地讓自己的夢想與高階的理想和法則一致。他們必須搞清楚自己所能達到的最大夢想，然後運用自己的力量去達成。一旦這個願景清楚明白，什麼都阻止不了黑桃6。每一層面的圓滿俱足是得到保證的。

　　這張牌具有巨大的潛力，可以飛黃騰達，得到整副牌中任何一張牌的認可，許多黑桃6注定會達致莫大的成就。方塊8在火星和黑桃K在木星暗示財務收益方面的巨大潛力。當然，要落實這一點，黑桃6必須採取行動，同時願意承擔重大的責任。

　　黑桃6必須留意容易陷入某種舒服或不舒服的舊習。此外，他們可能非常固執。透過知識的獲取，他們找到莫大的成就感、人生目的、方向和許多好友。他們的某些最大挑戰出現在愛情和浪漫的領域。他們的優柔寡斷對自己不利。

　　因為有黑桃9作為他們的第一張業力牌，這一生肯定有不少損耗，某些時候是悲劇。然而，當他們聚焦在某個運用自己的許多天賦幫助人世間的願景時，這張黑桃9也保證享有莫大的成功。黑桃6可以是整副牌中最偉大的付出者，以比較普世的方式表達自己。許多黑桃6在工作上成就非凡。

黑桃6的親密關係課題

　　黑桃6會情不自禁地想著愛情與浪漫。與此同時，他們往往採取有點理智的方式對待整個情境，這導致他們飽嚐許多

業力牌：
黑桃9　黑桃2
業力親屬：
紅心K　梅花K
前世牌：
黑桃5　黑桃7

起起伏伏的經驗，同時他們蒐集經驗來支持他們的概念和想法。

黑桃6容易捲入多角關係，這通常對他們產生負面的影響。對多角關係的渴望通常植根於心中隱藏的恐懼，害怕這些嘗試底下的情愛不敷使用。這份恐懼，如紅心3在土星所示，可能使情況變成很難與另一個人產生真正的親密，除非這份恐懼被體認到並得到承認。

男女黑桃6都對聰明機智之人頗有好感。女性喜歡有錢、有勢或傑出的男人。

談到戀情，他們可能詭計多端或不誠實，很像方塊5和方塊6，而且必須避免陷入自己的故事和信念之中。

身分牌連結之間的通性

黑桃6男性與紅心女有莫大的連結，但一定要在這段關係中扮演支持的角色，才能結成連理。梅花男發覺黑桃6女性相當吸引人，方塊男喜歡黑桃6女性當朋友。黑桃6女性在許多方面受益於其他黑桃男。

黑桃6 ——命運 vs. 自由意志

根據1890年代出版的許多故事和訪談，奧尼‧瑞屈門證明了人生完全是命中注定。有好幾則報導描述說，一旦他知道當天的時間和抽牌人的生日，就有能力準確預測，那人會從一副牌中抽出哪些牌。奧尼一遍又一遍地宣稱，我們所知道這個世界的每一樣人事物，都是依據嚴格而固定的數學原理和規律運作，就連一隻小鳥從天而降，也脫離不了這些規律和原理。印度占星家也有同樣的看法。精通那門藝術的人只要知道你的生日、時間和出生地，就可以告訴你，你何時會結婚、會有幾個子女、會從事什麼類型的工作，以及精確的死亡日期。

對多數人來說，這是一個很難接受的概念。我們喜歡相信，對發生在身上的事，我們有一些選擇權。讓我們來面對這個現實。有成千上萬的書，其中許多你我都讀過，那些教導我們，如何改變自己的命運並成為「自我命運的掌舵者」。這些書在某種程度上幫助了許多人。然而，奧尼和這些占星師是如何做出如此精準的預測呢？他們可以辦到，即使沒有見到你或不知道你的名字。

印度的祭司和智者雖然在這方面是宿命的，但仍然告訴我們，為了落實自己的命運，我們必須遵循自己的「正命」（Dharma）。「正命」的簡短定義是「正確的行動」，他們說，我們還是必須做對的事，且一生堅持不懈，即使已經命中注定是某個樣子，而且注定事物的結果就是那個樣。不論人生是否全然命定，在我們的本命牌中都可以看見許多我們個人觸及這個主題的方式。

奇數牌，例如，數字3和王牌A，一生始終在「創造」東西。基於這個原因，奇數牌往往相信他們創造了自己的命運。偶數牌，尤其是數字6，則傾向於逆來順受。數字6是非常固定的人，一般抗拒改變。只要花些時間與某個數字6相處，你就會發現這點。除非他們想要，否則是不會改變的。事實上，他們可能會陷入以往窠臼，似乎無法賦予自己起而行所需要的推力。或許，這是為什麼黑桃6的人生似乎比其他牌更為命定。他們似乎從來不會成為自己人生中任何事物的原因，因為他們不靠自己的努力啟動。他們坐在那裡呆呆凝視，事情似乎就來到眼前。黑桃6因為是數字6當中最強的，也最有可能以此方式行事，同時保有這些關於命運和天數的信念。

佛蘿倫絲‧坎貝爾在她的著作《遠古先民的神聖符號》中似乎暗示說，6的人有能力透過他們的直覺天賦將頻率調入命運本身的實際運作。儘管他們的人生似乎不時陷入窠臼、陷入那份靜止的和平中，但他們可以將頻率調至唯有當心智相當寂靜時才能夠聽見的內在聲音。因為這點，他們知道整副牌中其他牌很少注意到的信息。這樣的信息一部分是他們自己的命運以及他們在幫助世界時所扮演的角色。凡是黑桃6，只要聆聽自己內在的聲音，就會發現，命運有一份特殊的使命給他們，而他們可以在某方面對人類大有幫助。

黑桃6

人生牌陣牌組		
行星牌	符號	牌
月亮	☽	6♣
太陽（本命牌）	☀	6♠
水星	☿	Q♥
金星	♀	10♣
火星	♂	8♦
木星	♃	K♠
土星	♄	3♥
天王星	♅	A♣
海王星	♆	Q♣
冥王星	♇	10♠
結果（宇宙回報）	♃+	5♣
宇宙功課	♄+	3♦

名人生日

貝比・魯斯（BABE RUTH）
2/6/1895 • 棒球明星
查絲蒂蒂・波諾（CHASTITY BONO）
3/4/1969 • 雪兒的女兒
湯姆・布洛考（TOM BROKAW）
2/6/1940 • 新聞播報員
愛美蘿・哈里斯（EMMYLOU HARRIS）
4/2/1947 • 歌手
艾維斯・普里斯萊（ELVIS PRESLEY）
1/8/1935 • 歌手／男演員
隆納德・雷根（RONALD REAGAN）
2/6/1911 • 美國前總統
達維・卡維（DANA CARVEY）
4/2/1955 • 喜劇演員
珍・古德（JANE GOODALL）
3/4/1934 • 人類學家
莎莎・嘉寶（ZSA ZSA GABOR）
2/6/1919 • 女演員
娜塔莉・寇爾（NATALIE COLE）
2/6/1950 • 歌手
凱薩琳・奧哈拉（CATHERINE O'HARA）
3/4/1954 • 女演員
麥克・法洛（MIKE FARRELL）
2/6/1939 • 男演員
史蒂芬・霍金（STEPHEN HAWKING）
1/8/1942 • 科學家

守 護 星 牌		
生日	守護星座	守護星牌
1/8	摩羯座	紅心3
2/6	水瓶座	梅花A
3/4	雙魚座	梅花Q
4/2	牡羊座	方塊8

對象	伴侶之間的連結					綜合指數評級		
黑桃6與	連結1	連結2	連結3	連結4	連結5	吸引力	強度	相容性
A♥	MAF	PLFS	MAMS	SAF	CLFS	7	8	-3
2♥	CRFS	URF	VEMS	MOR	URFS	5	1	3
3♥	SAF	CLFS	URFS	MAF	PLFS	1	6	-5
4♥	SAR	VERS	PLF	JUFS	PLFS	4	3	0
5♥	JUR	CRF	VER	CRFS		5	1	4
6♥	JUFS	CLF	URF	VEMS	JUF	3	0	3
7♥	SAM	SAMS	VER	SARS	SAR	-1	6	-3
8♥	VER	MORS	CRR	SAM	SAMS	5	1	4
9♥	URR	VEMS	URF	VEM	JUMS	3	-2	4
10♥	SAFS	MAM	MAMS	MAFS	MOFS	4	8	-2
J♥	JUF	NEFS	JUMS	VER	JUFS	4	-2	6
Q♥	MOR	PLF	JUFS	MAR	JUF	6	1	4
K♥	PLR	NER	KRMC	SAF	MAFS	4	5	-1
A♣	URF	CRFS	VEMS	CRF	URFS	4	2	2
2♣	PLR	NER	SARS	SAR	URR	2	4	-2
3♣	VEFS	URRS	JUM	JUMS	MAM	3	-1	5
4♣	JUFS	CRF	VER	SAF	MAMS	4	2	3
5♣	CRF	VER	JUFS	PLR	CRFS	5	2	3
6♣	MOF	PLR	SAR	VEFS	JUR	4	0	4
7♣	VEF	MAF	JUF	SAFS	NEFS	5	2	4
8♣	JUMS	JUF	NEFS	PLF	JUM	4	0	4
9♣	MAR	MOR	MOF	JUF	CRRS	7	1	6
10♣	VEF	JUF	SAFS	NEFS	VERS	3	0	5
J♣	MAFS	URR	PLRS	SAFS	MAM	3	5	-2
Q♣	NEF	SAF	CLFS	URFS	CRRS	3	4	-2
K♣	NER	PLF	KRMC	MAR	JURS	6	5	0
A♦	MAMS	JUR	MAF	PLFS	MAFS	6	6	1
2♦	JUR	MOF	PLR	MAMS	URF	4	0	4
3♦	CLF	URF	VEMS	NERS	NER	4	2	1
4♦	JUR	MOFS	MOF	MAR	JURS	5	-2	7
5♦	VEFS	CLR	CLRS	NER	URRS	4	0	3
6♦	MAR	MARS	VEM	VEMS	CRF	8	4	3
7♦	VEMS	URR	URF	JUR	PLRS	3	-1	4
8♦	MAF	URFS	VEF	VEFS	VEM	6	1	4
9♦	CLR	CLRS	NERS	VEFS	NER	3	1	1
10♦	CRRS	NEF	URFS	VEM	SARS	5	1	2
J♦	URR	PLRS	MARS	VEM	VEMS	4	2	1
Q♦	NERS	CLF	URF	VEMS	CLR	4	2	1
K♦	URRS	JUM	JUMS	MORS	CRR	2	-2	4
A♠	SARS	SAM	SAMS	PLR	NER	-1	7	-4
2♠	KRMA	MAR	JURS	NEF	PLFS	6	6	1
3♠	MARS	VEM	VEMS	URR	PLRS	7	1	4
4♠	VERS	VEF	SAR	CLF	SARS	4	0	4
5♠	MOFS	SAFS	MAM	MAMS	JUR	4	4	1
6♠	SBC	SAF	MAFS	MAR	JURS	3	7	-2
7♠	MORS	CRR	URRS	JUM	JUMS	4	-1	5
8♠	SAR	VEFS	NER	PLF	MOF	4	2	1
9♠	KRMA	SAF	MAFS	NEF	PLFS	4	8	-2
10♠	PLF	JUFS	SAR	MOR	MORS	4	2	1
J♠	JUF	SAFS	NEFS	VEF	NEF	2	2	3
Q♠	URFS	CRRS	MAF	MAFS	CRR	5	4	0
K♠	JUF	NEFS	JUMS	JUFS	NEF	4	-1	6

數字7：物質與靈性

7是我所謂的靈性數字的第一個，9是另外一個。在某些方面，7是最值得注意的。如果我們取出一副牌中同一花色的所有牌，然後將A到K依序從左排到右，7將會落在正中央。有七個可見行星，一週有七天，人體內有七個脈輪，聖經〈啟示錄〉中提到過七道封印。在建立「流年牌陣」所使用的計算過程中，以及涉及難解的數學和幾何的其他計算進行時，數字7具有重大的意義。7始終被認為是一個重要的靈性象徵，且被用在許多宗教和文化之中。

7是另一個奇數，代表失衡的狀態以及脫離靜止與平衡的運動。就此而言，這個運動是脫離數字6的穩定。因為6可以代表從更高源頭接收命令和指示的狀態，所以7代表踏出那個位置，進入什麼都不確知的可怕地方。在7之中，我們踏出去，遠離外界的組織與和諧提供的安全保障，被要求不管外在環境如何，都要找到自己內在的平和與滿足。做到這點代表存在的高度靈性狀態，而且是一個不容易獲得的狀態。就連耶穌也說，一個人進入天國，比駱駝穿過針眼還難。7是通往天國的門戶。就其真正的本質而言，7代表信心。

擁有數字7本命牌的人走在世俗和靈性之間的那條線，他們有機會在自己的生命歷程中經驗到兩者。然而，身為數字7，除非處在生命的靈性面，否則他們不是真正地滿足和快樂。當他們無憂無慮、充分讚賞自己生命的奇觀和壯麗時，他們快樂而滿足。他們無憂無慮，因為他們活出知道自己的所有需求都被提供了。他們直接連結到某個更高的源頭，那個源頭保證，他們將會被好好照顧。他們在人世間沒有擔憂，而且實質經驗著更高的「靈性意識」狀態。

當數字7的人墜回物質界時，他們遭遇到難以形容的問題和擔心。他們害怕擁有的不夠。他們感到沒保障、不被愛。他們擔憂，然後這層擔憂折磨他們。他們試圖操縱他人和自己的環境，以求保護自己，但只讓事情變得更糟。他們可能變得陰鬱而沮喪，某些案例更是醞釀出非常負面的人生態度，似乎會使他們的悲慘延續不斷。悲慘或吝嗇可以很好地說明數字7的人靠性格的世俗面操作是何等情狀。他們活在一個就是不夠的世界。

生為數字7，其實意謂著，今生將是有點要麼做、要麼死，強迫接受靈性生活型態的短期培訓課程。與整副牌中的任何其他牌相較，數字7的人大概更無法用任何小於「活出真理」的行為蒙混過關。這個終極的真相是：我們每一個人都被神、宇宙或是無論你想要怎麼稱呼的東西所疼愛和照料。數字7的人將不得不走進且活在這個真相之中，否則必會承受極大的苦難。結果，我們發現，7的人往往分成兩類——幸福快樂且不執著於人生中一切事物的數字7，以及不開心且始終憂心忡忡的數字7。不執著的數字7似乎活出魔法般的人生，需要的時候，東西就會出現。他們忙著給予和理解，而且多數時候，完全不擔心自己的需求是否得到滿足。他們時常忙著為他人服務，有能耐為全人類成就大事。其他數字7則活在缺乏和貧困、欺詐、操縱的世界中。他們很少滿意自己的人生。

值得注意的是，大部分的數字7有力量牌作為他們的第一張業力牌。紅心7有紅心8，梅花7有方塊8，黑桃7有方塊K。所有這些連結指出，在某個前世濫用權力。許多擁有這些牌的人在進入今生時，帶著強迫事物遂其所願的傾向，外帶因自己的恐懼和不安全感而逃避責任的習性。如今，這一輩子，每當他們從錯誤的立場維護自己的權力時，就會遭遇無數的障礙，並因此而受苦。只有當他們學會運用權力幫助他人時，才會發現事情的結果有利於己。

所以，數字7不斷受到挑戰，對多數人來說，這不是一條容易的路。但也存在著可能性，得以經驗到更高階的意識和存在的狀態。許多數字7完成了整副牌中沒有其他牌能夠完成的事——靈性開悟以及免於世間煩憂的自由。

紅心7：靈性的愛

紅心7的人格特質

紅心7尋求愛與關係的真相。他們是老靈魂，來到人間是要達到這些領域的最高境界，「否則後果不堪設想」。因為人生軌跡中有兩個9，表示紅心7已經來到了要完成自身靈魂工作的某一個大循環，因此要放下許多人事物，如此才可以進階到下一個層級。這些人必須學會放下個人的執著，對他人付出，不期待回報或獎勵。在低階面，這些人可能被許多的猜疑和嫉妒所盤踞，那只是他們自己心神不定的映象。在高階面，我們找到輔導員以及為他人做出巨大個人犧牲和為世界全心奉獻的人們。去到紅心7跟前，你總是能夠找到諒解與同情。所有紅心7都必須找到某個方法對世界付出，才能臻至平和與滿足。這通常顯化成教學、輔導或諮商。

紅心7的健康應該要仔細留意，因為這些人將某些前世的業力帶入今生，那可能顯化成健康上的挑戰。只要有問題，要麼需要改變生活方式，要麼需要放下人生的某一部分。譬如說，他們可能不得不辭掉某份工作，因為壓力實在太大了。他們往往帶著特定的身體習性進入今生，那些是從無數的前世帶過來的，難以戒除，就連吸菸也可能是其中之一。有些這類不健康的模式會很難放下，但那麼做正是他們的天命。

有趣的是，許多紅心7男性涉足金融界。某些最成功的財務經理和企業主擁有這張牌。男性和女性紅心7都有一定量的雄心和動力，知道如何在世上成功。

紅心7的一部分挑戰是要平衡他們對物質成功的渴望以及在所有友誼和關係中要求公平的傾向。有時候，強旺的企圖心可能會與保持和諧關係的渴望相抵觸。

凡是出生數字是7或9的人，都必須學會付出和放下，否則就要承受巨大的痛苦和失望。紅心7是付出知識和愛，而且可以經驗到無條件的愛的最高等級。

紅心7的親密關係課題

因為是紅心，所以，假設紅心7的親密關係是個人成長和發展的最大領域，那你就對了。他們的確是這樣。紅心7時常試圖支配或操控所愛的人，這通常不會得到好結果。另一種可能性是，他們吸引到獨裁專橫的伴侶。「強而有力」這個詞幾乎總是可以描述紅心7的伴侶。由於7是一個非常強大的靈性數字，因此，凡是小於真相（truth）和小於無執（nonattachment）的東西，總是會帶來大於原本該得的苦難。他們樂於與所愛的人一起旅行，而且情緒上可能有些不安。戀情往往忽然開始，也同樣突然結束。最終，他們會找到某個最佳同伴，這人與他們建立了「先友後婚」的親密關係。在他們內心深處，這是會為他們帶來最大滿足的關係。那是因為，他們必須克服習慣性的控制衝動，才能領悟到這點。

他們相當善於社交，而且迷人有魅

業力牌：
紅心8　黑桃A
業力親屬：
黑桃7　梅花2
前世牌：
紅心6　紅心8

力。只有在最親近的關係中，他們才會面臨挑戰。男性紅心7在邂逅新朋友和戀人的過程中是非常積極的。

身分牌連結之間的通性

無論是男女紅心7，當遇見紅心K

時，他們都知道遇到了絕配，對方懂得搞定他們，而且不束縛他們。方塊女往往為男女紅心7的生活帶來美好的事物。對所有紅心7來說，方塊男在許多方面都是挑戰。

紅心7 ──無條件的愛

紅心7本質上是一個非常有愛心的人，渴求對愛和情感無所恐懼的人生。他們想要基於對方的本性去愛每一個人，成為無條件的愛的某種燈塔。然而，對於這點，許多紅心7也有來自某個前世的深層內在衝突。他們的紅心8業力牌告訴我們，他們曾經有過某個前世，當時，他們擁有莫大的情感力量，且時常濫用。在那個前世，他們習慣於我行我素，允許自己有許多餘地表現自己的性慾或個性。很可能，他們虐待別人，使對方覺得不配得他們的愛，或是通常不配得到愛。如此的前世影響以許多方式浮現在紅心7的人生。在他們的本命星盤中，時常見到代表權力和操控的天蠍座或第八宮行星相位不佳。看到了吧，紅心7的任務之一是要放下這個操控面向。如果要真正經驗到他們無條件的愛的天命，他們就必須這麼做。

我們每一個人生來都帶有某種「靈魂模式」，這些基本上是以模式化的方式回應特定的情境。譬如說，「當某人以某種方式表達某些話時，我相信對方

不愛我」，這是典型的靈魂模式。那就像我們已經相信某樣東西，儘管我們的理性頭腦知道那不是真的。大部分的恐懼症是靈魂模式，但我們每一個人都有其他模式在比較重要的領域影響我們。

對紅心7來說，有一種感覺和相信他人跳出來是要操控他們的靈魂模式。這通常在他們的情愛關係中比較明顯，大過在業務中或炮友關係裡。因此，許多紅心7耗費大量心力確保維持親密關係中的控制權，不讓別人占上風。這正好違背他們無條件的愛的本質，從而導致衝突。靈魂模式不是永遠的，處理落在最源頭的感覺可以改變當事人的靈魂模式。紅心7別無選擇，只能好好處理。逐漸地，他們的無條件的愛的本性變得比較強而有力，勝過愛操控的紅心8本性。他們找到那份美，居然允許生命中的每一個人就是對方自己。當他們允許他人有自由就是本來的面目時，他們發現了最無價的禮物──真正有愛心的自己。

紅心7

人生牌陣牌組		
行星牌	符號	牌
月亮	☽	A♠
太陽（本命牌）	✳	7♥
水星	☿	7♦
金星	♀	5♠
火星	♂	J♥
木星	♃	9♣
土星	♄	9♠
天王星	♅	2♥
海王星	♆	K♥
冥王星	♇	K♦
結果（宇宙回報）	♃+	6♥
宇宙功課	♄+	4♣

名人生日

安琪・迪金森（ANGIE DICKINSON）
9/30/1931 • 女演員
珍・亞歷山大（JANE ALEXANDER）
10/28/1939 • 女演員
查爾斯・舒茲（CHARLES M. SCHULZ）
11/26/1922 • 卡通漫畫家
瑞奇・雷托（RICH LITTLE）
11/26/1938 • 喜劇演員
布魯斯・詹納（BRUCE JENNER）
10/28/1949 • 奧運運動員
蒂娜・透娜（TINA TURNER）
11/26/1938 • 歌手
強尼・馬賽斯（JOHNNY MATHIS）
9/30/1935 • 歌手
查理・丹尼爾斯（CHARLIE DANIELS）
10/28/1936 • 歌手
丹尼斯・弗朗茲（DENNIS FRANZ）
10/28/1944 • 男演員
瓦昆・費尼克斯（JOAQUIN PHOENIX）
10/28/1974 • 男演員
潔咪・葛爾茲（JAMI GERTZ）
10/28/1965 • 女演員
茱莉亞・羅伯茲（JULIA ROBERTS）
10/28/1967 • 女演員
比爾・蓋茲（BILL GATES）
10/28/1955 • 微軟創辦人

守 護 星 牌

生日	守護星座	守護星牌
9/30	天秤座	黑桃5
10/28	天蠍座	紅心J和方塊K
11/26	射手座	梅花9
12/24	摩羯座	黑桃9

對象	伴侶之間的連結					綜合指數評級		
紅心7與	連結1	連結2	連結3	連結4	連結5	吸引力	強度	相容性
A♥	URRS	NER	PLF	JURS	NERS	4	2	0
2♥	URF	SARS	URR	NEFS	PLRS	1	2	-1
3♥	NER	PLF	JURS	URRS	SAR	4	3	0
4♥	SAR	MARS	URMS	JUR	CLRS	2	4	0
5♥	VERS	MAR	MARS	VEM	SAFS	7	3	3
6♥	MOFS	CRF	CLF	CLFS	VER	7	2	3
7♥	SBC	MORS	MOF	MOFS	MOR	7	0	7
8♥	KRMA	MORS	NEF	NEFS	PLF	8	3	4
9♥	VEFS	MOR	URR	NEFS	PLRS	6	-1	6
10♥	MAFS	VEM	VEMS	VEF	VEFS	8	0	7
J♥	MAF	JUFS	PLR	NERS	VERS	5	3	2
Q♥	SAFS	JUR	CLRS	URRS	JUF	-1	2	-1
K♥	NEF	PLR	URFS	PLFS	JUM	5	3	0
A♣	URR	NEFS	PLRS	URF	SARS	3	2	0
2♣	PLFS	JUM	KRMC	JUMS	MOF	5	3	1
3♣	CRFS	JUMS	PLF	PLFS	JUM	5	4	-1
4♣	CLF	CLFS	MAR	MOFS	CRF	6	6	-1
5♣	MAR	VERS	CLF	CLFS	VER	7	4	1
6♣	VEMS	MARS	MOR	MAFS	NEFS	8	1	6
7♣	CRR	CRRS	VEM	SAF	NEF	4	2	2
8♣	VERS	MAF	JUFS	PLR	NERS	6	1	4
9♣	JUF	SAFS	VER	VERS	SAF	1	1	2
10♣	CLR	VEM	CRRS	URMS	JUF	4	0	3
J♣	SAMS	MAFS	VEM	VEMS	CRR	5	5	1
Q♣	SAR	MAMS	NER	PLF	JURS	4	5	-1
K♣	SAR	VEFS	NEFS			4	2	3
A♦	MARS	URRS	MAM	MAR	VEM	6	5	1
2♦	MARS	VEMS	VEM	MAFS	MAR	8	3	5
3♦	VER	MOFS	CRF	MAR	MARS	7	1	5
4♦	VEF	VERS	VER	CLRS	MAF	6	-2	7
5♦	JUMS	JURS	CRFS	JUR	CRRS	2	-1	5
6♦	VER	JUF	SARS	MAM	MAMS	4	1	4
7♦	MOR	VEFS	URR	NEFS	PLRS	6	-2	6
8♦	CRR	JUR	PLRS	SAF	NEF	2	2	1
9♦	JURS	MAR	JUMS	PLR	SARS	3	2	3
10♦	SAR	MAMS	JUR	PLRS	MAF	3	5	0
J♦	SAMS	SARS	MAM	MAMS	JUR	2	7	-3
Q♦	MAR	VER	JURS	VERS	MARS	6	2	5
K♦	PLF	CRFS	MOFS	CRF	PLFS	8	5	-1
A♠	KRMA	MOF	NEF	NEFS	PLFS	8	3	4
2♠	SAM	SAMS	MOF	MORS	VEF	1	4	0
3♠	SARS	MAM	MAMS	VER	SAMS	4	6	-1
4♠	URMS	CLR	VEM	SAR	MARS	2	1	1
5♠	VEF	MAFS	VEM	VEMS	MAF	8	1	7
6♠	SAM	SAMS	SAF	VEF	SAFS	-2	8	-5
7♠	PLF	MORS	KRMC	NER	URFS	7	3	1
8♠	VEMS	NEFS	SAR	VEFS	MAFS	6	0	5
9♠	SAF	NEF	PLR	URFS	SAM	1	5	-3
10♠	JUR	CLRS	URRS	SAR	MARS	1	1	2
J♠	CRRS	CLR	VEM	CLRS	VEMS	4	1	3
Q♠	JUR	PLRS	CRR	CLR	CRRS	2	1	2
K♠	PLR	NERS	VERS	MAF	JUFS	5	2	2

梅花7：靈性知識

梅花7的人格特質

　　所有數字7都是高度靈性的牌，但是否顯化這份靈性並將負面性轉變為成就和個人的自由，則取決於個人。在他們這麼做之前，7的影響力會在他們的人生中引發接連不斷的麻煩。梅花7的挑戰在於心靈的負性面向，亦即，擔憂、懷疑和悲觀。他們有許多與生俱來的靈感和洞見，但當他們不好好聽從時，土星的影響力會帶來許多絕望，有時則是沮喪。他們有力量克服自己的問題，獲得私下渴求的名聲和認可，但必須孜孜不倦。

　　梅花7很可能在人生的不同時期擁有大筆的金錢，但往往花錢的速度跟賺錢一樣快。他們不是最好的資金管理人。方塊8業力牌不僅為他們帶來尋求認可的渴望，而且可以使他們成為跟方塊8一樣的購物能手。花錢的速度可能比掙錢的速度快，儘管他們非常懂得討價還價。他們人生中的所有難題均可直接追溯到他們的想法。因此，梅花7比任何其他牌有更大的責任要保持正向、健康的思維。任何與靈性思維或理想的接觸肯定對他們產生正面的影響。

　　由於常被稱為「竊賊」的黑桃J業力牌之故，培養正直和誠信是梅花7的一部分挑戰。如果梅花7讓自己對成功的渴望壓倒自己的誠信，那麼鐵定會受苦，尤其是在愛情和家庭方面。

梅花7的親密關係課題

　　在愛的領域，梅花7既沒有壞業力，也沒有好的業力。他們的愛情生活的真實情況是如何處理自我人生其他領域所帶來的結果。好消息是，如果他們專心致志，就擁有比整副牌中任何其他牌更大的機會得以嫻熟掌握自己的情緒和浪漫戀情。

　　他們當然有一些業力，有時候，這份業力可能反映在學習放下個人對他人的依戀，或是建立正向對待伴侶以及人生其他領域的態度。如果結了婚，他們總是運作得更好，在財務和其他方面也會更加成功，且遲早將對靈性做出承諾。

　　男性有黑桃J業力牌加重關係課題。許多梅花7男性把自己看成浪漫的名演員。基於這個原因，他們可能濫交和欺騙。這可能包括婚外情，或是將會幫助他們感到「特殊」的任何東西，那是許多梅花7最想要的。

　　如果真的達到他們追求的名聲，梅花7就更容易在個人生活和選擇配偶方面變得猶豫不決。這往往導致再婚。

身分牌連結之間的通性

　　梅花7與黑桃女有特殊的連結，或是努力工作、果斷堅定的女性，不論花色。女性梅花7往往對其他梅花男有遐思，且飽受方塊男的挑戰，因為方塊J是他們的冥王星牌。黑桃男可能是女性梅花7的最佳拍檔。

業力牌：
方塊8　黑桃J
業力親屬：
黑桃Q　梅花10
前世牌：
梅花6　梅花8

梅花7 ——柯林頓與希拉蕊

在許多方面，比爾和希拉蕊都是理想的一對。梅花7和紅心9在「世俗牌陣」（Mundane Spread，即「人生牌陣」）中彼此相鄰。單單這點就是婚姻的一個絕佳連結。但不只是這樣。梅花7位於紅心9的「前方」，這意謂著，梅花7是紅心9的水星牌，而紅心9是梅花7的月亮牌。這是美好的組合，只要後方的人願意讓前方的人成為關係的領導者。以此例而言，希拉蕊似乎相當滿足於成為支持比爾的人，讓比爾至少在表面上得以扮演領導的角色。這個支持的人有助於給予前方的人需要用來完成職務的東西。希拉蕊是半固定牌天蠍座，毫無疑問，她絕對是比爾的大力支柱，給予他結構感和安全感。比爾因為是獅子座梅花7，必定會經歷感覺有自信然後沒自信的高低起伏。梅花7在性格上是出名的心情容易走極端，先是隨遇而安，然後擔憂而悲觀。希拉蕊的固定本質一定會為比爾提供穩定感，幫助消除許許多多梅化7必會經歷的心境擺蕩。

比爾的第一張業力牌是太陽牌方塊8，位於「世俗牌陣」的頂端正中央。基於這個原因，我們注意到，多數梅花7對名聲和權力有著強烈但表面上隱藏的渴望。當某人出生在太陽守護的獅子座，又與這張太陽牌相關聯時，這點尤其強大。這往往會擴大乃至誇大那些領導衝動，以及對名聲、權力和威望的渴求。外表上，比爾讓我們看見的似乎奠基於靈性的人生哲學（因為梅花7是靈性知識牌）。然而，私底下，這些牌透露出，他的真實動機可能只是要盡可能贏得許多的認可和崇拜。這解釋了為什麼比爾似乎將自己的政策奠基在民眾支持率，而不是任何個人對某個哲理或意識形態的信念。

希拉蕊也有類似的動機，完全是她自己的動機。因為她是天蠍座，有兩張守護星牌，黑桃Q和梅花K，兩者都是象徵權威和領袖力的符號。值得注意的是，黑桃Q是方塊8的第一張業力牌，也是靈性或自然牌陣中的太陽牌（譯註：黑桃Q位於靈性牌陣的頂端正中央）。所以我們看見，她也有強大的領導能力以及操控和獲得權力的欲望。由於如此非同凡響的能量組合，也難怪他們一直非常成功。紅心9是整副牌的救星。也因此可以看見希拉蕊不遺餘力地推動美國全民健保。單是這點，就代表大大落實紅心9的「普世的愛」。在許多方面，希拉蕊都是一個比她丈夫更有力的領袖，因為她真正相信自己的理想，比較不會為了贏得民眾支持而偏離自己的目標。

梅花7

人生牌陣牌組		
行星牌	符號	牌
月亮	☽	9♥
太陽（本命牌）	☀	7♣
水星	☿	5♦
金星	♀	Q♠
火星	♂	J♣
木星	♃	9♦
土星	♄	7♠
天王星	♅	2♣
海王星	♆	K♣
冥王星	♇	J♦
結果（宇宙回報）	♃+	4♥
宇宙功課	♄+	4♦

守護星牌		
生日	守護星座	守護星牌
3/29	牡羊座	梅花J
4/27	金牛座	黑桃Q
5/25	雙子座	方塊5
6/23	巨蟹座	紅心9
7/21	巨蟹座	紅心9
8/19	獅子座	梅花7
9/17	處女座	方塊5
10/15	天秤座	黑桃Q
11/13	天蠍座	梅花J和方塊J
12/11	射手座	方塊9

名人生日

羅賓・威廉斯（ROBIN WILLIAMS）
7/21/1952 • 男演員／喜劇演員
伊恩・麥克連（IAN MCKELLAN）
5/25/1939 • 男演員
安妮・班克勞馥（ANNE BANCROFT）
9/17/1931 • 女演員
喬許・哈特奈（JOSH HARTNETT）
7/21/1978 • 男演員
唐娜・米爾斯（DONNA MILLS）
12/11/1943 • 女演員
潘妮・馬歇爾（PENNY MARSHALL）
10/15/1942 • 女演員
麗塔・莫瑞諾（RITA MORENO）
12/11/1931 • 女演員
馬修・佩里（MATTHEW PERRY）
8/19/1969 • 男演員
厄尼斯特・海明威（ERNEST HEMINGWAY）
7/21/1899 • 作家
麥克・邁爾斯（MIKE MYERS）
5/25/1963 • 男演員／喜劇演員
蘇珊・賽德爾曼（SUSAN SEIDELMAN）
12/11/1952 • 導演
邁爾士・戴維斯（MILES DAVIS）
5/25/1926 • 爵士音樂家
威瑪・魯道夫（WILMA RUDOLPH）
6/23/1940 • 奧運運動員
比爾・柯林頓（BILL CLINTON）
8/19/1946 • 美國前總統
李・安・沃馬克（LEE ANN WOMACK）
8/19/1966 • 歌手
傑曼・傑克森（JERMAINE JACKSON）
12/11/1954 • 歌手
艾薩克・斯特恩（ISAAC STERN）
7/21/1920 • 小提琴家
唐・諾茨（DON KNOTTS）
7/21/1924 • 男演員
約翰・史坦摩斯（JOHN STAMOS）
8/19/1963 • 男演員
喬恩・拉威茨（JON LOVITZ）
7/21/1957 • 喜劇演員
康妮・賽勒卡（CONNIE SELLECCA）
5/25/1955 • 女演員
凱特・史蒂文斯（CAT STEVENS）
7/21/1948 • 歌手

對象	伴侶之間的連結					綜合指數評級		
梅花7與	連結1	連結2	連結3	連結4	連結5	吸引力	強度	相容性
A♥	NER	PLF	URR	NEFS	PLRS	5	4	-1
2♥	URRS	JUM	JUMS	URR	JUFS	1	-2	3
3♥	NER	PLF	SAFS	VEF	NEF	5	5	-1
4♥	CRF	VEMS	PLR	URFS	CRFS	6	2	2
5♥	JUR	CLF	CLFS	VERS	NEFS	4	2	2
6♥	VEFS	MARS	VEM	JUF	CRFS	7	1	6
7♥	VEM	CRF	CRFS	SAR	NER	6	3	3
8♥	VEM	SAF	SAR	NER	CLFS	2	3	0
9♥	MOF	URRS	JUM	CLF	VEM	4	-1	4
10♥	CLR	CLRS	MAF	JUFS	MAM	3	3	0
J♥	CRRS	MORS	VER	CRR	VEFS	6	0	5
Q♥	PLRS	VEFS	VER	VEMS	SAF	5	0	4
K♥	NERS	PLFS	URF	SARS	MAF	4	4	-2
A♣	URRS	JUM	MAF	JUMS	URR	2	0	2
2♣	URF	SARS	NERS	PLFS	PLF	2	4	-2
3♣	MAR	JURS	MOR	MARS	SARS	5	3	4
4♣	MARS	VEM	VERS	VEFS	MAR	8	1	6
5♣	VERS	JUR	MARS	VEM	URF	5	-1	6
6♣	MOFS	PLR	PLFS	JUR	URF	5	1	2
7♣	SBC	VERS	VEF	MAMS	VEFS	7	2	5
8♣	MORS	CRRS	MAM	MOR	VER	7	0	5
9♣	VEFS	PLRS	VEMS	PLR	VER	6	0	5
10♣	MAFS	VEF	KRMC	MAMS	MOF	8	4	4
J♣	MAF	JUFS	PLF	CLR	CLRS	5	4	1
Q♣	SAFS	CRR	JUF	CRRS	VEF	1	3	0
K♣	NEF	PLR	URFS	MARS	CLR	5	3	0
A♦	URR	NEFS	PLRS	PLFS	NER	4	3	0
2♦	PLFS	MOFS	URR	NEFS	PLRS	6	3	1
3♦	JUF	CRFS	VEFS	SAR	MAMS	4	1	4
4♦	CLF	CLFS	MAM	JUMS	JUR	5	5	-1
5♦	MOR	JUF	MAR	JURS	MARS	5	0	6
6♦	VEMS	VEFS	VER	VERS	VEF	7	-3	9
7♦	MOF	URRS	JUM	MOFS	CLF	4	-2	5
8♦	KRMA	VERS	VEF	NEF	NEFS	7	2	5
9♦	JUF	SAR	MAMS	MOR	MORS	4	1	4
10♦	CRR	SAFS	VEF	JUR	VEFS	2	2	2
J♦	PLF	VER	MAF	JUFS	CRR	7	4	1
Q♦	SAR	MAMS	JUF	CRFS	JUFS	3	4	1
K♦	MAR	JURS	SAF	SAFS	JUR	1	5	-1
A♠	URF	SARS	PLF	URFS	CLRS	1	3	-3
2♠	MARS	VER	NEF	PLR	URFS	7	3	3
3♠	VER	VEMS	PLF	SAR	PLFS	6	1	3
4♠	MAFS	CRF	VEMS	CRFS	MAF	8	5	2
5♠	MAM	JUMS	CLR	CLRS	CLF	4	3	1
6♠	VER	MAF	JURS	MARS	MAR	6	2	4
7♠	SAF	VEM	URR	VEMS	JURS	2	1	1
8♠	PLR	NEF	URFS	MOFS	URF	4	2	1
9♠	MAF	JURS	NERS	PLFS	VER	6	3	2
10♠	CRF	VEMS	PLRS	SAF	MOFS	5	3	2
J♠	KRMA	VEF	MAMS	NEF	NEFS	8	4	3
Q♠	VEF	CRR	KRMC	VERS	MORS	6	0	6
K♠	MORS	CRRS	MOR	VEFS	MAM	7	-1	7

方塊7：靈性的價值

方塊7的人格特質

所謂的半固定牌很獨特，而方塊7是其中之一。身為與眾不同的特殊家族七張牌的一員，這些人落入不同的類別，在他們的生命上擁有特殊的印記。他們非常固執，但也極有創意，有些方塊7這輩子注定存取這張靈性金錢牌的高階面，成為百萬富翁。從花色看，方塊7總是與金錢相連。身為靈性數字，方塊7必須對金錢保持不執著的態度，否則在這個領域，勢必問題不斷。他們要麼始終擔心錢的問題，要麼不擔心，喜歡多少，就有多少。無論如何，許多方塊7的人生功課將透過這條途徑出現。

另一條途徑是他們的親密關係。家人、情人和朋友對方塊7來說都非常重要。無論關係好壞，他們與家人都有密切的牽繫，也分享家人的試煉。他們擁有靈性之愛的高階本質，時常需要為家人和其他親近的關係做出個人的犧牲。他們會代替父母或家人完成幾乎任何事。這是整副牌中最有靈性的幾張牌之一，也因此，他們的成功來自於：以有別於傳統或唯物主義的方式接近人生。在這些人當中，最成功的方塊7活出信心，相信自己的一切需求始終會被提供。

方塊7通常焦躁不安，經常變遷職業或所在地。他們的愛情生活通常涉及犧牲和失望，直到他們學會放下他人、讓對方就是對方的樣子為止。他們在靈性研究中找到內在的滿足以及對自我直覺的確認。一旦踏上靈性之路，他們生命中的一切均獲得正解，然後方塊7可以在任何選定的領域中勝出。

方塊7的親密關係課題

對方塊7這麼一張靈性牌來說，親密關係的課題圍繞著放下個人執著以及養成比較靈性的愛人方式。他們的本性是非常有愛心的人，而且願意為所愛的人做出犧牲。他們一定會有一或多椿業力上的情愛糾葛，挑戰他們將愛的層級提升到更加靈性和承擔責任的高度。跟其他牌一樣，對於情愛和伴侶關係，他們懷有崇高的理想，但這些人或多或少注定要在人生路上逐步測試這些理想。他們的固執和獨立吸引強大的關係進入生命之中，教導他們領悟重要的功課。

身分牌連結之間的通性

多數方塊7女性被紅心男所吸引，且時常嫁給紅心男。他們對方塊男也抱有某些遐思。男性方塊7被黑桃女所吸引，且通常有許多梅花女成為朋友和同事。梅花男挑戰方塊7女性。

業力牌：
紅心9　梅花A　紅心2
紅心J　梅花8　黑桃K
業力親屬：
無
前世牌：
方塊6　方塊8

方塊 7 ── 是外星人嗎？

方塊 7 與我們其他人不一樣。他們與眾不同，呈現某種不可定義的樣子，且唯有結識某個方塊 7 才能偵測到。細看幾個出生日期是方塊 7 的名單，我想你就會明白我的意思。安迪‧沃荷（Andy Warhol）、大衛‧林區（David Lynch）、喬治‧卡林（George Carlin）、費德里科‧費里尼（Federico Fellini），這些只是幾個多數人聽過的方塊 7。他們似乎不像我們其他人那樣，在正常的人生準則下操作。他們的想法、對人生和優先事項的看法，似乎時常與社會和文化的規範歧異。事實上，似乎所有的固定牌和半固定牌都來自另一顆行星。這些牌，梅花 8、黑桃 K、紅心 J、梅花 A、紅心 2、方塊 7 和紅心 9，似乎共享不同於整副牌中其餘四十五張牌的特質。我們經常發現這些牌的人一起廝混。大部分的梅花 8 會有一個親近的朋友或親戚是方塊 7 或紅心 J。這個特殊家族的七張牌似乎彼此了解，而我們其他人只是盯著看，納悶到底是怎麼一回事。

所有這些牌的本性都有點兒意志堅強、固定不變。一旦他們下定決心，就幾乎不可能將他們勸離原路。他們都是努力工作的人，遇到緊急情況可以仰賴，或是可以信守承諾。這些人靠他們的意志力為我們許多人帶來安全和踏實的感覺。然而，同樣的固定本性可能使他們困難重重，看不見他人的觀點。

儘管如此，我們還是非常感激他們。尤其方塊 7 是那麼的有創意，提出某些最驚人、最偉大的構想。他們有能力契入屬靈的金錢界域，從中生出最好的銷售和推廣構想。這些構想通常是先進而不同的，但卻非常有效。若有方塊 7 為你從事創意或銷售工作，那你可是十分幸運。

方塊7

人生牌陣牌組		
行星牌	符號	牌
月亮	☽	7♥
太陽（本命牌）	☀	7♦
水星	☿	5♠
金星	♀	J♥
火星	♂	9♣
木星	♃	9♠
土星	♄	2♥
天王星	♅	K♥
海王星	♆	K♦
冥王星	♇	6♥
結果（宇宙回報）	♃+	4♣
宇宙功課	♄+	2♦

守護星牌

生日	守護星座	守護星牌
1/20	摩羯座	紅心2
2/18	水瓶座	紅心K
3/16	雙魚座	方塊K
4/14	牡羊座	梅花9
5/12	金牛座	紅心J
6/10	雙子座	黑桃5
7/8	巨蟹座	紅心7
8/6	獅子座	方塊7
9/4	處女座	黑桃5
10/2	天秤座	紅心J

艾瑞克・艾斯特拉達（ERIK ESTRADA）
3/16/1949 • 男演員
凱文・貝肯（KEVIN BACON）
7/8/1958 • 男演員
勞勃・米契（ROBERT MITCHUM）
8/6/1917 • 男演員
西碧兒・雪柏（CYBILL SHEPHERD）
2/18/1950 • 女演員
茱蒂絲・伊佛（JUDITH IVEY）
9/4/1951 • 女演員
茱莉・克莉絲蒂（JULIE CHRISTIE）
4/14/1940 • 女演員
莫莉・林沃德（MOLLY RINGWALD）
2/18/1968 • 女演員
派翠西亞・尼爾（PATRICIA NEAL）
1/20/1926 • 女演員
莎拉・蜜雪兒・吉蘭（SARAH MICHELLE
GELLAR）
4/14/1977 • 女演員
彼特・羅斯（PETE ROSE）
4/14/1941 • 棒球明星
亞提・強森（ARTE JOHNSON）
1/20/1934 • 喜劇演員
喬治・伯恩斯（GEORGE BURNS）
1/20/1896 • 喜劇演員
喬治・卡林（GEORGE CARLIN）
5/12/1937 • 喜劇演員
裘利・路易（JERRY LEWIS）
3/16/1925 • 喜劇演員
洛莉泰・林恩（LORETTA LYNN）
4/14/1935 • 鄉村歌手
大衛・林區（DAVID LYNCH）
1/20/1946 • 導演
費德里科・費里尼（FEDERICO FELLINI）
1/20/1920 • 導演
比利・艾克斯坦（BILLY ECKSTINE）
7/8/1914 • 歌手
史汀（STING）
10/2/1951 • 歌手
碧昂絲（BEYONCÉ KNOWLES）
9/4/1981 • 歌手
東尼・霍克（TONY HAWK）
5/12/1968 • 滑板選手
塔拉・李平斯基（TARA LIPINSKI）
6/10/1982 • 花式滑冰運動員

對象	伴侶之間的連結					綜合指數評級		
方塊7與	連結1	連結2	連結3	連結4	連結5	吸引力	強度	相容性
A♥	JUMS	URRS	PLR	URR	PLRS	1	0	1
2♥	KRMA	SAF	NER	PLF	NEF	4	7	-3
3♥	PLR	JUMS	URR	PLRS	URRS	2	2	0
4♥	VER	CLFS	SAR	VEMS	CLF	5	2	2
5♥	MAR	JUFS	SAR	MARS	JUR	4	4	2
6♥	PLF	CRF	VEMS	MAR	JURS	7	5	0
7♥	MOF	VER	NEFS	VERS	URF	7	-2	7
8♥	MOF	MOFS	PLR	URRS	URF	5	-1	5
9♥	KRMA	MAM	MAMS	NEF	PLFS	8	8	0
10♥	JUR	CRRS	MOR	MORS	CRR	4	-1	6
J♥	KRMA	VEF	CRR	SAFS	VEMS	5	4	2
Q♥	MAFS	SAM	SAR	VEMS	MAF	3	6	-1
K♥	URF	JUF	JUFS	MOFS	NEF	3	-2	5
A♣	KRMA	NER	PLF	SAF	NEF	5	7	-2
2♣	VER	NEFS	URF	NEF	URFS	6	0	4
3♣	VERS	NEF	PLR	URFS	VER	6	0	4
4♣	CRF	VEMS	JUR	PLF	PLFS	6	2	3
5♣	JUR	MAR	JUFS	CRF	VEMS	4	1	5
6♣	VEFS	VERS	CLF	SARS	VER	5	0	5
7♣	MORS	CLR	VEM	MOR	URFS	6	-2	6
8♣	KRMA	VEMS	VEF	CRR	SAFS	6	2	4
9♣	MAF	MAFS	SAM	MOFS	CLF	6	7	0
10♣	CLRS	VER	CLFS	VERS	JUR	4	1	3
J♣	JUR	CRRS	JUFS	JUF	SAR	2	-1	5
Q♣	URR	PLRS	PLR	MAFS	VEM	3	3	-1
K♣	NERS	JUM	PLFS	VERS	PLF	5	2	1
A♦	URRS	CLF	SARS	JUMS	SAR	1	3	-1
2♦	CLF	SARS	VEFS	URRS	VEF	3	3	0
3♦	MAR	JURS	PLF	SAFS	JUF	4	5	0
4♦	SAR	MARS	MOR	MAR	JUFS	4	4	1
5♦	VERS	VEFS	VEF	SAF	MARS	5	-1	6
6♦	MOFS	MAF	CRFS	MAMS	CLF	8	4	3
7♦	SBC	MAM	MAMS	NER	PLF	7	7	0
8♦	MORS	CLR	VEM	MAR	MAF	6	0	5
9♦	VEFS	SAFS	VERS	SAF	MARS	2	2	1
10♦	MAFS	VEM	URR	PLRS	PLR	6	3	2
J♦	JUFS	CRFS	JUR	CRRS	CRF	4	1	4
Q♦	SAFS	MAR	JURS	VEFS	JUR	1	4	0
K♦	NEF	PLR	URFS	VER	NEFS	5	2	2
A♠	VER	NEFS	MOF	SAF	VERS	6	0	5
2♠	PLFS	VEMS	NERS	JUM	VEM	7	2	2
3♠	CRFS	MOFS	JUFS	MOF	JURS	6	0	6
4♠	VER	CLFS	CLRS	CLR	MAR	5	2	1
5♠	MOR	SAR	MARS	SARS	PLF	4	3	1
6♠	VEMS	JUF	PLFS	URF	URR	5	0	4
7♠	NEF	PLR	URFS	URF	VER	4	2	1
8♠	VERS	NERS	JUM	VEFS	NER	5	-1	6
9♠	JUF	URF	VEMS	JUFS	URR	3	-2	6
10♠	SAR	VEMS	MAFS	SAM	SAMS	3	4	0
J♠	CLRS	URFS	JUM	JUR	CRFS	1	0	2
Q♠	MAFS	VEM	MORS	CLR	MAF	7	2	5
K♠	KRMA	CRR	SAFS	VEMS	VEF	4	5	0

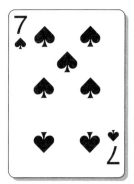

黑桃7：信心牌

黑桃7的人格特質

這張牌被視為整副牌中最具靈性的幾張牌之一，只要這些人不忽略旨在引導他們穿越人生的智慧，就可以在一生中飛黃騰達。黑桃7在人間是要學習信任和保持信心的，不管處境如何。他們的主要挑戰將會來自於工作和健康領域。當身體受到某種折磨時，對人生保持正向的態度恐怕是最艱辛的挑戰之一。但這正是許多黑桃7必須完成的事。

潛藏的方塊K要求，如果黑桃7要擁有與生俱來的祝福和力量，就必須活出他們知道的更高階價值。同樣這張方塊K賦予他們許多內在的力量以及不時推動事物的傾向。方塊K是整副牌中唯一的獨眼國王，基於這個原因，黑桃7必須留意，與他人溝通時，容易有片面和主觀的傾向。因為是黑桃7，他們必須親身體驗，他們必須從較高的視角思考、說話和行動，否則會承受無數的弊病，往往以身體為導向。他們的大部分問題都會轉移成病痛、事故或其他身體上的折磨。

他們的人生軌跡在整副牌中算是較佳的。他們的本命牌位於人生牌陣的木星縱行，這個事實指出，他們的許多個人願望將在此生實現。他們有許多才華可以用來取得人生的成功和滿足，何況許多黑桃7傑出而成功。就連他們的土星牌方塊4，也是保護和安全的標誌。除了他們自己的恐懼或懷疑，其實沒有什麼能夠傷害他們。

他們受到高階靈性力量的保護，但要落實這點，必須將他們的行為與最高的真理和動機連成一氣。一旦做到了，他們的人生必然呈現魔法般的品質。許多黑桃7承擔起幫助世界的特殊使命，他們可以做到的善行是無限的。迷戀自我中心的思維和動機的黑桃7在某種程度上注定要受苦，他們必須活出他們知道的，同時聽從直覺的指引。許多黑桃7與富豪結婚或得到浪漫情誼的支持。如果努力工作並保持誠實，他們總是能夠表現出色。沒有什麼能夠阻止黑桃7，除了他們自己。

黑桃7的親密關係課題

這些人是整副牌中擁有較佳姻緣的牌，而且婚姻的好處還可以延伸到財務和靈性領域。他們對懂財務且具有心智力量的人頗有好感，而且必須留意，容易有太過重視財務面的傾向，就此而言，缺乏更高階的價值觀將為他們帶來問題而非好處。

黑桃7女性通常意志堅強，很像她們的業力牌方塊K。基於這個原因，她們往往很難認分，扮演被動、謙讓的女性角色。她們可以起身反抗任何男人，如果男人要與她相處，最好對自己有自信。

儘管有好姻緣，但黑桃7仍舊逃脫不了本命牌的挑戰，那沖犯著他們人生的所有領域，包括情愛關係。即使擁有所有想要的東西，他們還是可能被恐懼或對人生

業力牌：	
方塊K	紅心8
業力親屬：	
梅花3	紅心7
前世牌：	
黑桃6	黑桃8

的負面反應壓倒。

他們必須學會保持信心、樂觀正向，才能保有與伴侶一同流動的正能量。

身分牌連結之間的通性

黑桃7女性被方塊男和梅花男所吸引。梅花男也非常愛慕黑桃7女性。黑桃女對黑桃7男性頗有好感。方塊女覺得黑桃7男性難以相處。黑桃7男性與紅心女之間有不少難題。

黑桃7 ──容易出現意外

遇見黑桃7時，在對方告訴你他們的人生之前，先問他們這個問題：「你是否曾經遇過嚴重的車禍？」你將會很驚訝地發現，他們一生中出現過多少次的重大事故，往往最近才發生過。許多黑桃7的人生似乎是一系列車禍串成的。他們經歷的事故不只是車禍，但車禍似乎確實是共同的主題。

我在密西根州教授一個工作坊，一名女子拄著枴杖進來上課。你猜對了，她是黑桃7。我無法分辨她是出了意外，還是腳有殘疾。當我問她這事時，她透露說，她的確出了一次摩托車事故。她是個非常嬌小的女子，看似不會騎摩托車的那一類，但確實是因摩托車而車禍。

另外一個例子是一個黑桃7女服務生，看上去二十出頭。我問她上述那個大問題，這一次，原本期望她說沒有遇過什麼車禍，因為她看起來太年輕了。然而，她臉上出現驚訝的表情，然後告訴我們一年前被捲入的一場車禍。她沒有受到很嚴重的傷，但卻是一場相當大的事故。

無論所有黑桃7是否遇過車禍，毫無疑問的，他們透過自己肉身這項工具，解決大部分的個人業力。這個過程往往涉及折磨和疾病，有時是性病，這或多或少成為他們的親密關係、婚姻以及整個人生的重要主題。這樣的奮鬥往往持續多年。

我至今尚未遇到人生中沒有某種生理挑戰的黑桃7。這是他們的本命牌代表的意義，要在肉體或生理層面接受挑戰。疾病或折磨本身並不是重點，與這些生理面並行的是什麼？這個事實才是他們人生最重要的主題之一。對黑桃7來說，他們面臨的最大挑戰階段是：他們的健康以及與自己身體的關係。

但要謹記，黑桃7不是一張挫敗的牌。所有數字7都代表，適當的態度加上靈性法則的應用，挑戰可以被轉變成勝利。黑桃7的高階面在於：它是最強的「靈性勝利」牌，透過信心克服所有現世的難題。所有身體上的折磨，或者至少是折磨對我們造成的影響，透過應用正向的思維和感恩的態度，都可以被消滅掉。與整副牌中的任何其他牌相較，黑桃7更有能力做到這點。

黑桃7

人生牌陣牌組		
行星牌	符號	牌
月亮	☽	9♦
太陽（本命牌）	☀	7♠
水星	☿	2♣
金星	♀	K♣
火星	♂	J♦
木星	♃	4♥
土星	♄	4♦
天王星	♅	2♠
海王星	♆	8♥
冥王星	♇	6♣
結果（宇宙回報）	♃+	6♠
宇宙功課	♄+	Q♥

守護星牌		
生日	守護星座	守護星牌
1/7	摩羯座	方塊4
2/5	水瓶座	黑桃2
3/3	雙魚座	紅心8
4/1	牡羊座	方塊J

對象	伴侶之間的連結					綜合指數評級		
黑桃7與	連結1	連結2	連結3	連結4	連結5	吸引力	強度	相容性
A♥	NEFS	VEM	CRFS	NERS	PLFS	8	2	4
2♥	PLFS	VER	URRS	VEF	PLF	6	2	1
3♥	CRFS	NEFS	VEM	MAFS	NEF	8	3	3
4♥	JUF	CLFS	URFS	MARS	VEM	4	2	2
5♥	CRR	SAF	VEMS	JUFS	VER	3	2	2
6♥	MAF	MOR	VERS	VEF	JUF	8	0	6
7♥	NEF	URRS	KRMC	PLR	MOFS	5	2	2
8♥	KRMA	NEF	PLF	PLFS	NEFS	8	7	-1
9♥	URR	MORS	NER	PLF	URRS	4	1	2
10♥	VER	VERS	PLF	VEFS	MAR	7	0	5
J♥	JUF	SAFS	URFS	MAM	SAR	0	3	0
Q♥	CLF	SAF	MAFS	MAMS	MAF	4	8	-4
K♥	MAM	MOR	VEFS	MOF	SAFS	7	1	5
A♣	PLFS	VEF	PLF	URFS	VER	7	4	-1
2♣	MOR	URRS	MAM	MAMS	URR	5	1	3
3♣	PLR	JUR	KRMC	NERS	PLFS	3	3	1
4♣	MAF	JUFS	VEF	JUF	CRFS	6	1	5
5♣	JUFS	CRR	MAF	MAFS	CLFS	5	3	3
6♣	PLF	MORS	MAMS	MOR	CLF	8	4	1
7♣	SAR	URF	VEMS	JUFS	VEM	2	0	2
8♣	MAM	JUF	SAFS	URFS	SAF	2	4	0
9♣	MAMS	CLF	VEFS	JUR	VERS	6	4	2
10♣	JUFS	MARS	VEM	VEMS	JUF	6	0	7
J♣	VER	MAF	CRRS	MAR	CRR	7	3	3
Q♣	MAFS	CRFS	VEF	CLRS	VEFS	7	4	3
K♣	VEF	URF	SARS	MORS	SAR	3	0	4
A♦	MAMS	NEFS	VEM	VEMS	MAM	8	3	4
2♦	MAMS	PLF	MAF	MAM		9	9	-2
3♦	CLR	PLRS	CLRS	MARS	VERS	3	3	-1
4♦	SAF	VEMS	VERS	CRR	JUR	3	1	2
5♦	JUR	MOF	PLR	PLRS	JURS	3	-1	4
6♦	VEFS	MAMS	NER	JURS	URF	6	1	5
7♦	URR	NER	PLF	URRS	URFS	3	2	-1
8♦	URF	VEMS	MAR	SAFS	NEFS	4	2	2
9♦	MOF	CLR	PLRS	JUR	JURS	4	0	4
10♦	VEF	CLRS	MAFS	MAR	SAFS	5	3	2
J♦	MAF	CRRS	NER	JURS	VER	6	3	2
Q♦	CLR	PLRS	MOF	MOFS	CLRS	4	1	2
K♦	KRMA	NERS	PLR	PLF	PLFS	6	6	-1
A♠	URRS	MOR	MORS	CRR	JUMS	4	-2	5
2♠	URF	SARS	MOFS	CRF	VEF	2	1	2
3♠	NER	JURS	VEFS	MAF	CRRS	5	1	5
4♠	MARS	VEM	JUF	CLFS	URFS	6	2	4
5♠	VERS	SAF	VEMS	URR	SAFS	2	1	2
6♠	MOFS	CRF	VEFS	URF	SARS	6	0	5
7♠	SBC	NERS	NEF	NEFS	NER	6	4	2
8♠	MORS	VEF	PLF	CLF	PLFS	7	1	4
9♠	VEFS	MAM	MOFS	CRF	MAR	8	2	5
10♠	SAF	MAFS	JUF	CLFS	URFS	2	5	-2
J♠	JUFS	SAR	JUF	CLRS	VEMS	1	0	4
Q♠	MAR	SAFS	NEFS	VEF	CLRS	4	6	0
K♠	URFS	MAM	JUF	SAFS	URF	2	3	0

數字8：權力與蛻變

經歷了7所強加的挑戰之後，8代表能量倍增，是4的兩倍。4代表供應無虞、保障和基礎，8象徵往上增加的一切。這可以轉譯成「力量」或「權力」（power）——由於集中自己的能量，這能力可以影響選定的不論哪一個方向的變遷。從數字1到10的系列中，數字8代表盈滿的點位和收穫的時間。由於數字8，我們看見各花色的最強顯化，顯露該花色能夠產生或創造的實例。大部分的數字8是生產者和努力工作的人。他們樂於觀賞自己的權力將事物顯化得如此美好、如此快速。但就像我們的本命牌所代表的任何其他天賦一樣，權力可以被使用或濫用。數字8一生面臨著這樣的抉擇，這是許多數字8在人世間要釐清的重大主題。權力可以被用來幫助他人，創造更多的善意和繁榮，或者，權力可以變成癮頭以及逃避內在恐懼和不安全感的手段。

權力源自於最高階的力量，最高階的力量是神或造物主的力量。如果所有事物確實是經由神的旨意才發生，那麼一旦被賦予某些可以操弄的權力，我們往往覺得彷彿有神權可以使用。然而，只因為被賦予了權力，並不意謂著我們已然變得完美且不會犯錯。這是當權者常有的錯誤觀念。他們沒有把自己看成神的旨意的器皿，反倒開始以扭曲的方式看待自己。他們開始認為自己完美無瑕、永無過失。他們開始想像自己像神一樣，或者，以某些案例而言，想像自己不朽。這是權力變得危險之時，就像給小孩真槍一樣。如果數字8的覺知不足以領悟到自己只是神的大能的器皿，他們將會犯下與濫用權力相關聯的錯誤。

在大部分數字8（如果不是全部）的占星命盤中，將會找到很強的天蠍座、冥王星或八宮能量的元素。所有數字8的行為舉止都有點像天蠍座，不管他們的太陽星座是什麼。冥王星是這個元素的整體守護星，他是死亡和毀滅的行星，而且這個冥王星影響對數字8的

人具有深邃的意義。冥王星和天蠍座的基本含義是自我轉化。當冥王星或天蠍座影響在一個人的構成中很強旺時，如同數字8一樣，這人的一生將不可避免地不時有些重大的轉變。這些轉變的範疇可以從接近親密關係的方式，到思考或處理金錢的方式。我們可能會說，每一個數字8在人生歷程中都會經歷好幾次「個人的死亡」。他們性格中的某些部分將會死去，讓路給新的部分。數字8的人宛如鳳凰，將會從埋葬地的灰燼中升起，再度展翅高飛。老鷹是天蠍座的象徵符號，但牠只代表經歷了如此必要蛻變的天蠍座。對數字8來說，這是一樣的。

他們通常吸引到與自己力量相稱的有力人士進入他們的人生。一定會有某種程度的權力鬥爭或是企圖控制或操縱，直到數字8的人學會，真正需要被改變的是自己的內在。當數字8將他們的巨大力量轉回到自己身上，努力做出內在的改變時，他們存取到自己的某些最高力量。大部分的數字8都有強大的靈性牌作為他們的業力牌，代表強力的靈性能量存在。當那些「小死亡」為數字8的人發生時，他們得到這些靈性能量的協助，帶著甚至比之前更大的力量重生。他們變成的這個新人往往與之前的他們沒有什麼相似之處，有些人可能很難認出他們。那很像蛇蛻皮。

數字8的人在某種程度上全都共享這份天蠍座的遺產。他們綻放出所屬花色的全然光輝，示現該花色所能顯化的最佳成果。

因為八宮和天蠍座與他人的物品和財產有關，所以數字8的人必然在人生的某些時候涉足他人的財務，常是承繼處理父母和他人資產的責任。通常，他們在這方面表現出色，可以信賴他們公平而誠實地管理資金。無論涉及照料家族資產還是管理家族企業的財務，他們都以令人欽佩的方式履行職責。開悟的數字8成為典範，這人經歷過自我蛻變轉化的烈火。一度針對身外世界的力量已經轉而向內，且已在他們裡面產生真正得到啟發的轉變。他們成為提醒，讓我們憶起自己的神性。

8

紅心8：情感的力量

紅心8的人格特質

紅心8有「愛的力量」，而所有數字8都必須鍛鍊辨別力和責任感如何使用。他們的魅力和磁性是無與倫比的，但有些紅心8可能沉迷於自己握有的權力，且不明智地使用權力，不惜犧牲他人。紅心8的兩張業力牌都是7。這告訴我們，當他們對他人濫用權力時，一定會看見幾乎是立竿見影的結果，但這也賦予他們大量的靈性智慧，幫助引導他們的行為。藉由聽從這樣的真理，他們內心裡知道，自己可以與他人分享愛和療癒的力量，從而晉升至莫大的高度。這是一張治療師牌，可以真正給予他人對方需要用來療癒自己的愛。

紅心8擁有最幸運的人生軌跡之一，許多紅心8注定成為知名的教師、藝術家、政治家、表演者。他們的人生軌跡牌組包括梅花10、方塊8、黑桃K，三張全都位在人生牌陣的「皇冠列」（Crown Line）上。構成皇冠列的頂點三張牌具有得到認可和達致成功的莫大潛力。就連最低階的紅心8，也會得到朋友和家人的某些認可。

除非紅心8密切關注，否則健康是一個一定會有挑戰出現的領域。許多紅心8十分投入工作和家庭，因而忽略了自己的身體，導致整個人垮掉。第一張業力牌黑桃7必會因這方面的疏忽而要求全額負款。人生軌跡有那麼多的好牌，你會以為他們可以好好放鬆、享受人生，但他們往往為自己設定非常快速的步調，導致情況變得有害。

有趣的是，紅心8的人時常擁有一個由剛剛好八個人構成的直系親屬或朋友圈。八顆紅心意謂著他們深愛的八個人。許多人有八個孩子、八個妻子等等。

他們有絕佳的頭腦，擅長擔任教師，不然就是從事任何好頭腦將會造就不同的職業。他們必須努力工作才能賺到錢，但錢可以掙到，而且不必擔心錢。許多紅心8在人生達到某種程度的聲望，尤其是在三十六歲以後，屆時，權力和成就可能拔地而起。他們大權在握，只要不是因恐懼而興起動機的事，他們幾乎都可以辦到。

紅心8的親密關係課題

紅心8與紅心7很類似，這些人有權力，不論是好是壞，因此必須學會運用智慧管理。這些人是整副牌中的「花花公子」和「花花女郎」，有魅力和磁性，可以得到他們想要的，而且是那種會追求心儀對象的人。他們知道如何愛人，如何讓對方覺得非常特殊。與多數牌相較，他們不是那麼的需索無度，因此通常在所有的親密關係中占上風。基於這個原因，紅心8往往關係一段又一段，如果關係開始令他們不舒服，他們就會離開。

在婚姻中，他們可能有點咄咄逼人。紅心8女性往往非常咄咄逼人，因此會嚇跑一些追求者。有些男人寧可要一個不是

業力牌：	
黑桃7	紅心7
業力親屬：	
方塊K	黑桃A
前世牌：	
紅心7	紅心9

那麼強勁有力的女人。

在愛情方面，紅心8必須覺察到自己的行為以及行為的對象。整副牌當中，紅心8最容易因為錯誤的行為而得到最快速的業力回報。

如果他們想要臻至真正的幸福快樂，這股力量必須被好好利用，而且是以成熟和智慧行使。

身分牌連結之間的通性

梅花男覺得紅心8很難相處，尤其是女性紅心8。方塊男喜歡女性紅心8。男性紅心8對紅心花色的女性有強烈的吸引力，且通常與對方相容，只有紅心J除外，對他們來說，紅心J是某種復仇女神。

人 格 側 寫

紅心8──花花公子／花花女郎

身為紅心8使一個人在情感競技場上擁有大量的權力。有了這樣的權力，紅心8一生可以輕易地從多數人那裡取得他們想要的。這股力量其實是──以關注和讚賞真正「微波加熱」某人的力量。當紅心8的人想要時，他們可以讓你感覺像是世界上最討人喜歡、最值得擁有的人。這是強大的工具，而且紅心8能夠以他們選擇的任何方式使用這項工具。李察‧基爾（Richard Gere）、小約翰‧甘迺迪（John F. Kennedy Jr.）、喬‧迪馬喬（Joe DiMaggio），全都是紅心8。當然，還有許許多多的紅心8，但快速查看一下擁有這張牌的男人，你可以看見他們具有某些共同點。舉個例子，這三位都是公認的「有女人緣的男人」。某種程度上，每一個數字8在人世間都是要學習使用或濫用權力。其實，我們每一個人的本命牌都具有與其相關聯的某種力量。只是在數字8的案例中，這股力量更加戲劇化。

紅心8的人在人生早期發現到這股力量，他們領悟到，自己可以利用這股力量滿足他們的情感需求或其他目的。這張牌的男人可以輕而易舉地成為專業小白臉。他們可以用這股力量勾引女人，也可以用這股力量成為專業治療師或諮商師，完全取決於個人的自我覺察和價值觀。

還沒有覺察到自己的行為如何影響他人和業力法則的紅心8，最可能濫用這股力量。不管怎樣，紅心8有兩張7作為業力牌，黑桃7和紅心7。數字7是整副牌中最靈性的，如果我們不是有意識地做事，這兩張7總是會製造問題。這兩張牌告訴我們，儘管紅心8可能濫用自己的權力，但他們今生一定無法蒙混過關。每當他們濫用神所賜予的天賦時，困難就會出現。

紅心8的力量局限在關係的領域。紅心是整副牌中的第一個花色，對其他花色沒有管轄權。不過，其他花色對紅心卻有管轄權。紅心8的人的力量只會影響我們的「內在小孩」。他們的操縱具有行為的特色，例如，保留情感、羞辱或讓他人覺得不配得到愛。許多紅心8選擇與孩子們共事，不然就是與孩子相關聯的工作，因為那是他們擁有最大力量的地方。他們操縱的成年人通常是自我形象不佳的人，對方依賴他們求取幸福的感覺。內在小孩發育健全的人，對紅心8的操縱無動於衷。而清楚明白自己的人生真相的人，則可以不受紅心8提出的任何問題所影響。

紅心8的生與死取決於他們做出的權力相關決定。每一個紅心8都有一份奇妙的天賦，可以被用來幫助和治療。如果經由智慧引導，這股力量將為他們自己的人生以及他們觸及的每一個人的人生帶來奇妙的結果。

紅心8

<table>
<tr><th colspan="3">人生牌陣牌組</th></tr>
<tr><th>行星牌</th><th>符號</th><th>牌</th></tr>
<tr><td>月亮</td><td>☽</td><td>2♠</td></tr>
<tr><td>太陽（本命牌）</td><td>☀</td><td>8♥</td></tr>
<tr><td>水星</td><td>☿</td><td>6♣</td></tr>
<tr><td>金星</td><td>♀</td><td>6♠</td></tr>
<tr><td>火星</td><td>♂</td><td>Q♥</td></tr>
<tr><td>木星</td><td>♃</td><td>10♣</td></tr>
<tr><td>土星</td><td>♄</td><td>8♦</td></tr>
<tr><td>天王星</td><td>♅</td><td>K♠</td></tr>
<tr><td>海王星</td><td>♆</td><td>3♥</td></tr>
<tr><td>冥王星</td><td>♇</td><td>A♣</td></tr>
<tr><td>結果（宇宙回報）</td><td>♃+</td><td>Q♣</td></tr>
<tr><td>宇宙功課</td><td>♄+</td><td>10♠</td></tr>
</table>

<table>
<tr><th colspan="3">守護星牌</th></tr>
<tr><th>生日</th><th>守護星座</th><th>守護星牌</th></tr>
<tr><td>8/31</td><td>處女座</td><td>梅花6</td></tr>
<tr><td>9/29</td><td>天秤座</td><td>黑桃6</td></tr>
<tr><td>10/27</td><td>天蠍座</td><td>紅心Q和梅花A</td></tr>
<tr><td>11/25</td><td>射手座</td><td>梅花10</td></tr>
<tr><td>12/23</td><td>摩羯座</td><td>方塊8</td></tr>
</table>

對象	伴侶之間的連結					綜合指數評級		
紅心 8 與	連結1	連結2	連結3	連結4	連結5	吸引力	強度	相容性
A♥	NERS	PLFS	MAM	NEF	SARS	7	5	-1
2♥	URRS	PLF	URFS	PLFS	URF	3	4	-3
3♥	NEF	SARS	NERS	PLFS	CRF	5	4	0
4♥	MAR	JURS	SARS	CLF	URF	3	4	1
5♥	MARS	VEM	VER	CLFS	CRR	7	2	4
6♥	VERS	JUF	CRFS	MARS	MOFS	6	0	5
7♥	KRMA	MOFS	PLF	NEFS	JUMS	7	4	2
8♥	SBC	NER	MOFS	NEF	MORS	6	2	4
9♥	MORS	PLF	URFS	URR	VEFS	5	1	2
10♥	VEFS	CRR	VEMS	MAFS	VEM	7	0	6
J♥	SAF	MAFS	URF	PLRS	JUF	1	5	-3
Q♥	MAF	JUFS	CLF	URF	VERS	5	3	2
K♥	SAFS	URR	NEFS	PLRS	SAMS	0	5	-3
A♣	PLF	URFS	URRS	URR	NEFS	3	3	-2
2♣	URR	NEFS	PLRS	JUMS	SAFS	3	2	1
3♣	PLFS	PLR	CRFS	JUR	JUMS	5	5	-2
4♣	JUF	CRFS	CLFS	VERS	MAF	5	2	3
5♣	CLFS	MARS	VEM	JUF	CRFS	6	4	2
6♣	MOR	PLF	VEMS	MARS		8	1	4
7♣	VEM	SAF	NEF	CLRS	VEMS	4	2	2
8♣	SAF	MAFS	URF	PLRS	MAM	2	6	-3
9♣	VERS	MAF	JUFS	MAM	MAMS	7	2	4
10♣	JUF	CLRS	VEMS	SARS	CLR	2	0	4
J♣	CRR	VEMS	JUR	VEFS	VER	5	-1	6
Q♣	CRF	NEF	SARS	MAF	JURS	5	4	1
K♣	SAR	MOF	VEF	URF	SARS	3	0	3
A♦	MAM	NERS	PLFS	MAMS	MARS	8	7	-1
2♦	MOR	MAM	MAMS	MARS	PLF	8	4	3
3♦	MARS	VERS	VER	CRF	MAR	7	3	4
4♦	VER	MARS	VEM	SAF	VEMS	6	1	4
5♦	PLR	PLFS	JUR	JUMS	JURS	3	3	0
6♦	MAM	MAMS	VERS	VEF	VEFS	8	4	4
7♦	MORS	PLF	URFS	MOR	URR	6	1	3
8♦	SAF	NEF	CLR	CRRS	VEM	2	4	-1
9♦	PLR	MOF	JURS	CLR	PLRS	3	1	3
10♦	MAF	JURS	CRF	CLR	CRRS	5	4	2
J♦	JUR	VEF	CRR	VEMS	MAF	5	-1	7
Q♦	MARS	PLR	CLR	PLRS	MAR	5	6	-1
K♦	PLFS	NER	KRMC	NERS	PLF	7	5	-1
A♠	JUMS	MOFS	KRMC	URR	NEFS	4	-1	5
2♠	MOF	VEF	SAR	URF	SARS	4	-1	5
3♠	VEF	MAM	MAMS	JUR	NER	7	3	4
4♠	SARS	JUF	MAR	JURS	MARS	2	3	2
5♠	VEFS	VER	VERS	VEF	MAFS	7	-2	8
6♠	VEF	SAMS	MOF	MOFS	CRF	5	1	5
7♠	KRMA	NER	PLF	NEFS	PLFS	7	6	-1
8♠	SAR	MOR	MORS	VEF	VEMS	5	-1	5
9♠	SAMS	SAFS	VEF	VEFS	SAF	0	5	-2
10♠	CLF	URF	MAR	JURS	MAF	4	4	0
J♠	CLRS	VEMS	VEM	JUF	JUFS	4	-2	6
Q♠	CLR	CRRS	MAF	JURS	SAF	3	3	0
K♠	URF	PLRS	SAF	MAFS	URFS	1	4	-3

梅花8：心智的力量

梅花8的人格特質

梅花8是三張固定牌之一。由於強大的心智力量，他們不容易被他人的看法和意見所左右。許多成功的律師是梅花8。然而，他們的力量可以被非常成功地應用到任何的心智領域。譬如說，許多化學家、火箭科學家、核子物理學家也是梅花8。他們其實可以學習任何東西。

他們的人生路是整副牌中最成功的其中一條。他們可以完成決心要達到的幾乎任何事，而且大部分可以獲得財富和聲望，但他們必須確定自己的生活是保持平衡的。心智和情感的平和對維持成功至關重要。他們有許多的通靈力，可以是偉大的治療師。他們的所有天賦都可以被應用在飛黃騰達，而他們只需要覺察到自己的真實目標，就可以擁有成功和成就的人生。

如此固定自有其缺點，主要是他們很難應付改變。最固定的是他們的頭腦——他們的概念、想法、原則。他們往往天生帶有一套賴以為生且拒絕改變的特定原則。然而，他們一生將不可避免地有某些時期，心智結構的改變必然且一定會出現。這些時期是艱難的，但卻是梅花8業力之路的一部分。經歷過這些以某種死亡和重生出現的改變之後，他們總是更健康、更活躍。

與紅心J或黑桃K共事將會帶來影響深遠的成功，如果一起合作，必會致力於為人類完成某些偉大的工作。為了成就最佳的結果，他們應該讓工作第一，個人生活次之，且將兩者分開。

梅花8的親密關係課題

梅花8本來有美好的姻緣。首先，因為是固定牌，他們較不容易像其他牌那樣有情緒上的變化。黑桃4在金星也表示，他們相當讚賞住家和家庭的穩定，也因此足以避開情愛生活的變化，不像許多其他人那樣大受影響。不管怎樣，大部分的梅花8在人生的某個時候，一定會經驗到艱難的離婚或分離，通常與方塊花色的某人相關聯。

對梅花8而言，如此命中注定的浪漫分手是必須被好好處理的業力，來自過去，通常是某個前世。由於梅花8的固定本性，所以當這些改變出現時，要應付並不容易。女性往往最終與某個年紀較輕的方塊男在一起，由這人引介她們認識高度靈性或浪漫的愛。這樣的事通常發生在她們四十多歲時。當梅花8發現，世上有許多的心智概念，不只是他們固定的那一套，然後終於與自己追求探險和種種情愛經驗的欲望面對面。所以，往往需要這次離婚或改變幫助他們發展至人生的某個新層次，同時突破他們的固定模式。

有時候，在這次改變之前、期間、之後，都有祕密戀情。一旦這次改變發生，他們就可以更自由地追求適合自己需求的

業力牌：
紅心J　黑桃K　梅花A
紅心2　方塊7　紅心9
業力親屬：
無
前世牌：
梅花7　梅花9

不論哪一種關係。女性梅花8絕不應該讓個人關係的重要性勝過她的畢生志業。當她那麼做時，總是會失去大部分的力量，同時糾纏在情感的泥沼和困惑中。

身分牌連結之間的通性

梅花8男性常被方塊女所吸引，對方總是為他們的人生帶來挑戰。方塊女往往是他們注定最終離婚的對象。女性梅花8與方塊男有較大的成功率。梅花8男性對紅心女來說頗有吸引力。男女梅花8都能與梅花男融洽共處。

梅花8——擇善固執

梅花8身為三張固定牌之一，固定的主要是他們的心智。一旦他們下定決心，通常就無法改變或移除。下述故事說明這點。

最近一場工作坊期間，一位女士分享了一則關於她的梅花8丈夫的故事。在一般人眼中，她丈夫都是成功的男人，但有些方面卻古怪而頑固。

在他們居住的城鎮，鎮上官員改變了兩條大街的方向，二十多年來，這兩條街一直是朝某邊單向通行。這次方向的改變對這位梅花8男人來說無法容忍。因此，他決定，乾脆不再開車經過那兩條街。更令人驚訝的是，為了不開車經過那兩條街，每次開車去鎮上或從鎮上回來，他都必須繞道八公里以上。然而，在他心中，這是兩種選擇中較佳的做法。這是一個梅花8堅守概念的案例，儘管照正常標準，可能不切實際。對梅花8來說，改變自己的頭腦似乎是他們不願意承擔的巨大任務。

許多梅花8帶著特定的概念、原則或信念經歷了大半固定的人生。多數情況下，他們因這些而成功，也擁有快樂的人生。但不可避免地，那份召喚從內在湧現，要繼續向前移動，要進化成更遼闊的世界觀和個人的生活之道。必要的改變可能需要幾年時間才能完成。由於人生軌跡中的冥王星牌是方塊Q，這類改變往往是由方塊花色的某人（可能是男性，也可能女性）所催動。

事實上，多數梅花8女性在快五十歲或五十出頭時遇見一位方塊男，這人扮演著催動其個人蛻變的角色。有時候，這事甚至可能更早發生，而且，在某些案例中發生不止一次。通常一開始是戀情，或是極度迷戀這位往往年紀較輕的方塊男。這男人喚醒了她們內在之前從未經驗過的浪漫和其他感覺。梅花8女性通常與方塊男墜入愛河，儘管從許多角度看，這段關係其實不切實際或行不通。雖然這些關係很少持久，但對這位梅花8女性的人生卻產生了永久的影響——她被蛻變轉化，進入個人的幸福和經驗具有更多可能性的世界。

為了自身所有的力量，梅花8的人有自己的十字架要揹負。那通常需要人生出現一次重大的危機，才能改變他們的想法或習性。也因此，梅花8的人生常有戲劇性事件。需要更多的能量，才能讓他們改變或移動。我們可能會說，神希望我們每一個人進化和改變到某種程度。從某個觀點看，那正是人生的重點。與梅花8的固定本性正面相遇的，也是這樣的進化。

梅花 8

人生牌陣牌組		
行星牌	符號	牌
月亮	☽	J♠
太陽（本命牌）	✳	8♣
水星	☿	6♦
金星	♀	4♠
火星	♂	10♥
木星	♃	10♦
土星	♄	8♠
天王星	♅	A♥
海王星	♆	A♦
冥王星	♇	Q♦
結果（宇宙回報）	♃+	5♥
宇宙功課	♄+	3♣

守護星牌

生日	守護星座	守護星牌
3/28	牡羊座	紅心 10
4/26	金牛座	黑桃 4
5/24	雙子座	方塊 6
6/22	雙子座或巨蟹座	方塊 6 或黑桃 J
7/20	巨蟹座	黑桃 J
8/18	獅子座	梅花 8
9/16	處女座	方塊 6
10/14	天秤座	黑桃 4
11/12	天蠍座	紅心 10 和方塊 Q
12/10	射手座	方塊 10

名人生日

派屈克・史威茲（PATRICK SWAYZE）
8/18/1954 ● 男演員
勞勃・瑞福（ROBERT REDFORD）
8/18/1937 ● 男演員
文斯・沃恩（VINCE VAUGHN）
3/28/1970 ● 男演員
卡洛・柏奈特（CAROL BURNETT）
4/26/1936 ● 女演員
艾德華・諾頓（EDWARD NORTON）
8/18/1969 ● 男演員
梅莉・史翠普（MERYL STREEP）
6/22/1949 ● 女演員
娜姐麗・華（NATALIE WOOD）
7/20/1938 ● 女演員
蘇珊・黛（SUSAN DEY）
12/10/1952 ● 女演員
蘿珊・凱許（ROSEANNE CASH）
5/24/1955 ● 鄉村歌手
羅曼・波蘭斯基（ROMAN POLANSKI）
8/18/1933 ● 導演
比・比・金（B.B. KING）
9/16/1925 ● 音樂家
卡洛斯・山塔那（CARLOS SANTANA）
7/20/1947 ● 棒球運動員
薩米・索薩（SAMMY SOSA）
11/12/1968 ● 棒球運動員
娜蒂亞・柯曼妮奇（NADIA COMANECI）
11/12/1961 ● 奧運體操運動員
德懷特・艾森豪（DWIGHT EISENHOWER）
10/14/1890 ● 美國前總統
尼爾・楊（NEIL YOUNG）
11/12/1945 ● 歌手
瑞芭・麥肯泰爾（REBA MCENTIRE）
3/28/1954 ● 歌手
巴布・狄倫（BOB DYLAN）
5/24/1941 ● 歌手
普芮希拉・普里斯萊（PRISCILLA PRESLEY）
5/24/1946 ● 女演員
洛琳・白考兒（LAUREN BACALL）
9/16/1924 ● 女演員
大衛・考柏菲爾（DAVID COPPERFIELD）
9/16/1956 ● 幻術師
黛安・韋斯特（DIANNE WIEST）
3/28/1948 ● 女演員

對象	伴侶之間的連結					綜合指數評級		
梅花 8 與	連結 1	連結 2	連結 3	連結 4	連結 5	吸引力	強度	相容性
A♥	URF	NEF	PLR	URFS	CLRS	3	2	0
2♥	KRMA	NER	PLF	NERS	PLFS	7	6	-1
3♥	URF	JUFS	CLR	PLRS	MOR	2	0	2
4♥	VEF	JURS	NERS	CRR	JUFS	4	-1	6
5♥	CRF	VEMS	CRFS	MARS	VEM	7	3	3
6♥	JUR	MAR	JURS	PLFS	URF	3	2	3
7♥	VEFS	VEF	MAR	JURS	PLF	6	0	6
8♥	MAM	VEFS	SAR	MARS	URR	5	4	2
9♥	KRMA	VEM	VEMS	NERS	PLFS	7	2	4
10♥	MAF	MAFS	MOFS	CLFS	VEMS	8	5	2
J♥	KRMA	POWR	CLR	CLRS	NEF	5	6	0
Q♥	JUR	CRRS	JURS	MORS	CRR	3	-1	5
K♥	URR	PLRS	URRS	PLR	JUF	1	2	-1
A♣	KRMA	NERS	PLFS	NER	PLF	7	6	-1
2♣	URRS	VEF	URR	PLRS	JUFS	2	0	3
3♣	CLF	SARS	VER	CLFS	SAR	3	4	-2
4♣	MAR	JURS	MARS	VEM	JUR	5	3	4
5♣	MARS	VEM	CRF	VEMS	MAR	8	3	4
6♣	VERS	SAF	VER	NEFS	PLRS	4	1	2
7♣	MOFS	MAM	MOF	CRFS	VEF	8	1	6
8♣	SBC	POWR	CLR	CLRS	CLF	4	6	-1
9♣	MORS	CRR	JUR	CRRS	MOR	5	-1	6
10♣	VEFS	MOF	VEF	VEMS	VER	7	-3	10
J♣	MAFS	MAR	MAF	CLR	CLFS	7	7	0
Q♣	JUFS	JUF	PLR	VERS	MAF	3	-1	5
K♣	SAFS	JUM	SAF	JURS	NER	-2	4	-2
A♦	NEF	PLR	URFS	VER	NEFS	5	2	2
2♦	VER	NEFS	PLRS	VERS	NEF	7	0	4
3♦	PLFS	JUR	PLF	SAR	MAMS	5	5	-2
4♦	CRFS	CRF	VEMS	PLR	CLF	7	4	1
5♦	VER	CLFS	VERS	CLF	SARS	6	2	2
6♦	MOR	MORS	CRR	MARS	JUM	7	-1	7
7♦	KRMA	VEMS	VEM	NERS	PLFS	7	2	4
8♦	MAM	MAMS	MOFS	VEF	MOF	8	4	4
9♦	VERS	PLF	VER	CLFS	MAMS	7	2	2
10♦	JUF	JUFS	MAMS	VER	PLR	4	0	6
J♦	MAR	MARS	MAFS	CLR	CLRS	7	7	0
Q♦	PLF	PLFS	VERS	MAM	SAR	7	6	-3
K♦	SAR	MAMS	CLF	SARS	MAM	3	7	-3
A♠	VEF	VEFS	URRS	JUR	NEF	5	-2	7
2♠	JUM	JUMS	SAFS	NER	JUR	0	0	2
3♠	MARS	MOR	MAR	CLRS	JUM	7	3	3
4♠	VEF	VEFS	VEM	CRRS	VEMS	7	-2	9
5♠	MAF	CRFS	MOF	CLF	PLRS	7	5	1
6♠	JUMS	PLR	JUM	JUR	NERS	2	-1	3
7♠	MAM	SAR	MAMS	JUR	SARS	4	6	0
8♠	SAF	SAFS	VERS	JUR	SARS	-2	4	-3
9♠	PLR	URR	PLRS	JUMS	VEF	2	2	0
10♠	JURS	JUR	CRRS	NER	JUF	2	-1	5
J♠	MOF	MOFS	VEFS	CRF	VERS	8	-2	9
Q♠	MAMS	JUF	MAM	VEFS	MOFS	7	3	4
K♠	KRMA	POWR	NEF	NEFS	CLR	7	6	1

8

方塊8：太陽牌

方塊8的人格特質

身為太陽牌，方塊8有機會在今生晉升至極大的高度。無論是否求取絕佳的聲名，在工作方面，他們總是被人尊重、受到景仰。他們喜歡「發光」，被別人注意到，而且擁有很強的領導能力。這些人強而有力，如果掌權成癮，可能會獨裁專橫。他們的許多業力是透過與他人的權力和操控鬥爭才得以解決。他們不喜歡被操控，且試圖在關係中保有力量。

數字8的力量加上「皇冠列」的位置賦予他們獨立且有時「執意強求」的本性。不管怎樣，他們了解何謂一切都是值得的，而且非常懂得討價還價。對許多方塊8來說，權力意謂著擁有和花費金錢。方塊8時常因花錢而得到極大的快感，也因此變成某種上癮。男性和女性方塊8尤其以能夠快速花費巨資而聞名。這是整副牌中的「購物能手」。「當形勢艱難時，勇者購物去也」，這句口號多半是方塊8寫的。

他們可以透過辛勤工作和應用與生俱來的直覺完成任何事情。當他們學會將力量導向自己和個人的轉化，不再試圖改變世界，就可以臻至內在力量和自我掌控帶來的永久和平，這些是他們的黑桃Q業

力牌的關鍵詞。

他們頭腦好，強烈渴望學習新的事物。如果他們願意努力，幾乎沒有什麼不能達成，也幾乎沒有克服不了的問題。他們擁有征服和統治的力量，只要不濫用，就會為他們帶來滿足感。有些方塊8害怕或不願意承擔伴隨如此權力而來的責任，因而喪失了神賦予他們的許多才華和潛力。

方塊8的親密關係課題

愛情方面，他們傾向於反覆無常和優柔寡斷。方塊8獨立而易變的本性可能會抗拒婚姻，或者，某些案例顯示，一再吸引到無法做出承諾的人。許多方塊8實行「連續型一夫一妻制」，有過三次、四次、五次或更多次的婚姻。事實上，他們在愛情方面需要多樣化，一個人往往無法滿足他們。

他們必須學習給予他人表達的自由，不試圖改變對方。他們還需要學習接受自己的本來面目，同時學習如何給予自己希望他人給予的愛。他們的冥王星牌黑桃A告訴我們，正在釋放他們對被遺棄的恐懼，而宇宙回報牌紅心7則說明，不用自己充沛的力量霸凌摯愛是他們面臨的某些最大挑戰。

通常，他們知道自己想要什麼，也願意去追求。不幸的是，他們想要的終究會改變。

多數情況下，始終將事業擺在親密關係之前是明智的做法。當他們試圖讓關係變得比工作重要時，通常會喪失某些力量。男性和女性方塊8與梅花男女相處愉快。採納較不執著的愛情觀為他們帶來許

業力牌：	
黑桃Q	梅花7
業力親屬：	
方塊10	黑桃J
前世牌：	
方塊7	方塊9

多祝福。

身分牌連結之間的通性

方塊8女性最適合與黑桃男結婚，尤其如果這位男士有所成就、權大勢大。紅心男提供一份終生的友誼。方塊8男性常被紅心女追求，且得到梅花女的青睞。他可能會發現與黑桃女最相容，不過重要的是，在得出任何結論前，要先依據個人，檢查本命牌連結。

方塊8——隱藏版獅子座

洛妮・安德森（Loni Anderson）、桃莉・巴頓（Dolly Parton）、塔咪・菲・貝克（Tammy Faye Bakker），有什麼共同點呢？她們都是方塊8女性。這三位女性都具有方塊8女性常見的某些生理特徵，甚至看起來很相似。當我們憶起方塊8是太陽牌時，這可以幫助我們理解，為什麼這些女性基本上外貌相似。你遇到的多數方塊8都擁有那張陽光燦爛的大臉。事實上，是她們的整體容貌賦予那陽光燦爛的外貌。她們經常微笑，而且笑容往往非常誇張，擁有比常人大的嘴巴，以及許多美麗的牙齒。方塊8其實是一張非常獅子座的牌，不管擁有者的太陽星座為何。在他們的星象圖中，幾乎一定會找到重要的獅子座相位。獅子座的特質往往與獅子相關聯——通常有長而密的頭髮，

或是與眾不同的頭髮。當然，並不是所有的方塊8女性都是這類體型，但令人驚訝的是，你會發現許多這樣的方塊8。

另一個方塊8的特徵是，談到錢，尤其是談到金錢和生意，他們擁有原始的力量。絕不要犯這樣的錯誤：以為哪一個方塊8容易受影響。如果容易受影響，倒是他們會企圖強迫你去做你平時不會做的事。不管外表如何，這些女性精確地明白，何謂一切都是值得的，也懂得討價還價。當涉及金錢或有價值的任何東西時，方塊8可是非常意志堅強，某些情況甚至是無情的。進一步細看，你總是會發現，他們每一個本命星盤中都有強旺的冥王星、天蠍座或八宮影響。

方塊 8

人生牌陣牌組		
行星牌	符號	牌
月亮	☽	10♣
太陽（本命牌）	☀	8♦
水星	☿	K♠
金星	♀	3♥
火星	♂	A♣
木星	♃	Q♣
土星	♄	10♠
天王星	♅	5♣
海王星	♆	3♦
冥王星	♇	A♠
結果（宇宙回報）	♃+	7♥
宇宙功課	♄+	7♦

守護星牌

生日	守護星座	守護星牌
1/19	摩羯座	黑桃 10
2/17	水瓶座	梅花 5
3/15	雙魚座	方塊 3
4/13	牡羊座	梅花 A
5/11	金牛座	紅心 3
6/9	雙子座	黑桃 K
7/7	巨蟹座	梅花 10
8/5	獅子座	方塊 8
9/3	處女座	黑桃 K
10/1	天秤座	紅心 3

對象	伴侶之間的連結					綜合指數評級		
方塊 8 與	連結 1	連結 2	連結 3	連結 4	連結 5	吸引力	強度	相容性
A♥	NERS	PLFS	VEF	CRR	VEFS	7	3	2
2♥	JUMS	MAF	MOFS	CLF	VEM	6	1	4
3♥	VEF	JUF	CRRS	SAF	JUFS	3	0	5
4♥	PLR	CRFS	SAF	NEF	SAFS	3	6	-3
5♥	NER	JURS	URF	VEMS	URR	3	-1	4
6♥	JUFS	MAR	NEF	SARS	NEFS	5	3	3
7♥	CRF	SAR	NER	PLF	URFS	4	5	-2
8♥	SAR	NER	URR	VEMS	CRF	2	2	1
9♥	MOFS	CLF	VEM	MAF	MAR	7	2	4
10♥	MAMS	CLRS	CLFS	VEM	CLR	5	5	0
J♥	VER	MOR	MAM	VERS	CRRS	7	-1	6
Q♥	VER	SAF	PLRS	VERS	VEFS	3	2	1
K♥	MAFS	MAM	VERS	VEM	MAF	8	4	3
A♣	MAF	JUMS	MOFS	CLF	VEM	6	2	3
2♣	PLF	URFS	MAFS	MAM	JUF	6	5	-2
3♣	MARS	SAFS	SAR	MAR	JURS	2	7	-3
4♣	MAR	URF	VEMS	JUFS	MAM	5	2	3
5♣	URF	VEMS	MAR	MARS	VERS	5	2	3
6♣	JUR	URRS	MOFS	CLR	JURS	2	-2	5
7♣	KRMA	VEFS	PLF	NEFS	VER	7	4	2
8♣	MAM	VER	MOR	MAMS	MORS	8	2	5
9♣	VER	VERS	JUM	VEFS	PLRS	6	-2	7
10♣	MOF	CRFS	MAFS	VEF	MAMS	8	2	5
J♣	CLRS	CRR	MAFS	MAMS	MOR	5	4	1
Q♣	JUF	CRRS	VEF	JUR	VEFS	4	-1	7
K♣	CLR	PLRS	URR	NEFS	SAF	2	3	-1
A♦	NERS	PLFS	URRS	PLR	URR	5	4	-2
2♦	URRS	JUR	NERS	PLFS	URR	2	1	1
3♦	NEF	SARS	JUFS	SAM	JUF	2	3	2
4♦	NER	JURS	CLFS	PLF	CLF	4	3	1
5♦	MARS	MORS	MOF	MOR	VEF	8	0	7
6♦	VERS	SAR	PLFS	VEF	SARS	4	2	1
7♦	MOFS	CLF	VEM	MAF	MAR	7	2	4
8♦	SBC	VEFS	VERS	NEF	PLFS	7	2	4
9♦	MORS	JUFS	MARS	VEF	JUF	6	-1	7
10♦	JUR	VEFS	KRMC	JUF	CRRS	3	-1	7
J♦	CRR	MAFS	SAR	PLFS	CLRS	5	5	-1
Q♦	JUFS	NEF	SARS	MORS	NER	4	0	4
K♦	SAFS	URR	VEMS	URRS	SAR	0	3	-1
A♠	PLF	URFS	CRF	JUF	PLFS	5	4	-2
2♠	URR	NEFS	PLRS	MAR	CLR	4	3	0
3♠	SAR	PLFS	VERS	CRR	MAFS	4	4	-1
4♠	CRFS	MOF	PLR	PLRS	MAFS	6	3	2
5♠	CLFS	MAMS	NER	JURS	NERS	6	5	0
6♠	MAR	VERS	VEM	URR	NEFS	7	2	4
7♠	URR	VEMS	SAFS	SAR	NER	1	2	0
8♠	CLR	PLRS	JUR	JURS	PLR	1	1	1
9♠	VERS	VEM	MAFS	MAM	MAR	8	1	5
10♠	SAF	PLR	VER	VERS	NEF	2	3	-1
J♠	VEFS	MOF	KRMC	MOFS	VEF	7	-2	9
Q♠	KRMA	JUR	VEFS	PLF	NEFS	5	3	3
K♠	MOR	MAM	VER	MORS	MAMS	8	0	6

8

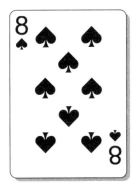

黑桃8：勞動的力量

黑桃8的人格特質

身為「8中之8」，力量牌中的力量牌，黑桃8有最沉重的負擔和義務，要將自己的力量用在好事上。每一個黑桃8都忍不住想要運用這股力量擺脫心中的恐懼和避免不時面對自己。黑桃8在人世間是要勞動並做出貢獻的，而且最終這必定優先於他們的浪漫生活。他們是勞動者，是整副牌中的工作狂。他們的力量是透過行動和不屈不撓的意志力表達。

有權行使最大權力的人最可能濫用權力，這似乎是自然而然的。天生擁有如此的力量可能讓我們以為有理由恣意專權。有人可能認為：「如果我被賦予了如此的力量，一定意謂著我要使用它，而且我是對的。」事實並非如此，於是黑桃8，以及恣意專權的所有數字8，便因奠基於那個錯誤觀念的行為而飽嘗苦果。

黑桃將我們帶到靈性的界域，儘管多數黑桃人無法不關注物質利益和對物質的掌控。成功對黑桃8幾乎是容易的，只要他們願意為成功而努力。他們知道自己握有巨大的力量，而考驗來自於他們如何選擇使用這股力量。當他們從較低階的價值感或是從「恐懼模式」操作時，就可能利用這股力量來逃避真相並摧毀自己。

他們需要被欽佩，也會為了被欽佩和受尊重而努力。他們可以成為很好的供給者，也時常設法與同樣有錢的人結婚。當婚姻結束時，似乎總能在財務上取得勝利的牌不多，黑桃8是其中之一。他們懂得處理障礙，那往往是衡量他們真實能力的方法。他們擁有深邃的療癒力，而且，如果得到指點，可以轉化相逢者的人生。他們一生的挑戰包括：在人生一定會帶給他們的挑戰之中，培養比較正向的人生態度。研究靈性主題總是帶來療癒和較多個人的自由。

黑桃8的親密關係課題

黑桃8是整副牌中情緒較為踏實的其中一張，他們通常沒有影響許多其他牌的優柔寡斷或焦躁不安。這使他們在婚姻或承諾的關係中，成功的機會高於一般人。不過，他們通常有點情緒不成熟，往往需要一些時間，才能像深諳工作那樣，理解愛的運作。對於愛情、浪漫和婚姻，他們往往採取知性或奠基於概念的方法，同時經由嘗試和實驗學習。雖然工作通常是他們人生中的一大主題，但他們心中存有的愛似乎大過他人的認定。

他們深受與自己溝通無礙的對象所吸引，而且尊重智力較高的人。他們時常在職場上找到心儀的對象。許多黑桃8與配偶建立起工作或財務上的夥伴關係。黑桃8選擇配偶時，財務似乎是一個重要的課題。他們的實際面告訴他們，與比較有錢的人在一起比較好，而且在擇偶時，他們往往遵守這個規則。

有那麼大的權力供其行使，黑桃8通常發現，同樣的力量也可以毀壞愛情關係

業力牌：
梅花K　梅花6
業力親屬：
黑桃2　方塊2
前世牌：
黑桃7　黑桃9

中需要的微妙平衡。在親密關係中，覺察到自己個人恐懼的黑桃8有更多成功的機會。

身分牌連結之間的通性

黑桃8男性對方塊女非常有好感，但也可能經常與方塊女鬥個不停。男女黑桃8均享有其他黑桃男和黑桃女的友誼。方塊男覺得黑桃8男性和女性均挑戰性十足，很難搞定。

黑桃8是一張力量牌，與生為騎士或更高級別的人（不論哪一種花色）之間，均有操控的課題。

人 格 側 寫

黑桃8 ——威力強大

單就憑藉純粹的意志和決心讓事情發生的能力來說，黑桃8似乎超越其他的數字8。幾個具體的實例將會闡明這點。

幾年前，我在康科德（Concord）教課。每一個人都佩戴著寫了自己本命牌的姓名牌。其中一位女士是黑桃8。我剛好知道我是黑桃8人生軌跡中的火星牌，所以，當時心想，是否會不慎做出哪一件令她生我氣的事。那堂課進行到大約三分之二的時候，她站起來，大肆抱怨我的授課方式。整個班簡直是靜坐了大約一分鐘，屏息以待，看看會發生什麼事。她直接挑戰我，而且好一會兒，看似那堂課就此結束。我想了一會兒，然後擬出了一個似乎可以對治她的擔憂的答案。但我印象深刻，她輕而易舉地便讓我們的課停擺，還強迫我想出答案答覆她的問題。沒有多少人能讓我閉嘴，尤其是課上到一半時，但她做到了。的確是個威力強大的女性啊！

另一個例子發生於我在一家大約三百人的企業工作期間，當時我管理整修房屋的施工部。對於正在進行的工程，我們有嚴格的準則，而且多年來，我從沒見過有誰越界。然後我開始指導一位前來我們部門工作的黑桃8。儘管他的工作表現堪稱優秀，但他同時有一些想要完成的個人計畫，那對他來說非常重要。他展開了一宗大型園藝工程，開始納入我們的某些材料，也投入許多時間，戮力經營他的社區園藝。儘管我和公司其他人所做的事或所說的話全都勸他罷手，但他卻成功地造就這宗大型花園工程。他總是頂撞當權派或共事的人，以求完成他想做的事，但他的確完成了他準備要完成的事。所以，我們可以看見，這個黑桃8簡直是與一家三百人的公司對抗，而且僥倖成功。

這實例說明許多黑桃8擁有不屈不撓的意志。他們不見得總是在周遭人之間創造合作和相互支持的感覺，但他們確實把事情完成了。並非所有黑桃8都必須與公司機關對抗才能得到他想要的，但當他們那麼做時，往往有足夠的力量圓滿達成目的。這示現了力量以及力量的真正意涵。

黑桃 8

人生牌陣牌組		
行星牌	符號	牌
月亮	☽	10♦
太陽（本命牌）	☀	8♠
水星	☿	A♥
金星	♀	A♦
火星	♂	Q♦
木星	♃	5♥
土星	♄	3♣
天王星	♅	3♠
海王星	♆	9♥
冥王星	♇	7♣
結果（宇宙回報）	♃+	5♦
宇宙功課	♄+	Q♠

守護星牌		
生日	守護星座	守護星牌
1/6	摩羯座	梅花3
2/4	水瓶座	黑桃3
3/2	雙魚座	紅心9

對象	伴侶之間的連結					綜合指數評級		
黑桃 8 與	連結 1	連結 2	連結 3	連結 4	連結 5	吸引力	強度	相容性
A♥	MOR	URFS	VEF	PLFS	URF	5	-1	4
2♥	NEFS	VEM	MAM	VEFS	MAMS	8	2	5
3♥	PLFS	MOR	URFS	SAM	URF	4	3	0
4♥	CRFS	MAR	JURS	VEFS	VEF	6	3	3
5♥	JUF	CLFS	URFS	MAM	MAF	4	2	2
6♥	CRR	PLR	MAM	CRRS	VERS	5	4	0
7♥	NERS	VEMS	SAF	MARS		5	2	2
8♥	MOFS	SAF	MOF	VER	PLR	4	0	4
9♥	NEF	VEFS	MAM	PLR	VEF	7	2	4
10♥	VER	MARS	VEM	VEMS	CRRS	7	0	6
J♥	JUF	SAFS	NEFS	SAR	PLRS	1	3	0
Q♥	SAFS	VEFS	VEF	PLF	NERS	3	3	1
K♥	VER	JUMS	MORS	URRS	JUM	4	-3	6
A♣	MAM	NEFS	VEM	VEFS	VEMS	8	2	5
2♣	VER	JUMS	NERS	MOF	NER	5	-2	6
3♣	SAF	CRF	VEMS	CLR	PLRS	2	4	-1
4♣	PLR	MAF	CRR	CRRS	VERS	6	5	0
5♣	MAF	JUF	CLFS	URFS	PLR	5	4	1
6♣	KRMA	MAR	JUFS	PLF	PLFS	6	7	0
7♣	PLF	URR	MAFS	NER	URRS	5	5	-2
8♣	SAR	JUF	SAFS	NEFS	SARS	0	3	-1
9♣	VEF	SAFS	JUR	JURS	SAF	1	1	3
10♣	MAMS	URR	MAFS	MAR	JURS	6	6	0
J♣	CLRS	VEM	VER	JUR	VERS	4	-1	5
Q♣	PLFS	MOF	MOFS	PLF	URFS	7	2	1
K♣	KRMA	MAFS	URRS	PLF	PLFS	6	7	-1
A♦	VEF	NER	MOR	URFS	MORS	6	-2	7
2♦	NER	MAR	KRMC	JUFS	VEF	6	3	3
3♦	CRR	MAF	CRRS	SAF	MAFS	5	5	-1
4♦	MAM	MARS	VEM	JUF	CLFS	7	4	3
5♦	CRF	VEMS	VEM	SAF	URR	5	1	3
6♦	JUR	VEF	URF	SARS	URFS	2	-1	4
7♦	VEFS	NEF	MAM	NEFS	JUM	7	1	5
8♦	CLF	JUFS	PLF	PLFS	JUF	5	4	-1
9♦	VEM	VEMS	MAF	CRRS	CRF	8	0	6
10♦	MOF	CLF	JUFS	CLFS	VEM	6	1	4
J♦	CLRS	VEM	URF	SARS	MOR	3	0	2
Q♦	MAF	CRRS	VEM	VEMS	SAF	7	3	3
K♦	CLR	PLRS	SAF	MOFS	CLRS	1	3	-2
A♠	NERS	VER	JUMS	VERS	MARS	6	-1	5
2♠	URRS	SAF	KRMC	VERS	MAFS	1	3	-1
3♠	URF	SARS	JUR	CLRS	VEM	0	1	1
4♠	MAR	JURS	MAMS	CRFS	MAM	6	5	2
5♠	MARS	VEM	VER	MAM	MAMS	8	3	4
6♠	SAF	VERS	MORS	URRS	NEF	2	1	1
7♠	MOFS	CLR	PLRS	VER	PLR	5	0	3
8♠	SBC	MAFS	MAR	JUFS	MARS	6	7	1
9♠	MORS	SAF	VERS	JUF	URRS	3	0	4
10♠	VEFS	CRFS	SAFS	CRF	VEF	5	3	2
J♠	URR	MAFS	PLF	MAMS	MAF	6	6	1
Q♠	CLF	JUFS	MOF	SAR	CLFS	4	2	2
K♠	JUF	SAFS	NEFS	SAR	JUFS	1	2	1

數字9：結束與奉獻

「一切美好的事都一定會結束。」

在所有事物循環的自然進程中，無論是活生生的還是無生命的，都有消散、終止的時候。在一生的歷程中，我們將會經歷許多這樣的循環，包括：關係、想法、職務、居住地、個人財產等等。在所有這些事物中，會有一個開始，由王牌A代表，以及一個終結，由數字9代表。9代表目前正在結束的經驗階段，很像高中畢業那一年。在那一年間，我們還在學校，但心知肚明，在那一年過後，曾經存在的一切將會消失。這是告別的一年，也是慶祝自我成就的一年。畢業可以是慶祝的理由，也可以是悲傷和憂心未來的原因。就跟所有的事情一樣，個人的態度決定我們每一個人的體驗。

生而為9，彷彿這一輩子就像高中最後那一年。數字9的一生標示個人進化過程中一個大循環的結尾，在這樣的一生中，個人學到且得到許多，但也是在如今完成的這一生中，必須獲准淡出，好好準備一個即將開始的新循環。在數字9的一生當中，不可避免地一定要與已在其人生中達到實用終點的人、事物、想法、生活型態、溝通方式道別。但無論是帶著喜悅和慶祝看待這一生，還是懷著悲傷和失落的感覺以及對未來的惶恐不安，都將再次取決於個人。

在數字命理學上，9緊接在8之後。8代表盈滿的點位，是1到9這個循環的收穫期。一旦我們嘗到了8的盈滿，收穫了8所給予的全部價值，就會進入死亡和衰敗構成的9的階段。成為9有點像是已被收成的小麥田。什麼也沒有，只剩下豐收後的殘跡。

9的花色將使我們洞悉當事人已然觸及的盈滿點位。對紅心9來說，要了結關鍵的關係和珍愛他人的方式。梅花9一定要放下信念、對人生和自己的看法、以及與他人的溝通方式。方塊9則會發現，他們珍視的人事物會被帶走，或是至少需要被釋放。黑桃9在許多方面經歷到最沉重的擔子。他們需要將自己的意志昇華成為神的旨意。他們必須放下與他人的權力鬥爭，以及與自己的生活型態、健康、職業相關連的事物。

就好像一個人剛搬遷至新居，舉行著一場車庫或庭院拍賣會，將家當以其部分價值促銷，你將會看見，

數字9的人一輩子都在送東西離開。的確，除非他們找到將自己獻給他人的方法，否則9的人絕不會真正充實滿意。許多數字9將這點提升至最高的層次，成為人類的救星。許多偉大的精神領袖和靈性導師都有9作為他們的本命牌。往往，那是由於個人生活中的一切失望帶來的全面挫敗，使9的人興起動機，去承擔如此宇宙性或普世性的工作。在許多方面，數字9與王牌A截然相反。王牌A其實需要是自私和自我中心的，然而數字9不行。每當9的人試圖只為自己做事時，都會得到難以言喻的不幸和苦痛。那樣的做法完全違背其靈魂的本質。9是靈性數字中的第二個，也是最後一個，7是第一個。9跟7一樣，必須遵循較高階的途徑，才能全然充實滿意。往往，這條途徑與我們社會的信念和教導截然相反。因此，對9的人來說，早年生活可能十分困惑迷惘。他們試圖以傳統的方式面對人生，然而遭遇一再的失敗。有意識的數字9迅速明白且領悟到，他們是不一樣的，需要不一樣的動機才能擁有成功的人生。

數字9的人可能發展出強力的受害者與救世主情結，而且所有數字9都在某種程度上展現這個特質。9代表放下我們的個人欲望和身分，將自己融入普世的意識。在這方面，9的人往往讓自己認同某個偉大的宗旨——以某種方式拯救世界。9的人不再只想到自己和自己的個人需求，他們現在與整個世界認同。他們以「數字9性質」的雙魚座風格，忙著設法拯救自己世界中的人們。他們心腸軟、溫柔和善，如果你需要有個肩膀可以靠著哭泣，或是有人同情你的問題，他們會為你而在。他們會照料你，使你回復健康，當其他人不願意接納你時，他們願意接納你。

然而，許多數字9展現的救世主情結有兩大問題。其一，那代表完全否定個人的力量。如果數字9的人出面拯救你，他們實際上是在告訴你，你無能照料自己。無論那些字眼是否真正被用到，那都是形形色色的救世主潛藏的訊息。其次，多數案例顯示，這樣的數字9還沒有解決自己內在的衝突，不知如何擺平個人的需求以及他們覺得不得不視之為畢生志業並出面解決的世界需求。這樣的數字9可能產生許多困惑，因為他們難以區別自己的個人動機與心中的普世動機。這往往創造

出如下的情節：這個數字9自稱因最純粹的意圖而興起動機，例如，拯救世界或拯救個人，然而事實上，經常是因為自私而興起動機。9的人就跟我們其他人一樣，心有所懼，有些則渴求權力或名聲或財富。最終，他們的真實動機被揭示出來，或是他們試圖拯救的人憎恨被貼上失敗者的標籤，起而反抗他們。曾經有一些數字9真正對他人的人生做出無私的貢獻，於是這些人在一生中不時經驗到真正無私的行為。數字9的個人挑戰是：明確區分自己的自私以及無私的行為、念頭和言辭。隨著雙魚時代的結束和水瓶時代的開始，這點在此時此刻尤其真切。數字9的能量和雙魚座的能量是同一個。水瓶能量的清晰度將會幫助所有的數字9在人生中做出這些重要的區別。

假使正在存取本命牌中與生俱來的放下力量，那麼數字9是快樂的，而且有點無憂無慮。他們付出，而且較不執著於生命中的人事物。他們的臉上有智慧，他們理解的人生是別人還無法理解的，因為他們眼中所見遠遠超出個人的身分，來到了天地萬物的宏觀大局。他們散發的慈悲是真誠的，來自於曾經有意識地經歷過許多的結局。他們的快樂是衷心的，因為，那不是奠基於取得任何的人事物，而是奠基於：了解自己與神的旨意和宇宙的流動和諧一致。

9

紅心9：普世的愛

紅心9的人格特質

紅心9是一張莫大滿足、莫大失落或是兩者兼有的牌。這張牌，以及它的置換牌方塊7，都是靈性數字，他們出現的充實滿意絕少是個人的，而且那一直要到他們擱置了所有的個人欲望並找到自己的適當定位之後才會出現。紅心9是雙重土星牌——這些人如果偏離了真相和「正義」，就會立即被指責，有時更是遭到嚴厲訓斥。所有的9都是來結算過去的戀情和債務，償還欠下的債然後繼續前進。對紅心9來說，一定會有一些關鍵關係的結束或終止，代表某些「靈魂篇章」的圓滿。如果這些終止遭到抵制，將會被詮釋成失望和失落，而不是它們真正代表的畢業。紅心9的人生路充滿著靈性功課，留心那類召喚並堅持更高價值的紅心9將會擁有受到福佑的人生，而屈服於心中恐懼且有逃避傾向的紅心9則會大大受苦。人生的某些時期可能有財務上的損失，這些可以被詮釋成償還過去的債款，那才是事實的真相。

他們是付出的人，天生具有偉大的心智和心腸要與世界分享。諮商領域可以找到許多的紅心9，因為他們天生渴望對他人付出。他們必須小心不要扮演烈士，也不要把付出當作在商言商。紅心9的知性創造力無比卓越，可以非常成功地應用在任何的科學或商業領域。他們的一部分挑戰是要成熟地發揮這份創意，不要走不誠實或作弊的低階途徑。紅心9要麼是一個非常開心、樂於付出的人，要麼是一生飽嚐失望的人。是否顯化自己的高階面始終取決於個人，就連在操作如此充滿靈性挑戰的靈魂模式時也不例外。

紅心9的親密關係課題

除非9的人在高階和普世的那一面操作，否則這張牌的人可能會遇到整副牌中最為艱難的個人關係。一定會有失落，而且只有他們的態度才能將這些失落轉變成圓滿或成就。他們在情感上有點焦躁不安，很可能要麼改變關於想要哪一類關係的想法，要麼吸引到無法對愛承諾的人。

紅心9可以是一張非常共依存的牌。許多紅心9在個人關係中採取受害者與救世主的心態，導致許多問題，且在問題出現時更難釐清挑戰。假使他們不再告訴自己，正在竭盡所能幫助另一半，反倒可以更快了解真相，同時找到他們尋求的心滿意足。

身分牌連結的通性

紅心9男性常被黑桃花色的女性所吸引，與黑桃5可締結良緣。常見紅心9女性與其他紅心男在一起，不過梅花男的陪伴也可能得到有趣而豐碩的成果。

業力牌：
方塊7　梅花A　紅心2
紅心J　梅花8　黑桃K
業力親屬：
無
前世牌：
紅心8　紅心10

紅心9 —— 方塊7的靈魂雙生子

紅心9是我們稱之為半固定牌的四張「特殊」本命牌之一。這四張牌分成兩對，每一對都與他們的另外一半共享某種特殊的關係。紅心9和方塊7是這些魔法牌對中的一組，而且兩張牌自有其獨特之處。他們在某些方面幾乎相反，然而同時又差不多完全相同。方塊7位於人生牌陣的金星／金星位置，代表愉悅、美、物質舒適的豐盛、歡樂。當我們將這個歡樂面向加倍時，就可以想像歡樂和自在高漲——但或許會是過多的歡樂和自在。紅心9位於土星／土星位置，幾乎與方塊7的位置相對立。土星代表局限、業債、人生待學習的艱難功課。當人生以此方式加倍時，我們只能想像，恐怕是挑戰性十足。

所以我們可以看見，這兩張牌位於頻譜上幾乎相反的兩端，正如它們在人生牌陣中的位置所示。然而，這些牌的獨特之處在於，每逢新的一年，他們的本命牌就移動到人生牌陣的相反點位。因此，儘管出生時，他們的位置如上所述，但在人生的下一年，他們便互換位置。紅心9移動到金星／金星位置，而方塊7移動到土星／土星位置。在他們的一生中，這樣的情況持續不斷，這現象是這兩張牌獨有的，也因此使它們截然不同於其他牌。

由於這兩張牌每年互換位置，所以他們的人生經歷往往非常相似。雖然有時經驗到歡樂和幸運的高峰，但也經驗到反向極端的痛苦教訓和挑戰。紅心9常有戲劇性的情感失落，就像方塊7常有巨額的財務收益一樣。兩張牌都是高度靈性的，因為都是靈性數字，而且一生的成功大大取決於他們將多少的靈性哲理融入自己的生活型態中。

當一個紅心9遇上一個方塊7，他們有潛力建立非常親密的關係。因為兩者的連結非常獨特，共享許許多多相同的特質，他們擁有的連結可能性是其他本命牌難以擁有的。這兩張牌的結合可是數一數二的最大深度和親密。但同樣的道理，因為兩者非常相似，鏡像法則將是關係中的一大因素。假使他們還沒有學會接納自己性格的各個部分，就可能造成導致兩人分開的巨大摩擦。如果他們已經學會疼愛自己，這可是天作之合，是其他牌幾乎無法經驗到的絕配。

9

紅心 9

人生牌陣牌組		
行星牌	符號	牌
月亮	☽	3♠
太陽（本命牌）	✷	9♥
水星	☿	7♣
金星	♀	5♦
火星	♂	Q♠
木星	♃	J♣
土星	♄	9♦
天王星	♅	7♠
海王星	♆	2♣
冥王星	♇	K♣
結果（宇宙回報）	♃+	J♦
宇宙功課	♄+	4♥

名人生日

碧姬・芭杜（BRIGITTE BARDOT）
9/28/1934 • 女演員
伊莉莎白・艾希利（ELIZABETH ASHLEY）
8/30/1941 • 女演員
賈桂琳・史密斯（JACLYN SMITH）
10/26/1947 • 女演員
葛妮絲・派特洛（GWYNETH PALTROW）
9/28/1972 • 女演員
威廉・F・巴克利（WILLIAM F. BUCKLEY）
11/24/1925 • 作家
艾德・蘇利文（ED SULLIVAN）
9/28/1902 • 藝人
希拉蕊・柯林頓（HILLARY CLINTON）
10/26/1946 • 參議員／美國前第一夫人
弗雷德・麥克莫瑞（FRED MACMURRAY）
8/30/1908 • 男演員
鮑勃・霍斯金斯（BOB HOSKINS）
10/26/1942 • 男演員
史丹利・李文斯頓（STANLEY
LIVINGSTON）
11/24/1950 • 男演員
芭芭拉・畢林斯利（BARBARA BILLINGSLEY）
12/22/1922 • 女演員
伊萬・雷特曼（IVAN REITMAN）
10/26/1946 • 電影製片
小瓢蟲・詹森（LADY BIRD JOHNSON）
12/22/1912 • 美國前第一夫人
黛安・索耶（DIANE SAWYER）
12/22/1946 • 新聞記者
羅伯特・巴里許（ROBERT PARISH）
8/30/1953 • 籃球運動員
提摩西・博頓斯（TIMOTHY BOTTOMS）
8/30/1951 • 男演員
吉蒂・威爾斯（KITTY WELLS）
8/30/1919 • 歌手
馬切洛・馬斯楚安尼（MARCELLO
MASTROIANNI）
9/28/1924 • 男演員

守護星牌		
生日	守護星座	守護星牌
8/30	處女座	梅花7
9/28	天秤座	方塊5
10/26	天蠍座	黑桃Q和梅花K
11/24	射手座	梅花J
12/22	射手座或摩羯座	梅花J或方塊9

對象	伴侶之間的連結					綜合指數評級		
紅心9與	連結1	連結2	連結3	連結4	連結5	吸引力	強度	相容性
A♥	URR	PLRS	SAR	URRS	JUM	0	2	-1
2♥	KRMA	NERS	PLFS	SAFS	MAM	5	7	-2
3♥	URRS	JUM	URR	PLRS	VEMS	1	0	2
4♥	CLF	SARS	CLR	SAMS	CLRS	1	6	-3
5♥	MAR	JURS	MARS	JUF	CRFS	5	4	3
6♥	MARS	VEM	PLFS	PLF	PLRS	8	5	0
7♥	VERS	MOFS	MOF	URF	NERS	6	-3	7
8♥	MOFS	URF	VERS	PLR	URRS	4	-1	5
9♥	SBC	MAM	MAMS	SAFS	SARS	5	8	-1
10♥	MORS	CRR	JUF	SARS	JURS	4	-1	5
J♥	KRMA	VEFS	SAF	CRRS	VEM	4	4	2
Q♥	MAFS	VEM	SAMS	MAF	SAM	6	6	1
K♥	JUFS	NEF	URFS	URF	MOFS	3	-1	4
A♣	KRMA	SAFS	NERS	PLFS	MAM	4	8	-3
2♣	NEF	URFS	JUFS	MORS	VER	5	-1	5
3♣	VER	NEFS	PLRS	VEF	VEFS	6	0	5
4♣	PLFS	JUF	CRFS	MARS	VEM	6	4	0
5♣	JUF	CRFS	MAR	JURS	PLFS	5	3	3
6♣	VER	CLFS	NER	VEF	VEFS	6	1	4
7♣	MOR	URFS	JUM	CLR	VEM	4	-2	5
8♣	KRMA	VEM	VEFS	SAF	CRRS	6	3	4
9♣	MAF	MAFS	VEM	CLF	PLFS	8	6	1
10♣	VERS	CLR	CLRS	JUR	CRFS	3	0	3
J♣	JUF	CRF	JURS	MORS	CRR	4	0	5
Q♣	VEMS	URRS	JUM	PLR	URR	3	-1	4
K♣	PLF	VEM	JUMS	NER	NERS	6	2	2
A♦	SAR	VEF	URR	PLRS	URRS	2	2	1
2♦	VEF	VER	CLFS	SAR	CLF	5	1	4
3♦	MARS	VEM	JUR	MAR	JURS	6	2	5
4♦	MARS	SARS	MAR	JURS	SAR	4	6	0
5♦	VEF	SAF	VER	NEFS	PLRS	4	1	3
6♦	MAF	MOF	MOFS	MAMS	CLF	8	2	4
7♦	KRMA	MAM	MAMS	PLF	NEFS	8	8	-1
8♦	MAF	CLRS	VEMS	MOR	MORS	6	2	4
9♦	SAF	JUR	VEF	VEFS	MARS	1	1	2
10♦	PLR	VEMS	MAF	CLRS	MAFS	6	3	2
J♦	CRF	JURS	MOF	JUF	JUFS	4	0	5
Q♦	JUR	SAF	SAFS	JUMS	MAR	-2	3	-1
K♦	VER	NEFS	PLRS	URF	NEF	6	1	3
A♠	VERS	NEF	URFS	VER	NEFS	6	-1	5
2♠	VEM	JUMS	URF	PLF	PLFS	5	0	3
3♠	MOF	CRF	JURS	CRFS	MAMS	6	1	5
4♠	CLR	VERS	CLF	SARS	VER	3	2	1
5♠	SARS	MORS	CRR	MARS	MOR	4	2	2
6♠	URF	VEM	JUMS	VEMS	URR	3	-2	5
7♠	URF	MOFS	NEF	PLR	URFS	4	0	3
8♠	NER	PLF	VER	CLFS	VERS	7	3	0
9♠	JUFS	URF	JUF	URR		1	-2	5
10♠	SAMS	CLF	SARS	MAFS	VEM	2	7	-3
J♠	MOR	VERS	URFS	JUM	JUR	5	-3	7
Q♠	MAF	CLRS	VEMS	PLR	MAFS	6	4	1
K♠	KRMA	SAF	CRRS	VEM	VEFS	4	5	0

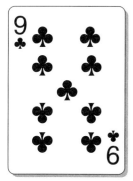

梅花9：普世的知識

梅花9的人格特質

　　這是一張意識得到擴展的牌。擁有這張本命牌的人經驗到關於人生的啟示，以及地球上目前境遇背後的真相，那是其他牌絕少經驗到的。當梅花9釋放自己對某些先入為主的想法和觀念的執著時，這些啟示會不時出現。這也是一張負面思考牌，擁有這張本命牌的任何個人，如果要存取這張牌與生俱來的力量，就必須放下前世積累的許多負面心智模式。有許多梅花9成功地放下，也有許多梅花9透過向世人傳授知識的工作，體認到靈性的極致。

　　這也是一張性愛享受牌。紅心Q業力牌和紅心2在金星創造出高度感性的一面，帶有強烈的浪漫驅力。如果他們的感性面獲准出面主導，被浪費掉的許多時間和精力反倒可以將他們提升至巨大的成就。

　　梅花9在人間是要了結其靈魂發展的一個重大週期，這次的了結應該看見他們將自己的豐富知識傳授給世人。有一些債務要清償，尤其是紅心Q牌和自己家人的債務，然而一旦這些債務清償了，梅花9就可以繼續他們啟迪世人的宇宙任務。財務方面，如果不讓對金錢的追求破壞他

們的靈性價值觀，他們會在事業上表現出色。在業務和財務目標方面，他們經常得到成功的方塊花色的生意人協助。

　　梅花9的某些人生挑戰圍繞著正直和誠信。他們時常與在這些方面不那麼高尚的其他人打交道，那可能會害他們受到不良的影響。他們在人間是要學習集中心智的力量，堅守將會引導他們度過人生起伏的哲學。

梅花9的親密關係課題

　　梅花9是有愛心且極度性感的人。他們對浪漫的愛其實勝過婚姻。紅心2在金星告訴我們，最吸引他們的是愛情。婚姻被他們視為更多的責任和義務，而不是一個基於婚姻本有的歡樂而加以追求的目標。這可以解釋，為什麼那麼多的梅花9有婚外情，或是選擇單身，如此，他們才能自由地追求自己的情愛。此外，他們全心奉獻給自己的孩子。梅花9注定一生擁有一或多段挑戰性十足的親密關係，從中成長並了解到實質的伴侶關係所涉及的責任。他們也可能會經驗到重大的情愛分離或離婚，那將會改變他們的人生歷程。

　　梅花9女性有特定的業力，通常結果是，方塊花色的丈夫往往提供她們許多金錢。方塊K在木星是象徵這個男人的符號，多數梅花9女性在人生的某個時候嫁給這個人。尤其是方塊6本命牌，這是一張許多男女梅花9注定要與之相處的牌。

　　梅花9對愛情有崇高的理想，可以浪漫到極致。往往，如此脆弱的情愛夢想以及被他們錯置的希望和夢想，遇到現實便整個粉碎，然後他們因此而受苦。

業力牌：

紅心Q　方塊6

業力親屬：

黑桃10　黑桃3

前世牌：

梅花8　梅花10

身分牌連結之間的通性

梅花9女性經常最終與方塊男和黑桃男在一起。方塊男通常有東西可以給她們，而黑桃男則是挑戰不斷。男性梅花9與紅心女有著密切的牽繫，非常吸引紅心女。

梅花9 ——性感

快速查看一下梅花9名人表，揭示出，許多最性感的男、女演員都擁有這張本命牌。傑克·尼克遜（Jack Nicholson）、黛咪·摩爾（Demi Moore）、艾爾·帕西諾（Al Pacino）等等，都擁有這張獨特的牌。梅花9這張牌本身並沒有揭示出這些人性感的祕密，但人生軌跡中的牌組和業力牌卻表露無遺。這方面的最重要指標是紅心2在金星。首先，我們需要了解，紅心2這張牌本身非常重要，它是人生牌陣中的金星／海王星牌，意義非凡。代表愛情、婚姻和感官愉悅的金星在雙魚座中找到了最高度的表現，金星在雙魚，占星學上被認為是「廟旺」。這告訴我們，愛的最高度表現是雙魚的愛，那是無私的、普世的。這個紅心2因為是海王星／金星牌，天生具有這份無私和不受時間囿限的愛的特質，它是整副牌中最浪漫的一張，代表永恆的情人以及永恆情人的原型。當我們想到羅密歐和朱麗葉這類偉大的愛情時，可以看見象徵他們的是情人牌紅心2。這樣的關係與婚姻無關，而且看出這個區別很重要。婚姻牌通常是紅心4和紅心Q。梅花9的人擁有這份獨一無二的特質，整副牌中唯有梅花9擁有紅心2在金星。這張最浪漫的牌就這樣被置於愛和浪漫這個強大組合的位置。

梅花9性格中的第二個元素是第一張業力牌紅心Q。紅心Q除了代表婚姻，也是性愛享受和感官愉悅牌。因為是第一張業力牌，我們知道梅花9的人在這個領域面臨挑戰。許多梅花9都有他們可能難以控制的極度感性面，這也可能使他們不時有點懶，因為紅心Q可能意謂著過度放縱於感官愉悅，而且有一種隨和的特質主宰著個性。

當我們將這兩個強大的影響結合在一起時，結果經常是一個極度感性的人，強烈渴求浪漫戀情和性愛關係。他們往往特別將親密關係視為比其他東西更能實現這些驅力的工具。而曾與這張牌的人約過會或結過婚的人多半會告訴你，作為情人，他們擁有異乎尋常的天賦。

9

梅花9

<table>
<tr><th colspan="3">人生牌陣牌組</th></tr>
<tr><th>行星牌</th><th>符號</th><th>牌</th></tr>
<tr><td>月亮</td><td>☽</td><td>J♥</td></tr>
<tr><td>太陽（本命牌）</td><td>✳</td><td>9♣</td></tr>
<tr><td>水星</td><td>☿</td><td>9♠</td></tr>
<tr><td>金星</td><td>♀</td><td>2♥</td></tr>
<tr><td>火星</td><td>♂</td><td>K♥</td></tr>
<tr><td>木星</td><td>♃</td><td>K♦</td></tr>
<tr><td>土星</td><td>♄</td><td>6♥</td></tr>
<tr><td>天王星</td><td>♅</td><td>4♣</td></tr>
<tr><td>海王星</td><td>♆</td><td>2♦</td></tr>
<tr><td>冥王星</td><td>♇</td><td>J♠</td></tr>
<tr><td>結果（宇宙回報）</td><td>♃+</td><td>8♣</td></tr>
<tr><td>宇宙功課</td><td>♄+</td><td>6♦</td></tr>
</table>

守 護 星 牌

生日	守護星座	守護星牌
1/31	水瓶座	梅花4
2/29	雙魚座	方塊2
3/27	牡羊座	紅心K
4/25	金牛座	紅心2
5/23	雙子座	黑桃9
6/21	雙子座	黑桃9
7/19	巨蟹座	紅心J
8/17	獅子座	梅花9
9/15	處女座	黑桃9
10/13	天秤座	紅心2
11/11	天蠍座	紅心K和黑桃J
12/9	射手座	方塊K

名人生日

艾爾・帕西諾（AL PACINO）
4/25/1940 • 男演員
鮑・布里吉（BEAU BRIDGES）
12/9/1941 • 男演員
道格拉斯・范朋克（DOUGLAS FAIRBANKS）
5/23/1883 • 男演員
約翰・馬克維奇（JOHN MALKOVICH）
12/9/1953 • 男演員
勞勃・狄・尼洛（ROBERT DENIRO）
8/17/1943 • 男演員
李奧納多・狄卡皮歐（LEONARDO DICAPRIO）
11/11/1974 • 男演員
西恩・潘（SEAN PENN）
8/17/1960 • 男演員
湯米，李・瓊斯（TOMMY LEE JONES）
9/15/1946 • 男演員
卡蘿兒・錢寧（CAROL CHANNING）
1/31/1923 • 女演員
葛洛麗亞・史萬森（GLORIA SWANSON）
3/27/1899 • 女演員
芮妮・齊薇格（RENEE ZELLWEGER）
4/25/1969 • 女演員
寇特・馮內果（KURT VONNEGUT）
11/11/1922 • 作家
諾曼・梅勒（NORMAN MAILER）
1/31/1923 • 作家
米奇・艾爾邦（MITCH ALBOM）
5/23/1958 • 作家
喬納森・溫特斯（JONATHAN WINTERS）
11/11/1925 • 喜劇演員
奧立佛・史東（OLIVER STONE）
9/15/1946 • 導演
艾拉・費茲傑羅（ELLA FITZGERALD）
4/25/1918 • 歌手
賈斯汀・提姆布萊克（JUSTIN TIMBERLAKE）
1/31/1981 • 歌手
黛咪・摩爾（DEMI MOORE）
11/11/1962 • 女演員
艾爾・高爾（AL GORE）
1/31/1948 • 美國前副總統

對象 梅花9與	伴侶之間的連結					綜合指數評級		
	連結1	連結2	連結3	連結4	連結5	吸引力	強度	相容性
A♥	MAFS	SAFS	VEM	SAF	MAF	3	6	-2
2♥	VEF	CLR	PLRS	MAR	SAF	4	2	2
3♥	MAFS	CRR	JUF	CRRS	URM	5	3	2
4♥	MAMS	MARS	PLR	URR	PLRS	6	6	-1
5♥	MAM	PLFS	NER	JURS	NERS	6	5	0
6♥	SAF	URF	SARS	URR	NEFS	-2	4	-4
7♥	JUR	VEFS	SAR	SARS	VEF	2	0	4
8♥	VEFS	MAMS	JUR	MAR	JURS	6	2	5
9♥	MAR	CLR	PLRS	MARS	VEM	5	5	0
10♥	VEM	VEMS	VEFS	VER	VERS	8	-3	10
J♥	MOF	VEF	JUMS	MOFS	CRF	6	-3	8
Q♥	KRMA	CLRS	PLR	PLF	NEFS	5	6	-2
K♥	MAF	CRRS	JUR	NERS	PLFS	6	4	1
A♣	CLR	PLRS	VEF	MAR	SAF	3	3	0
2♣	JUR	NERS	PLFS	SAR	MAF	4	3	1
3♣	URRS	CRFS	JUF	JUFS	CRF	3	1	3
4♣	URF	SARS	NER	JURS	SAF	0	2	0
5♣	NER	JURS	MAM	URF	SARS	3	2	2
6♣	SAR	MARS	VER	NEF	URFS	4	3	1
7♣	VERS	PLF	PLFS	VEMS	VEF	8	2	1
8♣	MOFS	CRF	MOF	VEF	JUMS	7	-1	7
9♣	SBC	CLRS	CLF	CLFS	CLR	4	6	-2
10♣	MORS	VEM	PLF	MARS	MOR	8	0	5
J♣	VEFS	VEM	VEMS	PLRS	NER	7	-2	8
Q♣	CRR	MAFS	VERS	URF	NERS	6	3	2
K♣	JUFS	VER	PLR	VERS	URRS	4	-1	5
A♦	SAFS	VEM	NEF	URFS	MAFS	3	3	0
2♦	NEF	URFS	SAR	MARS	SAFS	3	3	0
3♦	URR	NEFS	PLRS	SAF	VEMS	3	2	0
4♦	PLFS	VER	MAM	SAR	MAMS	6	5	-1
5♦	CRFS	URRS	VEF	MOFS	MAFS	5	1	3
6♦	KRMA	CLF	CLFS	PLF	NEFS	6	8	-3
7♦	MAR	CLR	PLRS	MARS	SAM	4	6	-1
8♦	JUM	VERS	VEF	VEFS	VER	5	-3	8
9♦	VEMS	CRFS	MAFS	VEM	NEF	8	2	5
10♦	VERS	CRR	MAFS	JUM	MAM	6	2	4
J♦	VEFS	NER	PLF	SAFS	CLF	5	3	1
Q♦	VEMS	URR	NEFS	PLRS	NEF	5	0	4
K♦	JUF	URRS	MAMS	URR	NEFS	3	1	3
A♠	SAR	JUR	NERS	PLFS	CLF	2	3	0
2♠	MAF	JUFS	JUR	CRFS	URRS	4	2	4
3♠	CLF	CLFS	KRMC	NEF	PLFS	6	6	-2
4♠	MARS	MORS	VEM	MAMS	MOR	8	2	5
5♠	VER	VEM	VEMS	PLFS	VERS	8	-2	7
6♠	MAF	MOR	MOF	CRR	VEMS	8	1	5
7♠	MAMS	JUF	VEFS	CLR	VERS	6	2	5
8♠	VER	JUFS	SAR	MARS	SARS	3	1	4
9♠	MOR	MAF	CRRS	CRR	VEMS	7	2	4
10♠	PLR	MAMS	KRMC	CLRS	NEF	5	5	0
J♠	PLF	VERS	MORS	VEM	VEMS	8	1	4
Q♠	JUM	VERS	VER	SAFS	MAM	3	-1	4
K♠	VEF	JUMS	MOFS	CRF	MOF	6	-2	7

9

方塊9：付出奉獻的人

方塊9的人格特質

方塊9的人在人世間是要「放手」，同時完成他們靈魂和人格演化的某個重大篇章。這涉及對他人大量付出，以及願意在時機成熟時，釋放生命中的人和物質事物。假使他們沒有留意付出的召喚以及放下他人、錢財、關係和愛，他們的人生可能會失望和懊悔充斥。方塊9的正向面是慈善、慷慨、快樂和有生產力。所有的方塊9都有機會直接經驗到因活出「普世的」人生而使意識得到高度提升的狀態。

儘管時有虧損，但這些人在經商方面卻可以表現得相當出色，尤其是涉及銷售或其他發揮創意的事業時。他們非常擅長宣傳自己相信的事物，也非常健談和善於溝通。許多方塊9成為諮商師，如果不是專業等級，至少也輔導了朋友和家人。如果他們保有正確的價值觀，甚至可以臻至富裕。無視於更高階的律法，例如，必須付出才能領受，一定會不可避免地導致不幸和悲慘。駕車以及冒任何類型的風險時，方塊9都應該小心謹慎。他們可能會輕率魯莽，或是容易在路上發生意外。

他們也有絕佳的頭腦，而且許多方塊9被能夠發揮智能的專業工作所吸引。由於強大的梅花K在火星位置，許多方塊9

成為成功的律師，或是在某個需要溝通的領域表現出色。涉及法律事務和爭端時，這張牌也比大部分的其他本命牌更能為當事人帶來較多的成功。當涉及銷售和推廣工作時，方塊9同樣具有非凡的天賦。與大部分的其他工作相較，他們可以從銷售工作中賺到更多的錢，不過多數的方塊9選擇激發智力的行業。

方塊9的挑戰之一是：開發和發揮自己的魅力和力量把工作做好。許多方塊9注定要為人世間做出巨大的貢獻，往往是帶領其他人認識或理解更高階的知識。

方塊9的親密關係課題

方塊9喜歡與人交談，而且偏愛與機智伶俐的對象交往。多數方塊9至少有一段具業力性質且挑戰性十足的婚姻，通常還有與家人、配偶或子女相關聯的責任。婚姻常是因緣造就，或是命中注定，通常可以持久。他們往往擁有傳統的婚姻價值觀，是非常善於付出的人，一般很容易相處。

方塊9通常將婚姻視為需要承擔許多責任的「職務」，而家庭往往是他們今生賣力用勁的主要根源。

身分牌連結之間的通性

女性方塊9時常被梅花男所吸引，可以締結良緣或成為事業夥伴。黑桃女喜歡方塊9男性，但方塊女發覺方塊9男性非常具有挑戰性。女性方塊9與其他方塊男在一起時表現出色。男性方塊9應該時時提防女性梅花牌，只有梅花J可能成為締結良緣的好伴侶。男女方塊9都應該小心身旁擁有方塊Q出生日期的人，那是他

業力牌：	
方塊Q	方塊5
業力親屬：	
方塊3	梅花3
前世牌：	
方塊8	方塊10

們的第一張業力牌。他們與這些人往往有
意想不到且通常挑戰性十足的業債。

方塊9 ── 錢財的弱點

許多方塊9覺得，這一生談到錢，彷彿他們就是
吃虧的那一方。通常，他們借人錢，總是有去無回。
當他們與人有財務上的合夥關係時，合作夥伴似乎最
終拿走最大一份利潤，或是合夥關係變質，最終失去
投資的一切。他們這一生也可能因為他人針對他們犯
下的偷竊或其他非法勾當而蒙受損失。此外，他們似
乎賭博從來沒贏過，似乎永遠不斷付出，別人則利用
他們。這張牌遇到的這類事件似乎比常人高出許多，
往往導致方塊9的人相信，他們在某方面被詛咒了。
他們覺得自己特別被挑選出來蒙受財務損失，而且逐
漸相信，他們是某則天大笑話的受害者。

當9的能量被套用到金錢和價值觀的花色時，這
些全是顯化的事實。方塊9的潛藏信息是，他們帶著
一大群與價值相關且必須被放下的信念、想法、概
念、需求和個人執著來到這顆星球。方塊代表我們一

生珍視的不管什麼東西，或是對我們很重要的優先考
慮事項。對方塊9來說，他們的價值體系中有東西要
在其人生進程中重新被校正。許多這樣的重新校正將
透過明顯的損失發生，涉及具體的事物或人。

方塊9必須發展出這樣的覺知：普世的律法正顯
化在他們的人生中。深思熟慮看待人生事件的方塊9
一定會領悟到，對於他們以為失去的每一樣東西，新
的途徑正在敞開，而且他們愈來愈接觸到和諧宇宙的
流動。當他們真正釋放自己的執著時，屬靈的恩賜就
會降臨他們。他們領悟到釋放人生種種牽絆的那份
美，如此才能觸及更加美麗且正在浮現的新生活。他
們開始認同廣大許多的自我形象，囊括了他人以及自
己的需求。結果，他們快樂而開悟，已經過渡到採用
比較普世的方法看待人生。這個普世而非個人的觀點
正是所有方塊9的最終目的地。

方塊 9

人生牌陣牌組		
行星牌	符號	牌
月亮	☽	J♣
太陽（本命牌）	☀	9♦
水星	☿	7♠
金星	♀	2♣
火星	♂	K♣
木星	♃	J♦
土星	♄	4♥
天王星	♅	4♦
海王星	♆	2♠
冥王星	♇	8♥
結果（宇宙回報）	♃+	6♣
宇宙功課	♄+	6♠

守護星牌		
生日	守護星座	守護星牌
1/18	摩羯座	紅心 4
2/16	水瓶座	方塊 4
3/14	雙魚座	黑桃 2
4/12	牡羊座	梅花 K
5/10	金牛座	梅花 2
6/8	雙子座	黑桃 7
7/6	巨蟹座	梅花 J
8/4	獅子座	方塊 9
9/2	處女座	黑桃 7

名人生日

大衛・卡西迪（DAVID CASSIDY）
4/12/1950 • 男演員
佛瑞德・德萊爾（FRED DRYER）
7/6/1946 • 男演員
米高・肯恩（MICHAEL CAINE）
3/14/1933 • 男演員
席維斯・史特龍（SYLVESTER STALLONE）
7/6/1946 • 男演員
基努・李維（KEANU REEVES）
9/2/1964 • 男演員
香儂・道荷蒂（SHANNEN DOHERTY）
4/21/1971 • 女演員
克萊兒・丹妮絲（CLAIRE DANES）
4/12/1979 • 女演員
法蘭克・洛伊・萊特（FRANK LLOYD WRIGHT）
6/8/1867 • 建築師
法蘭克・博爾曼（FRANK BORMAN）
3/14/1928 • 太空人
漢克・凱卓姆（HANK KETCHAM）
3/14/1920 • 卡通畫家
比利・克里斯托（BILLY CRYSTAL）
3/14/1947 • 喜劇演員
瓊・瑞佛斯（JOAN RIVERS）
6/8/1937 • 喜劇女演員
昆西・瓊斯（QUINCY JONES）
3/14/1933 • 作曲家／指揮家
佛雷・亞斯坦（FRED ASTAIRE）
5/10/1899 • 舞者／男演員
賀比・漢考克（HERBIE HANCOCK）
4/12/1940 • 音樂家
小蒂姆（TINY TIM）
4/12/1922 • 歌手
桑尼・波諾（SONNY BONO）
2/16/1935 • 歌手／市長
大衛・賴特曼（DAVID LETTERMAN）
4/12/1947 • 脫口秀主持人
克莉絲妲塔・麥考利夫（CHRISTA MCAULIFFE）
9/02/1948 • 教師／太空人
芭芭拉・布希（BARBARA BUSH）
6/8/1925 • 美國前第一夫人
凱文・科斯納（KEVIN COSTNER）
1/18/1955 • 男演員
喬治・W・布希（GEORGE W. BUSH）
7/6/1946 • 美國前總統

對象 方塊9與	伴侶之間的連結					綜合指數評級		
	連結1	連結2	連結3	連結4	連結5	吸引力	強度	相容性
A♥	CLR	PLRS	JUMS	VER	PLR	2	1	1
2♥	JUM	MAFS	VERS	MAF	JUMS	5	1	4
3♥	JUMS	SAF	CLRS	JUF	SAFS	-1	2	0
4♥	SAF	PLFS	VERS	VER	PLF	3	5	-3
5♥	PLR	URF	SARS	MOR	SAR	2	2	-1
6♥	MAF	URRS	VEM	MAFS	VEFS	6	3	3
7♥	JUFS	PLF	SAFS	MAF	JUMS	3	4	-1
8♥	PLF	MOR	JUFS	CLF	PLFS	6	3	1
9♥	SAR	VERS	MAFS	JUF	VER	4	2	2
10♥	VEF	MOF	JUF	CRFS	SAR	6	-2	7
J♥	MAMS	VEFS	MAM	VEF	CLRS	7	4	4
Q♥	VERS	VER	CRRS			7	-1	6
K♥	VEF	MAMS	SAF	VEMS		5	3	3
A♣	MAFS	JUM	VERS	JUMS	MAF	5	1	4
2♣	VEF	SAFS	SAF	VEMS	VEFS	2	2	1
3♣	NER	MAR	KRMC	JURS	JUFS	5	3	3
4♣	MAF	MAFS	VEFS	JUM		7	4	3
5♣	PLR	JUM	SAR	VEFS		2	2	1
6♣	CRF	VEMS	VEM	NERS	PLFS	7	1	4
7♣	JUR	MOFS	MAM	SAF	MAMS	4	1	4
8♣	VEFS	MAMS	PLR	VEF	CLRS	6	2	4
9♣	MARS	VEM	VEMS	CRRS	VER	8	1	5
10♣	URF	MAM	PLFS	PLRS	CRR	4	5	-2
J♣	MOF	JUF	VEFS	VEF	PLF	6	-3	8
Q♣	SAF	CLRS	JUMS	MORS	URRS	0	2	-1
K♣	MAF	CRRS	NEF	URFS	VEM	6	4	2
A♦	CLR	PLRS	NERS	PLFS	MOF	4	3	-1
2♦	NERS	PLFS	CRF	VEMS	CLR	7	4	0
3♦	URRS	MAF	KRMC	CRR	MAFS	5	4	1
4♦	URF	SARS	JUF	CRFS	PLR	1	2	0
5♦	KRMA	MAR	JURS	PLF	NEFS	6	6	1
6♦	MARS	VEM	URR	NEFS	PLRS	6	2	3
7♦	VERS	SAR	MAFS	SARS	VEFS	4	2	2
8♦	MOFS	VER	JUR	JURS	MAFS	5	-3	8
9♦	SBC	CRR	MAFS	MAR	JURS	6	6	1
10♦	MORS	SAF	CLRS	VER	JUR	2	1	2
J♦	JUF	VEFS	URR	NEFS	PLRS	4	-1	6
Q♦	KRMA	CRR	MAFS	URRS	PLF	6	6	0
K♦	JUFS	NER	MOR	MORS	PLFS	5	-1	6
A♠	SAFS	JUFS	VEF	VEFS	JUF	1	1	3
2♠	NEF	URFS	CLF	CLFS	MAF	5	4	0
3♠	URR	NEFS	PLRS	MARS	VEM	4	2	1
4♠	PLFS	URF	SAF	URR	SAFS	1	5	-5
5♠	JUF	CRFS	VEF	URF	SARS	4	0	4
6♠	CLF	CLFS	NEF	URFS	NEFS	5	5	-1
7♠	MOR	JUFS	PLF	CLF	PLFS	6	1	3
8♠	VEM	VEMS	MAF	CRRS	CRF	8	0	6
9♠	CLF	CLFS	VEF	MAMS	VERS	6	5	0
10♠	VERS	SAF	VER	PLF		4	2	1
J♠	MAM	JUR	URF	CRR	URFS	3	2	2
Q♠	VER	MORS	MOFS	NEF	PLR	7	-2	8
K♠	VEFS	MAMS	PLR	VEF	CLRS	6	2	4

黑桃9：普世的人生

黑桃9的人格特質

這是普世牌當中最有力的一張，具有最強的內在衝動，要放下人格和生活型態中的負面模式。在黑桃9之中，你會找到一生失落充斥的人，以及人生滿是付出奉獻和充實滿意的人。其他三張9的所有特質都可以在這張「9中之9」的本命牌當中找到。在某個層面，他們必須出現非常重要的釋放，他們性格中的某個關鍵面向必須獲准死去，如此才可以得到重生。這可以簡單到如同一個人的健康習性或日常工作，也可以涉及當事人處理關係或財務的方式。某些時候，可能同時涉及所有這一切。這些人絕不能完全忽視自己與生俱來的靈性或通靈面向。承認並接納自己這個重要部分的黑桃9，被引導至為普世奉獻且放下不再為自己的更高利益服務的人生。在這方面，有些黑桃9能夠對世界做出最大的貢獻。這張牌是「付出者中的付出者」。

許多黑桃9是成功的藝術家、教師或表演者。紅心K業力和金星牌賦予他們強旺的情感和愛的力量、魅力和智慧，可以因大眾帶來許多成功。許多黑桃9天生具有藝術或音樂的能力。同樣這張紅心K牌可以幫助他們度過某些一定會遇到的情感

終結，賦予他們可以征服情緒和恐懼的智慧。

這些人也頗具業務能力，如果善加應用，可以帶來財務上的成功。不過，他們最大的充實滿意將會出現在「愛的使命」上。他們的工作範疇愈廣，愈是聚焦在對更廣大的群體付出，他們與生俱來的力量便愈加閃亮，愈是能夠在通往神性的道路上聲名鵲起。

黑桃9的親密關係課題

想要配偶時，黑桃9擁有吸引配偶的一切魅力和情感力量。然而，因為是「9中之9」，他們的人生注定有損失，而且可能有一股難以捉摸的恐懼，害怕如果敞開心扉、愛上某人，他們一定會失去對方。此外，許多黑桃9在人生早期經驗到留下傷疤的情緒創傷，那會干擾個人的親密關係。不管怎樣，由於他們深具魅力，因此，如果黑桃9沒有伴侶，可以知道他們正竭盡全力與他人保持距離。否則，他們可以浪漫地擁有欲求的任何東西。

由於紅心K業力牌之故，黑桃9女性相當意志堅強而獨立。這可能使她們在個人的親密關係中面臨挑戰。不是每一個男人都懂得處理這股來自女性的力量。基於同樣的原因，黑桃9女性很容易成為單親（凡是國王牌的女子，都有能力成為子女的父親兼母親）。總之，黑桃9女性不會因任何一位男人哀慟逾恆，除非她陷入共依存行為，試圖「拯救」她的伴侶。

他們真誠付出，是美妙之人，而且打從心底將愛獻給群體，就跟獻給個人一樣。一生中與關鍵他人之間必有情感的終止和了結。不過，這些並不需要被解譯成

業力牌：
紅心K　黑桃6
業力親屬：
梅花2　黑桃2
前世牌：
黑桃8　黑桃10

失落。

身分牌連結之間的通性

對紅心女來說，黑桃9男性有特殊的親和力，這樣的友誼可以擴展成婚姻。黑桃9女性將會邂逅其他黑桃男，共享同樣的黑桃連結。紅心男也與黑桃9女性享有絕佳的愛情連結。對方塊男來說，黑桃9女性具有很強的肉體吸引力。

黑桃9 ──我的最後一世？

你是否遇過有人告訴你，這是他們的最後一次轉世？我遇過，當時，我必須要自己忍住不笑。關於這點，我的看法可能並不正確，但在我看來，凡是最後一次投胎轉世的人，應該會非常開心，這人見到了自己所有的夢想、欲望、心願成真。因為我至今尚未遇見那樣的人，所以我不相信我遇到的人正在經驗最後一世。

最早告訴我這話的其中一人是個雙魚座黑桃9女子。她是一名圖書編輯兼籌劃人。她並不是非常快樂，但她與我分享，說她強烈感應到，這一生是她在這顆星球上的最後一世。當時，我只是有點暗自發笑，心想：「是啊，小姐，這也是我的最後一世。」但後來我領悟到，她的話有幾分真實性。每一個黑桃9，就此而言，甚至是其他數字9，在人間都是要完成他們靈魂演化的一個重大週期。黑桃9是這些9當中最強而有力的，因為黑桃是最後一個花色。所以，黑桃9必須是一個今生將在靈性層面一定要圓滿重大事項的人。順帶一提，這位黑桃9女性示現了許多正向的黑桃9特性。她做這份工作完全是基於這份工作會為其他人帶來的好處。對於她的寶貴貢獻，她沒有得到一絲認可，而且反倒選擇將這一切歸功於她所效勞的作者。

在實際面，這意謂著，這將是黑桃9從事某些類型的工作同時活出某種生活型態的最後一世。記得吧，黑桃與我們的工作、健康和生活型態（我們天天做、年年做的事）相關聯。談到做事，每一個黑桃9在人生的進程中，都將圓滿許許多多的這些事。所以，實際上，這是他們人生中某些部分的最後一世，而我現在相信，這個女人是憑直覺感應到這點，但誤解了她感知到的訊息。

紅心9在人間是要了結並放下某些關係以及不再適合其進化的關係相處方式。梅花9在人間是要了結並放下某些對他們不再有用的思考和溝通方式。方塊9在人間是要放下不再有用的某些渴望和價值以及賺錢的方法。黑桃9可以包含所有這一切以及更多。黑桃一直是最強的花色。當我們在人生軌跡上得到黑桃時，黑桃將會影響我們的生活型態以及我們所做的事。因此，與其他黑桃相較，黑桃9有更多要放下和了結的。對他們來說，看似他們的整個存在即將結束。但我們必須記住，每一個終結都是一次畢業。黑桃9正在為健康許多且快樂許多的全新人生做準備。只是當他們將注意力集中在人生中似乎即將結束的所有人事物上時，才會顯得悲傷。

黑桃9

<table>
<tr><th colspan="3">人生牌陣牌組</th></tr>
<tr><th>行星牌</th><th>符號</th><th>牌</th></tr>
<tr><td>月亮</td><td>☽</td><td>9♣</td></tr>
<tr><td>太陽（本命牌）</td><td>✳</td><td>9♠</td></tr>
<tr><td>水星</td><td>☿</td><td>2♥</td></tr>
<tr><td>金星</td><td>♀</td><td>K♥</td></tr>
<tr><td>火星</td><td>♂</td><td>K♦</td></tr>
<tr><td>木星</td><td>♃</td><td>6♥</td></tr>
<tr><td>土星</td><td>♄</td><td>4♣</td></tr>
<tr><td>天王星</td><td>♅</td><td>2♦</td></tr>
<tr><td>海王星</td><td>♆</td><td>J♠</td></tr>
<tr><td>冥王星</td><td>♇</td><td>8♣</td></tr>
<tr><td>結果（宇宙回報）</td><td>♃+</td><td>6♦</td></tr>
<tr><td>宇宙功課</td><td>♄+</td><td>4♠</td></tr>
</table>

<table>
<tr><th colspan="3">守 護 星 牌</th></tr>
<tr><th>生日</th><th>守護星座</th><th>守護星牌</th></tr>
<tr><td>1/5</td><td>摩羯座</td><td>梅花4</td></tr>
<tr><td>2/3</td><td>水瓶座</td><td>方塊2</td></tr>
<tr><td>3/1</td><td>雙魚座</td><td>黑桃J</td></tr>
</table>

對象	伴侶之間的連結					綜合指數評級		
黑桃9與	連結1	連結2	連結3	連結4	連結5	吸引力	強度	相容性
A♥	VER	SAFS	MAFS	NEFS	MAF	4	4	1
2♥	MOR	URFS	JUR	MOF	CRFS	4	-2	6
3♥	NEFS	VER	SAFS	CLR	VEF	4	2	2
4♥	PLFS	SAM	CLF	SARS	MORS	3	7	-5
5♥	CRFS	PLR	PLRS	JUR	CRF	4	4	0
6♥	JUF	CLFS	URFS	SAF	NER	2	2	1
7♥	SAR	SAMS	URR	PLRS	NER	0	5	-3
8♥	SAMS	VERS	SAR	SARS	VER	1	4	-1
9♥	JUR	JURS	URR	VEMS	URF	1	-2	6
10♥	JUM	MAMS	MAR	JURS	CRF	5	3	3
J♥	VER	JUFS	PLF	JUR	VERS	5	-1	5
Q♥	MORS	CRR	MOF	MOFS	MOR	7	-2	8
K♥	KRMA	VEF	SAFS	NEF	NEFS	5	4	2
A♣	MOR	URFS	JUR	MORS	URF	4	-2	6
2♣	URR	PLRS	KRMC	VEF	SAFS	2	3	1
3♣	MAM	JUMS	MAF	CRRS	MAFS	6	4	1
4♣	SAF	PLR	JUF	CLFS	URFS	0	4	-3
5♣	PLR	CRFS	SAF	CLR	SAFS	2	6	-4
6♣	MOFS	URF	URFS	JUM	MOF	3	-2	5
7♣	MAR	JUFS	VEFS	VEM	NEF	6	1	6
8♣	PLF	VER	JUFS	URF	PLFS	5	2	1
9♣	MOF	CRF	VEMS	MAR	CRFS	8	1	5
10♣	NEF	PLR	VEFS	CLF	SARS	5	3	2
J♣	JUM	MAMS	MAFS	JUMS	URR	5	3	2
Q♣	CLR	NEFS	VEM	VEMS	NEF	6	0	4
K♣	JUR	NERS	PLFS	MOFS	NER	5	1	3
A♦	MAFS	URF	VER	SAFS	VERS	4	3	1
2♦	URF	MAFS	JUF	JUR	URFS	3	1	3
3♦	NER	PLF	JUF	CLFS	URFS	5	3	0
4♦	MAR	JURS	CRFS	JUR	SAR	4	3	3
5♦	MAM	JUMS	MAMS	VEFS	CLR	6	3	3
6♦	CRF	VEMS	MOF	URRS	NEF	7	0	5
7♦	JUR	URR	VEMS	JURS	URF	2	-2	5
8♦	VEFS	VEM	MAFS	MAR	JUFS	7	1	7
9♦	CLRS	CLR	VER	NERS	VEFS	3	1	2
10♦	VEM	CLR	MAFS	CLF	CRRS	6	2	3
J♦	URRS	JUM	MAMS	JUMS	URR	2	1	2
Q♦	CLRS	NER	PLF	VER	NERS	5	3	0
K♦	MAF	CRRS	MAM	JUMS	VERS	7	4	1
A♠	URR	PLRS	SAR	PLR	SARS	1	3	-2
2♠	NERS	PLFS	KRMC	SAR	MARS	5	5	-1
3♠	URRS	CRF	VEMS	MARS	VEM	5	2	3
4♠	CLF	SARS	PLFS	SAM	PLF	3	7	-5
5♠	MAR	JURS	SAR	MOFS	CRF	4	3	2
6♠	KRMA	SAR	MARS	NEF	NEFS	5	6	0
7♠	VERS	MAF	CRRS	SAMS	MAM	6	4	2
8♠	MOFS	JUR	SAR	VEFS	NER	4	-1	6
9♠	SBC	VEF	SAFS	SAR	MARS	3	5	0
10♠	MORS	CRR	PLFS	SAM	PLF	6	3	1
J♠	NEF	PLR	VEFS	MAR	JUFS	6	2	3
Q♠	MAFS	VEM	VEFS	MAR	VEMS	8	2	5
K♠	JUFS	PLF	VER	JUF	NEFS	5	1	4

數字10：成就與沉溺

若要真正了解數字10，我們必須同時熟悉王牌A，因為這兩張牌非常相似，而且共享重要的特質。數字10的名字前面甚至有一個熟悉的1。單是這點就足以成為撲克命牌學生的線索，用來探尋數字10的本性。數字10跟王牌A一樣，擁有許多的驅力和野心。他們也跟王牌A一樣，可以非常自我中心或自私。了解所有數字10在他們的人生牌陣中都至少有一個王牌A位於重要的位置，可以進一步證明這點。紅心10和方塊10的人生牌陣中都有紅心A和方塊A。梅花10有梅花A，而黑桃10有黑桃A。這些王牌A促使數字10在人生歷程中踏上靈魂追尋之旅。他們將注意力轉向自己，以求找到自我人生價值的答案和理由。對其他人來說，這可能顯現成自私。當數字10聚焦在自己的感受、想法、需求和欲望時，他們可能不太注意到環境中的其他人。的確，許多數字10認為自己很自私，而且這是他們在人生歷程中必須學會接受的一個重要個人課題。他們是真的自私嗎？自私真的是壞事嗎？有沒有「好的自私」這種事啊？有沒有方法平衡他人的需求與自己的需求呢？這些全都是數字10必須為自己解答的問題。

數字10與王牌A之間的主要差別在於1之後的那個0，以及這個0所代表的意義。就像8是兩個4一樣，10也可以被看作兩個5。因為5是經驗的數字，所以10的人有許多可以用來達致成功的經驗。這個0代表了結某一重大進化週期的經驗，從A一路穿越9，現在來到10，一個新的週期於此展開。然而，在這個新的週期中，10將攜帶著在前一個週期取得的所有智慧。這解釋了為什麼數字10擁有在人生中達致成功的如此能耐。所有的10都具有莫大的成功潛力，許多聲名鵲起，只要那是他們的渴望。他們的花色將會告訴我們，今生，他們的智慧和成功主要發揮在哪一個領域。紅心10善於指揮大眾或兒童。梅花10帶著滿腦子要與人世間分享的知識來到這裡。方塊10可以輕鬆處理業務，業務愈大愈好，而黑桃10有驅力，可以完成下定決心要做的任何事情，他們是無可匹敵的勞動者和成就者。數字10與王牌A不同，他們不需要大量學習就可以達致成功。他們的確喜歡學習新事物，但當他們投入事業時，卻發現已然擁有大量的經驗。

0也是我們與小丑牌（Joker）相關聯的數字。小丑牌是整副牌中唯一沒有個人身分的牌。小丑牌反而借用其他牌的身分，而且可以在自己選擇的任何時間內實質上成為那張牌。10的人在某種程度上也有這樣的能力。他們已然擁有從A到9所有數字的閱歷，他們理解這些數字的所有原則和能力，也可以隨心所欲地落實那些特質。值得注意的是，有兩張數字10，梅花10和紅心10，都有騎士作為他們的第一張業力牌。這些騎士的表現很像小丑牌，而小丑牌是整副牌中所有騎士中的騎士，或是「超級騎士」。有騎士作為業力牌，加上其他數字10的人生軌跡中也有騎士，我們可以看見，10與騎士之間有某種強力連結，可以進一步將他們連結至小丑牌及小丑牌多重人格的傾向。

成為10的不利面在於，他們可能迷戀與其花色相關的某樣東西。紅心10可能迷戀自己的家庭，或者，如果是表演者，可能迷戀觀眾。梅花10夜裡很難入睡，因為腦子裡塞滿念頭和構想。方塊10可以讓金錢成為一生中最重要的東西，而黑桃10可以成為全世界最糟糕的工作狂和A型人格。這樣的癡迷在某些情況下可能具有毀滅性。數字10可以是非常「全有或全無」的那種類型。追求某樣東西時，他們全力以赴。然後，走到另一個極端時，他們整個當機。他們可能迷上有害的東西，因為「全有或全無」是一種容易上癮的人格類型。

我們可以將數字10與占星命盤的第十宮相關連。第十宮由土星統治，與名聲和事業相關。可以注意到，許多數字10擁有要麼強旺的十宮行星，要麼有行星在摩羯座，或是本命星盤中土星成相。這創造出追求傑出和成就的驅力，某些情況則是企盼關注和認可的情感需求。理解這股驅力並與之達成協議，是數字10畢生志業的一部分。沒錯，數字10可以成就偉大的事，足以讓我們為其鼓掌叫好的事，但他們必須回答的真正問題是，他們那麼做是否基於對的理由。只有他們知道這個問題的答案。如果有意識地著手處理，他們的志業將為自己和身旁的人帶來額外的幸福快樂。如果不那麼做，必然導致一個又一個的問題，使他們喪失真正努力的目標。數字10跟我們其他人一樣，正在尋求內在的滿足與平安，他們在這方面似乎是透過成就、成功、認可和尊重的途徑實現。在整個人生歷程中，數字10將會學到，就連這些特質也必須發自內在。

紅心10：因群體而成功

紅心10的人格特質

　　這些人跟紅心A一樣，一生有許多的雄心壯志，而且可能因此偏離真理之路。不過，他們已經體驗過真理，且有這門知識作為與生俱來的權利，引導他們踏出人生路上的每一步。他們有創意，且通常具有藝術天分。他們是領導者，不是追隨者。他們喜愛孩子和人群，視之為自己的子女或觀眾。他們要麼置身能夠在他人面前表演的領域，要麼被許多家人和社會關注所包圍。不論是哪一種情況，紅心10都被自己本命牌象徵的十顆心包圍著。

　　紅心10的人生軌跡中有兩張王牌A，加上自己也是王牌A的一員（1 + 0 = 10），所以他們有探索自己的強烈需求，為的是確定自我人生中最重要的是什麼。由於許多紅心10在這個過程中非常的全神貫注，因此其他人可能認為他們自私或自我中心。然而，只有將取得金錢和財物當作主要目標的紅心10，才會顯化出如此無視他人需求的自私。多數情況下，紅心10重視關係的程度勝過清單上的大部分其他事物，而且他們是體貼、親切的。

　　誠實是這張牌的一個重要課題，無論只是對自己更加誠實，還是培養一種人生觀，可以否決誘使他們在與人溝通時不那麼坦誠的所有情緒起伏。在紅心10對個人的真理做出如此的承諾之前，他們的人生可能是一則則故事堆疊的複雜困境。在此情況下，許多能量被消耗在維持自己製造的幻相。這股能量原本可以被更加善用在好好做出種種的自我表達以及展現出色的領導能力。

　　紅心10是革新者，只要在評斷時善用清明，就可以在選定的領域做出莫大的貢獻。他們的動機可以要麼是人道的，要麼是自私的，這通常與他們的最終目的大有關係。他們是獨立的，經常意氣用事，而這現象通常靠自己的智慧保持平衡。他們可以應用與生俱來的天賦在人世間造就獨特的印記。紅心10通常是溫和而有智慧的人，或是至少未來應該有智慧。他們的智慧是他們的保護裝置和指路明燈。

紅心10的親密關係課題

　　紅心10擁有「愛的力量」，且深受權勢之人吸引。在個人的親密關係中，他們也不害怕要為自己欲求的愛而努力。他們有魅力，人緣好，會率先行動，開啟一段關係，然後願意為這段關係而努力。這可能就是在愛情或婚姻方面成功順遂的致勝公式。這些人基本上擁有好情緣，但可能有些優柔寡斷，可能會導致問題。與方塊女的關係常有業力牽絆，相當困難，因為這些女性提醒他們性格中的某些優柔寡斷和反覆無常。

　　紅心10是非常機伶的人，當他們將心智的力量和創造的能量應用到愛的領域時，如果太過用力地試圖如願以償，就可能惹上麻煩。愛是不能被規劃和操縱的，不像仔細安排日常行事曆那樣。往往有需

業力牌：
梅花J　黑桃5
業力親屬：
方塊J　方塊4
前世牌：
紅心9　紅心J

要學習去感受與愛相關的事物，而不是仔細想透這一切。

身分牌連結之間的通性

紅心10男性常被梅花女所吸引，紅心10男性和女性最好都避開方塊女。試看，把這話當作座右銘：「直接拒絕方塊Q女性。」對多數方塊男來說，紅心10女性也是一大挑戰。黑桃男因與男、女紅心10交往而獲益。紅心10男性可與某些黑桃女締結良緣。

人 格 側 寫

紅心10 ——衛斯里‧史奈普

紅心10有許多特性來自其第一張業力牌梅花J。衛斯里‧史奈普（Wesley Snipes）就是個絕佳例子——你必須細看梅花J，才能充分領會。請記住，第一張業力牌通常代表我們擁有且往往以負面表現的特質。不過，正向面也同時得到表達。史奈普從他的第一張業力牌梅花J得到他孩子氣的陽剛氣質和好看的外貌。整副牌中最陽剛的是王牌A、數字10、騎士和國王。由於擁有10和騎士兩張指示牌，保證具有強烈、陽剛的性格和體型，也讓史奈普非常適合在《神鬼任務》（*The Art of War*，2000年）、《巡戈悍將》（*Passenger 57*，1992年）、《刀鋒戰士》（*Blade*，1998年）這類電影中擔任英雄，而他也是個女人緣超佳的男人。

梅花J的一個顯著特性是：心性強韌和本性往往好爭辯。這是一張天才牌，常有攝影般的記憶。負面性是，想法往往非常固定。許多梅花J男性對愛情和婚姻的想法都非常固定。他們對生命中的女性抱有莫大的期望，尤其是在婚後，更期盼對方活出他們的期望。1997年，有人引述史奈普的話說：「我不明白何以要求兩人永遠在一起。你應該那麼做的想法是錯誤的。那使我們成為社會要求的奴隸。你仍舊可以愛，

但那並不意謂著，你在肉體上必須被拴住。」這是非常梅花J對婚姻的概念的態度。他也有某種先進的本質，跟梅花J非常類似。他堅持說，電影《一夜情》（*One Night Stand*，1997年）當中，妻子咪咪（由溫明娜飾演）一角該由亞洲女性扮演，以此「挑戰種族性愛禁忌的極限」。2003年，衛斯里與他的第二個孩子的母親妮姬‧帕克（Nikki Park）結婚，妮姬是亞洲人（譯註：出生於南韓）。因此，衛斯理似乎時常試圖挑戰所謂社會規範的極限。這是非常水瓶座的特性，通常使我們再次聯想到梅花J。

梅花J的另一個特性是本性好爭辯。梅花J其實樂於辯論，常被視為各類辯論的發起人。這些走到極端，可能變成競爭和衝突。就衛斯里‧史奈普而言，他涉及的官司似乎不該那麼多，可能就是因為這個特性。

但最重要的是，紅心10酷愛有觀眾和身旁有群體。當演員是實現這份欲望的完美園地。而這正是紅心10與梅花J本命牌不同的地方。梅花J雖然善於交際，但並不把這個領域視為人生的優先重點。紅心10總是會確保，自己周圍有群眾環繞。

10

紅心 10

人生牌陣牌組		
行星牌	符號	牌
月亮	☽	4♠
太陽（本命牌）	✳	10♥
水星	☿	10♦
金星	♀	8♠
火星	♂	A♥
木星	♃	A♦
土星	♄	Q♦
天王星	♅	5♥
海王星	♆	3♣
冥王星	♇	3♠
結果（宇宙回報）	♃+	9♥
宇宙功課	♄+	7♣

守護星牌		
生日	守護星座	守護星牌
7/31	獅子座	紅心 10
8/29	處女座	方塊 10
9/27	天秤座	黑桃 8
10/25	天蠍座	紅心 A 和黑桃 3
11/23	射手座	方塊 A
12/21	射手座或摩羯座	方塊 A 或方塊 Q

名人生日

山繆‧傑克森（SAMUEL L. JACKSON）
12/21/1948 ● 男演員
英格麗‧褒曼（INGRID BERGMAN）
8/29/1915 ● 女演員
潔拉汀‧卓別林（GERALDINE CHAPLIN）
7/31/1944 ● 查理‧卓別林的女兒
安迪‧狄克（ANDY DICK）
12/21/1965 ● 喜劇演員／男演員
哈波‧馬克斯（HARPO MARX）
11/23/1893 ● 喜劇演員
查利‧帕克（CHARLIE PARKER）
8/29/1920 ● 爵士音樂家
海倫‧雷迪（HELEN REDDY）
10/25/1942 ● 歌手
麥可‧傑克森（MICHAEL JACKSON）
8/29/1958 ● 歌手
克莉絲‧艾芙特（CHRIS EVERT）
12/21/1954 ● 網球運動員
卡爾‧班克斯（CARL BANKS）
8/29/1962 ● 橄欖球運動員
尚恩‧卡西迪（SHAUN CASSIDY）
9/27/1959 ● 歌手
肉塊（MEATLOAF）
9/27/1947 ● 歌手
瑪麗恩‧羅斯（MARION ROSS）
10/25/1936 ● 女演員
珍‧方達（JANE FONDA）
12/21/1937 ● 女演員
史蒂夫‧科爾（STEVE KERR）
9/27/1965 ● 籃球運動員
安妮‧泰勒（ANNE TYLER）
10/25/1941 ● 作家
J.K.羅琳（J.K. ROWLING）
7/31/1965 ● 作家
鮑勃‧奈特（BOB KNIGHT）
10/25/1940 ● 籃球教練
菲爾‧唐納修（PHIL DONAHUE）
12/21/1935 ● 脫口秀主持人
佛蘿倫絲‧葛莉菲絲－喬伊娜
（FLORENCE GRIFFITH-JOYNER）
12/21/1959 ● 運動員
威爾‧普渡（WILL PERDUE）
8/29/1965 ● 籃球運動員

對象 紅心10與	伴侶之間的連結					綜合指數評級		
	連結1	連結2	連結3	連結4	連結5	吸引力	強度	相容性
A♥	MAF	CRRS	JUF	NERS	CLR	6	3	2
2♥	CLR	PLRS	JUFS	JUF	CLFS	2	1	1
3♥	NERS	MAF	CRRS	MAFS	CRR	7	5	1
4♥	URRS	MOF	URF	VEF	URR	3	-1	4
5♥	URF	SARS	PLFS	NER	PLF	2	4	-3
6♥	NER	JURS	URR	NEFS	MAM	4	1	3
7♥	MARS	VEM	VEMS	VERS	VER	8	0	6
8♥	VERS	MARS	VEM	VEMS	CRF	8	0	6
9♥	MOFS	CRF	JUFS	JUR	SAFS	5	0	5
10♥	SBC	VERS	VEF	VEFS	VER	6	1	6
J♥	MORS	CLRS	VEMS	MAR	MOR	6	-1	6
Q♥	VEFS	VEM	VEMS	URR	SAFS	6	-2	7
K♥	CRR	MAFS	SAFS	VEM	VEMS	5	4	1
A♣	JUFS	CLR	PLRS	SAF	CLRS	1	2	1
2♣	SAFS	VEM	VEMS	CRR	MAFS	3	2	2
3♣	NEF	URFS	MARS	PLR	URR	5	3	1
4♣	URR	NEFS	PLFS	NER	JURS	5	2	0
5♣	PLFS	URF	SARS	URR	NEFS	3	4	-3
6♣	CRFS	VEF	SAR	CLF	SARS	4	3	1
7♣	CLF	CLFS	MAMS	JUR	VEFS	5	5	-1
8♣	MAR	MORS	CLRS	VEMS	MARS	7	2	4
9♣	VEM	VEMS	VEFS	VER	VERS	8	-3	10
10♣	JUF	JUR	VEFS	MOF	MOFS	4	-3	9
J♣	KRMA	VERS	PLF	PLFS	NEF	7	5	0
Q♣	MAF	NERS	MOR	MORS	NER	8	2	4
K♣	VEMS	MAR	VEF	JUF	VEFS	7	0	7
A♦	JUF	SAR	MAF	CRRS	CRR	3	3	2
2♦	SAR	CRFS	JUF	JUFS	MAM	2	3	1
3♦	MAM	NER	JURS	SAF	SAFS	3	4	0
4♦	VEF	URF	KRMC	SARS	NEF	4	1	4
5♦	MARS	VER	NEF	URFS	NEFS	7	2	3
6♦	VER	VEM	VEMS	PLF	JUMS	7	-2	7
7♦	MOFS	CRF	JUFS	JUF	CRFS	6	0	6
8♦	MAMS	VEM	CLF	CLFS	CLRS	7	5	1
9♦	VER	SAF	JURS	MARS	MOR	3	1	2
10♦	MOR	MAF	VEM	VEMS	PLRS	8	0	6
J♦	PLF	JUMS	KRMC	VERS	SAF	5	3	0
Q♦	SAF	JURS	MAM	VER	PLR	1	3	0
K♦	PLR	NEF	URFS	MAF	URF	4	3	0
A♠	MARS	VEM	VEMS	SAFS	SAM	5	3	3
2♠	MAR	SARS	MAM	MAMS	VEMS	5	7	0
3♠	PLF	JUMS	VER	SAR	VERS	5	2	1
4♠	MOF	JUF	URRS	VEF	MOFS	5	-3	7
5♠	KRMA	VEF	PLF	PLFS	NEFS	7	5	1
6♠	SARS	MAM	MAMS	MAR	MARS	5	7	-1
7♠	PLR	VERS	VEF	VEFS	MAF	6	0	4
8♠	VEF	VEMS	CRFS	MAFS	VEM	8	0	7
9♠	CRR	MAFS	SARS	MAM	MAMS	5	6	0
10♠	URRS	VEFS	URR	SAFS	URF	1	0	1
J♠	JUR	VEFS	CLF	CLFS	JUF	4	0	4
Q♠	VEM	MOR	MAMS	MOF	NEFS	8	-1	8
K♠	CLRS	VEMS	MAR	MORS	CLR	5	1	4

10

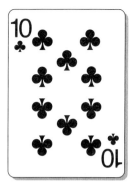

梅花10：心智上的成就

梅花10的人格特質

梅花10是非常獨立的人。無論男女，他們的行為都像國王或皇后。女性有陽剛的頭腦和本性，而且各個想要完整且不受拘束的自由，可以在她們選定目標時，完成自己的選擇。梅花10已經走完追求知識的整個週期。他們擁有強大的心智，強烈欲求更多使其先進且通常非常成功的知識。在這一生中，他們必須學會，重新掌控那個已然發展成多少有自己生命的心智。許多梅花10抱怨難以入眠，因為他們奇異的心智配備不斷喋喋不休。回歸自我掌控的最佳途徑是：指點心智進入對的動機、更高階的法則和勤奮工作。梅花10需要努力工作並保持忙碌，才能幸福快樂。

紅心3在火星使他們對職業的選擇感到情緒不安和猶豫不決，這可能對關係造成壓力，也阻礙他們達成最遠大的抱負。方塊3挑戰牌也證實這點，而且告訴我們，梅花10會經常實驗，努力找出真正滿足自己的東西。

黑桃J業力牌可以是祝福，也可以是詛咒，取決於梅花10當事人如何顯化這張牌。黑桃J是「演員」牌，也是「竊賊」和「靈性啟蒙者」。有潛力在藝術方面、與靈性主題和研究相關領域飛黃騰達，但也會以不太誠實的方式運用天賦。

對靈性智慧的強烈渴望以及對靈性哲學的研究，使得梅花10能與許多令人振奮的群體接觸，也為他們的人生增添樂趣。他們最大的充實滿意將透過為其帶來部分自由且讓創意得以表達的工作實現。梅花10的最大挑戰在於：決定該走哪一條路，或是什麼才會真正滿足他們。

梅花10的親密關係課題

因為非常獨立、強大、有創意，梅花10通常不容易建立長期的親密關係。看看瑪丹娜（Madonna）、芭芭拉·史翠珊（Barbra Streisand）、莎莉·麥克琳（Shirley MacLaine），她們是梅花10的完美例證。梅花10假使明白自己本命牌的成功潛力，最好保持單身並承認眼前的事實。然而，他們對愛卻有一份無可否認的渴求，而愛本身也有梅花10必須應對的真理。愛總是想要更多的愛，也想要更多的親密，那帶來更大的歡樂以及結合的感覺。對多數人來說，這需要做出承諾，而這正是梅花10面臨的挑戰。要麼是梅花10，要麼是他們的伴侶，無法選擇只擁有一個人。

梅花10無論男女，都有十分強旺的事業和工作驅力，假使有梅花10願意為個人的關係犧牲這樣的驅力，也是少之又少。真正在婚姻中找到滿足感的梅花10，他們設法維持自己的事業，同時丈夫或妻子負起照顧家庭的責任。女性梅花10由於梅花Q在其人生軌跡的土星位置，因此有些情緒課題，導致很難與伴侶達成深度的親密，再加上本性高度獨立和任性，往往阻礙婚姻和長期的親密關係。

業力牌：
黑桃J 黑桃4
業力親屬：
梅花7 紅心4
前世牌：
梅花9 梅花J

談到個人的親密關係時，通常梅花10的關注時間很短。兩個3在火星和冥王星，使他們有著善變的傾向，很可能經常改變。他們渴望經驗到許多不同的關係或同時經驗多重關係。

重要的是要明白，梅花10在個人的親密關係中能夠擁有凡是他們想要的。黑桃K在金星位置告訴我們，與整副牌中的任何其他牌相較，梅花10更能成為自己情緒的主人，且基本上懂得選擇他們想要的浪漫和婚姻。這主要是興趣和個人承諾的問題，也因此區別出擁有成功婚姻的人以及沒有成功婚姻的人。多數情況下，他們可以隨意選擇。

身分牌連結之間的通性

梅花10女性通常被有權勢或居高位的男性所吸引，尤其是黑桃花色的男性。梅花10男性應當避開同花色的女性，因為那可能是沉重的業力關係，有巨大的代價或負擔。梅花10女性與其他梅花女合不來。對多數紅心男來說，梅花10女性很難搞定，不過方塊男贏得梅花10女性的幾分青睞。

人 格 側 寫

梅花10 ——追求適合的職業

多數10的人在情愛生活和事業野心兩方面都有點焦躁不安。記得吧，數字10很像王牌A，王牌A是一個1，數字10是一個1加一個0。但數字10還有一些額外的因素使他們更加不安，例如，紅心3在火星以及方塊3在冥王星牌。不僅這點，而且梅花10與方塊8和黑桃K並列在「大太陽牌陣」的「皇冠列」。皇冠列上每一張牌的本性都非常獨立，但梅花10是其中最焦躁不安的一張。

人生牌陣中的兩個3使他們好奇愛問，想要嘗試不同類型的事物。同樣這兩個3的能量，也可以為他們在選擇職業和浪漫伴侶時帶來莫大的優柔寡斷。《遠古先民的神聖符號》的共同作者佛蘿倫絲·坎貝爾說，如果梅花10要體驗自我人生中的成功或滿足，與整副牌中的其他牌相較，他們更需要確定自己選擇的職業。如此獨立而強大的人，在這方面可能反倒是個障礙。這有點像糖果店裡的小朋友，有許許多多的選項，反倒不知所措。

世界上有許多成功的梅花10，我們在他們之間找到一個共同的脈絡——他們每一個都知道自己的畢生志業是什麼，而且致力於完成那事。在整副牌中，梅花10具有某些達致成功的最大潛力。芭芭拉·史翠珊、黛安娜·羅斯（Diana Ross）、瑪丹娜、金貝·辛格（Kim Basinger）、盧奇亞諾·帕華洛蒂（Luciano Pavarotti）、莎莉·麥克琳，全都是梅花10，這不過是其中幾個。那需要的只是承諾於某一條途徑，好讓這份成功具體成形。我曾被梅花10的人多次問到同一個問題：「我應該從事哪一類型的工作呢？」許多梅花10永遠在問這個問題，那似乎苦惱著他們，而且是一項難以克服的障礙，使他們無法達致自知與生俱來便有權享有的成功。似乎有兩種梅花10——成功的梅花10，他們已在工作中對某個方向做出承諾；以及不成功的梅花10，他們沒有做到這點。對於那些仍在詢問這個永恆問題的梅花10來說，解決方案是，直接開始做某事，做出名堂來。我們應該在工作中做什麼的問題可能往往成為什麼都不做的藉口。如果梅花10直接開始成功完成目前已經在做的事，那就很有可能帶領他們明白哪一類型的工作最令他們充實滿意。通常，這份工作一定涉及大量的創意表達以及向他人傳播知識，通常也涉及使他們成為某方面的領導者，因為這些是梅花10的天生特性。

這是整套牌中最有創意的幾張牌之一。創意人士需要個人表達的出口和某些多樣性。他們厭惡單調和無聊。包含許多面向且容許大量創意或表達的職業最適合梅花10。此外，他們渴求知識，這往往使他們成為愛書一族。

10

梅花 10

人生牌陣牌組		
行星牌	符號	牌
月亮	☽	Q♥
太陽（本命牌）	✳	10♣
水星	☿	8♦
金星	♀	K♠
火星	♂	3♥
木星	♃	A♣
土星	♄	Q♣
天王星	♅	10♠
海王星	♆	5♣
冥王星	♇	3♦
結果（宇宙回報）	♃+	A♠
宇宙功課	♄+	7♥

守 護 星 牌

生日	守護星座	守護星牌
1/30	水瓶座	黑桃 10
2/28	雙魚座	梅花 5
3/26	牡羊座	紅心 3
4/24	金牛座	黑桃 K
5/22	金牛座或雙子座	黑桃 K 或方塊 8
6/20	雙子座	方塊 8
7/18	巨蟹座	紅心 Q
8/16	獅子座	梅花 10
9/14	處女座	方塊 8
10/12	天秤座	黑桃 K
11/10	天蠍座	紅心 3 和方塊 3
12/8	射手座	梅花 A

名人生日

亞倫・阿金（ALAN ARKIN）
3/26/1934 • 男演員
切特・阿特金斯（CHET ATKINS）
6/20/1924 • 音樂家
金・哈克曼（GENE HACKMAN）
1/30/1930 • 男演員
詹姆士・肯恩（JAMES CAAN）
3/26/1939 • 男演員
勞倫斯・奧立佛（LAURENCE OLIVIER）
5/22/1907 • 男演員
休・傑克曼（HUGH JACKMAN）
10/12/1968 • 男演員
提摩西・荷頓（TIMOTHY HUTTON）
8/16/1960 • 男演員
李奧納多・尼莫伊（LEONARD NIMOY）
3/26/1931 • 男演員／導演
詹姆斯・卡麥隆（JAMES CAMERON）
8/16/1954 • 電影導演
菲絲・福特（FAITH FORD）
9/14/1964 • 女演員
珍妮佛・葛雷（JENNIFER GREY）
3/26/1960 • 女演員
金・貝辛格（KIM BASINGER）
12/08/1953 • 女演員
莎莉・麥克琳（SHIRLEY MACLAINE）
4/24/1934 • 女演員
芭芭拉・史翠珊（BARBRA STREISAND）
4/24/1942 • 女演員／歌手
妮可・基嫚（NICOLE KIDMAN）
6/20/1967 • 女演員
約翰・葛倫（JOHN GLENN）
7/18/1921 • 太空人
田納西・威廉斯（TENNESSEE WILLIAMS）
3/26/1911 • 作家
小山米・戴維斯（SAMMY DAVIS, JR.）
12/8/1925 • 藝人
娜歐蜜・坎貝兒（NAOMI CAMPBELL）
5/22/1970 • 女演員
史蒂夫・泰勒（STEVE TYLER）
3/26/1948 • 搖滾樂團史密斯飛船（Aerosmith）主唱
吉姆・莫里森（JIM MORRISON）
12/8/1943 • 音樂家
盧奇亞諾・帕華洛蒂（LUCIANO PAVAROTTI）
10/12/1935 • 歌劇演唱家
黛安娜・羅斯（DIANA ROSS）
3/26/1944 • 歌手／女演員
瑪丹娜（MADONNA）
8/16/1958 • 歌手

對象	伴侶之間的連結					綜合指數評級		
梅花10與	連結1	連結2	連結3	連結4	連結5	吸引力	強度	相容性
A♥	JUFS	JUM	MAF	NEF	PLR	4	0	4
2♥	MAFS	JUF	CRRS	CLFS	URR	5	3	2
3♥	MAF	SAF	VEFS	SAFS	NEF	3	6	-1
4♥	NER	URF	KRMC	URFS	MAF	4	2	1
5♥	MAMS	URR	NEFS	PLRS	NEF	6	4	1
6♥	MAR	URRS	PLF	URFS	PLFS	5	5	-2
7♥	CLF	VEM	JUR	CRF	CRFS	5	2	3
8♥	JUR	CLF	VEM	CLFS	VEMS	4	1	3
9♥	VEFS	CLFS	JUF	CRRS	CLF	5	1	4
10♥	JUR	MORS	VER	MARS	JUF	5	-2	7
J♥	VEMS	VEF	VERS	CRR	VEM	7	-3	8
Q♥	MOF	URF	MOFS	VEM	VEMS	6	-3	7
K♥	CLRS	CLR	PLRS	SAR	PLR	1	3	-2
A♣	JUF	CRRS	MAFS	CLFS	MAF	5	3	2
2♣	CLR	PLRS	CRF	CLRS	JUFS	3	3	-1
3♣	SAR	NERS	PLFS	VEMS	PLF	4	4	-1
4♣	URRS	NEF	SARS	MAR	VER	3	3	1
5♣	NEF	SARS	MAMS	URRS	MAM	4	4	0
6♣	MAR	JURS	MAMS	SAFS	MAM	4	6	1
7♣	MARS	MOR	KRMC	MAM	VER	7	3	4
8♣	VERS	VEMS	VEF	MOR	VER	7	-3	9
9♣	MOFS	VEM	MOF	CRFS	PLR	8	-2	8
10♣	SBC	MAM	NEF	PLFS	MAR	7	7	0
J♣	MORS	PLR	VERS	JUR	JURS	5	-1	6
Q♣	SAF	VEFS	MAF	MAMS	SAFS	3	5	-1
K♣	CRR	MAFS	SAR	NER	MAMS	5	5	0
A♦	JUFS	JUM	SAFS	PLF	SAF	1	2	1
2♦	SAFS	MAR	JURS	JUFS	JUM	1	4	0
3♦	PLF	URFS	MAR	VEF	VEFS	6	4	0
4♦	URR	NEFS	PLRS	VER	MARS	4	2	2
5♦	PLFS	URR	SAR	NERS	SARS	3	5	-3
6♦	CRFS	MOFS	VEM	VEF	MOF	8	0	7
7♦	CLFS	VEFS	JUF	CRRS	VEF	5	1	4
8♦	MOR	MARS	CRRS	PLFS		7	3	3
9♦	URR	PLFS	MAM	PLRS	CRF	5	5	-2
10♦	SAF	VEFS	VEF	NERS	PLFS	3	2	1
J♦	PLR	VERS	MORS	URRS	PLRS	5	0	3
Q♦	PLF	URFS	URR	CRF	URRS	4	4	-2
K♦	VEMS	SAR	NERS	PLFS	JUR	4	1	2
A♠	CRF	CLF	VEM	CLR	PLRS	6	4	1
2♠	SAR	NER	VER	CRR	MAFS	4	3	1
3♠	CRFS	PLR	VERS	PLRS	VEM	5	3	1
4♠	KRMA	PLF	NEFS	NER	MAF	7	7	-1
5♠	VER	MARS	JUR	URR	NEFS	5	1	4
6♠	VER	SAR	NER	JUR	SARS	3	1	3
7♠	VEMS	JUR	JURS	MAFS	VEM	4	-2	7
8♠	MAMS	CRR	MAFS	MAR	JURS	7	6	1
9♠	CLRS	VER	NER	PLF	VERS	5	1	2
10♠	URF	NER	MOF	MOFS	VEM	5	-1	5
J♠	KRMA	MAM	MARS	PLF	NEFS	8	8	-1
Q♠	MOR	MORS	PLFS	SAF	VEF	6	0	4
K♠	VEF	VERS	VEMS	VEFS	CRFS	7	-3	9

10

方塊10：福佑之牌

方塊10的人格特質

這張牌位於人生牌陣的正中央，各方各面都得到木星的祝福保護。它是物質富裕牌，儘管很少方塊10真正達成這個現實。然而，每一個方塊10在財務上都受到保護，總是會有一定量的好運。為了實現他們的最大潛力，他們需要涉入某個事業，最好是自己的事業。他們擁有管理和經營任何大、小企業的本事。許多方塊10承繼家產或與有錢人結婚。他們喜愛成為關注的中心，這與方塊10位於人生牌陣的正中央有直接的關聯。

擁有那麼多的祝福，你可能期望他們是慷慨的靈魂，但並不一定是這樣。許多方塊10完全將這些祝福導向取得更多的金錢，因此有些在這方面甚至變得相當無情。不過，其他方塊10則注意到他們司掌直覺和透過知識服務的梅花Q業力牌，於是奉獻自己的才華和資源幫助這個世界。每一個數字10都有可能過度迷戀於積累同花色的事物。對方塊10來說，這會顯化成對錢財的依戀。有些方塊10可能是非常自私的。

因為他們的創造力和智慧，無論從事哪一行，方塊10總是成功的。通常這股力量被導向經商和財務收益，而且無論業務或金融企業的大小，他們都處理得來。假使方塊10開發自己的靈性覺知，晚年必會盈滿著心智和靈魂的擴展，而不是疑慮和猶豫不決。許多方塊10在晚年找到了藝術表達的途徑，那帶來許多回報。

方塊10的親密關係課題

方塊10對愛情和親密關係有著強烈的渴望。他們也有來自前世的業力，必須經由一或多次比較困難的離婚或分離才能得到釋放。他們帶進今生的業力是：曾經不公平地、沒愛心地離開另外一個人。在這一世，他們很可能接收到來自另一個人的同樣對待，而那人往往正是他們從前虧負的對象。

他們想要愛，而且通常是啟動新關係的那一方。他們自己情緒焦躁不安的本性必須被好好對治，才可能有成功的婚姻。他們時常發現自己處在的情境是：基於更崇高的理由或為了幫助需要的他人，必須犧牲自己對情愛的需求。他們正在學習疼愛自己和自己的內在小孩。在內在找到那樣的關係也會為他們在其他關係中帶來更多的好運。

女性方塊10不宜讓親密關係的重要性優先於工作和事業，只有幾個相容性超佳的案例除外。由於紅心5在土星，加上女性方塊10的身分牌是惡名昭彰、在情事上經常優柔寡斷的方塊Q，因此浪漫和婚姻似乎總有莫大的負擔。

身分牌連結之間的通性

與紅心男相處讓他們找到愉快的關係，不過與某些紅心男之間必然充滿挑戰。男性和女性方塊10得到其他方塊女

業力牌：
梅花Q　黑桃Q
業力親屬：
紅心3　方塊8
前世牌：
方塊9　方塊J

的青睞，尤其是經商的方塊女。女性方塊
10與多數梅花男非常相容。

方塊10 ── 愛的追尋

　　方塊10可以是人道而善於付出，也可以是非常自私且自我中心。位於人生牌陣的正中央可能使他們覺得整個世界繞著自己轉，他們配得大家的持續關注。他們也可能相信，自己是最受到真正祝福的牌，其實不必那麼擔心是否有人照顧。不管怎樣，他們喜歡認為自己非常重要和特殊。紅心A是他們人生牌陣中的金星牌，可以置換成另一張王牌方塊A，而方塊A代表自我的追尋。方塊10可能非常希望被他人所愛，因此在對自己付出和對他人付出之間總是存有衝突。親密關係時常需要妥協和調整。方塊10可能會將這些妥協視為取走他們想要給予自己的東西，所以對他們來說，自己可能被視為犧牲品。許多方塊10在人生中來到一個點位，在此，他們必須在愛自己和愛配偶或伴侶之間做出選擇。紅心5在土星幾乎保證，當那個時間到來時，對他們來說將是充滿挑戰的抉擇。他們時常經歷因業力造成的分手，儘管在許多人眼裡，其伴侶的行為看似殘酷而不公平，但深入分析這段親密關係和相關事件，可以揭示出方塊10在此情境中該要擔負的責任。紅心5在某個層面代表個

人自由。那樣的自由對方塊10來說，代價高昂，因為這張牌落在土星，亦即業債的位置。一旦方塊10通過這個考驗，他們絕少再次放棄這份自由，通常會保留選擇的餘地。

　　方塊10還有另一張王牌A在火星，即方塊A。這兩張王牌A可能使他們顯得全然自我中心、唯利是圖、自我本位。但這裡真正發生的事是自我的追尋。不可避免地，方塊10必須將注意力集中於內在，才能找到人生的意義。其他人可能把這詮釋成自私，但方塊10將這視為適合他們的人生之道。當他們真正向內在尋求人生的意義時，就會接收到最高階的祝福。

　　梅花Q是他們的第一張業力牌，這告訴我們，除了積累金錢和財物外，許多方塊10今生有某個更高階的目的。這個目的將會涉及愛的使命，將會以某種方式運用知識和真理滋養他人。已然發現自我人格的這個隱藏面向的方塊10，可以成就非凡，達到個人和專業成就與滿足的新高峰。

10

方塊10

<table>
<tr><th colspan="3">人生牌陣牌組</th></tr>
<tr><th>行星牌</th><th>符號</th><th>牌</th></tr>
<tr><td>月亮</td><td>☽</td><td>10♥</td></tr>
<tr><td>太陽（本命牌）</td><td>✳</td><td>10♦</td></tr>
<tr><td>水星</td><td>☿</td><td>8♠</td></tr>
<tr><td>金星</td><td>♀</td><td>A♥</td></tr>
<tr><td>火星</td><td>♂</td><td>A♦</td></tr>
<tr><td>木星</td><td>♃</td><td>Q♦</td></tr>
<tr><td>土星</td><td>♄</td><td>5♥</td></tr>
<tr><td>天王星</td><td>♅</td><td>3♣</td></tr>
<tr><td>海王星</td><td>♆</td><td>3♠</td></tr>
<tr><td>冥王星</td><td>♇</td><td>9♥</td></tr>
<tr><td>結果（宇宙回報）</td><td>♃+</td><td>7♣</td></tr>
<tr><td>宇宙功課</td><td>♄+</td><td>5♦</td></tr>
</table>

<table>
<tr><th colspan="3">守　護　星　牌</th></tr>
<tr><th>生日</th><th>守護星座</th><th>守護星牌</th></tr>
<tr><td>1/17</td><td>摩羯座</td><td>紅心5</td></tr>
<tr><td>2/15</td><td>水瓶座</td><td>梅花3</td></tr>
<tr><td>3/13</td><td>雙魚座</td><td>黑桃3</td></tr>
<tr><td>4/11</td><td>牡羊座</td><td>方塊A</td></tr>
<tr><td>5/9</td><td>金牛座</td><td>紅心A</td></tr>
<tr><td>6/7</td><td>雙子座</td><td>黑桃8</td></tr>
<tr><td>7/5</td><td>巨蟹座</td><td>紅心10</td></tr>
<tr><td>8/3</td><td>獅子座</td><td>方塊10</td></tr>
<tr><td>9/1</td><td>處女座</td><td>黑桃8</td></tr>
</table>

名人生日

詹姆斯・厄爾・瓊斯（JAMES EARL JONES）
1/17/1931 • 男演員
馬丁・辛（MARTIN SHEEN）
8/3/1940 • 男演員
克里斯・法利（CHRIS FARLEY）
2/15/1965 • 男演員
甘蒂絲・柏根（CANDICE BERGEN）
5/9/1946 • 女演員
潔西卡・譚迪（JESSICA TANDY）
6/07/1909 • 女演員
穆罕默德・阿里（MUHAMMAD ALI）
1/17/1942 • 拳擊手
莉莉・湯琳（LILY TOMLIN）
9/1/1939 • 喜劇女演員
喬爾・葛雷（JOEL GREY）
4/11/1932 • 藝人
湯姆・瓊斯（TOM JONES）
6/7/1940 • 歌手
蘇珊・安東尼（SUSAN B. ANTHONY）
2/15/1820 • 歷史人物（譯註：女權運動人士）
艾賽兒・甘迺迪（ETHEL KENNEDY）
4/11/1928 • 羅伯特・甘迺迪（Robert Kennedy）的妻子
尼爾・薩達卡（NEIL SEDAKA）
3/13/1939 • 歌手
東尼・貝內特（TONY BENNETT）
8/3/1926 • 歌手
比利・喬（BILLY JOEL）
5/9/1949 • 音樂家
麥克・華萊士（MIKE WALLACE）
5/9/1918 • 電視記者
歐列格・卡西尼（OLEG CASSINI）
4/11/1913 • 設計師
格溫多琳・布魯克斯（GWENDOLYN BROOKS）
6/7/1940 • 詩人
王子（PRINCE）
6/7/1958 • 歌手
修・路易斯（HUEY LEWIS）
7/5/1951 • 歌手
安娜・庫妮可娃（ANNA KOURNIKOVA）
6/7/1981 • 網球運動員
菲爾・麥格羅博士（DR. PHIL MCGRAW）
9/1/1950 • 心理學家／脫口秀主持人

對象	伴侶之間的連結					綜合指數評級		
方塊10與	連結1	連結2	連結3	連結4	連結5	吸引力	強度	相容性
A♥	VEF	SAFS	MAF	CRRS	MAM	4	4	1
2♥	MARS	VEM	MAFS			8	4	3
3♥	MAM	VEF	KRMC	SAFS	VER	5	4	3
4♥	MAM	VER	NEFS	PLRS	MAF	7	3	3
5♥	SAF	URRS	MAMS	URR	URFS	0	4	-3
6♥	PLR	SAMS	NER	NERS	PLFS	3	6	-2
7♥	MAR	JUFS	MAM	SAF	MAMS	5	5	1
8♥	MAR	JUFS	VER	CLFS	CRR	6	3	3
9♥	PLF	MARS	VEM	VEMS	MAR	8	5	1
10♥	MOF	VEM	VEMS	PLFS	MAR	8	-1	7
J♥	VEF	JUR	PLF	VEFS	VERS	5	-1	6
Q♥	MAM	JUMS	MAF	VEFS	URR	6	3	3
K♥	CLR	MAFS	VEM	VEMS	MAF	6	2	3
A♣	MARS	VEM	MOF	MAFS		8	2	5
2♣	MAFS	JUFS	MAM	CLR	CLRS	5	4	2
3♣	URF	CLF	SARS	CRR	MAFS	2	4	-2
4♣	NER	MAMS	PLR	SAMS	PLRS	5	6	-1
5♣	MAMS	SAF	NER	VEF	NERS	4	5	-1
6♣	MOR	URR	PLRS	PLR	URRS	4	0	2
7♣	CRF	JUF	VERS	SAR	SARS	4	2	3
8♣	JUR	VEF	JURS	MAMS	PLF	4	-1	6
9♣	VEFS	MAM	JUMS	MAR	JURS	6	2	5
10♣	SAR	VER	NEFS	PLRS	VERS	4	2	2
J♣	VEM	VEMS	MORS	MOF	MOFS	8	-4	10
Q♣	KRMA	MAM	PLF	NEFS	PLFS	8	8	-1
K♣	CLRS	VEM	SAFS	MOR	MORS	3	1	3
A♦	MAF	CRRS	URR	PLRS	VEF	5	4	1
2♦	URR	PLRS	MAF	CRRS	MAFS	4	4	-1
3♦	NERS	PLFS	PLR	SAMS	JUF	5	5	-2
4♦	URRS	PLFS	SAF	SAFS	PLF	1	6	-5
5♦	CLF	SARS	MOFS	URF	URFS	3	3	0
6♦	MAR	JURS	VEFS	NEF	URFS	5	2	4
7♦	MARS	VEM	PLF	URF	PLFS	7	4	1
8♦	JUF	VERS	KRMC	CRF	JUR	4	0	6
9♦	MOFS	JUF	VEFS	CLF	SARS	5	-1	7
10♦	SBC	PLF	PLFS	JURS	NEF	6	7	-2
J♦	MORS	NEF	URFS	VEM	VEMS	6	-1	6
Q♦	JUF	VEFS	NERS	PLFS	MOFS	5	0	5
K♦	CRR	MAFS	URF	VER	CLFS	5	3	1
A♠	JUFS	MAM	MAFS	JUF	SAF	5	3	3
2♠	SAFS	CRFS	CLRS	VEM	CLR	2	5	-2
3♠	NEF	URFS	MAR	JURS	MORS	5	2	3
4♠	VER	NEFS	PLRS	MAM	MAMS	7	2	3
5♠	PLFS	MOF	URRS	NEF	NERS	6	2	1
6♠	CRFS	VEM	SAFS	NER	URRS	4	3	1
7♠	VER	CLFS	CRR	MAFS	MAR	6	3	2
8♠	MOR	CLRS	VEM	CLR	JURS	5	-1	5
9♠	VEM	CLR	CRFS	CLF	MARS	6	2	3
10♠	MAF	MAM	JUMS	MOR	MAMS	7	4	2
J♠	SAR	CRF	MOFS	SARS	VER	3	3	1
Q♠	KRMA	PLF	NEFS	JUF	VERS	7	5	1
K♠	JUR	VEF	MAR	MORS	JURS	5	-1	7

10

黑桃10：工作成就牌

黑桃10的人格特質

　　黑桃10可以是非常唯物主義且醉心工作的。當黑桃10是這個樣子的時候，他們的家庭生活總是受苦受難，然後他們也因此備受煎熬。家庭和家人對他們來說也是非常重要的。他們人生中的主要焦點究竟是什麼？這取決於個人，但許多黑桃10在這兩種基本欲望之間必有衝突，女性尤其難以保持令人滿意的家庭生活同時追求事業。他們的人生路上存有許多靈性的影響，可以促使這些人成為自己命運的主人，帶領他們來到幫助他人的高峰。然而，也有一股朝向物質成就的拉力，可能使他們看不見自己的可能性，同時限制他們的成長潛力。身為黑桃，他們有機會透過靈性覺知超越物質。

　　關於愛以及婚姻中的問題，可能會猶豫不決，肇因於對貧乏的恐懼。如果黑桃10濫用被賦予他們的力量，可能會在個人的生活中造成許多困難。然而，這些人有能耐擁有偉大、不執著的屬靈的愛。他們可以擁有欲求的任何東西，只要向自己的高階面尋求指示和引導。

　　因為擁有兩張位於人生牌陣海王星橫列的業力牌，可能容易出現上癮的行為。

業力牌：

紅心4　紅心Q

業力親屬：

黑桃4　梅花9

前世牌：

黑桃9　黑桃J

　　結合上癮與他們的驅力以及事事「自始至終」的傾向，然後你會發現個性時常走極端，好事、壞事皆然。他們透過經驗學習，而且的確充分體驗人生。有些案例顯示，他們的起起伏伏可以相當戲劇化。

　　黑桃10今生遭遇的所有結局意在教導他們，放下個人對想法和生活型態的執著有何價值。因為迎接這個挑戰，他們可以活著經驗到靈性覺察和理解的高峰，那是他們的一部分天命。

黑桃10的親密關係課題

　　擁有這張牌的人在他們全都強力投入的工作和家庭之間，往往存有內在的衝突。雄心勃勃、創意十足的黑桃10，在愛情方面可能變得優柔寡斷，那可能導致問題。他們往往不確定自己在情事上真正想要什麼，或是一再吸引到無法做出承諾的愛侶。不論是哪一種情況，結果都一樣——在浪漫生活中，變化和波動不斷。財務課題通常與分手有關，而且黑桃10在協議中通常討不到便宜。

　　愛情和浪漫也有一些不確定性，如方塊3在金星所示，他們必須好好應對，才能贏得成功的長期關係。如此的不確定性通常使成功的長期關係直到後半輩子才出現。就跟黑桃2和方塊8有紅心3要應對一樣，黑桃10必須得到許多問題的答案，才能帶著如此重要的承諾繼續前進。

　　他們的基本情緒很好，沒有理由無法擁有美好的婚姻。他們非常善於付出、極有愛心，只是需要找到方法來平衡對家庭生活的渴望以及天生強烈、野心勃勃的本性。

身分牌連結之間的通性

通常，黑桃10男性可與許多女性梅花牌締結良緣。黑桃10女性難以抗拒紅心男，與方塊男也有良好的愛情連結；在浪漫層面，其他黑桃男也很適合她們。

黑桃10 ──全有或全無

黑桃10通常是一個事業抱負很大的人。身為「10中之10」，他們可以體現第十宮摩羯座達致成功與贏得認可的驅力。關於達致成功的驅力，他們可以非常務實而堅定，而且許多黑桃10達成他們的目標。只有一樣東西可能干擾這份贏得認可的堅定驅力，就是他們對愛、家庭和家人的渴望。有趣的是，帶著如此極端相反傾向的黑桃10如何顯現在一個人的性格之中。各個都是工作和成功導向的黑桃10有兩張紅心業力牌，紅心4和紅心Q。這兩張牌因為與家庭和家人緊密相連，有點與黑桃10截然相反。在占星術中，十宮（黑桃10）位於代表家庭、保障、感覺和滋養的四宮（紅心4、紅心Q）正對面。奇特的是，黑桃10居然與代表婚姻和家庭生活的主要兩張牌有著如此強大的內在連結。根據我的經驗，這些相反的影響可以不同的方式顯化在當事人的生活中，但全都落在黑桃10所屬含義的範疇內。

以「超模奶奶」克莉絲蒂‧布琳克莉（Christie Brinkley）為例。她是黑桃10，曾與美國歌手、鋼琴演奏家兼創作歌手比利‧喬（Billy Joel，方塊10）結婚。以她而言，她長期全然投入事業，而且，如我們所知，非常成功。然後，她突然渴望家和家庭生活，於是結婚，生了一個小孩。她與比利‧喬的婚姻持續了大約九年。很可能，他們分手的原因之一是她想念成為事業上的自己。不管怎樣，她回到事業上，我們

開始看見她再次出現在雜誌上。撰寫本文時，她再度結婚，我們且看接下來會發生什麼事情吧。許多黑桃10終其一生就像這樣，隨著從性格的一面轉移到另一面，經歷著重複的循環。

我的一個黑桃10個案也有類似的經歷。她結婚前非常成功。不管怎樣，她在近三十歲時結婚，花了十五年養育孩子和成為母親（紅心Q）。她來找我解命時，因想要回去工作而出現激烈的內在衝突。「如果我回去工作，就要放棄丈夫和家人。我該如何解決這個衝突呢？」顯然，對她來說，工作和愛情生活或家庭生活之間沒有中間地帶。兩方的衝動似乎同等強烈，彼此直接衝突。

另一個例子是至今已六年沒有親密關係的黑桃10男子。被問到這個問題時，他說：「我現在沒有時間培養親密關係。」他要上學，要當醫生，然後晚上工作，支付學費。但很顯然，他覺得相當寂寞。他找時間去滑雪、跟朋友一起做事，但似乎避開親密關係。有一次，他承認，最後一次的親密關係經驗給他帶來許多問題。似乎對他來說，伴隨親密關係而來的麻煩，所要付出的代價高到他現在付不起。然而，不論是什麼原因，我們可以看見，他的行為表現就跟他的本命牌一樣。他現在處在工作階段，但他隨時可能墜入愛河，重新回到愛、家人、家庭生活的業力模式階段。

10

黑桃 10

人生牌陣牌組		
行星牌	符號	牌
月亮	☽	Q♣
太陽（本命牌）	☀	10♠
水星	☿	5♣
金星	♀	3♦
火星	♂	A♠
木星	♃	7♥
土星	♄	7♦
天王星	♅	5♠
海王星	♆	J♥
冥王星	♇	9♣
結果（宇宙回報）	♃+	9♠
宇宙功課	♄+	2♥

守 護 星 牌		
生日	守護星座	守護星牌
1/4	摩羯座	方塊7
2/2	水瓶座	黑桃5

對象 黑桃10與	伴侶之間的連結					綜合指數評級		
	連結1	連結2	連結3	連結4	連結5	吸引力	強度	相容性
A♥	JUFS	URMS	MAM	MAR	URFS	3	2	3
2♥	CLF	SAFS	VER	SAF	VEMS	2	5	-3
3♥	MAR	URFS	JUFS	URMS	MOF	4	2	2
4♥	KRMA	NEFS	URRS	PLF	NEF	6	5	0
5♥	PLFS	MOR	MORS	NERS	SAR	7	2	2
6♥	CRFS	VER	JUMS	VEF	VEFS	6	0	5
7♥	JUF	CLFS	URFS	CLR	URR	2	1	1
8♥	CLR	URR	SAR	MARS	JUF	1	3	-1
9♥	SAMS	SAF	VEMS	VER	SAFS	0	5	-2
10♥	URF	SARS	URFS	VERS	URR	0	1	0
J♥	NEF	JUR	MAFS	JUFS	NEFS	5	1	5
Q♥	KRMA	NER	PLF	NEFS	URF	7	6	0
K♥	MOFS	CRF	JUF	CRFS	MORS	6	0	6
A♣	VER	SAFS	CLF	SAF	VEMS	2	4	-1
2♣	MAF	CRRS	MAR	CRR	MAFS	7	6	0
3♣	CLRS	VEM	VEMS	JUFS	PLR	5	-1	5
4♣	VER	JUMS	MOR	CRFS	SAFS	5	-1	5
5♣	MOR	PLFS	VER	JUMS	VERS	7	0	4
6♣	CRR	VERS	MAFS	JUF	VER	6	1	4
7♣	SAR	MORS	VEM	CRR	VEMS	4	0	4
8♣	JUFS	NEF	JUR	MAFS	JUF	4	0	6
9♣	PLF	NER	KRMC	MAM	MAMS	7	6	-1
10♣	URR	MORS	VEM	URRS	NEF	4	-2	5
J♣	URR	VEMS	NER	PLF	VERS	5	0	3
Q♣	MOF	MAMS	MAR	URFS	MARS	7	3	3
K♣	PLRS	VERS	VER	PLR	VEF	5	1	3
A♦	MAM	MAFS	JUFS	URMS	MAF	6	5	2
2♦	MAFS	CRR	MAM	JUM	MAMS	7	5	1
3♦	VEF	CRFS	CRF	VEFS	URRS	7	1	5
4♦	URF	SARS	PLFS	MOR	SAR	2	3	-1
5♦	VEFS	PLR	VEF	SAR	JUFS	4	0	5
6♦	MAM	PLF	JUR	NERS	PLFS	6	5	-1
7♦	SAF	VEMS	SAMS	VER	SAFS	1	4	-1
8♦	SAR	VEFS	PLF	VEF	NER	4	2	1
9♦	VEFS	SAR	VEF			4	0	5
10♦	MAR	MOF	MAMS	VEFS	MAM	8	4	4
J♦	JUR	NERS	PLFS	MOF	NER	5	1	3
Q♦	VEF	VEFS	CRF			7	-1	8
K♦	CLRS	VEM	SAR	MARS	SARS	3	2	1
A♠	MAF	CRRS	JUF	CLFS	URFS	5	4	1
2♠	PLRS	PLR	JURS	VEF	JUR	3	2	1
3♠	JUR	NERS	PLFS	MAM	MAF	5	3	1
4♠	URRS	URR	KRMC	NEFS	NEF	3	1	1
5♠	URF	SARS	URFS	VERS	SAR	0	1	0
6♠	PLR	JURS	MOFS	CRF	PLRS	4	1	3
7♠	SAR	MARS	CLRS	VEM	CLR	3	4	0
8♠	VERS	CRR	CRRS	SARS	VER	5	1	3
9♠	MOFS	CRF	PLR	JURS	PLRS	5	1	3
10♠	SBC	NEFS	NER	NERS	NEF	6	4	2
J♠	MORS	VEM	URR	URRS	VEMS	5	-2	7
Q♠	VEFS	MAR	SAR	NER	PLF	5	3	2
K♠	JUR	MAFS	JUFS	NEF	CRF	4	1	4

騎士牌：孩子氣與創造力

「我不要長大！」

——彼得‧潘

　　騎士是皇室最年輕的成員。可以用幾種方式看騎士，全都意味深長。首先，騎士可以被視為有朝一日將會成為國王的王子。身為王子，他年輕、浪漫、有創意、機智、迷人。不過，他還沒有被賦予來自成為國王的責任和權力，而他也不想要那麼多的責任。騎士只想要開心、好好玩一玩。同時，他們希望得到尊重以及某種程度的欽佩。有一天，或許他們會成為國王。從青春蛻變到責任，這是騎士最重要的終生主題之一。

　　國王的法律顧問是看待騎士的另一個方式。他對國王有影響力，但他心中自有盤算。他位居宮廷，但不承擔發生的事的全部責任。如果你想要他代替你在某方面影響國王，他是可以被賄賂的。總的來說，他有點不誠實，但非常有創意，而且足智多謀，善於在不被逮到的情況下保持一切事務的平衡。他是欺騙和偷竊大師，絕不可完全信任他。

　　這兩個畫面剛好總結了騎士本命牌的常見特質。年輕有活力的創意隨處可見，呈現沛然不可禦的豐盛。伴隨這點的是，經常忍不住為了好玩或謀利而濫用那份創造能量，或只是為了避開假使百分之百誠實就必須面對的不愉快情境。紅心J是這點唯一的例外，但事實上，許多紅心J也屈服於濫用自己的創造力。不管怎樣，總的來說，紅心J具有強大的靈性連結，使他們往往將更多的能量聚焦在成為烈士或救星，因此沒有多少時間可以發揮其他騎士的狡點詭詐。儘管如此，他們還是騎士，而且偶爾就連他們的眼睛裡也會閃現那抹淘氣的光芒，告訴你，他們準備要搗蛋了。

　　但騎士也被視為整副牌的啟蒙者。「啟蒙」（initiation）暗示晉升至某個新的、通常更高階的層次。正是這個新的開始暗示某些過去的存在方式結束了。對騎士來說，許多騎士在人間是要展現，他們可以晉升到自己的物質本性以上，來到更為靈性、較不執著於俗世財物和事務的層次。為了讓騎士真正自我了悟，他們一定要以某種方式存取同花色的更高階特質。這意謂著，紅心J成為靈性之愛的器皿，梅花J是靈性知識，方塊J代表更高階的價值，黑桃J則是根據更高階的靈性法則活出自我人生的範例。許多騎士達成這樣的目標，許多沒有做到。騎士的最高表現代表當事人已將自己提升至自我表達的更高階。這也暗示放下在許多情況下是相當牢固且難以摒棄的低階本性。

　　騎士總是忍不住想要濫用自己的巨大天賦，許多騎士除了成為竊賊，始終無法提升。他們擁有善於創新的頭腦，懂得說出任誰都會絕對相信的謊言。這個頭腦代表莫大的天賦，但卻是由他們決定是否用在正途。做到這點的騎士可以卓然有成。

　　騎士天生的心性也使他們比較難以了解自己的感受。他們用自己的頭腦取得那麼多的成功，卻很少用自己的真心取得他們想要的。所有這些特質結合在騎士這人身上，賦予他們畢生最大的挑戰——要向內看，藉此尋求自我問題的解答，而不是用機智和狡詐蒙混過關，如此轉向內在正是所有騎士代表的「啟蒙」。

J

紅心 J：透過愛犧牲

紅心 J 的人格特質

身為三張固定牌之一，紅心 J 的強處在於他們對愛的詮釋。他們被透過愛犧牲的基督精神包圍。儘管他們是騎士，有時候既不成熟又詭詐狡黠，但紅心 J 受到基督精神的智慧所影響，那通常為他們帶來更高層的指引和更高階的動機。然而，他們必須提防自己的烈士情結不會失控。此外，他們也可能逃避現實和被誤導，但這是例外，不是通則。

愛是紅心 J 的力量和與生俱來的權利。他們來到人間是要愛人，親身為大眾示現愛人之道。他們知道如何愛一個國王的寬大，一旦他們打定主意，認定自己揹負著愛的使命，就會令人欽佩地確實套上責任的枷鎖。他們在人生中時常做出犧牲，而且基於某個更高的原因或人生哲理，他們的個人實現可以被放棄。他們天生是領導者，在自己的專業領域必是一帆風順。這些人是固定的，有強旺的正義感和責任心引導。可以依賴他們貫徹承諾，除非他們陷入「狡點騎士」的低階面。

每一個紅心 J 內在都帶著基督精神，而且與其相關聯的每一個人都因他們的存在而在某方面得到提升。踏上靈性之路，

或是藉由將更高階的能量帶到工作和生活中，使他們找到最大的成就。

紅心 J 的親密關係課題

紅心 J 是靈性牌並不意謂著他們不會展現任何的騎士特徵。他們也可能沉溺於這張牌年輕、俏皮、花花公子或花花女郎的面向。他們也可能受到誘惑，捲入戀情和浪漫邂逅，因為這個騎士是整副牌中最浪漫的一張。

在親密關係中，紅心 J 的犧牲本性可以朝好處也可以朝壞處作功，取決於當事人。就愛的本性而言，這些人擁有力量和優勢，但某種程度的不成熟可能有時導致最終功敗垂成。在愛情方面，他們通常致力於較高階的理想，且對此自有其人生哲理，誰都無法改變。如果他們愛你，他們會為你做出犧牲，你可能是他們救世計畫的一部分。

然而，同樣的，紅心 J 可能利用如此的「救星情結」在愛情方面做出蠢事，例如，選擇一個完全不相稱或關係已經破裂的配偶，為的是看見自己的愛療癒某人。這可能導致受害者／救世主或共依存的關係，帶來不良的後果。

在愛情方面失落過幾次之後，紅心 J 變得對愛情可能導致的痛苦敏感，同時成為能諒解且有愛心的伴侶。當他們致力於更高階的人生目的時，許多紅心 J 是整副牌中最忠誠、最值得信賴的同伴。他們示現的愛是堅定、不動搖的，而且準備好在必要時為摯愛的利益做出犧牲。

身分牌連結之間的通性

愛情或婚姻上選擇方塊男通常是不智

業力牌：

黑桃 K　梅花 8　梅花 A
紅心 2　方塊 7　紅心 9

業力親屬：

無

前世牌：

紅心 10　紅心 Q

之舉，但其他紅心男則是絕佳的對象。與黑桃K和梅花8之間有很強的業力連繫。不過，產生的力量可能會太過強旺。對任何梅花女而言，紅心J通常證明是一大挑戰。

紅心J ——救星還是烈士？

　　無論是好是壞，紅心J時常與耶穌基督（如今即將告終的雙魚座時代的救世主兼精神領袖）相關聯。耶穌教導且示現了一種超越正常人類經驗的愛。祂的愛透過犧牲，被認為是最高形式的愛，正如金星在雙魚座所示。這份海王星的特質具有莫大的潛力，要麼好，要麼壞，取決於它如何被使用。當我們進入水瓶時代，如此犧牲的愛所體現的許多事物，現在被認為是共依存和上癮。我們見到無以數計的例子，人們和組織濫用其靈性力量以及其他力量，全都以為他人付出為名義。許多紅心J因為全力付出而疲憊不堪。由於不求回報，他們最終被耗盡，精疲力竭。當這樣的情況發生時，他們其實淪落到沒有多少的自己可以付出，也比較無法從事他們熱愛的付出工作。

　　在水瓶座時代，雙魚座教導我們的許多事物變得無關緊要、毫無用處。從水瓶的觀點看，當耶穌犧牲自己時，並沒有任何人受惠。由於犧牲了自己，他不再在大家身邊為任何人帶來任何的好處。從某個觀點看，我們可以說，祂的行為代表一種逃避，而不是為我們帶來美好的事。這或許不是耶穌的本意或實際的情況，但的確闡明了，雙魚座或海王星能量在此地此時可能如何被混淆和濫用。聖經說，唯有相信「祂」（耶穌），我們才能得救。水瓶座的哲學說，放棄你

的信念、愚蠢等等，好好正視事實。停止試圖拯救每一個人，好好拯救你自己。你不需要救世主，因為你已經得救了；你是一個完美獨特的人，有力量以你想要的方式擁有你的人生。

　　大概這就是為什麼有些紅心J在今天的社會中似乎格格不入。許多紅心J仍然隨時設法拯救每一個人，而且行不通。他們往往需要好多年、好多年折磨人的親密關係，才學習到自私的價值以及在自己的愛情生活中建立邊界。他們仍舊隨時待命，擁有不為人知的祕密戀情，同時告訴自己，他們的做法是在幫助自己的祕密情人。他們仍舊不太容易知道，何時該要無私地付出自己，何時應該直接對他人說「不」。

　　紅心J不是唯一犯下這些事的牌。我們每一個人在自己的人生軌跡中都有一些海王星能量，有些人多一些，有些人少一點。在對他人付出同時放棄個人的欲望，以及花些時間和精力回頭好好疼愛自己之間，存有一份細微的平衡。總而言之，每一個人都在學習清理自己某些行為的朦朧、誤導、虛幻的本質，然後學會面對現實。在這個過程中，我們得回自己的力量和自己的神性，於是我們以不同的方式在內在找到自己與神的連結，在這個開悟的新時代，這樣的方式感覺上是對的。

J

紅心 J

<table>
<tr><th colspan="3">人生牌陣牌組</th></tr>
<tr><th>行星牌</th><th>符號</th><th>牌</th></tr>
<tr><td>月亮</td><td>☽</td><td>5♠</td></tr>
<tr><td>太陽（本命牌）</td><td>☀</td><td>J♥</td></tr>
<tr><td>水星</td><td>☿</td><td>9♣</td></tr>
<tr><td>金星</td><td>♀</td><td>9♠</td></tr>
<tr><td>火星</td><td>♂</td><td>2♥</td></tr>
<tr><td>木星</td><td>♃</td><td>K♥</td></tr>
<tr><td>土星</td><td>♄</td><td>K♦</td></tr>
<tr><td>天王星</td><td>♅</td><td>6♥</td></tr>
<tr><td>海王星</td><td>♆</td><td>4♣</td></tr>
<tr><td>冥王星</td><td>♇</td><td>2♦</td></tr>
<tr><td>結果（宇宙回報）</td><td>♃+</td><td>J♠</td></tr>
<tr><td>宇宙功課</td><td>♄+</td><td>8♣</td></tr>
</table>

<table>
<tr><th colspan="3">守 護 星 牌</th></tr>
<tr><th>生日</th><th>守護星座</th><th>守護星牌</th></tr>
<tr><td>7/30</td><td>獅子座</td><td>紅心 J</td></tr>
<tr><td>8/28</td><td>處女座</td><td>梅花 9</td></tr>
<tr><td>9/26</td><td>天秤座</td><td>黑桃 9</td></tr>
<tr><td>10/24</td><td>天秤座或天蠍座</td><td>黑桃 9 或紅心 2 和方塊 2</td></tr>
<tr><td>11/22</td><td>天蠍座</td><td>紅心 2 和方塊 2</td></tr>
<tr><td>12/20</td><td>射手座</td><td>紅心 K</td></tr>
</table>

名人生日

阿諾・史瓦辛格
（ARNOLD SCHWARZENEGGER）
7/30/1947 • 男演員

潔美・李・寇蒂斯（JAMIE LEE CURTIS）
11/22/1958 • 女演員

麗莎・庫卓（LISA KUDROW）
7/30/1963 • 女演員

洛尼・丹吉菲爾德（RODNEY DANGERFIELD）
11/22/1921 • 喜劇演員

喬治・蓋希文（GEORGE GERSHWIN）
9/26/1898 • 作曲家

尤里・蓋勒（URI GELLER）
12/20/1946 • 特異功能者

保羅・安卡（PAUL ANKA）
7/30/1941 • 歌手

夏爾・戴高樂（CHARLES DE GAULLE）
11/22/1890 • 政治家

德兒塔・博克（DELTA BURKE）
7/30/1956 • 女演員

史考特・漢米爾頓（SCOTT HAMILTON）
8/28/1958 • 花式滑冰運動員

T.S. 艾略特（T.S. ELIOT）
9/26/1888 • 詩人

凱文・克萊（KEVIN KLINE）
10/24/1947 • 男演員

瑪麗葉兒・海明威（MARIEL HEMINGWAY）
11/22/1961 • 女演員

安妮塔・希爾（ANITA HILL）
7/30/1956 • 法學教授

大衛・索爾（DAVID SOUL）
8/28/1946 • 男演員

奧莉薇亞・紐頓−強
（OLIVIA NEWTON-JOHN）
9/26/1948 • 女演員／歌手

比莉・珍・金（BILLY JEAN KING）
11/22/1943 • 網球運動員

凱特・布希（KATE BUSH）
7/30/1958 • 歌手

勞勃・范恩（ROBERT VAUGHN）
11/22/1932 • 男演員

小威廉絲（SERENA WILLIAMS）
9/26/1981 • 網球運動員

對象 紅心 J 與	伴侶之間的連結					綜合指數評級		
	連結 1	連結 2	連結 3	連結 4	連結 5	吸引力	強度	相容性
A♥	CLRS	VEM	VEMS	CLR	PLRS	4	0	4
2♥	KRMA	MAF	CRRS	CRR	MAFS	7	7	0
3♥	CLR	PLRS	CLRS	VEM	PLR	3	2	0
4♥	NERS	VEM	NER	CRR	JUFS	6	0	4
5♥	URRS	URR	NEFS	SAFS	CRF	1	2	0
6♥	URF	SARS	NEF	URFS	SAR	1	2	-1
7♥	MAR	JURS	SAR	MARS	JUR	3	4	2
8♥	SAR	MARS	JUR	SARS	MAR	2	4	0
9♥	KRMA	VERS	VER	CRR	MAFS	7	3	4
10♥	MOFS	MOF	CLFS	VEMS	MAF	7	-1	7
J♥	SBC	POWR	CLF	CLFS	CLR	5	8	-1
Q♥	MORS	NER	MOR	MAR	VERS	7	-1	6
K♥	JUF	VEFS	JUFS	VEF	URR	4	-3	8
A♣	KRMA	CRR	MAFS	MAF	CRRS	7	7	0
2♣	JUFS	JUR	JUF	VEFS	URR	2	-3	7
3♣	SAFS	MAM	SAF	JURS	MAMS	0	7	-4
4♣	NEF	URFS	URR	NEFS	URF	4	1	2
5♣	URR	NEFS	URRS	NEF	URFS	3	1	2
6♣	PLFS	PLF	SAR	NER	MARS	6	7	-5
7♣	CRFS	VEF	CRF	MOFS	MAM	7	2	4
8♣	KRMA	POWR	CLF	CLFS	PLF	6	8	-2
9♣	MOR	MORS	MARS	VER	JUMS	7	-1	7
10♣	VEMS	CRF	VEM	VER	VEFS	8	-1	7
J♣	MOFS	MAFS	CLR	MAR	MAF	7	3	3
Q♣	PLR	VERS	CLR	PLRS	VER	4	2	1
K♣	JURS	SAFS	NER	JUM	SAF	0	2	0
A♦	VEMS	PLF	CLRS	VEM	NEF	7	1	3
2♦	PLF	PLFS	VEMS	MAR	VER	8	6	-2
3♦	SAR	MAMS	URF	SARS	MAM	2	5	-2
4♦	MOF	URRS	PLR	CRFS	CLF	5	1	2
5♦	MAM	MAMS	SAFS	VER	CLFS	5	7	-1
6♦	MARS	MOR	MAR	JUM	MOR	7	3	4
7♦	KRMA	VER	VERS	CRR	MAFS	7	3	4
8♦	VEF	VEFS	CRFS	MOF	MAM	7	-1	7
9♦	MAMS	MAM	VERS	PLF	VER	8	6	1
10♦	VER	PLR	VERS	VEFS	JUF	6	-1	5
J♦	MAR	CLR	CLRS	MARS	MAFS	5	6	0
Q♦	MAM	SAR	MAMS	PLF	URF	5	7	-2
K♦	SAF	JURS	SAFS	JUR	SARS	-3	4	-2
A♠	JUR	MAR	JURS	JUFS	NEF	3	1	5
2♠	NER	JUM	JUR	NERS	JUMS	3	-1	4
3♠	MAR	MARS	CLRS	JUM		6	6	1
4♠	VEM	VEMS	NERS	CRRS	VEF	7	-1	7
5♠	MOF	MOFS	CLF	PLRS	VEM	7	-1	5
6♠	VEF	JUR	NERS	JUMS	JURS	4	-2	7
7♠	JUR	SARS	SAF	JURS	SAR	-2	2	0
8♠	PLFS	JUR	SARS	NERS	SAF	3	4	-2
9♠	VEF	JUF	VEFS	JURS	PLR	4	-2	8
10♠	NER	NERS	MORS	JUF	MARS	6	1	4
J♠	CRF	CRFS	VEMS	VERS	MOF	7	2	4
Q♠	VEFS	VER	VEF	MOFS	MAMS	7	-2	9
K♠	KRMA	POWR	CLF	CLFS	PLF	6	8	-2

J

梅花 J：心智創意十足

梅花 J 的人格特質

有創意？不誠實？還是集合兩者？我們可以想像，最有創意的人也可能是最不誠實的人，而且反之亦然。梅花 J 是一張具有心智和財務創意的牌，這些人精力充沛、有生產力。他們的聰明才智遙遙領先常人和社會。他們是水瓶時代的子民，既不完全是男人，也不完全是女人。他們是先進的，走在社會和世界演化的尖端。

他們擁有整副牌中最優秀的心智之一，總是可以靠頭腦謀得美好的生活。他們通常投入創業，男性創業的頻率往往大於女性。如果工作容許他們得以表達某些創意，梅花 J 就可以找到自己的定位並真正享受工作，同時賺取大筆金錢。

他們聰明有才氣，但往往很固定，而且有愛爭辯的傾向（梅花 2 在火星代表愛爭辯）。他們通常無法看見，就是自己愛爭辯才造成與他人的許多分歧。所以，可以的話，他們會與你爭辯，而且始終享受這樣的心智鍛鍊。梅花 J 自己的固定思維有時會阻礙他們看見真相，但也使他們有能耐完成自己啟動的工作，以及為自己的信念挺身而出。

身為皇室成員，他們不喜歡小氣，而且對於別人的墮落往往有點不耐煩。他們需要尊重以及容許聰明才智自由創造和探索的職位。他們絕不缺點子，有些點子還會為他們帶來巨額的財務收益。從負面看，梅花 J 可能是不負責任的，而且有時候並不誠實。他們可以從許多層面看事情，因此沒有什麼是真正的對或錯──只是另一個觀點罷了。他們還可以非常迅速地編造故事，而且可信到足以解釋幾乎任何事情，不過，他們不是經常能夠那樣蒙混過關。土星的照管總是提醒他們保持平衡和公平的邊界。當他們開始相信自己的故事、背離現實有點太遠、製造出許多困境時，麻煩就會出現，然後他們才能重回正軌。

他們本質良善，是善於付出的人。儘管有時好爭辯，但他們有愛心，且友善對待有緣相遇的每一個人。

梅花 J 的親密關係課題

以如此強硬而固定的心智方式看待人生，可能為梅花 J 帶來相當的挑戰。在愛情的領域，心智思維並非屢屢見效。不管怎樣，梅花 J 在這方面的業力並不特別差。他們需要的對象首先要是朋友，而且這人要給予他們好些做自己的自由。如果擁有這點，他們會忠實而全心全意。男性梅花 J 是出色的情人，女性梅花 J 則是出色的同伴。

他們時常必須面對某位摯愛、配偶或家庭成員的健康狀況不佳，不然就是，他們自己的健康問題將成為關係中的一個重要主題。大部分案例顯示，他們的健康課題與某個情感因素有關連，要麼是家人，要麼是情人。

業力牌：

方塊 J　紅心 10

業力親屬：

黑桃 3　黑桃 5

前世牌：

梅花 10　梅花 Q

身分牌連結之間的通性

　　女性梅花J與所有方塊男均有業力連繫，儘管有些較為輕易，其他比較困難。她們與梅花男比較容易相處。男性梅花J難以抗拒紅心女。方塊女跟梅花J男性在一起總是有麻煩和挑戰。

梅花J——靈肉分離

　　梅花J有某種不尋常的特質，在每一個梅花J身上都顯而易見，但很難形容。女性梅花J似乎與男性梅花J截然不同，女性有一種非常平和的舉止。梅花J臉上有某種冷靜和一臉的聰明。他們通常直言不諱，且與任何人均能較量心智。他們對一切都有非常知性的觀點，包括自己的情愛生活。雖然他們顯然對所愛的人有感覺，但仍舊將自己的親密關係視為某種心智概念。這就好像是，他們有那些感覺，但同時必須對付他們強大的頭腦，因為頭腦從經驗中得出關於愛情和他們的情愛生活的結論。下述故事闡明梅花J情愛生活的心智面向如何造成混亂。

　　我的一個個案是女性梅花J，她準備要展開一段性關係，要麼是與一位女性朋友，要麼是與替她修房子的男子。這事發生在她發現深愛的丈夫因疾病不再能夠行房。對她來說，行房的對象是誰似乎不那麼重要，她只想讓自己的性慾得到滿足。於是，她開始嘗試安排可以照顧自我需求又不會為婚姻帶來麻煩的性關係。當然，和多數的梅花J一樣，她選擇不告訴丈夫她的計畫，也不提她沒有得到滿足的感受。這在她內在產生許多衝突，因為她明白，自己必須過著如此雙重的生活——對丈夫坦白的那一部分，以及不坦白的另一部分。這也使她覺得與丈夫不那麼親密，而她不喜歡如此與丈夫分離的感覺。但腦海裡，她有許多對丈夫保密的省事理由。

　　與整副牌中的任何其他牌相較，梅花J更能想出貌似可信的解釋。然而，有時候，這些解釋並沒有觸及實際的真相。實際的真相是，她害怕告訴丈夫，乃至害怕提起丈夫性功能障礙的話題，因為有可能被拒絕或失去對方。經過幾個月來來回回地尋覓另一個情人，她了悟到自己的恐懼，於是決定帶著真實的感覺面對丈夫。當她這麼做時，丈夫甚至比以前更愛她，他們的關係也因此更為親近。由於與丈夫之間的一席簡單對話，幾個月以來她所策劃的一切頓時毫無意義。這就是梅花J的頭腦自行翱翔的方式之一，每當存有他們不直接面對的恐懼時，就會出現這樣的情況。梅花J往往全神貫注在這些心智飛翔當中，忘記自己為什麼做著手邊這些事，乃至開始相信自己的藉口。

　　有意思的是，梅花J女性可以接受與同性做愛，就跟與異性做愛一樣。這是一種隱藏的梅花J特質，較常顯化在女性而非男性。男性梅花J不像女性那樣舉止平和，他們往往過動，總是做著某事。他們很健談，通常最終投入能夠充分發揮創意和健談的行業。他們的外貌和行為都很孩子氣，眼中永遠存有那股告訴你他們即將搗蛋的光芒。不要期望他們什麼都告訴你，也不要期望完全貼近他們的想法。他們總是有一些小計畫或詭計在腦中私密進行著。大部分曾與梅花J男性約過會或結過婚的女性，對兩人的性生活都滿意得不得了。這些人會告訴你，她們的丈夫或男友是她們今生遇過最棒的情人。一定是那股創造的能量使他們成為如此美好的情人。他們總是會想出可以在床上好好玩玩的新花招。

J

梅花 J

人生牌陣牌組		
行星牌	符號	牌
月亮	☽	Q♠
太陽（本命牌）	☀	J♣
水星	☿	9♦
金星	♀	7♠
火星	♂	2♣
木星	♃	K♣
土星	♄	J♦
天王星	♅	4♥
海王星	♆	4♦
冥王星	♇	2♠
結果（宇宙回報）	♃+	8♥
宇宙功課	♄+	6♣

守 護 星 牌		
生日	守護星座	守護星牌
1/29	水瓶座	紅心 4
2/27	雙魚座	方塊 4
3/25	牡羊座	梅花 2
4/23	金牛座	黑桃 7
5/21	金牛座或雙子座	黑桃 7 或方塊 9
6/19	雙子座	方塊 9
7/17	巨蟹座	黑桃 Q
8/15	獅子座	梅花 J
9/13	處女座	方塊 9
10/11	天秤座	黑桃 7
11/9	天蠍座	梅花 2 和黑桃 2
12/7	射手座	梅花 K

名人生日

唐納・蘇特蘭（DONALD SUTHERLAND）
7/17/1934 ● 男演員
哈沃德・海斯曼（HOWARD HESSEMAN）
2/27/1940 ● 男演員
李・梅傑斯（LEE MAJORS）
4/23/1940 ● 男演員
班・艾佛列克（BEN AFFLECK）
8/15/1972 ● 男演員
湯姆・謝立克（TOM SELLECK）
1/29/1945 ● 男演員
安・吉莉安（ANN JILLIAN）
1/29/1950 ● 女演員
黛兒漢・卡羅爾（DIAHANN CARROLL）
7/17/1935 ● 女演員
艾倫・鮑絲汀（ELLEN BURSTYN）
12/7/1932 ● 女演員
吉娜・羅蘭茲（GENA ROWLANDS）
6/19/1946 ● 女演員
海蒂・拉瑪（HEDY LAMARR）
11/09/1913 ● 女演員
莎拉・潔西卡・帕克（SARAH JESSICA PARKER）
3/25/1965 ● 女演員
秀蘭・鄧波兒（SHIRLEY TEMPLE-BLACK）
4/23/1928 ● 女演員
喬伊絲・德威特（JOYCE DEWITT）
4/23/1949 ● 女演員
凱薩琳・羅斯（KATHERINE ROSS）
1/29/1942 ● 女演員
凱薩琳・透納（KATHLEEN TURNER）
6/19/1954 ● 女演員
凡萊麗・柏帝內（VALERIE BERTINELLI）
4/23/1960 ● 女演員
瓊安・庫薩克（JOAN CUSACK）
10/11/1962 ● 女演員
拉爾夫・納德（RALPH NADER）
2/27/1934 ● 消費者維權者
艾瑞莎・弗蘭克林（ARETHA FRANKLIN）
3/25/1942 ● 歌手
艾爾頓・強（ELTON JOHN）
3/25/1947 ● 歌手／音樂家
霍華德・柯賽爾（HOWARD COSELL）
3/25/1920 ● 體育節目解說員
歐普拉・溫芙蕾（OPRAH WINFREY）
1/29/1954 ● 脫口秀主持人
雀兒喜・柯林頓（CHELSEA CLINTON）
2/27/1980 ● 美國前總統比爾・柯林頓的女兒

對象	伴侶之間的連結					綜合指數評級		
梅花 J 與	連結 1	連結 2	連結 3	連結 4	連結 5	吸引力	強度	相容性
A♥	CLR	CRR	MAFS	MAF	CRRS	5	4	0
2♥	SAF	CLRS	JUF	CRFS	SAFS	0	4	-2
3♥	MAFS	CLR	MORS	NERS	MAF	6	3	2
4♥	URF	VEF	MOR	URRS	URFS	3	-2	5
5♥	NER	PLF	NEF	PLR	URFS	6	4	-1
6♥	MAMS	NERS	SAFS	NER	JURS	4	5	-1
7♥	CRF	VEMS	SAM	SAMS	MARS	4	5	1
8♥	CRF	VEMS	VEF	JUF	VERS	7	0	6
9♥	JUR	JUF	CRFS	SAF	CLRS	1	1	3
10♥	KRMA	VEFS	NEF	PLFS	PLF	7	4	2
J♥	MARS	MORS	CLF	CLRS	VEMS	6	3	2
Q♥	VEMS	VERS	NEF	PLR	VEFS	7	-1	7
K♥	MAF	CRRS	JUM	MAMS	JUMS	6	4	2
A♣	SAF	CLRS	JUF	CRFS	SAM	0	4	-2
2♣	MAF	CRRS	SAM	VEMS	VER	5	5	1
3♣	URR	PLRS	VER	NEFS	MAF	4	2	1
4♣	NERS	URRS	MAMS	MAM	URR	5	4	1
5♣	URRS	NER	PLF	NERS	PLFS	5	3	-1
6♣	CLF	SARS	JUFS	MAM	SAF	2	5	-1
7♣	MAR	JURS	CLFS	JUFS	PLR	4	4	2
8♣	MARS	MAF	MAR	CLRS	VEMS	7	7	1
9♣	VERS	VEMS	PLFS	VEM	NEF	8	-1	6
10♣	MOFS	JUFS	VEF	PLF	VEFS	6	-2	7
J♣	SBC	SAF	VEFS	SAR	VERS	2	5	0
Q♣	MORS	MAFS	VEM	VEMS	MAF	8	0	7
K♣	JUF	VEFS	PLF	MOF	VEMS	6	-1	6
A♦	CRR	MAFS	JUFS	MAM	CLR	6	4	2
2♦	JUFS	MAM	CLF	SARS	CRR	4	3	1
3♦	SAFS	MAMS	PLR	VERS	PLRS	2	6	-3
4♦	NEF	PLR	URFS	NER	PLF	5	3	0
5♦	VER	NEFS	MOR	URR	PLRS	6	-1	6
6♦	PLFS	VERS	SAR	SARS	VER	4	4	-1
7♦	JUF	CRFS	JUR	SAF	CLRS	2	1	3
8♦	CLFS	MOF	MAR	JURS	CRF	6	3	2
9♦	MOR	PLR	VERS	VER	NEFS	6	-1	5
10♦	VEM	VEMS	MORS	MOF	MOFS	8	-4	10
J♦	KRMA	SAF	SAR	NEF	PLFS	2	7	-3
Q♦	PLR	VERS	SAFS	MOR	MORS	3	2	1
K♦	MAF	URR	PLRS	VEF	VEFS	5	3	1
A♠	SAM	VEMS	MAF	CRRS	SAF	3	5	0
2♠	PLF	MARS	JUF	VEFS	MAF	7	5	1
3♠	SAR	PLFS	KRMC	SAF	CLR	2	6	-4
4♠	VEF	MOFS	URF	URFS	MOF	5	-2	7
5♠	VEFS	NEF	KRMC	PLR	URFS	6	1	5
6♠	MARS	JUM	MAMS	PLF	URF	6	5	0
7♠	VEF	MAF	CRF	VEMS	MAR	8	2	5
8♠	JUF	VEFS	CLF	SARS	CLFS	4	1	4
9♠	JUM	MAMS	MARS	JUMS	CRR	5	3	2
10♠	URF	VEMS	URRS	VEFS		3	-2	4
J♠	JUFS	MAR	JURS	MOFS	JUR	4	0	6
Q♠	MOF	VEM	VEMS	CLFS	URR	7	-2	7
K♠	MARS	CLF	CLRS	VEMS	MAF	6	5	0

J

方塊J：業務牌

方塊J的人格特質

　　方塊J是業務牌。這些人是敏銳、聰明的，總是能夠發揮機智和魅力謀得不錯的生活。他們非常獨立、有創意，經常出自本能操作，就像他們經常出自快速而有創意的頭腦操作一樣。他們總是能夠憑藉其承繼的金融專長過活，在人生中表現出色。少有方塊J留意自己最高階理想的召喚，然後成為近在咫尺的國王。他們天生的通靈能力可以帶領他們直接了悟靈性，但所有騎士的頭腦都很固定，那往往妨礙他們探索直覺這項他們原本具有的最大天賦之一。有些方塊J成為專業的靈媒，其他方塊J則可能害怕自己的通道大開。不管怎樣，大部分的方塊J會在後半輩子用到這項能力。

　　方塊J擁有說服他人的強大力量，可以在面對群體或個人的工作中飛黃騰達。他們能夠在娛樂界或療癒專業中謀得不錯的生活。許多方塊J有藝術傾向，有些在藝術領域特別有天份。他們時常想要為世界做好事。然而，因為是騎士，他們可能只活出四處玩耍、開心愉快的一生。

　　因為是天王星／海王星牌，方塊J通常喜歡在工作和生活中保留選擇的餘地。自由（天王星）對他們來說意義重大——他們往往把自由看作神聖的（海王星）。他們通常傾向於自營，或是通常可以自訂工作時間表的職業。這可能是許多方塊J傾向於以銷售和推廣作為終生職業的原因之一。他們在這個領域是無與倫比的。賣「冰塊給愛斯基摩人」的銷售員，這話一定是描寫方塊J。

　　由於創意無窮，所有騎士可能都是不成熟且詭詐狡黠的，而且他們通常心懷善意，即使是無法兌現承諾時。他們愛玩，就連晚年也保留著某種年輕的特質。他們喜愛交際聯誼，這使他們成為整副牌中的最佳業務員。他們一定要找到一份使其創意得以宣洩同時優秀才華得到認可的終生職業。

方塊J的親密關係課題

　　方塊J有一個理想化的個人自由概念，而且許多案例顯示，這個概念使他們在親密關係方面不曾做出承諾。基於對個人自由的崇高理想，方塊J會給你充足的理由，說明為什麼他們從不安頓下來，但真相往往是，他們實在害怕真正的承諾可能會害他們付出代價。如前所述，「自由」對他們來說也是一個特殊的詞，而且不論他們是否承認，那是課題之一，使他們迴避比較永久的承諾。

　　方塊J人生軌跡中的每一張牌（從水星到海王星牌）都位在海王星橫列。他們有最夢幻的愛情牌紅心Q作為海王星牌。在情愛生活中擁有如此多的海王星能量使這些人對愛抱有非常崇高的理想。他們可以是完美的情人或同伴。他們可以因自己的浪漫幻想變得非常有創意，不然就是飽受折磨，因為人們無法符合方塊J在

業力牌：
黑桃3　梅花J
業力親屬：
方塊6　紅心10
前世牌：
方塊10　方塊Q

他們身上看見的美妙潛力。

他們有力量在與人相處時隨心所欲，但優柔寡斷的本性和獨立感往往使他們表現得更好。一旦決定那是自己真正想要且準備好要安定下來，他們就可以擁有美好的親密關係。如此的有創意可以使方塊J成為花花公子或花花女郎。

身分牌連結之間的通性

男性方塊J幻想著女性紅心牌，而梅花男發覺女性方塊J非常吸引人，儘管有時候很難相處。

人 格 側 寫

方塊J──美國的本命牌

多數人不會認為自己的國家有太陽星座或本命牌，但當我們從這樣的觀點細看美國時，它透露出關於我們既是一種文化又是一個政府機構／政治實體的許多訊息。

7月4日是常被稱為「業務牌」的方塊J。方塊J的人通常具有推廣自我信念的天賦，而且許多方塊J是非常成功的銷售人員。另一方面，有些方塊J不負責任且詭詐狡黠。但當我們細看自己的國家時，如何才能看見某些方塊J的特性呢？

我們先來細看方塊J的某些特性。方塊J的最高顯化代表啟蒙進入某個更高階的價值體系。當我們在「流年牌陣」中得到方塊J牌時，那可能意謂著，我們有某種的覺醒，醒悟到人生中對我們真正重要的事。我們可能突然領悟到，原以為自己真正想要的人事物，對我們來說並不是那麼的重要。譬如說，我們可能領悟到，金錢不是萬能，它占有一席之地，但在我們的最有價值人事物列表中，卻位於較下方。就此而言，方塊J的人或國家，在人間是要在一生的某個時候做出這樣的蛻變轉化。在他們的人生歷程中，我們將會看見他們在學習人生功課時，表現出最低階和最高階的一面。這意謂著，方塊J可以成為最大的竊賊，然後轉身，拋棄自己的物質利益，支持某種靈性信念或理想。世界上其他國家時常將美國歸類為竊賊國家，為了萬能的美元而不擇手段。凡是認真研究過全球事務的學生都會告訴你，美國參與大部分（如果不是全部）戰爭是基於財政的原因，而不是基於我們在新聞報刊上讀到的理由。

因為方塊J位於人生牌陣的天王星／海王星位置，所以我們看見某種奇特的影響交集。你可能知道，人類目前位於分別由海王星和天王星統治的雙魚和水瓶時代之間的模糊地帶。這可能在告訴我們，美國這個國家原本就是要幫助領導全球從「我相信」的雙魚世代過渡到「我知道」的水瓶世代。天王星／海王星位置的另一個詮釋是，方塊J代表個人自由（水瓶座）的理想（海王星）。美國是由逃脫歐洲和世界各地的迫害與審查的人們創建的，目的在建立一個享有言論和宗教自由的新國家。美國倡導這類新型社會，而且正如我們所見，這個政府和社會的新概念已經成功了。美國現在是這顆星球上最高度先進的文明之一，我們的許多技術都可以歸因於方塊J本命牌的天王星影響力。

由於方塊J本命牌之故，美國將始終與金錢打交道，而且有些人的手段並不光明正大，就像方塊J的人生一樣。你幾乎可以打賭，它與其他國家的一切交涉，無論是貿易還是戰爭，始終有財政方面的根本考量。但我們也可以肯定，美國將永遠代表人類本性的自由。無論美國國內或國際舞台中發生什麼事件，美國立國基礎的宗教和個人自由的理想將永遠被珍視和維護。

J

方塊 J

<table>
<tr><th colspan="3">人生牌陣牌組</th></tr>
<tr><th>行星牌</th><th>符號</th><th>牌</th></tr>
<tr><td>月亮</td><td>☽</td><td>K♣</td></tr>
<tr><td>太陽（本命牌）</td><td>✱</td><td>J♦</td></tr>
<tr><td>水星</td><td>☿</td><td>4♥</td></tr>
<tr><td>金星</td><td>♀</td><td>4♦</td></tr>
<tr><td>火星</td><td>♂</td><td>2♠</td></tr>
<tr><td>木星</td><td>♃</td><td>8♥</td></tr>
<tr><td>土星</td><td>♄</td><td>6♣</td></tr>
<tr><td>天王星</td><td>♅</td><td>6♠</td></tr>
<tr><td>海王星</td><td>♆</td><td>Q♥</td></tr>
<tr><td>冥王星</td><td>♇</td><td>10♣</td></tr>
<tr><td>結果（宇宙回報）</td><td>♃+</td><td>8♦</td></tr>
<tr><td>宇宙功課</td><td>♄+</td><td>K♠</td></tr>
</table>

名人生日

古格里・海因斯（GREGORY HINES）
2/14/1946 • 男演員／舞蹈家
奧瑪・雪瑞夫（OMAR SHARIF）
4/10/1932 • 男演員
彼德・奧圖（PETER O' TOOLE）
8/2/1932 • 男演員
哈利・喬・奧斯蒙（HALEY JOEL OSMENT）
4/10/1988 • 男演員
梅麗莎・吉爾伯特（MELISSA GILBERT）
5/8/1964 • 女演員
麗莎・明尼利（LIZA MINNELLI）
3/12/1946 • 藝人
艾爾・賈諾（AL JARREAU）
3/12/1940 • 歌手
尼爾・賽門（NEIL SIMON）
7/4/1927 • 歌手
路易・阿姆斯壯（LOUIS ARMSTRONG）
7/4/1900 • 歌手／音樂家
詹姆斯・泰勒（JAMES TAYLOR）
3/12/1948 • 歌手／詞曲作家
唐・梅雷迪斯（DON MEREDITH）
4/10/1938 • 體育節目解說員
約翰・麥登（JOHN MADDEN）
4/10/1936 • 體育節目解說員
比約恩・博格（BJORN BORG）
6/6/1956 • 網球運動員
艾比吉兒・范・布倫（ABIGAIL VAN BUREN）
7/4/1918 • 諮詢專欄作家
凱特・摩絲（KATE MOSS）
1/16/1974 • 模特兒

<table>
<tr><th colspan="3">守 護 星 牌</th></tr>
<tr><th>生日</th><th>守護星座</th><th>守護星牌</th></tr>
<tr><td>1/16</td><td>摩羯座</td><td>梅花6</td></tr>
<tr><td>2/14</td><td>水瓶座</td><td>黑桃6</td></tr>
<tr><td>3/12</td><td>雙魚座</td><td>紅心Q</td></tr>
<tr><td>4/10</td><td>牡羊座</td><td>黑桃2</td></tr>
<tr><td>5/8</td><td>金牛座</td><td>方塊4</td></tr>
<tr><td>6/6</td><td>雙子座</td><td>紅心4</td></tr>
<tr><td>7/4</td><td>巨蟹座</td><td>梅花K</td></tr>
<tr><td>8/2</td><td>獅子座</td><td>方塊J</td></tr>
</table>

對象	伴侶之間的連結					綜合指數評級		
方塊J與	連結1	連結2	連結3	連結4	連結5	吸引力	強度	相容性
A♥	VEF	CLRS	SAR	CLR	JUR	2	1	3
2♥	JUF	SAFS	SAM	JURS	MAM	-1	4	0
3♥	VEMS	MAFS	SAR	CLR		5	2	3
4♥	MOR	URFS	URF	CRR	VEF	4	-1	4
5♥	VEF	NERS	PLFS	VER	NER	7	1	4
6♥	MAM	PLRS	MAMS	VEF	NERS	7	6	1
7♥	SAMS	JUF	SAF	MAFS	SAFS	0	6	-2
8♥	JUF	MAR	CRFS	SAMS	VER	4	4	2
9♥	CRR	JUFS	JURS	SAM	MOR	2	1	4
10♥	SAR	NEFS	KRMC	PLRS	JUM	3	4	0
J♥	CLF	MAF	CLFS	MARS		7	7	-2
Q♥	NEF	PLR	VEMS	JUF	NEFS	6	1	4
K♥	JUMS	VER	PLF	MAF	CRRS	5	1	2
A♣	SAM	JUF	SAFS	JURS	JUFS	-2	4	0
2♣	VER	SAF	MAFS	JUMS	PLF	3	3	0
3♣	MAFS	NER	PLF	URRS	VEFS	7	5	0
4♣	MAM	VEF	NERS	MAMS	URRS	7	3	3
5♣	MAM	MAMS	URRS	VER	NER	6	5	1
6♣	SAF	MAMS	CLFS	VEM	CRRS	3	6	-2
7♣	PLR	CRF	MARS	VEF	MAR	6	5	0
8♣	MAF	CLF	MAFS	MARS		8	8	-1
9♣	NEF	PLR	SARS	VERS	VEMS	5	2	1
10♣	PLF	VEFS	URFS	MOFS	PLFS	6	2	1
J♣	KRMA	SAR	NEF	NEFS	SAF	4	6	0
Q♣	VEMS	MOFS	MORS	MAFS	VEM	8	-2	9
K♣	MOF	MAF	JUFS	CLFS	VEM	7	1	5
A♦	VEF	CLRS	CRRS	JUR	CRR	4	0	4
2♦	CRRS	SAF	MAMS	VEF	CLRS	3	5	-1
3♦	PLRS	MORS	SAFS	MAMS	PLR	4	4	0
4♦	VEF	NERS	PLFS	NEFS	PLRS	7	2	3
5♦	NER	PLF	URRS	JUR	VERS	5	2	0
6♦	SARS	CLR	KRMC	SAFS	CLRS	0	5	-2
7♦	JURS	CRR	JUFS	SAM	CRRS	2	1	3
8♦	CRF	MARS	URR	PLR	SAF	5	5	-1
9♦	JUR	VERS	MORS	NER	PLF	5	-2	6
10♦	MOFS	VEMS	URR	NER	URRS	6	-2	6
J♦	SBC	CLR	SAFS	SAR	CLF	1	6	-3
Q♦	MORS	PLRS	JUR	VERS	MAR	5	0	5
K♦	VEFS	MAFS	MAR	CRFS	MARS	8	4	3
A♠	SAF	MAFS	SAMS	VER	VERS	2	6	-3
2♠	MAF	JUFS	URF	VEMS	MOR	6	2	4
3♠	KRMA	CLR	SAFS	SARS	NEF	2	6	-2
4♠	URFS	PLF	VEFS	MOR	MORS	5	1	2
5♠	NEFS	PLRS	JUM	VEF	NERS	5	1	3
6♠	URF	PLFS	MAF	JUFS	MAFS	5	4	-1
7♠	MAR	CRFS	VEFS	JUF	NEF	7	4	3
8♠	CLFS	VEM	MOF	SAF	MAMS	5	2	2
9♠	JUMS	URF	PLFS	URFS	JUM	2	1	1
10♠	MOR	NEF	PLR	JUF	NEFS	6	0	5
J♠	PLR	PLF	VEFS	PLFS	VEM	6	4	-1
Q♠	URR	MOFS	CRF	MARS	JUF	5	1	3
K♠	CLF	MAF	CLFS	MAFS	MARS	7	7	-2

黑桃J：演員牌

黑桃J的人格特質

憑藉過量的心智力量和創意，黑桃J可以要麼成為有識之士、精神領袖，要麼成為竊賊。這張牌代表「靈性啟蒙者」（spiritual initiate），但也被稱為「偷竊牌」。大部分的黑桃J多少存有這兩方面的特質，而且由個人決定運用真理和智慧指揮他們創意十足的頭腦。否則，他們可能會迷失方向，為了避開不愉快的生活情境而相信自己捏造的故事。

他們的創造力量以及運用頭腦完成任何事情的能力是無庸置疑的。問題在於，黑桃J是運用智慧和耐心指揮這股能量，還是受到「輕鬆獲勝」的誘惑（那可能是從許多情境中得出的）才朝向這張牌的低階面移動。他們位於一個強而有力的位置，這股力量可以要麼帶他們去到最高境界，要麼引誘他們墮入最低深淵。

在物質層面，這張牌擁有整副牌中最輕易的人生軌跡之一。對他們來說，許多得來容易，但這可能也是黑桃J許多問題的根源。當人生太過輕易時，當事人往往並不讚賞原本擁有或被給予的東西的價值，也更容易濫用或忽略自己擁有的好東西。對於走竊賊路線的黑桃J來說，這通常是一部分原因。他們想要將人生推至極

限，以便經驗某種挑戰。鋃鐺入獄可能是他們尋求的挑戰和療法。就在他們被逮、不得不面對自己時，許多黑桃J才經驗到此牌與生俱來的靈性啟蒙。玩火的人遲早會被火燒傷，而且正是那把火可以淨化他們。

這些人與群眾相處總是表現出色，可以成為成功的藝術家或演員。黑桃J時常繼承遺產，儘管他們可以靠自己賺到足夠的金錢。他們通常野心勃勃，且大部分案例可以期待成功的人生。童年學到的基本價值體系對他們的方向和最終的成功負有最大的責任。

黑桃J的親密關係課題

黑桃J有一些今生要消除的情緣。出現在他們生命中的親密關係，一定有些是要讓他們看見真理、承諾以及適當運用強烈性驅力的價值。他們很有創意，浪漫而獨立，如果不結合智慧與誠信，這些特質的組合可能會使他們陷入困境。他們比多數的牌更渴望理想的情人或伴侶，也就是這個夢想，促使他們不斷搜尋。這可能也是許多黑桃J在情愛生活中不斷更換伴侶的原因。很可能，沒有人配得上他們秉持的崇高愛情理想。他們在愛情方面是否成功，始終掌握在自己手中，因此，如果黑桃J不滿意自己的情愛生活，那也只能怪他們自己了。

身分牌連結之間的通性

黑桃J女性對紅心男來說很麻煩，通常太難了，吃不消。請記住，騎士、皇后和國王是不屈服於他人的，因此黑桃J女性的意志跟男人一樣堅強。方塊男女通常

業力牌：
梅花7　梅花10
業力親屬：
方塊8　黑桃4
前世牌：
黑桃10　黑桃Q

與黑桃J一族相處融洽。黑桃J女性通常
對梅花男具有高度的吸引力，尤其是比較
成熟而強大的梅花男。

黑桃J──靈性的啟蒙

所有騎士都代表某種形式的啟蒙。不過，黑桃J是啟蒙的最強象徵──靈性的啟蒙。當某人生來是黑桃J時，我們可以斷言，這人的人生主題之一將是：從騎士的低階本性過渡到高階本性。黑桃J體現了這兩種特質的極致。黑桃J的最低階本性是無法被信任的，總是不懷好意。這人會利用神所賜予的創意天賦來愚弄他人和利用對方，不考慮自己的行為如何影響正在偷竊的對象。許多黑桃J主要是從此牌的這一面操作，而且坦白說，每一個黑桃J的內在都有這一面，無論他們目前是否選擇表達出來。或許正是因為黑桃J可以如此涉入此牌的負面表現，也因此可以在人生中做出最大的轉向。在所有的騎士當中，他們似乎對靈性主題最感興趣。在某個層面，他們知道，就是他們的內在今生要做出巨大的蛻變。許多黑桃J早年就一頭潛入靈性領域，其他黑桃J則淺嘗一下，但從不真正涉足。所有事情都一樣，引導自我命運歷程和那些決定的每一個個人，不論是好是壞，都一定會分辨自己的人生究竟會是什麼樣子。

靈性的啟蒙意謂著放棄低階道路，選擇較高階且較符合高階法則和信念的道路。這些信念可能包括正直和誠信的人生哲學，或是始終仔細考慮自己的行為如何影響身旁的人。但是，如果行為恰恰相反，那麼單是聲稱靈性的人生哲學實在沒有什麼意義。真實的靈性啟蒙將會改變我們的「作為」（doing），這是黑桃花色的關鍵詞之一。黑桃J的經驗實例應該是：戒菸或天天做瑜伽。無菸的生活或瑜伽已經成為我們的部分「生活型態」（lifestyle），這是黑桃J的另一個關鍵詞。我舉瑜伽為例，因為瑜伽是我們可以「做」且本質上屬於靈性的許多事情之一。單是做做瑜伽，我們的內在覺知就得到提升，即使只是做瑜伽減肥。

所以，如果黑桃J要在今生上升到自己的最大潛能，就會在某個時候開始在生活中囊括靈性的「作為」。那不必立即發生，也沒有時間限制。單是身為黑桃J的事實就告訴我們，這些人今生將會經驗到這張牌的所有層次。他們可以花五十年當小偷和騙子，然後蛻變轉化，也可能童年就聽從那些直覺，一開始就過著奠基於靈性的生活。他們也可能來來回回波動五十年，或是針對靈性的主題做出任意次數的變動。他們甚至可能同時兩件事各做一些。

我在佛羅里達州認識了一位黑桃J女士，她是一位職業占星家兼諮商師。她在自己的專業方面頗有天賦，是我見過的上上之選，顯然也幫助了許多人。不過，我也看見她在一次商業交易中欺騙了幾個人，且對自己的明顯欺騙行為沒有感覺到一絲的責任。這個例子說明兩個特質可以如何同時存在一個人身上。我們每一個人都是這樣，始終個別展現著自己本命牌的某些最高階和最低階面向。黑桃的極端本質意在提醒我們這點，也提醒我們，每一個人今生都必須經歷靈性的蛻變和啟蒙。

黑桃 J

人生牌陣牌組		
行星牌	符號	牌
月亮	☽	2♦
太陽（本命牌）	☀	J♠
水星	☿	8♣
金星	♀	6♦
火星	♂	4♠
木星	♃	10♥
土星	♄	10♦
天王星	♅	8♠
海王星	♆	A♥
冥王星	♇	A♦
結果（宇宙回報）	♃+	Q♦
宇宙功課	♄+	5♥

守護星牌		
生日	守護星座	守護星牌
1/3	魔羯座	方塊 10
2/1	水瓶座	黑桃 8

對象	伴侶之間的連結					綜合指數評級		
黑桃 J 與	連結 1	連結 2	連結 3	連結 4	連結 5	吸引力	強度	相容性
A♥	NEF	PLR	MAFS	PLF	SAFS	6	5	-1
2♥	URR	JUFS	MAFS	URRS	JUM	2	1	2
3♥	SAFS	NEF	PLR	MAFS	MAF	3	6	-3
4♥	URFS	MAF	NERS	MOFS	VEM	5	2	2
5♥	CLF	NEFS	JUM	JUR	MAMS	5	2	2
6♥	MAR	PLFS	VER	MARS	VEF	8	6	0
7♥	CRFS	CLFS	VEMS	CLRS	CLF	6	4	1
8♥	CLFS	VEMS	JURS	CRFS	VEM	5	1	3
9♥	MOF	VEFS	CLFS	JUF	CRRS	6	-1	6
10♥	JUF	VERS	JURS	CLR	URRS	3	-2	6
J♥	CRR	VEFS	MOR	CRRS	VEMS	6	0	6
Q♥	VEMS	MOFS	VEM	PLR	PLRS	7	-2	7
K♥	SAR	NER	PLF	VERS	NERS	4	4	-1
A♣	URR	JUFS	URRS	JUM	JUF	1	-1	3
2♣	CLRS	SAR	URF	SARS	CLR	0	3	-2
3♣	SARS	JUR	MAR	JURS	SAR	1	3	1
4♣	VER	MARS	MAR	PLFS	VEM	8	4	2
5♣	CLF	NEFS	VER	MARS	VERS	7	3	2
6♣	URF	MARS	MOF	JUMS	MOFS	4	1	3
7♣	KRMA	VER	MAMS	NEF	PLFS	8	5	2
8♣	MOR	CRR	VEFS	MORS	VERS	7	-2	7
9♣	PLR	VEMS	VEF	VEFS	MOFS	6	-1	6
10♣	KRMA	MAM	NEF	PLFS	MAF	8	7	0
J♣	JURS	JUF	VERS	MAF	JUFS	3	-2	7
Q♣	SAFS	SAF	VEFS	MAF		0	6	-4
K♣	MAR	CRRS	URF	MARS	NEF	6	5	1
A♦	PLF	MOF	JUMS	NEF	PLR	6	2	2
2♦	MOF	JUMS	PLF	PLFS	SAFS	5	1	2
3♦	VEF	MAR	PLFS	CRF	URRS	7	4	2
4♦	JUM	CLR	URRS	CLF	NEFS	2	1	1
5♦	SARS	MAM	MOR	PLFS	JUF	4	4	0
6♦	VEF	PLR	PLRS	VEM	VEMS	5	1	4
7♦	CLFS	VEFS	JUF	CRRS		5	1	3
8♦	MORS	VER	KRMC	MAMS	VERS	7	0	7
9♦	MAM	CRF	URRS	SARS	JUF	4	5	0
10♦	SAF	MORS	CRR	SAFS	VEFS	1	3	-1
J♦	PLRS	VEM	JURS	PLF	PLR	4	2	2
Q♦	CRF	URRS	VEF	MAM	SAR	5	3	2
K♦	JUR	JURS	VEMS	MAR	SAR	3	-1	6
A♠	CLRS	CRFS	CRF	CLF	VEM	5	4	0
2♠	CRRS	JUR	SARS	NERS	MAR	3	2	2
3♠	PLRS	VEM	VEF	VER	VEMS	6	0	5
4♠	MAF	NERS	KRMC	MAM	URFS	7	5	1
5♠	CLR	URRS	JUF	VERS	JUM	2	-1	3
6♠	JUR	SARS	NERS	NER	PLF	2	2	1
7♠	JURS	JUR	CLFS	VEMS	SAF	2	0	4
8♠	URF	MARS	MAR	PLR	MAMS	5	5	0
9♠	NER	PLF	VERS	SAR	JUR	5	3	0
10♠	MOFS	VEM	URFS	VEMS	URF	6	-3	7
J♠	SBC	VER	MAMS	MAM	VEF	7	5	3
Q♠	MORS	SAF	VEF	CRR		4	1	3
K♠	VEFS	MOR	CRR	VEF	VERS	7	-2	8

J

皇后牌：慈悲與母愛

皇后是一張非常強大的牌。她的權威僅次於國王，而且在許多方面如果不比國王強大，也跟國王一樣強大。基於這個原因，皇后牌的人，不分性別，均覺察到在自己的人生中擁有某種力量和責任，可以正向的方式被使用，也可以被濫用。皇后相當具有統治王國的能耐，但治理方式不同於國王。她的統治將更以服務為導向，而且她通常展現出更多的慈悲。每一個皇后都具有累世諸多經歷所累積的智慧。人生中總是有些領域，他們稍費心力便能嫻熟掌控。但那些領域通常不是個人的親密關係和婚姻。總的來說，皇后擁有整副牌中最為艱難的情緣，尤其是方塊Q和梅花Q。

皇后天生宛如慈母。不論職業為何，他們都透過工作像母親一樣照顧他人。他們擅長幫助他人培育和發展自己。他們有一份天生的渴望，想伸出援手，幫助在演化的某些階段需要指導和支持的人。知道自己對另一個人的幸福感有所貢獻，他們會萬分欣喜。他們會滿足你，為你提供保護。這張牌的男女通常與孩子相處得非常好，不管本人有沒有子女。

但皇后的毛病之一是，時常緊緊抓住所愛的人，而且其實是避免對方在準備就緒時離開巢穴。如此習性來自於他們強烈認同母親的身分。如果沒有對象可以無微不至地照顧，他們會覺得彷彿自己的人生沒有目的。畢竟，如果沒有子女可以撫養，要母親做什麼呢？所以，當他們對喪失身分的恐懼強過對子女的愛時，就會牽絆孩子的成長，行事與自己的意圖截然相反。

皇后的一個挑戰是將如此身為母親的渴望轉變到更廣闊的層面，踏出自己的家庭，踏進整個世界。皇后可以成為優秀的輔導員、教師、推廣人員。他們可以擔任要角，幫助許多人改善人生。他們擁有許多天生的領導能力，能夠聚集大眾，達成某個良善的目的。如果將自己的慈愛能量導向直系親屬以外的人們，皇后就可以從與他人的互動中找到許多的成就和滿足。

同樣這份照顧他人的渴望可能為自己的親密關係製造無數的問題。如果他們尋找的是可以好好照顧的人，或是可以像母親一樣照顧他們的人，皇后就替自己建立了非常困難的親密關係。這樣的結合，結果往往是陷入共依存的困境，不清不楚，夢想和需求未能實現。他們吸引到的人總是會利用他們被需要的需求，不然就是，他們本身並不確定自己真正的快樂在哪裡。皇后是12，在數字命理學上可以減化成3。梅花Q和方塊Q有數字3作為他們的第一張業力牌，也有數字3在火星。所有這些「3的能量」都在個人親密關係中引發優柔寡斷和不安全感，但梅花Q和方塊Q經驗到的情況最糟。至少黑桃Q和紅心Q擁有偶數業力牌，為他們帶來許多的穩定和平靜。但即便如此，所有皇后都擁有那份富有創意的數字3動力，可能在個人的選擇方面帶來不確定的聯想和優柔寡斷。要麼是那樣，要麼是吸引到表現出這些特徵的對象。皇后遲早會想要運用自己的部分力量享受浪漫的樂趣和探險。在這個過程中，往往會在人生中製造出許多的不確定性。

皇后代表某些基本的女性原型。無論皇后是男性或女性，都會展現出許多基本的陰柔特質。紅心Q是夢幻般的阿芙羅黛蒂（Aphrodite，羅馬神話的愛神維娜斯），愛和歡樂的女神，她對人類的愛本質上是非常靈性的。她是所有男人夢寐以求的女性。梅花Q是不折不扣的女企業家，善於組織安排。她的直覺力超強，性子急，通常勤奮不懈。但她也是耶穌的母親聖母瑪利亞，為了子女的利益做出莫大的犧牲。她還具有最高的靈性天賦——直覺。方塊Q是事物的蒐集者——通常蒐集金錢和關係。她享受地球上的事物，就跟紅心Q一樣，但也非常熱衷於賺取這樣的財富。她與孩子們分享更高階的價值感，這些「孩子」未必是她的親生子女，可能是與她共事的人。黑桃Q是《聖經》中的馬大（Martha），孜孜不倦的勞動者，知道服務和工作的價值。她非常善於組織，也是個難以對付的老闆。但內在，她潛力十足，可以達致「嫻熟掌握自我」的最高靈性成就。

Q

紅心Q：慈愛的母親

紅心Q的人格特質

紅心Q是「雙海王星」牌，有濃厚的理想主義成分。所有的紅心Q都具有吸引他人的某種魅力和磁性。他們是「愛的母親」，與邂逅的每一個人分享這份愛。他們要麼結婚，將自己奉獻給家人，要麼投入某種專職。他們比常人更有能力在許多行業中飛黃騰達，而且不分性別，紅心Q在男性主導的行業中尤其有好運。黑桃K在火星代表這點，那是一張非常強大的牌，必然為許多紅心Q的一生帶來莫大的成功。

男性和女性紅心Q都非常認真地看待自己扮演母親或父親的角色。如果真的為人父母，他們與子女之間幾乎插不進任何東西。他們非常像紅心K，對子女的奉獻程度通常勝過對自己的配偶。

這些人非常甜美、有吸引力、善於交際、很有愛心。他們可以是非常成功的藝術家或表演者，而且各個懂得欣賞藝術和美。許多紅心Q覺察到且好好利用自己豐富的心靈或音樂能力。只要他們的理想主義得到真理的引導，就可以活出愛和滋養的人生，那是他們與生俱來的權利。這張牌是「慈愛的母親」。他們的人生召喚必須包括與他人分享自己的愛，而且愈分

享愈好。

在低階面運作時，他們可能過度自我放縱、懶惰、輕浮，沉浸在「美好的人生」中。這是一張享受感官追求和體驗的牌。紅心Q之中有許多的共依存者、逃避現實者和酗酒者。一旦他們將目光設定在與自己的崇高理想一致，準備放棄懶惰和自滿，在工作和事業上可以攀登的高度就沒有局限。

紅心Q的親密關係課題

這張牌的人通常被有權勢和財力的人所吸引，他們是整副牌中的「寵兒」。女性紅心Q代表阿芙羅黛蒂，「所有男人夢寐以求的女性」，她天生有福氣，擁有可以成為完美妻子或情人的陰柔特質。她們很迷人，全心奉獻給自己的家庭和對愛的理想，有某種快樂和純真，因此別人不會隨便批評他們。儘管如此，她們的理想可能太高，有時會吸引到要她們腳踏實地的伴侶。但願，如此的下墜，距離不會太高，或是摔得不會太重。

男性同樣迷人而優雅。他們比大部分的男人敏感，且常在妻子工作、養家糊口時，成為關心孩子的家庭主夫。男女紅心Q都被強而有力且經濟寬裕的配偶所吸引，許多紅心Q因對方經濟寬裕而結婚。

某些情況下，紅心Q的魅力會變成優柔寡斷，而且有點漠視他人的感受。他們可以成功地四處留情，但有時會吸引到不忠實或優柔寡斷的伴侶。

身分牌連結之間的通性

紅心Q女性深受強大的男性所吸引，尤其是黑桃花色。方塊男因紅心Q

業力牌：

黑桃10　梅花9

業力親屬：

紅心4　方塊6

前世牌：

紅心J　紅心K

女性而跌得很慘，梅花男則覺得紅心Q
女性挑戰性十足。紅心Q男性和女性均
可與梅花女成為好朋友，但男性紅心Q

覺得這些梅花女有點難以預測、很難捉
摸。

紅心Q──愛做夢

紅心Q是性愛歡愉、羅曼蒂克、撫養孩子的皇后。然而，她可能過度感性，太過理想化，有時則是太過悠閒和懶散。

有一次，我在週末的進階班教授大約八名女性，其中一人是紅心Q。班上所有成員中，只有她在我講課期間一直攤著。她那懶懶散散、不疾不徐的樣子其實有點滑稽。班上每一個人都注意到她在上課期間如何撐著自己、懶洋洋地消磨時間。這對某些人來說似乎是懶惰，但我相信，那更是一份對情境的享受。紅心Q酷愛自己的享樂和舒適。

紅心Q，包括男性和女性，時常是美麗而迷人的，但他們往往陷入共依存以及受害者與救世主的關係中，需求在此得不到滿足。請記住，這張牌是整副牌中唯一有雙重海王星影響的牌。雖然海王星可以激勵我們做出拯救世界的偉大工作，但也可以大大混淆我們的個人生活，導致幸福變得遙不可及。對紅心Q來說，如此共依存的行為主要發生在與自己的家人以及情人／丈夫／妻子身上。當有人被海王星能量如此吞噬時，就很難承認自己有任何需求。他們的整個人生可以充斥著幫助他人和隨時為他人而在，導致他

們成為烈士。如此能量在工作中是好的，許多紅心Q成就大事，但同樣的影響在個人關係中總是難以滿足。

典型的紅心Q情境如下：紅心Q女性嫁給了成功、有權勢的男人。男人的風流韻事一樁接一樁，但這位紅心Q依舊堅守婚姻崗位，希望有一天，男人會改變，不然就是以某種方式告訴自己，只要她撐下去，繼續對他付出，終有一天，他會看見這道光，然後開始回頭愛她。然而，她從不曾告訴男人，她的需要是什麼，或者她是否有任何的需求。

練習一件簡單的事──與伴侶分享自己的感覺和需求，紅心Q就可以大幅改善自己的幸福水平。這很簡單，然而可怕的程度卻勝過多數人所能想像。真相是，紅心Q的伴侶可能想要對他們付出，想要好好照顧他們，但紅心Q必須創造一個讓那事發生的空間。當事人必須願意冒險，讓伴侶看見他們的脆弱面。當這事發生時，才可能與所愛的人發生真實的親密，才能夠分享人生的喜悅，那是這張獨特美麗的紅心Q與生俱來的權利。

Q

紅心Q

人生牌陣牌組		
行星牌	符號	牌
月亮	☽	6♠
太陽（本命牌）	✳	Q♥
水星	☿	10♣
金星	♀	8♦
火星	♂	K♠
木星	♃	3♥
土星	♄	A♣
天王星	♅	Q♣
海王星	♆	10♠
冥王星	♇	5♣
結果（宇宙回報）	♃+	3♦
宇宙功課	♄+	A♠

守護星牌		
生日	守護星座	守護星牌
7/29	獅子座	紅心Q
8/27	處女座	梅花10
9/25	天秤座	方塊8
10/23	天秤座或天蠍座	方塊8或黑桃K和梅花5
11/21	天蠍座	黑桃K和梅花5
12/19	射手座	紅心3

對象	伴侶之間的連結					綜合指數評級		
紅心Q與	連結1	連結2	連結3	連結4	連結5	吸引力	強度	相容性
A♥	MAF	JUF	CRRS	URM	JUFS	5	2	3
2♥	SAF	CLRS	VEFS	MARS	SAM	1	4	-2
3♥	JUF	CRRS	URM	URF	MAR	3	0	3
4♥	URR	PLRS	KRMC	NEF	NEFS	3	3	1
5♥	NERS	SAR	MAMS	PLF	URFS	4	5	-1
6♥	URRS	JUM	SAFS	CRF	CRFS	1	2	0
7♥	SARS	MAR	JURS	CLF	URF	2	4	0
8♥	MAR	JURS	CLR	SARS	URR	3	3	1
9♥	MARS	VEM	SAM	SAF	VEFS	4	5	1
10♥	VERS	VEMS	VEM	VEFS	VER	7	-3	9
J♥	MOFS	MAF	VEFS	JUF	CRFS	7	0	6
Q♥	SBC	NEF	CLFS	NER	CLRS	6	5	0
K♥	MORS	CRR	MAFS	MAF	CRRS	7	2	4
A♣	SAF	VEFS	CLRS	MARS	SAM	1	4	-1
2♣	CRR	MAFS	CLF	URF	JURS	5	4	0
3♣	JUFS	VEF	URRS	CRFS	JUF	4	-1	6
4♣	SAFS	PLF	URFS	URRS	JUM	1	5	-5
5♣	PLF	URFS	NERS	SAFS	MOR	4	4	-2
6♣	VER	NEFS	SARS	VEMS	CRR	5	0	4
7♣	PLFS	VEF	VEMS	VERS	SAR	7	1	3
8♣	JUF	CRFS	MOFS	MAF	VEFS	6	1	5
9♣	KRMA	CLFS	NEF	PLFS	PLF	7	7	-2
10♣	MOR	VEMS	URR	MORS	VEM	6	-3	8
J♣	VEMS	NER	PLF	VERS	VEFS	7	0	4
Q♣	URF	JUF	CRRS	URM	MAM	2	0	2
K♣	PLR	VERS	JUR	SARS	JUFS	3	1	3
A♦	MAF	VEMS	MAM	SAFS	VEM	7	4	2
2♦	VEMS	VER	NEFS	MAF	MAFS	8	0	6
3♦	CRF	URRS	JUM	VEF	URR	3	1	2
4♦	SAR	MAMS	NERS	PLFS	URF	4	6	-2
5♦	VEF	JUFS	CRFS	VEFS	URRS	5	-1	7
6♦	CLFS	MAM	KRMC	CLF	PLF	6	7	-2
7♦	MARS	SAM	VEM	SAF	VEFS	3	6	0
8♦	VEF	PLFS	SAR	VEFS	JUM	5	2	2
9♦	VEF	VEFS	VEMS	CRFS		7	-2	9
10♦	MAM	JUMS	URF	MAR	VERS	4	3	2
J♦	NER	PLF	VEMS	JUR	NERS	6	2	2
Q♦	CRF	VEMS	VEF	URR	NEFS	6	0	5
K♦	JUFS	CLR	CLRS	VEM	JUF	2	-1	4
A♠	CLF	URF	JURS	SARS	CRR	2	3	0
2♠	JUR	MOF	PLR	VERS	PLRS	4	-1	5
3♠	NER	PLF	JUR	NERS	PLFS	5	3	0
4♠	MOR	URR	PLRS	URRS	MARS	4	0	3
5♠	VERS	SAR	MAMS	URF	SARS	3	2	1
6♠	MOF	JUR	PLR	JURS	MAF	4	-1	6
7♠	CLR	MAR	JURS	SAR	MARS	3	4	1
8♠	SARS	PLR	VERS	VER	NEFS	3	2	1
9♠	MORS	MOF	MOFS	CRF	MOR	8	-3	9
10♠	KRMA	NEF	URR	PLRS	PLFS	5	5	0
J♠	VEMS	PLFS	MOR	MORS	VEM	8	0	5
Q♠	MAM	JUMS	VEF	VEFS	JUM	5	1	5
K♠	MAF	VEFS	JUF	CRFS	MOFS	7	2	5

Q

梅花Q：直覺之母

梅花Q的人格特質

　　每一個皇后都是服務導向的，且本性善於接受。梅花的心性使梅花Q傾向於從事出版發行、行政工作，或是比較需要覺察的心靈工作。因為是皇后，他們始終覺知到自己在宮廷的地位，抗拒設法以任何方式影響他們的人。他們的置換牌紅心3以及梅花5在金星位置告訴我們，對愛情和友誼的不確定性和優柔寡斷，使他們很難在這些領域找到持久的幸福。他們的心智天賦豐盛富足，無論是否意識到，他們總是從天生的通靈天賦中接收知識。這些人擁有善於組織的驚人頭腦，但過著如此高調的生活，往往使他們壓力過大或過度疲勞。

　　黑桃A在木星承諾，假使從事靈性或心靈的行業或追求，必有許多回報。他們從前世承繼了深邃且始終夠用的知識。梅花Q也被稱為「聖母瑪利亞」牌，許多梅花Q今生有一個或多個必須犧牲的「孩子」，就像聖母瑪利亞不得不經歷兒子耶穌的犧牲。

　　梅花Q非常有創意且足智多謀，時常身兼兩份或多份工作，且有許多興趣。當投入有些創意表達和行動自由的事業時，他們的表現最為出色。他們很自負，可以做好分內的事。有些梅花Q是被選定的，要對我們的社會做出巨大貢獻。他們天生幫助和滋養他人的傾向可以好好表現在幫助千萬人的工作上。

梅花Q的親密關係課題

　　雖然許多梅花Q結婚了，但並不是每一個梅花Q都樂於結婚，或是婚姻成功美滿。這些人擁有強而有力的頭腦和意志，沒有多少伴侶對付得了他們和他們的任性。他們還攜帶一或多段艱難親密關係的業力種子，將在人生的某個時候顯現。基於這個原因，許多梅花Q嘗試過一次婚姻，然後餘生不再嫁娶。此外，有些梅花Q經常改變自己的欲求，這可能使伴侶對他們的愛覺得非常沒有安全感，從而導致分離。他們在較高的頻率上操作，這意謂著，伴侶必須具備某種心智能力和溝通技巧，才溝通得來。另外情緒上還有一定程度的優柔寡斷，這使得梅花Q每次墜入愛河時，都多了些必須面對的挑戰。

　　梅花Q攜帶著整副牌中最具挑戰性的情緒和關係業力。紅心7在土星和第一張業力牌紅心3即表明這點。這兩張牌都指出情感上的需求，需要用心照料才能有效地處理。然而，假使堅定而努力，任何梅花Q都可以很成功地讓自己專注在這個領域。

　　問題是，許多梅花Q是否會做出這樣的努力。許多梅花Q在長期但不獨占或不束縛的關係中找到平衡。工作往往是他們的最愛，因此，親密關係以及建立真正親密關係可能需要努力的工夫，往往今生被擺在不那麼優先的位置。

業力牌：

紅心3　方塊10

業力親屬：

紅心A　黑桃Q

前世牌：

梅花J　梅花K

梅花Q帶著所有必須付出的愛，因此在親密關係中擁有某些達致充實滿意的最大潛力。他們可以是嫁給王子的王妃，之後成為從此以後生活幸福快樂的皇后。

身分牌連結的通性

黑桃男覺得女性梅花Q非常有吸引力。男性梅花Q被方塊女所吸引。女性梅花Q與多數紅心男相處通常會有問題，不過也有一些例外。

梅花Q──欠缺耐性

梅花Q是一張非常高度緊張的牌。他們時常沒耐性，無法容忍他們認為是緩慢、愚笨或懶惰的人。他們本身在被多數人歸類為壓力重重的高度上操作。有許多的數字3與他們的本命牌和人生軌跡相關聯，代表他們有創意、足智多謀、適應性強、但內在往往變化快速的能量，可能使他們看起來像正常人嗑了某種「快速藥」。這時常顯化成思考和開車速度非常快。人生軌跡中的水星牌往往透露出我們的駕車習慣。梅花Q有黑桃10在水星，那是那種「可以立馬到達我要去的地方」的強大能量。

舉個例子，一天，梅花Q女子開車沿高速公路前行，要下高速公路時，一名駕車的男子擋住她前方的路。無論男子是否故意那麼做，她都認為那是衝著自己來。她突然很氣對方，氣到最後用自己的車猛撞對方的車。事後，她對所作所為深感後悔，因為結果

花了她一千多美元。但在那一刻，對她來說，那麼做似乎值得。這個女人在幾乎每一方面都是誇張的梅花Q，但這個例子確實說明了凡是梅花Q都有的高度緊張的本性。不過大部分的梅花Q在那樣的情況下並不會做出跟她一樣的抉擇。

目前為止，我本人遇過說話結巴的成人當中，全都是梅花Q。似乎是，他們的頭腦運行得非常快速，快到嘴巴跟不上自己的想法。

梅花Q是勤奮工作的人，你可能很幸運，有個梅花Q為你工作。他們喜歡把工作做好，而且處理龐大專案的速度比大部分的人快。他們是絕佳的主辦人，擁有大量可以應用在工作中的創造才華。稍微放慢速度的梅花Q，對他人的緩慢培養出些許的寬容。由於如此的寬容，他們更能夠好好享受自己的勞動成果。

Q

梅花 Q

<table>
<tr><th colspan="3">人生牌陣牌組</th></tr>
<tr><th>行星牌</th><th>符號</th><th>牌</th></tr>
<tr><td>月亮</td><td>☽</td><td>A♣</td></tr>
<tr><td>太陽（本命牌）</td><td>☀</td><td>Q♣</td></tr>
<tr><td>水星</td><td>☿</td><td>10♠</td></tr>
<tr><td>金星</td><td>♀</td><td>5♣</td></tr>
<tr><td>火星</td><td>♂</td><td>3♦</td></tr>
<tr><td>木星</td><td>♃</td><td>A♠</td></tr>
<tr><td>土星</td><td>♄</td><td>7♥</td></tr>
<tr><td>天王星</td><td>♅</td><td>7♦</td></tr>
<tr><td>海王星</td><td>♆</td><td>5♠</td></tr>
<tr><td>冥王星</td><td>♇</td><td>J♥</td></tr>
<tr><td>結果（宇宙回報）</td><td>♃+</td><td>9♣</td></tr>
<tr><td>宇宙功課</td><td>♄+</td><td>9♠</td></tr>
</table>

<table>
<tr><th colspan="3">守 護 星 牌</th></tr>
<tr><th>生日</th><th>守護星座</th><th>守護星牌</th></tr>
<tr><td>1/28</td><td>水瓶座</td><td>方塊7</td></tr>
<tr><td>2/26</td><td>雙魚座</td><td>黑桃5</td></tr>
<tr><td>3/24</td><td>牡羊座</td><td>方塊3</td></tr>
<tr><td>4/22</td><td>金牛座</td><td>梅花5</td></tr>
<tr><td>5/20</td><td>金牛座或雙子座</td><td>梅花5或黑桃10</td></tr>
<tr><td>6/18</td><td>雙子座</td><td>黑桃10</td></tr>
<tr><td>7/16</td><td>巨蟹座</td><td>梅花A</td></tr>
<tr><td>8/14</td><td>獅子座</td><td>梅花Q</td></tr>
<tr><td>9/12</td><td>處女座</td><td>黑桃10</td></tr>
<tr><td>10/10</td><td>天秤座</td><td>梅花5</td></tr>
<tr><td>11/8</td><td>天蠍座</td><td>方塊3和紅心J</td></tr>
<tr><td>12/6</td><td>射手座</td><td>黑桃A</td></tr>
</table>

名人生日

亞倫・艾達（ALAN ALDA）
1/28/1936 • 男演員

傑克・尼克遜（JACK NICHOLSON）
4/22/1936 • 男演員

詹姆斯・史都華（JIMMY STEWART）
5/20/1908 • 男演員

諾曼・費爾（NORMAN FELL）
3/24/1924 • 男演員

史提夫・麥昆（STEVE MCQUEEN）
3/24/1930 • 男演員

威爾・法洛（WILL FERRELL）
7/16/1968 • 男演員

艾利亞・伍德（ELIJAH WOOD）
1/28/1981 • 男演員

芭芭拉・史坦威（BARBARA STANWYCK）
7/16/1907 • 女演員

雪兒（CHER）
5/20/1946 • 女演員

海倫・海絲（HELEN HAYES）
10/10/1900 • 女演員

伊莎貝拉・羅塞里尼（ISABELLA ROSSELLINI）
6/18/1952 • 女演員

傑基・葛里森（JACKIE GLEASON）
2/26/1916 • 喜劇演員

琴吉・羅傑斯（GINGER ROGERS）
7/16/1911 • 舞蹈家／女演員

彼德・弗萊普頓（PETER FRAMPTON）
4/22/1950 • 吉他演奏家／歌手

邦妮・雷特（BONNIE RAITT）
11/08/1949 • 歌手

大衛・克羅斯比（DAVID CROSBY）
8/14/1941 • 歌手

葛倫・坎伯（GLEN CAMPBELL）
4/22/1936 • 歌手

強尼・凱許（JOHNNY CASH）
2/26/1932 • 歌手

耶胡尼・梅紐因（YEHUDI MENUHIN）
4/22/1916 • 小提琴家

荷莉・貝瑞（HALLE BERRY）
8/14/1968 • 女演員

姚明
9/12/1980 • 籃球運動員

布雷特・法弗（BRETT FAVRE）
10/10/1969 • 橄欖球四分衛

小戴爾・恩哈特（DALE EARNHARDT, JR.）
10/10/1974 • 賽車手

湯米・席爾菲格（TOMMY HILFIGER）
3/24/1951 • 設計師

對象	伴侶之間的連結					綜合指數評級		
梅花 Q 與	連結 1	連結 2	連結 3	連結 4	連結 5	吸引力	強度	相容性
A♥	MAM	MAMS	KRMC	VEFS	VER	7	5	2
2♥	MOF	URF	PLFS	MOFS	MARS	6	0	3
3♥	KRMA	VER	MAM	MAMS	PLF	8	6	2
4♥	MAFS	MAMS	MOR	MORS	CLR	8	4	3
5♥	SAFS	VEF	NERS	VEFS	SAF	2	3	1
6♥	VER	PLRS	MAF	JUFS	MAFS	6	2	3
7♥	SAF	MAMS	CRR	JUF	NEF	3	5	-1
8♥	CRR	MARS	SAF	MAMS	NER	4	6	-1
9♥	VEMS	URF	PLFS	MOF	URFS	5	0	3
10♥	MAR	MOFS	NEF	NEFS	MOF	8	2	5
J♥	PLF	VEFS	MAR	JURS	CLF	6	4	1
Q♥	URR	MOR	MAMS	CRF	MARS	5	2	3
K♥	VEM	VEMS	CLRS	CLF	VER	6	-1	6
A♣	MOF	URF	PLFS	MOR	MARS	6	0	3
2♣	CLRS	JUF	VEM	VEMS	MAFS	4	-1	5
3♣	JUR	CRRS	URFS	JUM	VERS	2	-1	4
4♣	PLRS	VEF	NERS	VER	VERS	5	1	4
5♣	VEF	NERS	PLRS	JUF	MAMS	5	1	4
6♣	PLR	URRS	MAFS	VEM	URR	4	3	0
7♣	SARS	JUR	CRFS	CRF	VER	2	3	1
8♣	JURS	PLF	VEFS	MAR	JUR	5	2	3
9♣	CRF	MARS	URR	NEFS	VEFS	6	4	1
10♣	SAR	VERS	MAMS	MAR	SARS	4	4	1
J♣	MOFS	VEMS	MAR	MARS	VEM	8	0	7
Q♣	SBC	VER	VEF	NEF	PLFS	7	2	4
K♣	MORS	CLR	URR	VEMS	SAM	4	-1	4
A♦	VEFS	MAFS	VEM	MAM	MAMS	8	2	5
2♦	MAFS	VEM	PLR	URRS	VEFS	6	3	3
3♦	MAF	JUFS	VER	SAF	NERS	5	2	3
4♦	SAFS	NEF	CRR	URRS	CRF	2	5	-2
5♦	URFS	JUM	SAR	CLFS	JUR	1	1	0
6♦	NEFS	CRF	MARS	MAR	JURS	7	5	2
7♦	URF	PLFS	VEMS	MOF	PLF	5	2	1
8♦	JUR	CRFS	JUFS	SARS	VER	2	0	4
9♦	SAR	CLFS	URFS	JUM	JUMS	1	3	-1
10♦	KRMA	PLF	PLFS	JUFS	MAM	7	7	-2
J♦	VEMS	MOFS	MORS	NEF	URFS	7	-3	9
Q♦	MAF	JUFS	SAR	CLFS	JUR	4	4	1
K♦	VERS	JUR	CRRS	MARS	CRR	5	0	5
A♠	JUF	SAF	MAMS	CLRS	URF	1	3	0
2♠	CLR	URR	VEMS	NER	MORS	3	0	3
3♠	NEFS	VEMS	NEF	URFS	MAR	7	1	5
4♠	MAMS	SAR	VERS	MAFS	VER	6	5	1
5♠	NEF	MAR	SAFS	CRF	PLFS	5	6	-1
6♠	NER	CLF	CLR	URR	VEMS	4	3	0
7♠	MARS	VERS	CRR	CRRS	VER	7	3	3
8♠	MORS	PLR	URRS	PLRS	MOR	4	0	3
9♠	CLF	VEM	VEMS	NER	NERS	7	1	4
10♠	MOR	MAMS	MAFS	URR	MAF	7	3	3
J♠	SARS	SAR	VERS	CRF		1	3	-1
Q♠	JUFS	JUR	KRMC	CRFS	SAR	2	0	5
K♠	MAR	JURS	PLF	VEFS	MOF	6	3	2

Q

方塊Q：樂善好施

方塊Q的人格特質

　　就跟整副牌中的某些其他牌一樣，關於價值，方塊Q經常猶豫不決（方塊3業力牌）。這意謂著，他們往往難以決定自己最想要的是什麼。除非在擔心金錢（他們時常如此），否則他們熱愛多樣性，且很有創意、足智多謀。方塊Q有昂貴的品味。有錢時，他們喜歡把錢花在高品質且通常高價位的物品上。基於這個原因，他們時常入不敷出，也導致財務方面的恐懼持續存在。儘管如此，方塊Q卻是整副牌中最善於付出的幾張牌之一。紅心9在木星以及第二張業力牌方塊9賦予他們天生懂得放下的能力，以及天生與他人分享自身財富的渴望。在某個層面，他們代表有錢的阿姨或祖母（或祖父），帶你出去買幾件新衣服，或是為你購買昂貴的生日禮物。

　　方塊Q有名的是：很迷人，懂得享受人生的美好事物。他們不斷尋求新的探險，有時包括親密關係。方塊Q天生擁有不錯的生意頭腦，也具有能夠推廣其產品或服務的才幹。他們可以在許多領域表現優異，也有不錯的領導能力。不管做什麼，他們都是皇后，因此在工作上和生活中，往往「像母親一樣照顧」或「滋養」他人。

　　他們有個天生善於批判的頭腦，有本領進行深入的分析和規劃。他們也幸而擁有能夠看穿他人騙局的能力。然而，當事情結果不如原先規劃時，同樣這個頭腦可能變成負面導向。他們可能會變得非常負面，不斷批評他人。方塊Q各個傾向於有時觀點有點悲觀，即使他們往往沒有覺察到。他們必須練習正向的態度，以抵消此一傾向。

　　如果方塊Q在人生中採納靈修之路，他們可以實現特殊的任務，達成靈性了悟和自我掌控的高度（黑桃Q在海王星）。他們也與許多古代科學有靈魂上的連結。天生受到古代奧義和神祕知識的吸引，促成對永恆真理的研究，這有助於減輕他們的許多世俗問題。如果致力於更高階的目標，這一生能夠攀登的高度是沒有局限的。世界上最富有的人，有些就是方塊Q。

方塊Q的親密關係課題

　　如前所述，在愛情領域，方塊Q有某些最艱難的挑戰。任性而自負、喜歡多樣性、害怕被拋棄、有力量在需要時取得自己欲求的東西，這些可是麻煩的組合。三次或多次婚姻對這張牌來說是家常便飯，即使他們似乎開開心心地安定下來，通常也只是暫時的。他們相當迷人，又有點超凡魅力，這使得展開新的親密關係對他們來說實在是輕而易舉。他們的挑戰在於：維繫開始後的親密關係。他們通常可以如願以償，無論好壞，而且必須忍受自己的欲望帶來的後果。

業力牌：

方塊3　　方塊9

業力親屬：

紅心6　　方塊5

前世牌：

方塊J　　方塊K

身分牌連結之間的通性

方塊Q男性對黑桃女有遐思。面對梅花男，女性方塊Q通常滿懷熱情，也有大量的挑戰。她們通常也很難與大部分的紅心男相處。梅花女深受方塊Q男性所吸引，也容易被方塊Q男性所激怒。

方塊Q——情緣困難

撲克牌的數字往往比我們原先想的重要許多。舉個例子，許多紅心8的人有八個孩子，或是生命中有八個特殊的人屬於他們內在的摯愛圈。方塊Q有梅花3在金星，或許這是為什麼許多方塊Q有三段或多段婚姻。當然，有些方塊Q只結了一次婚，或是根本沒結婚，但這是一種奇怪的模式，屢屢出現在擁有這張本命牌的人身上。

細看方塊Q的人生軌跡，我們注意到，其實有三個非常重要的數字3。首先是第一張業力牌方塊3，象徵他們對今生最重要的事抱持基本的不確定性。其二是他們的金星牌梅花3，其三是火星牌黑桃3。金星和火星常被稱為「個人行星」，因為出現在這兩個地方的牌，比其他任何牌更能反映個人親密關係的情況，尤其是婚姻、愛情和性。當某人有數字3或5在這兩個位置其中之一時，可以預期這人的愛情生活有些波瀾和變化。擁有這兩個3，顯示與整副牌中大部分的其他牌相較，方塊Q更善於創造新的情愛關係。方塊Q往往可以輕而易舉地啟動親密關係，卻難以維繫關係。如果不允許表達，數字3的能量可能變得無聊、焦躁不安。3是數字2（在此指兩個人在一起）結合數字1（對新鮮的渴望）。許多方塊Q永遠不滿意目前擁有的，不然就是試圖同時營造多重關係。

他們的第一張業力牌方塊3時常在方塊Q的性格組成中創造一份潛在的恐懼，害怕「得到的不夠」。通常就是這份隱藏的恐懼使許多方塊Q興起營造多重關係的動機。儘管表面上，他們可能聲稱，自己只是厭倦了目前的關係，或是一直沒找到對的人，但原因可能是，擁有一個人不夠滿足他們對安全或多樣性的需求。許多方塊Q男性擁有我所謂的「後宮意識」（harem consciousness）。雖然其他牌也有這樣的情況，但這通常顯化在方塊Q，因為他內在的不安全感往往隱藏得很好，好到身旁的人看不見。如果某人的親密關係一段接一段，不管是誰，我們必須細看這點，它的意義重大，勝過當事人可能告訴我們的訊息。不管如此行為的原因是什麼，這是一個明確的跡象，表示有一份深層的內在衝突需要被解決。

在解讀親密關係的相關抉擇時，很少建議方塊Q結婚。由於他們的關係模式，方塊Q往往極度不適婚。事實上，這個方塊Q模式不必永遠持續下去。打破此一模式的方塊Q總是誠實地面對自己，努力揭開自己最深層的恐懼。這至少算是一項龐大的任務。在整副牌中，方塊Q向來擁有情緣最為困難的名聲。

但承諾要在自己內在找到真相的個人一定會促成這趟旅程。他們其實可以公然反抗正常的方塊Q模式，然後擁有成功而持久的婚姻或親密關係。正是這些例子讓我們看見（可能比大部分的其他牌更讓我們明白），一個人可以不被本命牌的表達模式所局限。任何一張本命牌的常見模式其實顯化成擁有該牌的個人所面對的特有挑戰。這些是挑戰，不是命中注定的詛咒。帶著有意識的覺知和愛，本命牌中的任何負面模式都可以得到轉化，蛻變成高度表達深奧的美。

Q

方塊 Q

<table>
<tr><th colspan="3">人生牌陣牌組</th></tr>
<tr><th>行星牌</th><th>符號</th><th>牌</th></tr>
<tr><td>月亮</td><td>☽</td><td>A♦</td></tr>
<tr><td>太陽（本命牌）</td><td>✴</td><td>Q♦</td></tr>
<tr><td>水星</td><td>☿</td><td>5♥</td></tr>
<tr><td>金星</td><td>♀</td><td>3♣</td></tr>
<tr><td>火星</td><td>♂</td><td>3♠</td></tr>
<tr><td>木星</td><td>♃</td><td>9♥</td></tr>
<tr><td>土星</td><td>♄</td><td>7♣</td></tr>
<tr><td>天王星</td><td>♅</td><td>5♦</td></tr>
<tr><td>海王星</td><td>♆</td><td>Q♠</td></tr>
<tr><td>冥王星</td><td>♇</td><td>J♣</td></tr>
<tr><td>結果（宇宙回報）</td><td>♃+</td><td>9♦</td></tr>
<tr><td>宇宙功課</td><td>♄+</td><td>7♠</td></tr>
</table>

<table>
<tr><th colspan="3">守　護　星　牌</th></tr>
<tr><th>生日</th><th>守護星座</th><th>守護星牌</th></tr>
<tr><td>1/15</td><td>摩羯座</td><td>梅花7</td></tr>
<tr><td>2/13</td><td>水瓶座</td><td>方塊5</td></tr>
<tr><td>3/11</td><td>雙魚座</td><td>黑桃Q</td></tr>
<tr><td>4/9</td><td>牡羊座</td><td>黑桃3</td></tr>
<tr><td>5/7</td><td>金牛座</td><td>梅花3</td></tr>
<tr><td>6/5</td><td>雙子座</td><td>紅心5</td></tr>
<tr><td>7/3</td><td>巨蟹座</td><td>方塊A</td></tr>
<tr><td>8/1</td><td>獅子座</td><td>方塊Q</td></tr>
</table>

對象 方塊Q與	伴侶之間的連結					綜合指數評級		
	連結1	連結2	連結3	連結4	連結5	吸引力	強度	相容性
A♥	VER	MOF	JUF	SAFS	MAR	5	-1	6
2♥	JUMS	SARS	PLF	JUM	JUR	2	2	0
3♥	JUF	SAFS	VER	SAR	JUMS	1	1	2
4♥	VER	URR	SAFS	SAF	VERS	1	2	0
5♥	MOR	PLRS	JUM	JUMS	PLR	4	-1	4
6♥	VEM	MAFS	KRMC	CRRS	MAF	7	3	4
7♥	MAF	VEFS	VEF	JUFS	MAFS	7	1	6
8♥	CLF	PLFS	MAF	MAFS	PLF	7	8	-4
9♥	JUF	SARS	JUMS	SAR	MAF	1	1	2
10♥	SAR	JUFS	PLF	VEFS	URFS	2	2	1
J♥	MAM	PLR	SAF	MAMS	URR	4	7	-3
Q♥	VEMS	CRR	VER	VERS		7	-2	7
K♥	VEF	CLFS	CRF	VEFS		6	2	4
A♣	JUMS	SARS	JUR	MAFS	PLF	2	1	2
2♣	VEFS	VEF	SAFS			4	0	5
3♣	VEF	URF	NERS	MORS	NER	5	-1	5
4♣	MAFS	JUM	VEM	VEMS	MAF	7	1	5
5♣	JUM	MOR	MAFS	MOF	JUMS	5	-1	6
6♣	MAR	CRFS	CLR	CLRS	CRF	5	6	0
7♣	SAF	MAMS	JURS	CRR	URFS	1	5	-1
8♣	PLR	MAM	PLRS	VEFS	SAF	4	5	-1
9♣	VEMS	NER	PLF	URRS	URF	6	1	2
10♣	CRR	URFS	URR	SAFS	PLR	1	3	-1
J♣	PLF	VEFS	MOFS	SAR	JUFS	6	2	2
Q♣	JUF	SAFS	JUR	VERS	MAR	1	1	3
K♣	VEMS	MAFS	VEM	MAR	CRFS	8	2	5
A♦	MOF	CLR	CLRS	VER	VERS	5	-1	4
2♦	CLR	CLRS	MOF	MOFS	NERS	4	0	3
3♦	KRMA	CRRS	VEM	NEF	PLFS	7	4	2
4♦	PLRS	URFS	MOR	MORS	URF	4	0	2
5♦	URF	NERS	KRMC	CRF	MARS	4	3	1
6♦	NER	PLF	URRS	VEMS	MAF	6	3	0
7♦	SARS	JUF	JUMS	MAF	JUFS	1	1	2
8♦	JURS	NEF	PLR	SAF	MAMS	3	2	2
9♦	KRMA	CRF	MARS	NEF	PLFS	7	7	0
10♦	JUR	VERS	NEF	PLR	NEFS	4	-1	5
J♦	MOFS	MAF	JUFS	PLF	VEFS	7	1	5
Q♦	SBC	CRRS	CRF	MARS	CRFS	6	6	0
K♦	MORS	VEF	CLF	PLFS	CLFS	7	1	4
A♠	VEFS	MAF	MOR	SAFS	VEF	6	1	5
2♠	MAFS	VEM	NEFS	VEMS	NEF	8	2	5
3♠	MAF	JUFS	NER	PLF	URRS	6	3	2
4♠	URR	SAFS	VER	VERS	PLFS	2	2	0
5♠	URFS	SAR	JUFS	PLRS	JUF	0	1	1
6♠	NEFS	CLFS	MAFS	VEM	CLR	7	4	2
7♠	CLF	PLFS	MORS	MOR	CLFS	7	4	0
8♠	MAR	CRFS	VEMS	VEM	SAR	7	4	3
9♠	CLFS	VEF	NEFS	NEF	PLR	6	3	2
10♠	VER	VERS	SAF			4	0	4
J♠	CRR	URFS	SAF	MAMS	VER	2	4	-1
Q♠	NEF	PLR	JUR	VERS	JURS	4	1	3
K♠	PLR	MAM	URR	PLRS	VEFS	4	4	-1

Q

黑桃Q：自我掌控牌

黑桃Q的人格特質

令人驚訝的是，擁有許多力量和權威的這些黑桃Q，並不常出現在權威或聲望的位置上。他們往往最終處於卑賤的職位，苦苦抱怨著自己的人生境遇，然後永遠成不了大器。他們的奮鬥心態和工作倫理可能太過根深柢固，因此視野無法超越。然而，這是自我掌控牌，位居靈性牌陣中最頂端的位置。如果這些人體認到自己強大的天賦並為自己的人生負起責任，他們就可以晉升至心中渴求的任何高度。

在黑桃Q當中，我們發現有些人超級尖酸苛薄、嚴厲催逼，有些人則是真正的世界之母，慈悲地分享和教導他們的智慧。每一個黑桃Q天生都是要統治的，但必須自己落實那樣的天命。他們的價值觀在決定人生的最終境遇方面扮演關鍵的角色。如果完全被導向物質利益（這很常見），他們就會喪失大部分的力量和潛能。聽從自己的直覺和內在的指引可以使他們發揮最大的潛能。

所有黑桃Q都有梅花K作為守護星牌。這使他們成為非常聰明、能幹的領導者，為他們在教育或寫作方面帶來莫大的成功。此外，這也賦予他們強烈的獨立氣質和高度的直覺。存取黑桃Q的最大潛能往往促使他們成為教師和領袖。

黑桃Q應該避免將愛情和金錢混為一談，當法律問題出現時，總是有麻煩。他們會盡最大努力避免與位高權重的人爭執。他們喜愛花錢，討厭在法律事務上居下風，但通常在這方面處於劣勢。當他們領悟到自己在皇室家族中的地位同時存取與生俱來的內在智慧時，表現最為出色。在神的眼中，他們是崇高的，擁有完成選項的一切必要配備。

黑桃Q的親密關係課題

黑桃Q對愛情和婚姻抱持崇高的理想，某些案例更高到近乎幻想。他們容易有風流韻事，而且很可能得不償失。似乎總是有與愛情相關聯的巨額金錢損失。他們希望看起來繁榮發達，有個有錢的伴侶，但這通常不會發生。他們的後半輩子可以在愛情中找到更多的成功和滿足——也就是說，如果他們沒有在那之前放棄幸福快樂的夢想。某些案例顯示，強烈獨立的本性可能使約束性的承諾（例如婚姻）變成要黑桃Q迴避的東西。

身分牌連結之間的通性

黑桃Q女性時常嫁給梅花男，但這樣的關係往往並不容易。男性黑桃Q覺得與方塊女最親近，他們對方塊女有某種神祕的迷戀。黑桃Q女性與方塊男也非常相容，她們與方塊男之間有很強的身體吸引力，也有良好的溝通。

業力牌：

方塊10　方塊8

業力親屬：

梅花Q　梅花7

前世牌：

黑桃J　黑桃K

黑桃Q ── 自我覺察

我們的宇宙是由陽性和陰性的能量所組成，宇宙中的一切均可看作是這兩者的某種混合。陽性和陰性的能量以及兩者的表達都同等重要，沒有陰陽等量平衡，宇宙就不會存在。整副牌中的四張皇后牌象徵陰柔的能量。他們是陰性氣質的原型，無論擁有皇后本命牌的人，生來是男或是女，他們都會體現出許多善於接受的陰性法則。

陽剛的能量不斷在動，從不休息，始終出於創造的衝動（亦即「道」）操作。陰性能量是接受的、被動的。擁有很強陰性能量的人不追逐自己想要的東西，而是把東西吸引過來，成為能量的接收者。當我們將如此陰性的皇后能量與黑桃花色結合時，就得到這個自我掌控的符號。黑桃涉及我們的靈性發展，當然，也與工作、勞動、服務和健康強力關聯。但在最高階，黑桃花色是靈魂蛻變的花色。

遇見黑桃Q的人時，我們看見某人有機會體現最高階的靈性法則，但不是每一個黑桃Q都做到這點。許多黑桃Q完全陷入奮鬥和奴役狀態，成為整副牌中的勞動者和苦力。當然，所有的黑桃牌都可能落入這樣的陷阱，但當黑桃Q漠視自己的天賦時，他們會是失去最多的。黑桃Q位於靈性牌陣中最高成就的位置，亦即「太陽」位。因此，它們象徵靈性層面的最大目標：自我掌控（self-mastery）。而什麼是自我掌控呢？它究竟是什麼意思呢？

自我掌控是透過自我覺知（self-awareness）嫻熟掌握我們的世界。我們可以奮鬥再奮鬥，努力掙得更多的錢，一輩子無所成。或者如果領悟到內在對貧窮的恐懼每天如何影響著我們，我們可以完全移除這份恐懼對自我人生的影響，在不奮鬥、不費力的情況下變成超乎想像的富有。這只是自我掌控如何運作的一個例子。與其試圖在外部層面改變人生的境遇，例如，我們與誰一同處在關係中、從事哪一類型的工作、或是住在哪裡，我們直接去到源頭，什麼也沒「做」便如魔法般地改變了我們的人生。黑桃Q教導我們，我們只需要保持覺察自己，就可以掌握全世界。

耶穌和其他靈性大師教導我們説：「神的國就在心裡」以及「把我們的寶藏存放在天國」，在那裡，寶藏不會腐壞或丟失。如果我們在自己的內在尋求這個國度，開發自我覺知，我們可以臻至人人想要的天堂。當觸及現實以及我們的感受和想法時，我們開始清楚地看見自己的思想、信念、態度和感受，而不是我們的行為，如何創造出我們的世界。只要保持覺察，我們的人生就可以永遠被改變，然後我們可以達到個人最高成就的位置。

Q

黑桃Q

人生牌陣牌組		
行星牌	符號	牌
月亮	☽	5♦
太陽（本命牌）	✳	Q♠
水星	☿	J♣
金星	♀	9♦
火星	♂	7♠
木星	♃	2♣
土星	♄	K♣
天王星	♅	J♦
海王星	♆	4♥
冥王星	♇	4♦
結果（宇宙回報）	♃+	2♠
宇宙功課	♄+	8♥

守護星牌		
生日	守護星座	守護星牌
1/2	摩羯座	梅花K

對象	伴侶之間的連結					綜合指數評級		
黑桃Q與	連結1	連結2	連結3	連結4	連結5	吸引力	強度	相容性
A♥	CRR	VEFS	PLR	SAF	JUFS	4	2	2
2♥	MAFS	JUMS	MAF	CLF	VEM	6	4	1
3♥	SAF	JUFS	CRR	VEFS	JURS	1	2	1
4♥	NEF	PLR	SAFS	PLRS	VERS	3	4	-1
5♥	URR	URFS	PLF	MARS	SAF	2	3	-2
6♥	NEFS	MAM	SAM	PLR	SAMS	4	6	-1
7♥	JUF	PLFS	CLF	CRFS	CRF	5	4	0
8♥	CLF	CRFS	MAF	SARS	NERS	5	6	-2
9♥	MAR	CLFS	VEMS	PLF	MARS	7	6	0
10♥	VEM	MOR	NERS	MOF	MAMS	8	-2	8
J♥	VERS	MORS	MAMS	VEF	VER	8	-1	7
Q♥	VERS	JUM	MAM	JUMS	VER	5	-1	5
K♥	MAF	VEMS	JUF	MAMS	MARS	7	3	4
A♣	MAFS	MAF	JUMS	CLF	VEM	7	5	1
2♣	JUF	MAMS	MAF	VEMS	MAFS	7	3	4
3♣	SAR	MOF	URRS	URF	CLF	2	1	1
4♣	MAM	MARS	NEFS	NER	MAR	8	6	1
5♣	MARS	URR	URFS	MAM	MAMS	4	4	0
6♣	CLR	JURS	JUR	URRS		0	-1	3
7♣	VER	MOFS	KRMC	CRF	VEFS	7	0	7
8♣	MAMS	VERS	MORS	JUR	MAM	7	2	5
9♣	JUM	VEF	SARS	VEFS	MAM	3	-1	5
10♣	MOFS	PLRS	MOF	SAR	CRFS	5	0	4
J♣	MOR	URF	VEM	VEMS	CLRS	5	-2	7
Q♣	JURS	SAF	KRMC	JUFS	JUF	0	2	2
K♣	SAF	CRF	CLRS	CLR	JURS	1	5	-3
A♦	PLR	CRR	VEFS	MAF	CRRS	5	3	1
2♦	PLR	URR	PLRS	URRS	JUR	2	2	-1
3♦	SAM	NEFS	NER	PLF	NERS	3	6	-1
4♦	PLF	NERS	URR	URFS	URRS	4	4	-2
5♦	MOF	VEF	SAR	CLF	SARS	5	0	4
6♦	VEF	SARS	JUM	JUR	CRRS	2	0	4
7♦	MAR	CLFS	VEMS	MARS	VEM	7	5	2
8♦	KRMA	NEF	PLFS	VER	JUF	7	5	1
9♦	VEF	NER	PLF	MOF	MOFS	7	1	4
10♦	KRMA	JURS	NEF	PLFS	PLF	6	4	1
J♦	URF	JUR	CRRS	MOR	MORS	3	-1	4
Q♦	NER	PLF	SAM	VEF	JUF	4	4	-1
K♦	URRS	SAR	MAF	SARS	NERS	1	4	-1
A♠	JUF	PLFS	MAMS	JUFS	MAM	5	3	2
2♠	CRF	CLRS	URRS	SAF	SAFS	2	4	-2
3♠	JUR	CRRS	VEF	SARS	URF	2	0	4
4♠	PLRS	NEF	PLR	SAFS	VER	4	4	-1
5♠	NERS	VEM	PLF	PLFS	CLFS	7	3	1
6♠	URRS	MARS	CRF	CLRS	CRFS	4	4	0
7♠	MAF	SARS	NERS	URRS	CLF	4	5	-1
8♠	CLR	JURS	SAF	MOR	CLRS	0	1	1
9♠	MARS	MAF	VEMS	URRS	VEM	7	4	3
10♠	VERS	NEF	PLR	SAFS	MAF	5	2	2
J♠	MOFS	VER	SAR	CRF	VEFS	6	-1	5
Q♠	SBC	PLF	NEFS	JUR	VEFS	6	5	1
K♠	MORS	MAMS	VERS	MOR	JUR	8	0	7

Q

國王牌：智慧與父愛

國王是每個花色的最後一張牌，代表發展的最後階段。在演進過程中，國王歷經了其下每一個數字、來到權力的頂峰，因此國王的內在有智慧。國王是領袖力和權勢的陽剛原型，伴隨因經驗得來的智慧。每一個國王都知道該做什麼才是對的。然而，他們不見得總是按照那樣的智慧行事，所以我們說，有些國王敗壞了國王的象徵。問題主要落在濫用權力，對每一個人來說，權力都是非常誘人且容易被濫用的東西。研究國王牌時，應該同時解讀數字8的相關訊息，因為他們共享這份力量。但願這個國王已經在自己的演化過程中了解到權力的濫用，不會再次濫用權力。但總是有足夠的變化使我們最終遇到一個體現權勢者身上一切壞事和缺失的國王。

所有國王都有一定程度的自負。因為是天生的領導者，他們往往將自己從整個世界分離出來，把自己視為特殊領導族群的一部分。就連沒有直接體認到內在這份特質的國王，也會展現某種自負，不然就是厭惡由他人而不是自己給出指示。許多國王一生中並沒有體認到他們已然擁有且正在使用的力量。有些國王竟然相信，他們在自己的世界中有點無力，但仔細檢視這些國王的人生總是揭露出，他們頑固地堅持以自己的方式行事。通常，其他人會尊重或懼怕國王，即使他們本身並沒有覺察到自己的形象已然受損，他人只是基於尊重或懼怕。對許多國王來說，他們唯一需要知道的是，他們是國王，一個本該領導的國王。往往，這事本身就是：他們只需要將自己的頭腦與自己的真實本性同步起來。

不論哪一個國王，力量主要是由出生的花色所定義。紅心K擁有與人相處以及個人關係的力量，他們很迷人，非常聰明。梅花K擁有心智的力量，可以被應用在許多的專業或情境，他們做出細微的差別，將真相從非真之中區分出來。方塊K是強而有力且往往無情的商人，一旦決定接手，他們在物質層面達不到的事並不多，儘管個人的快樂幸福可能在過程中喪失。黑桃K擁有深層智慧支持的意志力量。他們的心絕不會因為他人而動搖，因為他們的智慧不斷告訴他們真相。

女性的國王在和諧宇宙的計畫中是一個有趣的異類。在女人的身體內有一個靈魂，具有明確的領導能力、決斷性，通常還有點與人較量的侵略性。莎朗·史東（Sharon Stone）、費·唐娜薇（Faye Dunaway）、賈桂琳·甘迺迪·歐納西斯（Jacqueline Kennedy Onassis）、珍娜·傑克森（Janet Jackson）、英女王伊麗莎白二世、布莉姬·芳達（Bridget Fonda）等女性，全都是人類的強勢領導者體現成女人。對任何人來說，國王這張牌都不容易，因為暗示巨大的責任。這些女性在個人親密關係中還有平衡男性和女性面的額外負擔。單是這個障礙可能就需要大半生才能克服。

身為國王暗示責任，或許這正是有些國王從不曾發揮潛力的另一個真正原因。對有些國王來說，責任可能要麼很討厭，要麼很可怕，他們可能早就做出決定，要不計一切代價避開人生的這個部分。當他們這麼做時，等於是卸下王冠，成為同花色的騎士或皇后，拋棄大部分的力量和潛能。準備好要戴上王冠的黑桃K少之又少。由於黑桃K是不折不扣的「國王中的國王」，他們的王冠握有最多的權力，但也包含最大的重擔。大部分的黑桃K覺得當騎士或皇后比較舒服，他們成為偉大的藝術家、音樂家和演員，但少有黑桃K充分發揮整副牌中最強大一張牌的潛能。不管怎樣，其他國王也對如此同樣的抉擇心懷罪疚。儘管不常發生，但其他國王也會迴避責任，不願活出與生俱來的權利，反而決定，玩得開心就好。在這麼做的過程中，他們拋掉自己的力量，然後納悶著，為何自己的人生似乎沒有令他們開心。所有的國王都有一個內在的聲音告訴他們，他們適合成為領袖。國王們一直要到實現天命中的這個面向，才可能真正與自己和平共處。

另外有些國王則會濫用權力、摒棄自己天生的智慧、屈服於心中的恐懼。他們霸凌、宰制、利用他人，但卻時常聲稱，自己才是受虐者。這些是失去權威的國王。不管怎樣，這樣的事不常發生。雖然我們會找到不明智地使用自身力量的國王，但這不是通則。多數國王都覺察到自己的力量，也有智慧和耐心去了解，如果要對自己或世界行善，就必須小心、負責地使用這股力量。我們通常可以信任這些國王能夠帶領我們觸及在許多方面改善我們人生的事物。

K

紅心K：慈愛的父親

紅心K的人格特質

站在愛的花色的頂點，紅心K體認到愛是一切當中最至高無上的力量。這些人是奉獻的父母，但不見得是最佳配偶。他們對子女和專業的奉獻往往取代了該要給予配偶的愛。他們的確愛每一個人，永遠愛喔，那是千真萬確的，但有時候，錯誤的聯想帶來問題。在這方面，他們應該要小心，不要與動機不高尚、生活型態低俗的人交往。

這些人可能飛揚跋扈，跟所有的國王一樣，但這只發生在當他們遭到心中最親近的人背叛時。他們從累世帶來嫻熟掌控自我情緒和家庭生活的知識。如果他們認為你是他們的「家人」之一，那麼要知道，你是有福氣的。

紅心K可能善於經商，尤其是成為他人的財務經理或顧問。與他人聯手或合夥比單打獨鬥更能成功；在法律事務方面，他們的運氣也勝過一般人。與他們爭論是不明智的，紅心K敏銳的心智總是能夠找到適當的回應。

在他們的人生中，失去摯愛是不可避免的，但他們知道真相，也懂得放手，儘管仍舊感覺到那份痛。許多紅心K在心智方面頗有天賦，有時也有通靈能力。許多

知識直接流向他們，他們則善用這類知識在事業上登峰造極。

紅心K的親密關係課題

許多人說，紅心K造就美好的情人和偉大的父親，但卻是糟糕的丈夫。所有的國王都一樣，權力可以被使用，也可以被濫用。他們是「魅力之王」。因此，就像紅心8一樣，我們在紅心K當中找到許多的「花花公子」。紅心K的原型就像蘇丹王和他的後宮，有趣的是，許多男性紅心K沒結婚，但多數時候，身旁總是有一圈女性。這些女性可能是情人，也可能不是——她們可能是學生、家人或是臨時共事的夥伴。無論原因是什麼，我們時常發現某種崇拜的族群圍繞著他們。

女性紅心K有一個因為十分強大和頑固而產生的問題。她們通常可以起身對抗任何男人，而且通常堅持成為一家之主。某些男性伴侶可能難以應對這樣的情況。此外，所有紅心K都有非常好爭辯的本性，那可是不管是誰都難以應付的。

談到愛情和親密關係，紅心K擁有異常強烈的正義感。他們時常為其他蒙冤受屈的人挺身而出，可能在職場或家庭生活中扮演和平使者的角色。如果覺得自己受到他人不公平的對待，他們同樣會尋求某種形式的報復。

他們的模式指出，一定會出現某些命中注定的親密關係，那將反映出他們自己猶豫不決的本性和因此造成的後果。

身分牌連結之間的通則

女性紅心K避開黑桃花色的男性將是明智的。男性紅心K應該要小心方塊女，

業力牌：
梅花2　黑桃9
業力親屬：
黑桃A　黑桃6
前世牌：
紅心Q　梅花A

儘管方塊女覺得紅心男很有吸引力。紅心K女性可與方塊男締結良緣，尤其是比較成熟和負責的方塊男。

人 格 側 寫

紅心K ── 賈桂琳·甘迺迪

賈桂琳·甘迺迪六十四歲離開人世。她是一位貴婦，她的舉止和面對人生的方式使她與眾不同。她用她的魅力和藝術氣息虜獲大眾的心。我們著迷於她的穿著和白宮的裝飾，尤其是她如何以其「紅心之王」的作風面對大眾。請記住，紅心K是關係、藝術追求和風格等等事物的大師。

約翰·甘迺迪（John Kennedy）是梅花3。由於紅心K有梅花2業力牌，因此這是在許多方面都很理想的配對。梅花2是梅花3的月亮牌，往往最適合結婚。不過梅花3在浪漫領域有很大的不確定性，風流韻事多半不可避免。瑪麗蓮·夢露（Marilyn Monroe）是黑桃3，一定曾經對約翰有巨大的吸引力，因為她是約翰的水星牌。儘管瑪麗蓮期望約翰支持，因為約翰是她的月亮牌，但由於約翰身為總統的角色，他無法支持瑪麗蓮。總而言之，這是一個命中注定的三角戀情，有許多的連結可以供我們細看和學習。

約翰被暗殺之後，賈姬步入她的紅心K力量。畢竟，紅心K是「父親牌」。她立即將子女的福祉視為第一要務。他人驚訝於她在重大的危機時期居然有力量如此好好照顧子女。後來，她嫁給方塊Q亞里士多德·歐納西斯（Aristotle Onassis）。紅心K和方塊Q在人生牌陣中有非常好的金星連結，因此他們之間一定有真愛。

亞里士多德去世後，賈姬返回紐約，投入出版界。請記住，梅花2業力牌使紅心K容易被通信傳播界所吸引。他們非常聰明，可以靠自己在任何這些領域站起來。他們也將自己的藝術才華帶到工作中開花結果。

在賈姬去世前一年，她遇到梅花K長期牌，也與黑桃6和黑桃7相關聯。這是她的疾病浮上檯面的時候。去世那一年，她遇到方塊A／方塊9長期牌，位在黑桃A和梅花2之上。在她離世時，所有這些健康和死亡牌都在。值得注意的是，去世時，她處在有一個梅花3的天王星時期。或許，對她來說，死亡意謂著回到她的梅花3丈夫約翰·甘迺迪的身邊。

3 本命牌性格特質解析　◆　257

K

紅心 K

人生牌陣牌組		
行星牌	符號	牌
月亮	☽	2♥
太陽（本命牌）	✳	K♥
水星	☿	K♦
金星	♀	6♥
火星	♂	4♣
木星	♃	2♦
土星	♄	J♠
天王星	♅	8♣
海王星	♆	6♦
冥王星	♇	4♠
結果（宇宙回報）	♃+	10♠
宇宙功課	♄+	10♦

守 護 星 牌		
生日	守護星座	守護星牌
6/30	巨蟹座	紅心2
7/28	獅子座	紅心K
8/26	處女座	方塊K
9/24	天秤座	紅心6
10/22	天秤座	紅心6
11/20	天蠍座	梅花4和黑桃4
12/18	射手座	方塊2

名人生日

克里斯多福・洛伊德（CHRISTOPHER LLOYD）
10/22/1938 • 男演員
麥考利・克金（MACAULAY CULKIN）
8/26/1980 • 男演員
布萊德・彼特（BRAD PITT）
12/18/1963 • 男演員
安妮特・弗尼切洛（ANNETTE FUNICELLO）
10/22/1942 • 女演員
莎莉・史特魯瑟斯（SALLY STRUTHERS）
7/28/1948 • 女演員
薇洛妮卡・哈梅爾（VERONICA HAMEL）
11/20/1943 • 女演員
史蒂芬・史匹柏（STEVEN SPIELBERG）
12/18/1947 • 導演／製片人
賈桂琳・歐納西斯（JACQUELINE ONASSIS）
7/28/1929 • 前美國第一夫人
基思・理查茲（KEITH RICHARDS）
12/18/1943 • 音樂家
克莉絲汀・阿奎萊拉（CHRISTINA AGUILERA）
12/18/1980 • 歌手
麥克・泰森（MIKE TYSON）
6/30/1966 • 拳擊手
琳達・麥卡尼（LINDA MCCARTNEY）
9/24/1942 • 攝影家／歌手
布萊恩・博伊塔諾（BRIAN BOITANO）
10/22/1963 • 花式滑冰運動員
傑夫・高布倫（JEFF GOLDBLUM）
10/22/1952 • 男演員
戴瑞克・傑寇比（DEREK JACOBI）
10/22/1938 • 男演員
提摩西・利里（TIMOTHY LEARY）
10/22/1920 • 心理學家
波・德瑞克（BO DEREK）
11/20/1956 • 女演員
泰・柯布（TY COBB）
12/18/1886 • 棒球運動員

對象 紅心K與	伴侶之間的連結					綜合指數評級		
	連結1	連結2	連結3	連結4	連結5	吸引力	強度	相容性
A♥	VERS	VEF	CLRS	VEFS	VER	6	-2	7
2♥	MOF	MORS	URR	MOR	URFS	6	-3	7
3♥	VEF	CLRS	VEM	VEMS	NEFS	6	-1	7
4♥	JUR	CRRS	PLF	SAMS	MAF	3	3	0
5♥	PLRS	CLR	SAFS	CLRS	CRFS	1	5	-3
6♥	VEF	NERS	PLFS	MAF	JUFS	7	2	3
7♥	NER	PLF	URRS	SARS	PLR	4	4	-2
8♥	SARS	MAM	NER	PLF	URRS	4	5	-2
9♥	JURS	URR	MORS	NER	URRS	2	-2	5
10♥	CRF	MARS	SAR	SARS	VEM	4	6	-1
J♥	JUR	VERS	URF	PLFS	JURS	3	-1	4
Q♥	MOFS	MAR	CRFS	CRF	MARS	8	4	3
K♥	SBC	VEFS	VER	SARS	VERS	5	2	4
A♣	MORS	MOF	URR	MOFS	URFS	6	-3	7
2♣	KRMA	VEFS	PLR	NEF	NEFS	6	4	3
3♣	MAFS	VEM	MAMS	MOR	MORS	9	3	5
4♣	MAF	JUFS	CLR	SAFS	VEF	4	3	1
5♣	CLR	SAFS	PLRS	MAF	JUFS	1	5	-3
6♣	URFS	JUM	JUF	NEF	JUFS	2	-1	4
7♣	NEFS	PLRS	MARS	MAM	SAF	6	5	0
8♣	URF	PLFS	JUR	VERS	URFS	3	1	1
9♣	MAR	CRFS	MOFS	NEF	PLR	7	4	2
10♣	CLFS	SAF	PLF	SAMS	CLF	2	8	-6
J♣	JUMS	CRF	MARS	MAR	CRFS	5	4	2
Q♣	VEM	VEMS	VEF	CLRS	CLF	7	-2	8
K♣	JURS	MOR	JUR	SAF	NERS	2	-1	5
A♦	VERS	JUF	VEM	MAFS	MAF	6	-1	7
2♦	JUF	URFS	JUM	VERS	MAF	2	-1	5
3♦	CRR	VEF	NERS	PLFS	VER	6	2	3
4♦	SAR	PLRS	JUF	MAR	JURS	2	3	0
5♦	MAMS	MAFS	VEM	SAR	VEMS	7	5	2
6♦	NEF	PLR	MAR	CRFS	CRF	6	5	1
7♦	URR	JURS	MORS	JUR	NER	2	-2	5
8♦	MARS	MAM	MAR	VEMS	NEFS	8	6	2
9♦	VER	MAMS	CLRS			6	2	3
10♦	CLF	VEM	VEMS	MAR	MARS	7	2	3
J♦	JUMS	VEF	PLR	URRS	JUM	3	-1	4
Q♦	VER	CRR	CLRS	VERS	NER	5	0	4
K♦	MOR	MAFS	VEM	MAM	MAMS	8	2	5
A♠	PLR	NER	KRMC	PLF	URRS	5	4	-1
2♠	JURS	SAF	NERS	PLFS	PLF	1	3	-1
3♠	NEF	PLR	JUMS	URRS	CRF	4	2	2
4♠	PLF	SAMS	CLFS	JUR	CRRS	3	7	-4
5♠	SAR	CRF	MARS	MAR	JURS	4	6	-1
6♠	VER	SARS	KRMC	JURS	PLF	3	2	3
7♠	MAM	MOR	SARS	MOF	VERS	6	2	4
8♠	URFS	JUM	VEF	JUMS	MOFS	2	-2	5
9♠	KRMA	VER	SARS	NEF	NEFS	5	4	2
10♠	JUR	CRRS	MOFS	MORS	CRR	4	-1	6
J♠	SAF	NEFS	PLRS	CLFS	NEF	2	5	-3
Q♠	MAR	VEMS	CLF	MARS	MAM	7	5	2
K♠	URF	PLFS	JUR	VERS	JUFS	3	1	1

K

梅花K：知識大師

梅花K的人格特質

　　梅花K位居知識和溝通花色的頂點，在他們選定的任何領域中掌握成為權威所需要的一切。這些人與許多前世累積的知識直接連線，他們很少憑藉自己以外的任何教義或哲學活出自己的人生。供給他們頭腦的源泉是用之不竭的，而且來自某個高階源頭。這些是憑藉自己的真理生活的人。

　　各行各業都可以找到梅花K，通常位居負責的職位。無論擔任什麼角色，他們總是備受尊重。有些梅花K是世界上最成功的藝術家、政治家和音樂家。他們最大的資產之一是：有能力做出細微的區別，以及機智、有風度、通常使他們人氣旺且人緣好的本性。有個合作夥伴似乎可以讓他們在工作上表現最為出色，因此大部分的梅花K注定與人合夥。

　　對許多梅花K來說，人生的挑戰圍繞著藥物、酒精濫用或其他逃避現實的形式打轉。這些人往往情緒上非常敏感，且與頗具挑戰性的童年有強力牽繫。在尋求理解和解決那些內在衝突的過程中，梅花K可能會歷經人生的各個篇章，其中某些似乎與他們的最高潛能截然相反。但他們的性格就是那樣，因此通常在三十多歲時覺

醒，體認到自己與生俱來的力量和責任。

　　這是整副牌中最具通靈力的牌——通靈能力強大到他們對人生的直覺就是第二天性。梅花K的最大挑戰在於：婚姻的概念以及偶爾陷入酷愛舒適、不逼迫自己發揮最高潛能的習性。他們有許多可以貢獻給世界，如果沒有得到充分的表達，恐怕後半輩子會有所遺憾。

梅花K的親密關係課題

　　梅花K擁有基本上還算不錯的姻緣，他們酷愛在親近關係中的感覺。然而，婚姻的某些面向對他們來說非常具有挑戰性。主要的挑戰之一是：他們必須知道，他們將在婚姻中喪失個人的自由。自由對梅花K是很重要的字眼，是最被珍視的東西，高於一切，有時甚至高過幸福快樂的親密關係。你可能會說，梅花K有自由方面的問題，但那並不會阻止所有梅花K結婚或安頓下來。

　　女性梅花K時常遇到與婚姻、性或子女相關聯的某些重大挑戰。紅心Q冥王星牌可能以許多不同的方式顯化，但我們總是在女性梅花K的人生中找到與它連結的挑戰。女性梅花K會因更加了解這張牌而受益，對她們來說，那代表終生的轉化課題。

　　男性梅花K通常吸引到體現紅心Q某些負面特性的女性（逃避現實，或是懶惰和自我放縱類型）。無論是男性還是女性梅花K，都需要清楚，他們內在的真理與羅曼蒂克或婚姻幸福的夢想之間，到底有何細微的差異。

　　這些意志堅強且強而有力的人用他們的頭腦仔細區辨。與他們有關的任何人都

```
業力牌：
黑桃2　黑桃8
業力親屬：
黑桃6　梅花6
前世牌：
梅花Q　方塊A
```

必須能夠在不設防的情況下處理這樣的力量和強度，那在許多情況下是頗具挑戰性的。

基於這個原因，梅花K女性比較陽剛導向，某些案例更是霸氣跋扈，有時很難找到可以讓她們做自己的伴侶。

身分牌連結的通則

男性和女性梅花K與方塊相處最為融洽，與紅心則有不少挑戰，除非是始終有美好連結的紅心K。他們的朋友通常是梅花，且梅花K往往在某個層面成為這些梅花的良師益友。

人 格 側 寫

梅花K ——最高階的真理

梅花K在人生中對每一樣東西做出區別，且對他人不太在乎的事物非常敏感。如果他們覺得不太對勁，如果某個細節遺失了，某個t沒有劃上一橫，或是某個i沒有加上一點，那麼一直要到情況被糾正，他們才會感到自在。他們可以對細節一絲不苟，而且，在他們的頭腦裡，每一件事都必須有一個理由。所以，梅花K總是在搜尋這些理由，一直要到找到的理由在他們的內在產生共鳴，成為真理，他們才會真正滿足。一旦梅花K找到了關於某樣東西以此方式產生共鳴的真理，他們將會全心全意地堅持。

在追求愈來愈高階的真理時，梅花K會經歷許多強而有力的蛻變。他們最終在自己營造的火焰中燃燒。所以，如果梅花K挑戰你，要你面對他們在你身上看見的真相，請記住，他們的真相是一把雙刃劍，同樣深深地劃過他們。大部分的梅花K似乎明白這點，當他們給出批評或建議時，絕對是帶著慈悲的諒解，明白自己當時所說的話。

內心深處，梅花K是非常先進的，許多人會認為他們的觀點有點不正統，乃至詭異。但正是這份同樣的水瓶座特質，為許多梅花K帶來形塑世界未來的想法。事實上，許多梅花K最終位居領導和負責任的職位，而且他們是整副牌中最常見的四張本命牌之一，這告訴我們，他們是引導社會和文化方向的主要力量。快速瀏覽一下梅花K的名人表，透露出，許多梅花K為我們的世界做出了意義重大的貢獻。如果他們隨心所欲地做出貢獻，那麼我們的世界一定是奠基於清晰的思想和真理，可以被理解和證明。

梅花K總是以他們所陳述或撰寫的內容而聞名。這正是梅花的要素。溝通、想法、言語、點子、信念、心智區別，全都是梅花花色的領域。在這個花色的國王當中，最充實滿意的梅花K會站出來，向世界宣告他們的最高階真理，同時在這個過程中幫助他人。

K

梅花 K

人生牌陣牌組		
行星牌	符號	牌
月亮	☽	2♣
太陽（本命牌）	☀	K♣
水星	☿	J♦
金星	♀	4♥
火星	♂	4♦
木星	♃	2♠
土星	♄	8♥
天王星	♅	6♣
海王星	♆	6♠
冥王星	♇	Q♥
結果（宇宙回報）	♃+	10♣
宇宙功課	♄+	8♦

守 護 星 牌		
生日	守護星座	守護星牌
1/27	水瓶座	梅花6
2/25	雙魚座	黑桃6
3/23	牡羊座	方塊4
4/21	牡羊座或金牛座	方塊4或紅心4
5/19	金牛座	紅心4
6/17	雙子座	方塊J
7/15	巨蟹座	梅花2
8/13	獅子座	梅花K
9/11	處女座	方塊J
10/9	天秤座	紅心4
11/7	天蠍座	方塊4和紅心Q
12/5	射手座	黑桃2

名人生日

狄恩・馬丁（DEAN MARTIN）
6/17/1917 • 男演員
東尼・丹扎（TONY DANZA）
4/21/1951 • 男演員
特洛伊・唐納荷（TROY DONAHUE）
1/27/1936 • 男演員
西恩・艾斯汀（SEAN ASTIN）
2/25/1971 • 男演員
安迪・麥道威爾（ANDIE MACDOWELL）
4/21/1958 • 女演員
布莉姬・方達（BRIDGET FONDA）
1/27/1964 • 女演員
唐娜・李德（DONNA REED）
1/27/1921 • 女演員
瓊・克勞馥（JOAN CRAWFORD）
3/23/1908 • 女演員
賽普・馬克斯（ZEPPO MARX）
2/25/1901 • 喜劇演員
沃夫岡・阿瑪迪斯・莫札特（WOLFGANG
AMADEUS MOZART）
1/27/1756 • 作曲家
斐代爾・卡斯楚（FIDEL CASTRO）
8/13/1927 • 獨裁者
阿弗列德・希區考克（ALFRED
HITCHCOCK）
8/13/1899 • 導演
華特・迪士尼（WALT DISNEY）
12/5/1901 • 娛樂業巨擘
比利・葛理翰（BILLY GRAHAM）
11/7/1918 • 福音佈道家
黑澤明（AKIRA KUROSAWA）
3/23/1910 • 電影導演
喬治・哈里遜（GEORGE HARRISON）
2/25/1943 • 音樂家
約翰・藍儂（JOHN LENNON）
10/9/1940 • 音樂家
伊吉・帕普（IGGY POP）
4/21/1947 • 搖滾歌手
伊莉莎白二世（QUEEN ELIZABETH II）
4/21/1926 • 英國女王
瓊妮・密契爾（ONI MITCHELL）
11/7/1943 • 歌手
巴瑞・曼尼洛（BARRY MANILOW）
6/17/1946 • 歌手
安妮卡・索倫斯坦（ANNIKA SORENSTAM）
10/9/1970 • 高爾夫球手
大威廉絲（VENUS WILLIAMS）
6/17/1980 • 網球運動員

對象	伴侶之間的連結					綜合指數評級		
梅花K與	連結1	連結2	連結3	連結4	連結5	吸引力	強度	相容性
A♥	VEF	MORS	SAM	MAM	SAMS	5	2	4
2♥	MAMS	VEMS	NEFS	JUM	VEM	7	2	5
3♥	SAM	VEF	MOFS	PLF	PLFS	4	4	1
4♥	VEF	VER	CRFS	VEFS	MAR	7	0	7
5♥	MAFS	MAF	JUFS	PLRS	JUF	6	5	2
6♥	MAM	CRRS	SAF	MAFS	JUF	4	6	-1
7♥	SAF	VERS	NERS			2	3	-1
8♥	SAF	VER	MOR	URR	SAFS	1	2	1
9♥	PLR	NEFS	JUM	VEMS	VEM	5	1	3
10♥	VEMS	JUR	VERS	MAMS	MAF	6	-1	7
J♥	JUFS	SARS	NEF	JUF	SAFS	2	1	3
Q♥	PLF	VEFS	JURS	JUF	SAFS	4	2	2
K♥	MOF	JUF	JUFS	SAR	VER	4	-2	7
A♣	VEMS	MAMS	NEFS	JUM	CRF	7	1	5
2♣	MOF	VERS	SAR	VER	JUMS	5	-2	6
3♣	CLR	CLRS	URR	SAFS	VEF	0	2	-1
4♣	CRRS	PLRS	MAM	MAMS	PLR	5	5	-1
5♣	PLRS	MAFS	CRRS	MAF	JUF	6	5	0
6♣	URF	NERS	KRMC	MARS	VEFS	4	2	2
7♣	NER	PLF	URRS	CLF	PLFS	5	5	-2
8♣	SARS	JUFS	JUM	SAR	JUF	0	1	2
9♣	JURS	PLF	VEFS	URFS	VEF	4	1	3
10♣	CRF	MARS	MAF	SAF	NEF	6	7	-1
J♣	JUR	VERS	MOR	VEMS	PLR	5	-3	8
Q♣	MOFS	SAM	CLFS	VEM	CLF	4	3	2
K♣	SBC	JUF	MARS	JUR	MAFS	4	4	3
A♦	MORS	VEFS	VEF	NER	URFS	7	-2	8
2♦	VEFS	URF	NERS	MORS	NER	5	-1	5
3♦	SAF	MAFS	MAM	VEMS	JUF	4	6	-1
4♦	MAF	JUFS	MAMS	MAFS	MOF	7	4	3
5♦	URR	SAFS	MAR	CRFS	CLR	1	5	-2
6♦	URFS	JURS	CRR	VEMS	CRRS	2	-1	3
7♦	NEFS	JUM	PLR	VEMS	PLRS	5	1	3
8♦	CLF	PLFS	SAR	NER	PLF	5	7	-4
9♦	MAR	CRFS	VEMS	URR	SAFS	6	4	1
10♦	CLFS	VEM	MOFS	SAR	SARS	5	2	3
J♦	MOR	CRR	VEMS	JUR	VERS	6	-2	7
Q♦	VEMS	SAF	MAFS	MAR	CRFS	5	4	1
K♦	CLR	CLRS	VER	VERS	PLRS	3	1	2
A♠	VERS	MOF	MOFS	NERS	VER	7	-3	8
2♠	KRMA	JUF	NEF	PLR	PLFS	5	4	2
3♠	CRR	VEMS	URFS	MOR	MORS	5	-1	5
4♠	CRF	MARS	VEF	VEFS	MAR	7	4	3
5♠	MAMS	VEMS	MAF	JUFS	SAF	7	4	3
6♠	NEF	PLR	KRMC	JUF	MAF	5	3	2
7♠	VER	SAF	URR	SAFS	MOFS	1	2	0
8♠	KRMA	MARS	NEF	PLFS	URF	7	7	0
9♠	JUF	NEF	PLR	NEFS	PLRS	5	1	3
10♠	VEF	PLF	VEFS	PLFS	VER	7	2	3
J♠	MAF	NER	PLF	URRS	CRF	7	5	-1
Q♠	SAR	CLFS	VEM	CLF	PLFS	3	4	-1
K♠	JUFS	SARS	NEF	JUF	SAFS	2	1	3

K

方塊K：成功的生意人

方塊K的人格特質

　　方塊K是價值、財務和經商大師。在這方面，男、女方塊K都可以在任何的商業追求中表現得非常出色，將他們承繼的知識應用到工作上，成就非凡。這些人自立門戶總是比為他人工作更成功。涉及金錢和生意時，他們可以非常的唯利是圖，但其實犯不著這樣。

　　這是整副牌中唯一的「獨眼」國王，也因此，他們往往看不見人生和情境的某些面向。此外，這可能使他們變得非常固執，只從自己的那一面看事情。正因為這個原因，方塊K以善於樹立敵人而聞名。或許，方塊K撲克牌上高舉的戰斧代表酷愛競爭。無論如何，每一個方塊K都知道，什麼是真正有價值的，而且，如果他們聽從自己的學識，而不是心中的恐懼，他們可能會是商業界最受尊崇的人。他們必須始終防範利用自己的權力犧牲他人同時遂己心意。儘管擁有那麼多與生俱來的力量，方塊K卻可能迴避處理自己的感受，而這正是問題叢生的原因。童年時常出現的情緒課題必須被好好處理，然後這張牌的高階面才可能被顯化出來。在此之前，方塊K可能顯得冷酷而無情。

業力牌：

梅花3　黑桃7

業力親屬：

方塊5　紅心8

前世牌：

方塊Q　黑桃A

　　他們非常有創意，能夠利用這項天賦賺取大筆金錢。方塊K是強而有力的人，能夠在人世間做許多好事。他們可以是「在人間卻不屬於人間」的典範。

方塊K的親密關係課題

　　方塊K是沒有任何特定好姻緣或壞姻緣的幾張牌之一。不過，因為是國王，他們相當強大，不願意妥協，這可能在個人層面導致問題。大眾接納的親密關係標準是「謙讓的女性」，在如此背景下，女性尤其應當找到方法平衡自己強硬的陽剛面。她們往往想要主宰，或是至少與配偶平起平坐，有些男人無法應付女人散發的這股力量。有些方塊K女性幾度嘗試不成功，於是放棄嘗試。有些方塊K男性也一樣。對於嚴格地從財務角度看待愛情和婚姻，男、女方塊K可能都感到罪疚。對他們來說，找到適合的另一半之前，最好將事業和愛情生活分開。

　　男、女方塊K都應該學會表達自己的恐懼和情緒，才能在浪漫或婚姻中享有更好的運氣。誠實的溝通縮短彼此的差距，帶來更多的親密。方塊K深受機智且受過良好教育的人所吸引，時常發現他們與配偶一起打拚事業。

身分牌連結之間的通則

　　方塊K女性與紅心男有很強的牽繫。這是一個強大的組合，但不見得容易。方塊女非常喜歡方塊K男性，可以締結良緣。方塊K男性往往與黑桃女難以相處，應該避免與對方結婚。

方塊K ── 我們是如何樹敵的？

在解牌人之間，方塊K因樹敵勝過其他牌而久負盛名。著名的方塊K阿塞尼奧・霍爾（Arsenio Hall，譯註：美國演員兼脫口秀主持人）寫過不只一本書，描述他的人生以及他在登峰造極的過程中所樹立的敵人。佛蘿倫絲・坎貝爾和伊迪絲・蘭德爾說，方塊K是整副牌中最唯物主義且冷酷無情的牌。她們說，在本命牌的低階面操作的方塊K，為了獲得想要的東西或取得優勢，一定會不擇手段。到底是什麼因素使方塊K擁有這樣的名聲呢？

你有沒有注意到，方塊K是唯一只露出一隻眼睛的國王？紅心J和黑桃J也是如此。這些只露出一隻眼睛的牌往往以一種方式且只以一種方式看待世界。這個特性在這三張牌中以不同的方式顯化。在黑桃J身上，可能顯化成竊賊牌，我們時常看見不斷的欺騙在他們的人生中演出，基於他們個人對整個人生的定義。在犧牲牌紅心J身上，我們看見如此的盲目顯化在愛情生活中。他們時常對他人的缺點視而不見，且往往被他人利用。但在方塊K身上，如此的一眼看天下發生在許多的專業事務上，他們似乎很難縱觀全局，無法超越自己的想法、信念和價值體系。

許多方塊K有困難的水星／月亮相位。當水星和月亮在我們的本命星盤中結合時，我們往往透過情緒思考。技術上來說，那叫做「主觀思考」（subjective thinking）。主觀思考往往使我們看不見其他觀點，同時導致我們執著於完全不真實的想法和信念。將這樣的主觀推理賦予非常自負且習慣我行我素的人（因

為他們是國王），有時可能會得到一個暴君。許多人應該會同意，「暴君」精確地描述了他們的某些方塊K同事。

任何騎士、皇后或國王都習慣於在人生中擁有高於他人的權力，而且每一個都有自己運用這力量取得心中欲求的方法。運用且時常濫用這權力的誘惑始終存在。對任何人來說，運用我們擁有的不論哪一種力量來解決某個情況而不是面對自己的恐懼或感受，往往是權宜之計。如果這情況反覆發生，我們將逐漸聯繫不到自己的感受，而我們就是利用情緒來告訴自己，什麼是真的、什麼是不真的。可以說，我們可以「在那裡找到出路」。

就方塊K而言，他們還有一種主觀心態，使他們相信自己永遠是對的，然而事實上，他們的結論是奠基於未被滿足且未被體認到的情感需求。此外，與其他牌相較，他們似乎較不害怕與他人對抗。與其他人發生衝突對許多方塊K來說，似乎不是一個大問題，或許，這就是為什麼有些方塊K吸引到的情境是：別人覺得，有他們在，就是要準備戰鬥。

方塊K本質上是愛好和平的人，在個人關係中有著強烈的公平感，這使得他們的人生在多數時候是輕鬆隨和、無憂無慮的。但是，就跟其他牌一樣，當害怕或情緒激動時，他們有如何處理眼前情境的獨特模式。就跟其他國王一樣，不覺知的方塊K八成會利用自己的巨大力量促使他人改變，而這往往就是敵對關係誕生的地方。

K

方塊 K

人生牌陣牌組		
行星牌	符號	牌
月亮	☽	K♥
太陽（本命牌）	✳	K♦
水星	☿	6♥
金星	♀	4♣
火星	♂	2♦
木星	♃	J♠
土星	♄	8♣
天王星	♅	6♦
海王星	♆	4♠
冥王星	♇	10♥
結果（宇宙回報）	♃+	10♦
宇宙功課	♄+	8♠

守護星牌

生日	守護星座	守護星牌
1/14	摩羯座	梅花8
2/12	水瓶座	方塊6
3/10	雙魚座	黑桃4
4/8	牡羊座	方塊2
5/6	金牛座	梅花4
6/4	雙子座	紅心6
7/2	巨蟹座	紅心K

名人生日

查克・羅禮士（CHUCK NORRIS）
3/10/1940 ● 男演員
約翰・施奈德（JOHN SCHNEIDER）
4/8/1954 ● 男演員
喬治・克隆尼（GEORGE CLOONEY）
5/6/1961 ● 男演員
費・唐娜薇（FAYE DUNAWAY）
1/14/1941 ● 女演員
莎朗・史東（SHARON STONE）
3/10/1958 ● 女演員
安潔莉娜・裘莉（ANGELINA JOLIE）
6/4/1975 ● 女演員
威利・梅斯（WILLIE MAYS）
5/6/1931 ● 棒球明星
羅伯特・麥瑞爾（ROBERT MERRILL）
6/4/1919 ● 歌劇歌手
亞伯拉罕・林肯（ABRAHAM LINCOLN）
2/12/1809 ● 美國前總統
愛德華王子（PRINCE EDWARD）
3/10/1964 ● 英國王子
巴布・席格（BOB SEGER）
5/6/1945 ● 歌手
阿塞尼奧・霍爾（ARSENIO HALL）
2/12/1955 ● 脫口秀主持人
安迪・魯尼（ANDY ROONEY）
1/14/1919 ● 作家
茱蒂・布魯姆（JUDY BLUME）
2/21/1938 ● 作家
法蘭高・齊費里尼（FRANCO ZEFFIRELLI）
2/12/1923 ● 導演
貝蒂・福特（BETTY FORD）
4/8/1918 ● 前美國第一夫人
戴夫・湯瑪斯（DAVE THOMAS）
7/2/1932 ● 溫娣漢堡創辦人
丹尼斯・韋弗（DENNIS WEAVER）
6/4/1924 ● 男演員
蜜雪兒・菲利浦斯（MICHELLE PHILLIPS）
6/4/1945 ● 歌手
理查・哈奇（RICHARD HATCH）
4/8/1961 ●「生存遊戲」贏家

對象	伴侶之間的連結					綜合指數評級		
方塊K與	連結1	連結2	連結3	連結4	連結5	吸引力	強度	相容性
A♥	VEMS	JUR	NEFS	VEM	MAR	6	-2	7
2♥	VER	VEF	NER	PLF	URRS	6	0	5
3♥	VEFS	CRFS	JUR	NEFS	VEM	6	0	6
4♥	SAFS	NEF	PLR	JUFS	CLFS	2	5	-2
5♥	VER	JUR	CRRS	MAFS	MOF	5	0	5
6♥	MOR	VEF	CLR	CLRS	MAF	5	-1	6
7♥	PLR	MORS	CRR	CRRS	PLRS	5	2	2
8♥	NEFS	PLR	KRMC	PLRS	NEF	5	4	1
9♥	NER	PLF	URRS	VEF	NERS	5	3	0
10♥	PLF	MAR	URR	SAFS	NER	5	7	-3
J♥	SAR	JUFS	MAM	SAF	MAMS	1	4	0
Q♥	CLFS	VEM	JUR	JURS	CLF	4	1	3
K♥	MOF	MAM	MAMS	MAR	CRFS	8	4	3
A♣	VEF	VER	NER	PLF	URRS	6	0	5
2♣	MAM	MAMS	MORS	CRR	MOF	8	4	3
3♣	KRMA	PLRS	NEF	PLFS	PLF	6	7	-1
4♣	VEF	MAFS	MOR	MORS	MAF	8	0	7
5♣	MAFS	VER	VEF	VEFS	JUFS	7	1	6
6♣	CLF	PLFS	MAF	MAFS	VEM	7	7	-3
7♣	SARS	JUF	MAF	JUFS	SAR	2	2	2
8♣	SAF	MAMS	SAR	JUFS	MAM	1	6	-3
9♣	JUR	URF	NERS	URFS	MAMS	2	0	3
10♣	VEMS	JUF	NEF	PLR	JUFS	5	-1	6
J♣	MAR	VERS	PLF	URF	PLFS	7	5	0
Q♣	VEFS	CRF	MARS	JUF	CRFS	7	2	4
K♣	VEFS	CLF	PLFS	CLFS	VEF	6	3	1
A♦	VEMS	MAF	MAR	VEM	MAMS	8	3	5
2♦	MAF	VEMS	VEM	MAMS	MAFS	9	3	5
3♦	CLR	CLRS	MOR	MOFS	VEF	4	0	3
4♦	JUR	CRRS	URR	SAFS	VER	1	1	2
5♦	PLRS	JURS	KRMC	JUF	JUR	2	1	3
6♦	URF	NERS	JUR	MAFS	VEM	3	1	3
7♦	NER	PLF	URRS	VEF	NERS	5	3	0
8♦	SARS	URFS	URF	VEMS	SAF	0	2	-1
9♦	JURS	MOFS	PLRS	NEF	MOF	4	-1	6
10♦	CRF	MARS	VEFS	URFS	URR	6	4	2
J♦	VERS	MAFS	VEM	VEMS	MAR	8	1	6
Q♦	MOFS	CLR	CLRS	JURS	VER	4	-1	4
K♦	SBC	NEFS	NERS	PLF	PLR	6	5	0
A♠	MORS	CRR	PLR	MAM	MAMS	6	2	3
2♠	VEFS	URFS	JUM	JUMS	VER	3	-2	6
3♠	MAFS	VEM	VEMS	URF	NERS	7	1	5
4♠	NEF	PLR	JUFS	VEMS	SAFS	5	1	3
5♠	URR	SAFS	PLF	JUR	CRRS	1	4	-3
6♠	URFS	JUM	JUMS	MAR	CRFS	2	0	2
7♠	KRMA	NEFS	NEF	PLFS	PLF	8	6	0
8♠	CLF	PLFS	SAR	MORS	CLFS	5	6	-3
9♠	MAR	CRFS	MOF	URFS	JUM	6	4	2
10♠	CLFS	VEM	SAFS	SAF	MAFS	3	5	-2
J♠	JUF	VEMS	JUFS	MAF	SAR	4	-1	7
Q♠	URFS	CRF	MARS	SARS	SAF	3	4	-1
K♠	MAM	SAF	MAMS	SAR	JUFS	3	7	-2

K

黑桃K：大師牌

黑桃K的人格特質

這張牌的人決定要做什麼，他們就是那事的主人。除非決定繼續當騎士，否則他們總是會在選定的行業登峰造極。然而，值得注意的是，許多黑桃K投入藝術和娛樂界，放棄任其支配的大部分力量。女性黑桃K一般常以黑桃Q的身分行事。如果不小心，黑桃K可能陷入平庸，就像許多黑桃Q一樣。但這些結果，沒有一項代表所有黑桃K擁有的最大潛能。身為國王中最強大的國王，黑桃K有能力處理巨大的責任，且許多黑桃K已經成為人間最偉大的領袖。為了存取這股強大的力量，黑桃K個人必須做好準備，願意接受重大的責任，擔任領導的職位。他們必須擱置自己的某些焦躁不安，才能在選定的領域留下印記，樹立讓其他人可以看見的榜樣。

無論如何，黑桃K是最後一張牌，也是最有智慧、最強而有力的。他們非常重視智慧，熱愛學習，願意竭盡所能，在渴望的範圍內達致成功和獲得認可。他們有能耐管理最龐大的組織，但不見得總是選擇這樣的工作。這些人是完全「固定的」，他們不會為任何人讓步或改變，而且擁有巨大的內在力量和決心。不過，同樣這些特質使他們很難應付人生的大部分變化。

對於愛情和親近的關係，他們優柔寡斷，時常放棄婚姻，選擇單身。他們總是有事業心、有抱負，絕少偷懶，也不容易被說服。雖然不是每一個黑桃K都位高權重，但他們都有智慧，絕少沉淪到行為卑劣的地步。他們非常有能力，所以時常不滿足。這可以被詮釋為先進或不滿。當他們向內探求，來到靈性界，就能夠輕易識破最深層的祕密。這些人是我們身體和靈性世界的主人。當他們接納責任的枷鎖以及與生俱來的權威王冠時，我們每一個人都會因他們做出的貢獻而受益。

黑桃K的親密關係課題

愛是黑桃K面臨最大挑戰的領域。他們往往採取非常理智的做法應對這個主題，就因為這樣，所以必然導致改變和猶豫不決，這也使他們感到沒保障和不確定。這樣的不確定性甚至可能擴展到他們的性別角色。他們的業力模式也告訴我們，一生的某些時候會出現背叛。他們的某些最大人生功課包括學習：讓他人做自己，以及釋放對摯愛的情感依戀。所有這一切與他們的強大意志相結合，然後我們發現，許多黑桃K很少讓別人非常接近他們。

他們的紅心7冥王星牌告訴我們，黑桃K有一個終生目標，要克服被遺棄和遭背叛的恐懼。這兩種情節一定會在他們人生的不同時期出現，作用在於：要麼強化他們對愛情的負面信念，要麼激勵他們在這個重要的領域接受自我蛻變的挑戰。

業力牌：

梅花8　紅心J　梅花A

紅心2　方塊7　紅心9

業力親屬：

無

前世牌：

黑桃Q　紅心A

身分牌連結之間的通性

當黑桃K男性認真選擇配偶時，時常選擇梅花女或紅心女，他們與對方共享許多身體的吸引力。紅心男為黑桃K女性製造問題，通常梅花女也一樣。方塊男與黑桃K女性之間常有麻煩，儘管彼此間確實共享許多的吸引力。

黑桃K——沉重的王冠

因為是整副牌中最強大的牌，人們可能會期望每一個黑桃K都非常成功，工作和生活均處在強而有力的地位。事實並非如此。多數黑桃K似乎並沒有活出那樣的預期。當我們研究黑桃K的人生時，我們注意到明確的模式，揭示出，擁有如此巨大的力量和責任應該是什麼模樣。

許多黑桃K成為銷售人員、藝術家、音樂家、賭徒，或是投入其他追求創意的行業。本質上，他們往往偏愛從事通常與「演員牌」黑桃J相關聯的工作。這是一個花花公子，涉獵許多，但往往拒絕對任何專業或職業做出堅定的承諾，這也是愛玩加浪漫使然。然而，因為決定追求騎士而非國王的角色，黑桃K會喪失許多與生俱來的力量。佛蘿倫絲‧坎貝爾在《遠古先民的神聖符號》中指出，許多案例顯示，用某張身分牌操作，等於削弱自己的力量。由於黑桃K天生比黑桃J強大而成功，所以這就足以舉例說明何謂削弱力量。

問題仍舊在於，為什麼擁有如此高度潛力的人會決定「扔掉潛能」，從力量較小的騎士面操作？這個問題有幾個答案。首先，凡事都有時機。有些黑桃K肯定會在後半輩子變得偉大。或許，在邁入國王王位的那一大步之前，他們必須經歷某種潛伏期或逐漸成熟的過程。也許，他們需要在人生中找到某樣東西，將會喚起那份與生俱來的潛力，這個理由可以說是堂而皇之。有一事是肯定的：當黑桃K確實承擔國王的身分時，他們立馬落入責任和領導的位置。但在許多黑桃K的眼裡，那樣的責任與其說是王冠，倒不如說是給他們的自由加上負擔和限制。

所有黑桃K都有梅花5作為他們的守護星牌。梅花5作為本命牌，惡名昭彰之處在於：保留多項選擇的餘地、不做出強力的承諾，不論是工作或愛情。所有黑桃K個個共享某些如此的探險精神和愛好自由的本性。對任何數字5來說，責任的概念似乎往往與他們的個人自由相衝突，所以他們經常避開這事。也因此，黑桃K不願意戴上王冠，投入任何既定的職務或職位。

當黑桃K確實做出承諾的決定時，通常會在選定的領域登峰造極。他們對所賺的錢並不那麼感興趣，而是關注能否在工作和領導方面展現精通嫻熟。工作中的「做」是重點，與方塊花色相反，方塊比較在乎從工作中得到什麼，而不是做事本身。黑桃K成為自己選定的職業的大師，且許多時候擔任領導的職位。他們成為最好的導師，而頭上王冠的重量只會使他們更加光輝燦爛。

K

黑桃 K

人生牌陣牌組		
行星牌	符號	牌
月亮	☽	8♦
太陽（本命牌）	☀	K♠
水星	☿	3♥
金星	♀	A♣
火星	♂	Q♣
木星	♃	10♠
土星	♄	5♣
天王星	♅	3♦
海王星	♆	A♠
冥王星	♇	7♥
結果（宇宙回報）	♃+	7♦
宇宙功課	♄+	5♠

守護星牌		
生日	守護星座	守護星牌
1/1	摩羯座	梅花 5

對象	伴侶之間的連結					綜合指數評級		
黑桃K與	連結1	連結2	連結3	連結4	連結5	吸引力	強度	相容性
A♥	MORS	MOR	MAFS	URF	CLRS	7	-1	6
2♥	KRMA	VEFS	VEM	VEF	VEMS	7	1	7
3♥	MOR	MAFS	MORS	MAF	CLR	8	1	5
4♥	CRR	JUFS	CRRS	JUF	MARS	4	1	4
5♥	SAFS	PLR	SAF	CRF	VEMS	0	6	-5
6♥	URFS	URF	JUR	SARS	MAR	0	1	1
7♥	PLF	NEFS	URR	PLFS	NEF	6	5	-2
8♥	URR	PLFS	URRS	PLF	NEFS	4	4	-3
9♥	KRMA	SAR	CRFS	CRF	SARS	4	7	-1
10♥	CLFS	VEMS	CLF	PLRS	VEM	6	3	1
J♥	KRMA	POWR	PLF	PLFS	CLR	7	9	-2
Q♥	MAR	VERS	JUF	MARS	VER	6	2	4
K♥	URR	JURS	PLRS	JUF	VEFS	1	0	3
A♣	KRMA	VEF	VEMS	VEFS	VEM	7	1	7
2♣	URR	NEF	URRS	JUFS	VEF	3	0	3
3♣	MAMS	MAM	CLF	SARS	SAFS	6	8	-2
4♣	SAF	URFS	MAR	JURS	NEF	0	4	-2
5♣	SAF	SAFS	MARS	VEM	URR	0	6	-4
6♣	SAR	NER	MARS	JUR	SARS	2	4	0
7♣	MOF	VERS	MOFS	CRFS	MAM	8	-2	7
8♣	KRMA	POWR	PLF	PLFS	NEF	7	9	-2
9♣	VER	JUMS	MAR	VERS	JUM	5	-1	5
10♣	VER	VERS	CRRS	VEFS	VEMS	7	-2	7
J♣	CLR	CLFS	VEMS	MAFS	MAR	5	3	1
Q♣	MAF	MOR	MAFS	JUFS	PLR	7	3	4
K♣	JURS	NER	JUR	SARS	NERS	2	0	4
A♦	MAR	MORS	NEF	PLR	URFS	7	3	3
2♦	MAR	SAR	NER	MARS	VER	5	6	0
3♦	URF	URFS	PLFS	SAR	MAMS	2	3	-2
4♦	PLR	CLF	PLRS	VEM	SAFS	4	5	-2
5♦	MAMS	VER	CLFS	MAM	VERS	7	4	2
6♦	JUM	VER	JUMS	CLRS	MOR	3	-2	5
7♦	KRMA	CRF	SARS	SAR	CRFS	4	7	-1
8♦	MOF	MOFS	MAM	VEF	MAMS	8	-1	7
9♦	VERS	MAMS	PLF	MAM		8	5	1
10♦	MAF	MOFS	JUF	VER	JUFS	7	0	6
J♦	CLR	CLRS	MAR	MARS		4	4	-1
Q♦	URF	PLF	MAM	PLFS	SAR	5	6	-3
K♦	MAM	MAMS	URRS	SAR	SAF	4	6	-1
A♠	NEF	URRS	PLF	NEFS	URR	5	3	0
2♠	NER	JUR	NERS	JURS	JUM	3	0	4
3♠	CLRS	JUM	CLR	MARS	MAR	2	2	1
4♠	CRRS	VER	CRR	JUFS	VEF	5	0	4
5♠	CLF	PLRS	VEM	CLFS	VEMS	5	4	0
6♠	JUR	NERS	JURS	NER	JUMS	2	-1	5
7♠	URRS	MAM	URR	PLFS	JUR	3	3	0
8♠	JUR	SARS	NERS	JURS	SAR	1	1	2
9♠	JURS	JUR	NERS	PLR	VEF	2	-1	5
10♠	JUF	MARS	CRR	JUFS	MAR	5	2	4
J♠	VERS	VER	MOF	CRF	CRFS	7	-1	7
Q♠	MOFS	MOF	MAMS	VEFS	JUF	8	-1	8
K♠	SBC	POWR	NEF	NEFS	CLF	7	6	1

K

小丑牌：無特定命格

你目前蒐集到的資訊可能顯示，本書絕少或根本沒有提到出生在12月31日的人。那是因為，這個生日相當於小丑牌。關於小丑牌（Joker），我們的了解少之又少。他沒有可以從中做出某種預測的人生軌跡牌組或流年牌陣。事實上，小丑牌可以成為整副牌中的任何一張牌，只要當事人選定成為那張牌。小丑是昔日的朝廷弄臣，每年愚人節當天，他便登上王位，模仿國王、皇后以及王國的所有成員。他的出生日期，12月31日，是慶祝新年的時間，在古代，這個日子是要好好調侃一下我們的嚴肅本性。小丑會取笑王國內的每一個人，而且因為這麼做，讓對方看見該如何稍微放輕鬆。他可以從容地模仿任何人，隨心所欲扮演某一角色的能力至今仍是小丑牌性格的一部分。由於我們不知道他們正在扮演哪一張牌，因此很難對他們做出任何明確的陳述。

小丑可以被視為「所有騎士中的騎士」，這往往使他們非常有創意、青春洋溢、十分獨立。小丑是皇室的一部分，所以我們發現，小丑很自負，不太喜歡被告知該做什麼，就跟多數的騎士、皇后、國王一樣。由於小丑內含強力的創造衝動，所以我們發現，許多小丑牌的人被舞台或戲劇所吸引。同樣的創造能量也可能在某些小丑牌身上顯現成不誠實的性格特徵。許多小丑牌是成功的音樂家或藝術家。無論選擇什麼類型的職業，他們都是獨立的，而且如果要快樂和滿意，就必須維持一定程度的自由。

他們有潛力成為深度靈性的，成為塔羅牌中時常與神相關聯的那張牌（愚人牌，數字0）。除此之外，關於小丑牌，所知甚少。誠如佛蘿倫絲‧坎貝爾所言：「他們本身就是一個謎。」

4
守護星牌的性格解析

紅心A是守護星牌

這張牌告訴我們，你花許多時間在自己內在搜尋人生的奧祕。你有點獨行俠的味道，即使你也相當重視友誼。紅心A意謂著對愛的渴望，因此，這將以某種有意義的方式反映在你的人生中，無論那意謂著無休止地搜尋合適的伴侶，還是意謂著探求自己內在渴望的答案。紅心A也與方塊A息息相關，因此你多半也有相當的抱負。事業或工作大概是你高度優先考量的領域。本質上，你是一個熱情的人，正試圖了解自己的心。

梅花A是守護星牌

這張守護星牌強調你對人生的好奇，賦予你學習新事物的敏銳渴望。你可能發現自己酷愛收藏書籍、影音帶以及其他形式的資訊。這張牌也使你對工作充滿熱情。你可能有許多新點子，想著該做什麼、該學什麼。你是個器皿，好點子和新方案經由你顯現。你可能發現自己有點沒耐性，而且這個特質與你對人生的熱情態度並存。個人的親密關係脫穎而出，成為你最重要的人生主題之一。你追求著完美的愛。在找到那個特殊的人之前，你可能選擇與許多伴侶在一起，因為你不喜歡長時間獨自一人。你對人生頗感興趣，那將使你青春永駐。

方塊A是守護星牌

這張守護星牌使你對人生充滿熱情，但對工作或一般的賺錢事宜尤其熱衷。事實上，情況可能看似，你的私生活不斷與工作競爭，企圖爭取你無價的關注和時間。那需要變一變魔術，才能讓這兩方面同時成功運作。你基本上是一個心地善良的人，非常關心他人。但你的抱負和驅力也會使你不斷將自己的目標擺在眼前，於是其他人可能因此把你看作動機自私。你這一生確實有許多事要完成，彷彿你已被當權者賦予了某份特殊的任務。個人的親密關係始終會有些許挑戰，而你從中了解到愛和個人的誠信。

黑桃A是守護星牌

這張守護星牌為你的性格增添許多的熱情和抱負，甚至可能導致你成為某種程度的工作狂。那將促使你試圖在工作和你創造的事物中找到自己。你產生許多的力量，擁有堅強的意志，這將促使你的人生成為一系列的篇章，而你在每一個篇章中蛻變成一個全新的人。內在的蛻變是你人生模式的一部分，這可以帶領你進入玄學的研究，在此，你將找到許多人生問題的答案。你有特殊的內在力量，唯有將注意力轉而向內，才能加以存取。在你面對自己內在需求的真相以及外在的目標和夢想之前，親密關係都將是你人生的一大挑戰。

紅心2是守護星牌

這是一張紅心牌，而且被稱作「情人牌」。因此，我們知道，關係對你來說十分重要，尤其是那些本質上比較親密的關係。這張牌賦予你某種討人喜歡的性格，令他人覺得寬心而有吸引力。這張牌也使你成為一個永遠好奇的人，喜愛學習新事物和閱讀新書。但最重要的是，你搜尋著完美的愛侶。你對愛有很高的標準，而且多半會被那些與你有前世淵源的人所吸引。只有愛的最高形式才會真正滿足你，那必定是永恆而神祕的。但是，在找到那份完美的愛之前，你通常會先確定，人生中有　個你可以愛的人。愛對你來說是非常重要的。

梅花2是守護星牌

這張牌強調你的心智能力，賦予你非常邏輯、精確的思維。基於這個原因，你可以在需要清晰思考、分析和細節的許多事情上勝出。

同樣的這份心智敏捷度和精確度可能使你愛好爭辯，當你感覺不舒服時，可能會變得「牢騷不斷」。你很愛講話，通常會將自己的生活安排成有人可以分享你的想法。數字2的人往往迴避獨自一人。你可能會發現，你其實有被拋棄的恐懼，可以針對這點下工夫，以此改善你的個人生活。從工作的角度看，這張牌是一份祝福，有希望在通信傳播領域飛黃騰達。

方塊2是守護星牌

這張守護星牌為你在工作和財務方面帶來許多成功。你有能力找到適合的人來幫助你達成目標，何況你並不懶散。你今生一定擁有一些非常繁榮的週期，比常人多許多。你擁有敏銳而邏輯的頭腦，可以仰賴它達致許多成功。但在個人的親密關係中，你的邏輯與其說是助益，不如說是障礙。內在對愛和情感的渴望與你天生在工作上的抱負競爭，似乎很難在這兩方面同時感到滿意。一般而言，你往往比較專注於工作，因為工作比較容易照管。情緒上，你有許多工夫要努力。此外，你必須留意一些關於愛或婚姻的固定法則，那些導致你明明不需要久待卻虛耗在糟糕的關係中。

黑桃2是守護星牌

這張守護星牌賦予你朝友誼與合夥邁進的強烈衝動。你善於創造可以與你所謂的朋友一同工作或玩耍的情境。你本身是個很不錯的朋友。這張牌也賦予你非常邏輯的頭腦，可以為你在職場上帶來特殊的能力。你可能被吸引到電腦或需要頭腦清晰的其他領域。但黑桃2在親密關係方面也可能帶來某些不確定性。在你找到幸福之前，多半有一些關於愛或婚姻的恐懼必須要被面對和承認。儘管你的頭腦發育良好，但你卻可能忽略了自己的需求和感受，在發展和諧的親密關係時，這點是必不可少的。

紅心 3 是守護星牌

這張牌代表內心的不確定性，但也代表創造力和多樣性。你多半具有大量的藝術能力，無論你目前是否正在表達這樣的能力。不管怎樣，許多擁有這張牌的人是歌手、音樂家或其他類型的藝術家。這張牌也可以鼓勵孩子，那是另一種創意表達。如果孩子對你很重要，這可能是原因之一。在其他層面，紅心 3 意謂著內心的不確定性。你自己的情感生活可能有些挑戰，因為你多半試圖用自己的頭腦不太成功地解決你的情緒問題。你可能是一個「對愛憂心的人」。有一份要去「感覺」且讓那些感覺被表達出來的需求，那是解決方案，可以適度表達你的一部分創造力。另一方面，你可能會發現，擁有許多伴侶可以找到更多的快樂，那是這張紅心 3 能量的另一種表達。

梅花 3 是守護星牌

這張守護星牌賦予你優於常人的創造力，以及一份衝動，要去表達腦中源源不絕的好點子。你可以在寫作、演說或其他形式的創意表達方面找到莫大的成功。然而，同樣這份創造力有時候可能是莫大不確定性的原因。你可能覺得，有那麼多的選項和可能性，多到祝福都變成了詛咒，因為有時候，你無法下定決心，或是有時候，你過度擔心無關緊要的事。關鍵在於：回到創意的表達——那可以緩和頭腦過動的壓力（如這張牌所示）。此外，這張牌也可能難以在個人關係中做出長期的承諾。

方塊 3 是守護星牌

這張守護星牌賦予你許多的創造能力，這樣的能力如果得到表達，可以為你帶來莫大的成功。然而，行業的不確定性，或是不確定人生中對你最重要的是什麼，也可能不時引發大量的擔憂或壓力。尤其是，你可能非常擔心錢，即使你當時的財務狀況良好。創意表達對你來說是療癒軟膏。你也可能會發現，自己愈來愈愛研究奧祕、玄學以及其他的靈性主題。

你擁有天生的理解力和敏銳的頭腦，可以看透最深層的主題。個人方面，你在親密關係的競技場多半有許多的挑戰，這也與你不斷波動的價值觀和豐富的可能性息息相關。

黑桃 3 是守護星牌

這張守護星牌賦予你許多的創造能量，可能使你成為某種藝術家。不過，你應該要知道，這是成功唯有透過努力工作才能實現的幾張牌之一。沒有努力工作，你的創造力會被浪費在壓力、優柔寡斷、不確定性和擔心憂慮上。莫名的健康問題可能不時左右著你的注意力，尤其如果你是非常的工作導向。你的工作為你帶來平安，但在工作的過程中，不要忽略了自己的健康。你有本領同時身兼二職，也有強烈的浪漫氣質和需求。如果你的浪漫需求沒有在目前的親密關係中得到滿足，你可能會忍不住想在他處尋覓。

紅心 4 是守護星牌

這是所謂的家庭牌，代表愛的基礎以及與住家和家庭相關聯的一切美好事物。這些東西對你非常重要，你大概會盡力設法確保，你有一圈可以信賴的老朋友，你的家舒適愉快。事實上，你可能擁有與食品、美或其他居家生活領域相關連的特殊技能。你可能也是個好廚師。總之，你會找到方法，在家人和朋友的核心圈子內創造安全保障。對你愛的人來說，你是保護者和好幫手，你討厭看見任何家人和朋友離開。有你在，別人感覺得到滋養，不過你有時必須留意，不要害對方無法喘息。家庭生活可以帶給你許多喜悅，無論那份喜悅是因婚姻而來，還是因為你在最愛的人之間創造了你自己的家庭。

梅花 4 是守護星牌

這張守護星牌賦予你邏輯而固定的思維，有本領學習事物，在那門知識上扎穩根基。無論你從事的是什麼工作或職業，你一定「擅長」自己的工作。此外，你有大量的推廣能力，也有先進的想法，可以嘉惠你所選定的行業。內在的焦躁不安將為你帶來一些挑戰。你可能永遠覺得不滿意正在做的事、在一起的人、居住的地方

等等。旅行療癒你的靈魂，帶來新鮮的體驗，為你增添輕鬆愉快的氣質。長期浸淫在一樣東西中，發揮其最大的潛力，你將因此而受益。

方塊 4 是守護星牌

這張守護星牌賦予你許多優質的組織才華以及善於管理金錢的能力。你大概是個不錯的勞工，甚至可以享受別人不屑的各種工作。對於你的好惡以及金錢和人生哲學，你可是很固執的。你喜歡旅行，但多數要到年紀較大時，才會經常四處旅遊。對你來說，人生是工作，而且你永遠必須工作，才能擁有快樂幸福。就連在你的個人親密關係中，工作般的努力也是一個必要條件。對你來說，沒有不勞而獲的。但享受工作可是工作的一部分獎勵，何況最終將為你帶來你所渴望的一切。

黑桃 4 是守護星牌

這張守護星牌使你更加安全導向，也鼓勵你在人生中打造堅實的基礎。它賦予你優質的組織能力以及可以使人生保持平和的邏輯心智。你關心家人和家中的事，這些在你的人生中顯得格外重要。你是一個勤奮努力的人，其實很享受工作，而工作也為你帶來平安。不過請記住，他人在同樣的事物中看見的價值不見得與你相同。對方可能認為你相當固執，不願意從他們的觀點看事情。你喜歡一磚一瓦地在某個堅實的基礎上建構人生。你懼怕看似無中生有的金錢。此外，你往往用錢財吸引朋友。

紅心 5 是守護星牌

無論你的本命牌是什麼，你都是一個焦躁不安的人，正透過直接的經驗企圖了解愛。基於這個原因，你可能一生擁有許多的親密關係。

也可能在情感層面試圖避開承諾，因為這些可能會妨礙你取得渴望經驗一切的能力。「自由」在你的字典中是非常重要的詞彙。不過，你也可能結婚，儘管有這張牌的人，結婚的少之又少。如果你結婚，那麼之所以那麼做，主要是為了從婚姻的經驗中學習。你多半熱愛旅行，且深受使你有自由四處旅行的事物和職業所吸引。你頗有金錢和組織能力的相關常識，那使你手邊隨時保有足夠的貨幣供給量。但本質上，你是個自由自在的人，酷愛認識新人、嘗試新的經驗。

梅花 5 是守護星牌

這張守護星牌反映出你性格中非常不安的一面。因為這點，你喜歡旅行、變換居住地、結識新朋友。這張牌還賦予你優於常人的銷售或推廣產品和服務的能力。因此，你很容易適應出差型業務人員的角色，儘管這並不表示業務員一定是你賴以維生的工作。這張牌的焦躁不安也延伸到你的浪漫生活中。不管你承不承認，你多半有長期承諾的問題。這可能反映成——你選擇的伴侶就跟你一樣，往往不願意承諾。你渴望探險，那使你不斷搜尋前方的東西，或許也因此時常將過去拋諸腦後。

方塊 5 是守護星牌

數字 5 的關鍵詞是「自由」和「探險」。因為有方塊 5 作為你的守護星牌，所以這兩件事對你來說多半非常重要。你喜歡旅行以及會為你帶來全新體驗的任何東西。你天生懂得如何與人打交道，讓對方感到舒適自在。基於這點和其他原因，你在銷售工作方面的表現多半非常出色。你正試圖擴大你對人生的理解，盡可能享有許多不同的新經驗。你可能難以做出任何類型的承諾，尤其是親密關係和工作方面，那可能會干擾你擁有這些經驗的能力。

黑桃 5 是守護星牌

這張守護星牌可能使你一生經常旅行或搬家，它基本上為你的性格增添酷愛探險的一面。你多半將人生視為一個契機，可以經驗許多非常有趣的事物，就連所謂的「壞」經驗對你也是有價值的，因為你從中學到教訓。你喜愛與人相處，在形形色色的團體中有些建樹，團體愈多愈好。你也擁有相當的銷售和推廣能力，可以輕易地因從事這類工作而維持生計。你友善溫和，不論是誰，你幾乎都可以在對方的層次上與其相處，令對方覺得和你在一起很舒服。但你的焦躁不安卻是這張牌的真正核心含義。

紅心6是守護星牌

這張牌使你成為和平使者，結果你發現自己時常擔任調解人。你有能力看見人與人之間任何個人衝突的兩個面向。你樂於看見事情的結果是對的，因此如果有不公的事情發生，你往往會涉入其中。你總是希望看見發生的事是公平、公正的。你真正知道什麼是公平、什麼是不公平。你可是非常具有競爭力。雖然是一個愛好和平的人，但如果有人妨礙到你，你多半會「以眼還眼」。許多擁有此牌的人擅長體育或其他競技活動。你甚至可能成為律師。你時常覺得自己的個人生活陷入窠臼。一旦你習慣了某人，通常就很難改變，即使可能想要改變。至於愛情生活，你通常會等著目睹何事降臨，而不會走出去，讓事情主動發生。的確，你重要的個人親密關係多半是「命中注定」。

梅花6是守護星牌

這張守護星牌幫助你扎根接地，使你保持一路平穩。你傾向於開發事物然後與其一同成長，那通常帶來成功，而不是半途而廢。有時候，你可能非常固執，且有一種令他人驚訝的競爭氣質。只要不陷在窠臼之中太久，你其實很可能享有莫大的成功。你必須忠實於自己說的話，否則對他人造下的口業將以同等的力道回擊，害你自食惡果。

內心深處，你是和平使者，會竭盡全力建立和平、平靜的環境。要小心，可別完全忽略自己的感受。儘管你不一定喜歡自己或他人的情緒面，但你與真理的直接連結正是你所珍視的。你可能有一份特殊的人生使命，要幫助他人「找到光明」。

方塊6是守護星牌

因為這張守護星牌，所以一談到財務問題，你就有自己的責任被提升之感。要麼你盡力地清償債務，要麼你敏銳地覺察到，你欠人家什麼，人家欠你什麼。你有一種競爭的氣質，可以使你在體育或其他競技活動中表現出色。你基本上是一個讚賞和平與和諧的人，但有時候，你覺得自己的人生陷入一成不變。你傾向於讓事情

來找你，一旦覺得舒服，通常就讓事情帶著你走。當你為這些努力時，好事總是會降臨。然而，你大概也感覺到，有時候，你可能會贏得彩票，或是莫名其妙地以其他方式得到一些錢財。

黑桃6是守護星牌

這張守護星牌為你的性格增添堅強、穩定的影響力，那可能是好的。你往往在生活中創造和平，然後等待事情降臨。健康問題一定會在你的人生中扮演重要的角色，因為你八成正在學習這類功課：什麼樣的生活型態會造成如此的結果。在這方面，你難逃折磨。你具有莫大的成功潛力，但必須找到方法讓自己擺脫不時陷入的窠臼，才能達成目標。你可能發現自己等待又等待，等待著從未出現的某樣東西，因為那東西沒有被追求過。你的人生有一種命中注定的特質。當你最不期待的時候，戲劇性的某事發生，帶你去到下一個篇章。

紅心7是守護星牌

你的愛情生活對你非常重要，你在這方面有許多的挑戰要在今生不斷下工夫。你往往吸引到強而有力的伴侶，擁有堅持意志的那種。一旦進入親密關係，你就捲入與配偶的權力鬥爭。所有這一切都是企圖學習無條件的愛，那是你今生很有可能經驗到的。你知道如何不帶期望地對他人付出，這使你成為好朋友和可以產生預期效果的諮商師。當你將這點應用到自己的愛情生活時，就會經驗到莫大的自由和喜悅。你擁有迷人的性格以及療癒他人的情緒創傷的能力。

梅花7是守護星牌

這張守護星牌為你的思想和性情帶來靈性或哲學的性質。你也可能愛懷疑或好批評，但在內心裡，你緊緊抓住某些不太實際的想法和信念。你時常經驗到心智上的「覺醒」，對人生有了許多的了悟。你酷愛花錢，需要謹慎理財。此外，你私下渴望被他人注意或得到認可，容易受到使你可以得到如此認可或關注的工作所吸引。你可能發現自己的心情起伏不定，一會兒無憂無慮、歡樂無窮，一會兒憂心忡忡、消沉沮喪。你可能具

有某些非凡的心智天賦。

方塊7是守護星牌

這張牌可以使你在金錢方面相當幸運，但也可以使你過度擔心錢財。這是一股高度的靈性影響力，要放下擔憂，才能帶來成功。如果對自己的財務採取無畏的態度，你就有潛力成為百萬富翁。這張牌也賦予你許多的創意，尤其是在推廣和銷售東西時。你經常有強烈的家庭價值觀，覺得家庭是你人生中最重要的事情之一。你可能非常固執，尤其是關於你想要什麼、不想要什麼，以及關於你處理財務的方式。

黑桃7是守護星牌

這張守護星牌為你的性格增添氣力，賦予你某種程度的好運，尤其是在家庭和家人方面。你可能覺得自己擁有幸福的婚姻或親密關係，或是許多好東西得自你的父母。健康問題可能在你的人生中扮演一個重大的角色，而且你可能容易發生事故。黑桃7鼓勵我們要對人生有信心，不管我們可能發現自己遭遇什麼樣的處境。在這方面，你可能發現自己被測試過許多次。你可能深受聰明、機智且有點幸運的人所吸引，可能與其中一人結婚。

財務保障只有透過勤奮工作才能實現。

紅心8是守護星牌

你是一個善於交際的人，有許多魅力和磁性。你樂於得到他人的關注，而且會設法確保多數時候可以得到某種程度的注意。你很擅長運用自我魅力，這可以幫助你，也可能替你惹來麻煩。紅心8被稱作「花花公子牌」，無論你是否領悟到，你確實有能力隨心所欲地運用情感的力量從他人那裡得到你想要的東西。這也是療癒的力量。大部分的紅心8始終在身旁保有一圈朋友、家人或同事。他們的「八顆紅心」是人生相當重要的一部分，不管這些紅心是他們的朋友、直系親屬、學生、員工或情人。

梅花8是守護星牌

這張守護星牌賦予你很大的心智力量，為你的整個性格增添相當的力量。這些心智面向使你有能力處理要求集中專注和組織編制的偉業壯舉。許多擁有這張牌的人最終投入需要這些特性的行業，例如，法律、寫作、研究或管理。你善於與人相處，尤其在職場上。你容易吸引到對你來說強而有力的伴侶，然後可能會發現，你與對方陷入權力鬥爭。你的人生態度和原則在某些方面是非常固定的，這帶來福氣，也製造問題。它們使你可以信賴，但難以改變。

方塊8是守護星牌

這張牌為你的性格增添力量元素，也可以賦予你在某方面揚名立萬的渴望和能力。你的力量是透過你的價值表達的。你知道何謂一切對你來說都是值得的，也懂得討價還價。你是個強而有力的人，經常吸引到其他同樣強而有力的對手。你經常是家中管理財產的那個人，在那方面，你公平而值得信賴。你有一些藝術能力可以使你得到認可，不過你可能只是透過金錢和權力的取得來尋求認可。在愛情中，你大概有些不確定性必須被好好處理，才能找到真正的滿足。

黑桃8是守護星牌

這張守護星牌為你的性格增添很大的力量，使你這人變得不容忽視。這張牌也可能使你成為工作狂。你經常會吸引到同樣強而有力的其他人，而且在這些親密關係中，將會解決你的某些權力和操控課題。你有強烈的工作和賺錢欲望，但必須小心，不要為了達到自己的目標而濫用他人。你的力量可以被用來療癒或完成許多其他的好事。你比一般人更有活力，有時可能看似有點極端。但透過實作和親自嘗試，你從中學習。這張牌賦予你克服眼前任何障礙和問題的實力。

紅心9是守護星牌

這張守護星牌為你的本質增添慈悲的元素，時常激勵你為世界做些好事。其他人可能會請求你聆聽他們的

問題，因為你是個很好的聆聽者和諮商師。不過，你也非常固執而固定，有時候，別人可能覺得這點很討厭。在你自己的個人親密關係中，這點會更明顯。你不可以試圖拯救另一半，在這方面，你的慈悲和普世的愛得不到好結果。這張牌也告訴我們，你有時候可能會覺得，今生失去了許多的愛。然而，你也有能力在普世層面感覺到彼此相連，擺脫所有的個人擔憂和問題。

梅花9是守護星牌

這張守護星牌為你的性格增添靈性的色彩，加上對他人或整個世界有所裨益的渴望。許多擁有這張牌的人獻身於某個崇高的目的。這是整副牌中最性感的幾張牌之一，因此你可能會發現，浪漫是你人生非常重要的領域。心理上，你或許飽受挫折，而且有些時候，這可能因此影響你的人生觀。你心腸好，別人可能會找你尋求安慰，有個肩膀可以靠著哭泣一下。你非常保護孩子，想要看見子女得到最高度的關懷。

你可能發現靈學非常吸引你，因為這些最能解釋你對人生的某些感受以及偶爾經驗到的心智「覺醒」。

方塊9是守護星牌

這張牌有助於使你成為更善於付出的人，而你可能已經注意到，別人會來找你尋求安慰和建議。你這輩子一定得大量付出。但這張牌也突顯你的智能，以及你銷售或推廣自我信念的能力。你可以在銷售中賺到許多錢，但你可能會發現，吸引你的終生職業涉及通信傳播或是運用你配備完善的頭腦。你的心智敏捷，可以做出細微的區別。在愛情和婚姻方面，總是有些工夫要努力，你可能會發現，你最終選擇你必須好好下工夫才有辦法維繫的家庭。要麼是那樣，要麼你的個人親密關係必定充滿挑戰。

黑桃9是守護星牌

這張守護星牌往往使你成為心腸好且善於付出的人，懂得有些人今生必須經歷的苦難。基於這個原因，別人可能會來找你，談論他們的問題並尋求安慰。你本質上是個付出的人，而且每當你帶著自私的動機做事，

似乎就會產生許多問題，而不是感到滿足。你可能已在人生中經驗到某些個人損失，且可能不時擔憂自己的健康狀況。這一生中，你正在學習讓自己從個人的擔心中解離出來，採取比較普世的人生觀。你一定會經驗到某些深邃的靈性覺醒，那將會打開諒解和經驗的新門戶。

紅心10是守護星牌

這張守護星牌鼓勵你成為比較喜歡交際的人。吸引你的多數是涉及人群的活動，可能擁有以某種方式出現在人群或孩子面前的職業。「十顆心」圍繞著你時，你通常最開心。這張牌也強調你的心智敏捷，賦予你幾分雄心勃勃的特質。交友、社團活動，以及使你置身大眾面前的工作，保證成功。

梅花10是守護星牌

這張守護星牌為你的性格增添特殊性的光環，吸引你在工作或專業方面朝高位邁進。許多擁有這張牌的人在某方面為人所知，其餘則名聲顯赫。你有教學的能力，可能是個老師，不管你的正式工作是哪一行。你在心智領域表現出色，儘管所有這些力量也可能使你心智過度活躍，製造壓力或睡眠問題。彷彿是，你的頭腦永不止息。你甚至可能被藝術家、演員或音樂家的事業所吸引。你本人很獨立，可能有些難以決定到底該追求哪一個行業。

方塊10是守護星牌

要感激你有這張牌作為守護星牌，因為它為擁有這張牌的每一個人帶來某些真正的好運。這張牌被稱作「福佑之牌」，人生中的許多事物將被直接賜予你。然而，這並不保證你的幸福快樂，幸福快樂始終取決於你是否讚賞自己擁有的一切。這張牌也賦予你天生的經商能力。你可以在自己的事業中表現得非常出色，而且事業愈大愈好。你大概樂於成為關注的中心，而且天生有些能力，要麼是藝術，要麼是其他，可以使你得到那樣的關注。在親密關係中，你非常自我中心，而且有點神經緊張。基於這些原因，你在這方面可能有些挑戰。

黑桃10是守護星牌

這張守護星牌往往使你成為一個不時走極端的人。當你進入某樣東西時，你是真正進入它。你可能是工作狂，可能許多時候感覺到你的工作有點負擔沉重。你也有些渴望，想要安定且令人滿意的家庭生活，那似乎與你在職場上的野心對抗競爭。你確實有能力承擔巨量的工作並完成工作，也懂得利用沒有幾個人能在同樣情況下好好駕馭的能量。你渴望因某樣東西而成名，因某樣你已經完成或創造的東西，於是你會瘋狂工作，直到達成為止。

或許有不確定性圍繞著你的親密關係，那可能會增加你內在愛與工作之間的衝突。

紅心J是守護星牌

這張守護星牌強調你性格的慈悲面，鼓勵你無私對待被你稱為朋友和家人的人們。你可能會發現，你盡力幫助那些需要幫助的人。這張牌也為你的性格帶來俏皮的一面，你可能喜歡開開心心地完成大部分的事。然而，紅心J的低階面是你可能有時固執己見，可能展現出騎士某些不成熟的面向，例如，在人生的某些領域，行為不成熟或不負責任，尤其在浪漫情事上。你有能耐為摯愛做出莫大的犧牲，也有本領全心致力於某個更崇高的目標。在這麼做的過程中，你可以在人世間留下深刻的印記。

梅花J是守護星牌

這張守護星牌賦予你永遠年輕的特質。你喜愛玩得開心，也有許多如何玩得開心的創意。你的創造力也延伸到你具有創業能力的工作之中。只要是願意投入的工作，你就有能力靠你的點子賺進許多錢。你頭腦靈敏，足智多謀，但時常固執且抗拒改變。你也可能有捏造故事的傾向，企圖掩飾你真正在做的事。你是絕佳的說故事能手。你可能看起來有點「無性戀」（asexual），甚至可能是雙性戀，因為關於愛和性，這張牌是態度先進的幾張牌之一。個人的自由對你和你的親密關係來說都很重要。你大概不會喜歡被某人「綁住」。

方塊J是守護星牌

這張守護星牌賦予你許多的創造能量，使你成為一個俏皮的人。你的創造力尤其適合想出賺錢的好方法，你也具有天生的銷售能力，可以致富。你有年輕的面容，始終享受擁有美好的時光。然而，如果你讓自己的美好時光變得太過重要，有些人可能會說你不負責任。你或許會受到創業的吸引，可以在此將某些點子付諸行動。你重視個人的自由勝過其他，基於這個原因，別人可能會發現，長期承諾很難融入你的計畫。需要某種非常特別的親密關係，才能滿足你的一切需求。

黑桃J是守護星牌

這張守護星牌為你的性格增添強烈的創造衝動，可以顯化在好幾個方面。首先，你可能感覺到，深受演戲或某種形式的藝術表達所吸引。即使不是那樣，你也有許多創造力，可以應用在你所從事的無論什麼工作。黑桃J也被稱作「盜賊」牌，因為強烈的創造力影響，擁有這張牌的人在取得想要的東西時，往往在誠實方面界限不明。這張牌是「獨眼」騎士之一。因此，別人可能認為你的意見和態度是片面的。這張牌也是靈性啟蒙者。你可能感覺受到靈性主題研究的吸引，那可以將你的人生蛻變至更高的層次。

紅心Q是守護星牌

這張守護星牌強調你的性格的母性面，鼓勵你成為照顧他人的人，尤其是照顧你認為是你的「孩子」的任何人。不過，你的「孩子」可能是你的朋友，乃至與你共事的人。不管怎樣，你會成為出色的父親或母親。這也是一張讚賞藝術和美的牌，時常賦予擁有者一定的藝術或音樂能力。一個與此牌相關聯的挑戰是：避免進入共依存的關係。紅心Q可能因拯救他人而糾纏不清，這在個人親密關係中是不太行得通的。這張牌增加你在人生中贏得莫大成功的潛力，尤其是如果你有明確的目標和方向。你可以從事幫助許多人的工作。

梅花Q是守護星牌

這張守護星牌賦予你強烈的母性面，無論從事哪一行，你可能在某方面滋養著他人。你頭腦敏捷，可以領會高頻振動。你聰明伶俐，不喜歡別人緩慢或懶惰。不管怎樣，你的直覺是你最大的潛在天賦。花些時間好好開發吧，你將擁有一項工具，可以協助你度過後半輩子。

在個人的親密關係中，你通常很難承諾，不然就是吸引到難以承諾的伴侶。你有許多的創造力，多到優柔寡斷和不確定性將不時成為問題。不管怎樣，你的工作對你很重要，在人生歷程中，你一定會與他人分享珍貴的資訊，從而幫助對方找到更美好的人生。

方塊Q是守護星牌

這張守護星牌賦予你一定的自負，鼓勵你在戀情中維持某種尊嚴感。你喜歡你的錢，通常只買那些高品質、通常高成本、可以反映出「你是誰」的東西。你擁有許多天生的從商技能，不論投入哪一行，多半都能成功，但因為你也有大量的創造能量，因此可能不時有些猶豫不定，不知該朝哪一個方向發展。在個人的親密關係中，你選擇維持某種程度的個人自由，這可能會妨礙長期的承諾。你是一個外向的人，享受社交活動。

黑桃Q是守護星牌

這張守護星牌往往使你成為勤奮工作的人，同時又是以某種母性方式關懷他人的人。你可能從這張牌中取得某些非常優秀的組織能力，而且可能會被他人覺得討厭的工作所吸引。這張牌的確為你的性格增添某種強烈的工作導向特質，你可能必須小心謹慎，才不至於發現自己處於做苦工和努力奮鬥的職位。你也可能是一個難以對付的老闆。在靈性面，這是最高階的自我掌控牌，提供你一個特殊的機會，透過反省和諒解，經驗到開悟與嫻熟掌控自己的人生。

紅心K是守護星牌

這張守護星牌強調你的性格的父性面，鼓勵你成為好父親或好母親。事實上，如果有子女，你大概會相當認真地看待教養一事。多數擁有這張牌的人的確想要孩子，而且遲早會有孩子。這張牌賦予你權威的舉止和領導的能力。你可以挺身而出，要求你自己的空間。如果你是女人，對付你生命中的男人絕對不成問題。你意志堅強，頭腦敏捷，有能耐做出細微的區別。你在學校多數也表現出色。最後，紅心K賦予你某些浪漫和魅力——這樣的能力是利用魅力和說服力從他人那裡取得你想要的東西。

梅花K是守護星牌

這張守護星牌為你的性格增添許多的力量和成熟度，賦予你許多人嫉妒的某些心智天賦。你擁有強烈的直覺和通常正確的敏捷頭腦，但也能夠在不拒絕他人的情況下向對方傳達你的理念和看法。你有領導能力，可能在工作中擔任某個負責任的角色。要麼那樣，要麼你有自己的事業。在個人的親密關係中，你在承諾方面可能有些挑戰，或是吸引到難以承諾的其他人。你其實是個很好的結婚人選，而且一旦結婚，必會找到莫大的滿足和心靈的平靜。

方塊K是守護星牌

這張守護星牌為你的性格增添許多的力量，使你成為不容忽視的某人。你的力量在企業中可以得到最好的表達，在此，你有某些天生的能力，使成功幾乎是肯定的。要確定你是負責的人，因為你真正的力量只有透過負責才能展現。這張牌賦予你許多克服障礙和完成目標的實力。同樣的這份實力有時使你變得固執。因為你是個白手起家的人，因此往往只從你自己的角度看事情。你強而有力，其他人也感覺到那股力量，無論你是否覺察到。處於負責任的職位時，你擁有可以放大的領導能力。

黑桃K是守護星牌

這張守護星牌賦予你大量的潛在力量，但隨之而來的是少有人選擇承擔的大量責任。你的確有能力在今生完成偉業壯舉，但必須捨棄某些有創意且好玩的活動，

才能達到這個目標。你可能專橫跋扈、頑固執拗，儘管你確實有莫大的智慧可與他人分享。然而，你會聽從自己的智慧嗎？有了這張牌，你絕對沒有理由不擁有成功順遂且令人滿意的人生。

但這再次反映出，在人生中如何選擇正是衡量我們是誰的真實基準。關於愛情、婚姻和浪漫，還有不確定性和擔心顧慮需要處理，只等你決定找時間好好對治。

二、關係篇

56種連結說明

5

關係連結釋義

　　在這裡，你可以找到你與伴侶之間的連結代表什麼意思。這些連結被列在行星的順序之中，從月亮開始，一路前進，穿越水星、金星、火星等等，直到「宇宙功課連結」。還有業力牌、業力親屬以及非常重要的「力量連結」要考慮。可以說，這些自有其範疇，因為它們的計算方式不同於其他。至於行星連結，從月亮到宇宙功課，均有個別的頁面提供你一些通用但重要的資訊說明那些連結，使你可以進一步闡明正在研究的任何關係。建議你也要好好閱讀那些頁面，直到充分了解這些連結為止。對有興趣認識這套系統的技術部分的人來說，那些章節還會幫助你學到，這些連結是如何從人生和靈性牌陣中衍生出來的。

正向、逆向和相互連結

　　某一特定的連結如何影響親密關係中的雙方，往往取決於該連結中能量的方向。多數連結有一股從一方觀點看比另一方更強烈的影響流。身為方塊Q本命牌，我的人生軌跡中的火星牌是黑桃3。當我遇見黑桃3的某人時，火星能量從對方流向我，而不是相互流動。由於對方存在我的生命中，我感受到火星能量，反之則不成立。然而，因為我經驗著這股因對方的存在而來的火星能量，對方於是將會看見我如何被他們所影響，且從我身上得到那股能量的些許映像。舉個例子，火星能量往往可以引發熱情的感覺。雖然對方不會感受到跟我一樣的熱情，但他們會看見我有這些感覺，然後受到

我對他們的反應所影響。因此，火星連結將會出現在我們兩人的連結列表中，但有兩種不同的含義。從一方觀點看到的火星連結的含義，以及該連結的指數數值，將不同於僅得到該能量映像的另一方觀點。在這些連結之中，很容易知道哪些是「正向的」，哪些是「逆向的」。正向（Forward）的代碼或縮寫中總是有一個「F」。例如，PLFS表示，我的伴侶對我來說是一股「正向冥王星」（Forward Pluto）影響力，我在這個連結中經驗到的冥王星能量最強。在對方的連結列表中，這個連結將會被列為PLRS，是一個「逆向連結」（Reverse Connection），在許多方面的衝擊都比較小。

不過，有些連結被稱作「相互的」（Mutual）。由於這些連結的關連方式，這些連結既不是正向的，也不是逆向的，且本質上同等影響著伴侶雙方。

人生與靈性牌陣連結

大部分的連結還有一個額外的區別，與連結在哪裡被找到有關，亦即，連結是在人生牌陣還是在靈性牌陣中被找到。靈性牌陣連結的代碼中總是有一個「S」，而在人生牌陣中找到的相應同一連結則不會有「S」。以前述例子來說，PLFS是一個靈性牌陣連結，而PLF是同類連結（一個「冥王星正向連結」），但出現在人生牌陣中。研究連結本身的含義時，你將會更了解這兩者之間的差異。主要區別在於，靈性牌陣連結的存在是因為前世與另一個人的糾葛。它們是已掙得的連結，也就是說，我們因前世的行為（包括正面和負面）掙得這樣的連結。人生牌陣連結只是我們的性格如何相互作用所造成的結果。

月亮連結

月亮連結發生在，當兩張牌在人生或靈性牌陣中彼此相鄰時。如果細看353頁的人生牌陣，就會發現方塊10和黑桃8、梅花7和紅心9、紅心8和黑桃2等牌之間有月亮連結。在這些日月配對的任何一對之中，右側牌是左側牌的月亮牌，左側牌是這些相對關係中的太陽牌。因此，方塊10相對於黑桃8，前者是月亮牌，後者是太陽牌，紅心9是梅花7的月亮牌，黑桃2是紅心8的月亮牌。如你所見，每一張牌都有兩張月亮牌，一張在人生牌陣中，一張在靈性牌陣裡。

月亮關係的高階面

1. 一見到我的伴侶，我就知道，我們以前曾經在一起，而且今生還會在一起。
2. 我們擁有完美的男／女夥伴關係。我的伴侶做著他或她喜歡做的事，而我樂於做著他或她不愛做的其他事。
3. 我這一輩子從來沒有感覺過與人那麼親近。
4. 我們之間的溝通妙不可言，總是能夠把話講出來。事實上，我們無所不談。

月亮牌連結有許多含義。它是存在的連結中最親近的連結之一。我的意思是，共享月亮連結的人，彼此感覺非常自在和親近。他們初次邂逅時，往往立即喜歡上對方。如果月亮連結出現在靈性牌陣中，這點尤其真實。這暗示某種熟悉和認可，只可能是因為某個前世曾經在一起而被創造出來的。源自前世曾經在一起的連結有許多類型。有些連結不是那麼的好，因為那一世的連結不好或更糟。不管怎樣，靈性牌陣中的月亮連結是相容性最佳的連結之一，而且暗示，你們倆不僅在一起，而且是以非常親近且意味深長的方式在一起。你們在那一世創造了使你們在心智和情感上都非常親近的連繫。現在，當你們相遇時，彼此感覺到這股立即的能量流。你們經驗到的自在感覺是以前曾經在一起所掙得的。這

樣的連繫非常強烈，強烈到人們往往與有如此連結的對象結婚。

即使這個連結出現在人生牌陣中，力量仍舊非常強大。這樣的伴侶之間還是有親近與和諧的感覺。就是日月的特質時常激勵我們與和我們有月亮連結的人結婚。太陽和月亮是男性和女性能量的基本象徵。太陽付出，月亮接收。然而，月亮負責滋養和支配成長的週期。人間的月亮支配潮汐，夜裡太陽不在時，月亮出來照耀我們。在日月關係中，伴侶一方是太陽牌，另一方是月亮牌。理解這份太陽和月亮的動力是關鍵，可以理解月亮連結顯化自己的許多方式。

月亮關係的低階面

1. 我的伴侶和我非常親近，有時候我們像兄弟姊妹一樣打架爭吵。
2. 這段關係實在是太安逸了。

太陽的人將為關係提供領導和方向。如果你認識共享月亮連結的情侶，就可以斷定，太陽的人指揮且往往支配這段關係，不論這人是男是女。我們有一個好朋友是梅花10女性，嫁給她人生牌陣中的月亮牌紅心Q。女方出去工作賺錢，男方留在家裡看管小孩和照料房子。男方頗愛扮演這個角色，女方樂於成為養家糊口的人。但除此之外，太陽的人為關係提供方向和領導。每當遇見與太陽牌結婚的男人（這表示，男方是女方的月亮牌），我會直接說：「她是這段關係的老闆。對吧？」然後男方總是會說些「這點你說對了」之類的話。若要日月關係成功順遂，月亮的人必須接受太陽的人成為領導者，或者至少是為這段關係設定方向的人。

月亮的人將提供滋養和支持給太陽的人。這可能代表照料房子、烹飪、打掃，但也可能意謂著就是情緒激動，或是為對方以其他重大的方式存在。月亮的人為太陽的人而在，成為支持和幫助。彼此從關係中獲得許多，因為雙方都接收到想要的某些東西。在許多方面，這樣的日月關係是理想的男女連繫。男性是太陽而女性是男方月亮牌的男女情侶，形成持久的連繫，往往婚姻久長。即使性別不同，只要雙方在那段關係的範疇內扮演這些性別導向的角色，也一定會是成功的連繫，有機會持久。這意謂著，不論男女，太陽的人必須扮演太陽或領導的角色，而月亮的人必須扮演月亮或支持的角色。

的確有時候，一對擁有如此連結的男女在一起，但基於某個原因，一方或雙方不可能或不願意扮演這個連結所定義的性別角色。當這情況發生時，關係大概不會成功或持久，儘管這是你們可能擁有的最佳連結之一。

瑪丹娜和西恩‧潘（Sean Penn）是典型的例子。西恩‧潘（梅花9）是瑪丹娜（梅花10）靈性牌陣中的月亮牌。若要那段關係成功，西恩一定要扮演支持和滋養瑪丹娜的角色。我相信，這令西恩產生真正的衝突。其一，我確定這兩人其實彼此相愛，感到十分親近。我相信問題在於西恩因扮演滋養角色所產生的衝突。他一定得是那個月亮，這段關係才行得通，但那多數與西恩男性主導的性格相衝突。瑪丹娜位居太陽角色當然是非常自在，多數梅花10女性是那樣的。但我知道，即使瑪丹娜衷心希望兩人的關係成功順遂，但卻行不通，因為角色不相容。當你研究朋友、家人和同事的本命牌時，一定也會注意到這點。如果兩人願意在共處的環境中扮演各自的角色，那麼月亮連結總是非常管用。畢竟，就婚姻的相容性而言，月亮多數是可以擁有的最佳連結。許多成功的婚姻都有這樣的連結。

代碼：MOF　　　　　　　　　　　　　　　　　　符號：☽

意謂：對方是你人生牌陣中的月亮牌

連結的含義：

這是強烈的關係連結，許多有此連結的人，要麼結婚，要麼有很強的友誼連繫。這個對方有著使你感到安全和踏實的某樣東西，你甚至可能感覺到這人帶出你內在「築巢的本能」。如果你要的是結婚或長期的承諾，那麼你已經找到了非常可能成功的對象。雖然這人有時可能像母親一樣過度照顧你，但你們之間的連結會為你帶來強烈的保護感和內在的穩定，讓你感覺到擁有可將後半輩子建構其上的堅實基礎。另一方面，你的伴侶也讚賞你所分享的所有精彩洞見和信息。當你的伴侶想要扮演支持你的角色，而且你擁有今生何去何從的明確方向時，這樣的連結效果最好。否則，與那麼多成功關係相關聯的這個美麗連結，恐怕會被白白糟蹋掉。

MOF 連結的肯定句：伴侶與我相處得非常融洽，當我們在一起時，我感到安全、完整，且以某種方式得到滋養。

吸引力指數	強度指數	相容性指數
8	0	9

代碼：MOFS　　　　　　　　　　　　　　　　　符號：☽

意謂：對方是你靈性牌陣中的月亮牌

連結的含義：

這人與你有強大的連結，為你帶來一份安全和踏實感，鼓勵承諾和安頓下來。基於這個原因，許多有此關係的人們結婚了，而在形形色色的長期關係中，這是最美好的其中一種。你們之間有一份情緒和心智的和諧，那支持著良好的溝通——成功關係不可或缺的一個要素。同樣這個連結可以幫助你們兩人保持對彼此的興趣，樂於共度良宵。當你們相遇時，通常有立即的認識或熟悉感，使兩人一見如故。這是一個非常特殊的連結，根源於一起共享且親近的某個前世。現在，你們可以從兩人在那一世建立起來的那份親近中獲益。如果你的伴侶願在你的人生中扮演支持的角色，讓你在某種程度上指揮兩人的行動，這個連結的效果最佳。

註：

最佳的婚姻連結莫過於此。存有一份親近，是情感上的，也是心智上的，有些案例更是心靈相通。但要牢記286頁和287頁月亮連結說明中提到的性別角色元素。即使是如此最美妙的連結，假使彼此的那些元素能量不一致，也不保證成功。

MOFS 連結的肯定句：伴侶與我相處得非常融洽，當我們在一起時，我感到安全、完整，且以某種方式得到滋養。

吸引力指數	強度指數	相容性指數
8	0	8

代碼：MOR 　　　　　　　　　　　　　　符號：🌙

意謂：你是對方人生牌陣中的月亮牌

連結的含義：

對你們兩人來說，這都是絕佳的連結。在婚姻和其他親密關係中，這也是最常見、最重要的連結之一。你有某些特質可以幫助另一半感到安全、受保護、牢牢扎根於他們的人生中。你們兩人樂於交談和互換點子和想法，彼此溝通良好。當一個人決定要結婚時，就會在做選擇時尋找這些同樣的特質。這是一個「絕配」，你們可以共享許多年的快樂時光。當你扮演著支持伴侶的角色時，這個連結總是發揮最佳效用。否則，可能會有因性別帶來的角色衝突。

MOR 連結的肯定句：我與伴侶之間有一份很強的牽繫，我能夠提供對方地基感和支持感。

吸引力指數	強度指數	相容性指數
8	0	9

代碼：MORS 　　　　　　　　　　　　　符號：🌙

意謂：你是對方靈性牌陣中的月亮牌

連結的含義：

這是深邃而強大的連結，具有很強的磁性拉力，通常可以通向婚姻或某種承諾。這也是婚姻的最佳連結之一，對你們的整體相容性貢獻良多。你們之間既有前世的牽繫，又有強力的心智和情感鏈結，使兩人相處既自在又愉快。尤其，你有辦法讓伴侶感到舒適、安全、受保護。除非其他連結與此連結衝突，否則你的伴侶一定經常想要和你在一起，而且感到非常安全，足以探索更深入的承諾和親密形式。這個連結也促進良好的溝通以及相互間想法和信念的表達，可以為彼此帶來愉悅。你是對方的月亮牌，將會享受到伴侶為你的人生帶來的全新體驗，因為你給予伴侶支持和踏實的感覺，使對方得以在人世間運作得更好。

MORS 連結的肯定句：伴侶與我共享使我們感到親近的深邃前世連結。我能夠為對方帶來安全保障。

吸引力指數	強度指數	相容性指數
8	0	9

金星連結

金星維納斯是愛的女神，金牛座和天秤座以及占星圖第二宮和第七宮的守護神，也是個人關係最重要的行星之一。擁有金星連結確保伴侶之間的高度相容性，即使其他連結可能描繪不同的圖像。就牌理而言，金星代表住家中的事物、家人、歡愉和美的事物。金星連結暗示涉入的兩人以和諧而相容的方式共享許多這些事物。在一起自在而歡樂，有愉快的事物和經驗可以分享。分享有助於感覺在一起是對的，因此，難怪那麼多的美好關係均擁有這類強大的連結之一。

金星關係的高階面

1. 伴侶和我有許多共同點，感覺在一起就是對的。
2. 我們擁有絕佳的性愛。對方似乎完全知道我喜歡什麼。
3. 我們喜歡同樣的藝術、家居裝飾、食物、音樂以及其他重要的東西。
4. 我的伴侶提醒我，人生可以是享受和歡樂。
5. 我們是朋友：一開始是朋友，是最重要的朋友，而且永遠是朋友。

金星連結發生在當兩張牌在人生或靈性牌陣中彼此中間有一個空格時。如果細看353頁的人生牌陣，就會看見在梅花J與黑桃7、梅花K與紅心4、黑桃A與方塊7等牌之間有金星連結。計算相距二間隔的金星連結時，如果來到一排的末端，就往下走到下一排的最右邊。右側那張牌正在接收來自左側那張牌的金星能量，因此，右側那張牌看到的這個連結強度，大於另一方看到的。所以以上述例子而言，梅花J接收到來自其金星牌黑桃7的金星能量。紅心4是梅花K的金星牌，因此，梅花K接收到來自紅心4的金星能量。黑桃A接收到來自方塊7的金星能量。給出金星能量的牌也受到影響，因為他們感受到那股能量被伴侶如此美好地接收到，於是也將美好的能量反映回去。不過，接收能量的人對能量的感覺總是比較強烈。

也有對角線或「相互」金星連結，例如，人生牌陣中的黑桃J與黑桃3或方塊Q與紅心6之間的金星連結。由於這些連結，金星能量朝兩個方向流動，因此，任何一張牌都不是專門接收或給出。就某些方面而言，這些是最好的，因為它們代表某種「雙重」金星連結，雙方在此既給出也接收歡愉與和諧的美妙能量。

金星關係的低階面

註：金星關係沒有低階面，除了可能過度強調追求歡愉的面向。

人生牌陣中的金星連結意謂著，你們剛好有許多共同點可以彼此分享且樂在其中。你們或許也有類似的價值系統，如金星守護的金牛座和第二宮所示。在愛情關係中，擁有相同的價值觀是非常重要的。假使雙方對人生最重要的事抱持不同的看法，即便性生活妙不可言，兩人繼續在一起的機會也很渺茫。因此，這個連結提供成功的親密關係需要的許多必備要件。這不是保證，但絕對指出對的方向。

不過，靈性牌陣中的金星連結與我們共享的價值或樂事無關。在此，金星連結暗示，這兩人已然擁有因前世曾經在一起所建立起來的強力愛情連繫。在那一世，他們多數歷經了關係中的許多考驗，因此達成了對彼此深度的愛和相互尊重。如此連結是我們所謂最常見的「一見鍾情」經驗之一。通常立即認出對方，彼此瞬間生出好感。雙方可能有共同點，也可能沒有，但兩人之間的愛就是存在，而且通常被雙方強烈地感覺到。這樣的連結使兩人的關係在許多方面均奪得先機，因為你們已經擁有需要花費多年才能建立起來的愛情基礎。通常立即存有相互間的信任、尊重和讚賞，沒有明顯的原因。

金星能量有益於愛情、浪漫、性愛、建立家庭，而且最重要的是，有助於建立持久的友誼。如果兩人共享某一個金星連結，可以認定你們的關係是受到祝福的。

代碼：VEF　　　　　　　　　　　　　　　　　符號：♀

意謂：對方是你人生牌陣中的金星

連結的含義：

你對伴侶感覺到許多的愛和讚賞，因為你基本上享受且喜歡對方或對方的樣子。這人有某樣東西，使你與對方相處非常愉快。這是適合婚姻的美妙連結。你們兩人喜歡且享受許多同樣的事物，也感覺到彼此有許多的共同點。這使得在一起變得非常自在，也增強了感覺在一起的「正確性」。這個連結有益於任何一種關係。你們倆非常相容，一起共享愉快的時光。

註：

金星與歡愉法則相關聯。在親密關係中擁有更多的歡愉大大增加長期在一起的能力，因此，這點本質上就非常適合婚姻。然而，單是金星可能不足以保證長期的關係。往往，共享金星關係的人只是成為最好的朋友。不管怎樣，當已婚的兩人共享這個連結時，這是婚姻成功的絕佳信號，除非其他連結減損兩人在一起的相容性。

VEF 連結的肯定句：我真的很愛且享受我的伴侶。我們擁有相處融洽以及成為戀人或朋友所需要的條件。

吸引力指數	強度指數	相容性指數
7	0	10

代碼：VEFS　　　　　　　　　　　　　　　　符號：♀

意謂：對方是你靈性牌陣中的金星

連結的含義：

你們之間存有強烈的「愛的連繫」，很難解釋，因為那是某個前世建立起來的愛。基於這個原因，初次邂逅時，你們八成經驗到所謂的「一見鍾情」。你們彼此感覺到的熟悉感也是潛意識鏈結的結果，這樣的鏈結是以前曾經在一起且當時曾對你們的關係下過許多工夫所建立起來的。你們倆對彼此有許多的讚賞，因此非常相容。你們享受彼此的陪伴，而且發現，你們喜歡生命中許多同樣的東西。你們基本上在類似的事物中和彼此相伴的過程裡找到歡愉。這是非常適合婚姻或任何一種關係的連結。即使什麼都不做，你們之間也有強烈的愛的連繫，可以是今生任何一種成功關係的基礎。鑑於這個美好、堅實的基礎，你只需要決定要在上面建立什麼即可！

VEFS 連結的肯定句：伴侶和我共享深厚的情愛連結，很難解釋，但非常明確。我們的愛似乎是永恆的。

吸引力指數	強度指數	相容性指數
8	0	10

代碼：VER　　　　　　　　　　　　　　　符號：♀

意謂：你是對方人生牌陣中的金星

連結的含義：

你的伴侶就是愛慕你，你們兩人有相當多的共同點，使你們相處時感覺自在舒適，有助於彼此享受共度的時光。這是適合婚姻或友誼的絕佳連結。你們在相處中找到許多歡樂，且有大量的相互讚賞和享受。基於這些原因，選擇這樣的關係表示你們倆已經做出了美好的抉擇。

VER連結的肯定句：伴侶和我之間存有愛和友誼的強力連繫。我們喜愛類似的事物且彼此讚賞。

吸引力指數	強度指數	相容性指數
7	0	10

代碼：VERS　　　　　　　　　　　　　　符號：♀

意謂：你是對方靈性牌陣中的金星

連結的含義：

你們以前曾經在一起，且從那一世（或許還有其他世）開始，兩人之間就有許多的愛流動著。初次邂逅時，你們可能已經感覺到某些「一見鍾情」的能量。你們可能是朋友或戀人，也可能變得比較認真，深入彼此。到底如何處理存在於兩人之間的這份「愛的基礎」，完全取決於你，但有一事很肯定，亦即你們擁有美好的開端，足以建立有意義且持久的關係，這樣的起始大大勝過你可能邂逅的其他任何人。

註：

如此美妙連結的顯著特質之一是，那是一種「已掙得的連結」，意謂著，彼此的感覺是某個前世在一起所建立起來的。這樣的連結往往是「一見鍾情」以及其他這類現象的原因，通常會立即認出對方或是瞬間接納對方。這個連結為關係的相容性增添巨大的推力，在成功的婚姻中屢見不鮮。

VERS連結的肯定句：伴侶和我共享深厚的情愛連結，很難解釋。我們的愛永恆而不受時間侷限。

吸引力指數	強度指數	相容性指數
7	0	10

代碼：VEM 符號：♀

意謂：你們是彼此人生牌陣中的金星

連結的含義：

你找到了與你有許多共同點的人。你們兩人有非常相似的價值體系，因此非常相容。你找到了可以一起享受人生歡愉的人，應該沒有理由為什麼你們兩人無法擁有成功而幸福的關係。你們可能享受類似的音樂和食物，兩人的性生活雙方可能都非常滿意。這是一個特別強大的連結，因為它是我所謂的「相互連結」，意謂著，在兩個方向做工。對你和你的伴侶來說都一樣，如此大大鞏固了這個連結。喜歡同樣的東西並不是伴侶之間絕對必要的，但這使你們一開始便奪得先機，享有建立絕佳關係的堅實基礎。

註：

金星互連或許是所有連結中最佳的，因為情愛的能量同時在兩個方向運行。基於這個原因，強度指數變成負值。這類連結確實移除掉可能因其他連結而存在於關係中的任何負面強度，大幅提升相容性。如果你擁有這些連結之一，請將你的關係視為受到些許的祝福。

VEM 連結的肯定句：伴侶和我真正享受兩人在一起的時光。我們在許多方面完美相合。

吸引力指數	強度指數	相容性指數
7	−4	10

代碼：VEMS 符號：♀

意謂：你們是彼此靈性牌陣中的金星

連結的含義：

你們之間存有強烈的「愛的連繫」，很難解釋，因為那是某個前世建立起來的愛。你們兩人對彼此有許多的讚賞，因此非常相容。甚至初次邂逅時，你們就體認到彼此在對方身上感受到的這份愛。就好像那份愛始終在那裡，或是好像，你們以前一直在一起。這份特別的連結非常強健，因為它是靈性牌陣中的相互連結。這意謂著，它更有效力，而你們分享的愛的感覺比其他金星連結更為深入。當然，這是非常適合婚姻或任何一種關係的美好連結。即使什麼也不做，你們之間也存有強烈的愛的連繫，可以是今生任何一種成功關係的基礎。鑑於這個美好、堅實的基礎，你只需要決定要在上面建立什麼即可！

VEMS 連結的肯定句：伴侶和我擁有永恆且不受時間囿限的愛。這份愛能夠帶領我們穿越所有人生的經驗，無論好壞。

吸引力指數	強度指數	相容性指數
9	−5	10

火星連結

火星是戰爭和貪慾之神，通常被稱為「憤怒的紅色行星」。所以，火星的連結有時會使我們生氣，應該不足為奇。然而，基本上，火星是能量，許多的能量，就像我們人生中的其他任何東西一樣，可以被使用或濫用。但火星不可以被忽視。如果有火星連結，我們將不能不用這股能量做些什麼，否則它很容易在生活中製造衝突。火星像是瓶子內有魔法但愛生氣的精靈。只要我們讓他保持忙碌，他就會為我們做許多事，實現我們的願望。不過，他一閒下來，就會開始攻擊我們，他的憤怒需要一個可以自行顯化的出口。這個精靈必須不斷保持忙碌。火星關係就是像這樣。

火星關係的高階面

1. 我的伴侶刺激我、幫助我動起來。
2. 我們一起做許多事，健身、健行、騎自行車、慢跑以及其他好玩的事。
3. 由於這份關係，我的身體健康許多。
4. 我在這份關係中享有最棒、最熱情的性愛。
5. 伴侶和我一起在同一個行業中打拚，可以說，我們非常成功。
6. 透過這樣的關係，我得到從未有過的成績，因此，我正在實現自己的夢想和抱負。

火星連結發生在當兩張牌在人生或靈性牌陣中彼此相距三個間隔時。如果細看353頁的人生牌陣，就會看見紅心5與紅心9、黑桃9與方塊K、黑桃6與方塊8等牌之間的火星連結。後兩個例子說明，當牌落在一排的尾端或牌陣的底部（如黑桃6）時，該如何數算兩牌之間的相對間隔。在人生和靈性牌陣中，正常的順序是從右到左，與英文的閱讀方向相反。在所有這些例子中，列出的第一張牌正在接收來自第二張牌的火星能量，因為如果從右向左計數，第二張牌在第一張牌的前方。接收火星能量的牌受到這個連結的影響，大過發出能量的

牌。如果我是黑桃9，那麼方塊K的人就是我人生牌陣中的火星牌。他們的行為和言論往往以某種火星的方式刺激我。也就是說，他們將會要麼激起我的熱情，要麼激起我的憤怒。話說回來，他們將會感受到我的熱情或憤怒，因此被我所影響，但我是最直接受到影響的人。所以，這個連結從我的觀點看比較強烈。

也有意義非凡的對角線或「相互」火星連結。人生牌陣中的這類例子是梅花J和方塊2、紅心6和梅花K、梅花10和黑桃J。這些比一般的火星連結更強烈，因為它們同時在兩個方向運行。伴侶雙方都在接收和給出火星能量，因此很容易放大火星的能量。

火星關係的低階面

1. 伴侶激怒我，使我神經緊繃。有時候，我想要賞他／她一巴掌。
2. 我們唯一做的事似乎是一味地鬥嘴、爭吵。我厭倦了爭鬥不休。
3. 一旦性慾逐漸消失，我們之間就只剩下爭吵。
4. 我知道我的伴侶正設法竭盡所能刻意傷害我。
5. 我一直在與伴侶競爭，試圖讓對方看見，我是這段關係中較優的那一個。

人生牌陣中的火星連結是一種性格連結。這意謂著，一個人的性格特徵刺激我們感覺到熱情或憤怒。人生牌陣中的火星牌可以代表我們很氣自己具有的某些特質。舉例來說，我的火星牌是黑桃3。當我無法決定要做什麼事或走哪一條路時，有時候可能會很氣自己。如果我遇見一個黑桃3的人，又見到對方如此優柔寡斷，可能就會很氣對方，因為他們正在提醒我，我也是同一個樣子。人生牌陣中的火星連結時常出現這種情況。接收到火星能量的人將會得到提示，提醒他們原本就很氣自己的內在特質。因此，他們人生中這個火星牌的人可能激起他們的憤怒或攻擊性。然而，火星能量也是好色貪慾。我們的火星牌可能是我們熱烈想要和渴望性愛的對象。

靈性牌陣中的火星連結具有不同的元素。

在此，因另一個人而感受到的火星能量，作用在於：兩人在某個前世曾經在一起相處過。一旦相遇了，雙方都感受到這股激情或憤怒，還有某種認同感。往往，火星連結的原因是這兩人在那個前世是戀人，不然就是某種競爭對手或同袍戰士。某些案例顯示，有來自那一世的未竟事宜需要被糾正或了結。舉個例子，我見過許多像這樣的故事：兩人在某個前世相遇，感覺到彼此之間有巨大的吸引力。鑑於當時的生活境遇，兩人無法完善這段關係。這些類型的靈性牌陣火星關係一開始非常令人滿意，做愛時有絕佳的圓滿和實現感。不過，靈性牌陣的火星連結也可能有源自於前世的某種未竟憤怒或仇恨。在此情況下，一開始可能有吸引力，但不久之後，彼此間的憤怒和敵意便顯而易見，且隨後成為關係的主要焦點。在這些情況下，當兩人試圖調解前世相處留下的未完成或未了結的強烈憤怒時，可能會出現毀滅性或虐待性的行為。

火星連結造就真正優質且往往非常成功的合作關係。共同打拚某個事業是火星能量的最佳管道之一。性愛也是美好的，但僅限於兩人基於長期關係相處時，才可能美滿。火星能量幫助我們保持活躍、有生氣，它刺激我們勞動、有生產力、身體上積極活躍、保持健康。有火星連結的夫妻通常一起做較多的事，他們健行、騎自行車、慢跑、露營、跳舞、打保齡球，共享其他的體力活動。這些活動為關係帶來歡樂和滿足。火星之神很高興，不再煩擾我們。

代碼：MAF　　　　　　　　　　　　　　　　　　**符號：**♂

意謂：對方是你人生牌陣中的火星

連結的含義：

你的伴侶要麼啟動你，要麼使你生氣，不然就是兩者兼而有之。你的伴侶可以刺激你，使你向前進。你們倆需要一起做些與身體或工作相關連的事，否則一定會彼此互鬥。這是一個適合熱情和性愛的絕佳影響力，但也可以輕易地轉變成競爭和憤怒。這是一個非常適合情侶一起勞動的連結，慢跑、騎自行車、健身，也有益於性愛相容性。它使你們的關係更加激烈而有趣，但必須帶著覺知面對，才能保持能量朝正向流動。

MAF 連結的肯定句：伴侶激發我、刺激我。我可以建設性地、熱情地運用這股能量改善我的人生。

吸引力指數	強度指數	相容性指數
9	8	0

代碼：MAFS　　　　　　　　　　　　　　　　　**符號：**♂

意謂：對方是你靈性牌陣中的火星

連結的含義：

你們前世可能是兄弟、戀人或競爭者，因此兩人之間有許多激昂的火星能量。這顯化成要麼許多的貪慾或憤怒，要麼兩者兼而有之。一起做事可以疏通這股強大的生理能量，你一定會少一些憤怒、少一點競爭。這個連結可以產生強大的身體和性愛吸引力，或是強大的競爭和敵對感覺。某些時候，兩者兼有。要知道，這些感覺是以前曾以類似的角色相處所導致的結果，而現在，你可以疏通被這段關係激起的巨大能量，將其導入正向管道，達致更大的成功和幸福。

註：

在占星學中，有些面向，例如火星在第十一宮，指出我們受到吸引，要與在某個前世被視為敵人的對象再次相處，以此解決兩人的分歧。靈性牌陣的火星關係可能以同樣的方式演出。凡是與你共享這個連結的人，都可能是來自某個前世的敵人，你與對方有未竟事宜。然而，當兩個戀人因這個連結相聚時，通常有某些前世沒有機會得到充分表達的吸引力。這可以在兩人之間產生強大的吸引力，加上無意識的欲求，渴望落實某個前世留下來沒有完成的欲望。在此情況下，關係代表激昂能量的實現，可能是相當愉快的。然而有時候，被拉在一起的兩個戀人以前也是敵人。儘管激情大量存在，但當兩人相聚的真正原因成為現實並顯化出來，還是可能有相當的怨恨和競爭的感覺於日後浮現在關係之中。

MAFS 連結的肯定句：伴侶激發我、刺激我。我可以建設性地、熱情地運用這股能量改善我的人生。

吸引力指數	強度指數	相容性指數
9	8	0

代碼：MAR　　　　　　　　　　　　　　　　　　　　　**符號**：♂

意謂：你是對方人生牌陣中的火星

連結的含義：

你是激發伴侶、使對方動起來、令對方生氣、或是引動上述一切的那個人。這是一個活力十足的連結，非常適合一起做愛和從事其他體力活動。不斷一起做事，為你們兩人產生的能量找到正向的管道，否則你會發現自己容易因對方而生氣，且兩人相互較勁。話說回來，當你們相互刺激以此前進時，就絕不會對對方感到厭煩。在某個更深的層面，你提醒你的伴侶他們可能不喜歡自己的部分。假使情況如此，對方可能選擇了你來幫助他們在這些方面學會珍愛自己。雖然火星的吸引力很棒，但如果對方不時因你而大發雷霆，可別感到驚訝。另一方面，如果你們兩人不斷忙碌，一起投入體力活動，這可以是你們夢寐以求的關係。

註：

請記住，你可能會使伴侶想起他們可能未必喜歡的某一部分或好幾個部分的自己。凡是我們的火星牌對象，都可以代表我們身上會令自己感到懊惱的特質。因此，當這些人當中的某一個出現時，我們總是有可能因對方而生氣。這是因為對方為我們非常生動地示範了那些特徵，這就是你可能要為你的伴侶示現的。多方面理解這點可能有所助益。火星能量總是需要一個正向的出口，否則將會轉變成憤怒和競爭。因為知道這點，只要一起做事，你們總是可以從火星關係中獲益。做愛、去戶外、一起散步、在水療中心健身或嘗試合作經營某個事業或工作，所有這一切都為這股好鬥的能量提供建設性的出口，使你們兩人相聚時更快樂、更滿足。

MAR 連結的肯定句：我激發，有時則是激怒我的伴侶。我們樂於一起做事，建設性地使用我們的激烈能量。

吸引力指數	強度指數	相容性指數
8	9	0

代碼：MARS　　　　　　　　　　　　　　　　　　　**符號**：♂

意謂：你是對方靈性牌陣中的火星

連結的含義：

你的伴侶要麼對你來說有強烈的性吸引力，要麼因你而非常惱火。你用強烈的方式刺激對方，這可以幫助他們動手做事和從事體力活動。這個連結非常適合性愛、健身或一起勞動，但如果你們倆在家裡閒著沒事幹，很可能就會意見相左，進而爭吵。要繼續前進，為你們在彼此內在激起的強大能量找到正向的表達方式，然後一定會充分利用這個重要的連結。這也是合夥經營的美好連結。這個連結是某個前世關係帶來的，當時，你們兩人要麼是戀人、兄弟、競爭對手，要麼是敵人。

註：

閱讀「MAFS」連結底下的註釋，才能更加洞悉這個連結。寫在那裡的大部分內容都適用於這裡，除了角色互換，在這裡，你是刺激或激怒伴侶的那一方。不管怎樣，關於前世連結的所有內容，也都適用於此。

火星關係既不增加也不減損關係的相容性，因為它影響關係的方式十分仰賴關係的能量如何被使用。如果這個連結被建設性地使用，其實可以增加相容性。話說回來，如果這個連結被負面地使用且容許導入憤怒和攻擊，恐怕就會變成存在雙方之間的最大問題。

MARS 連結的肯定句：我激發，有時則是激怒我的伴侶。我們樂於一起做事，建設性地使用我們的激烈能量。

吸引力指數	強度指數	相容性指數
8	8	0

代碼：MAM　　　　　　　　　　　　　　符號：♂

意謂：你們是彼此人生牌陣中的火星

連結的含義：

你們倆都發現對方非常刺激。這鼓勵你們兩人去做事，這大概也是你們初次邂逅時感受到所有吸引力的主因。事實上，這是性愛激情和歡愉的較佳連結之一。然而，火星能量有時候可能太多了。這有點像背上有一隻猴子，因為猴子總是需要有事可做，否則有時會變成競爭和憤怒。如果你發現你們兩人在吵架或是相處不睦，可能只是因為你們沒有出去一起做做事。性愛是美好，但性愛以外，你們需要更多事可做，因為總不能一直做愛。與多數情侶相較，你們在一起有更多的火星能量，如果不想要始終爭鬥，就一定要為這股能量找到建設性的管道。一起工作也是一件很棒的事。

選擇如此「雙向」火星連結必定意謂著：你們兩人要麼真正想在人生中活躍起來，要麼想要處理和解決因憤怒和競爭而起的所有課題。其實也可能是結合兩者。無論如何，這個雙重的火星連結創造了巨大的能量，如果要它成為關係中的祝福，就必須不斷將之導入正面的方向。

MAM 連結的肯定句：伴侶和我將我們豐沛的能量導入正向而建設性的行為。我們一起享受我們活躍的人生。

吸引力指數	強度指數	相容性指數
8	8	0

代碼：MAMS　　　　　　　　　　　　　符號：♂

意謂：你們是彼此靈性牌陣中的火星

連結的含義：

你們兩人要麼前世是戀人、兄弟，要麼是競爭對手，因此彼此間有許多的火星能量。這顯化成許多的激情、許多的憤怒，或是兩者兼而有之。也很可能，你們兩人在某個前世，彼此體驗到非常棒但沒有實現的激情。我們時常吸引到有這個連結的對象，以便釐清與對方之間尚未實現的欲望，或是解決前世相聚時沒有解決的衝突。也因此，你們初次邂逅時，這個連結具有如此強大的吸引力外加某些熟悉感（若要更了解這個前世元素，請閱讀MAFS註）。

要一起做事，疏通這股強大的生理能量，你們將會少一些憤怒、少一點競爭。這個連結可以產生要麼強大的生理和性愛吸引力，要麼強大的競爭和敵對感覺。某些案例更是兩者兼有。要知道，這些感覺是以前曾經以類似的角色相處所導致的結果，而現在，你可以疏通被這段關係激起的這股巨大能量，將其導入正向管道，達致更大的成功和幸福。

MAMS 連結的肯定句：伴侶和我一起解決來自前世的激情和憤怒。我們為彼此的能量找到建設性的出口。

吸引力指數	強度指數	相容性指數
9	9	0

木星連結

　　木星被稱為「大吉星」（Great Benefic），是太陽系中最大的行星，也是唯一一顆給出能量多過接收能量的行星。占星學本命星盤中的木星，以及我們人生牌陣中的木星牌，都代表我們大量擁有某種特質的領域，如此的豐盛，致使我們其實樂於將它分送出去給其他人。木星也被稱為「上師行星」（Guru planet），它是靈性導師，也是完善與高階知識的寶庫。當木星過境我們的本命星盤時，從一個宮位到另一個宮位，它同時帶來許多不同種類的祝福。它總是給予我們某樣東西，無論我們是否覺察到它。

> ## 木星關係的高階面
>
> 1. 我坦然地接收伴侶帶進我生命中的許多事物。
> 2. 我的伴侶提醒我，宇宙充滿值得感激和快樂的事物。
> 3. 我們一起分享宇宙的無限富足。
> 4. 由於我的伴侶，我正在學習如何接收祝福。

　　木星連結也是像這樣。當我們是某人的木星牌時，我們就是有一種自然為對方付出的傾向，也與對方分享我們生命中擁有的富足。一點也不期待回報，就是感覺付出是自然而然的。時常，付出的是財務上的支援或祝福。有木星連結的婚姻往往繁榮昌盛，伴侶之間通常有豐富的金錢和資產流動。有木星連結的友誼也同樣豐盛，儘管豐盛不見得表達在財務上。時常有美好的資訊、指引、靈感、忠告流動。不管是什麼情況，木星連結都啟發我們放下恐懼，將注意力集中在自己的人生其實是精彩奇妙的。單是那樣的態度便是無價的。

> ## 木星關係的低階面
>
> 1. 我將我的伴侶視為理所當然。
> 2. 我的關係有點無聊而平淡。事情實在是太容易了。
> 3. 愛不只是金錢和事物。我想要我的婚姻或親密關係中有真正的愛。

　　木星連結發生在當兩張牌在人生或靈性牌陣中相距四個間隔時，這可以是朝任何方向的，包括左、右、上、下，或是對角線。如果細看353頁的人生牌陣，就會看見紅心3和梅花5、方塊5和黑桃A、黑桃A和方塊10、黑桃8和黑桃K等牌之間的木星連結。這些例子說明木星連結可能發生在許多不同的方向。當木星連結發生在水平或垂直方向時，它有明確的方向。例如紅心3和梅花5這一組，紅心3接收到來自梅花5的木星能量，梅花5是紅心3人生牌陣中的木星牌。細看紅心3在353頁人生牌陣中的位置，就可以查到這點。在此例中，是梅花5有強烈的渴望要對紅心3付出。當紅心3的人接收到這股能量且讚賞它時，就會將這份滿意和感恩回映給梅花5。因此梅花5的人接收到付出內容的回映。所以，這個連結也影響到他們，但不像紅心3那麼強烈。在所有這些水平方向的案例中，能量是被右側的牌所接收。

　　多數情況下，垂直連結以同樣的方式運作，除了能量是由底部的牌所接收。在方塊5和黑桃A這一組當中，方塊5正在接收來自黑桃A的能量。在方塊5的人生牌陣中，你不會找到黑桃A被列為木星牌，但它仍舊對方塊5具有一種木星的影響力，只不過是在垂直方向。黑桃8和黑桃K這一組就有點不一樣了。如果在353頁的人生牌陣中檢查它們的關係，我們會注意到，如果以垂直方向數算，它們彼此都是對方的木星。從黑桃8向上數四格是黑桃K。但同樣的，如果從黑桃K向上數四格，必須從牌陣底部的梅花6開始，我們同樣得到黑桃8作為黑桃K的一股木星影響力。因此，我們注意到，當兩張牌落在中間三直行中的任何一行時，它們

會同等共享一股木星影響力。這在本質上是雙重的木星影響。

對角影響的運作方式大致相同，因為雙方都會感覺到。我稱這些是「相互」連結，因為對角連結沒有明確的方向。黑桃A和方塊10就是這一類的好例子。他們是彼此的木星（相隔四個間隔）關係，但由於對角連結並沒有方向，因此是相互分享、彼此互利。當我們發現相互的木星連結或中央三直行的垂直木星連結（如前所述）時，就擁有非常強大的繁榮昌盛和相互讚賞的影響力。有這些連結的關係往往享有大量的繁榮昌盛。這也會發生在有兩個或多個木星連結的關係中。

木星連結好得不得了，但它本身並不足以讓雙方長相廝守。這個連結沒有多少吸引力，而吸引力常是把人們綁在一起的黏合劑。不過，如果黏合劑已經存在，那麼木星連結將會強化雙方的連繫，增加兩人繼續在一起的可能性。

靈性牌陣中的木星連結有更多的哲學和靈性傾向。因為這些是前世連結，所以通常指出，伴侶雙方在某個前世的相處方式，使兩人分享同樣的意識形態或哲學信念。譬如說，他們可能曾在同一個宗教組織修習過。無論如何，他們發現，關於宗教、法律或一般生活的信念，兩人今生有許多的共同點。彼此相互付出的習性也存在，不過帶進來的錢財通常不像人生牌陣的木星連結那麼多。

我們很幸運，有木星作為宇宙的一部分。它提醒我們，人生中有些東西是被慷慨地給出的，而領受就跟付出同樣歡樂喜悅。

代碼：JUF 　　　　　　　　　　　　　　　　　　符號：♃

意謂：對方是你人生牌陣中的木星

連結的含義：

你的伴侶通常有一份對你付出的渴望，且基本上是被鼓勵要去幫助和保護你。這是一個非常適合婚姻或友誼的美好連結，因為它促進你們兩人之間的付出和領受。要允許自己去領受，從這段關係中取得最大、最多的回報。此外，如果要這段關係繼續成為生命中的祝福，記得要讚賞你正在領受的。

註：

這個連結大大增添兩人以和諧方式共存的能力，因此我在相容性方面給予很高的評級。不過，這個連結無助於吸引兩個人在一起。因此，如果你們的關係連結主要是木星，可能不會有太多的渴望想要在一起。儘管如此，這個連結對任何關係都是一份祝福，有助於抵消可能減損整體相容性或和諧度的其他連結。

JUF 連結的肯定句：我的伴侶是我人生中的一份祝福，我可以因讚賞和關注這份祝福而得到莫大的喜悅。

吸引力指數	強度指數	相容性指數
0	0	8

代碼：JUFS 　　　　　　　　　　　　　　　　　符號：♃

意謂：對方是你靈性牌陣中的木星

連結的含義：

這個連結是一份很強的連繫，無論你的關係是婚姻、友誼或事業，都可以增添許多祝福。雖然它的吸引力層面不夠強，但對兩人相處的整體相容性和喜悅度貢獻良多。你的伴侶喜歡對你付出，你們可能分享許多相同的哲學信念和想法，使兩人的相處愉快而和諧。對方給你的建議可能是你畢生最有價值的，所以要仔細聆聽。保持心靈和頭腦敞開，願意領受對方給出的禮物，你們兩人將受益匪淺。

註：

這個連結源自於靈性牌陣，意謂著，連結的根源在於你們兩人在一起的某個前世。很可能在那一世，你對你的伴侶付出許多，因為在今生，你基本上是要收取貨款、接收對方必須提供的好處。這個好處可能是物質層面或精神層面，但只要你願意領受，好處就為你而在。

JUFS 連結的肯定句：我的伴侶是我人生中的一份祝福，我可以因讚賞和關注這份祝福而得到莫大的喜悅。

吸引力指數	強度指數	相容性指數
0	0	8

代碼：JUR   符號：♃

意謂：你是對方人生牌陣中的木星

連結的含義：

你其實喜歡你的伴侶，樂於和對方分享你的富足。你喜歡給予對方財務援助、禮物、善意的指導和忠告。對婚姻或事業或是這二者來說，這都是有裨益的連結，可以提升奠基於更高價值和靈性真理或哲學的關係。如果伴侶讚賞你的付出，這個連結會產生最佳效果。

JUR 連結的肯定句：在我的伴侶的人生中，我是一份祝福，我喜愛與對方分享我的富足，慷慨地對他／她付出。

吸引力指數	強度指數	相容性指數
0	0	8

代碼：JURS   符號：♃

意謂：你是對方靈性牌陣中的木星

連結的含義：

你與你的伴侶有美好的連結，這鼓勵你與對方分享你的豐盛和財富。這也可能是一份靈性連結，很可能你們兩人在某個前世曾經以靈性的方式在一起。你們的人生觀可能很相似，彼此均有為對方付出的心理。尤其你一定會感覺到想對伴侶付出的衝動，而且你的付出可能比人世間的金錢或禮物更有意義。這樣的付出一定有益於你們雙方，它將是這段關係向你們兩人展現的一部分祝福。

註：

你感覺到要幫助伴侶或對伴侶付出的那些衝動很可能源自於某個前世，當時，你的伴侶以同樣方式對你付出許多。所有靈性牌陣連結的根源都來自從前的關係。知道伴侶在某個前世曾對你付出許多，可以使你對他／她的付出變得更有趣、更值得。

JURS 連結的肯定句：在我的伴侶的人生中，我是一份祝福，我喜愛與對方分享我的富足，慷慨地對他／她付出。

吸引力指數	強度指數	相容性指數
0	0	7

代碼：JUM   符號：♃

意謂：你們是彼此人生牌陣中的木星

連結的含義：

你和你的伴侶均樂於彼此分享、相互付出，兩人關係的這個面向對你們雙方都是一大福氣。因為付出和領受是成功關係中非常重要的一環，所以這個連結大幅增加你們長期成功的機會。這個連結的另一個重要面向是，它將在兩人的關係中助長財務的繁榮昌盛。由於財務考量是夫妻最重要的課題之一，且財務問題是關係破裂的首要原因，所以這個連結大幅增加你們繼續成功的可能性。

註：

木星向來被認為是兩人之間最有裨益的連結之一，它促進自在與富足。木星總是對觸及的任何東西給予祝福。因為這是一個相互連結，因此對你和你的伴侶來說，它其實是功效雙倍。發生這情況是因為，你們彼此是人生牌陣中「對角線」方向的木星。這類連結實際上可以在關係的成功和失敗之間造就不同。若要存取這一切的富足，你需要做的只是開始讚賞你的伴侶，以及他／她為你做的一切。

JUM連結的肯定句：我的伴侶和我樂於相互幫助、彼此付出。我們在許多層面都是雙重祝福。

吸引力指數	強度指數	相容性指數
1	−3	5

代碼：JUMS　　　　　　　　　　　　　**符號**：♃

意謂：你們是彼此靈性牌陣中的木星

連結的含義：

這個連結是一份很強的連繫，無論你的關係是婚姻、友誼或事業，都可以增添許多祝福。雖然它的吸引力層面不夠強，但對兩人相處的整體相容性和喜悅度貢獻良多。你們雙方都樂於為對方付出，而且共享許多相同的哲學信念和想法。關於人生中什麼是重要的，尤其是在精神層面，或是正直和誠實層面，你們往往有同樣的觀點。當你們被需要時，彼此都會為對方而在，而且在被需要時，你們有金玉良言和其他有價值的東西可以提供給對方。如果你們雙方都保持心靈和頭腦敞開，願意付出和領受彼此共享的許多禮物，必定受益匪淺。

這個連結源自某個前世，當時，你們兩人共享了某些經驗，從中對人生的真實面和不真實面發展出了某些深度的理解。可能曾經是某個宗教組織的資深成員，或是曾經浸淫在專研人生哲學的某個其他類型機構。如今，在這一世，你們往往在對錯方面有相同的看法。

註：

伴侶雙方可能擁有的「靈性」連結中，這是最有裨益的其中之一。首先，這是一個前世掙得的連結。基於這個原因，這個連結往往比人生牌陣中的同一連結走得更深，也有更多的意義。其次，這是一個木星連結。木星是最重要的靈性行星之一，曾被譽為「上師行星」、「智慧和豐盛之王」。這個連結保證，你們的信念和人生哲學層面有某種深厚的連繫。如果存取這方面且針對這點公開討論彼此的關係，你可能會發現，你們在一起的意義遠遠大於你原先的認定。這當然預示著，人生目的和靈性之類的東西，對你們來說很重要。

JUMS連結的肯定句：伴侶和我分享共同的人生觀，以及為對方付出的自然渴望。我們讚賞彼此分享的一切。

吸引力指數	強度指數	相容性指數
1	−3	5

土星連結

土星無疑是黃道帶所有行星中最令人害怕的。我們每一個人在人生歷程中都必須與其抗衡，有些人多費些力，有些人少費些神。人生的大部分苦難和艱辛都被歸咎於土星。它被稱為「業力之王」（Lord of Karma），正義的監督者，對過去曾經傷害他人的人施以懲罰。但若用恐懼和驚慌看待土星，就錯失了人生中這顆重要行星的真實本質。土星將許多祝福帶給注意聆聽其呼喊的人們，只有沒有覺察到它如何運作的人，才會一提到土星，便聞風喪膽。

土星關係的高階面

1. 我坦然接受伴侶給我的許多建議，以此改善我的人生。

2. 伴侶提醒我，該如何變得更加負責、長大成人。我欣賞這點。

3. 我覺得這段親密關係比我曾經擁有過的任何關係更成熟、踏實。

4. 我可以看見，由於這段關係，我與他人的關係和我的事業大大改善。

5. 這段親密關係將我提升至更高階的地位，得到更多的認可。

與天秤座相關聯的正義天平是土星的最佳象徵。值得注意的是，土星在天秤是處在最崇高或廟旺的星座。不管你喜不喜歡，我們的宇宙都按照因果的基本法則操作。單是這點就可以保證，無論你做什麼、說什麼或想什麼，最終都會返回到自己身上。凡施於人，必返諸己，不因其他，只是為了完成經驗的循環。一直要到我們明白成為自己行為的付出者和領受者是什麼樣子為止，才算準備就緒，可以繼續邁進至演化的下一步。如果我因自己的行為傷害了你，而且沒有覺察到你的感受，那麼我將不可避免地需要從你的觀點經驗同一件事，才能完成我對這事的體驗。做了事卻不知道接收端

的情況，這對我來說是不夠的。最終，土星代表有意識地覺知到，我們的活動和行為如何影響環境中的一切。如果我們意識到這點，土星就會用良好的聲譽和他人的認可回饋我們，所有這些都是土星守護的第十宮的特質。

土星連結發生在──當兩張牌在人生或靈性牌陣中彼此相距五個間隔時。這可能發生在從左到右、從下到上、或是對角線上。如果細看353頁的人生牌陣，就會看見方塊Q和梅花7、梅花5和黑桃5、紅心J和黑桃3、紅心4和黑桃9等牌之間的土星連結。仔細研究這些例子中的每一個，你就會明白本書中的所有土星連結是如何導出的。當連結呈水平或垂直時，如前三例所示，其中一張牌正在接收土星能量，而另一張正在發出土星能量。以上述例子而言，梅花7、黑桃5和黑桃3分別對他們的伴侶發送土星能量。發生這種情況時，正在接收能量的牌受到的影響較為強烈。當兩張牌彼此呈對角線時，如最後一例所示，土星能量是相互給出或接收的，結果會增強兩張牌之間的土星能量。

在有土星連結的關係中，伴侶的一方或雙方將會提醒對方，可以如何將生活中的事情做得更好。對我來說是土星的人，可能想要告訴我，我在生活中應該做到的所有事情。其他連結，例如金星、月亮或木星，可能促使伴侶以有愛心的方式告訴我這些「應該」，那會比較容易消化。還有就因為對方存在我的生活中，那將在某種程度上使我想起自己的某些缺點。在極端的案例中，土星的人可以是殘酷的、批判的、嚴苛的、冷淡的，甚至是口頭和身體方面的虐待。當我親眼目睹處在受虐土星關係中的人時，我常會問自己，他們為什麼要忍受伴侶如此的對待。這個問題使我理解到，我們吸引到自己內在的情況。如果在內心裡，我已經對自己批判和嚴苛，那麼我將吸引到體現這點的人。因此，我注意到，許多處在土星關係中的人都是已經對自己非常嚴苛的人。即使你可能沒有注意到這點，因為這些人的伴侶似乎對他們非常嚴厲，但罪魁禍首其實是他們自己。

一個人為什麼要忍受不斷的批判和虐待，如果這人不是在某種程度上相信自己配得那樣的待遇？

關於這些類型的關係，好的是：它們通常不會永遠

持續下去。對自己嚴苛且吸引到土星伴侶的人，最終覺察到他們拒絕了自己，於是好好改變。一旦他們開始疼愛自己，土星伴侶在他們的生活中就不再相應了。屆時，他們通常離開那段關係，或是伴侶離開他們。他們之間的能量不再支持土星連結的批判面，有人必須改變。

有時候，土星關係的發生是為了清償前世的債務。當雙方在靈性牌陣中共享土星連結時，這點尤其真實。在這些關係中，通常是在兩人在一起的某個前世中，其中一方曾對另一個人造成巨大的痛苦或傷害。這可能是因分離或通姦造成的情感痛楚，或者可能是針對某個其他層面的傷害。不管是哪一種情況，這段關係的主要目的之一將是解決他們之間的這筆債務。

並非所有的土星關係都是嚴苛而殘酷的，許多土星關係可是相當有建設性和生產力。請記住，土星被連結到第十宮的成功與認可，有些情況是，土星關係提供的剛好是個人實現其目標和抱負所需要的東西。那一定需要當事人勤奮努力，而土星人的引導、指示和支持則會產生非常有建設性和正向的影響。他們一定知道伴侶應該做什麼，才能實現目標。所有土星關係最終都有某個正向的影響，所有土星關係都教導我們某樣東西，與公平、愛自己、變得比較負責且更像成人、自律有關。因為這點，當我們看見自己與另一個人有土星連結時，不應該總是皺眉頭。如果我們願意誠實看待自己，好好改善對方指出的地方，那麼可能有某些非常美好的事物將會到來。私底下，這可能是我們深受對方吸引的原因。

土星關係的低階面

1. 伴侶不斷批評我所做、所說的每一件事。
2. 我們共度的人生非常艱辛。我做的事或說的話似乎永遠不對。
3. 我們唯一做到的是爭吵和鬥嘴，而且似乎總是我的錯。
4. 我們的關係之中沒有多少的喜悅和善意，只有工作和更多的工作。我覺得好像自己在新兵訓練營。
5. 我覺得自己被某位奴隸監工控制了。
6. 我的伴侶虐待人，包括口頭和其他方面，他／她屢屢對我做無情的事。
7. 我不配得到伴侶目前的對待。

代碼：SAF　　　　　　　　　　　　　　　　　　　符號：♄

意謂：對方是你人生牌陣中的土星

連結的含義：

你的伴侶在某些方面充當你的老師，你可能喜歡，也可能不喜歡。他／她八成是你的局限、負擔或其他問題的來源，在某些領域挑剔你，告訴你，你「應該」如何改善自己。這可能會使你生氣，不然就是覺得人生因他／她的存在而受限。土星關係通常在一或多方面困難重重。然而對你來說，這可是個人成長的真正契機。如果你可以不將對方的批評視為針對你個人，同時建設性地運用對方的指責，就可以在個人成長或專業發展方面突飛猛進。這完全取決於你以及你選擇如何面對這事。

SAF 連結的肯定句：我選擇了我的伴侶來幫助我成長，變得更加成熟、更負責任。我接受對方成為我的老師和嚮導。

吸引力指數	強度指數	相容性指數
−5	8	−9

代碼：SAFS　　　　　　　　　　　　　　　　　　符號：♄

意謂：對方是你靈性牌陣中的土星

連結的含義：

你的伴侶在你的人生中是為了與你一起解決前世的債務。在解決這筆債的過程中，對方可能對你做出似乎嚴苛、批判、無情的事或說出那樣的話，而你可能憎恨、也可能不憎恨這點。事實上，他／她是你的老師，有許多有價值的東西要分享，那些將會幫助你變得更加成熟、更負責任，且最終飛黃騰達。不過，這類關係挑戰性十足，而且需要極度的耐性和自我誠實，才能以正向的態度處理。對你來說，這往往看似難以完成，你可能會發現自己屈服於將這視為麻煩，而不是原本有可能成為的祝福。

這是最有力的業力關係之一，意謂著，很可能這段關係對你的人生造成重大的影響，就最終可能成為你的莫大祝福的角度來說，這段關係的重要性不容小覷。不過，處在所有的土星關係中都一樣，建設性的態度，願意學習和看見自我缺失的態度，才是存取這些祝福的必要條件。

註：

當有人是我們的土星時，你常會發現對方使用「你應該做這個」或「你應該做那個」之類的話。這就好像父親指導兒子或女兒。的確，土星被稱作「偉大的父親」。然而，這類告誡的接收者通常不能接受這些話。

SAFS 連結的肯定句：我選擇了我的伴侶來幫助我成長，變得更加成熟、更負責任。我接受對方成為我的老師和嚮導。

吸引力指數	強度指數	相容性指數
−5	9	−9

代碼：SAR   符號：ℏ

意謂：你是對方人生牌陣中的土星

連結的含義：

在你的伴侶的人生中，你是個極富挑戰性的人。很可能你時常評斷另一半，指出對方需要改進的地方。他或她認為你愛限制別人，或許將你視為惱人的負擔。你可能發現自己自然而然地想要批評伴侶，或是提出建議，告訴對方可以如何改善生活或表現。如果你變得過於吹毛求疵，就會發現對方避免與你接觸或反抗你，所以你身為「老師」的角色必須小心處理。這個連結如何影響你們的關係將取決於你們共享的其他連結以及伴侶的態度。如果對方接受你是他／她人生中的教師，這段關係將會走得平順許多。否則你教導或幫助伴侶的一切努力只會在你們之間製造更多的摩擦和敵意。

SAR連結的肯定句：我是我的伴侶的老師和嚮導，我帶著愛和理解發揮這股力量。

吸引力指數	強度指數	相容性指數
−2	9	−3

代碼：SARS   符號：ℏ

意謂：你是對方靈性牌陣中的土星

連結的含義：

無論基於什麼原因，你已經獲選，要扮演你的伴侶的老師，對方可能欣賞也可能不欣賞你必須與他們分享的課業。即使沒有意識到這點，你對他們還是有點嚴苛，可能指出了他們的弱點，讓他們看見該怎麼做或如何變得「更好」，不然就是他們該如何變得更加成熟、更負責任。這可能使對方認為你才是問題所在，是該要避開的人，因為享受批評的人少之又少。

很可能，你們兩人以前曾經在一起，而你今生的角色之一是歸還他們在某個前世曾經給過你的東西。不過，被給出的那樣東西不見得總是被好好接收。尤其在此情況下，你給予對方的改進建議不見得總是得到讚賞。

不過，如果你的伴侶能夠或願意正視並接納自己的缺點，你可以成為他們生命中的祝福，幫助對方實現他們最崇高的夢想和抱負。

SARS連結的肯定句：我是我的伴侶的老師和嚮導，我帶著愛和理解發揮這股力量。

吸引力指數	強度指數	相容性指數
−2	5	−4

代碼：SAM   符號：ℏ

意謂：你們是彼此人生牌陣中的土星

連結的含義：

這是一個罕見的連結，也是一個強大的連結。多數人永遠沒有機會經驗到你們兩人共享的雙重土星連結。土星與變得比較現實、自我負責、誠實、公平有關。這些是最終使人們在人生和事業上成功順遂的特質。然而，如果我們其

實並沒有觸及這些特質，那麼這樣的連結可能是如地獄般慘不忍睹。

所以，這個連結是一項挑戰，實際上對你們雙方都是。你們兩人一定會得到提醒，想起：該怎麼做才能改善自己，以及你們認為「應該」做的許多事。

如果你能處理這樣的熱度，這可能是你一生最具建設性且最有回報的關係之一。如果你選擇了這樣的關係，要麼是因為你想在人生中獲得更具體的成功、想要長大、變得實際，要麼是因為你想要被挑戰，以便學會真正愛自己，不管別人可能怎麼說你或想你。百分之九十的案例中，有此連結的關係是具有挑戰性的。如果你要起身迎接挑戰，就要好好準備應戰，然後企盼日後的巨大成功。

註：

一對情侶可能共享的最具挑戰性面向可能是這個連結和下一個連結。這個連結擁有兩大極端的可能性，兩者幾乎是截然相反。因為土星與業力、問題和挑戰大有關連，因此這個雙重土星連結可能為伴侶雙方帶來最不愉快的經驗，雙方不斷相互批評，致使彼此之間的情愛消失殆盡。另一方面，這個連結可能指出，雙方選擇了這段關係，目的在於學習為自己的人生負起全責，而且雙方都渴望成長，成為比較成功的人。如果兩人都以正向的態度將對方看成自己的老師，那麼與其他連結相較，這個強大的連結其實更可以促使雙方盡可能快速地在個人和專業上有所成長。

SAM 連結的肯定句：我的伴侶和我利用這段關係促使彼此在自我負責的層面有所成長。我們讚賞彼此學到的教訓。

吸引力指數	強度指數	相容性指數
−4	10	−6

代碼：SAMS　　　　　　　　　　　　　　符號：♄

意謂：你們是彼此靈性牌陣中的土星

連結的含義：

你的伴侶在你的人生中是為了與你一起解決前世的債務。在解決這筆債的過程中，伴侶可能會對你做出似乎嚴苛、批判、無情的事或說出那樣的話，而你可能憎恨也可能不憎恨這點。你的行為可能也跟對方一樣，因為這是一個有深刻業力前奏的相互連結。事實上，他／她是你的老師，有許多有價值的東西要分享，那些將會幫助你變得更加成熟、更負責任，且最終飛黃騰達。不過，這類關係挑戰性十足，需要極度的耐性和自我誠實，才能以正向的態度處理。對你來說，這往往看似難以完成，你可能會發現自己屈服於將這視為麻煩，而不是原本有可能成為的祝福。

這是最有效力的業力關係之一，意謂著，很可能這段關係對你的人生造成重大的影響，就最終可能成為你的莫大祝福的角度來說，這段關係的重要性不容小覷。不過，處在所有的土星關係中都一樣，建設性的態度，願意學習和看見自我缺失的態度，才是存取這些祝福的必要條件。上述一切同樣適用於你的伴侶。因為是雙重連結，熱度絕對是飆到最高點。你們倆一定都想要成長，否則不會一開始就被對方所吸引。認清你們在一起的原因，才能好好上路，順利收穫這個強大連結的回報。

SAMS 連結的肯定句：我的伴侶和我正在學習變得比較成熟和完全自我負責。我們正在一起成長。

吸引力指數	強度指數	相容性指數
−4	10	−6

天王星連結

在占星學上，天王星守護水瓶座和第十一宮，與協會、公司、社團、俱樂部、兄弟會之類的群體有關。水瓶座的人本身是「人類的朋友」，通常，他們是大家的朋友，不過真正親密的關係卻少之又少。與其說水瓶座的人將自己視為一對情侶的另一半，倒不如說他們將自己視為一個群體的一部分。他們畢生促進人與人之間的平等與合作。眾所周知，水瓶座高度重視個人的自由以及表達個體性的權利。往往，他們會費盡心思做出或說出非正統的行徑或言論，自豪地宣稱自己的獨特性。如此毫無修飾的個體性和獨特性是水瓶座／天王星能量的特點。也就難怪，當某人是我們的天王星時，對方會竭盡全力為自己保護和保存這些特質，且時常做到令我們驚愕沮喪的地步。

天王星關係的高階面

1. 相互尊重、彼此欣賞。
2. 允許伴侶完成他們想要做的事，不期望、不依戀。
3. 有共同的朋友。通常這對情侶是一大群朋友圈的一部分。
4. 一生的朋友，先做朋友的態度。
5. 如果終止關係對一方或雙方來說是最好的，就願意那麼做。

天王星連結發生在，當兩張牌在人生或靈性牌陣中彼此相距六個間隔時。這可以發生在從右到左，如353頁人生牌陣中的紅心J和紅心6所示，或是垂直方向，如同一牌陣中的紅心10和方塊9所示。在這些案例中，兩張牌的其中一張正在接收來自另一張牌的天王星能量。紅心J接收來自紅心6的天王星能量，而紅心10接收來自方塊9的天王星能量。在你自己的人生牌陣圖中，你會看見一張你的天王星牌，那是使你接收到天王星能量的幾張牌之一。如果你遇見這樣的人，如果你想

要與對方建立良好的關係，就需要給予對方完全的自由。還有許多其他牌與你有天王星連結，可以分別在人生和靈性牌陣中找到。

也有例如黑桃A與紅心4以及紅心3與紅心Q之間的對角或相互連結，兩組都在人生牌陣中。但這些連結很罕見，因為在人生和靈性牌陣中分別只有兩組。由於這些連結沒有明確的方向，所以比之前列出的水平或垂直連結更為強烈。伴侶雙方都會傳送出和接收到天王星能量，那會增強彼此的連繫。

天王星關係的低階面

1. 一方試圖不成功地控制和操縱另一方。
2. 不確定伴侶的情感。
3. 沒有共同點，沒有共享的經驗或觀點。
4. 一方或雙方採取叛逆和迴避策略。
5. 使勁地緊緊抓住對方。
6. 不願意面對心中被遺棄或遭拒絕的恐懼。

靈性牌陣中的天王星連結通常比較容易顯化在較高階的層面。這是因為你們兩人以前曾以水瓶座類型的關係在一起，已經學會了要「先做朋友」同時給予對方相互的尊重和自由。雖然你可能不知道為什麼，但當你們初次邂逅且對對方產生這些相互的好感時，你往往會對這人升起熱絡感。

在最高層次，天王星連結代表的關係狀態是沒有期望且完全承認一個人的個體性。這意謂著，沒有強制伴侶滿足我們個人渴望或需求的個人依戀、上癮或婚約。這類型的關係對多數人來說很難實現，因為它要求我們放下許多被遺棄和遭背叛的恐懼。在天王星關係中，我們必須允許伴侶成為他自己，否則終將淪落到與對方不斷爭鬥，終至迫使對方離開我們。

我時常留意到在親子關係中，孩子是父母的天王星。這可是非常艱難的連結，因為父母的天生傾向是指揮和引導子女的人生。

但當天王星連結存在時，企圖指導孩子的所有嘗試一定會失敗，而且導致孩子反叛父母代表的權威。孩子

認為父親或母親試圖控制或改變他們，而父親或母親則認為孩子是個叛逆且無法控制的問題小孩。如果父母氣量狹小，就會嘗試種種方法，企圖「幫助」孩子。其中某些做法可能相當戲劇性，會對孩子造成傷害。最終，孩子必會憎恨所有這些嘗試，且永遠脫離父母。在這類關係中，責任的重擔在父母身上。父母應該要放手，讓孩子如願以償，自由表達自己。這其實會幫助孩子今生得以擁有完整的自由（和責任），就連在孩子年紀還小、通常不會給予那麼多自由的時候，也不例外。

在個人的親密關係中，天王星能量可以在伴侶之間創造要麼最大的友誼，要麼莫大的不確定感。如果這段關係建立在雙方無論如何「先是朋友」的觀念上，那麼天王星能量可以很美地表達無條件的愛和接納。我親眼目睹過一些這樣的關係，且不得不承認這類伴侶少之又少。然而當他們合作時，實在是很美。通常，這類伴侶有個別的工作，但有同樣的朋友。他們給予對方旅行的自由，支持對方找到展現自身最高表現的需求。他們尊重雙方的個別差異以及兩人的共同之處。

然而，有時候，天王星關係可能像這樣開始，但後來關係演變成兩人之間幾乎沒有什麼共同點，於是雙方開始質疑到底為什麼在一起。他們會說些「我們從不一起做事」或「他（她）不喜歡我喜歡的任何東西」之類的話。在這個階段，他們是在渴求更多的親近感和友誼，或許並不像關係開始時那麼讚賞天王星連結為兩人關係帶來的自由。

有些人擁有特殊的業力，要有一個真正、持久的終生朋友。無論你在哪裡，無論你們的關係經歷了多少時間，這人都愛著你，而且無論你做過什麼事或是住在哪裡，都無關緊要。當有機會相聚時，你們全然享受那段時光，但雙方並不期待彼此是否經常相聚。我了解這類特殊的關係，因為我有一個從小就認識的朋友。你們一定不知道，他正是我人生牌陣中的天王星牌！

代碼：URF　　　　　　　　　　　　　　　　　　　　　　　號：HH

意謂：對方是你人生牌陣中的天王星

連結的含義：

你的伴侶總是做著意想不到的事，而你似乎永遠無法知道對方的行蹤。他們可能是你生活中一個不確定性的源頭，你可能喜歡，也可能不喜歡。你無法以任何方式掌控對方，如果讓對方愛怎麼活就怎麼活，你會好過許多。如果那麼做，你會發現自己擁有一個終生好友。從正向面看，很可能你們雙方讓彼此有空間做自己的事，可以追求個別的夢想和抱負。給予你的伴侶這樣的空間尤其重要。

URF 連結的肯定句：我的伴侶是我最好的朋友，讓我可以成為我自己，不期待或執著。我則回報同樣的恩情。

吸引力指數	強度指數	相容性指數
0	0	0

代碼：URFS　　　　　　　　　　　　　　　　　　　　　符號：HH

意謂：對方是你靈性牌陣中的天王星

連結的含義：

很可能你和你的伴侶共享某個前世，當時，你們是朋友，不然就是某個動機明確的團體或協會的成員。在那一世，你們學會了尊重彼此的個體性和個人的自由。今生，你大概有同樣的感受，而這個連結則賦予你們一定程度的相互尊重，那是相當令人欽佩的。這個連結有時可能造成你內在的某些不確定性，因為我們的天王星對象往往做些我們料想不到的事。從正向面看，這些意想不到的行為正在幫助你放下用傳統的老方法看待對方或其他事物，幫助你敞開心扉，迎接人生的全新可能性。如果你渴望與一個將是終生朋友的對象建立親密關係，對方絕不會期待你改變或放棄你的個體性，那麼這人可能很適合你。否則，這個連結的極端個體性對你來說可能過度自由，沒有提供足夠的安全保障或你喜歡的親密無間。

URFS 連結的肯定句：我的伴侶是我最好的朋友，讓我可以成為我自己，不期待或執著。我則回報同樣的恩情。

吸引力指數	強度指數	相容性指數
0	0	0

代碼：URR　　　　　　　　　　　　　　　　　　　　　符號：HH

意謂：你是對方人生牌陣中的天王星

連結的含義：

談到伴侶，你想要擁有完全的自由，可以是你自己，也期待對方給予你這份自由。不過，從對方的觀點，他們對這方面的體驗可能是，你不可預測或不可靠，除非對方願意讓你隨心所欲來去自如。很可能你嚇到對方，或是讓對方有時覺得不確定你的情愛。然而，這股同樣的影響力可能使你們成為最好的朋友，只要你們雙方願意在關係中擁有這麼多的自由。你們之間的其他連結將有助於說明兩人在一起的全貌，同時更充分地解釋你們兩人如何處理這個連結。

URR連結的肯定句：我的伴侶和我是不折不扣最真實的朋友，允許彼此享有成為自己的自由。

吸引力指數	強度指數	相容性指數
0	0	0

代碼：URRS　　　　　　　　　　　　符號：♅

意謂：你是對方靈性牌陣中的天王星

連結的含義：

你們兩人是前世的朋友，因這個連結而存有一定程度的相互尊重以及對彼此個體性的讚賞。這可能是一份偉大的友誼，只要你們倆不期待對方。不過有時候，似乎你們兩人幾乎沒有共同點。事實是，你們是朋友，會共度良宵，但未必按照既定的方式。

URRS連結的肯定句：我的伴侶和我是不折不扣最真實的朋友，允許彼此享有成為自己的自由。

吸引力指數	強度指數	相容性指數
0	0	0

代碼：URM　　　　　　　　　　　　符號：♅

意謂：你們是彼此人生牌陣中的天王星

連結的含義：

你和你的伴侶共享一個非常獨特且罕見的連結，整副牌中只有八張牌有此可能。這個連結代表相互間的友誼和個人的表達自由。基本上，你們先是朋友，其次才是戀人和伴侶。這是真正無條件的愛的連結。你們必須雙雙允許對方擁有完全的自由，做自己愛做的事，成為自己要成為的人。想要控制或改變伴侶的任何企圖必定導致兩人之間的空間迅速擴大，走到極端就是分手。內在的恐懼導致我們試圖改變或控制伴侶。或許，你選擇了這段關係是為了學習，真正的愛完全不需要操控伴侶或彼此權力鬥爭。讓你們之間的愛流動吧，就像兩人之間輕柔的微風，如此，雙方便有足夠的空間可以呼吸，同時保有個人獨有的自我表達感。

URM連結的肯定句：我的伴侶和我先是朋友，而且總是允許彼此完全擁有自我表達的自由。

吸引力指數	強度指數	相容性指數
0	0	0

代碼：URMS

符號：H⚪

意謂：你們是彼此靈性牌陣中的天王星

連結的含義：

你和你的伴侶可能共享某個前世，當時，你們是朋友，或是某個動機明確或有具體人生哲理的團體或協會的成員。在那一世，你們學會尊重彼此的個體性和個人自由，基於某個共同的目標而結合。因這段前世的經驗，你們兩人深度尊重彼此的空間，允許對方可以表達個體的差異，那是這段關係中很自然的一部分。很可能你們兩人都允許對方有足夠的時間去追求個人的目標和志向。有時候你可能覺得，你們過著有些個別的生活，但你也必須領悟到，你選擇了這樣的關係，要成為完全展現真實友誼的範例。你正在學習不執著，以及該如何利用這段獨特的關係學會尊重自己的個別需求和表達。

註：

無條件的愛的連結當中，這是最強大的其中一個，主要因為它來自某個前世，而且因為它是本命牌之間存在的少數「相互連結」之一。從某方面看，它比天王星的另一個相互連結好上許多，因為你們兩人已經學會了如何讓對方就是對方，不試圖改變彼此。因此，這個連結可以是一起快樂生活的基礎。當然，你們之間還有其他連結，有些可能造成或這或那的問題。不過要記住，你們之間這份深度的陪伴感總是存在，隨時為一份相互的理解做好準備。請記住，你只希望你的伴侶是最好的，而你的伴侶對你也有同樣的感覺。

這個連結只發生在人生和靈性牌陣落在外圍角落的幾張牌之間。如果你盯著352和353頁，就會發現這些牌——紅心7和黑桃4以及黑桃10和紅心A，分別位於靈性牌陣的對角。來到人生牌陣，我們得到位於兩對角的一組黑桃A和紅心4，以及另一組紅心Q和紅心3。所以，我們注意到這是非常罕見的連結，不過是強大的。

URM 連結的肯定句： 我們分享的友誼深厚而真實。那使我們與對方相處時，始終能夠完全是自己。

吸引力指數	強度指數	相容性指數
0	0	0

海王星連結

海王星可能是所有行星中最少被理解的行星之一，就只是因為它的基本性質是遮掩和混淆。假使我們把人類的電影業視為由這顆行星所支配，那會幫助我們理解海王星的真實本質。海王星運用人生可能成就的願景和夢想取悅我們，許多時候，它啟發我們演出英雄和犧牲的偉大事蹟。但它也矇騙我們，誘使我們沿華美的幻相之路前行。海王星也支配毒品、化學製品、唯靈論、通靈現象以及各種形式的逃避現實，所有這些東西都可以將我們提升至新的高度，不然就是成為我們逃避真相的工具。看電影時，我們被轉移至另外一個世界，兩、三小時當中，我們活在另一個什麼都可能實現的現實之中。電影裡的演員以難以置信的自信、技能和力量行事，有些似乎萬無一失、完美無瑕。他們過著完美的生活，戰勝人生中的所有壞人和惡魔。除非我們讓自己相信電影中經驗到的就是現實，否則逃避到電影中可是相當愉快的經驗。假使我們走出電影院，決定要跟剛才看到的演員有同樣的樣子或作為，那你就要有讓自己幡然醒悟的準備。電影的聲音、燈光和憤怒不同於現實的人生。現實生活中的人們是不完美的。生活本身是一連串的挑戰。情緒無法控制，生活似乎年年每況愈下，沒有改善。我們渴求與夢中情人一起步入夕陽的快樂結局。儘管如此，電影還是可以啟發我們成為原本已是的自己，只要我們記得向自己的內在尋求那些解答。看電影很像嗑藥。我們走進去，逃離現實好一陣子，然後再回到現實世界。

海王星關係的高階面

1. 我的伴侶在許多層面啟發我擴大自己的人生。
2. 我可以在心靈上領會我的伴侶，懂得解讀對方的想法和感受。
3. 我不斷感謝伴侶對我的人生的貢獻。
4. 我可以放棄搜尋完美的伴侶——我已經找到了。

有海王星連結的關係就像去看電影或嗑藥。在這些關係中，我們在摯愛的眼裡看見個人幸福快樂的無限可能性。我們時常將對方當作偶像崇拜，對方成了我們的救星。最後，我們私下認為，自己正與向來渴求的人過著夢想的生活。有海王星連結的關係往往是前世關係。因為我們感應到以前曾經與我們的伴侶在一起，我們感應到永恆而無所囿限的愛的特質。這強化我們的信念，相信這是我們的靈魂伴侶，我們的夢中情人。這些關係往往開始得非常神祕而神奇。我們似乎命中注定要遇見這個人，因為當我們邂逅對方時，似乎是造化弄人，或是出現非比尋常的事故。與對方在一起幫助我們以不同的眼光看待自己，或許這是我們長久以來渴望看待自己的方式。難怪這類關係時常最難結束，它們變成上癮，因為對方有許許多多我們需要和想要的東西。

海王星關係的常見問題是，我們想像，伴侶可以感知並回應我們的需求，不需要告訴對方。事實上，我們發現，許多時候，如此期盼的伴侶是無能的，或是害怕傳達他們的需求。問題是，即使他們什麼也沒說，卻還是期待自己的需求可以被滿足。當需求沒有被滿足時，憤怒可能是結果，還有其他逃避和幻想的行為模式。

星座本命盤中有強烈的海王星傾向或許多雙魚能量的人，往往會吸引一個接一個的海王星關係。當事人可能需要長達一輩子的時間才學會這些連結涉及的功課。這是因為海王星是如此隱祕、看不見的影響力，因此很難將它帶入可以得到有效處理的意識心領域。

海王星連結發生在當兩張牌在人生或靈性牌陣中彼此相距七個間隔時。這只發生在水平和垂直方向，沒有對角線或相互的海王星連結。如果我們查看353頁的人生牌陣圖，就可以看見梅花A和方塊7、紅心A和梅花7，以及紅心8和紅心3之間的海王星連結。

我囊括了最後那一組，讓讀者可以明白，來到人生牌陣的底部左下角時，該如何數算。上述所有這些例子當中，第二張牌是第一張的海王星牌。當某人是我們的海王星牌時，我們就是在某種程度上完全被對方帶著走的人。我們正從對方接收到這股海王星能量，因此受其影響最人。基於這個原因，如果對方想要欺騙我們，可是輕而易舉。對方可以利用我們得到他們想要的東西，

而我們大概永遠不會知道。人生與靈性牌陣中的海王星連結幾乎同等強烈。主要區別在於，靈性牌陣的海王星連結同時具有心靈感應溝通的典型表現。即使相隔數千公里，伴侶一方也時常知道另一方在想什麼。這種溝通發生在許多關係中，但在海王星關係裡，通常發生得更早，而且更明顯。

我們在海王星關係中學到的主要功課與自己的夢想和欲望有關。那個海王星對象時常代表我們想要但直到愛上對方才知道自己想要的特質。他們的作用在於喚醒我們最深層的某些衝動和欲望。麻煩的是，這些欲望和夢想深深埋藏在內心深處，因此我們並沒有意識到。這使我們其實相信，這個對象要為我們的感受負責。我們將自己的所有需求和欲望投射到這人身上，而且在這個過程中，我們可能會使自己遠離個人的力量。這些關係往往結局悲慘，通常有一種幡然醒悟，如此震驚，致使我們從一個極端走到另外一個極端。我們曾經十分迷戀對方、被對方所吸引，如今被嚴峻拒絕，於是同樣迫不及待地想要疏遠對方。然而，我們正在疏遠的其實是自己的夢想。最終，我們必須承認並接受，對方在我們身上喚醒的事物是我們自己的，然後為自己想方設法，將這些夢想化為現實。就這樣，我們生命中的海王星對象完成了無價的服務。他們喚醒我們，意識到自己重要且往往攸關生死的部分，那一度隱藏起來使我們看不見的部分。

海王星關係的低階面

1. 我無望地沉迷於我的伴侶，就像吸毒成癮，我會不計一切要與對方在一起，甚至是死也要跟對方在一起。
2. 我拒絕看見伴侶的缺點。
3. 我自私地期待我的伴侶就是我想要的一切，看不見對方的本性。
4. 溝通迷茫混亂。沒說出口的期望引發衝突和恐懼。我期待不必告訴伴侶，對方就知道我的需求。

代碼：NEF　　　　　　　　　　　　　　　　　符號：♆

意謂：對方是你人生牌陣中的海王星

連結的含義：

你的伴侶可能在一或多個重要方面是你的夢中情人，你對對方有許多的遐思，且透過「玫瑰色眼鏡」看對方。在你的眼中，他們絕不會犯錯，但你看見的究竟是對方的本性呢？還是你希望對方呈現的樣子？這可能非常浪漫，也可能是噩夢一場，全都取決於你。往往有這個連結的人有很強的心靈鏈結。有些案例顯示，兩人之間有一份強烈的靈性元素。而所有案例均顯示，你應該被告知，你的伴侶可以輕而易舉地欺騙和利用你，因為你對這人的幻想如此強烈，導致對方可以對你施加某種可能很危險的「咒語」。這個連結是最浪漫的連結之一，可以在你和伴侶的內在激發出魔幻的感受。修煉到這個連結的最高形式，可以激勵你和你的伴侶為這世界完成偉大的事蹟。

註：

海王星連結本質上是金星連結高八度（higher octave）。占星學中，金星在海王星守護的雙魚座是廟旺。因此，海王星有潛力帶出愛的最高形式，如此的愛需要犧牲以及對另外一個人無私地付出。然而，在如今水瓶初露端倪的時代，我們生命中的許多海王星影響力往往走向低階面，因此通常經驗到較多海王星關係的負面效應。這意謂著錯位的遐思、夢想和意圖。許多情愛生活中有強烈海王星影響的人，最終陷入痛苦的共依存和上癮關係，有些甚至是虐待。海王星可是非常迷惑欺騙和沉溺上癮的，正如在此列出的大部分連結說明所示；這個連結如何顯化在你的人生中，與其說取決於連結本身，倒不如說取決於你。若要從這個連結得到最大收益，請根據兩人可以為世界做出的貢獻，為你們的關係設定崇高的理想。這將活化海王星的最高振動，展現普世和宇宙的愛。

NEF 連結的肯定句：我的伴侶是我的夢中情人。我們共享強烈的心靈鏈結，透過對方，我經驗到自己的無限。

吸引力指數	強度指數	相容性指數
8	0	3

代碼：NEFS　　　　　　　　　　　　　　　　符號：♆

意謂：對方是你靈性牌陣中的海王星

連結的含義：

你有強烈的心靈鏈結連通你的伴侶，可能對他／她有許多的遐思和理想。雖然這可能看似你夢寐以求的關係，但如果你拒絕看見對方的真實樣貌，那麼這關係也可能變成噩夢一場。嘗試去看見你多麼強烈地將你的幻想投射在對方身上，花些時間區別你希望對方所是的樣子與對方真正的本性，如此，你自己的投射才不會阻擋真相，你才能夠與一個真正的人建立關係，而不是將關係構築在某個不斷威脅要變成噩夢的夢想上。很可能你和你的伴侶以前曾經在一起，而且在那個前世的生活中共享這份同樣深刻的心靈連結。你們在一起可能有某個非常特殊的目的，將會對你們周圍的世界做出重要的貢獻。這個連結是「普世的愛」。

NEFS 連結的肯定句：我的伴侶是我的夢中情人。我們共享強烈的心靈鏈結，透過對方，我經驗到自己的無限。

吸引力指數	強度指數	相容性指數
8	0	3

代碼：NER   符號：♆

意謂：你是對方人生牌陣中的海王星

連結的含義：

你的伴侶將你視為他／她的「夢想成真」，而且很可能在他們眼中，你絕不會犯錯。然而，你可能覺得有時候，對方其實不了解真正的你，你可能厭倦了為他們扮演某個虛幻的角色。這也是一個非常浪漫的連結，可以持續許多年保有這份浪漫。你有力量操控你的伴侶，因此，如果想要，你可以欺騙對方，而他們永遠不會知道你在做這樣的事。雖然有人崇拜很美好，但你希望因你的本性而被愛，因此這樣的連結有時可能很艱難。儘管如此，你有習慣取悅你的伴侶，而且這在你們之間建立起牢固的連繫。你也可以利用這個連結激勵對方與你合作，實現你畢生志業的某個重要目標。這個連結是「普世的愛」。

NER連結的肯定句：我的伴侶賦予我實現他／她的夢想的力量。我用這份力量帶給對方真理和愛。

吸引力指數	強度指數	相容性指數
8	0	3

代碼：NERS   符號：♆

意謂：你是對方靈性牌陣中的海王星

連結的含義：

你的伴侶感覺到與你有深度的潛意識鏈結，在許多層面，你都代表對方的某個夢想成真。同樣這個連結使對方容易透過玫瑰色眼鏡看你，容易將他們的幻想投射在你身上。雖然這可能非常浪漫、非常理想化，但你可能厭倦了為對方演出這個夢幻角色，那可能根本不是真正的你。也可能你們兩人共享深度的靈性連結，如果不是被用來欺騙或利用對方，這可是好事。你尤其知道，你對你的伴侶擁有某種神祕的力量，也有更多的責任要對他們坦白，據實以告。這個連結可以為你們兩人提供靈感和方向，達至某個重要而有價值且與幫助世界連結的目標。要修煉這個「普世的愛」連結，好好利用它。

NERS連結的肯定句：我的伴侶賦予我實現其夢想的力量。我用這份力量帶給對方真理和愛。

吸引力指數	強度指數	相容性指數
8	0	3

冥王星連結

冥王星是毀滅與死亡之神，掌管性慾、死亡、重生以及死者的財物。冥王星和火星是相連的，他們是天蠍座的共同守護者，而且在許多方面，這些連結很類似。不過，如果火星是憤怒、貪慾和戰爭，那麼冥王星就是火星高八度。帶著憤怒走了那麼遠，憤怒變成了復仇。那是建立在權力上的貪慾，不僅止是奠基於欲望，而且那是戰爭，要淨化星球上較低階、較黑暗的元素。冥王星是關於「力量」——財務的力量、意志力、性的力量以及因地位而來的權力。誰擁有那樣的力量，誰就贏得比賽。在冥王星關係中，常有伴侶之間的權力鬥爭。當我們領悟到兩人之間有一場鬥爭進行著，就立馬明白鬥爭的根源處可能存有某些錯誤的觀念。如果兩人被吸引到有強烈冥王星連結的關係之中，那麼伴侶一方或雙方肯定有某個先入為主的觀念，認為對方正試圖控制或操縱他們。因為相信這點，他們最終吸引到相信同樣事情的伴侶。現在，他們捲入了一場兩人之間的權力鬥爭，可能需要一輩子才能理解和療癒。

冥王星關係的高階面

1. 我的伴侶使我憶起我能夠實現和成就的事物。
2. 人生中有我的伴侶，使我充滿活力。
3. 因我的伴侶的存在，我蛻變了。
4. 我放下過去一直牽絆我的所有負面因素。

冥王星連結發生在——當兩張牌在人生或靈性牌陣的水平方向彼此相距八個間隔時。這總是從右到左數算。舉個例子，如果我的本命牌是方塊10，那就從黑桃8開始向左數八張牌，於是來到紅心9，就是我的冥王星牌，如353頁人生牌陣所示。同一頁面的其他範例有黑桃5和梅花4、方塊4和黑桃K，以及梅花10和方塊3。在上述這些例子當中，第二張牌都是第一張的冥王星。後兩個例子說明數到牌陣底部、右邊角落時，該要如何繼續。也舉例說明，來到「皇冠列」（頂端三張

牌）的末端時，該要如何繼續。沒有相互（對角）或垂直冥王星連結。

冥王星關係的低階面

1. 我與伴侶爭鬥不斷。
2. 我的伴侶不斷耳提面命，讓我想起自己的缺點。
3. 伴侶透過各式各樣的勸說試圖控制和操縱我。
4. 我們經常因為金錢和由誰操控起爭執。
5. 有時候我覺得我想要殺死我的伴侶，他令我非常生氣。
6. 這輩子，從來沒有人令我氣到如此抓狂的地步。

當某人是我的冥王星牌時，對方做事的方式會將冥王星能量帶進我的生命中。對方可能覺察到、也可能沒有覺察到他們如何影響我，因為從對方的觀點，冥王星連結並不存在。他們只會體驗到我對他們的行動的反應和回應，而那些行動正以冥王星的方式刺激我。因此，接收冥王星能量的人受到這個連結的影響比較大，以此例而言，是我受到的影響比較大。而我究竟會如何受到影響呢？

人生牌陣中的冥王星牌代表某個今生我們將會經歷重大蛻變的領域。它不是唯一的領域，但卻是最重要的領域之一。它可能是某一個常見的人生主題。舉個例子，梅花10的冥王星牌方塊3告訴我們，梅花10在人世間是要將他們對自我欲求的猶豫不決（方塊3）蛻變成創造性的自我表達。所以，如果我與本命牌在人生牌陣或靈性牌陣中是我的冥王星牌的人展開親密關係，我本質上是要表示，我希望有人提醒我憶起自己必須做出的改變，如此，我才會繼續改變。一個冥王星的人，即使那人不知道，他們的表現也會使我們想起自己需要改變的地方。他們挑戰我們，要放下促使我們想要改變的負面特質繼續存在的所有人格特質、恐懼、信念和態度。因此，這些人成為促使我們死亡和蛻變的使者。

不是就字面上的意義，而是我們私下知道，死去的一部分自己注定要消逝。

往往，我們害怕放下過去以及熟知許久的特質，盡

管知道那些特質對我們沒有好處。因此，我們時常與自己的冥王星伴侶爭鬥，彷彿我們的人生仰賴這樣的爭鬥。與對方互動可以挖掘出我們某些最深層、最黑暗的祕密，我們可能很訝異自己對對方的反應。某些時候，冥王星關係是澈底的權力鬥爭，有點像電影《玫瑰戰爭》（The War of the Roses）情節，可能懷恨在心，渴望扳回一城。當然，這只發生在伴侶一方或雙方都沒有對這段關係負起責任時。

並不是所有的冥王星關係都那麼戲劇化。以正向的態度視之，我們的冥王星牌對象代表我們心中惦記的一個目標，對方的某樣東西非常吸引我們。我常說，冥王星連結就像飛蛾撲火。飛蛾受到火焰的吸引，火焰最終將蛾一路傳送到牠的下一個存在狀態，無論那個狀態是什麼。但我們不必將我們的冥王星對象視為會殺死我們的人。我們想要成為某人，而對方將這樣的東西反映給我們。我們因對方的存在而備受挑戰，要在人生中做出改變，那將會幫助我們實現自己的夢想和抱負。就是這樣的態度，將會為我們與冥王星牌對象的互動帶來最多的利益。

代碼：PLF　　　　　　　　　　　　　　　　　符號：(ᵕ)

意謂：對方是你人生牌陣中的冥王星

連結的含義：

你的伴侶對你來說挑戰性十足。他／她促使你在人生中做出改變，幫助你擴展，超越你目前的能耐或自我強加的限制。很可能你們兩人不時有「意志力的交戰」。你們兩人可能會爭奪關係的操控權，而且可能鬥得很激烈。然而，如果帶著覺知處理，這可以是你人生最有價值的關係之一。它將會蛻變你，幫助你達到最大潛能，同時鼓勵你放下牽絆你的情感執著或負面習性。為了充分利用這個連結，千萬不要試圖改變或操控你的伴侶，而要利用這股能量改變你自己。那就是這段關係對你的意義：一個刺激，促使你改變。雖然就大部分的標準來說，冥王星關係實屬不易，但它對你的價值可是很巨大的。這個連結通常與強烈的性吸引力相關聯。

註：

冥王星連結與火星相關連，但它是火星被帶到高八度。少了火星的貪慾和憤怒，取而代之的是冥王星的操控和權力情結。就像火星連結一樣，冥王星具有高度的吸引力和強度。最終，這段關係對你來說究竟如何，將取決於你與自己的關係。冥王星的人讓我們想起自己內在的某些特質，那些是我們「立下契約」要在今生改變的。如果你覺察到自己的缺點且能夠接受自己的缺點，這段關係將不會看似太過激烈、太過具有挑戰性。在靈性和個人發展層面，這可能是你人生中最重要且最有價值的關係之一。這個連結在相容性方面得到 -5，因為很少有人能夠長期與這類強度共存。當然，其他比較和諧的連結可以幫助抵消這樣的強度，協助雙方和諧共存。

PLF 連結的肯定句：伴侶的存在使我想起，我最渴望也最想要改變自己的部分。

吸引力指數	強度指數	相容性指數
8	9	−5

代碼：PLFS　　　　　　　　　　　　　　　　符號：(ᵕ)

意謂：對方是你靈性牌陣中的冥王星

連結的含義：

你的伴侶挑戰你，要超越現在的你，在新的領域成長。可能有「意志力的交戰」，也可能在許多方面挑戰性十足。你選擇了他／她來幫你蛻變自己，放下過去，同時以新的方式讓自己成長、進化。在人格層面，這往往很困難，因為伴侶似乎不斷地要你面對你還不夠強健的領域。其他案例則顯示，可能看似伴侶不斷試圖操控你。這個連結暗示，你們兩人可能某個前世曾經在一起，如今在此是要完成那一世的某樁未竟事宜。這事的某些部分對你來說可能看似非常具有挑戰性，尤其如果你企圖要改變對方，或是要對方符合你認為他們應該如何的想法。然而，若以正確的態度視之，這段關係可以是晉升至某個嶄新人生的跳板，在那裡，你會更加強大，而且免於自我限制的信念和態度。有鑑於此，這人可能是你一生中最重要的人。

PLFS 連結的肯定句：伴侶的存在使我想起，我最渴望也最想要改變自己的部分。

吸引力指數	強度指數	相容性指數
6	8	−5

代碼：PLR 符號：(o)

意謂：你是對方人生牌陣中的冥王星

連結的含義：

無論你是否意識到，你都代表你的伴侶的一大挑戰。你是那個既挑戰對方、又使對方蛻變轉化的人。即使你不知情，你對你的伴侶還是有強大的影響力，導致強烈的感覺湧現。這可能是你在這段關係中不時經驗到「意志力交戰」或權力鬥爭的原因。就某個深層而言，你代表你的伴侶希望他／她自己擁有的特質或事物。若要獲得這些特質，他／她必須針對內在做出大規模的改變。基於這個原因，對方可能不見得喜歡你存在他們的生命中，儘管他們可能感覺到不得不面對你為他們帶出的課題。你出現在你的伴侶的人生中是有某個重要原因的，他們有意識或無意識地選擇了你來幫助他們長大成人。基於這個原因，這可能是他們人生中最重要的關係。不管怎樣，這完全取決於你的伴侶的自我接受程度，以及對於你為他們的人生帶來強烈感覺和經驗的原因，他們到底覺察到幾分。

PLR連結的肯定句：我的伴侶選擇了我來幫助他／她培養人格的重要面向。我明白我對他／她有強大的影響力。

吸引力指數	強度指數	相容性指數
4	5	−3

代碼：PLRS 符號：(o)

意謂：你是對方靈性牌陣中的冥王星

連結的含義：

在你的伴侶的人生中，你代表對方的一部分人生挑戰和目標。基於這個原因，有時候，你對他／她來說，似乎是非常具有挑戰性、甚至是困難重重。這個連結帶出我們最深層的感受，有時候還包括改變或操控伴侶的衝動。這很可能是你的伴侶對你的感覺。與這個連結同時存在的可能性是，你們兩人以前曾經在一起，而且在那個前世的生活中，你們的關係留下了某些不完整的面向。要知道你對你的伴侶有強大的影響力，這提醒對方，他們正在某個深層努力改變自己。如果對方因那些內在的改變而大有進步，那麼與你的關係一定會看似比較輕易且更加正向，慢慢為對方灌注更多在人生中創造事物的力量。

PLRS連結的肯定句：我的伴侶選擇了我來幫助他／她培養人格的重要面向。我明白我對他／她有強大的影響力。

吸引力指數	強度指數	相容性指數
6	8	−5

宇宙回報和宇宙功課連結

「宇宙回報」（Cosmic Reward）位置代表在我們的太陽系中尚未被發現的行星，這個位置落在冥王星之外。即使這樣的行星從未被發現，但牌中有許多證據顯示，至少有一股與木星相關聯的能量，以某種方式支配或反映我們的人生的層面和性格的面向。若要理解這個連結和「宇宙功課」（Cosmic Lesson）連結，查看下表很有幫助。

細看此圖表時，請謹記數字5——人類的數字——的含義。這裡有兩組五個行星連結。下排連結絕對與上排的對應行星有關。天王星執掌水瓶座，水星在此是廟旺的。當行星位於其最高表達的星座時，就被視為廟旺。守護雙子座或處女座的水星，代表宏大的邏輯心智。但將水星放在水瓶座，得到的是天才。金星也一樣，它在海王星統治的雙魚座是廟旺。火星／冥王星連結也是類似的，但不完全一樣。傳統上並不認為火星在冥王星守護的天蠍座是廟旺，但我認為其實火星在此是

	1	2	3	4	5
世俗列	水星	金星	火星	木星	土星
普世列	天王星	海王星	冥王星	宇宙回報	宇宙功課

廟旺的。列在「普世」（Universal）列的每一顆行星，都代表「世俗」（Earth-Bound）列的相應行星步入高八度或更高階。舉例來說，水瓶座的心智被連結至更高階的智能或宇宙的「知曉」，且不受雙子或處女心智的邏輯推理和小心謹慎的束縛。同樣地，雙魚座的愛的本質是對人類的愛，不是對另一個人（天秤座）或世俗事物（金牛座）的愛。

宇宙回報關係的高階面

1. 我的伴侶是我生命中不斷的祝福。愈是和他／她在一起，我就愈讚賞他／她對我的一切。
2. 我感激對方在許多層面為我帶來的許多東西。
3. 我的伴侶提醒我，宇宙充滿值得感激和快樂的事物。
4. 我覺得我命中注定要和我的伴侶在一起。

由於人生牌陣中的「宇宙回報」和「宇宙功課」牌緊接在冥王星牌之後，因此它們與木星和土星的關聯昭然若揭。這為我們帶來與其含義相關的某些暗示，那些通常仍舊是難解之謎，因為我們對它們的經驗少之又少，也幾乎沒有什麼研究資料。在人生或靈性牌陣中，它們是從本命牌開始的第9和第10張牌（始終從右向左

計數）。因此，如果我們細看353頁的人生牌陣圖，就會看見方塊A本命牌有梅花J作為它的宇宙回報牌，方塊9作為它的宇宙功課牌。再舉一例，細看梅花6本命牌。從右向左計數，接著往上來到頂部（皇冠列），然後從黑桃K數到紅心3的位置，我們找到宇宙回報牌是黑桃10，宇宙功課牌是梅花5。

與木星相關聯的宇宙回報牌為我們帶來許多祝福，就像我們的木星牌一樣。然而，這些祝福可能比較針對靈性或普世層面，而不是針對一般與木星相關聯的財務層面。此外，我注意到，宇宙回報牌的祝福通常要到當事人已經通過且遭遇了他們的冥王星牌所暗示的挑戰和改變之後，才會被真正注意到。因此，在宇宙回報關係當中，那段關係的祝福要在一段時間之後才會一目了然。在關係初期，宇宙回報牌的人似乎比較像是一個挑戰，很像冥王星牌的人。他們的行為是另一則提醒，告訴我們必須好好對自己下工夫，才能提升自我理解感。因此，對於大部分時候仍舊不覺察自己、不曾自我分析、自我發現的人來說，宇宙回報關係可能挑戰性十足。然而，對於曾經完成過如此重要自我修行的人來說，宇宙回報關係是愈來愈被讚賞的重大祝福。總的來說，這暗示，宇宙回報關係隨著年齡的增長愈來愈好，因為我們的自我理解通常隨著年齡而增長。

然而，我的意思並不是，你必須年紀大才能夠享受

宇宙回報牌。這一切取決於你對個人成長承諾的程度。假使我們看見關係中的這個連結很突出，譬如說，是五個連結中的第一或第二個連結，而且如果接收這能量的人時運不濟，我們就可以斷定，這些人在自我理解方面仍有許多工夫要下。其實就是那麼簡單。

宇宙回報關係的低階面

1. 我試圖改變和操控我的伴侶。
2. 我非常想要我的伴侶，而且似乎無法要對方或讓對方愛我。
3. 我與伴侶經常爭鬥，而且憎恨對方所說的話和所做的事。
4. 有時候，我很氣我的伴侶，氣到不知道該怎麼辦。

宇宙功課關係的高階面

1. 我的伴侶正在幫助我成就我的最高目標和抱負。
2. 知道伴侶的存在是要引導我踏上正確的道路，邁向我的天命，感覺真好。
3. 我的伴侶使我想起自己的最大潛能，且為我指出到達那裡的路徑。
4. 我的伴侶提供有幫助的建議和想法，促進我的事業野心。

宇宙回報牌的最後一個重要元素是「命定的戀情」或「命定的婚姻」。一個人往往在經歷過許多其他戀情之後與自己的宇宙回報牌結婚，這是相當常見的。此牌與《撲克命牌・我的流年》（Cards of Your Destiny）一書中使用的「結果牌」（Result Card）是同一張牌。因為是我們今生的結果牌，宇宙回報牌往往代表命中注定臨終時陪伴我們的人。許多時候，這意謂著結婚。

宇宙功課牌與土星相關聯，代表範疇較凡間俗事更為廣泛的責任和功課。在宇宙功課牌的位置上，我們將注意力轉移到比較普世的問題上。人生牌陣中的土星牌往往代表我們所做的工作，可能是大家知道我們該做的事或該成為的身分，不然就是可能以某種方式描述我們的事業。同樣地，我們的宇宙功課牌可以表示，我們用比較普世層面的土星意義所扮演的角色。舉個例子，這可能是我們欠社會的債，不然就是，為了滿足那些被你稱為神力或宇宙生命原力的力量，我們必須扮演的角色。無論如何，當我們和自己的宇宙功課牌對象同在關係中時，我們以某種方式被提醒，使我們憶起「應該」做的事。

宇宙功課關係的低階面

1. 我憎恨我的伴侶企圖幫我。
2. 我的伴侶不斷批評我，嫌我做錯事、挑我的語病。
3. 因為我的伴侶所說的話和所做的事，我覺得他或她不愛我或不關心我。
4. 我的伴侶以一種或多種方式狠心虐待我。
5. 無論我怎麼做，我的伴侶都嫌不夠。

「應該」是一個重要的土星詞彙。當你想到土星或宇宙功課牌時，請牢記這點。所以，當我們的宇宙功課牌對象跟我們說話時，可能會經常用到「應該」這個詞，就跟土星牌的人一樣。宇宙功課牌的人一定會看見，我們可以在人生的哪些領域做出改變，那最終將使我們受惠。他們的影響可以幫助我們更加成功，即使那樣的成功只是一個只有我們自己知道的目標。但是，如果我們渾然不覺地進入人生的某些領域且吸引到這人來喚醒我們，宇宙功課關係也可能跟土星關係一樣艱難。宇宙功課關係跟土星一樣，可能發生在因為我們在某種程度上暗中憎恨自己。假使情況如此，這些關係將在我們面前演出，反映那份仇恨或拒絕。換言之，有些宇宙功課關係將含有殘酷或虐待的元素。但這情況只發生在當事人早已憎恨自己的樣子，且因過去做過的某事而將虐待積累在自己身上時。在最高的表達中，宇宙功課關係將會擔任我們的夢想和抱負的鞏固者，大大幫助我們實現某個偉大的人生使命。

代碼：CRF　　　　　　　　　　　　　　　符號：♃⁺

意謂：對方是你今生的宇宙回報牌

連結的含義：

這個人挑戰你，然而卻也以某種方式指出你的天命和充實滿意之路。完全有可能的是，你們兩人命中注定要以某種有意義的方式在一起，乃至結婚。在某個層面，對方代表給你的「回報」，你可以因穿越蛻變而掙得的回報，且如此蛻變正是你今生靈魂天命的一部分。就某種意義來說，一旦與此相關聯的挑戰被一一迎接且好好應對，這段關係就會感覺像是真正的祝福。

註：

我所謂的「今生宇宙回報牌」等同於《撲克命牌・我的流年》一書中90歲牌陣裡的冥王星／結果牌。這張牌與木星相關聯，因此其作用頗有裨益。不過，由於它與冥王星牌非常接近，因此也可能極具挑戰性。我發現，在關係中，唯有當我們好好處理了與我們終生（90歲）冥王星牌相關聯的挑戰和功課時，我們才會領悟到這張牌的祝福。因此，你如何在人生中經驗到這人的作用，可能與你是否面對了冥王星牌的課題關連較大，而不是與對方當時的情況。當我們準備就緒，願意敞開接受那個可能性時，凡是我們的宇宙回報牌的人，不論是誰，都可以是最大的祝福之一。

CRF連結的肯定句：我的伴侶提醒我，美好事物是我的一部分。只要我準備好且願意接納這點，對方就是我的祝福。

吸引力指數	強度指數	相容性指數
5	7	0

代碼：CRFS　　　　　　　　　　　　　　符號：♃⁺

意謂：對方是你的靈性宇宙回報牌

連結的含義：

這人代表你「靈魂發展」的一部分，你可能因對方存在你的生命中而備受挑戰。對方可能在某些方面難以相處，但內心裡，你感應到，與對方在一起有助於在你的最大潛能的某些領域蛻變你自己。這是一個很強的連結，可能暗示一段命中注定的關係，一旦你開始面對自己今生的「靈魂挑戰」，就會開始將這人視為因針對自己下工夫而獲得的最大祝福和回報之一。

註：

這個連結就跟前一個連結一樣——除了它源自於靈性牌陣。因此，你很可能從這人身上接收到的木星祝福源自於某個前世聯結或前世善業。然而，就跟前一個連結一樣，與此連結相關聯的回報通常要等我們征服了、或是起碼面對了人生牌陣中冥王星牌所代表的課題之後，才會被經驗到。在那之前，我們的宇宙回報牌對象可能看似挑戰性十足、極端難纏，就跟冥王星牌的人一樣。

CRFS連結的肯定句：我的伴侶提醒我，美好事物是我的一部分。只要我準備好且願意接納這點，對方就是我的祝福。

吸引力指數	強度指數	相容性指數
7	5	0

代碼：CRR　　　　　　　　　　　　　　　　符號：24+

意謂：你是對方今生的宇宙回報牌

連結的含義：

你在你朋友的人生中相當重要，代表對方的一部分人生挑戰和目標。事實上，你是對方一或多個重要人生領域的「改變成功回報」。基於這個原因，你可能被對方視為挑戰性十足或很難應付。然而，一旦對方完成了必要的改變，迎接了自己強加的挑戰，你們的關係將會呈現出感激與快樂的感覺。往往，有這個連結的情侶命中注定要在一起完成人生和愛情的重要功課。一旦你的伴侶迎接了人生中的挑戰並做出改變，你將成為對方生命中最大的祝福。

註：

這個連結跟前兩個連結一樣，都與木星相關聯，但它是木星被帶到高八度。在世俗層面，木星與物質的祝福相關連，但在高八度時，它進入靈性層面且成為「宇宙的祝福」。事實上，對你的伴侶來說，你是一個祝福，但直到他或她面對了自己今生冥王星牌的靈性挑戰，才會領悟到那份祝福的充實。宇宙回報或祝福牌與冥王星牌密切關連。就你們的關係而言，你要麼被視為莫大的祝福，要麼是巨大的挑戰，這取決於你的伴侶在其個人和靈性發展的位置。無論如何，很可能情況是，他／她選擇你來幫助他們穿越其性格或某些重要人生面向的巨大蛻變。

CRR 連結的肯定句：我挑戰我的伴侶，要敞開心扉，接受宇宙的祝福。我為他們帶來最高層的祝福。

吸引力指數	強度指數	相容性指數
7	5	0

代碼：CRRS　　　　　　　　　　　　　　　　符號：24+

意謂：你是對方的靈性宇宙回報牌

連結的含義：

在你的伴侶的人生中，你代表對方今生在靈性或內在下工夫所得到的某種「宇宙回報」。從實際角度看，這個連結時常顯化成：你的存在對他們來說，既具有挑戰性又遙不可及。但這是他們已選擇要完成的一部分工作，而你在他們的蛻變中扮演某個關鍵角色。這個關鍵連結時常發生在命中注定在一起相當時間的情侶之間。

註：

這個連結跟前一個連結非常相似，但它連結到與你的伴侶相處的某個前世。由於這個連結來自靈性或自然牌陣，因此表示你們兩人在一起的原因之一是，要麼結清、要麼繼續某個前世關聯。在如此特殊連結的案例中，就你的伴侶能否成長成一個獨立的個體而言，這個前世關聯可能非常重要。今生你之所以在此，是要給予對方極有價值的某樣東西。然而，在你的伴侶處理好他們今生的冥王星牌（90歲牌陣中的那一張牌）之前，你在他們眼中可能看似問題，而不是祝福。

CRRS 連結的肯定句：我挑戰我的伴侶，要敞開心扉，接受宇宙的祝福。我為他們帶來最高層的祝福。

吸引力指數	強度指數	相容性指數
7	5	0

代碼：CLF 　　　　　　　　　　　　　　　　　　符號：ㄜ⁺

意謂：對方是你今生的宇宙功課牌

連結的含義：

這人在你的人生中以某種方式為你扮演「老師」的角色。無論對方是否覺察到，他或她存在你生命中意在使你想起某項重大的功課，提醒你必須學習如今在這顆星球上所要扮演的角色。基於這個原因，你可能不見得總是讚賞對方存在你的生命之中。他們可能使你憶起自己的某些短處，或是可能以某種方式扮演批評者的角色。從正向面看，這段關係有潛力幫助你在工作中飛黃騰達，因為你的伴侶一定會以某種方式提醒你，需要做什麼事，才能存取你的最大潛能。以正確的態度視之，這段關係可能帶來許多強大的自我領悟，這些在你的自我實現之路上擁有最崇高的價值。否則，你可能只把對方視為「身旁的刺」。

註：

這是較難理解的連結之一，代表我們水平人生軌跡中的第10張牌。這個第10張牌與土星相關聯，但它是土星被帶到高八度。由於連結至土星，因此這些關係可能是艱難、沉重的感覺。然而，在靈性方面，這個連結提醒我們，工作或事業抉擇對這世界負有的責任。基於這個原因，與共享這個連結的對象在一起，可能是某個重要的提示，提醒你今生可以呈現的最高階角色。如果你發現，對方以某種方式使你想起自覺欠缺的部分，那麼這可以幫助你找到達致最大潛能的途徑。這些提示並非總是開開心心地來到我們面前，因此，除非你有其他更和諧的連結可以抵消，否則對長期的舒適自在和相容性來說，這個連結並非吉兆。如果你選擇了與對方有此連結的關係，那可能代表某種無意識的渴望，想要找出最適合你的角色，因為那與你以強大而有意義的方式對世界做出貢獻相關連。如果這是你們之間的第一或第二個連結，這點尤其真實。

CLF連結的肯定句：這人讓我看見自己的最大潛能，且以啟發我達致更大高度的方式指出我今生的最高階角色。

吸引力指數	強度指數	相容性指數
5	7	−4

代碼：CLFS 　　　　　　　　　　　　　　　　　　符號：ㄜ⁺

意謂：對方是你的靈性宇宙功課牌

連結的含義：

這個連結的層次更深，比大部分的連結更難以感知。說明這個連結的最好方式是，你的伴侶代表你今生在此要學習的一部分功課。具體而言，對方反映出你正在學習的功課，包括你在更大格局（對社會和人類）當中的責任。在某方面，這人提醒你必須完成或成為的事，那將對世界有所幫助。如果你有遵照宇宙法則的傾向，這段關係可以帶領你實現天命。然而，也可能它的作用只是提醒你憶起自己的缺點以及可能需要自我改善的領域。

註：

就跟CLF連結一樣，這個連結與土星被帶到高八度相關聯。這裡的區別在於，這是來自89歲牌陣或靈性牌陣（見前一頁）的第10張牌，不是來自90歲或世俗牌陣。這帶來某個可能性，顯示：某個前世連結與透過這段關係學習的那些功課相關聯。

因此，這個可能性是：你們兩人以前曾經在一起，而且這人在你生命中扮演的角色源自於某個之前的關聯，或許是那個前世留下的未竟事宜。然而，如果你要依循自己的天命、發揮最大的潛能，這個連結正是提醒你必須扮演某個角色。如果這個連結是第一或第二個連結，那麼很可能，這人扮演的角色正在協助你找到發揮力量的途徑。雖然就相容性級別而言，這不是一個容易的連結，但卻可能是你人生最強大、最重要的關係之一。以適當的態度視之，它可以提供催化劑，在比較普世的層面找到你的畢生志業和人生使命。

CLFS 連結的肯定句：這人讓我看見自己的最大潛能，且以啟發我達致更大高度的方式指出我今生的最高階角色。

吸引力指數	強度指數	相容性指數
5	7	−4

代碼：CLR 　　　　　　　　　　　　　　　　　**符號**：ħ⁺

意謂：你是對方今生的宇宙功課牌

連結的含義：

這個連結暗示，你之所以存在你的伴侶的人生中，是要教導對方今生需要學習的許多事。無論你是批評他們做某些事的方法，或是在對方的人生中扮演老師的角色，他們都可以從你身上學習到許多價值觀。但是，不要期望對方始終喜歡這些功課，或是急著想聽到他們可以如何改善自己或該怎麼做事的方法。即使你什麼也沒說，你存在於對方的生命中就是在教導他們有一天可能會表達感激的無價功課。與此同時，在這些功課被習得的過程中，可能會有個性上的衝突。

註：

你影響你的伴侶的方式可能與你有意識地做什麼或說什麼沒什麼關係。這是一個尚未被好好理解的連結，比大部分的連結更難以捉摸。它具有某些土星的特質，因為本質上，它代表土星這個偉大老師的高八度。以某種方式，你是你的伴侶的老師。這些土星連結的方式通常在我們的關係中運作，不見得是我們有意識地說出的話或做出的事使我們的伴侶感到挑戰性十足，而是，我們存在於對方的生命之中，便以某種方式提醒對方，他們可能有所欠缺之處。在這類連結中，你提醒你的伴侶，他們的畢生志業可能在什麼地方。這可能令人倉皇失措，也可能極具建設性，取決於對方如何採納和回應。如果這是第一或第二個連結，你可能在對方的人格和天命發展中扮演十分重要的角色。就相容性級別而言，這個連結可能挑戰性十足，尤其是從你的伴侶的觀點看，因此，它可能不利於長期的自在和平靜。然而，若由對的人以對的方式處置，這可以是你人生中最重要的關係。

CLR 連結的肯定句：我提醒我的伴侶，讓對方憶起其最大潛能的某個重要面向。我讓對方看見，他／她能夠做什麼、可以成為什麼。

吸引力指數	強度指數	相容性指數
5	7	0

代碼：CLRS　　　　**符號**：♄+

意謂：你是對方的靈性宇宙功課牌

連結的含義：

雖然很難形容，但如果你們之中的任何一方對自我成長和個人轉化非常感興趣，那麼這個連結就會非常重要。這個連結暗示，你扮演你的伴侶的「老師」，能夠促使對方以更加成熟、更自我負責的方式看待自己以及他們在人世間的角色。你代表對方一部分的宇宙天命或角色，因此，你對他們具有深遠的影響。在世俗層面，你可能發現自己時常批評對方，甚至是言辭尖刻。基於這個原因，對方不見得總是讚賞你對他們的人生的貢獻或是享受你的陪伴。

註：

這個連結與前一個連結的唯一差別在於：這個連結源自於靈性牌陣而不是人生牌陣。這意謂著，這個連結很可能源自於某個前世關聯，當時留下了某樁未竟事宜要在今生了結。以此例而言，很可能你正在償還你的伴侶，以某種方式成為對方的老師，幫助他們負起更多的責任，以便在今生對世界有所貢獻。對方如何處理你在他們生命中的影響力，可能反映出對方自己與其內在自我人生目的連結到什麼程度。你可能只是幫助對方具現他們的渴望，以求在今生做些有意義的事。

CLRS 連結的肯定句：我提醒我的伴侶，讓對方憶起自己最大潛能的某個重要面向。我讓對方看見，他／她能夠做什麼、可以成為什麼。

吸引力指數	強度指數	相容性指數
5	7	0

業力牌、業力親屬、相同本命牌及其他

　　從某個觀點看，所有的關係本質上都是業力。業力意謂著，業力存在的最基本原因是要平衡我們過去的大小債務和善行。「業」（Karma）是一個深奧的主題，我並不打算在本書中深入探究。但基本上，每當我們執行某個動作或行為，卻不知道或沒有領悟到將會如何影響身旁的人，就是在造業。土星往往被稱作「業力之王」，通常就是由土星確定，我們在演化過程的某個時間發現，從各方各面經驗某個情境是什麼樣子。舉個例子，如果我已經對某人做出承諾，然後我愛上別人，離

開了第一個人，那麼很可能，我將創造出某個日後必須好好處理的業力。如果當我如此反覆無常地離開，忽略了對另一方造成了許多的痛苦和折磨，那就是真正造業了。常人說，在愛情和戰爭之中，一切都是公平的。然而，我不相信我們擺脫得了在那些競技場中造下的業力。相反地，我認為，就是在這兩個領域，我們累積了最多的業，有一些最艱難的功課要學習。

　　但我們必須謹記，惡業很多，善業也同樣不少。我們經驗到的許多恩賜、能力和好運，可以歸因於某個前世幫助他人的動作和行為。有時候，關係出現在我們的生命中，目的明確，就是要歸還我們一份美好的禮物，

你的本命牌	你的業力牌
A♥	A♦, 3♥
2♥ *	A♣, 9♥, 7♦, 8♣, J♥, K♠
3♥	A♥, Q♣
4♥	4♠, 10♠
5♥	4♦, 5♣
6♥	4♣, 3♦
7♥	8♥, A♠
8♥	7♠, 7♥
9♥ *	7♦, A♣, 2♥, 8♣, J♥, K♠
10♥	J♣, 5♠
J♥*	K♠, 8♣, A♣, 2♥, 7♦, 9♥
Q♥	10♠, 9♣
K♥	2♣, 9♠
A♣*	2♥, 7♦, 9♥, 8♣, J♥, K♠
2♣	A♠, K♥
3♣	5♦, K♦
4♣	5♣, 6♥
5♣	5♥, 4♣
6♣	8♠, 2♦
7♣	8♦, J♠
8♣*	J♥, K♠, A♣, 2♥, 7♦, 9♥
9♣	Q♥, 6♦
10♣	J♠, 4♠
J♣	J♦, 10♥
Q♣	3♥, 10♦
K♣	2♠, 8♠

你的本命牌	你的業力牌
A♦	2♦, A♥
2♦	6♣, A♦
3♦	6♥, Q♦
4♦	5♠, 5♥
5♦	9♦, 3♥
6♦	9♣, 3♠
7♦*	9♥, A♣, 2♥, J♥, 8♣, K♠
8♦	Q♠, 7♣
9♦	Q♦, 5♦
10♦	Q♣, Q♠
J♦	3♠, J♣
Q♦	3♦, 9♦
K♦	3♣, 7♠
A♠	7♥, 2♣
2♠	6♠, K♣
3♠	6♦, J♦
4♠	10♣, 4♥
5♠	10♥, 4♦
6♠	9♠, 2♠
7♠	K♦, 8♥
8♠	K♣, 6♣
9♠	K♥, 6♠
10♠	4♥, Q♥
J♠	7♣, 10♣
Q♠	10♦, 8♦
K♠*	8♣, J♥, A♣, 2♥, 7♦, 9♥

* 這些牌屬於特殊家族，它們的連結獨一無二、與眾不同。所有七張牌都連結在一起，但並沒有跡象顯示業力能量朝哪一個方向流動。

而那是我們某個前世帶著愛意給出的。就某些案例而言，這些關係是業力牌關係。

在大部分的業力牌關係中，都存有具體的能量流。當我說「大部分」時，特別是指只有兩張業力牌的四十五張本命牌。在上一頁的列表中，你將看見所有本命牌及其對應的業力牌。有七張本命牌有六張業力牌，而其他四十五張本命牌則各有兩張業力牌。在七張牌的群組中，無法知道能量的償還朝哪一個方向流動。我們只知道，這兩人在一起有某個重要的原因，而且某種交換將會發生在他們的關係之中。在那個七張牌群組裡，梅花A與紅心2彼此共享最親近的連繫。紅心9和方塊7也有類似的連繫。如果細看352頁和353頁的人生和靈性牌陣，就會注意到，這四張牌只是彼此互換位置。這是獨一無二的特質，沒有其他牌擁有。這四張牌被稱為「半固定」牌。七張牌中的其他三張，黑桃K、梅花8和紅心J也同樣獨特，因為這三張牌在兩個牌陣中的位置都一樣。它們被稱作「固定牌」，而且三者的人格在某一方面都呈現出強烈的固定特性。當這三張牌中的任兩張相互作用時，他們共享我所謂的「力量」連結。這些人是如此固定且意志堅強，當他們相聚時，會產生巨大的力量。事實上，這些力量大到這樣的關係很少持續很長一段時間。

但在其他四十五張本命牌之中，我們始終知道誰欠誰。細看上一頁的列表，列出的第一張牌是我們虧欠的對象，第二張牌則是虧欠我們的人。舉個例子，如果我是梅花6本命牌，那我就欠黑桃8的人某種債，而方塊2的人則欠我某樣東西。你可以套用這個公式，真正識破某些業力牌關係的核心。這樣的流動很獨特，且在很大程度上說明了這些關係的成敗。舉個例子，如果我處在我欠對方的關係中，除了其他事項，這段關係還需要兩樣東西才能成功。首先，我必須願意給出另一半向我要求的任何東西。其次，我的伴侶必須願意領受我所給出的。這兩項條件對這段關係的成功是絕對必要的。沒有這兩項，這些關係可能變得非常醜陋，乃至虐人。隱含的能量流將會不斷尋求得到落實。當伴侶抵制這些必要條件時，一定會有摩擦和問題。我見過許多處在業力牌關係中且找不到成功之道的情侶。原本該要付出

的伴侶可能會說：「我厭倦了付出。我希望有人對我付出。」不然就是，另一方可能不願意領受或是不敢開心扉領受。不論是哪一種，都造成爭鬥、競爭往往還有憎恨和敵意。

關於業力牌關係，另一個非常重要的因素是：你們是彼此的鏡像。在某方面，你們兩人非常相似。然而，就跟「相同本命牌」（SBC）連結一樣，關係的成功取決於你能夠愛自己多少。

SBC或KRMA關係將在我們面前舉起一面清晰的鏡子。舉一個小例子，可能有助於釐清非常重要的這一點。比如說，你討厭不替人著想又自私的人。假設你是梅花2本命牌，因為就這點而言，梅花2是個很好的例子。然後，你邂逅一個黑桃A，這人風趣、外向、好鬥，但也自私、不為別人著想（王牌A往往自我為中心、專注於己）。你感覺到這人的強大吸引力，對方是你的第一張業力牌，於是你捲入了，你們住在一起了。現在，你真正開始注意到你的黑桃A伴侶是多麼的自私且不為他人著想。你生氣了，跟對方吵架。你可能沒有看見的是，你就跟這個黑桃A一樣。因為你是梅花2，你內在有同樣自私的特質。不過，你可能在壓制它們，或許是因為，小時候，每當你行為自私時，父母親就會告誡你。父母親想要操控你的行為的企圖在你內在製造了衝突和分裂。你無意識的本能部分是好鬥而自我導向的（黑桃A部分）。父母親可能讓你因那樣的行為而感到內疚，於是你潛抑了那些特質，以求贏得父母親的贊同。現在，身為成人，你仍舊潛抑著自己的那個部分，六歲以後，你的人生就不怎麼開心了。現在，你吸引到一個配偶，對方示現了你一直潛抑的所有那些特質，於是你面對了童年以後就一直等待著要被解決的內在衝突。

關係最重要的法則之一是：我們在伴侶身上看見的一切都反映出我們是誰。在業力牌或相同本命牌關係當中，這點變成尤其該要好好記住的重點。一方面，因為你們兩人非常相似，你有潛力經驗到某種獨特的接近和親密，那是其他關係絕不可能有的。另一方面，如此關係的鏡像特質非常明顯，因此你以強烈許多的方式面對自己。

業力牌關係的高階面

1. 這感覺像是命中注定的關係。從我們相遇的那
   一刻起，我就知道我們會在一起。
2. 我感覺自己與伴侶的親近程度勝過生命中遇過
   的任何人。
3. 我們是靈魂伴侶。
4. 我樂於對我的伴侶付出（也樂於領受）。我們
   自然而然地彼此共享那份愛。

　　業力親屬關係就跟業力牌關係一樣，因為它們確實
有一股能量流。不過，它們並沒有在業力牌連結中非常
明顯的鏡像特質，這是主要的區別。再者，這些關係中
的債務不是那麼的龐大或沉重。業力牌連結的強度因子
非常高。在業力親屬連結中，強度因子低了許多，較不
容易出現戲劇性和挑戰性。許多時候，業力親屬關係可
能非常好玩，通常我們必須細看其他連結，才能確定這
段關係的整體特質。

業力牌關係的低階面

1. 我感覺好像陷入了特殊的地獄，似乎無法掙脫。
2. 我們只會爭執，什麼都吵。
3. 我厭惡伴侶說的話和做的事。我不知道自己怎
   麼會吸引到與我如此大相逕庭的人。
4. 我厭倦了為我的伴侶付出和做事。該是對方為
   我做些什麼的時候了。

代碼：KRMA　　　　　　　　　　　　　　　　　　符號：✡

意謂：你們是彼此的業力牌

連結的含義：

這是最常見、也最強大的關係連結之一。你們其中一方在某個前世欠了對方一筆債，而今生，這筆債將會被結清。只要兩人都願意付出和領受，你們可以相處得相當融洽。假使情況不是這樣，這恐怕會是一段艱難的關係。你們是彼此強烈的鏡子，可能有些時候，你並不喜歡眼中所見。如果伴侶身上有什麼你不喜歡的東西，要馬上領悟到，那些是你自己的一部分，你要麼曾經禁止去表達，要麼基於某個原因，一直迴避到現在。事實上，你們兩人非常相似，而且就這方面而言，這個連結是深厚的連繫，可以使你們感覺到彼此非常親近。你吸引到這個人，為的是探索珍愛自己的其他面向，你選擇了一面鏡子來幫助你學習愛自己。這是親密關係中比較有力且強度較大的連結之一，必須帶著覺知經營，才能以建設性且有愛心的方式運用這股力量。

註：

六個角的大衛之星獲選代表這個連結，因為它與數字6（業力和命運的數字）相關聯。大衛之星的兩個三角形代表兩極，分別是男與女、火與水，完美地相互鎖住，代表平衡。業力的償還只不過是天平的平衡。

在大部分的業力牌關係中，都有一股能量從一人流到另一人。當如此流動被允許發生時，關係就會進展得非常好。當兩人中的任何一方忽略這樣的基本流動，或是拒絕讓如此流動發生時，結果總是痛苦兼折磨。在329頁的列表中，列出的第一張業力牌代表你在某個前世虧欠了這人某筆債務，第二張牌則是欠你某樣東西的人。當列出的牌超過兩張時，就有330頁敘述的特殊考量。

KRMA 連結的肯定句： 我被這人吸引，要解決某個未完成的前世境遇。我們擁有非常親近且特殊的連結。

吸引力指數	強度指數	相容性指數
7	9	0

代碼：KRMC　　　　　　　　　　　　　　　　　　符號：✡⁺

意謂：你們是彼此的「業力親屬」

連結的含義：

你們兩人有業力的關係。這意謂著，你們的一方或雙方有債務要與另一方結清。這樣的債可能有許多形式，應該會為你們的關係增添深度和意義。這是個適合朋友或已婚夫妻的連結。你們以前曾經在一起，而今生也感覺到很強的連繫。若要充分利用這段關係，請始終尋找可以為伴侶付出的方法，且總是表達讚賞對方在你人生中的貢獻。這是特殊的關係，可能對你的人生產生重大的影響。

註：

當兩張牌共享同一張業力牌時，就形成了業力親屬關係。舉個例子，方塊10既是梅花Q也是黑桃Q的業力牌，因此，梅花Q和黑桃Q是業力親屬。就像業力牌的關係一樣，兩張牌之間可能有能量的流動，從一方流到另一方。不過，我注意到，這些關係的強度不如業力牌關係，而且能量的流動通常是以比較友善的方式。我們可以說，業力親屬關係是與其對應的業力牌關係的低強度版本。若要斷定能量的流動，看出誰在付出、誰在領受，請使用329頁的業力牌表。先查詢列表上的兩張本命牌，看看你們哪一個虧欠兩人共有的那張業力牌。舉個例子，你是方塊5，而你有

一個方塊Q朋友，你注意到你們兩人共有方塊9作為業力牌。因為方塊5欠方塊9，所以你也會對你的業力親屬方塊Q付出。

KRMC連結的肯定句：我和伴侶之間有一股有益的能量流，如此流動使我們在一起時感覺良好。

吸引力指數	強度指數	相容性指數
5	5	3

代碼：POWR　　　　　　　　　　　　　　　　　**符號**：✳

意謂：你們有很強的力量連結

連結的含義：

你們兩人共享一個獨特的連結，稱為「力量連結」（Power Connection）。因為你們兩張牌特殊、固定的本質，當你們在一起時，會產生相當大的力量。這股力量，如果得到建設性的疏導，可以真正用來改變世界。但是，如果你們兩人在一起卻沒有一個強力目標，同樣這股力量可能會成為兩人關係的致命傷，導致彼此競相爭奪控制權。多數案例顯示，這會造成關係的毀滅。你們兩人在某些方面是極端「固定」的，需要一個共同的目標作為雙方在一起的基礎。因此，比起大部分的人，你們兩人有更大的責任要為彼此的關係找到一個合適的目標，那將會刺激你們兩人成就最大的潛能。

註：

這個連結只出現在三張「固定」牌當中的任兩張牌之間，因此不是一個很常見的連結。佛蘿倫絲‧坎貝爾說過，如果三張固定牌中的任兩張牌在一起，他們就有力量改變世界。在這個連結中，我們所談到的力量大過整副牌中任何其他連結所產生的力量。因此，這股力量更有潛力成就好事，也同樣更有潛力導致毀滅。根據我的經驗，有如此連結的兩人不會長期在一起，除非基於某個比他們兩人更大的共同目的而聯手。如此，這股力量找到建設性的出口，於是和平接著到來。

POWR連結的肯定句：我的伴侶和我一起產生巨大的力量，我們可以用這股力量改變世界，成就大事。

吸引力指數	強度指數	相容性指數
7	9	0

代碼：SBC　　　　　　　　　　　　　　　　　**符號**：♥ ♥

意謂：你們有相同的本命牌

連結的含義：

你們兩人共享同樣的本命牌。這使你們在許多方面感覺非常親近，但也使你們成為彼此的強力鏡子。如果你們處得不好，不論什麼時候，那是因為你們一方或雙方不喜歡鏡中所見，亦即——你自己的映像！你們在一起學習如何愛自己，而這段關係將會確切鏡映出你們倆能夠做得多好。仔細看看，關於你的伴侶，你喜歡哪些，不喜歡哪些，你一定會發現一大堆關於你自己的東西。如果你已經學會愛自己，那麼這段關係對你來說似乎像是「靈魂伴侶」連

結。你感覺到的親近與和諧只受限於你對自己的所有人格面向的感受，也就是，你的自我接納程度。

註：

選擇與同一張本命牌的人在一起，通常這人這麼做是要發展更多的自愛。大部分的人都是由許多面向構成的，有些我們表達出來，有些我們選擇不表達。當我們遇見同一張本命牌的某人時，對方選擇表達的部分往往與我們選擇不表達的部分相同。這可能導致我們因對方而生氣。舉個例子，一個試圖戒菸的人，往往一開始會對吸菸的人發脾氣。內心裡，這人還想要吸菸，但已經決定不再表達自己性格的那一面。

正在吸菸的人提醒這人，使他們憶起內在想要吸菸的欲望──自己正在壓抑的那股欲望。因此，他們發脾氣，那其實是底層的恐懼，以此例而言，是恐懼自己會再次開始吸菸。

因此，相同本命牌的人有潛力讓我們看見自己已經壓抑或放棄的部分，這些可能是我們甚至沒有覺察到的部分。如果你處在這些關係之一，且在伴侶身上看見你不喜歡的東西，那就要更加仔細地正視你的感覺。你可能會發現關於你自己的重大事物，以及你對自己人格的某些面向珍愛到什麼程度。

SBC 連結的肯定句：我選擇了這段關係作為自己的一面鏡子，如此，我才能夠學會完全愛自己。

吸引力指數	強度指數	相容性指數
5	8	0

代碼：MATCH或MTCHR　　　　　　　　　**符號**：♥ ♥⁺

意謂：本命牌／守護星牌相合

連結的含義：

在這段關係中，你們其中一方的本命牌是對方的守護星牌。這是一個強大的連結，時常可以在成功的已婚夫妻之間找到。這是一個你們在許多重要面向都非常相似的連結，使你們在一起感覺非常親近而自在。關於兩人在一起，有某種「正確性」，可以使彼此認為，這是可以持續長久的關係。此外，連結到本命牌的人往往會鼓勵連結到守護星牌的人好好表現自己。這個本命牌的人一定會非常支持，使伴侶自信心大增。人們時常將快樂、成功的關係想像成，伴侶間相互扶持，對彼此的成就感到自豪。這個連結有助於這些特質，且在許多案例中顯化成互相支持對方的事業和抱負。

註：

這個連結很像SBC連結，但似乎沒有顯化出同等的強度。SBC連結產生強烈的鏡像效應，往往導致許多的衝突或課題，而這個連結通常在更加正向的層面起作用。

MATCH 或 MTCHR 連結的肯定句：我的伴侶和我彼此互補。我們有許多共同點，而且支持對方的目標和夢想。

吸引力指數	強度指數	相容性指數
8	2	8

代碼：SHARE　　　　　　　　　　　　　　　　符號：♥⁺ ♥⁺

意謂：你們有相同的守護星牌

連結的含義：

在這段關係中，你們有相同的守護星牌。這幫助你們感受到彼此強力連結，也是成功婚姻之中時常找到的另一個連結。你們之間有強烈的合一感，擁有某些共同的重要事物，而這可以幫助你們感覺彼此非常親近。親密被提升了，而你們兩人其實可以達到多數情侶永遠達不到的親密高度。這個連結有利於溝通、工作、整體的相容性。你們不得不讚賞對方，因為非常相似。除非你們之間的其他連結強烈牴觸，否則這是一個強力指標，表示有潛力擁有絕佳的關係。就像前一個連結（MATCH）一樣，你們以實際而正向的方式支持對方。

註：

對同一天生日的兩個人來說，這個連結就沒有太大的重要性。以那類案例而言，我們必須將SBC看作是主導連結。雖然你會找到某些表達在此的特質，但SBC連結的強度可能比較明顯。當然，我們必須記住，即使是SBC連結關係，也可以非常正向和親密。只是多數情況下，SBC連結關係的強度等級較高，原因是強烈的鏡像效應，而只有SHARE連結通常不會顯化這點。

SHARE連結的肯定句：伴侶和我非常相似。我們欣喜於彼此美妙的親密程度，也支持對方的目標和夢想。

吸引力指數	強度指數	相容性指數
8	2	8

6
三種指數的數值含義

當你解讀兩張牌之間的連結且看見那段關係的指數評級時，有一段簡短的含義說明那個特定的數字，讓你可以因此更加理解得到的指數評級。這些含義主要是用來解釋「綜合指數評級」，不是解釋個別的連結評級。請記住，這些指數大部分是從−10到+10。我將會給出最足以代表各個指數數字的含義。請記住，多數情況下，這些含義只是概括性的說法。

吸引力指數的含義

指數	含義
−4	你發現，在許多層面都很難與這人相處。你為什麼和對方在一起呢？
−3	與這人有關的某些東西將你推離他們。
−2	你會發現，關於這人的某些東西，有時令你退避三舍。
−1	在某些重要的領域，你對這人毫無吸引力。
0	你對這人幾乎沒有什麼吸引力。你確定你對對方有任何一丁點的興趣嗎？
1	你對這人有些吸引力，但不多。
2	你對這人有些吸引力，且在某些方面發覺對方很有意思。
3	你對這人很感興趣，且在某些方面深受對方吸引。
4	你深受這人吸引，發覺對方非常刺激而有趣。
5	你強力受到這人吸引，樂於和對方在一起。
6	這人對你有很強的吸引力，你很想跟對方在一起。
7	這人對你有強大的吸引力。是命運使然吧！
8	這人對你有極度強烈的吸引力，你無法遠離對方。

9　　這人對你有重大的吸引力。你們就像磁鐵一樣！

註：本書中的關係，沒有一個「吸引力指數」低於–4或高於9

強度指數的含義

指數　含義

0　　這段關係進展得非常順利，沒有重大的挑戰或問題。

1　　這主要是平靜的關係。不過度戲劇化或問題叢生。

2　　這段關係稍有強度，整體而言，挑戰或問題很少。

3　　這段關係有些強度，有時可能頗具挑戰性。

4　　這段關係有時候可能非常激烈且具有挑戰性。你可以在其中成長。

5　　這人以許多方式挑戰你，你可以從這段關係學到許多。

6　　這段關係非常激烈，可以教導你關於你自己和人生的許多東西。

7　　這段關係是真正的考驗，考驗內在的實力和掌控自己的能力。

8　　這段關係對你來說是激烈的學習體驗。可是異常艱難啊！

9　　這人是你相處過最激烈且最具挑戰性的人之一。

相容性指數的含義

指數　含義

–9　　這對你來說是極度艱難的關係。只有聖人會追求這樣的關係。

–8　　你或許應該認真地質疑自己為什麼處在這樣的關係中。

–7　　你們兩人根本不相容。你們為什麼在一起呢？你一定是想要好好學習。

–6　　這段關係不是快樂、好玩的經驗。你有許多東西要學習。

–5　　這段關係有許多問題要你去克服。值得嗎？

–4　　你們兩人在許多事情上都意見相左。對你來說，有時是很難受的。

–3　　有時候你覺得被評斷或批判了。幸好這事不常發生。

–2　　雖然你們未必合得來，但總是有些理由在一起。

–1　　總的來說，你們兩人還算不錯。有些好事，也有些挑戰。

0　　你和這人有一些共同點。那是好的開始。

1　　你們兩人是相容的，看得出來。你們樂於在一起。

2　　你們兩人有許多的共同點，而且喜歡在一起。

3　　你們兩人有理由在一起，且有足夠的相容性，可以結婚。

4　　你們非常相容，可以結婚。

5　　你們兩人非常親近，相處非常融洽。想要結婚嗎？

6　　這對你來說是非常好的關係，而且是可以長期一起生活的關係。

7　　你們兩人非常、非常相容，不論選擇什麼情境都相處得來。

8　　你們兩人可以是畢生最好的朋友，或是結褵四十載。由你決定。

9　　你們兩人可以終生相守。但有大量的吸引力嗎？

註：本書中的關係，沒有一個「相容性指數」低於–9或高於9

7

關係連結的適婚性

適婚因子

　　許多牌被我稱作「不適婚」，這些牌代表某些人基於某個原因很難接受承諾的概念。有許多牌落入這個類別，我將為讀者一一列出。不過，在這麼做之前，我必須先說明，儘管這些牌通常沒辦法或不願意做出承諾，但也有例外，儘管根據我自己的經驗，找到的例外頂多是少數幾個。我發現，這些不婚牌僅有的例外情況分成兩類：

1. 這些人超過五十五歲，來自結婚然後維持婚姻的傳統。這些例外目前逐年減少。這些人在三〇年代、四〇年代、五〇年代結婚。如今，世界上沒有太多這樣的人。

2. 這些人敏銳地覺察到自己的情緒問題，且已做出個人的承諾，要努力改善，利用自己的關係作為個人成長的工具。儘管這聽起來像是許多人嚮往的目標，但實際上，這樣做的人少之又少。沒有多少人經歷的痛苦多到使當事人將靈性成長視為全職工作。但的確有一些人是這樣。於是這些人成了可結婚的不婚族。

　　我將會列出整副牌中的每一張牌、每一張牌可能的不適婚程度、然後列出可能有承諾問題的因素。請在此列表中查詢本命牌和守護星牌。只需兩者之一便可以解釋承諾問題，不過本命牌因素的重要性將略微勝過守護星牌因素。

　　這裡列出各牌以及各牌無法做出承諾的最常見因素。本命牌旁邊是一個從1到10的數字。10代表可能不適婚的影響力最大，1代表可能不適婚的影響力最小。這意謂著，

各牌的適婚性（數字小代表比較適合結婚）
等級較高代表比較不適合結婚且有較多的承諾問題

本命牌等級	涉及因子	本命牌等級	涉及因子	本命牌等級	涉及因子	本命牌等級	涉及因子
紅心 A — 5	1	梅花 A — 5	1, 4	方塊 A — 6–10*	1, 2	黑桃 A — 7	3, 4
紅心 2 — 5	4	梅花 2 — 2		方塊 2 — 2		黑桃 2 — 4	1, 4
紅心 3 — 7	1	梅花 3 — 10	3, 4, 5	方塊 3 — 8	1, 3	黑桃 3 — 6	1, 4
紅心 4 — 5	4	梅花 4 — 5	2	方塊 4 — 5	3	黑桃 4 — 2	2
紅心 5 — 7	1, 2	梅花 5 — 10	2	方塊 5 — 8	2, 4	黑桃 5 — 5	
紅心 6 — 2		梅花 6 — 2		方塊 6 — 5	3	黑桃 6 — 5	3
紅心 7 — 5	3	梅花 7 — 4	1	方塊 7 — 5	3	黑桃 7 — 4	5
紅心 8 — 7	6	梅花 8 — 4	3, 6	方塊 8 — 7	1, 3	黑桃 8 — 6	1, 5
紅心 9 — 5	4	梅花 9 — 4	4	方塊 9 — 4	1	黑桃 9 — 5	5
紅心 10 — 3	1	梅花 10 — 9	1, 5, 6	方塊 10 — 7	1, 2, 3	黑桃 10 — 2	
紅心 J — 3	4	梅花 J — 4	2	方塊 J — 7	2, 4, 5	黑桃 J — 6	6, 5
紅心 Q — 3	4	梅花 Q — 9	1, 2, 3, 5	方塊 Q — 8	1, 2, 3, 5, 6	黑桃 Q — 2	
紅心 K — 6	5, 6	梅花 K — 5	4, 5	方塊 K — 5	1, 5	黑桃 K — 5	2, 3, 5

- *方塊 A 男性的等級數字較大。一般而言，我會將方塊 A 男性列在 8 或 9 級，女性則列在 4 或 5 級。
- 等級 3 以下的人通常有相當不錯的姻緣，較沒有承諾方面的難題。

擁有最大數字的人在個人關係中最不可能做出任何一種承諾。所有等級大於 5 的牌都是相當可疑的不婚族。

查看這張表時，要套用本命牌和守護星牌。這些牌的重要性均足以影響當事人的整體適婚性。舉個例子，如果這人的本命牌非常不適婚，但守護星牌比較適合結婚，那麼這人做出承諾的機率會大些。本命牌是兩者中較強的，永遠要先行考量。

另一個有趣的重點是，太陽星座是固定星座的人，例如，金牛、水瓶、天蠍，通常比變動星座（雙子、射手、處女、雙魚）和基本星座（巨蟹、天秤、摩羯、牡羊）更善於承諾。獅子座是固定星座，但往往酷愛浪漫，也因此，他們的人生成為一連串的風流韻事。

與不適婚相關聯的最常見因子有：

1. 數字 3 能量的影響——這讓一個人容易厭倦一段關係，同時對於得到足夠的情愛產生許多的不確定性和恐懼。這人可能從不做出承諾，也可能實踐著他們所謂的「連續型一夫一妻制」。在連續型一夫一妻制中，這人做出承諾，但絕不會持續太久。一、兩年

內，他們會找到理由中斷關係，繼續再找個新人。這些人有許多與得到足夠情愛相關連的恐懼，他們沒有面對那樣的恐懼，直接處理，反而試圖保持手邊有供應無虞的浪漫伴侶，如此便永遠不必感覺到內在被遺棄的感受。許多這樣的人聲稱好想結婚，抱怨自己似乎總是吸引到無法做出承諾的男人或女人。這些人時常愛上已婚人士，因為與已婚人士在一起，他們本身就永遠不必做出任何類型的承諾。對於愛，這些人其實有某些最強烈的恐懼。他們的心智通常發展得相當好，不斷試圖理解愛，卻沒有感覺到自己的情緒。他們就是不想去感覺內在非常強烈的恐懼。往往，強力的數字 3 能量也會造成性取向的混淆。

2. 數字 5 能量的影響——人生軌跡中有強力數字 5 能量的人，當然也包括所有數字 5 本命牌的人，在人世間是為了表達個人的自由，也為了在人生旅程中盡可能蒐集許多不同類型的個人經驗。對大部分的數字 5 來說，婚姻被視為牢籠，會限制他們探索新體驗的自由。對數字 5 而言，自由是一個很強的主題，強大到

彷彿婚姻會奪走他們生存的理由。「婚姻」對這些人來說變成了令人畏懼的字眼，他們會有親密關係，而且許多關係持續很長一段時間。但他們必須找到擁有親密關係同時避開婚姻的方法。許多時候，這些人最害怕的是婚姻的概念或聲音。數字5的人往往內在有所衝突，他們的一部分想要長期關係帶來的保障和安適，另一部分則不斷對抗，試圖擺脫被視為限制的任何東西。這樣的內在衝突對某些人來說非常痛苦，且反映出親密關係的品質——通常充其量是膚淺的。

3. 土星／金星的影響——許多牌經驗到這類情節，當事人帶著待償還的情債進入此生。往往在前世，這些人極度冷漠，在情愛領域前後矛盾、隨心所欲，傷害到他人的感情。由於沒有覺察到自己的行為大大造成他人的苦痛，因此他們約定好要回來，在今生看看在如此待遇的領受端是什麼樣子。這些人在人生早期時常被情愛關係傷得很深，那樣的傷害十分強烈，致使當事人選擇幾乎完全封閉自己的情感。許多案例顯示，他們立下了沒說出口的誓言，發誓絕不讓任何人再次親近到足以傷害他們。因為這麼做，他們切斷了任何情感滿足的機會。這些人有親密關係，但絕不允許任何人親近他們。在情感上，他們死了——從沒感覺到情愛中的諸多喜悅或痛苦。承諾對他們而言毫無意義。他們通常順勢與上述第一、二類的人建立類似於親密關係的「準親密關係」（quasi-relationship）。

4. 海王星的影響——對這些人來說，愛是偉大而壯麗的東西。

愛是他們所有問題的靈丹妙藥，只要能夠找到對的人，他們的一切麻煩都會結束。他們內心深處知道，愛是宇宙中最強大的力量，而他們將自己看作是救星，拯救其他沒有愛和慈悲心的可憐靈魂。傷害別人的感覺是他們將不計一切代價避免的事。他們時常吸引到一蹶不振的伴侶——酗酒的、吸毒的、找不到工作的等等。他們想要看見自己的愛療癒並改變某人，始終完全忽略自己的個人需求，彷彿他們是某個沒有個人需求的天使。然而，他們所愛的對象似乎絕不改變。他們創造了嚴重的共依存關係，感覺被重擔壓垮了，因為那些人像海綿一樣不斷吸走他們的能量。如果他們真的遇見看似自己的夢中情人，通常會愛到神魂顛倒，因而受到比一般人更深的傷害。他們跟第三類的人一樣，於是選擇絕不再向任何人敞開心扉，只是為了避開感覺到的苦痛。海王星影響的另一個顯化是，當事人的情愛理想如此崇高，高到永遠找不到對他們來說堪稱完美的伴侶。

5. 自尊心的影響——這點結合上述其他因素，為當事人增添一份截然不同的特質。這是所有皇室牌、騎士、皇后、國王以及與這些皇室牌強力連結的其他牌都會經驗到的。所謂的其他牌包括：方塊8、梅花10、黑桃7、黑桃8和黑桃9。還有其他牌，但主要是這些。這些人非常重視「看起來很好」，他們內在有一定量的自尊，絕不顯得貶低自己。些許貶低自己必定會展現出恐懼或心神不定。因此，這些人特別厭惡對伴侶展現自己的脆弱面。也因此，他們絕不允許愛在個人的親密關係中自由地互換交流。他們可以對伴侶付出，但可能很難領受，尤其如果那個領受需要他們放下自尊並呼求幫助。

6. 力量的影響——這些人有一定量的魅力和磁性，輕而易舉便可以找到新的愛侶。因此，如果目前的關係有問題，他們總是能夠找到另一個新人。多數案例顯示，他們會選擇離開目前的關係，展開新的關係，而不是面對出現的問題。當出現的問題開始讓他們看見自己的缺陷和弱點時，這點尤其真切。由於有如此多的力量任其支配，他們通常習慣將這個領域出現的問題歸咎於他人。這個影響與剛才提到的自尊影響息息相關，許多牌有一也有二。既然可以輕而易舉找到某人取代你，為什麼要考慮真正的承諾呢？

四種花色的本性

本命牌的花色揭露出關於我們的許多訊息，如果花些時間檢視不同花色的熟人，就會發現許多模式正在浮現，這幫助我們更加了解自己以及人世間的奧祕。

就牌理而言，四種花色與四季相關聯，即出生、成長、成熟和死亡的重大循環。紅心是春天，梅花是夏天，方塊是秋天，黑桃代表冬天。四種花色也代表人生

的四季。紅心是愛與家庭的花色，代表我們的童年。梅花是知識和理念的花色，代表青少年的就學階段，持續到大學畢業且完成職業訓練。方塊是金錢和價值的花色，代表成年以及在人世間積攢財富的時期。最後，黑桃是工作、健康和靈性的花色，代表我們在這顆星球上的最後幾年，為我們的來世做準備。

單是知道這點，就可以告訴你關於本命牌是某一花色的人的許多訊息。我們可以說，紅心永遠年輕，像孩子一樣。紅心很喜歡孩子，是優秀的學校教師，終生保有他們的年輕本性。在某種意義上，他們絕不會變老。就負面而言，這些人也可能保有某種不成熟。

梅花是永恆的中學生或大學生，總是好問好奇，對新理念或看待事物的新方法興致勃勃。他們非常健談，一生總是學習著新的事物。他們也喜愛閱讀，程度勝過整副牌中的任何其他花色。梅花是活到老，學到老，重回學校通常使他們找到大量的滿足。梅花的負面可能是過度執著於自己的想法，以及太過認真看待自己或他人說的話。

方塊是整副牌中的成年人。基於這個原因，方塊通常不喜歡任何人告訴他們該做什麼，尤其不喜歡感覺到別人對待他們像孩子一樣。這樣的做法絕不適合方塊。同樣的道理，方塊可能在他們的親密關係和夥伴關係中承擔起成人或父母的角色。他們希望多數時候被看作是成熟、負責的，以便保有這個成人形象。方塊特別強調價值的積累，也會率先告訴你擁有好工作或好職業的重要性。他們還會設法幫助你將你的技術和能力商業化，這是我們人生的方塊時期的主要工作之一。

黑桃可以被視為永遠的老人家。就連孩提和嬰兒時代的黑桃，臉上似乎也有那抹「睿智的神情」。黑桃往往與長輩的關係最好，至少是與那些行事較為成熟和負責的長輩關係良好。黑桃是整副牌中的勞動者，往往有堅強的意志。他們也可能是整副牌中最靈性導向的人，但這不是經驗法則。

只要明白與四季的連結，就可以看見如此「振動」如何轉譯成可以在認識的人身上得到確認的人格特質。然而，還有許多花色的微妙顯化是我們可以探索的，有些與上述各個季節相連，有些則與伴隨季節的元素相關。

研究每一個花色的國王和皇后，以此作為該花色的總體角色典範，也可以從中學到關於每一個花色的許多訊息。

紅心

紅心花色的人行事年輕，看起來也年輕。他們可以戲劇性和娛樂性兼具。紅心是愛、年輕、孩子、浪漫、關係和藝術表達的花色。在占星學上，往往將紅心花色與獅子座和第五宮相關聯。這也是感官愉悅和歡樂的花色。紅心與方才列出的主題特別有緣，而紅心女性可以是理想的浪漫伴侶或妻子。他們也可能對感官愉悅過度感興趣，因而流於紅心花色的懶惰和自我放縱面。任何紅心花色的人都很容易過度迷戀自己性格中浪漫、性愛或歡愉的那一面。

據說，每一顆紅心，在人生的某個時候，都會將其他事情排除在外，讓浪漫或擁有孩子成為自己人生的主要焦點。他們深入探究與紅心花色相關聯的事物，希望了解自己和自己的內在本質。如此的強迫性行為會暫且接管，直到他們學會在自己人格的那些面向與其他健康生活型態的考量之間找到平衡為止。儘管如此，我們還是可以找到許多紅心人將自己的許多生命能量集中在這些主題上。許多紅心人成為著名或成功的藝術家、演員或音樂家，有些則是整副牌中的花花公子和花花女郎。就負面而言，許多虐待兒童的人是紅心牌。這些人允許自己用不健康的方式表達對兒童的癡迷。

由於紅心花色涉及童年，我們可以在紅心人身上看見其他連結。童年是我們發展基本人格的時候，我們在此時達到某種程度的自我尊重。我們可以說，紅心在許多重要方面均與自尊相關連。紅心人可以給予我們的禮物是接納並承認我們身而為人的價值，那正是父母親在人生初期給予孩子的東西。同樣的道理，如果想要以某種方式傷害或操控我們，紅心人可能會不予認可。這些是他們最常操作的溝通層次。我們可以說，認可、接納、贊同是紅心的領域。任何紅心人都可以選擇使用或濫用他們在自身領域擁有的力量。至於這股力量要如何顯化在自己的人生中，則由個人決定。

梅花

梅花的臉上也保有某種青春氣息。他們就像永遠的大學生或中學生，對人生、大眾、新的情境保有某種好奇心。他們最感興趣的是理念、溝通方法、自己的想法和理念的特質、以及用這些想法和理念在人世間留下印記。

對梅花來說，想法和東西本身一樣好，言辭和行動一樣好，意圖和行為一樣好。梅花往往以言取人，很認真地看待你所說的話，有時認真過了頭。所有梅花在人生的某個時候都必須面對的重大挑戰之一是，將他人說的話與其人的真實本性和作為區分開來。

梅花正在搜尋所有事物的真相，這個真相的確有助於引導他們穿越生命必然提供的經驗迷宮。舉個例子，一個兒時經歷某些體驗、明白全部事實真相的梅花人，可能有辦法從父親或母親不予認可且保留情感所造成的情緒創傷當中迅速恢復過來。就此而言，梅花能量優於紅心能量。進一步說明則是，一個無論基於什麼原因而心中沒有愛的紅心人，可能藉由保留情感和贊同，試圖操縱或傷害我們。然而，梅花能量的美在於──當我們知道關於自己的真相時，也就是說，如果我們知道自己內在是有愛而奇妙的，那麼凡是來自紅心人的攻擊，都無法觸動我們。你可以說，梅花代表的心智真相可以克服紅心代表的情感傷害。紅心用在我們身上的工具，無論是為所欲為，或是試圖傷害我們，都只有在我們的內在小孩或紅心部分不完整時才有效。看見事實和情況的真相，梅花能量可以超越這些領域。

任何花色的每一個人偶爾都會不由自主地濫用其花色的特質。當他們那麼做時，就會顯化那個花色的負向面。梅花在情緒沮喪時，有時同樣會濫用事實和真相。舉個例子，梅花可能會利用你之前說過的話反駁你，就好像律師會在你宣誓所言句句屬實之後，在法庭上利用你所說的話。另一種梅花弊病是，試圖只根據事實以及自己對公平的定義了解某情況的真相，不考慮自己的感受。他們的結論往往將自己的情感涉入排除在外，而那往往是情境的真正根源。有時候，聚焦於事實可能是避開自我感受的方法。

梅花對某一件事何以發生的細節、事實和原因感興趣。然而，原因不見得總能彌補一個人的行為。如果某人傷害你的感情，然後告訴你，有充足的理由傷害你，這是不行的。梅花的挑戰是要認識到，說出口的話並不總是某事最終的真相。事實往往勝於雄辯。

了解情境的細節通常是梅花人的基本需求。如果你正與某個梅花人約會，或是已經和梅花人結了婚，你必須習慣這個事實：你需要告訴他們所有情況的細節，不是因為他們不信任你，而是因為那是他們的基本需求之一。

同樣的，梅花可能有點太常把你說的話放在心上。他們可能強烈認同自己的理念。如果你駁倒他們的理念，你就是駁倒他們。我們只需要了解，每一個人都多少認同自己本命牌的花色，明白該花色有麻煩，也有好處。好處是，梅花人擁有言辭和表達以及致力於學習的力量。負面是，他們有時無法將自己與自己的信念和思想區隔開。事實上，我們並不是「我們的想法」。

關於梅花的最後一則評論是，許多梅花人都有自由和個體性的課題。就好比風與其元素「空氣」有所連結，他們希望能夠移動，隨心所欲，來去自如。對許多梅花人來說，這樣的獨立本性使親密關係變得困難，他們往往將親密關係視為以某種方式局限他們的自由。梅花人非常強烈地認同自己變化萬千的心智，這可能妨礙幸福關係的可能性。當然，並不是所有的梅花都這樣，但我們可以看見，絕大部分本命梅花的人都有一些這樣的元素。

方塊

我們方塊是揮金如土之人。我說「我們」，因為我自己是方塊Q本命牌。每一個方塊都在某種程度上認同自己的價值觀和財產。如前所述，我們是整副牌中的成年人，不喜歡被當作孩子一樣對待，被頤指氣使，被監督或受庇護。我們總是詢問東西的價錢是多少。對我們來說，每一樣東西都有一個價值，即使不是標在其上的實際價格。我曾在演講時說過，如果你與方塊結婚，你的頭上就會有一個價格。

因為我們與價值是如此密切關聯，所以在觀察世事

的過程中，我們不斷探索著人生中的每一樣東西到底划不划算，不論是就個人層面，還是比較普世的層面。

方塊在童年便發展出滿足自己需求的方法。這些往往圍繞著行為分析大師史金納（Skinner）的心理學，亦即「工具性學習」（instrumental learning）和「代幣經濟」（token economy）的概念。簡言之，這套哲學說明，我們做的每一件事，要麼是為了得到獎勵，要麼是為了逃避懲罰。俄國心理學家帕夫洛夫（Pavlov）的狗就是我們的狀態，或者，這個觀點陳述的正是我們的狀態。因此，我們可以被操縱，只要提供令人愉快或有價值的東西，或是可以被改變，只要讓我們接觸自己不喜歡的東西，例如，休克療法和懲罰。我們是最偉大的銷售人員，也是銷售人員最容易擄獲的目標。若要臻至心靈的平靜，那麼達致一套更高階的價值觀就是每一個方塊人的任務。

每一個方塊在人生的某個階段，都可能試圖將取得金錢和財產視為人生最重要、最珍貴的目標。這是我們了解自己的方式。藉由獲得這堆「金錢」，方塊人領悟到，那是多麼的無意義，然後學會，真正的幸福需要的不只是金錢。儘管如此，即使在學到這門功課之後，方塊人還是喜歡金錢，也享受花錢和購物這兩項他們最樂在其中的活動。

當方塊感覺不佳時，時常會想要出去花些錢，就跟梅花可能會想要看書一樣。買東西往往就是治療憂傷的方法。當然，這不見得總是有效，而且有時候，這其實是個壞主意。方塊比任何其他花色更有可能大筆花錢，花到失去自己的財務保障感。當我們花費時，喜歡取得高品質的產品——請謹記，方塊關心事物的價值。購買低品質的東西往往意謂著減損自己。然而，購買品質通常意謂著花更多的錢，而且這可能演變成惡性循環，令方塊時常擔心金錢匱乏。

方塊造就最優秀的銷售人員，因為他們知道如何帶出事物的價值，讓他人看見。我們看見的大部分廣告是由方塊人創造的。許多銷售人員是方塊，或是其他花色但人生軌跡中有討喜的方塊牌。一旦方塊相信某樣東西，他們就是整副牌中的最佳推廣人。

方塊也會試圖利用你的價值觀來操控你，就像紅心和梅花會試圖利用自己花色的特質一樣。方塊能量（或是價值觀）優於紅心和梅花，這個說法若要成立，只有從我們的真理（梅花）真正奠基於我們的欲求（方塊或價值觀）的立場考量時。我的老師阿姆利特·德塞（Amrit Desai）常說，凡是我們想在人生中得到的欲求，頭腦就會設法編造很好的理由，說明為什麼應該擁有那個欲求。這闡明了，我所感覺到的是人生的真相，以及花色之間的差別和關係。多數被呈現在人世間的事實，在被呈現的時候，都有被呈現的某個動機或理由。這個動機或理由通常可以在呈現事實的當事人的價值觀中被找到。一個明瞭自我價值的方塊人絕不會被另一個人的真理或哲學所影響，也不會被情緒因素（紅心）所影響。

舉幾個例子說明這點吧。吸菸的人會有某種哲學或信念架構，使吸菸對當事人來說無妨。這些人可能會告訴你：「我認識許多這輩子天天抽菸的人活到九十歲。」「吸菸棒極了，根本不會困擾我。」「許多名人都吸菸。」或是諸如此類的話。顯然，他們的真理支持他們吸菸。在同一個人決定戒菸之後，再看看這人，你會發現有另一套完全不同的哲學。

我和我的老師阿姆利特·德塞在瑜伽修院一起生活了五年，當時我是獨身主義者。那段期間，我們學到了所有關於獨身有何好處的古代哲學。我們學到了許多關於獨身生活的真理，而且為了達成目標，幾乎是把這些真理背誦起來。其中包括「只有獨身主義者可以達到瑜伽和靜心的最高階段」以及「性愛摧毀一個人的靈性、他的創造力、以及解放的機會」。然後，我結婚了，開始有性行為。於是，所有那些信念全都前來困擾我，使我覺得有罪，要我相信，我是壞人，因為有性行為。後來，我找到了一套全新的信念，確實支持有性行為和結婚。我徹頭徹尾地改變了自己的信念，就像是為了適應天氣，我會換一套衣服一樣。

這闡明了價值觀如何強於信念。對於你可能發現的每一個信念和真理，都有另一個信念和真理，可能是一個看似截然相反的信念同樣存在，且對相信者來說也同樣真實。這是方塊、其次是梅花，在人世間所要學習的。由於方塊和梅花組成大約百分之六十六的全球人

口，也難怪價值觀在我們的文化中如此占盡優勢。身為方塊J的美國，示現了許多奠基於價值觀的動機和活動，那些描繪了這個時代的特徵。

黑桃

與整副牌最後一個花色相關聯的黑桃人，用截然不同於其他花色的方式操作。在某些方面，他們有能力超越其他三種花色的顧慮。經由意志力的應用，他們可以無動於衷，不被其他三種花色的操縱所影響。

黑桃是勞動者，關心的是把工作完成。他們往往對工作的品質感興趣，也關心可以從中獲得多少財務收益。黑桃是工藝師，很自豪自己的作品，不然就是——勞碌一輩子的勞工，永遠超越不了被奴役的困境。黑桃老闆，無論男女，都可能既無情又嚴厲催逼。他們會希望你跟他們一樣，為你的所得努力工作。

黑桃是智慧和經驗的花色，是與上一代相關聯的特性，如前所述，黑桃往往與比較年長或比較成熟的其他人和睦相處，傾向於用比較成熟的觀點看待人生。多數黑桃的出生日期落在一至四月之間的冬天，代表我們為自己的死亡和轉化做準備的最後一段人生時期。這點往往使黑桃與代表死亡、性、權力的天蠍座相關聯。黑桃人強而有力，帶著堅強的意志，被譽為整副牌中最威力強大、最為強健的花色。基於這個原因，許多黑桃人在親密關係中有權力課題待處理。權力鬥爭和「誰在操控」課題將會浮現在他們的生命中，直到當事人在這些領域找到自己內心掙扎的解答為止。他們不喜歡別人企圖操控他們，也會盡可能嘗試繼續掌控自己的人生和親密關係。

黑桃的強大意志可以使他們不為所動，免於其他花色的操縱。但只有在他們本身學會了承認之前三個花色的特質時，才能夠維持這個崇高的地位。據說，黑桃的內在包含所有其他花色，如果他們拒絕承認自己內在另一個花色的任何面向，也可能會落入其他花色面臨的挑戰和困難。舉個例子，儘管強而有力，但黑桃在親密關係領域卻可能經歷巨大的挑戰。似乎，紅心與黑桃之間的相對距離（相距三個花色）使得那些領域中的往來對他們來說有點陌生。根據多數黑桃的說法，工作和表現

良好比迎合人際關係和情感需求更為重要。這並不是說黑桃無法擁有美好的婚姻或情愛生活，只不過表示，這是黑桃花色的共同挑戰。

因花色的緣故，黑桃人有機會讓自己與神的旨意連成一氣，而且因為這個做法，成就這個花色與生俱來的最高表現。這涉及一個臣服的過程，讓自己的意志臣服於更高的旨意。當他們確實讓注意力離開工作和事業，時間長到足以領悟到他們也擁有一份偉大的靈性傳承時，就可以契入靈性理解的巨型寶庫，使他們自己和接觸到的每一個人都獲益。他們代表踏在出發點上的靈魂，物質在此觸及靈性。藉由黑桃的例子，我們可以分享他們的智慧同時被提升到新的高度。

與他人的連結告訴我們關於自己的什麼訊息

目前為止，你可能已經領悟到，親密關係中的成功或失敗，多半取決於我們選擇跟誰在一起。當涉及親密關係時，我們無法改變兩張牌習於互動的方式。我們可以充分利用它們互動的方式，但無法將土星連結轉變成金星連結。因此，反映在本書中的能量連結是固定的。所以，我們的抉擇在什麼地方契入這整個畫面？那與我們的成功密切相關，因為選擇跟誰在一起的正是我們自己。我們一生一直行使著這樣的選擇權，而且現在還繼續行使著。

我並不是說，我們完全覺察到自己的抉擇，但儘管如此，我們還是慎重地做出那些抉擇。因此，使用本書的目的之一是給你一項工具，啟迪你明白如何在這個重要的領域做出選擇，或是了解何以做出了那些選擇。

沒有選擇是全壞或全好。在你曾經處在的每一段關係中，都有某個重要的理由讓你參與其中。人類很挑剔，除非有重要的理由讓雙方在一起，否則兩個人是不會在一起的。藉由使用本書，你一定能夠回顧任何和所有過往的關係，且能夠更輕易地確定你從那段關係得到的是什麼。儘管在常人眼裡，那段關係的結果糟糕透頂，但我確信，你在某些重要方面從中受益。許多時候，我們從最具挑戰性的關係中得到的是關於自我了解

的重要訊息，尤其是我們無法以其他方式認識自己的訊息。

如果我們檢視數百人以及這些人目前親密關係之間的連結，就會發現，大部分的人並不是在一起從此以後過著幸福快樂的生活。我們發現，許多帶有沉重土星或火星影響的親密關係，作用實在太激烈，導致雙方無法自在相處。

月亮關係

當我們想在生命中擁有大量的親密時，就會選擇月亮關係。此外，月亮關係也被選為足以創造建立家庭的基礎，因此，選擇月亮關係時，你要說的是：「我已經為成功的長期關係做好準備了。」由於這個連結是最有利於婚姻的關係之一，所以，已經準備好達到婚姻階段的人，通常會選擇月亮關係。在月亮關係中，有親密且安全的付出和領受。你的月亮牌對象支持你，將會幫助你建立一個你可以稱之為家的地方。基於這個原因，你選擇月亮關係可能是一個信號，表示在某種程度上，你已經決定了，家、保障和基礎這些東西，此時對你來說非常重要。你是否繼續保持這樣的關係，多半取決於這些東西是否仍舊位於你的優先列表的最頂端。如果真是這樣，你就可以期待快樂而長久的婚姻，尤其如果你們共享其他高度相容的連結。

金星關係

金星連結產生歡喜相聚的朋友和人們。事實上，選擇了有強力金星連結的關係，相當於你允許自己玩得開心、享受生命中某些比較愉悅的面向。本質上，這是一個你愛自己的徵兆。基於這個原因，這也是一個有利於婚姻的徵兆。愛自己的人在婚姻中比較輕鬆自在。金星連結並不保證你們一定會結婚，結婚的決定涉及太多其他的因素。但如果你們結婚了，倒是可以放心，關於配偶，你做出了明智的抉擇，這位配偶將會以多年的友誼和共度愉快時光報答你。

火星關係

當我們選擇帶有許多火星能量的關係時，可能是想要針對某個深層、解決某些憤怒和性愛課題。我一向選擇火星關係，而有趣的是，我的本命星盤中有火星／太陽合相。按照定義，火星關係能量高漲、性慾十足、時常好爭好鬥。伴侶一方或雙方很難表達需求，於是往往一害怕就發脾氣。事實上，所有的憤怒其實都是被隱藏的恐懼。所以我們可以說，火星關係將會幫助我們解決無法或不願表達的恐懼。火星能量以激進的方式出於恐懼運作，似乎總是在我們的人生中造成許多毀滅。憤怒總是感知到別人曾經刻意傷害我們。火星關係想要傷害、征服，或是想要報復曾經對我們不利的其他人。

一旦學會認出自己的恐懼就是恐懼，且懂得區分憤怒與恐懼的差別，我們就可以消滅如此火星能量為關係帶來的毀滅效應。然後，火星關係變成正向的刺激，使我們可以在生活中勞動和從事正向的體力活動。正向的火星關係是伴侶一起健身或一起勞動。

木星關係

木星除了為關係加分，沒有其他作為。它在伴侶間創造一份對彼此的仁慈善意，以及一份渴望，要以正向的方式對彼此的福祉做出貢獻。在伴侶一方賺錢養家的情況下，木星連結運作得非常好，這人會自然而然地樂於將自己的資源獻給伴侶。木星連結不見得總是財務方面，但通常是。就更高層的意義而言，木星關係可以代表高階哲學的連結，或是交換智慧和誠信的靈性連結。選擇帶有強力木星連結的關係象徵你正在對自己付出。顯然，在某個層面，你決定送給自己一份禮物。那份禮物是一個熱愛為你付出的伴侶——但其實是你先對自己付出，因為就是你選擇了對方。

土星關係

土星關係一定會為涉入其中的戀人帶來許多的成熟和責任感。在常人眼裡，這一定是最困難的連結之一，但那段關係的最終結果將是每一個伴侶都會更加成熟，能夠在整個人生中享有更多的成功。土星不利於相容性，它導致伴侶之間傳遞著許多的評斷和批判，導致相聚變得不甚愉快。這是我所謂的負面相容性。但有時候，如果要在人生中擁有真正的幸福，土星關係將教會

我們真正需要學習的東西。

七歲時，我媽逮到我在商店行竊並將我送交警方，當時，那並不是愉快的經驗。我媽其實要警方假裝他們將會把我帶去坐牢，而她坐在那裡道別，哀嘆著說，但願我不必離開。那是我今生最可怕的經驗之一，是真正的土星經驗以最佳狀態出現。但猜猜結果怎樣？那之後，我沒再偷過東西。在我的梅花Q母親精心策劃的一次五分鐘經歷中，我在商店行竊的行為永遠被治癒了。有人可能會說那麼做很殘酷，但現在，我很高興有過那段經驗。

土星關係就是這樣。它們困難的程度只在於——我們需要長大，學到關於人生的真理。我們無意識地選擇土星關係，只是要幫助我們在一或多個重要領域成熟起來。

天王星關係

人們之所以選擇帶有強烈天王星連結的關係，要麼是要在關係中享有一定量的自由，要麼是想要了解無條件的愛。天王星連結保證，伴侶一方或雙方一定會以意想不到的方式行事，不然就是需要完整的表達自由。處在這類關係中的人們可能分別有自己的工作或興趣。

有時候，一個人選擇自己的天王星牌對象是為了學習關於信任的功課。伴侶的行為將會非常不可靠且難以預測，導致當事人被迫每天面對被遺棄的恐懼。他們很可能對伴侶的情愛感到不確定，因為對方似乎來去無蹤。某些案例似乎是，伴侶並不履行承諾，這個訊息可能被視為伴侶不愛他們。無論如何，這類關係一定會讓那個伴侶面對心中不被愛的恐懼，催促他們不管對方的行為如何，都更加信任伴侶的愛。

天王星總是要求完全的自由，它可以產生一種非常進階的關係，在此，伴侶雙方先是彼此的朋友，給予彼此充分表達自己的空間。這種關係是先進的，因為為了擁有這樣的關係，伴侶雙方必須處在各自所愛的地方且在自己內在找到喜樂。每一個人都必須在自己的內在感到安全，如此才會自然而然地渴望給予伴侶自我表達的自由。這些是水瓶時代的關係。

海王星關係

海王星關係可以是我們的偉大導師。因為海王星，我們了解到夢、遐思和理想。當我們遇見某人是我們的海王星牌，尤其某人的本命牌是我們人生軌跡中的海王星牌時，我們遇見了自身希望和恐懼的化身，以及在最深層次融入另一個人的渴望。因為是金星高八度，海王星可以在連結中產生某些最浪漫的配對。關於完美的愛或配偶，每一個人都有自己的夢想。

即使結婚了，我們還是會做夢。我們的某一部分搜尋著某種「靈魂伴侶」，另一個只要存在便會以某種方式滿足我們的每一份需求和渴望的人。當遇見自己的海王星牌時，我們與激起那些夢想的人面對面站著，此刻，這人似乎是「靈魂伴侶」化成肉身。

不過可悲的是，這些關係很少造就快樂的結果。若要理解為什麼，只要想像一下，成為別人所有遐思和幻相投射的對象是什麼滋味。想像一下，對方看著你，把你看作一定會實現他們所有夢想、一定會照顧他們每一份需求的人。一方面，這可能看似加諸於你的沉重負擔。如果你實在不想為對方扮演那個角色，怎麼辦？你如何能夠成為對方的一切呢？另一方面，你可能會意識到，對方對你有此遐思，那賦予你某種凌駕對方的力量。既然對方看不見你的真實本性，你就可以利用這股力量趁機向對方予取予求。只要你繼續玩弄對方的夢想，就可以輕而易舉地欺騙對方。

現實生活中經常發生這樣的事。要麼，伴侶一方厭倦了每天為另一方披上化裝舞會的戲服，要麼，他們利用這個連結的幻覺導向能量欺騙和利用伴侶。無論哪一種情況，結果都是受苦。真相不可避免地浮出檯面。夢想破滅，幻想與現實牴觸，且多數案例顯示，感情嚴重受傷。當海王星在門前招手時，我們想要放下所有的防禦屏障，如此才能真正接納親密關係中等待我們的所有精彩。當這段關係惡化時（事實往往如此），痛苦會大上許多，因為我們比以前更加敞開心扉。由於這份痛苦，最終生出了真理和智慧。我們培養出能力，懂得透視自我投射的幻想。認識到這點，我們才能夠避免將應付那麼多自我需求的責任加諸在另外一個人身上。

有海王星連結作為關係中的第三、第四或第五連結，其實可以產生非常正向的效應。海王星能量確實有助於彼此的相容性，使浪漫戀情保持鮮活。只有當海王星能量占盡優勢時，我們才會經驗到如上所述的情境。

冥王星關係

一個人若選擇帶有這個連結的關係，通常是正在努力面對自身操控或改變他人的需求。冥王星是毀滅和死亡之神。在心理上，冥王星關係可以幫助我們穿越許多內在的死亡，燃燒掉我們對自己或整體人生的層層幻相。就某個深層而言，選擇帶有強烈冥王星能量的關係，這個事實即象徵，我們渴望內在發生深刻的改變。事實上，試圖改變或操控他人的人其實渴望在自己內在做出如此的改變。無論這份改變的需求是以正向、樂觀的精神實施，還是用負面、悲觀的精神執行，全都取決於當事人的意識。同樣這個意識將會決定，這段關係究竟被視為那人生命中正向、令人振奮的力量，還是某種困難而負面的影響。唯一肯定的是，這段關係將在個人內在產生巨大且迫切需要的改變。最終的結果將是，當事人成為自信、睿智、有耐心的人，這人已從經驗中學習到，不再期望周遭的世界改變。這人已經找到了自己內在的力量。

本命牌在海王星橫列的族群

因為是七大行星之一，海王星對我們的人生具有深遠的影響。每一個人在自己的人生軌跡中都有一張海王星牌，而這顆海王星也落在我們本命星盤的某處。然而，如本命牌在「世俗牌陣」中的位置所示，某些人的海王星顯然突顯許多。單是閱讀本書或《撲克命牌‧我的流年》一書中的人生牌陣相關資訊，這個位置並不明顯。你必須查看每一張牌在本書後面「世俗牌陣」中各行各列的位置。牌的位置若在海王星橫列或海王星縱行，例如，紅心4和梅花6，這些牌就具有強烈的海王星能量，賦予它們某些天賦和責任。我們先把這些牌列出來，免得你不明白我指的是哪幾張。

在海王星橫列中，從右到左分別是：紅心4、方塊4、黑桃2、紅心8、梅花6、黑桃6、紅心Q。紅心Q同時位在海王星縱行。海王星縱行當中的其他牌，從上至下包括：黑桃A、紅心2、梅花8、方塊A、方塊5、方塊J。我們發現，某些模式普遍存在於容易辨認的這些牌當中，這些模式來自海王星的影響，代表夢境、理想、普世性、逃避現實、幻想遐思。

海王星賦予接收者強烈的理想感。海王星要我們進入天堂，追求完美，他讓我們看見，所有事情都是可能的。這可以產生動機十足、要為世間利益實現偉大抱負的人。當同樣這些夢想被現實的嚴苛條件擊碎時，海王星也會產生沉迷於藥物毒品或其他逃避形式的人。前述列在海王星橫列或海王星縱行當中的任何一張牌，都有能力投射一個更美好世界的願景，然後直接透視到結局。但海王星能量的本意是為了世間的美好，未必是個人的利益。以雙魚座時代的化身耶穌基督為例，雙魚座是由海王星所守護，基督讓自己被釘在十字架上，體現了海王星的宇宙的愛的法則。以此方式，他向我們示現了愛的最高形式，這份無條件賦予世界的愛，往往需要完全放下所有個人的顧慮。同樣這個海王星遵循的能量法則，對本命牌落入其管轄的人來說，有時會使人生變得非常具有挑戰性。

有人可能會說，海王星人可以在人生中成就偉大的事，但不適合謀取私利。在親密關係的領域，這點尤其真實。海王星在關係問題上投下了如此理想的光芒，致使一個人通常深陷在那段關係可能變成的情況，完全忽略了關係當時的樣子。當海王星能量被濫用時，會導致欺騙。我們認為，我們的動機崇高而無私，然而事實上，卻是奠基於被遺棄或受傷害之類的一般世俗恐懼。海王星的麻煩在於，很難看透我們自己的欺騙行為。多數案例顯示，要花一輩子才能揭開情境，回歸到事情的基本真相。所以，我們發現，世上許多人不斷讓自己在情愛中一再受傷，不知道為什麼像自己如此美好而有愛心的人要受到那麼多、那麼頻繁的傷害。折磨受難是被錯置的海王星能量常見的結果。有一種東西叫做「純粹的犧牲」，但往往，看似純粹的動機，其實是隱藏和偽裝的恐懼。

當受海王星影響的人濫用能量時，無論是有意識地

還是無意識地，現實都有辦法逮到他們。遲早，他們的詭計會撞見真相，動機會暴露出來，或者至少是，最喜愛的夢想破滅了。當這情況發生時，海王星的另一面——逃避現實那一面，往往是結果。這可能包括從酒精或藥物濫用到其他比較溫和的逃避形式。

海王星守護的這些牌並不是唯一犯下這類問題的人。我們同樣看見許多這類型的欺騙關係，當事人人生牌陣中的金星牌落在海王星縱行，包括：梅花5、梅花9、方塊2、黑桃8、紅心9、梅花2和梅花6。當我們把海王星和金星混合在一起時，通常在愛情方面得到大量的自欺欺人，時常被幫忙或拯救對方的善意所蒙蔽。

然而，所有這些受海王星影響的族群都保有達致最高階真愛的能耐。他們在某些方面是幸運的，因為有機會在人生的不同時刻品嘗到神聖的愛，那是多數其他牌可能永遠體驗不到的。何況其中有些人允許自己被這份神聖的愛所引導，為世間的利益成就偉大的工程和偉大的行動。所幸生命中有這些人，因為他們可以讓我們瞥見自己和人生的無限可能性。他們的作用也在提示，我們在靈魂層次上都是互連的，儘管看似獨立的存在體，但我們全都是一體存在的一部分。

日／月連結的重要性

最近我教了一個小型工作坊，而且很訝異居然有四對情侶一起出席。通常，我的工作坊只有女性出席，或是單身男女。丈夫通常不參加。但著實令我驚訝的是，出席的四對情侶，每一對都有重大的日月連結。在為人們解命以及研究新聞中的人物時，我一再發現，幾乎所有已婚夫妻之間都找得到日月連結。

有某樣關於日月連結的東西使我們覺得，我們的伴侶是可以結婚、生子或是既結婚又生子的對象。我現在認為，這是最重要的婚姻連結，勝過其他。我認為，當你著手調查時，可能會有同樣的感受。直截了當地說，就是從我知道在哪裡尋找日月連結開始，我發現，沒有這個連結的已婚夫妻少之又少。

在此為不懂這個原理的人再解說一次，日月連結發生在人生（世俗）或靈性（自然）牌陣中彼此相鄰的兩張牌之間。舉個例子，方塊10和紅心10在人生牌陣中彼此相鄰，紅心10是方塊10的月亮牌。靈性牌陣中的梅花9和梅花8是另一個例子。

但是，要真正看見這個連結的普遍存在，我們不僅要用本命牌查找，還要用守護星牌和業力牌查找。本命牌和本命牌的連結很容易注意到，也的確許多已婚夫妻都有這樣的連結。但當你在本命牌中沒有發現日月連結時，就要進一步查看。用其他牌可能很有機會找到。我們來舉幾個例子說明這點。

金‧貝辛格是梅花10，她丈夫亞歷‧鮑德溫（Alec Baldwin）是黑桃5。在兩個牌陣中，我們都沒有找到本命牌之間的日月連結。不過，梅花10的第二張業力牌是黑桃4，當然，我們看見在靈性牌陣中，黑桃4就在黑桃5的右邊。這使得金成為適合亞歷的理想妻子，亞歷則是金的理想丈夫。

再舉另一個例子。我的第一任妻子是方塊8水瓶座，因此她的守護星牌是梅花5。在人生牌陣中，梅花5就在我的業力牌方塊3的右邊。這個例子顯示，她的守護星牌是我的第一張業力牌的月亮。在同樣這段關係中，我的第二張業力牌是方塊9。她的本命牌方塊8在靈性牌陣中是方塊9的月亮牌。此例中有兩個月亮連結，這並不稀罕。

與我的第三任妻子凱瑟琳之間的連結更容易找到。我的守護星牌方塊A在靈性牌陣中是她的本命牌梅花K的太陽（我的生日是7月3日）。包含本命牌和守護星牌的日月關係是最強的。

有時候，一對情侶會有雙重的月亮連結，雙向連接。伴侶一方是另一方的月亮牌，且反之亦然。舉個例子，這對伴侶前來參加我之前提到的工作坊。女方是梅花J，雙魚座，2月27日出生，男方是梅花K，9月11日出生。女方的守護星牌是方塊4，男方是方塊J。女方的方塊4是男方的第一張業力牌黑桃2的月亮牌。同樣的，男方的本命牌梅花K是女方的業力牌方塊J的月亮牌。其實，這兩人有許許多多的連結，多到幾乎令人眼花撩亂，因為女方的業力牌方塊J，與男方的守護星牌相同。無論如何，當伴侶雙方既是太陽牌又是月亮牌時，他們必須在某種程度上輪流成為這段關係的領導

者。凱瑟琳和我也有這樣的關係，因為除了我之前提到的月亮連結外，我的業力牌方塊3是她的守護星牌方塊4的月亮牌。我們可以相互滋養，雙方都需要在某些兩人共同的人生領域成為主導。

太陽的人通常是關係中的老大或領導者。如果太陽的人沒有明確的方向，或是對關係含糊不表態，這對擁有如此美好的婚姻連結是沒有助益的，這段關係一定會失敗。當太陽的人知道自己前往的方向時，日月連結的效果最好。而且，在關係中扮演太陽角色的人不見得總是男性。

那次工作坊的另外一對是女方天秤座梅花10，與天蠍座梅花9結婚。於是我們立馬發現，在靈性牌陣中，男方是女方的月亮牌。不過，你有沒有注意到，男方的第一張業力牌紅心Q在人生牌陣中是女方本命牌梅花10的月亮牌？我告訴女方，她找到了一個好「老婆」。男方說，如果兩人有小孩，他很樂意待在家裡照顧孩子。這是一件非常獨特的事。我們知道，大部分的梅花10女性都是強烈事業導向的。對她們來說，梅花9男人是樂意承擔家庭責任的好丈夫。因為業力牌紅心Q的緣故，梅花9的人是全心奉獻的父母。許多梅花9很享受那樣的角色。

所以，現在你看到了許多日月連結的排列方式，也知道如何查找。我相信，如果你仔細檢查一對對情侶，幾乎在所有的已婚夫妻中，都可以找到這個重要的連結。

挑個黃道吉日好成婚

如同你和我各自有一個描述業力命運的生日，我們生命中有新的開始的每一樣東西，同樣也都有一個屬於它自己的生日。就此而言，婚姻也不例外，而且或許是我們人生中最重要的事件之一。我們很幸運，可以有意識地選擇這一天，而且因為那麼做，賦予婚姻最佳的成功契機。以下是我成功使用過的一些技巧。

你可能認為，最好選擇紅心4或紅心Q日結婚。這合乎邏輯，因為那兩張牌是傳統的婚姻牌。但我發現，那些不是結婚的最佳黃道吉日。因為婚姻本身就像一個

存在體，我們必須細看擇日當天的人生軌跡和姻緣，才能做出最終的決定。事實上，紅心Q不是個壞日子，它有一些相當不錯的姻緣。但如果你想要，通常可以找到更美好的黃道吉日。

我個人選擇的婚姻黃道吉日是梅花6、梅花K、黑桃2和黑桃7。你可能會問為什麼？因為這些牌的人生軌跡之中都有美好的婚姻影響。梅花6有紅心Q在金星，這是一張奇妙的愛情和婚姻牌。梅花K有紅心4在金星，這是另一張在愛情位置的婚姻和家庭牌。黑桃2有紅心Q在木星，這是一椿繁榮昌盛的婚姻，奠基於靈性的真理與人生觀的相似。最後，黑桃7有紅心4在木星，原因與黑桃2雷同。

紅心Q牌本身有方塊8在金星。方塊8剛好是整副牌中地位最高的牌，位於人生牌陣最頂端正中央我們所謂的「太陽」位置。一椿紅心Q婚姻很可能是受歡迎的事件，且所費不貲，甚至是一椿與其說是奠基於愛情、倒不如說是基於財務考量的婚姻。

你也可以採用這個方法檢視人們的結婚日，看看關於兩人共同生活和婚姻生活，那個日期告訴你什麼。有些人直覺地挑上好日子結婚，有些人則選到了困難重重的日子。最後一個想法是，你也可以運用同樣的方法為其他事情規劃重要的日子，例如，新事業開張。只要選擇一張擁有美好人生軌跡且適合那個特定主題的牌，便能夠順利上路，在那椿事業中飛黃騰達。

人生牌陣、靈性牌陣、我們的人生軌跡牌組

研究這套系統以及開始教授這套系統的每一個人，似乎都會為這套系統的精華部分提供新的名稱和標籤。早在埃及文明發達以前，這套系統本身就是不變的。不過，每一位新的老師都會帶來自己對這套系統的經驗和理解，為各個面向找到與其理解契合的名稱。這可能令初學者眼花撩亂。問題是，奧尼·瑞屈門（Olney Richmond，譯註：一八九三年，瑞屈門出版了世上第一本撲克命牌著作）並沒有為我們今天經常用在解讀上的許多面向提出正式的名稱。所以，就像多數人一樣，我發

明了自己的一套命名法，選擇了我認為最適合各個部分運作的名稱。如果看似令人眼花撩亂，我在此表示歉意。一開始，我們先來討論我所謂的人生牌陣和靈性牌陣。

當整副牌以某個特定陣式展開時，叫做「大太陽牌陣」（The Grand Solar Spread），我們可以直接看見這整套系統的真正基礎。「大太陽牌陣」兩頁圖示讓讀者看見九十個大太陽牌陣的前兩個。這前兩個是最重要的，專用這兩個牌陣便可以取得本書的所有資訊，包括本命牌和關係連結的說明。一個人只要用心記住這兩個牌陣，同時好好理解所有行星的能量，就完全有可能隨時將本書的全部內容信手拈來，單靠記憶進行個人或關係解讀。不管怎樣，這套方法需要一些時間學習而且相當複雜。本書的設計旨在幫助讀者取得你所需要的資訊，無須了解這套系統的錯綜複雜。

我將大太陽牌陣中的第一個牌陣命名為「靈性牌陣」（Spiritual Spread），這個牌陣又名「靈魂牌陣」（Soul Spread）、「完美牌陣」（Perfect Spread）和「自然牌陣」（Natural Spread），因為當中的牌以自然或完美的順序落入牌陣中，從紅心A開始，止於黑桃K。我稱之為「靈性牌陣」，因為是從前世影響力衍生得來的牌陣，而且是我們可以從中解讀「靈魂」特質的牌陣。我將靈魂特質定義為，深植於我們內在的特質，是我們的意識心無法觸及的，積累了來自前世所有影響的總和。透過仔細檢視，我們在靈性牌陣中尋找出現在個人性情中的隱藏特質。後續會再探討這點。

我所謂的「人生牌陣」（Life Spread）也被稱為「世俗牌陣」（Mundane Spread）和「世間牌陣」（Worldly Spread）。人生牌陣顯示所有牌「混合在一起」，以顯然隨機的方式呈現，然而，那不是隨機的。人生牌陣中的牌，每一張都落在屬於自己的精確位置上，既是彼此相關，又與主宰各行各列的行星影響力相應。那來自於每一張牌的位置，也來自於人生軌跡中十張牌的詮釋，那些是從我們對五十二張牌個別的人格或本命牌的理解推導出來的。在本書中，你將會找到五十二張本命牌以及小丑牌的個別說明。你還會發現，針對五十二張牌的每一張本命牌，都有一份人生軌跡列表。如果在整副牌

中抽出任何一張牌，查詢此牌的人生軌跡牌組，然後一一找出這些牌在當頁所示人生牌陣當中的位置，你將會精確地看見這些牌從何而來。這十張牌告訴我們許多信息，包括一個人的性格、業力特性、最大潛能以及人生的不同階段將會發生什麼事。

本書的原意並不是要完整探討這些人生軌跡牌組。不過，我希望你知道，針對每一張本命牌給出的詮釋，都得自於該牌在人生和靈性牌陣中的位置，以及該牌的人生軌跡牌組。如果你已經研究了《撲克命牌‧我的流年》，已然熟知諸牌因不同行星時期影響而產生的某些含義，應該能夠因研究這些人生軌跡牌組而得到某些有意義的資訊。舉個例子，假使你的人生軌跡中的金星位置有梅花5，就可以研讀一下《撲克命牌‧我的流年》一書中梅花5在金星的含義，從中了解你的一部分性格和人生。以下是關於人生軌跡牌組的某些信息以及如何詮釋這些信息，獻給希望進一步了解這門科學的讀者。

月亮牌

人生軌跡中的第一張牌是我們的月亮牌，位於我們的太陽牌或本命牌右邊。這張牌代表使我們感覺安全和有保障或得到滋養的能量或事物。例如，梅花K有梅花2作為月亮牌。這告訴我們，梅花K的人總是因為與他人交談而感覺到比較安全、更加得到滋養。他們需要（月亮）講話（梅花2）。當我們遇見本命牌與我們的月亮牌相同的人時，就找到了使我們感覺得到支持和安全的對象。這是一個強大的連結，你日後一定會明白，成功的情侶之間時常見到。月亮牌並不主宰我們一生的任何特定時期，它的效應終生穩定存在。

太陽牌

我們的本命牌也叫做我們的太陽牌或靈魂牌。太陽長久以來一直是靈魂或潛意識心靈的象徵，那部分的我們始終無條件且澈底地對我們付出。我們的太陽牌象徵今生可以光芒四射的特質和特徵。太陽牌其實是某種天賦。它代表我們可以輕而易舉地表達的領域，我們在這些地方具有某種豐盛的天賦。

有時候，這份天賦如此豐盛地湧現，需要被仔細表

靈性牌陣（The Spiritual Spread）

		K♠	Q♠ ✡	J♠	皇冠列		
7♥	6♥	5♥	4♥	3♥	2♥	A♥	☿
A♣	K♥	Q♥	J♥	10♥	9♥	8♥	♀
8♣	7♣	6♣	5♣	4♣	3♣	2♣	♂
2♦	A♦	K♣	Q♣	J♣	10♣	9♣	♃
9♦	8♦	7♦	6♦	5♦	4♦	3♦	♄
3♠	2♠	A♠	K♦	Q♦	J♦	10♦	♅
10♠	9♠	8♠	7♠	6♠	5♠	4♠	♆
海王星	天王星	土星	木星	火星	金星	水星	
♆	♅	♄	♃	♂	♀	☿	

人生牌陣（The Life Spread）

		K♠	8♦ ✡	10♣	皇冠列		
A♠	3♦	5♣	10♠	Q♣	A♣	3♥	☿
2♥	9♠	9♣	J♥	5♠	7♦	7♥	♀
8♣	J♠	2♦	4♣	6♥	K♦	K♥	♂
A♦	A♥	8♠	10♦	10♥	4♠	6♦	♃
5♦	7♣	9♥	3♠	3♣	5♥	Q♦	♄
J♦	K♣	2♣	7♠	9♦	J♣	Q♠	♅
Q♥	6♠	6♣	8♥	2♠	4♦	4♥	♆
海王星	天王星	土星	木星	火星	金星	水星	
♆	♅	♄	♃	♂	♀	☿	

達，否則可能會在人生中造成某些問題。舉個例子，梅花3的人創意豐富、多才多藝。事實上，多才多藝到當事人難以做決定，且時常事事擔心。所以，即使我們最優秀的天賦也可能變成累贅，如果我們要存取自己最高階、最明亮的潛能，就必須謹慎應對。人生的挑戰之一是：正向積極地運用自己的太陽或本命牌能量，從而讓自己忙於做好事。如此，我們可以將自己太陽牌的負面特質減至最低。

每張太陽牌都有最高階的表達形式。雖然太陽牌不是我們人生軌跡中唯一的牌，但卻是最重要的。請記住，它代表主宰我們出生當天的牌。在該牌指定的模式之中，有許多的祕密和智慧可以在個人和專業方面套用在我們身上。

水星牌

水星牌在我們的人生軌跡中意義重大，代表許多事物。首先，你需要知道，從水星到海王星七張牌，每一張牌主宰大約十三年的人生。因此，我們的水星牌主宰人生的前十三年（零至十二歲），也就是我們的童年。這意謂著，水星牌可以告訴我們，自己人生頭十三年的本質。科學家已經證明，我們百分之九十或以上的人格與性格特徵是在人生前六年形成的。因此可見水星牌的重要性，因為它以某種方式描述我們人生頭十三年的事件和經驗。以梅花9為例。水星牌是黑桃9，通常象徵死亡或失落。常見梅花9的人在童年失去某位家庭成員，出生時也常有生理併發症（黑桃9）。其他牌若有人頭牌（騎士、皇后、或國王）作為水星牌，通常表示，他們的童年要麼有某人主導，要麼高度聚焦於某個強勢的人。所有方塊A都有強大的母親成為童年的主要影響力，正如他們的方塊Q水星牌所示。這同樣適用於梅花A、梅花2、方塊5等等。

水星牌也象徵我們的心智如何運作、我們在想些什麼、如何與他人溝通，能夠反映出我們在出版或公開演講方面可以成功到什麼程度。舉個例子，黑桃4的人有紅心10作為他們的水星牌。這使他們經常想著投入社會，且往往為他們帶來一定的人氣。

金星牌

我們的金星牌守護第二個十三年，也就是從十三歲到二十五歲的人生。舉個例子，有任何一張數字5作為金星牌的人，可能在人生這段期間經常旅行，因為數字5指出旅行和變化。大部分的人也是在金星時期第一次體驗到愛，以此而言，我們為自己此後一生的愛情樹立了一個模式。因此，我們的金星牌揭示了：我們如何愛別人、配偶的什麼條件吸引我們、我們與婚姻和承諾如何關連或不關連，以及什麼事和什麼人帶給我們歡樂和喜悅。每當遇見本命牌正是我們的金星牌的人時，我們通常會喜歡對方，且與對方有不少共同的好事。

金星代表愉悅法則。因此，金星牌告訴我們，能帶給我們人生歡愉的是什麼。以方塊9的人為例，他們有梅花2作為金星牌。這告訴我們，方塊9的人喜愛談話（梅花2），而且最受到可以與他們好好談話的人所吸引。他們想要可以交談的人，無論是朋友還是配偶。智力的相容性對這樣的人非常重要。另一方面，方塊4的人有紅心8在金星，最吸引他們的是花花公子類型，或是有許多魅力和情緒力量的人。同樣這張紅心8告訴我們，方塊4的人喜愛社團，他們也有許多的魅力和磁性，正如紅心8所示。因此，從這些例子，你可以看見，一張牌在某個特定位置上有許多層不同的含義，且往往所有含義均同時起作用。

談到一個人的浪漫或關係本質，金星牌非常重要。不過，這絕不是全貌。在我們的人生軌跡中找到的任何數字的紅心牌，也可以訴說我們的情愛生活，因為紅心是十分金星的花色。還有其他的考量因素，大部分將在各牌的說明中提及。

火星牌

我們的火星牌主宰人生的第三個十三年，從二十六到三十八歲。在火星時期，許多人真正開始搜尋自己的最佳職業。這通常是一個活力十足的時期，充滿抱負和激情這兩個火星的關鍵詞。一個強大的火星牌，例如，數字8或10，可以指出在這段期間飛黃騰達。無論你的火星牌是什麼，它會以某種方式描述你人生那些年的整

體格調。

談到個性，火星牌描述了既能激勵我們採取行動又會使我們生氣的那些特質、事物和人物。甚至可以說，火星牌代表某些有時候我們不樂見自己擁有的特質。火星還管轄法律事務，因為火星是戰爭之神。因此，火星牌將會告訴我們，在法律訴訟和交戰之中，我們的表現如何。如果你像我一樣，有一張不是那麼強的火星牌（我的火星牌是黑桃3），最好盡可能避開法律問題，找尋其他方法取得想要的東西。因為火星是陽剛能量的精髓，也說明我們這輩子通常如何與男性相處。你的火星牌說：「當你帶著激情或憤怒接近對方時，事件將會如何發展。」此外，火星還可以定義我們最熱衷的事物以及激勵我們採取行動的事物。

木星牌

木星主宰三十九至五十一歲，被認為是另一張「福氣」牌。事實上，對大部分人來說，這個人生的木星時期是積累最多財富和資產的階段。在人生的那段時間，多數人已經搞清楚自己最擅長什麼事，而且努力的時間也久到足以賺得更多的金錢並開始取得資產。這當然是一般的情況，總是有例外。不過，通常木星時期是發達興旺的時候，而我們的木星牌可以定義，在帶給我們如此繁榮和積累的期間，我們將會做些什麼。

木星牌代表我們人生中的福氣。首先，它告訴我們，哪些類型的活動可以為我們帶來最大的財務回報。那有點是我們擁有的天賦才華，無論是否派上用場。舉個例子，方塊9的人有方塊J在木星。由於方塊J是「業務牌」，因此我們知道，方塊9的人可以因銷售和推廣賺大錢。並不是所有的方塊9最終都會從事銷售工作，但大部分嘗試過，而且會告訴你，他們很擅長。方塊9的人可能選擇另一個行業，但他們知道，如果想要快速賺錢，總是可以再回去從事銷售或推廣。

土星牌

在占星家和其他解讀者眼裡，土星一直是最令人害怕的行星或影響之一。即使在這套系統中，土星通常也與不健康或其他問題相關聯。許多人可能是在五十二到六十四歲的人生土星時期，於健康方面經驗到第一次真正的挑戰。無論如何，土星時期都預示老年的到來，那往往伴隨著健康方面的考量。不過，土星也與我們的聲譽和事業大有關係。所以，也難怪許多人在這個人生的重要時期達致某種程度的顯赫和聲譽。

土星牌往往象徵我們的事業，或是我們為眾人所知的工作。舉個例子，我的土星牌是梅花7。這是一張靈

性知識牌，幫助他人提升思考模式（我在過程中同時提升了自己的思考模式），它描述了我可以相當精確地完成的工作。大家都知道，我們往往選擇會幫助我們克服內在挑戰的工作。例如，如果想要克服對貧困的恐懼，我可能會選擇幫助他人克服對貧困的恐懼。因此，土星牌也代表人生的某個領域，我們在此有些重大的工程要進行。它通常象徵我們在人生的某個領域有某種習慣性的負面表達模式，而在人生歷程中，我們必會在此付出許多的努力和紀律，以求提升和改善自己。土星幾乎與木星相反。如果木星是我們擁有的「天賦」才華，那麼土星就是我們必須努力經營、孜孜不倦取得的才能。但不要忘了，在我們經歷人生的土星期時，同樣這份才能可能是我們將會為人所知的。

天王星牌和海王星牌

天王星和海王星牌一同主宰人生的最後幾年。到底確切是幾年並不知道，因為當今人類的壽命愈來愈長。最好是天王、海王兩者一起看，才能感覺到人生最後幾年的樣貌。舉個例子，方塊2有方塊10在天王星，黑桃8在海王星，可能壽命很長，因為黑桃8代表健康，方塊10代表金錢。其他挑戰性十足的本命牌，例如，黑桃7或黑桃9，或是任何的數字7或9在天王星和海王星，人生晚年將會面臨挑戰，除非當事人轉向人生的靈性面尋求答案。在人生的天王星和海王星時期，我們會自然而然地對來生和靈性問題產生興趣。有人說過，在踏入天王星時期的入口，我們要麼轉向靈性，要麼停滯不前。今天的安養院擠滿了停滯不前的老人，他們就像無限循環的錄音帶，一再說著同樣的事，活在自己的世界裡，與現實脫節。另一方面，有些人則轉向了自己的靈性面，即使九十歲，仍舊活躍、敏銳、有才智。

對靈性問題變得更感興趣，同時在趨近死亡的過程中，讓自己做好準備，迎接自己的死亡和死後可能的世界，這是人類生命週期中自然而然的一部分。許多人找到特定的團體或宗教，與之認同並加入，這反映出他們自己的個人信念和渴望。或許這就是為什麼天王星牌也代表我們生平參與的團體、同事、以及我們成為其中一員的任何其他大型組織。人生軌跡中一張很強的天王星

牌可能意謂著，我們擁有與公司和其他大型機構合作的好運氣。我們的天王星牌也與房地產有關。再次強調，一張很強的牌在此，例如，數字8、10、或人頭牌之一，可能意謂著個人在這個領域成功順遂。

我們的海王星牌可以被稱為「希望和恐懼牌」，往往代表整個人生歷程中夢寐以求的某物或某人。那可以是我們渴求的特質，我們終生欲求的某樣東西，或者有時候，那可以是我們害怕可能會發生的事。在最基本的層面，海王星牌代表我們潛意識心靈的內容。當我們注視某人的海王星牌時，其實是看著他們最深層、最祕密的夢想和欲求。這就是為什麼遇見本命牌等同於我們的海王星牌的人可以如此誘人且令人上癮。

冥王星牌

人生軌跡中其餘的牌並不主宰任何特定的人生階段，反而是具有終生的影響力。

它們非常重要，每一張都代表著我們人生的不同面向。不管怎樣，冥王星位置上的那些牌本質上是比較普世的，若沒有直接經驗，比較難以理解。理解冥王星牌的最佳方法是：找到本命牌恰好是我們的冥王星牌的某人，看看我們如何與對方相處以及對方如何影響我們。

冥王星牌是整個人生軌跡中最重要的幾張牌之一，因為它代表某種特質或本體，將會促使我們在人生歷程中經歷一或多次強大的蛻變。可以說，冥王星牌代表我們必須死亡然後重生的一部分，我們必須在此將低階能量澈底轉變成高階能量。這很像土星牌，但通常效果更為戲劇化。土星需要紀律和勤勞、穩定的努力來完善自己，冥王星則要求澈底殲滅某些人格特質。我們在冥王星牌指定的任何領域經歷到心理上的死亡。這張牌既可怕又迷人，宛如飛蛾撲火，我們不可避免地被這張牌所吸引，要被摧毀然後再次重生。冥王星牌可以被視為最重要的「終生挑戰牌」之一。我們可以從圖表中看見，冥王星是火星的高八度。火星是貪慾和戰爭之神。與火星同在，我們大發雷霆，但與冥王星同在，我們直接報復（找一個天蠍座問問吧）。這再次說明，高八度的任何行星位置如何顯化更大的強度。

四十五張牌構成的魔法圈

宇宙回報牌

宇宙回報牌像是第二張木星牌，但這一次，被帶到比較高階或比較普世的層次。宇宙回報牌代表我們的另外一份天賦，但卻是一份需要一定程度的覺知才能落實的福報。我還注意到，對多數人來說，在遭遇到並處理好自己的冥王星牌之前，宇宙回報牌的表現更像是第二張冥王星牌。似乎有理由相信，在通過冥王星牌暗示的考驗之前，我們領受不到宇宙回報牌的全部好處。一張牌在人生軌跡之中跟隨另外一張牌，這就好像是一條我們所要遵循的自然進化之路。因此，我注意到，對冥王星代表的個人課題相對不知不覺的人，也無法存取宇宙回報牌的福報。基於這個原因，隨著年齡的增長，這張牌的福氣通常會愈來愈被經驗到。然而，這張牌的表現也像是我們人生軌跡中的宿命牌，可以象徵：我們在通過冥王星牌的試煉之後，晚年一定會得到的回報。就這方面而言，有人可能會說，在人生的某個時候，我們「注定」要擁有與那張牌相關聯的特質。那就像彩虹的末端保證有一罐金子。

宇宙功課牌

我也把這張牌叫做「宇宙責任牌」，若要理解這張牌，就必須回顧土星牌的含義，然後在心智上將這張牌投射到比較普世的界域。如果土星代表我們在地球層面所要學習的功課，那麼宇宙功課牌一定是代表我們在比較宇宙的意義上所要學習的功課。因此，這張牌暗示的功課可能比較關係到我們累世累劫如何表現自己對男、女人類同胞的整體責任。舉個例子，我們的行為不僅影響到眼前環境的一切，更影響到整個社會、國家和整個星球，對於這點，我們覺知到什麼程度呢？今生，宇宙功課牌可能描述，在相對於這個比較普世的觀點的關係之中，我們必須扮演的角色。以黑桃8為例，土星牌是梅花3，這告訴我們，黑桃8的重大個人挑戰之一是：克服憂慮和恐懼，同時將所有梅花3的負面擔憂和優柔寡斷能量蛻變成創造性的表達。然而，黑桃8的宇宙功課牌是黑桃Ω。這告訴我們，黑桃8對我們其他人的責任是：培養內化自身問題和掌握自己的能力，而不是

試圖對旁人呼來喝去，那是黑桃8容易採取的做法。因此，宇宙功課牌代表我們必須扮演的角色，以求保持公平公正同時意識到周遭世界的需求。

四十五張牌構成的魔法圈

以某種方式，五十二張撲克牌被分成截然不同的兩組。有七張屬於被稱為固定牌和半固定牌的特殊家族，我們將在下一節加以討論，因為它們的行為與其餘四十五張牌不同。現在，我們先談談其餘四十五張牌，因為它們全都屬於某一家族，且在許多方面親密連結。

這四十五張牌形成一圈，位置彼此相鄰，代表彼此的業力鏈結。「四十五張牌構成的魔法圈」圖示讓讀者可以看見這個魔法圈。看著這一圈牌時，不妨想像一個四十五人的群體，全都手牽手，面向圓圈的中心。在圈子中找到你的牌，然後注意左、右相鄰的各是哪一張本命牌。這個圈子是綿延不絕的能量圈，不斷自行再生。圈內的能量從你的左手進入，從你的右手出去。如果細看，就會發現，左側那人是你所領受的業力牌，右側那一位是你要付出的業力牌。向兩個方向各多走一步，就揭示出你的業力親屬。從這個圈子，我們看見，付出給我們虧欠的業力牌的能量，最終繞行一圈，貫穿這個家族中的其他四十四張牌，回到我們身上。在這個圈子中，可能還有與某些其他牌的獨特連結，例如，誰在我們的正對面等等。現在，我們只要知道，這四十五張牌以業力能量圈的形式捆綁在一起，從一個流動到下一個，一圈又一圈。這個家族還共享其他特殊的品質，我們會在專門探討各牌人生流年的《進階神諭習作》(*The Advanced Oracle Workbook*)一書中談論。

固定牌和半固定牌

整副牌中有七張牌並沒有一般的業力牌，分別是黑桃K、紅心J、梅花8、梅花A、紅心2、方塊7和紅心9，七張構成一個在業力上彼此鏈結的特殊家族。本質上，這些牌的每一張都有六張其他的業力牌。這意謂著，每當我們看見這七張牌中的任兩張在一起，就知

道，他們在一起的原因之一是要償還兩人之間的某些前世債。在研究熟人朋友的命牌時，你會開始注意到，這個特殊族群的人常被發現彼此互有聯繫，要麼透過愛情、婚姻、友誼，要麼因事業上的合夥。

如果我們注意到這七張牌在靈性和人生牌陣中的位置，就會明白，前三張在兩個牌陣中分別占據相同的位置。我們也注意到，後四張只是彼此互換位置。這些被稱為固定牌（黑桃K、紅心J、梅花8）和半固定牌（梅花A、紅心2、方塊7、紅心9）。此一現象在這些特定的牌中顯化成性格特徵，且在之前這些牌的個別說明中討論過了。現在，請記住，套用在這七張牌上的規則不同於其餘四十五張本命牌。舉個例子，我們無法解

讀梅花8的相關信息，然後期望可以應用到黑桃K或梅花A，或是整副牌中的任何其他牌。談到他們的性格特徵，三張固定牌其實都自成一格。他們唯一的共同點是：本性「固定」。

然而，剩下的四張半固定牌確實每一張都有另一張牌，就像他們的「另一個自我」（alter ego）。梅花A和紅心2可彼此互換，方塊7和紅心9也可以。基於這個原因，梅花A的人可以解讀紅心2的人的說明，從而取得自己的相關信息，且反之亦然。這同樣適用於方塊7和紅心9。這四張半固定牌的本質中也有許多的固定性。如果不相信這點，不妨問一問哪一個與半固定牌結婚、或小孩是半固定牌的人。

月亮連結——最重要的連結

誠如286頁討論過的，月亮牌連結有許多的含義，那是兩人之間可以存在的最親近連結之一。因此，也難怪月亮連結不斷被發現在絕大部分的婚姻之中，也常見於戀愛事件和各式各樣的其他關係裡，這足以告訴我們月亮連結的重要性。然而最重要的是，這個連結讓人洞悉任何關係的基礎動力，而這點反過來又可以預測那段關係的結果。月亮連結首先告訴我們，這段關係的領導者是誰，對於關係何去何從，這點非常重要。即使在任何領域的競爭對手之間，也是月亮連結（如果有的話）決定勝負。如果你進入任何關係，其實需要知道是否有任何的月亮連結，如果有的話，誰又是誰的月亮。有時有多重月亮連結。我見過多達四個的。在此，我想要解釋月亮連結的重要性，以及到底月亮連結如何操作。

如何找到月亮連結？

回想一下，當兩張牌沿著水平方向在靈性或人生牌陣中彼此相鄰時，就發生了月亮連結。垂直或對角線方向並不成立。每一張牌都有兩張月亮牌，每個牌陣一張。位於右側的牌是左側牌的月亮牌，左側牌即是太陽牌。可以參照352和353頁的靈性和人生牌陣。

以梅花4為例。在353頁的人生牌陣中，梅花4位於中央那一行。在那個牌陣中，我們發現方塊2在左邊，紅心6在右邊。因此，梅花4與這兩張牌共享月亮連結。在靈性牌陣中，梅花4與梅花3和梅花5都有月亮連結。這張牌可以輕而易舉地在這兩個牌陣中找到月亮連結。但有些牌的月亮連結比較難找，除非你確切知道牌陣中的牌如何行進，亦即從哪裡開始，以什麼樣的順序行進。

舉個例子，如果看著人生牌陣中的方塊J，可以輕易地看見梅花K與其共享月亮連結。但是另外一個連結呢？因為牌的移動是由最左移動到下一排的右端，所以是紅心4。如果你再看一下人生牌陣圖示，就會注意

到，牌的方向是從右到左，然後走到一列的盡頭時，便向下一列。你往下行，來到下一列的最右端。等走到最後一張牌時，在人生牌陣中是紅心Q，就向上移動到頂端的最右邊，來到梅花10。因此，紅心Q與黑桃6和梅花10有月亮連結。在靈性牌陣中，如352頁所示，運作的方式完全相同。而且大部分時候，共享月亮連結的兩張牌是同一花色，只相差一級數字。例如，方塊10有方塊9和方塊J與其共享月亮連結。順帶一提，當你來到黑桃K時，不管是哪一個牌陣，下一張牌都是向下一列，來到最右邊，在人生牌陣中是紅心3，在靈性牌陣中是紅心A。

如果你打算自己尋找月亮連結，只需要知道這些即可。本書將會告訴你，如果你有月亮連結，縮寫總是以MO開頭。如果連結以S結束，表示這個連結屬於靈性牌陣，如果沒有S，則表示屬於人生牌陣。

守護星牌和業力牌很重要！

我們不僅用本命牌尋找日／月連結，也用守護星牌以及本命牌和守護星牌的業力牌尋找日／月連結。這當然會使這個過程變得更加複雜，但實在有必要納入所有這些連結，因為日／月連結很重要。你可能認為你與某人沒有任何的月亮連結，但當你用上述其他指標檢視月亮連結時，可能會發現一些蛛絲馬跡。因此，要完成正在細看的任何關係，你需要：

1. 找到本命牌、守護星牌以及本命牌和守護星牌的業力牌之間的任何及所有月亮連結。請謹記，天蠍座有兩張守護星牌，而獅子座其實沒有守護星牌。

2. 在找到的每一個連結中，確定誰是太陽，誰是月亮。

月亮連結是最適合結婚

雖然有些婚姻在沒有月亮連結的情況下也表現得相當好，但婚姻中通常可以找到月亮連結。

有某樣與日／月連結相關的東西，促使一對情侶想要做出長期的承諾。他們彼此互補，使對方完整。每當我評估一段可能的婚姻時，總是會先看看是否有任何的月亮連結。如果找到一或多個月亮連結，我知道，與沒

有月亮連結的關係相較，這段關係有更大的成功機會。有時候，月亮連結並不存在，我會詢問我的個案：「你為什麼和這人在一起？」某些情況下，這是一個好問題，因為它讓人進一步覺察那段關係的實際情況，明白這關係是否適合長期經營。

在關係中成為月亮牌的含義

如果你是任何關係中的月亮牌，且如果這是唯一找到的月亮連結，則可以假定：

1. 你在這段關係中扮演陰柔的角色，是支持的一方、持家的人、幫手、滋養者等等。
2. 你承受兩人的情感負擔。由你決定擁有和分享目前境遇的感受。
3. 你必須信任伴侶要走的方向，因為那是兩人關係前進的方向，對方說該去哪裡，兩人的關係就去哪裡。
4. 你比較可能「愛上」你的伴侶。
5. 如果這段關係結束，你受到的傷害會大過你的伴侶許多。
6. 如果你與這個你是對方月亮牌的人競爭，你很可能會輸。
7. 你發覺伴侶的想法和傳達的訊息實在很有趣。

在關係中成為太陽牌的含義

如果你是任何關係中的太陽牌，且如果這是唯一找到的月亮連結，則可以假定：

1. 你在這段關係中扮演陽剛的角色。你是這段關係的領導者和設定方向的人。
2. 由你負責為這段關係設定清晰而明確的方向。
3. 如果這段關係失敗，可能是你的錯。
4. 你會自然而然地想要領導這段關係，指導對方進入你認為對彼此有幫助或有好處的新領域。
5. 如果兩人分手，你比你的伴侶容易走出這段關係。
6. 你的伴侶其實不會以任何重大的方式傷害你。如果你們兩人以任何方式競爭，你如果不是每一次，也是幾乎每一次都贏。
7. 感謝得到伴侶的支持也是你的職責。在此，一丁點的

讚賞就大有成效。

8. 你可能不覺得伴侶的想法多有趣，你通常不會遵照對方的建議。

這些是在關係中成為太陽或月亮的基本特質，但只適用於只有一個月亮連結的情況。如果月亮連結不止一個，且這些連結不全然相同，亦即，不全然由某一人扮演太陽或月亮的角色，那麼你們的關係將是太陽和月亮角色的混合。伴侶一方將在這段關係的某些領域扮演領導者，而另一方也將在某些領域享有領導的地位。

月亮連結的操作是無意識的。這點非常重要，要好好理解。你可能處在一份你是對方的月亮牌的關係中，而你可能不希望那樣。也許你不想成為追隨者或支持的人。但對此，你無能為力。你無法改變，而且無論你怎麼做或怎麼想，這段關係都會以上述方式演出。

是女方月亮牌的男人在關係中失去陽剛氣

男性和女性的傳統角色是由女性扮演月亮的角色。畢竟，月亮是陰柔的星球，太陽則是陽剛的。當男人在關係中扮演月亮角色時，他會失去自己的某些陽剛氣。我們喜歡說他「犧牲」自己的一些陽剛氣。對某些人來說，這可能是問題。有些生日的男人當月亮牌無妨，他們可以自然而然地比較陰柔，或是受到吸引，進而成為支持者。許多生日的女性是非常事業導向和目標驅動的。

梅花10是一個很好的例子。多數梅花10女性都是非常事業驅動的。多數的梅花10不想被選派扮演傳統某男人的妻子和幫手的角色。對她們來說，通常較佳的做法是：找到一個願意當她們的月亮的男人，而且希望是不帶頭也無妨的男人。

瑪丹娜是著名的獅子座梅花10，她先與獅子座梅花9的西恩．潘結婚。西恩是瑪丹娜的月亮，但這段關係失敗了，因為屈居於瑪丹娜或是任何女人，令西恩不舒服。有些男人有強烈的男性認同，對他們來說，成為某個女人的月亮不是選項。但強烈男兒本性的女子，例如，梅花10，如果好好尋找，通常可以找到樂意成為

其月亮牌的男人。某些女人的牌，例如國王牌等，可能需要男人成為她們的月亮。基於占星的考量，我已多次向一些個案推薦，要她們只選擇自己月亮牌的男人約會或結婚。所以，這樣的情況確實發生了，而且許多案例顯示，有必要發生。

有些男人的牌往往是我們所謂的「媽媽的乖兒子」。通常這些男人有強勢的母親，而且他們常是母親的月亮。這可能導致這些人成年後不自覺地尋求與女性建立類似的關係，因為在某個層面，他們覺得自己的角色是要「取悅媽媽」。某些案例顯示，這類親密關係的確行得通，但更常以失敗收場。方塊A是常見的例子，牌組顯示，他們的方塊Q在水星，代表方塊A有強勢的母親。人生牌陣的水星牌是主導我們童年早期的象徵。但方塊A是非常陽剛的牌，絕不會真正樂意成為某位女子的月亮。

但即使是有必要，男人與這樣的女人在一起會失去某些陽剛氣仍是不爭的事實，因此，他需要以某種方式重新產生陽剛氣。這樣的男人通常必須不時從事關係之外的活動，或是需要有可以一起做些男人事的男性朋友，才能重拾失去的陽剛氣。

何時該為純友誼的關係挑選月亮連結

月亮連結出現在各式各樣的關係中，例如，與同事或醫療保健提供者的關係。因此，了解月亮連結同樣重要，因為有時候，連結的方向將會幫助或阻礙你的計畫。許多關係可以因月亮連結而受益，但取決於你想從關係中得到什麼，重要的是，知道是要當太陽還是月亮。一般而言，在下述關係中，你要選擇在關係中成為月亮：

1. 你想得到對方的引導或指示。這可能來自醫生、律師或顧問（瞧，O.J.辛普森有兩名他是對方月亮牌的律師，兩人成功地引導了辛普森）。
2. 你需要一些好想法，可以解決你的問題，或是對未來有裨益。

同樣的，如果是以下情況，你要挑選的人必須是你的月亮牌：

1. 你知道自己的人生方向，想要有人跟隨你。
2. 你想要會支持或滋養你的人（例如，祕書或按摩治療師）。

我曾經僱用一名女性擔任我的辦公室助理，然後很快發現行不通。她不聽從我的指示，而是我行我素，不理會我的命令，且始終保持她優於我的態度。然後我領悟到，我是她的月亮牌，於是很快讓她離職。你無法指導你是對方月亮牌的人。

名人夫妻實例

多數有月亮連結的夫妻都是，男性是太陽牌，女性是月亮牌。這是最常見的。以下是幾個著名月亮連結的實例，方便讀者在現實生活中看見這套系統如何運作。

女方是男方月亮牌的實例：

- 比爾·柯林頓／希拉蕊·柯林頓
- 湯姆·克魯斯／咪咪·羅傑斯（見366頁）
- 湯姆·克魯斯／妮可·基嫚（見366頁）
- 小賈斯汀／席琳娜·戈梅茲（見373頁）
- 惠妮·休斯頓（Whitney Houston）／巴比·布朗（Bobby Brown）
- 梅拉妮·葛里菲斯（Melanie Griffith）／唐·強森（Don Johnson）
- 亞歷·鮑德溫／金·貝辛格
- 威廉王子／凱特王妃（見374頁）
- 賈斯汀·提姆布萊克／潔西卡·貝兒（見369頁）
- 哈維爾·巴登／潘妮洛普·克魯茲（見369頁）
- 葛妮絲·派特洛（Gwyneth Paltrow）／克里斯·馬汀（Chris Martin，雙月亮連結）
- 霍華德·史登（Howard Stern）／貝絲·奧斯特羅斯基（Beth Ostrosky）
- 瑞安·西克雷斯特（Ryan Seacrest）／茱莉安·哈克（Julianne Hough）
- 艾倫·狄珍妮（Ellen Degeneres）／波蒂亞·德·羅西（Portia de Rossi，艾倫是波蒂亞的月亮）
- 馬修·麥康納（Matthew McConaughey）／卡蜜拉·

艾維斯（Camila Alves）

- 克莉絲汀·阿奎萊拉（Christina Aguilera）／喬丹·布萊特曼（Jordan Bratman）

- 芭芭拉·史翠珊（Barbara Streisand）／詹姆斯·布洛林（James Brolin）

- 約翰·甘迺迪／賈桂琳·甘迺迪

- 亞伯拉罕·林肯（Abraham Lincoln）／瑪麗·陶德·林肯（Mary Todd Lincoln）

男方是女方月亮牌的實例：

- 巴拉克·歐巴馬（Barack Obama）／蜜雪兒·歐巴馬（Michelle Obama）

- 布萊德·彼特／安潔莉娜·裘莉（見367頁）

- 梅拉妮·葛里菲斯／安東尼奧·班德拉斯（Antonio Banderas）

- 瑪丹娜／西恩·潘

- 湯姆·克魯斯／凱蒂·荷姆斯（見366頁）

- 珍妮佛·安妮斯頓／賈斯汀·賽洛克斯（見368頁）

- 麗貝卡·羅梅恩（Rebecca Romijn）／傑瑞·奧康奈爾（Jerry O'Connell）

- 大衛·貝克漢（David Beckham）／維多莉亞·貝克漢（Victoria Beckham）

- 潔西卡·艾芭／凱什·華倫（見372頁）

- 奧蘭多，布魯（Orlando Bloom）／米蘭達·寇兒（Miranda Kerr）

- 關·史蒂芬妮（Gwen Stefani）／蓋文·羅斯戴爾（Gavin Rossdale）

- 艾麗西亞·凱斯（Alicia Keys）／斯維茨·比茨（Swizz Beatz）

- 桑尼（Sonny）／雪兒（Cher）

- 約翰·甘迺迪／瑪麗蓮·夢露

- 邁可森·齊莫可夫斯基／姬絲蒂·阿利（見368頁）

- 邁可森·齊莫可夫斯基／艾琳·安德魯斯（見368頁）

其他的名人關係

　　以下是幾個重要的名人關係實例，這些不是婚姻關係，但月亮連結仍然扮演重要的角色。

- 鮑勃·霍伯（Bob Hope）／平·克勞斯貝（Bing Crosby）：鮑勃是平·克勞斯貝的月亮，非常成功的合夥關係。

- 巴拉克·歐巴馬／米特·羅姆尼（Mitt Romney）：羅姆尼是歐巴馬的月亮，他在2012年總統大選時敗給歐巴馬。

- 譚亞·哈丁（Tonya Harding）／南希·克里根（Nancy Kerrigan）：譚亞是南希的月亮，譚亞使南希一舉成名。

- O.J.辛普森／F.李·貝利（F. Lee Bailey）、強尼·科克倫（Johnny Cochran）：辛普森是他們兩人的月亮。

親子間的日月關係

　　在父母／子女的關係中，月亮連結扮演重要的角色。如果你是家長，且是你孩子的月亮牌，千萬不要認為你將會引導孩子。即使他們可能是孩子，但月亮連結的能量將促使孩子漠視你的建議和指示。當你是孩子的月亮牌時，這是母親與孩子之間可能擁有的最佳連結，你所提供的是無條件的愛，不是引導和指示。這可能會觸怒某些家長，因為他們認為孩子刻意不理會他們輸入的訊息。他們認為孩子是針對自己，於是和孩子爭論、爭吵。但請記住，孩子並不是針對你。

　　母親是孩子的月亮牌，這很理想。對孩子來說，這被認為是有福氣的連結。月亮意謂著母親！如果孩子是你的月亮牌，情況剛好相反。你可以指導他們，只是要小心，不要使孩子過度黯然失色，害他們永遠找不到自己。在這個太陽位置，很容易因為過度主導孩子而導致孩子永遠找不到自己的人生路。

　　我希望因為在此寫下的內容，你現在會非常認真地看待月亮連結。它在某種程度上影響你的所有關係。現在，我們來看看另一個重要的關係連結，海王星連結，它被視為所有連結中最浪漫的。

　　在我們與另外一個人的各種連結之中，有一個很突出，是持續時間最長的，那就是海王星連結。海王星連結只能在人生和靈性牌陣中的水平列和垂直行中找到。

月亮連結——最重要的海王星連結的力量

　　海王星連結絕不會是對角線或相互連結。我們每一個人都有幾張與我們的本命牌和守護星牌相關聯的海王星牌。主要的一張是我們人生牌陣中的橫向海王星牌，但還有一張靈性牌陣海王星牌，而且我們也可以為自己的守護星牌和業力牌取得人生和靈性牌陣的海王星牌。因此，許多時候，整個列表可能會很長。而且非常可能，你已經遇見且與你的某一張海王星牌對象浪漫交融。「令人難忘」是一個可以描述海王星牌關係的詞彙。如果關係連結的效力取決於影響力持續多久，那麼海王星連結將是其中最強大的。

　　占星學上，海王星是金星的最高振動，而金星是主宰愛、性和婚姻的行星。海王星存在，有一種跨越一生的永恆愛意。無論海王星連結出現在哪一個牌陣中，它的感受或體驗始終是前世的。而且伴隨海王星而來的是，如果有必要，可以代替摯愛犧牲的感覺。如果你愛上的對象是你的海王星牌之一，很可能你會永遠愛著對方，永遠忘不了對方。我們時常聽說，有人晚年才與青少年時代或年輕時期愛戀的對象結婚。我可以保證，大部分這樣的婚姻都有海王星連結。

　　但海王星連結絕不是一切美好。宇宙中的所有能量都有負面表達的能耐，而海王星的負向表達可以跟正向表達一樣強而有力。在此，我們經驗到欺騙和共依存之類的東西，外加受害者／救世主情結，最後則是上癮。在海王星連結中接收海王星能量的人就像剛服用過強效藥物的人，很容易被自己的海王星牌對象欺騙。由於海王星誘發的經驗所產生的力量，當事人可能被騙做出平時絕不會做的事。舉個例子，如果你是我的海王星牌，我會將我所有的私密夢想和欲求投射到你身上。我會看見夢幻版本的你，可以實現我內心最深處的渴望，有時甚至是我自己的意識心覺察不到的渴望。基於這個原因，我可能為你癡迷，認為你是我的唯一，我絕對需要「你」，才能在人生中擁有幸福快樂。你可以看見這個觀點的破壞性有多大，而且就像藥物成癮，為了擁有你或在我的人生中保有你，我什麼都能做，儘管事實上，

你和我可能根本不相容！

　　我自己親身經歷過這樣的事。三十多歲時，我認識了一名女子，愛上了她。她的黑桃2守護星牌是我的業力牌方塊9的海王星。我不計一切跟她在一起，但最後，她離開了我，粉碎了我的心。我花了七年時間才停止魂牽夢縈地想她，花了好長的時間搜尋自己的內在，才找出為什麼對她如此癡迷的原因。我終於更了解自己，擺脫了對她的那份上癮，儘管我從未忘記她，但幸好，我超越了那份上癮的情慾。二十多年後，我單身，真誠地尋找一位人生伴侶，這時，她魔幻般地再次出現在我的生命中。這一次，她愛上了我。而我仍舊愛她。如今，我們結婚了。我可以繼續不停地述說我對她的感覺，還有我們在某些方面並不那麼相容，但我們的確結婚了。那是海王星令人驚異之處：那些感覺永遠不死。它們持續不斷，恆常不變。最後，這不正是我們每一個人都在尋找的嗎？一份永不止息的愛？

　　我最近在研究名人夫妻，碰巧遇見萊恩‧葛斯林（Ryan Gosling）和伊娃‧曼德絲（Eva Mendes）。這兩人相遇在電影《末路車神》（The Place Beyond the Pines）的拍片現場。我搜尋著，看看兩人是否有任何的月亮連結，結果沒有。但他們的確有強大的海王星連結，從萊恩到伊娃，加上一些其他的重要連結。說來很容易，雙魚座黑桃5／紅心6且通常不會找個男人定下來的伊娃，找到了她的夢中情人。萊恩是天蠍座梅花8／紅心10／方塊Q，而萊恩的紅心10不僅是伊娃的第一張業力牌，也是伊娃紅心6守護星牌的海王星。這裡的吸引力大部分在伊娃這一端。萊恩是她的毒品。伊娃很幸運，萊恩相當適婚，而兩人太陽星座相容的事實也有所幫助。現在，八卦雜誌報導充斥，說這兩人在一起有多浪漫，他們在銀幕上多麼的來電。我不預測他們的關係結果如何，但我可以預言，伊娃‧曼德絲將會永遠愛萊恩，永遠沉浸在與萊恩的愛之中。

　　當你遇見某人是你的海王星牌時，請繫好安全帶！這個連結的力量將會帶你踏上可能永遠改變你的經驗。誠如紀伯倫（Kahlil Gibran）在《先知》（The Prophet）一書中所言：「愛雖能為你加冕，亦可將你釘上十字架。」最強大的愛將教導你最大的功課。正因為如此，我們必須尊重並覺照海王星連結的力量。

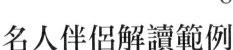

8
名人伴侶解讀範例

在此舉出一些名人和名人夫妻的實例，說明某些牌和關係連結在現實生活中如何運作。我相信，現在你已經有許多範例，來自你的人生以及朋友和家人的人生。但因為多數人熟悉名人，所以這些也是研究和從中學習的好教材。

湯姆‧克魯斯的多段戀情

湯姆‧克魯斯生於1962年7月3日，是方塊Q本命牌加方塊A守護星牌。這兩張牌都被認為不很適合結婚。那麼，他為什麼會結那麼多次婚呢？目前為止，他已經結了三次婚，而且我預言還有第四次。在我看來，驅動力是他的方塊Q。因為方塊Q有方塊3作為第一張業力牌，因此，所有方塊Q的人都有與生俱來的不安全感。這通常與財務有關，但也可能擴展至人際關係，尤其當我們考慮到湯姆的生日是雙方塊時。因為是雙方塊，他認為人生中的一切都具有某些或大

或小的價值，所以，就連他的親密關係，也會根據某個價值等級加以評斷。然後那個麻煩的方塊3造成他的價值感經常不斷改變且含糊不清。方塊Q的特點在於，人生牌陣中囊括了整副牌中的每一個數字3。紅心3是木星，梅花3在金星，黑桃3在火星，上述的方塊3則是第一張業力牌。梅花3在金星也影響親密關係，對許多方塊Q來說，這意謂

著三次或更多次的婚姻。金星中有數字3可能造成在愛情方面永遠不滿足，這意謂著，一旦有了某人，你就想要另外一個人。我無法直接為湯姆‧克魯斯代言，但他的情史足以說明。

湯姆曾經與許多女性傳過緋聞，這意謂著與她們發生過性關係，包括：蕾貝卡‧德‧莫妮（Rebecca De Mornay）、雪兒、潘妮洛普‧克魯茲（Penélope Cruz）。他曾與咪咪‧羅傑斯（Mimi Rogers）、妮可‧基嫚以及最近一任妻子凱蒂‧荷姆斯（Katie Holmes）結婚。多數人並不知道他與咪咪‧羅傑斯的短暫婚姻。咪咪生於1956年1月27日，是個梅花K／梅花6，比湯姆年長六歲。離婚後，咪咪一度抱怨，說湯姆不想有太多的性愛。那是因為湯姆信仰「山達基」（Scientology），因此嘗試結婚，但性事方面卻也保守，這點與咪咪不一致。咪咪是湯姆‧克魯斯至少兩次的月亮，而湯姆則是咪咪的一次月亮。有趣的是，咪咪和潘妮洛普‧克魯茲都有梅花6。梅花6有一張方塊2業力牌，這與湯姆的方塊A守護星牌以及他的方塊3第一張業力牌強力連結。

我的一位朋友曾經提到，湯姆通常跟不像他那麼成功的女性結婚，然後當對方開始飛黃騰達時，他就與對方離婚。對他的第二任妻子妮可‧基嫚來說，似乎確實如此。當湯姆在描述全國運動汽車競賽協會（NASCAR）賽事的電影《霹靂男兒》（Days of Thunder）拍片現場遇見妮可時，湯姆與咪咪仍有正式婚約。妮可‧基嫚生於1967年6月20日，是個梅花10加方塊8。如果你認為湯姆的「十度區間守護牌」（Decanate Ruling Card）是梅花J，那麼妮可的生日就是湯姆的雙重月亮。顯然他們非常相容。沒有人知道湯姆為什麼跟妮可離婚。他們收養了兩個孩子。湯姆的婚姻紀錄顯示，每一段婚姻都不長（照查證，湯姆與妮可的婚姻持續十年）。

湯姆在等了漫長的四年後，才遇見凱蒂‧荷姆斯，凱蒂生於1978年12月18日，是個紅心K本命牌加方塊2守護星牌，比湯姆年輕十六歲。媒體界許多人認為，這椿婚姻基本上是湯姆和他狂熱崇拜的宗教山達基控制了凱蒂。但檯面上看不到的是，湯姆的方塊A守護星牌是凱蒂的方塊2的月亮。湯姆在前兩次婚姻中完全掌控了妻子，因為對方都是他的兩次月亮牌，也因此，湯姆很容易離開對方。但凱蒂不同。她很年輕的事實使她一開始有點天真，但她一定會在關係中找到自己的力量並好好發揮。

談到孩子，尤其如此。湯姆與凱蒂生下了湯姆的第一個親生孩子，而紅心K會竭盡全力確保子女的利益得到考量。凱蒂終於領悟到，山達基不利於她或孩子，於是她挺身負責。等湯姆明白，顯然凱蒂不會再聽他的話，他才放手讓凱蒂離開。

這椿婚姻令湯姆損失慘重，而且耗費的不只是財務成本。湯姆2005年在歐普拉（Oprah）的節目上出現惡名昭彰的跳沙發行為，加上公然抨擊抗抑鬱藥的效力、產後抑鬱症等等，因此失去了大眾的青睞。那次事件之後，他拍攝的好幾齣電影，票房表現均不甚佳。如今湯姆將婚姻拋諸腦後，事業正慢慢恢復。

會有第四任妻子嗎？我當然這麼認為。但是我覺得，如果湯姆真的想要重新贏得大眾的青睞，有朝一日將不得不切斷他與山達基的牽繫。這個第四任妻子會是誰呢？湯姆還要多久才會遇見她？且讓我們拭目以待。

布萊德‧彼特的故事

布萊德‧彼特生於1963年12月18日，他是紅心K，擁有方塊2守護星牌。身為紅心K，他年輕時曾有過許多戀情。初出道時，他是公認的「猛男」和「萬人迷」，沒有人預期他會定下來。但牌始終知道。他的本命牌和守護星牌都非常適合結婚，也是婚姻導向的。但因為那時年輕，難免四處留情。然而即便是當時，他約會過的大部分女性，包括：蘿蘋‧吉文斯（Robin Givens）、吉兒‧修倫（Jill Schoelen）、茱莉葉‧路易絲（Juliette Lewis）、葛妮絲‧派特洛（Gwyneth Paltrow），都是與他有強力連結且可能結婚的對象。

但他始終沒有結婚，直到遇見1969年2月11日出

生的珍妮佛‧安妮斯頓（Jennifer Anniston）。他們有許多共同點。珍妮佛是黑桃 A，擁有黑桃 9 守護星牌。他們一起共享許多美好的面向，包括：一個相互的金星連結、一個橫向的金星連結，以及一個被視為美好友誼的天王星連結（有趣的是，珍妮佛當時正參加《六人行》〔Friends〕電視劇的演出）。他們倆都成功、年輕、美麗，似乎正朝著同樣的人生方向前進。

他們的婚姻最終失敗了，原因可以在兩人的牌中找到：首先，珍妮佛的黑桃 9 有紅心 K 作為第一張業力牌。這意謂著許多事，包括，布萊德是她的第一張業力牌，那可能會在關係中造成許多緊張。且聽我說，我們的第一張業力牌讓我們想起自己常會做出的負面事情。黑桃 9 的人以顯化紅心 K 的負向面著稱，這意謂著，他們霸凌別人，而且可能是非常強求或獨裁。雖然不見得人盡皆知，但在好萊塢，大家都知道這是珍妮佛的本性。她的黑桃 A 是製造問題的第二個因素，因為黑桃 A 有紅心 7 作為第一張業力牌，那代表情感的猶疑不定以及恐懼被伴侶宰制、利用或遺棄。我確信，這兩人有過許多非常激烈的爭執。

然後是孩子的問題。我在時事通訊中寫過關於布萊德的這篇文章，當時是 2005 年，就在他們倆分手之後：

> 布萊德是紅心 K，因此，期盼有小孩將是他人生中不可或缺的重點。對多數的紅心 K 來說，子女的考量勝過一切，包括妻子在內。我相信生小孩造成的摩擦一直是珍妮佛的課題。為什麼？你問過嗎？因為我相信珍妮佛猶豫了，她開始意識到，有了布萊德的寶寶會結束兩人的關係。這是嫁給紅心 K 的女性時常遇到的情況。寶寶一出生，這個國王就只把配偶視為撫養「他的」孩子的幫手。我相信珍妮佛可能感應到這天即將來臨。我想像，當他們討論這事時，她心知肚明。她已經可以感受到布萊德對孩子的態度，以及在布萊德的心目中，她個人的等級並不是那麼的高。

正是有小孩的爭執導致兩人分手。我認為，這樣的了解其實嚇壞了珍妮佛，她沒有表現出脆弱受傷，反而選擇了憤怒和爭吵，因而導致兩人分手。

當時我還寫道，我沒有看見兩人牌中有永久分手的信號。不過，我也說過：

> 如果布萊德對安潔莉娜‧裘莉（Angelina Jolie）癡迷，我不會感到訝異。安潔莉娜是方塊 K，布萊德人生牌陣中的第一張牌。當我們遇見像這樣的水星牌的人時，會發覺對方始終有趣而迷人。

這是一個月亮連結，婚姻中最常見到的連結，而且是布萊德和珍妮佛沒有的連結。但目前布萊德或安潔莉娜的牌陣中並沒有跡象顯示，兩人一定會在一起。布萊德和珍妮佛在兩人分手的新聞稿上提到，分手原因並不是小報傳言那樣，說布萊德對安潔莉娜有興趣。如果布萊德真與安潔莉娜在一起，他一定會棋逢對手。安潔莉娜的生日比布萊德強大許多，布萊德無法操控或宰制她；至少，安潔莉娜和布萊德在一起沒有那樣的恐懼。

布萊德勾搭上安潔莉娜的消息已經成為與珍妮佛分手的一部分，但當時還不清楚安潔莉娜會變得多重要。安潔莉娜生於 1975 年 6 月 4 日，是方塊 K 加紅心 6。方塊 K 女性非常堅強，而且有點陽剛，儘管她們的外型可能非常陰柔。想想，莎朗‧史東、費‧唐娜薇、琳賽‧羅涵（Lindsay Lohan）。如果我可以想到所有方塊 K 共有的關鍵特徵，那就是：他們完全聚焦在自己想要的東西，而且通常會得到。

雖然布萊德與珍妮佛‧安妮斯頓有許多連結，但他與安潔莉娜的連結卻更強大。布萊德和珍妮佛兩人對安潔莉娜來說都是月亮，因為對方塊 K 來說，紅心 K 是重要的月亮牌。因為是某人的月亮牌，意謂著對方有力量凌駕你，且對方是關係的領導人。基本上，安潔莉娜在

她與布萊德的關係中扮演男人的角色。而且，她的確從珍妮佛那裡「偷走」了布萊德。但誰能責怪布萊德呢？我認為安潔莉娜與布萊德之間沒有布萊德與珍妮佛之間的種種衝突。大體上，安潔莉娜是更加平衡且快樂許多的人，她和布萊德對家庭和孩子有同樣的看法。你會注意到，當你看見他們的全家福照片時，安潔莉娜總是出現在前方，而布萊德在後面，帶著孩子、行李等等。那是他們的月亮連結無意識地表達在行動之中。

有趣的是，安潔莉娜又是紅心6，布萊德的金星牌。紅心本命牌或守護星牌擁有與牌上點數相同數目的孩子是司空見慣的事，而布萊德和安潔莉娜有六個孩子。

當男人與自己是對方月亮的女人在一起時，他通常極端迷戀對方。但與此同時，他會因對方而失去自己的陽剛氣。女方，而不是男方，在關係中扮演陽剛的角色。因此，為了重拾陽剛氣，男方必須稍微與女方分開。在他們的親密關係剛開始時，布萊德失去了許多的陽剛力量。總之，你沒有看到他拍許多電影。但現在，他似乎回復平衡了。而我確信，製作電影幫助他暫且離開安潔莉娜，重拾陽剛氣。我並不是說安潔莉娜對布萊德有害，但太常在安潔莉娜身邊會使布萊德失去自己。目前的預測是，這兩人會在一起很長一段時間。但誰知道呢？所有關係都是具有挑戰性，有時候，只持續一陣子。但以好萊塢婚姻來說，這絕對是持續較久的（編註：兩人已於2016年離異）。

至於珍妮佛，她的未婚夫賈斯汀‧賽洛克斯（Justin Theroux）是獅子座方塊3。這讓賈斯汀成為珍妮佛的月亮。而像珍妮佛這樣獨裁的人，有一個可以頤指氣使的男人對她來說可能是最好的事。希望如此，因為最近的報導說，珍妮佛懷孕了。

邁可森‧齊莫可夫斯基的「絕妙」舞伴

邁可森‧齊莫可夫斯基（Maksim Chmerkovskiy），生於1980年1月17日，方塊10/紅心5

邁可森是美國真人秀節目《與星共舞》（Dancing with the Stars）的優秀專業舞者。他幾次接近勝出，但從

不曾在最後贏得第一名。但在此，我想要寫的是，他曾幾度與他是對方月亮的女性聯手。第一位是體育節目女主播艾琳‧安德魯斯（Erin Andrews）。她是黑桃2／梅花6，生於1978年5月4日。由於黑桃2有梅花K業力牌，而方塊10有梅花Q業力牌，因此兩人有一個月亮連結。不僅如此，而且邁可森的紅心5守護星牌有一張方塊4業力牌，那也是艾琳黑桃2本命牌的月亮。這讓邁可森成為艾琳的雙重月亮。

現在，你是某著名電視節目的專業舞者，然後有一個從不曾以專業角度跳舞的某人當你的舞伴，你期待對方聽你的話，每每聽從你的指導。然而，當老師是學生的月亮時，事情不會按照原本應該的方式發生。在此情況下，老師最終會比較順從學生，成為比較支持的角色。

有時候，這樣的支持角色對老師來說並不順利。邁可森在那一季與艾琳共舞期間經歷了許多困難。他挫敗地發了好幾次脾氣，因為試圖要艾琳完成他想要的動

作。他們最後得到第三名，其實相當不錯，但邁可森可是驚愕連連。我發覺觀賞這一段有點滑稽。《與星共舞》的好處在於，製作單位播出許多兩名舞者的練習片段。而邁可森對心中的挫敗非常直言不諱。紅心5可是會真正發脾氣的啊！

接著，兩個賽季之後，邁可森與另一位黑桃2姬絲蒂‧阿利（Kirstie Alley）搭檔。姬絲蒂生於1951年1月12日，有一張梅花10守護星牌，因此，與邁可森搭檔時，邁可森是姬絲蒂的一次月亮，不像艾琳是兩次。姬絲蒂又高又重，因此，這一對要在舞池中表演是一項挑戰。在一場表演中，邁可森滑跤，然後姬絲蒂跌倒。再一次，整個競賽期間，我們看見邁可森感到挫敗的練舞片段，他試圖帶領一個他是對方月亮的女人。但儘管

出現好幾次小事故，兩人卻晉級決賽，並在最後一支舞贏得滿分。即便如此，他們最後得到第二名，那是邁可森的最佳成績。我將艾琳和姬絲蒂的成功歸功於她們自己，如果她們個人想要贏得比賽的心不是那麼的強旺，就不會在競賽中堅持那麼久。而那就是月亮連結的方式。領導者——以此例而言，是兩位女士——必須很清楚自己的角色，才能讓關係成功順遂。

有趣的是，順帶一提，數字5常有權威相關課題。邁可森因為有紅心5守護星牌，時常在《與星共舞》中對評審直接抗議。而這現象在他是搭檔的月亮牌的兩個賽季中出現更多次。他顯然是在保護艾琳和姬絲蒂免受評審尖刻評論的影響。但在經過十五個賽季之後，最近的八卦消息說，邁可森決定不再上《與星共舞》。身為數字10，他可能有一些自己的想法。

哈維爾‧巴登與潘妮洛普‧克魯茲

哈維爾（Javier Bardem），生於1969年3月1日，黑桃9／黑桃J。

潘妮洛普‧克魯茲，生於1974年4月28日，梅花6／紅心Q。

這兩人於2010年7月結婚。之前均有過多段戀情，但當兩人相遇時，彷彿是一見鍾情。兩人都生於西班牙，也都是奧斯卡金像獎得主。而且，在他們的牌組之間，兩人有三個月亮連結。從各個角度看，這都是一樁完美的婚姻。唯一可能的問題是哈維爾，他的守護星牌黑桃J已知帶有自由和不誠實的課題。時間將證明一切，看看那些特徵是否會出現在兩人的關係中。目前為止，還沒有見到。潘妮洛普非常適合結婚，她沒有早早結婚其實頗令人訝異。梅花6和紅心Q通常都是早婚型。我猜她就是要找到那個完美的對象。

細看他們的關係，我們見到潘妮洛普是哈維爾的兩次月亮，兩次均透過業力牌。首先，哈維爾的第一張業力牌是紅心K，與潘妮洛普的紅心Q守護星牌完全相合。然後，哈維爾的第二張業力牌黑桃6位於潘妮洛普的梅花6和紅心Q之間。這意謂著，潘妮洛普是哈維爾

的月亮，而哈維爾也是潘妮洛普的月亮。

在兩人結婚那年，潘妮洛普見到哈維爾的黑桃J作為她的年度冥王星牌，而且她的結果牌紅心3底下藏著紅心4。看來，他們決定結婚時，雙方都知道潘妮洛普懷孕了。

2011年1月22日，他們生下了一名男嬰，取名里奧納多（Leonardo），因此里奧納多是個方塊5／梅花K。哈維爾那一年有一張底下藏著方塊5的紅心6結果牌。里奧納多的性格很可能會與父親或母親大相逕庭，但他確實透過業力牌與父母親連結。這很有意思，因為方塊5以及所有數字5本命牌，據稱都有與父親之間的課題，而黑桃9也是有名的酷愛操控兼獨裁專橫，尤其是在家中。里奧納多很可能非常叛逆，很可能會反抗父親的操控。

沒有一個數字5希望自己的任何自由被奪走。里奧納多與潘妮洛普之間有愛和友誼連結。我會說，這個男孩將是哈維爾的挑戰，因為他的價值觀將會截然不同，而且一定非常厭惡被告知該做什麼事。

我認為這一對會在一起好一陣子，甚至可能在2015年或2016年再生一個孩子（編註：作者書寫此文較早，潘妮洛普於2013年產下第二胎）。在接下來的七年間，沒有強力的分手跡象，但再次強調，在此，哈維爾又是那張變幻莫測的百搭牌。黑桃J的負面表現可能會悄悄滲入，導致他想要放棄美麗的妻子和家人。

潔西卡‧貝兒與賈斯汀‧提姆布萊克

潔西卡‧貝兒（Jessica Biel），生於1982年3月3日，黑桃7／紅心8

賈斯汀‧提姆布萊克（Justin Timberlake），生於1981年1月31日，梅花9／梅花4

這對有名的銀色夫妻於2012年10月19日星期五結婚，之前經過好幾年一連串的約會、分手、重聚。賈斯汀之前曾與布蘭妮‧斯皮爾斯（Britney Spears，方塊3）和卡麥蓉‧狄亞茲（Cameron Diaz，紅心9）相戀。在結婚之前，賈斯汀從不花許多時間獨處。我相信，由於他的梅花4守護星牌，他可能有某些明顯的安全保障課題。潔西卡這一方並沒有如此多彩的羅曼史，但她的生日是一個有力量的生日。不僅她的本命牌（黑桃7）有方塊K作為第一張業力牌，她的守護星牌紅心8也是另外一張力量牌。儘管在鏡頭前顯得甜美而遲疑，但我確信，她個人有一股不容小覷的力量。

兩人在潔西卡的土星時期結婚，她在這裡有一個紅心4和垂直的紅心5。很貼切啊，因為土星代表挑戰，而這將是一樁很有挑戰性的婚姻，也告訴我們，這場婚禮對潔西卡來說困難重重。賓客在婚禮上播放令人不安的影片且影片隨後被洩露到互聯網上，造成不小的餘波。這為兩人帶來一些負面評論，儘管他們與影片的製作毫無關係。這場婚禮對賈斯汀不是那麼的困難，因為他正逢天王星時期，但我認為，那支影片以及造成的餘波也令他相當驚訝。

有時候，我們可以細看關係初期的事件，視之為未來趨勢的指標。那支影片被洩露出去可以視為兩人婚姻的一個負面預兆。不管怎樣，這兩人都是相當適婚的人，都願意做出承諾。我認為，真正的情況不會是某一方欺瞞另一方，而是個人的力度是否抵抗得了對方的力度。這兩人都有操控課題，而且我確定，掌控權之爭必會出現在他們的關係中。

我認為，明年（編註：此書再版於2014年，作者可能即指此年）寶寶出現的可能性很大（編註：兩人的長子確實誕生於2014年）。紅心A和紅心Q出現在雙方的牌陣中。那是自然而然的結果，因此，至少好一陣子，他們雙方都有正向的事要關注。我真的認為，他們的不相容性將會再次浮上檯面，最終破壞兩人的婚姻。那樣的可能性在二到三年內會有一些跡象。

他們為什麼會分手呢？潔西卡和賈斯丁之間並沒有月亮連結，而且從牌的角度看，他們的牌來自不同的區域。所以，有趣的是，他們已經在一起了，因為兩人原本就不是超級相容。不管怎樣，兩人的事業目前都全力展開，在電影業備受重視。因此，如果他們的關係失敗了，還有事業可以作為後盾，對如此社會地位的人來說，事業通常是優先考量。

即使是有錢和有名的夫妻，也會基於跟我們其他人相同的理由結婚。在無意識層面，我們都被能夠幫助我們在靈性層面成長的人所吸引。那意謂著，我們可能最終與觸發我們所有恐懼和憤怒的某人在一起。就靈性層面，似乎，這兩人被拉在一起是要針對他們的權力和操控課題下工夫。如果他們接納如此的態度——讓親密關係成為兩人的老師，關係就可以蛻變他們兩人。但如果他們只是希望生命中有一則「從此幸福快樂」的故事，那就一定會失望。

安‧海瑟薇與亞當‧舒曼

安‧海瑟薇（Anne Hathaway），生於1982年11月12日，梅花8／紅心10／方塊Q

亞當‧舒曼（Adam Schulman），生於1981年4月2日，黑桃6／方塊8

細看過安與亞當的牌組之後，我很納悶他們為什麼結婚。

並不是說他們完全沒有連結，而是他們的連結整體看來很微弱。他們的牌源自於大太陽牌陣截然不同的部分。他們共享的最強連結是，亞當的守護星牌方塊8有一張梅花7業力牌。那是安的梅花8本命牌在自然牌陣中的月亮。除此之外，他們的連結根本不強。

之前，安與男人之間的關係並不成功。她當年的約

會對象，拉斐爾·弗里耶瑞（Raffaello Follieri）生於1978年6月28日（梅花2／黑桃7），因涉嫌在一樁龐氏騙局中盜用五千萬美元被捕，判刑坐牢四年。有趣的是，安與弗里耶瑞也沒有很強的連結，儘管安是對方的月亮。

你一定很納悶，為什麼安會讓自己依附於她並不是那麼親近的男人。而且亞當的牌，黑桃6，是有名的情感空虛。我懷疑安的某個部分也是情感上有所欠缺。

安在電影業的名氣和重要性大過亞當。她在2013年因《悲慘世界》（Les Miserables）當中的角色贏得了奧斯卡金像獎。她出演過許多電影，被譽為有魅力的好萊塢新星。然而，亞當最有名的角色之一是2007年電影《飆風天王前傳》（The Dukes of Hazzard: The Beginning）當中的副警長亞諾斯·史崔（Enos Strate）。你可以看見這裡的社會地位有很大的差別。亞當是安的月亮，這個事實暗示，安選擇了一段安全的親密關係。在關係中成為太陽牌總是比較安全的，假使對方離開你，也並不是那麼的大不了。太陽牌總是比月亮牌容易走出日月關係。當弗里耶瑞被逮且因此結束了與安的關係時，安一定受傷很深。她是天蠍座，而且實際上有四顆行星在天蠍座。她的某一部分其實想要找個非常有錢的人結婚，這是天蠍座女性的本質。亞當當然不符合這樣的描述。但對安來說，這是暫且安全的避風港。很難說這段婚姻會持續多久，但我預測，最後安會準備好，出去尋找強大許多的男人。

安曾公開表明，她從十六歲起就想要有小孩。何況如今謠傳說她懷孕了，但尚未證實。不過，這可能是事實。天蠍座是有名的擅長保密。她的牌目前顯示，不久的將來可能會有小孩。而且很顯然，她想要安定下來（編註：安已於2016年產下一子）。

身為梅花8，安相當適婚。不過，她的守護星牌紅心10和方塊Q都有承諾的課題。那兩張牌的確會結婚，但往往很難維持婚姻。紅心10愛找樂子，方塊Q則是完全優柔寡斷。我估計，這個生日出生的人，約有百分之十適合結婚。身為天蠍座也有所幫助，因為天蠍座傾向於和伴侶在一起。但成名可不是靠有人相伴。如果這兩人分手，一定是安決定要離開。不過現在，一切美好，而且可能出現的寶寶會延長兩人在一起的時間。

伊麗莎白·泰勒與李察·波頓

伊麗莎白·泰勒（Elizabeth Taylor），生於1932年2月27日，梅花J／方塊4
李察·波頓（Richard Burton），生於1925年11月10日，梅花10／紅心3／方塊3

伊麗莎白·泰勒和李察·波頓曾是好萊塢最迷人且最惡名昭彰的情侶，時間長達十多年。在許多方面，他們都是典型的名人伉儷，定下了此後不曾被完全複製的標準。他們是靈魂伴侶、戀人、演員同行，一起演出過十一齣電影。這一對情侶結過兩次婚，從1964到1974年，以及1975到1976年，儘管兩人都有過其他的婚姻和情史，但不論從哪一方面看，他們的婚姻和情史都是眾所周知最令人難忘的。

你一定想知道，哪一種連結會產生如此強烈的吸引力。要查到這點，可以先看他們的兩個月亮連結。在兩個連結中，波頓都是伊麗莎白的月亮。梅花J有八次婚姻是不正常的，但伊麗莎白的確有過八次婚姻。

但與李察·波頓在一起，她有一個在智力上可以尊重的男人，何況是一個非常愛慕她的男人。但她並不愛對方，至少一開始不愛，不過她很快便對李察生出尊重和渴望之情。

1963年，他們在電影《埃及豔后》（Cleopatra）的拍片現場相遇。陷入熱戀當時，兩人都已婚，但什麼都阻

止不了他們在一起。兩人花了一年時間離婚，然後結婚。伊麗莎白承認，她有一種信念，認為如果你想要與某人有私情，如果你愛上了對方，你們就應該要結婚。關於那個觀念，她是非常固定的（梅花J）。

這對夫妻以爭吵而聞名。李察，因為是伊麗莎白的月亮，很可能對那個要他總是扮演女人副手的連結頗為反感。還有，當然梅花J好爭辯。雖然我確信兩人也有些絕妙的對話，但衝突一定少不了。何況雙魚座的伊麗莎白是個酒鬼。其實，她的太陽星座和方塊4守護星牌都被連結到酒精和毒品。李察也是個酒鬼。他有典型的梅花10失眠症，很可能尋求以喝酒擺脫過度活躍的心智。所以我認為，他們的關係有相當程度的共依存在其中運作。何況，同樣那張方塊4渴求理想的關係，但又有點不願意落實讓關係成功所需要的工夫。伊麗莎白有名氣和美貌，可以想像，對她來說，離婚然後再婚更容易些，不需要面對不論哪一段關係都會每天出現的挑戰。

這兩位也因他們的激情而聞名，那在兩人合作的所有電影中均顯而易見，且兩人經常公然放閃。儘管兩人的事業都非常成功，但各自認定對方是自己人生中的愛。

潔西卡・艾芭與凱什・沃倫

潔西卡・艾芭（Jessica Alba），生於1981年4月28日，梅花6／紅心Q
凱什・華倫（Cash Warren），生於1979年1月10日，黑桃4／方塊A

我真的很喜歡潔西卡・艾芭。首先，她是好萊塢最美麗的女人之一，而且是梅花6和紅心Q，我最愛的兩張牌。我認為許多年輕男人都愛她，也都希望見到她幸福快樂，但她不但已婚，而且還是兩個孩子的媽！

凱什（黑桃4／方塊A）是相當吸引人的，或是似乎很吸引人。他絕對是方塊A型的帥哥（想想湯姆・克魯斯）。他們相遇在《驚奇4超人》（Fantastic Four）的拍片現場，凱什當時是該片的劇組人員。凱什目前已經

踏上成為製片人之路，儘管目前只是小咖，但肯定走對了方向。他們的關係迄今一直坎坎坷坷。2007年7月，兩人分手，艾芭告訴凱什：「我不再愛你了。」在此之前一個月，Spike有線電視才因沃倫與艾芭的關係，指定沃倫成為2007年第一屆年度「男士選擇獎」（Guy's Choice Awards）的「最幸運混蛋」（Luckiest Bastard）。不管怎樣，他們的明星地位之間有明顯的差距，那可能永遠是衝突的根源。在好萊塢的食物鏈上，沃倫距離艾芭還有漫漫長路。所以，這兩人是怎麼一回事呢？這裡出現的是什麼情況啊？

首先要注意的是他們有兩個月亮連結。梅花6有一張方塊2業力牌，而凱什的方塊A守護星牌是那張牌的月亮。因為這個月亮連結，方塊A男性往往情歸梅花6女性。然後，同樣的凱什的黑桃4有一張梅花10業力牌，而潔西卡的紅心Q守護星牌是那張牌的月亮。這兩個月亮連結就是促成這段關係的因素。雙月連結可以被視為情侶可能擁有的最佳連結。潔西卡也是非常婚姻和家庭導向的，且與同一天生日的潘妮洛普・克魯茲不同，潔西卡遵循的是「趁年輕結婚且保住婚姻」之路。如果這段關係有任何問題，一定是因為凱什。

無論本命牌是哪一張，如果一個男人有方塊A本命牌或守護星牌，他永遠覺得女人不夠多。換言之：「女人多如過江之鯽，時間卻少得可憐！」即使擁有潔西卡・艾芭，還是不夠的。既然有了潔西卡，身為方塊A守護星牌的我可以想像，凱什心中想著，外面多少女人想要跟他這個潔西卡・艾芭的前夫約會啊。我預測，他們的婚姻不會持久。我認為，江山易改，本性難移。我打賭，凱什遲早會表現出他的方塊A，也許很快就會露出馬腳，成為兩人分手的推手。

目前為止，在兩個孩子出生後，這對夫妻愈來愈旺。潔西卡的事業也上了軌道，儘管因為是兩個孩子的媽，她目前擔綱演出的電影並不是那麼多。下述這個突發奇想也很有意思：我見過有些方塊A，基於某個原

因，他們聲稱自己絕不會欺騙老婆。

　　結果通常發生的情況是：老婆欺騙了他們。當我們潛抑自己內在的某樣東西時，往往會發生這樣的事——伴侶會將那東西演繹出來。所以，這很有意思，看看最終究竟是誰有外遇。即便如此，我還是認為，這情況並不會很快發生。

小賈斯汀與席琳娜‧戈梅茲

　　賈斯汀‧比伯（Justin Bieber），生於 1994 年 3 月 1 日，是個黑桃 9，有黑桃 J 作為守護星牌。這位歌手兼表演者成績斐然，擁有淨資產價值估計 1.1 億美元，而且還在攀升。他在推特（Twitter）上擁有三千萬關注人數，居第二名，僅次於女神卡卡（Lady Gaga）。他的雙黑桃生日因許多事而聞名，包括：

1. 渴望幫助他人（黑桃 9）
2. 非常有創意，且有能力成功地扮演任何角色（黑桃 J）
3. 容易發生意外事故（黑桃 9）
4. 傲慢、霸凌、利用他人（黑桃 9 的第一張業力牌紅心 K）
5. 不誠實（黑桃 J）
6. 承諾和缺乏界限的問題（黑桃 J）

　　由於年紀輕，我們一定會看見賈斯汀的一些負面特點隨著他的名聲和財富的增長而出現——尤其因為他的所有行為，無論好壞，都攤在大眾眼前。

　　席琳娜‧戈梅茲（Selena Gomez）也是一位成功的歌手兼表演者——不像小賈斯汀那麼紅，但足以成為在財富／名氣方面堪稱與他同級的約會對象。席琳娜生於 1992 年 7 月 22 日，比小賈斯汀年長兩歲。她是梅花 6 本命牌加紅心 8 守護星牌，非常漂亮且才華橫溢，但也很有競爭力。她的生日以下列特質聞名：

1. 渴望達到世人眼中的高度成功（梅花 6）
2. 極具競爭力且有報復導向（梅花 6）
3. 非常有說服力且迷人有魅力（紅心 8）
4. 霸凌他人以取得想要的東西（紅心 8）

　　所以，你可以看見她和小賈斯汀（基於小賈斯汀的

黑桃 9 有第一張業力牌紅心 K）都是非常強大且習慣於隨心所欲。然而，關於他們兩人的牌，有一個要注意的重點是：席琳娜是小賈斯汀的月亮。小賈斯汀的第二張業力牌是黑桃 6，正是席琳娜人生牌陣的水星牌。這使得席琳娜成為小賈斯汀的月亮，且可能是他們迷上對方且渴望在一起的主要原因。

　　兩人 2011 年初開始約會，一直被認為相當穩定，直到 2012 年 11 月，據說當時兩人分手了。然後，分手兩天後又復合，據說是小賈斯汀懇求席琳娜讓他回去。他們為什麼分手，很難說，但謠傳是小賈斯汀對其他女人有興趣。席琳娜非常適婚，但小賈斯汀結不結婚都行。這可能是小賈的父母為他樹立的榜樣。但即便如此，黑桃 J 有承諾問題卻是眾所皆知的。時間將會證明一切。但當小賈斯汀愈來愈了解自己，他終有一天會明白，任何承諾都不是他真正想要的。如果發生那樣的情況，他將會失去與席琳娜成就這椿完美婚姻的機會。

　　另外值得注意的是：流行歌星惡女凱莎（Ke\$ha）比小賈斯汀大七歲，她最近宣布，「很想與小賈斯汀做愛。」這裡有趣的是，她和小賈斯汀有同樣的生日。如果你細看惡女凱莎和她的人格面具，可能會看見小賈斯汀的未來。

劍橋公爵威廉王子與劍橋公爵夫人凱薩琳（凱特‧米道頓）

威廉王子，生於 1982 年 6 月 21 日，梅花 9／黑桃 9

凱特‧米道頓（Kate Middleton），生於 1982 年 1 月 9 日，黑桃 9／紅心 K

　　我們在此看見一段很有意思的關係！威廉王子是查爾斯王子的長子，是繼他父親之後英國王位的繼承人。然後凱特是繼威廉王子之後的王位繼承人，而她會是個多麼優雅的女王啊。本質上，威廉和凱特都具有國王／

女王的材質。威廉有以紅心K作為第一張業力牌的黑桃9，凱特則有紅心K作為她的守護星牌。

這裡有許多紅心K，凡是國王，都能夠擔當國王的責任。這兩人共享如此多的關係連結，實在不可思議。除了業力牌／守護星牌相合，威廉還是凱特的兩次月亮。

就像巴拉克·歐巴馬和蜜雪兒·歐巴馬的婚姻一樣，女方是實際掌權人。她是太陽，男方是月亮，而且凱特在某些方面比威廉更強大。她天生比較穩定，比較適合結婚，而且很可能以鐵腕統治這個家庭（許多紅心K女士都這麼做）。凱特也是威廉的火星牌之一，這造就美好的激情，然而日後也帶來美好的爭鬥。

他們的婚禮在2011年4月29日舉行。2012年12月3日，聖詹姆士宮（St. James's Palace）宣布，劍橋公爵夫人懷孕了——期盼這對夫妻的第一個孩子。當寶寶降生時，將由凱特負責這一方面，而這裡也是這樁婚姻可能開始出現問題的地方。雖然這兩位都是非常美麗且很有吸引力的人，他們非常相容，但威廉的梅花9本命牌是有名的風流韻事牌。身為皇室，這類行為與常人無異。威廉的父親查爾斯不忠於黛安娜王妃，所以，他有父親作榜樣。一旦孩子出生，凱特的許多關注力都在孩子或孩子身上，威廉可能會在別的地方尋求性愛和浪漫的滿足。觀賞後續劇情一定很有意思。紅心K將子女擺在配偶之前是眾所周知的，因此，配偶可能會感到被忽視或冷落。

如果這情況真的發生了，很難說他們是否會保住婚姻。這可能根本不會發生，也可能發生在距今五至十年後。密切注意一定很有意思。身為名人的粉絲，我們往往認為，名人可以免於我們在朋友和家人的身上看到的那些行為。但事實不然。如果有那類行為，名人所顯化的，往往更加戲劇化，而且全世界都可以聽到內幕消息。但願這對美麗的夫妻順遂安好。希望凱特本命牌的智慧能夠在此造就不同。

珍妮佛·洛佩茲的情史

珍妮佛·洛佩茲（Jennifer Lopez），生於1969年7月24日，梅花4

身為獅子座梅花牌，珍妮佛·洛佩茲是天生的表演者。她的牌和太陽星座都強力要求他人的關注。珍妮佛·洛佩茲很像瑪丹娜。

兩人都是獅子座梅花牌，瑪丹娜是梅花10，而且兩人的牌和太陽星座都強力要求他人的關注。無論如何，她們是天生的表演者，兩人在音樂和表演方面都很成功，也都經歷過許多的戀情。梅花10通常被視為關係區塊中的玩家，即使結婚，也無法長久保住婚姻。但梅花4並非如此。梅花4通常被認為非常適合結婚。畢竟，他們是有點安全意識的，因為是數字4，如果結婚，婚姻就是保障機構。但獅子座會影響婚姻。此外，珍妮佛是有名的頗具挑戰性——以一種強索、操控的方式呈現。這可能會使關係困難重重。我也細看了珍妮佛的星盤。她有強烈的火星／太陽連結，這往往被稱為「寶貝，你擁有不了我」相位。此外，她還有金星與冥王星四分相。這個相位通常演繹成：要麼自己是關係中的超級控制狂，要麼就是吸引到超級控制狂。目前為止，這當然已經在她的情愛生活中上演了。

珍妮佛的第一個結婚對象是演員／製片人歐賈尼·諾亞（Ojani Noa），1974年6月11日出生。因為是方塊6／黑桃4，他既是珍妮佛的木星，又是珍妮佛的土星。他們障礙重重的婚姻持續了兩年，1998年結束。他們的關係中並沒有月亮連結。但直到今天，這兩人之間還是偶有另一回合的法律相關消息傳出。如果真要評論，我會說，歐賈尼是珍妮佛的剋星。梅花4通常會在所有法律程序中勝出，但由於歐賈尼是她的土星牌，那往往有點反敗為勝的味道。

離婚後，珍妮佛遇到了饒舌歌手Diddy，當時人稱「吹牛老爹」（Puff Daddy）。老爹的生日是1969年11月

4日，使他成為方塊3／方塊7／紅心2。有趣的是，他們的關係也持續了兩年，不過一直沒結婚。透過紅心6業力牌，老爹成為珍妮佛的月亮。我敢說，他們兩人互蒙其利，但尚恩・庫姆斯（Sean Combs，老爹的真名）是方塊3，恐怕永遠不會結婚，儘管目前為止，他已經有五個孩子。所以，在一起兩年後，該是向前邁進的時候了。於是這時，事情開始變得耐人尋味。

珍妮佛的下一段關係和婚姻是2001年的克里斯・賈德（Cris Judd）。克里斯生於1969年8月15日，是個獅子座梅花J。

他們在克里斯為珍妮佛導演一支音樂影片時相遇，而且是一見鍾情。這兩人根本沒有月亮連結，但的確有強烈的海王星連結，還有兩個相互的火星連結，但我相信，這裡的膠水是海王星連結。獅子座酷愛浪漫，而海王星可以產生最深刻的浪漫情懷。唯一的問題在於，那往往遮蔽掉其他感覺好一陣子，但終究會現出原貌，於是兩人之間的所有火星必會出來摧毀婚姻。這是珍妮佛的另一樁兩年戀情。她似乎遵循著兩年關係模式，而且大部分沒有月亮連結。

接下來帶給我們的是珍妮佛與班・艾佛列克的著名婚姻「班妮佛」（Bennifer）。關於這樁婚姻，真正有趣的地方在於：班與克里斯・賈德的生日是同一天，而且兩人的戀情開始於珍妮佛仍與克里斯結婚期間！哇，談到即時重播了。他們的關係雖然只持續了三年，但卻在名人焦點中名列前茅。全世界都知道他們。拉斯維加斯的莊家們針對他們的關係會持續多久下注賭錢。但這裡要再次強調，對珍妮佛來說，這其實是重演她與克里斯的關係：兩人之間的同樣面向和同樣的結果。關於梅花J男人，有一事很突顯，就是一旦結了婚，就會認為妻子很愛操控。哦，梅花4也有自己愛操控的理由。因此，很容易看出火花如何飛舞，尤其又有兩個相互的火星連結。一個火星連結足以建立健康的關係，它創造激情和一同做事的渴望。但有兩個火星連結，何況還是相互連結，那可能就太多了。關係可能很容易演變成衝突不斷。而且別忘了，梅花J其實酷愛爭辯。

在與班・艾佛列克離婚後，珍妮佛並沒有浪費太多時間。2004年，她與馬克・安東尼（Marc Anthony）結婚。我有點訝異她會嫁給馬克，因為我注意到的第一件事是火星連結。馬克生於1968年9月16日，是個梅花8，有方塊6守護星牌。他的守護星牌與珍妮佛的第一任丈夫的本命牌相同。也許那個方塊6有某樣東西可以造就較為長久的婚姻，因為她與馬克的婚姻持續了七年。但同樣的，火星在此，又沒有月亮連結。這兩人還有個共同點：都是拉丁裔流行歌星。我確信他們的文化連結有助於兩人在一起。他們也有雙重火星！火星和冥王星緊密相連，而這兩者在珍妮佛的本命星盤中都有很強的相位。

至今，珍妮佛尚未再婚。她一直與比她年輕許多的舞蹈家卡斯柏・史馬特（Casper Smart）約會。我們不知道史馬特的生日，只知道他現年二十五歲。關於珍妮佛，要說的是，她在選擇男人方面，示範了一個或多或少不斷重複的主題：與和她有強力火星連結但沒有月亮連結的男人結婚，而這些婚姻就是不會持久。我可以預測，她的親密關係將是壽命短暫，直到她嫁給與她有不同連結的男人為止。或許現在，她已經學到了關於選擇男人的一些事。一定需要一個強大的男人才對付得了珍妮佛——這人要是太陽，而珍妮佛是月亮。如果右側的方塊2或梅花5男人出現，那可能意謂著，珍妮佛其實已經準備好要建立長期的關係。與此同時，我們都愛她，也真心祝福她。

性感但還沒有準備好的梅花9男人

艾爾・帕西諾、勞勃・狄尼洛、約翰・馬克維奇（John Malkovich）、傑克・尼克遜、保羅・賽門（Paul Simon）、奧利佛・史東（Oliver Stone）、西恩・潘、唐尼・奧斯蒙（Donny Osmond）、威廉王子和亨利王子、昆汀・塔倫提諾（Quentin Tarantino）、李奧納多・狄卡皮歐（Leonardo DiCaprio）、賈斯汀・提姆布萊克、唐尼・華伯格（Donnie Wahlberg），全都是梅花9男性。他們還有什麼共同點呢？這些男性多半黑髮、英俊，有一種「黑暗」氣質，外加一份與他們上過床的好萊塢「名人錄」（Who's Who）女性名單。頻頻驅動這些風流韻事的因素是什麼呢？

梅花9有紅心Q作為第一張業力牌。紅心Q就像整副牌中的每一張牌，有正向和負向的表達。正向表達是直覺、理想主義和力量——為配偶和子女奉獻的某人。但負向紅心Q往往放縱，天生非常性感，而在梅花9的人生中，紅心Q能量存有顯著的負向表現。這迫使他們與人私通。

梅花9男人還有紅心2在金星。這是愛人牌，只有梅花9擁有。紅心2在金星導致天生酷愛性和浪漫。這本身是相當正向的。但第一張業力牌紅心Q為這些追求帶來額外的上癮特質。滿足的渴望對梅花9來說是非常強烈的，因此如果那些渴望沒有被實現（何況很少得到實現），他們就會在婚姻之外找到其他對象。最後一個因素，也是這方面的真正難處，在於：梅花9有紅心6作為今生的土星牌。

這說明難解的關係業力。梅花9吸引到前世的愛人們，有些愛人將前世的負面經驗回報給他們。而那張紅心6則保證，梅花9遲早會明白言行不檢的全部代價。

如果你細看這些男人的私生活，就會發現，有些往往結了婚，然後又放棄婚姻，成為尋歡作樂的單身漢；有些則是直至老到懂得重視有個固定伴侶的價值才結婚。並不是所有的梅花9男性都沒有準備好，許多梅花9嘗試婚姻實驗，而且可以持續好多年。西恩·潘與瑪丹娜（獅子座梅花10）的婚姻持續五年，與蘿蘋·萊特（Robin Wright，方塊K／梅花2）的婚姻持續十二年。我從來沒想到這樁婚姻會持續下去，但它持續的時間卻出乎大眾意料。在我看來，造成這個結果的兩個主要原因是，蘿蘋的方塊2守護星牌是西恩人生牌陣中的海王星牌，而且兩人有共同的孩子。孩子有助於轉移西恩對浪漫生活的關注。他們在2010年離婚，而且看似西恩忙著追上他在婚姻期間錯過的所有性愛。他的愛人名單包括：史嘉蕾·喬韓森（Scarlett Johansson）、夏儂·科斯德約（Shannon Costello）、卡露·李維洛（Calu Rivero）、嘉絲莉·畢薇斯（Garcella Beauvais）、潔西卡·懷特（Jessica White）、薇拉莉·葛琳諾（Valeria Golino）、佩特拉·念高娃（Petra Nemcova）、艾勒·麥克法森（Elle Macpherson）、珠兒·柯爾奇（Jewel Kilcher）、布莉姬特·尼爾森（Brigette Nielsen）。而且他才剛剛開始。

永恆單身漢的生活自有其悲慘的一面。活出如此生活型態的男人其實絕不會讓任何女人靠得太近。他們早就學會了這點，始終把自身的圍牆築得老高，迅速離開一段關係，繼續前進。我有幾個個案曾與勞勃·狄尼洛約會過，她們全都告訴我，勞勃多數時候嚴峻冷漠。但如此生活型態的確會過時，尤其是當梅花9逐漸年長時，於是他們開始找個伴。這一般只發生在六十歲左右以後，此時，不得不的性慾能量已然衰退。你會遇見似乎快樂結婚的梅花9男人，但通常是年輕人。然而，在某個時間點，他們的業力破門而入，從此展開他們的性慾競賽。你願意成為被他們征服的其中一人嗎？

哈里·愛德華·尼爾森三世：典型的方塊2

生於1941年6月15日，方塊2／黑桃J

本書談的不只是關係，還有每一張牌的性格，所以我們可以學到許多，不只從名人的關係中，也從他們的性格裡。其中一個這樣的例子是表演者哈利·愛德華·尼爾森三世（Harry Edward Nilsson III），他是典型的方塊2。

1970年代初期，有人問披頭四合唱團（The Beatles）：「你們聽哪些樂團的曲子？」他們異口同聲地回應——哈利·尼爾森。我是玩音樂長大的，有好幾年還是專職。我知道哈利·尼爾森，但沒有太注意。最近，我看了描述尼爾森生平的紀錄片《誰是哈利·尼爾森？（為什麼大家都在談論他）》（*Who is Hanry Nilson? [And Why Is Everybody Talkin' About Him]*），驚異於這人和他的才華。他看起來、聽起來都像保羅·麥卡尼，而且他的聲音和歌曲創作才華相當於麥卡尼，甚至更勝一籌。他為許多藝術家寫過暢銷歌曲，包括：頑童合唱團（The Monkees）、三隻狗之夜樂團（Three Dog Night），且贏得過兩次葛萊美獎（Grammy Awards）。1972年，他三十一歲，得到第二座葛萊美獎，這時，他的人生開始緩步下跌。他已經達到了頂峰。

方塊2雖然非常聰明且才華洋溢，但也有深度的不安全感。哈利小時候有過一次表演卻被取笑的經驗，這次經驗造成他後半輩子從未做過現場表演。他從不巡迴演出或舉辦音樂會，就連做電視節目，也是在沒有觀眾的情況下預先錄製的。恐懼被拒絕妨礙了那點。他的不安全感和需索無度彌漫在歌曲的歌詞中。他的許多歌曲都是他自己的人生閱歷，例如，三歲時父親離開了他和他母親。你可以在他的許多歌曲中聽到那份寂寞。不過，他非常成功，而且有不少好友，包括約翰·藍儂（John Lennon）。

但他真正衰敗的原因（也是他驚人創造力的源頭）來自於他的黑桃J。我們在哈利身上看到黑桃J的所有好、壞特性，那說明了他的驚人創造天賦。單是聆聽他的歌曲，我可以領會到他契入了永無止境的音樂境界；但他的許多問題也源自於，他利用這份創造力避開心中的不安全感。另外，黑桃J也有自由相關課題。且聽我說，黑桃J不希望別人限制他們。而且對許多方塊2／黑桃J來說，這個特質與他們的不安全感相結合，創造出一個讓自己寓居其中的全然虛構世界。他們創造幻相，以此解釋自己選擇的任何東西，然後最終迷失在自己的謊言中。

三歲時，哈利的父親離開了他和他母親，而哈利也在第一個兒子三歲時，離開了兒子。

他完全重複了父親所做的一切，甚至寫了一首歌承認這事。然後他跟妻子離婚了，但那次離婚對他來說非常辛苦，難熬的程度大過多數的離婚者。再一次，那個方塊2備受煎熬，儘管引發這事的是黑桃J。那次離婚，加上其他事情，使哈利開始酗酒，直到他去世為止。

他的最佳專輯《尼爾森·史密森》（Nilsson Schmilsson）非常成功，一部分是因為他的製作人理查·佩里（Richard Perry）。佩里同意，如果哈利將全部的創作控制權交給他，他才為哈利製作，而哈利同意了。但在專輯製作期間，哈利反抗這個所謂的「權威」，對典型的黑桃J來說，這是家常便飯。某次在錄音室發生巨大爭執後，理查提醒哈利，他們同意過由理查全權掌控。哈利看著理查說：「我撒謊。」還好，這時，專輯幾近完

工，且已經製作了三張熱門單曲。但從那時起，哈利決定，再也沒有人可以操控他。沒有那些邊界，也拒絕合作或妥協，哈利的音樂和生活型態坍塌了。他沒有再生產過另一張那樣水準的專輯，儘管他原本可以產出許多的高檔作品。

哈利的決定，絕不合作，或絕不讓任何人阻止他做他想做的事，正是他墜落的原因。他的整個生活型態隨著音樂的品質而傾頹，他的莫大天賦被浪費了。我就是痛惜這點的其中一人。他所創作的音樂，以及他驚人的聲音，實在是上帝賜予的。

朋友們說，哈利早就覺得，自己活不久。在他的家族史中，父母也都死於五十多歲。哈利在五十二歲的土星時期死於心臟衰竭（學撲克牌算命的學生一定會注意到關鍵的那一年）。有人可能會說，他有意求死。他內在的無意識力道迫使他走上帶來早死的生活型態。看到這點很重要，因為就牌理而言，方塊2通常是最長命的諸牌之一。哈利以擺脫專制為名，捨棄了所有願意幫助他的人的建議。他是一個不願與他人合作的數字2。

結論

每天，我都在互聯網上解讀名人故事。每次花時間細看名人的牌組，我都對自己的發現大為吃驚。似乎，我們每一個人都遵循著某份神性的計畫，其中許多可以透過我們的牌組事先預知。

9

覺醒的親密關係

　　以下集結的文章專門探討個人關係的內在面向，將一些可以幫助讀者追求完美戀情或婚姻的真理和觀察收錄在這些頁面當中。其中許多內容源自於我擔任占星術和撲克牌命理學諮商師和解讀者所得到的經驗，有些則來自於我自己的個人經驗。我的意圖是，透過研習撲克牌，讓讀者得到別具一格的觀點，從而以新的角度看待你的個人關係。撲克牌命理學（Science of the Cards）是一門靈性或「神聖」的科學。既然如此，那麼研習這門學問，一定會在一或多個重要方面啟發我們。但願本章可以減輕你的負擔，帶來更多的光明，照亮通常最具挑戰性的人生領域。

關係是一條靈性之路

　　如果檢視兩百人的人生，細看這些人的所有親密關係，我們一定會發現，有許多原因可以解釋，一個人為什麼進入戀愛和親密關係。每一個人都渴望那份親密，那是真正親近的個人關係對我們承諾的。每一次「墜入愛河」，我們都親身體會到，生命可以感覺起來多麼的美好，又是多麼的美好。即使在我們一次又一次在感情上備受蹂躪之後，多半也是那些經驗，使我們依舊不斷尋覓真愛。我們就是無法放下這份嚮往，冀望著深邃、令人滿足的愛。

　　然而，每當墜入愛河時，我們直接撞見使我們無法擁有這份深刻體驗的事物。甚至似乎是，談過幾次戀愛後，需要開始面對存在於關係中的問題的時間變得愈來愈短，我

們十分享受的那段美妙「蜜月期」似乎愈來愈短。其實，對某些人來說，蜜月階段完全消失，幾乎永遠失去了那個夢。當墜入愛河時，我們變得容易受傷。經歷過幾次那樣的傷害，我們可能打定主意，絕不讓自己再次變得那樣脆弱。至少，我們變得更加護衛著自己的感情。

後退一步，離開所有這類愛情關係的劇本，我們可以看見，真正發生在每一段關係中的事情是，我們面對了自己的情緒障礙。俗話說：「愛帶出與愛本身不同的一切。」這意謂著，一旦戀愛，我們內在無情或恐懼的一切，都會被迫浮上檯面，等待被處理。每當我們愛一個人時，就有機會必須面對自己相信愛的對立面（恐懼和自我拒絕）的那些部分。我們一定要找到方法去領悟和記住，這些特質先是活在我們自己裡面。如果我們愛自己，就不可能吸引到無情的伴侶。只因為內在的自我拒絕，才促使我們相信，別人會拒絕我們。如果想要找到出口，擺脫關係不幸的迷宮，這就是我們必須死命堅持的真理。

因此，親密關係是一條靈性之路。靈性之路意謂著，帶領我們回歸「真我」的道路。關於「靈性」一詞，請忘掉凡是暗示身外之物以及人生重要課題之類的說法。對自己的真我的了解一定會用盡一切辦法幫助我們，而且，如果那番了解具有任何真實的價值，也應當立馬嘉惠我們的個人關係。如果在關係中時，我們祭出為自己湧現的一切感覺和情緒，就有機會更加了解自己，而不是呈現其他樣子。如何真實地與人生中的其他人相處，就是如何與自己相處。

將自己的關係看作一條靈性之路，用一種比較正向的嶄新眼光看待我們在關係中所做的一切。我們現在可以將發生在關係中的一切詮釋成「功課」，而不是問題和失敗。靈性之路上沒有失敗，只有需要被學習、被理解的事物。親密關係之路是最高階的途徑之一。處在成功的親密關係中的人是愛自己的人，關於這點，並沒有第二條路。處在美好的關係中象徵：我們知道如何愛自己。這不正是所有靈修的目標嗎？

關係是個人的鏡子

所以，許多人熱衷於尋求「完美的伴侶」，熱衷到忘了關係最基本且最重要的真理之一，就是：伴侶是我們自己的鏡像——不多也不少。許多人非常全神貫注，試圖查出伴侶的動機，詢問對方日後是否會陪伴在側，試圖搞清楚，伴侶是否真的愛他們，他們忘了，在關係中，有力量的是誰，誰該為關係順遂與否負起責任。

對於太陽星座是天秤座或是有其他強旺天秤行星的人，以及本命牌是數字2的人來說，這點尤其真實。數字2和天秤座非常相似，因為他們往往將自己視為一對情侶的一半，而不是單一一個完整的人。不管怎樣，許多人的人生軌跡有數字2，或是有強旺的天秤或七宮行星勢力，那促使我們跟數字2或天秤座用同樣的方式看待自己。我的工作有一大部分一直是幫助他人看見他們是關係中發號施令的一方，要讓這些人看見，該如何為自己的關係做出決定。許多人需要讓自己脫鉤，擺脫在愛之中我們是受害者的觀念，開始誠實面對自己，承認我們正不斷做著與自己的關係相關的決策，決定關係該如何為我們展現以及發生在其中的內容。我們需要好好看一看，明白自己在做什麼，了悟何以我們得到的一定是這樣的結果。許多時候，未被承認的恐懼就躺在關係問題的核心，使我們看不見事實真相。我們通常不想正視自己的恐懼，也因此，需要更長的時間才能得回自己的力量。

舉個例子，我有一個個案是四十歲的梅花K男士，從來沒有結過婚。剛開始解命時，他問我，為什麼他總是選擇無法在關係中做出承諾的女人。後來他告訴我，他其實想要的是一群後宮佳麗，而他似乎找不到認識的女性願意參與他的後宮經驗。如今，當我聽見有人用「他們」或「她」或「他」等字眼以及諸如「為什麼他們不想承諾」之類的話談論自己的關係時，我會立馬開始詢問自己，問這個問題的人表達的是什麼。我學會了一招。只要用「我」這個字代換掉「他」、「她」或「他們」，就會找到答案。我也知道，對於在關係中失去個人自由，大部分的梅花K有一些挑戰要面對。這是

他們的個人課題，但除非當事人非常覺察，否則往往會將那個課題投射到伴侶身上。看著眼前個案的星象圖，我還注意到，他有一個很強的相位，代表害怕被遺棄。

因此，我開始詢問他，為什麼很難做出愛的承諾，以及對某人做出承諾何以令他如此害怕。他先克服了最初聽到我說這些話讓他感受到的震驚，然後才開始看見事情的真相。他自己的感覺告訴他，他非常害怕遭到背叛，每當離某個女人太近時，他就更害怕遭傷害或被拋棄。於是，他會抽身離開，想要一些空間，不經意地創造出他所害怕的那種情境，也就是，與他愛的人分隔開。他的另一個計謀是嘗試同時保持多重關係，如此，就永遠不必擔心哪一個情人會傷害他或離開他。在某個深入的情感層面，他為自己創造一群後宮的驅動力是一種防衛機制，旨在保護自己免於再次受傷害或被遺棄。

眼前的他看似吸引到無法或不願做出承諾的女性，於是認定是某種厄運使他找不到想要做出承諾的人。事實上，他自己並不想要與任何人靠得太近，而且用他的後宮想法與女性保持距離。真相是，他是一個非常敏感的人，尤其在親密關係中。直到今天，他一直無法創造自己的後宮。

每次見到某人重複嘗試要讓某事發生卻不成功時，我總是盯著當事人，以求找出他們為什麼要阻礙自己的原因。我的個案一直無法創造心中欲求的唯一原因是：他對那事的渴望完全奠基於內在的不安全感，而那是他無法面對並承認的。

我也有許多女性個案正與已婚男子約會，也有個案已婚卻出軌。這個特定的模式對我來說非常熟悉，熟悉到每次聽到，我只能微笑面對。有常識的人都能夠理解，假使愛戀的對象無法結婚，代表自己本身也沒有準備好。

這類風流韻事通常附帶不誠實的行為，除此之外，我看不出已婚人士與未婚人士約會有何不妥。不過事實是，這些關係通常非常痛苦且無法令人滿足，幾乎就像是做某事以懲罰自己。如果這些人可以對自己承認，他們對承諾的關係不感興趣，就可以避開許多痛苦。然後，或許，他們可以選擇一個未婚的人，規避掉伴隨外遇而來的所有不誠實和隱瞞。

選擇愛上已婚人士是「安全的」。首先，他們絕不會告訴別人，因為害怕配偶會發現。其次，他們絕不會想要你的承諾，因為他們已經承諾了某人。通常，他們有孩子，而這是很強的牽繫，將他們與目前的婚姻綁縛在一起。令人驚訝的是，許多女性做著這樣的事，然後痛苦地抱怨與情人相聚的時間少之又少、好嫉妒對方的妻子、老是說謊和危及個人的誠信是多麼的累人。她們先是有意識地選擇與已婚人士建立親密關係，然後又抱怨這事。

我們的關係課題是百分之百關於我們與自己的關係。只是關係提供的鏡像十分強烈，我們往往無法忍受如此直接正視自己。看見真相很痛苦，往往痛苦到寧可就這樣活著，而忽略事情的真相，以此迴避。麻煩在於，唯有真相才會將我們解放出來，擺脫所謂關係的痛苦、掙扎、辛勞。所以，我們有兩種痛苦可以選擇——無知地生活的痛苦，以及看見真相的痛苦。我的師父曾經說過，我們唯一需要做的是，將無知地生活的痛苦，改換成活在真相中的痛苦，然後一點一滴地，我們的痛苦將會消失。活在無知中的痛苦永遠不會消逝。它總是愈變愈糟。

事實是，我們每一個人都有意識地選擇自己的關係。不僅如此，我們對此還極端挑剔。一個人可以被介紹給五個人，這五個人與其均有絕佳的行星相位，撲克牌中也有美妙的連結，而這人卻一個也不感興趣。

有些人讀到本書中與其本命牌相關的描述，會說：「那根本不是我，但聽起來確實很像我男友。」這種事屢見不鮮。我們吸引到的伴侶時常體現我們自己要麼選擇避開、要麼不知道自己擁有的特徵，往往，這需要激烈的關係經驗，才能讓我們看見那些被固鎖住、遠非我們的意識心所能觸及的自己。這是永遠不變的關係法則之一，我們吸引到代表且示範我們內在特質的其他人。通常，這些特質是我們害怕正視或拒絕面對的。

我的一個個案是梅花5。她已經結了三次婚，與第三任丈夫離婚後，目前再次單身。事實上，第三次她並沒有真正結婚。他們舉行了婚禮，看似一切完滿，但兩人從未簽署結婚證書或取得結婚執照。她給出的理由是，他們雙方決定，就納稅而言，不正式結婚比較好。

在一起生活了七年，所有熟人都認為兩人結婚了，然後他們分手了。她的理由是：對方一直沒有準備好，從來不親近她。她說，對方無法在情感上對她敞開心扉，而且對一切冷漠無情。所以，他們分手了，她很快遇到了兩個新人。

第一個住在將近五千公里外。第二個是當地人，但他們每兩週只出去一次。偶爾，兩人會一起度假。度假時，對方要求兩人分房睡，不只是分床睡。他們不曾做過愛。對方拒絕將她介紹給他的家人，說他不想要那麼猴急。這樣持續了一年。然後，對方開始要求她用信用卡支付度假費用。她抱怨說，對方是如此的不可親。我為她解讀了一回，但她完全否認她可能是情感上沒有準備好的那一個，只是有一個朋友問過她：「如果他今天打電話給妳，要求妳嫁給他，妳會怎麼做？」她遲疑了，咕噥著不確定是否會跟對方結婚之類的話，然後說，她會拒絕。

這個女人是梅花5。如果整副牌中有哪一張牌在承諾方面有麻煩，那就是梅花5。這是一個不尋常的例子，她完全否認自己用相同的主題創造了一段又一段不成功的關係。然而，的確是她自己缺乏承諾，導致她吸引到還沒有準備好的男士。在她的整個故事底下有一個共通的線索。

「她」才是不想要被綁住的那一個，因為她無法接受自己的這一部分，於是在人生中創造了複雜的劇情，致使她生命中的男人總是壞人——永遠是沒有準備好的那一個，不論是情感上或身體上。她永遠無法解釋為什麼自己長時間待在這些關係之中，沒有人強迫她啊。每當你看見某人並沒有顯化出本書各牌描述的特質時，不妨看一下這人的伴侶。在那裡，你可能會看見那面鏡子。

研讀本書時，你可能會發現，為什麼你選擇了人生中的某些人，以及為什麼你的朋友或家人做出了他們所做的選擇。發現有些人並不是選擇了共享許多相容性的對象，可別訝異。不管怎樣，每一個人都有非常好的理由做出自己的愛情抉擇，這些牌只是幫助我們讓這些抉擇變得有意識。意識可以加快我們的進程、減輕我們的負擔。如果能夠清楚地看見自己的抉擇，向自己證實做

出這些抉擇的原因，我們將會平靜地處在其中，無論關係表面上看似如何。每一個人都會選擇自認為在某個層面將使我們更快樂或更美好的關係。且讓我們好好看一下那面鏡子，同時敞開，接受鏡中所見。這恐怕是我們今生所學最重要的事。

做出最佳的婚姻抉擇

如果你真的準備好接受結婚之類的長期關係，就比較可能選擇共享許多相容性且強度較低的對象。關係中的高強度意謂著，你和你的伴侶似乎不斷挑戰對方。在兩人處理所有一定會湧現的課題時，你們之間較少平靜、和諧的時候，較常出現戲劇性和情緒性的騷動。強度就像摩擦，它使關係升溫，磨平你粗糙的稜角。這非常有利於個人成長，但除非你是受虐狂，否則那不會為你的人生帶來許多歡樂。

儘管不常見，但高強度的婚姻可能對你最好。在此情況下，你一定是在某個層面做出了決定，要在人生的某段漫長時間裡，經歷激烈的個人或專業上的成長。實際上，你一定是要求一個不斷挑戰你的人，如此，你才會不斷面對你需要改變和成長的領域。雖然那可能不是很好玩，但你會因此在自己身上看到的變化可能是你今生最重要的改變。最終，你會學到珍愛自己，做出魔法般的蛻變，那可是其他方法無法達成的。當親密關係被善加利用且得到指點時，這就是因此生出的力量。

無論如何，每一個人最終都會找到最適合自己且完美平衡的吸引力、強度、相容性。在使用本書的過程中，你應該變得更加熟悉自己和你的個人需求。然後，當你更有意識地在關係中做出抉擇時，就能夠享受更多的樂趣。

在關係中擁有個人的力量

我對在關係中擁有力量的定義是：在個人關係中取得需要的所有東西。在婚姻或一個人涉及的任何親密關係中，這點尤其貼切。如果能夠擁有你所需要的一切，你就會在關係中覺得有力量。如果在最親近的關係中並

沒有得到想要或需要的東西，你就不會感到強而有力，你甚至可能覺得自己被關係犧牲了。由於所有的人生閱歷，你甚至可能接受了許多「我永遠不會擁有真正快樂的關係」或「我總是吸引到錯誤的人」之類的信念，並視之為真理。如果你目前有任何上述症狀，那麼本章可以用一種真正造就不同的方式闡明這個主題。如果真理沒有為你的人生帶來更多的好玩、歡樂和平安，那麼真理對我來說就沒有什麼價值。希望這裡的文字為你帶來最美好的真理——那種造就不同的真理。

　　無論認為自己在目前的關係中多麼強而有力，我們總是能夠再多發揮一點兒，尤其如果你對目前的關係並不滿意。如果你不是處在完美的關係中，或是沒有親密關係，那麼現在，你可以好好發揮一部分這樣的力量。但這力量是什麼呢？如何取得呢？現在該如何創造奇妙的關係、一段既和諧又好玩的關係呢？請仔細閱讀，你可能會為自己找到答案。

　　你已經擁有無數的力量，可以隨時用來成就你的夢想。假使夢想之一是美妙的關係，那麼你有足夠的力量可以去創造。此外，那段關係可能比你想像的美好許多。若要成就你夢寐以求的關係，你只需要拿取你已然擁有的這股巨大力量，將它推向新的方向。那力量已然存在，但零落分散且指錯方向。我們要做的是集中力量，將其對準目標。然後，留神細看奇蹟發生！

　　在這個過程中，第一步是要觸及力量目前行進的方向。很有可能的是，你在最近或不那麼最近的過去做出了正好與找到美好伴侶背道而馳的決定。你可能甚至決定了永遠不讓自己再次接近愛。許多人那麼做，然後事後忘記自己做了這樣的決定，於是納悶，為什麼永遠吸引不到可以信任且感覺親近的對象。我們時常有意識地忘記自己在今生做出的情緒性決定。許多這類決定被我們忙著思考的頭腦忽略了，但卻同樣影響著我們。

　　既然我們可以說是要在自己人生的這個領域重新掌舵，那就必須先看見，乘坐的船目前朝哪一個方向前進，那將帶領我們去到愛和關係的第一個不朽真理：事物必然如其所是，因為我們堅持它們必須是那個樣子。我們得到的一定是這樣的結果，即使是擺在所謂的金盤子上獻給我們。這裡的第一步，好好看一看，在關係

的領域，你的人生是什麼樣子，然後了悟到，那完全是如你所願。現在談論這點挺有趣的，因為你可能正在閱讀這一段，希望找出如何在這方面讓事情變得更美好。如果我說，目前的狀況已經就是你想要的樣子，這恐怕有些弔詭，你可能完全不相信。然而，如果要在愛情生活中得到不同的結果，你就非得相信不可。沒有其他選擇。

　　我們可能很難對自己的人生負起全責，同時對自己說：「我得到的一定是這樣的結果，」但這卻是在關係中擁有力量的起點和基礎。我們要麼是自己人生中的那個起因，要麼是身外某個更強大原因的受害者。這其實是我們有權選擇的一個領域。我們「選擇」到底成為受害人還是創造者。如果你想在人生和關係的抉擇中擁有更大的力量，那就別無選擇，只能相信你有力量可以創造。這也意謂著，你已經在創造你的人生，正如它現在的樣子。這個不可言喻的生命法則是無法迴避的。問題是，你會選擇哪一個？現在，該是做出那個抉擇的時候了。

　　耶穌說，神的國就在我們心裡。如果要進入這個王國，我們必須為自己確認天國確切在那裡，且我們已經在摩擦神燈了。神燈精靈早已忙著為我們每一個人加班，創造此刻你所見到矗立眼前的一切。你人生中的每一件事，尤其是你的關係，以及你所擁有且稱之為「你的」的事物，都是你明確地要求過並接收到的東西。這些東西都是先被一一觀想了，然後才被取得，是你的心念和顯化力量在做工。你在未來即將擁有的一切同樣將由你現在正在思考的事物所創造。了悟到這一點，使你領先這顆星球上百分之九十九的其他人在關係上取得你所想要的東西。你選擇了與這人在一起，不然就是選擇了無人陪伴。你為什麼那麼做呢？那是一個比較好的問題，勝過另一個完全不真實的問法：「為什麼我不能擁有我想要的？」

　　身為專業的解命者和諮商師，我見識過這股抉擇的力量做工，也見識過相信自己做不出那些抉擇所招致的後果。我與個案之間的許多工作是，讓對方看見，是他們做出了自己關係上的抉擇，藉此幫助個案回頭觸碰自己的力量。一旦個案清晰地看見這點，他們內在會有某

種自由湧現。因為重拾了自己的力量，個案現在準備好，要利用這股力量在自己的人生中創造不同的東西。

基於某個原因，了悟自我選擇的真相是令人恐懼且往往痛苦的過程。我們似乎就是不想知道關於自己以及我們到底有何打算的真相。我們似乎偏愛活在某種好事和壞事剛好降臨的幻境，在那樣的世界裡，我們要麼受到祝福，要麼遭到詛咒，對自己的快樂幸福或充實滿意完全沒轍。然而，這是最遠離真相的。我們是自己命運的創造者，自我天命的掌舵人，如果不快樂，除了自己，怪不得別人。

同樣的，對於自己人生中的每一樁好事，我們當之無愧。這個第一步，承認我們的力量，同時看見我們如何以及為什麼在親密關係和其他領域做出了所有目前的選擇，是最為重要且關鍵的一步。這份應用到人生中的覺知是有魔力的靈丹妙藥，大大開啟了可能性的新世界。儘管對外行人來說很痛苦或很害怕，但務必開始詢問自己下述這些問題：

1. 為什麼我選擇了目前的關係？
2. 我到底要從這段關係中得到什麼呢？那個答案使得擁有這個特定的人以及他的所有正、負面變得如此重要。
3. 關於這段關係，如果可以，我要改變什麼呢？
4. 這段關係最可怕的面向是什麼？
5. 離開這人然後獨自一人，我感覺如何？關於獨自一人，我感覺如何？

人生中最威力強大且令人上癮的關係，亦即我們一頭栽進去且在其中失控的關係，最足以說明我們在關係中的情況以及自己內心最深處未被滿足的某些面向。我的許多個案捲入了毀滅性、共依存、沉迷上癮的戀愛和婚姻，持續多年且花費更長的時間才能搞懂。這些關鍵關係握有最深刻的信息，直指我們內心的祕密。如果要在關係中得回自己的力量，我們就必須開始了解自己。這些關係提供了最大的契機，可以取得這份無價的資訊。關於你可能經歷過的那些關係，我建議你詢問下述問題：

1. 對方有什麼使我感覺如此美好？初次邂逅時，對方的

什麼東西使我墜入愛河？
2. 當那段關係結束時，我感覺如何？當時，我的生命中失去了什麼我可能覺得是無可取代的東西？
3. 我無法讓那段關係成功，意謂著什麼？那述說了我的什麼特質？
4. 關於那個人，令我最生氣的是什麼？令我最害怕的是什麼？
5. 用一句話總結那個人的模樣。填空：
   那個人是 _____。
6. 貼切的話，請嘗試填寫下述空格：
   那個人永遠不會開心，因為

   _____。
   我永遠不會相信那個人，因為

   _____。
   我結束了那段關係，因為

   _____。

現在，回顧一下所有這些問題的答案，然後從另一個視角看待它們。假設下一步，你是對這段關係和關係中發生的一切負起百分之百責任的人。暫且假定，你是創造這段關係同時也是結束這段關係的人。想像你的伴侶與此無關，他們只是在你的舞台上扮演一個角色，你提供他們該說的台詞，沒有你的允許，什麼都做不得，一切全都是按照你的計畫進行。從這個觀點再次回顧所有問題，即使你現在實在不相信這個做法。等完成了，再回答下述這些問題：

1. 我為什麼選擇了那個人？我選擇對方是為了喚醒我自己內在的什麼東西？還是為了幫助我發展自己內在的什麼特質？
2. 對方身上有什麼我非常喜歡但其實是我自己的特質？
3. 我很難正視自己的是什麼──這位伴侶提醒我的是什麼？
4. 我為什麼決定結束這段關係（不管關係是否看似結束，假設在回答這個問題時，「你」結束了這段關係）？
5. 這段關係如何使我想起我曾經創造過的其他人？關

於我在情愛關係方面的抉擇，這裡揭示了什麼模式？

6. 這些模式告訴我關於我自己的什麼訊息呢？如果曾與我有過親密關係的所有其他人都具有類似的特質，這些反映出我自己內在的什麼特質呢（舉個例子，如果你吸引到不願意承諾的伴侶，問題在於，為什麼你不願意做出承諾呢）？

7. 在這樣的關係中，關於自己，我學到了什麼？

8. 我是如何有意識地選擇了這個人的？在選擇對方之前，我是否認清我正在尋找什麼？我當時有沒有自己的欲求清單？那張清單明確具體到什麼程度呢？我得到了我所要求的東西嗎？

9. 當時我的伴侶的哪些特徵不在我的「購物清單」上（我沒有明確指定的東西）？

10. 如果我能夠改善最後那段關係，我會選擇在我的下一段關係中創造什麼新元素呢？那些元素對我來說有多重要呢？

如果回答了上述問題，你會逐漸感覺到在親密關係中有力量。愛的最佳途徑是有意識地對我們的選擇負責，承擔過去所有選擇的全部責任。

這種看待人生的新方式對許多人來說可能有點陌生。這不是時下流行的觀點，選擇如此看待人生的人少之又少。不過，以此方式看待人生的人，卻在人生和關係中成功順遂。套用這些法則的一些練習帶來巨大的成功。

你所做的任何選擇都沒有錯。你有充分的理由經歷每一段關係，沒有罪疚，沒有羞愧，沒有責怪。每一段關係都曾經帶給你或這或那的許多祝福。除非一定會從中得到極其珍貴的東西，否則我們絕不會愛上某人。你在本章中即將經歷的過程是，辨別你要從關係中取得的是什麼，這些是你的鑰匙。一旦我們知道自己選擇什麼以及為什麼如此選擇，就可以選擇其他更具建設性的方式滿足我們的需求。讓我舉一則小故事說明一下。

我曾與一位和我非常不相容的女子談了一場毀滅性的戀愛。身為占星師，我早就知道我們幾乎沒有什麼共同點，但仍舊覺得我必須「擁有」她。我嘗試了書中的

一切方法，要使她成為我生命的一部分。我真的是使出渾身解數，為了保有她而做了我永遠不會再做的事。但最終，一切枉然。

我花了四年時間忘卻我對她的感覺。我會一遍又一遍地問自己：「我為什麼那麼想要她？」以及「她的什麼特質讓我內在感覺到那麼特殊和美好？」在某個層面，我知道，有某樣關於我自己的重要東西要我學習，因此我堅持問自己這些問題，直到一些答案開始出現為止。當時，我完全沉迷於她，後來領悟到，她有某些東西提升了我的自尊。我認為她是一個非常美麗的女人，我覺得，當別人看見她和我在一起時，我是一個比較特殊的人。她有很強的自尊心，有點自負和自信，而且意志堅強。她也非常獨立，我後來領悟到，她代表了我想要在情愛關係中變得比較獨立的一部分自己。她也非常照顧她的身體和她自己，這是我今生想要的另外一樣東西。總的來說，自尊層面是最強勁的拉力，但整體特質的結合造成我內在如此強烈的沉迷。

多年來，我學著了解自己，深思反省了那段關係，然後在自己內在找到了平安。我領悟到，我愛她的每一樣東西都是我今生值得擁有的，也是我可以親自給予自己的。我了解到，我可以像愛她一樣愛自己，將所有那樣的愛都帶回給自己。我現在給予我自己曾經因為希望她留在我身邊而給予她的尊重、自由、敬意和欽佩。這是一個非常痛苦的過程，但回想起來，那段關係是我生命中最重要且最強大的關係之一，它讓我看見，我最需要為自己給出和創造的是什麼，它讓我看見，自己內在感到欠缺和貧乏的領域，在那些地方，我秉持了自我限制的概念，局限了自己是誰和我所能做的事。這是一段美麗的過程，將如此大量且曾經為另一個人保留的愛歸還給自己。這是「最珍貴的禮物」（The Gift of the Magi）最真實的含義。

我們的整個社會、社會上的音樂、電視和電影，都圍繞著這個大幻想：我們一定會找到將會回應我們所有祈禱的人。你在外界找不到許多證據支持「找到你內在的那份愛」。光是聆聽收音機上的所有歌曲吧，幾乎每一首都將關係中的魔法完全歸功於另外一個人，「你讓我感覺那麼好」等等，另外一半的歌曲則完全責怪對

方,「你撕碎了我的心,將它扔了」,諸如此類。「我們是情愛的受害者」是目前這個時代最具毀滅性又最盛行的信念之一。然而,只要運用我們的力量看見真相,就可以將這樣的信念從人生中剔除。我們其實是自己生命中一切事物的創造者。

自我的探索是人生的「最終邊境」。當我們開始剝除表層,逐步看見裡面美麗的人,這趟旅程也開始變得非常扣人心弦,就好像你看過的最佳推理片。我們不知道自己內在會浮現什麼,但我們知道,那會是好的,也會感覺起來真的很不錯。這一切開始於詢問對的問題,以及敢於相信我們是所有一切的創造者。我們是由神所創造的,我們的內在有神。如果神是我們的創造者,且以祂的形象創造了我們,那麼我們一定也是創造者。如此的人生態度帶領我們回到自己內在的神性。我們的關係可以是最重要的工具之一,帶領我們回到事物結構中這個正當的位置。關係是我們的鏡子,有助於給予我們真相和清明,看透人生的幻相,使我們回歸到原本屬於我們的寶座。

關係的九大黃金真理

做過一千多次的解命和諮商,然後我發現了一些關係的必備真理,可以在衝突期間用作指路明燈。事實上,大部分的關係問題都可以追溯到涉及的一方或雙方違反這些真理。實際上可能有更多的真理應該要在這份清單上。你可以根據你在情愛方面的成功經驗新增屬於你自己的真理。

領悟到這些真理有許多價值。個人的親密關係是最難保持客觀和理性的領域,在親密關係的領域,我們最容易因自己的問題而責怪他人,同時推諉塞責,不對自己的行為和選擇負起責任。這是最為混亂且最常出現不合理的言辭和行為的領域,在此,大部分的人需要最多的幫忙,協助釐清到底是怎麼一回事,以及如何才能更加成功。乍看之下,很可能你會排斥一或多個下述真理。但我發現,這些真理在所有成功的親密關係中都是至高無上的。基於這個原因,單是默想這些真理,我們就可以臻至更多的成功和幸福。它們可以移除自我情愛生活方面的不清明,帶領我們去到可以在這個重要領域做出更佳決定和選擇的境界。因此,如果你準備好了,我們就來探索幾個這樣的真理,看看自己目前做到什麼程度。

真理一

是「我們」選擇了自己的伴侶,不是其他原因。

許多人要自己相信,是伴侶強迫他們就範,或是他們無權選擇是否要跟某人在一起。他們想要責怪伴侶,或是責怪上帝,或是責怪父母親要他們在一起。然而,真理是:完全是他們自己做出了那個選擇,而且是基於自己的理由。

不僅如此,他們還選擇了那個特定的人,而且為了擁有那個人,可能拒絕了許多其他可能的選擇。我們在情愛領域的抉擇是非常明確的。我們可能完全沒有意識到為什麼跟眼前這人在一起,但對此極端挑剔卻是毫無疑問的。探索何以選擇了自己千挑萬選的對象,可以在這個重要領域揭示出許多急需自我理解的訊息。如果你目前處在一段對你似乎沒有什麼作用的關係之中,請好好深思一下為什麼。即使有人強力對你獻殷勤,你只需要說「不」,而且真心實意,對方一定會離開。

真理二

除了自己,沒有人可以讓我們留在不好的關係之中。

如同真理一,我們是掌控自己情愛生活的人。無論是否明白真正的原因,我們只有在將會從中得到對我們來說非常重要的東西時,才會待在一段關係中。那可能是我們的價值觀,或是信念、家族同輩的壓力、或是諸如此類的,但總是有什麼使我們繼續待在那裡,而且那並不是我們無法掌控或無能改變的東西。基於這個原因,沒有人有權抱怨自己目前的情愛生活。誰都可以隨時做著自己喜歡的大部分事情。許多人處在虐待的關係之中,或許伴侶是酒鬼,也可能是身體虐待或不忠實。請問一問你自己,他們為什麼要選擇這樣的關係——有時需要稍加搜尋才能得出答案。然而,答案總是在那裡,而且往往會令你大吃一驚。有些人待在關係中,是

因為寧可被虐待，也不願有一段時間獨自一人。這些人重視安全保障勝過一切。其他人選擇虐待關係，則是因為，內心深處，他們不喜歡自己，而且希望有人懲罰他們。然而，我們發現，所有案例均顯示，當事人所在的關係反映出他們需要珍愛自己的地方。這引領我們直接進入下一個真理。

真理三

雖然在一起，但我們每一個人選擇目前的關係都是基於個人特定的原因。

時下流行一種幻想，認為，我們與伴侶之間存在著某種共同性，其重要性勝過個人與對方在一起的原因。有些人毫無疑問地相信，某些兩人在一起的「特殊原因」比我們的個人感受和課題更為重要。我並不否認，有些情侶相聚且在今生成就偉大的事，但你也可以斷定，雙方同時各取所需，滿足個人的需求和欲望。你的關係是為「你」而在，不是為你的伴侶或你生命中的其他人。如果它沒有賜給你想要的東西，你是不會在那裡的。

真理四

我們在伴侶身上看到的一切就是我們自己。

這可能是最為棘手的真相之一。並不是說這個概念很難，而是將它付諸實行卻是人生中最具挑戰的事情之一。無論你如何看待你的伴侶，無論你真正在對方身上看到什麼，那些都是「你」，而且只有「你」。如果你喜歡伴侶那麼成熟、那麼負責的樣子，那是因為你喜歡你自己的那個部分。如果你不喜歡伴侶在電話上與他／她母親講話的方式，那是因為你不喜歡自己以那樣的方式行事。如果我們坐下來好好盤點可以在伴侶身上認出的所有特質，將那些列在兩個標題下方：「伴侶讓我喜愛的特質」和「伴侶令我討厭的特質」，就會得到一份相當精確的地圖，說明我們珍愛或討厭自己的程度和地方。我經常發現，我們選擇與特定的人建立關係，對方擁有某些我們非常不喜歡的誇張特質。通常，做出那些類型的選擇是因為，我們衷心渴望在自己內在發展出幾

分對那些特質的愛。如果我們後退一步，暫且遠離常人看待關係的方式，開始將關係中的每一個人都看作是在關係中學習愛自己，我們就會開始在理解自我抉擇方面取得某些驚人的突破。

關係中發生的許多事攸關男女。約翰・葛瑞（John Gray）博士的著作在這方面探討得非常詳細，我強烈建議將他的所有作品當作親密關係的生存手冊。

因為許多人的內在都有男性、女性的衝突，所以親密關係對我們非常有吸引力，也因此，這些關係困難重重。假使你是男人，你的伴侶代表你內在的女性面。你如何看待她、如何對待她，反映出的就是你與自己內在的女性、你的母親，以及人世間所有陰柔表現相處的自在程度。同樣的，如果你是女人，那麼你生命中的男人就體現出你在父親和男性法則方面的總體課題。沒有一個人逃避得了如此的鏡像效應，而且它原本就應該是那個樣子。與其沒有鏡子，寧可好好照照鏡子，我們才能夠更加了解自己。

真理五

我們傷害不了別人，別人也傷害不了我們。我們只能傷害自己。

哇！這真理往往令人難以消受！不僅是這樣，還有許多人其實相信他們可以傷害別人。不傷害伴侶包羅萬象，囊括關係中的許多謊言和不真實，我無法一一強調那具有何等的破壞性。我經常諮商到對伴侶撒謊的個案，這些人待在不良關係中的時間長到足以影響自身的健康，而且還允許伴侶對他們施加各種虐待，所有這一切都以不想傷害伴侶為名義。舉個有外遇的人為例，這人會利用這個藉口作為不對伴侶說實話的理由。因為過著雙重人格的生活以及對伴侶撒謊，當事人已經失去了兩人關係中的所有親密，但他們害怕，如果實話實說，可能會傷害另一半。真相是，他們正在大大傷害自己，因為自己的讓步妥協，以及過著撒謊和羞愧的生活。另外一個例子是，當事人不想因為離開而傷害伴侶，於是便待在無處可去的關係之中。以所有這類案例而言，更仔細檢視揭露出，當事人因與如此共依存的伴侶在一起

而得到某樣東西，某種回報，例如，感覺有價值，或是得以掌控局面。真相是，他們不想與健康的人建立「真正」的關係，因為他們害怕，要麼害怕失去掌控權，要麼害怕必須面對心中遭遺棄和被拒絕的恐懼。這些是所有這類情境底下真正的動力。

任何時候，只要我們因為不想傷害伴侶而對伴侶隱瞞了關於自己的信息，就是該對自己坦承心中意圖的時候。告訴自己，不想傷害對方其實是謊言。總是有另外一個撒謊的原因，或是另外一個原因可以說明我們正在利用這個藉口，不論情況如何。要找出答案並不難。

我們不可能傷害任何人，就是這樣。也沒有人可以傷害我們，除非我們創造了某種期望，期待對方是某個特定的樣子，因此，當對方改變時，我們便感到痛苦。為了更清楚地看見這點，我們創造了不合理的期待，期待他人或周遭的世界，然後預設自己會被傷害。每當我的個案卡在堅信自己可能傷害某人時，我就會講述這則故事：

如果我突然走到你面前，臉上表情痛苦，帶著懇求的眼神對你說：「你必須給我五千美元，否則我會感到真正受傷。我必須有那五千美元，如果你不給我，就要為真正傷害我而負責，而且是嚴重到我永遠不會原諒你的地步。」那麼，面對這樣的情況，你會如何回應？假設這只是街旁的某人，你們以前從來沒見過。你會很訝異地發現，同樣這些個案，有些確實抱著「嗯，也許我可以給他們那筆錢」的想法。這有點把我搞迷糊了，但在講述故事的過程中，我仔細觀察個案臉上的表情，看他們如何反應。我可以分辨出，這就是那種難倒他們的故事。不僅如此，這些還是他們一再被鉤住的那類情境。

但這些人到底是怎麼一回事？居然抱持這樣的想法：將五千美元交給一個完全陌生的人，如此，就不會覺得要為傷害對方負責任！這個嘛，首先，我們來陳述一下這些事實，搞定故事的這一部分。如果我向你索要這五千美元，顯然我已經預設了要讓自己受傷。本質上，我在自己的頭腦和情緒中創造了一個如此的架構：「如果沒有得到那五千美元，我保證會感到痛苦。」現在，如果我已經向自己做出了那個承諾，這是其他人的

責任嗎？我創造了那樣的需求和期望，而且我將是受苦的那一個，因為我已經這麼告訴自己。這正是以許多不同的形式發生在關係之中的事。伴侶一方擁有不真實的期望，或是至少，這些期望超出了另一方可以履行的能耐。然後他們感到受傷和苦惱等等。

但為什麼有人會落入關係中的那類操縱圈套呢？為什麼有人會相信，他們要對別人為自己預設的某樣東西負責呢？為什麼他們會相信自己可以傷害別人呢？我對占星術的研究揭示，落入這類情境的每一個案例都顯示：當事人害怕被另一方拒絕。所有那些所謂「好心腸」的人總是非常害怕被他人拒絕或反對，這現象呈現在他們的星盤中，也出現在他們的行為裡。

所以，如果你發現自己落入任何這樣的情境，要停下來捫心自問，你真正害怕的是什麼。當你做出防止伴侶不喜歡你的事情時，假使你好好對治那份恐懼，一定會為自己省下許多的痛苦和折磨。反正，對方到頭來總是會拒絕你。如果你不愛自己，他人會覺察到，且因此被驅離。他們遲早會拒絕你。

真理六

若要疼愛和幫助伴侶，我們所能做的最大好事就是愛自己。

許多人努力嘗試幫助另一半，做著我們認為會讓對方開心的事。這是對伴侶的愛的自然延伸。但我們能為對方做到的真正好事是：讓自己保持快樂。這意謂著，照顧自己的健康，做著我們最愛的事。如果你的內心不快樂，一定很難幫助或疼愛你的伴侶。

你有沒有注意到？每次搭飛機旅行，在開始宣讀飛機安全注意事項時，重要的守則之一是：永遠要先為自己戴上氧氣罩，再幫孩子戴。對你來說，那看似無情嗎？這是可以了解的簡單事情，如果你呼吸不暢，就很難幫孩子戴上氧氣罩。

但在關係中，我們卻嘗試同樣的事。我們沒有照顧到自己的基本需求，就嘗試幫助伴侶和子女。這麼做時，我們是較沒有能力幫助或疼愛對方的。此外，我們讓他們看見一個不愛自己的榜樣。這或許比我們做出的

其他任何事都更具破壞性。詭異的是，我們通常期待，在這些情境中，有人很有愛心、慈悲體諒地在我們的背上輕輕拍拍。

真理是，如果你不愛自己，你是一個不快樂的人，那就沒有人想要在你身邊。不要欺騙自己，說你是多麼的善良、多麼的有愛心。如果你不愛自己，你就不是一個有愛的人，就是這樣。把自己放在第一位，開心起來。然後，無論你做什麼，你的能量都會像發電機一樣起作用，將你身旁的其他人拉到你的水平——人生美好、繁榮的水平。

真理七

愛總是自然而然想要更多的愛，愛總是帶出與愛本身不同的一切。

第一次墜入愛河時，我們非常享受那份因本性而被讚賞和喜愛的感覺，我們努力盡可能地體驗。對許多人來說，這是非常特殊的時候，是一段不是每天都可以體會到的經驗。愛所帶來的結合和親近的感覺，就像灸熱沙漠中涼爽的水泉。汲飲水泉時，我們想要更多，我們想要潛進去，喝個飽，暢飲涼快、使人回春的愛的泉水。為了體驗更多的愛和做愛的喜悅，我們敞開自己的感覺面。戀愛時，多數人感覺更加活生生，正是因為他們允許自己的感覺面敞開。他們注意到空氣中的氣味、夕陽的美或是清朗的夏日。人生突然變得神奇而歡樂。

當我們敞開心扉，迎接如此豐盛的歡樂和美好的感覺時，有趣的事開始發生。突然間，我們發現，自己比平時更害怕。然後我們發現，自己變得更情緒化、更加敏感，我們的感覺更容易受傷。終於，我們領悟到，自己真的很脆弱，尤其是面對伴侶時。他們說的芝麻小事對我們卻意義重大，大到帶來巨大的衝擊。我們對伴侶如此敞開，導致現在似乎任憑對方擺佈。如果對方說錯話，很可能會摧毀我們。如果對方現在拒絕我們，我們一定會傷得比以往都嚴重。在此情況下，我們該怎麼辦呢？

這是典型的劇情，大部分的人至少經驗過一次。這是愛的本質，且正如紀伯倫所言，如果我們沒有準備好，不願意被愛連續痛擊，最好不要太過接近愛。然而，我們之所以如此驚恐、傷得如此嚴重，並不是愛的錯。

真正發生的事情是，戀愛時，我們變得更加覺察到自己的情緒障礙和負面信念。事實上，多數人都有某些我所謂的「負面情緒程式」。面對某些奠基於負面的刺激，這些基本上是自動的情緒反應。負面的情緒程式源自於我們沒有對其做出任何有意識的抉擇。不管 X 在什麼時間、什麼地點發生，我們都用 Y 反應。這些負面程式如果不是全部、也是大部分奠基於真正屬實的某事。我們甚至能夠合乎邏輯地看待這個情境並告訴自己：「我為什麼那麼做？我並不是身處險境啊。」但情緒上，我們被鉤住了。這是一個在過去某個時間已經被設定的模式，要麼在我們的童年，要麼在某個前世。

這些模式的重要之處在於，多數時候，我們可以用不必與之交涉的方式架構我們的人生。安東尼·羅賓（Anthony Robbins）在他的著作《激發心靈潛力》（*Unlimited Power*）中說道，人們為了避免負面情境所做的努力居然多過為了達致正面情境所做的。不管怎樣，顯而易見的是，大部分的人會竭盡全力將自己的生活安排好，讓我們不必面對自己的負面情緒模式。舉個例子，我不喜歡被當權者拒絕，所以我把自己的人生架構成從來不需要面對這點——我是自營業者！

然而，當我們愛上某人且開始在情感上敞開心扉時，猜猜會發生什麼事情呢？你說的沒錯，我們在生活中好好保護的所有領域，霎時在愛的火焰中融化了。現在，我們內在聳立在彼此之間的每一件事以及始終感覺起來很棒的一切，都浮現出來要我們去處理。所以我說，愛帶出與愛本身不同的一切。愛向來如此，未來亦復如是。戀愛時，我們始終努力維持那樣感覺。那些說我們不是被愛的負面情緒模式必須一次又一次地被面對，直到我們能夠為它們重新編寫程式為止，使其反映出我們熱切地想在自我人生中繼續維持的愛的世界。可悲的是，多數人在這方面並沒有做出太多的努力。近來，大部分的關係都只持續到蜜月期過後不久。

真理八

撒謊殺死親密。

不論我們告訴自己為什麼可以對配偶撒謊，歸根結柢都是——只要對配偶撒謊，我們就失去了關係中原本可以感受到的親近。愛需要完全的敞開。戀愛時，我們想要與伴侶分享全部的自己。一旦對伴侶隱瞞了任何的真相，隱瞞到撒謊的程度時，我們就已經創造了分離。撒謊與愛的本質背道而馳。我們撒謊，因為我們害怕。愛說：「不要害怕，一切都會沒事。」我們的恐懼說：「哦，是啊，但如果這事或那事發生，我會怎麼樣呢？」當我們對伴侶撒謊時，我們對自己的恐懼做出承諾。我們其實做出了有意識的抉擇，要根據我們害怕的而不是我們所愛的採取行動（謊言是一種行動）。每次說謊，我們就大大降低了自己感受愛的喜悅和歡樂的能力。我們可以享受性的刺激，但情感上的親密卻丟失了。沒有那層親密，我們就無法真正享受性愛和關係。誠如紀伯倫在他的著作《先知》中所言：

> 「逃離愛的打穀場，遁入沒有季節的世界，在此，你會笑，但不是全然的歡笑，你會哭，但不是全數的眼淚。」

百分之九十以上的我們都活在這樣的地方。好好想一想。我並不是說，撒謊是這個情況的原因，但單是撒謊，就已經造成了這樣的結果。某些情況下，隱瞞真相可能是有愛心的事，但能讓我們告訴自己對伴侶撒謊是在做好事的情況少之又少。如果撒謊，我們就是在關係中製造距離。我們倒不如離婚或離開對方，因為實際上，我們在做的就是那樣的事。

真理九

婚姻不是永遠。

關於婚姻，我小時候學到的多半是：婚姻是終生的誓言，只有壞人才離婚。離婚被認為是那種下三濫的罪行，只有最低下、最可鄙的人才會墮落到做出那樣的事。

然而，成長的過程中，我注意到許多人離婚了。我自己的父母親在我十九歲的時候分手了，許多朋友的雙親也離婚了。現在，身為關係科學的學生兼專業諮商師，我可以理解，婚姻在我們社會中的角色正值大幅變遷轉換，它正處在被重新定義的過程——是一個尚未完成的過程。存在於五十或一百年前的結婚理由，如今就是不適用了。在許多方面，一切都加快了。人們比以前更頻繁地結婚和離婚。在力求臻至婚姻和關係典範的過程中，許多人悵然若失。我們有的只是電視和電影，然而在那些地方找到的典範在實際應用時卻萬萬行不通。

關於婚姻，我得出了一些適合多數案例且有助於建立正確觀念的想法。首先，婚姻不是永遠的，它的長度只持續到對涉入的每一個個人來說都是正向且重要的。一旦婚姻對伴侶一方或雙方失去意義或實質作用，就該是婚姻結束的時候了。還記得第六個黃金真理嗎？這樣說吧，如果我們處在婚姻中卻不愛自己，那我們也不會愛另一半，不論我們對自己或伴侶怎麼說。

如果兩人真正相愛，那麼他們必須始終覺察到伴侶和自己的需求。如果這椿婚姻不利於你的伴侶，而你愛他／她，你難道不希望對方更好嗎？在某些情況下，離婚可能是非常有愛的，如此行為確認了兩人的需求，校正雙方，使雙方各別踏上自己的路，邁向喜悅和滿足的新生活。或許有一天，我們將與離婚建立起全新的關聯，或許我們會稱離婚是從某一個階段畢業，是下一個階段的開始。反正，那正是離婚本來的樣子。

當然，離婚也可以是一條方便的逃脫路線，一種手段，可以避免必須面對自己的感覺或自我行為的後果。如今有許多人寧可不為自己的抉擇或創造負起責任。對這些人來說，離婚提供了一條方便的逃脫路線。由於離婚現在已經成為可以接受的事，所以沒有人會因此責怪我們。最後，要答案的人只有我們自己。

各式各樣的關係是機會，讓我們在珍愛和了解自己當中成長。能夠讓我們更直接而強烈地面對自己的莫過於親密的關係。喜不喜歡自己在關係中所見到的，完全取決於我們對自己的了解程度，以及我們可以愛自己的本性愛到什麼程度。就連某人所謂的「畢生最糟糕的

關係」，但從當事人學到什麼的角度看，都可能是最有價值的。多加了解自己可以提升我們追求幸福快樂的能力。

最終，置身親密關係帶我們來到可以從人生中經驗到最大喜悅的境界。我們可以學習如何始終處在那樣極其快樂的「戀愛」狀態，不是因為我們找到了完美的伴侶，而是因為找到了自己。這九大真理可是非常有幫助的，得以將真理從我們告訴自己的謊言中區隔出來，可以協助我們穿越情緒混亂的迷宮，讓我們多少錨定在可以仰賴的現實裡。如果在需要時憶起它們，一定有所幫助。

建立或擁有成功關係的建言

大部分的人都會承認，我們渴望美好的關係。對人體構成來說，想要美好的關係是很基本的，那是遺傳基因的一部分。我們逃避不了這個事實，就像逃避不了需要食物或飲水的事實一樣。當然，如果沒有關係，我們可能不至於死亡，但一旦滿足了基本需求，我們尋求的下一件事情就是：找到與另一個人的親密和共同性。在個人探求和專業搜尋親密關係的真理以及使關係順遂的知識時，我已然發現，有些特定的事，我們可以「做」，以求加速建立和維持美好關係的過程。這一生，並不是每一件事都可以透過「做」被達成，但如果為了提高機會，你正在尋找可以做的事，那麼這份清單可以點燃你內在的一些想法。單是閱讀這些章節就會為你帶來許多美好的知識，了解你正在嘗試的範疇。但現在，你可能準備好要採取行動。如果是這樣，請繼續閱讀下述建議：

1. 為你的人生找到一個有意義的目的，將那視為你的首要任務。

有趣的是，許多牌在墜入愛河時，往往失去本命牌的力量。梅花8是典型的例子。梅花8天生是整副牌中最強大、最成功的諸牌之一。當梅花8女性墜入愛河且允許親密關係的重要性大大優先於她的人生目的或工作時，就不可避免地會受苦並失去她的本體。這是因為

她於是會像梅花Q一樣運作，儘管梅花Q本身也算強大，但並不像梅花8那樣強大或成功。

在實務中，我發現，只要清楚明白自己的人生目的，且絕不允許任何事物橫阻在我們與那個目的之間，大部分的關係問題都可以被解決。即使你的人生目的是要養育孩子、當個好母親，這點的優先順序恐怕也得高過當個好妻子或情人。多數紅心Q和梅花9女性可以證明這點。

我也注意到，當一個人真正清楚自己的人生目的時，在選擇配偶方面就會成功許多。那是因為當事人想得比較清楚嗎？不完全是。那是因為這些人現在很清楚自己的人生優先順序，確切知道哪一類型的配偶最能支持那些優先重點和方向。舉個例子，如果我致力於身體健康，就絕不會吸引到健康習慣不良的伴侶。這不是在評斷對方，只是一種抉擇。當我們兩人截然不同時，墜入愛河對我們任一方都是不公平的。但真正底子裡通常不是健康，而是更重要的課題，你們個別的重大人生方向是什麼呢？如果你不清楚今生何去何從，或是真正在忙些什麼，你怎麼能期望找到一個適合與你相處的人呢？

我辛苦地學到這一課。歷經了兩次不成功的婚姻，然後我領悟到，我還沒有找到我的人生目的。等我找到了，我所選擇的關係對象比我原本想像的更適合。我們因彼此的人生目的而結合，雙方都很清楚，我們不會只為了和對方在一起而犧牲那個人生目的。我們在一起是因為，在一起強化了彼此個別的人生目的。這是我第一次在人生中從這個觀點做出親密關係的決定，而我可以告訴你，那是完全不同的感覺。我感覺更加強大，且處在我應在的位置。我心中被遺棄的恐懼少了許多，或許是因為，內心深處，我知道，即使是為了妻子的愛，我也不會遺棄自己。

2. 觀想與某一個人在一起時，要具體明確。

如果你單身，或是剛離開一段關係，且已經決定你準備好要開始新的關係，那麼對於想要在人生中擁有哪一類型的人，要盡可能具體明確。這可能聽起來頗為奇怪：你一定會吸引到完全符合你的規格的對象。如果你的規格模糊不清，就會吸引到有點不清楚自身能力是否

能滿足你的需求的對象。我今生有好幾次有機會做到那樣的事。當時我單身，而且寫下了一份清單，列出今生想要擁有的那種女人的特質。後來，在我再次戀愛之後，發現這份清單藏在筆記本中，然後真沒想到，我得到的正是我之前要求的。每一次，我都但願自己曾將規格寫得更具體一些。雖然遇到的對象符合清單上的每一個標準，但我當時卻沒有列出某些如今才領悟到非常重要且遺憾吸引到的對象正好欠缺的其他特質。我保證，同樣的事一定會發生在你身上。

我們不習慣在愛情的領域如此具體而詳細。我們想要相信，由於內心的良善，就會魔法般地吸引到完美的人。然而，真相卻是：我們是自己人生中一切人事物的創造者，要承擔這些創造的責任。基於這個原因，當我們在腦海中觀想自己的完美伴侶會是什麼模樣時，實在有必要花些時間仔細思考。請謹記，是我們的心念創造我們的世界。你的世界中的一切都曾經是你的一個心念或渴望。請利用這股力量在重要的面向創造出真正適合你的人。

3. 一旦處在關係之中，要學會與你的伴侶溝通。

溝通在任何關係中都是絕對必要的，在親密關係中更是如此。你的感受是你和伴侶之間所能溝通的最大重點。若要架橋銜接溝通不清與清晰交流之間的差距，感受是必不可少的關鍵要素。感受揭示出：在最基本且重要的層面（需求和恐懼的層面），你和伴侶之間的真正情況。每一個人都有需求和恐懼，感受告訴我們，需求和恐懼的真實情況以及它們是否被滿足了。如果你是一個與自己的感受失去聯繫的人，那麼你擁有成功關係的機會其實很渺茫。任何人都可以學會碰觸然後溝通自己的感受。那只需要意圖和實踐。約翰‧葛瑞博士的所有著作都是出色的手冊，適合身在關係中且希望關係成功的人們，包括：《別跟自己過不去》（*What You Feel You Can Heal*）、《親愛的，為什麼我不懂你》（*Men, Women, and Relationships*）、《男人來自火星，女人來自金星》（*Men Are from Mars, Women Are from Venus*）。出去找一本葛瑞的著作，開始好好研讀。它們是我見過的幾本優

質讀物，我曾經利用它們幫助自己與妻子非常成功地溝通交流。

如果你完全聯繫不到自己的感受，那麼可能需要某些其他支援或服務來幫你重新建立這個連結。這情況在我們今天的社會非常普遍，但那是可以被治癒和改變的。有許多方法可以讓你親自建立這樣的連結，從各種不同的治療法到瑜伽修煉。去感覺就是：要是活生生的，要品嘗人生的喜樂。當基督說：「既往不咎，捐棄舊嫌」（譯註：馬太福音八章二十二節，原文：Let the dead bury the dead）時，他講的應該是人世間所有因為封閉自己而不再感覺到任何東西的人們。如果你認為自己死了，再活一次永遠不嫌太遲。

有些經驗要與伴侶一起才能夠得到，無法自己獨享。除此之外，當兩人真正致力於建立成功的親密關係時，可能會經驗到極樂的本質。經歷過兩次婚姻和其他失敗的戀情，我想我知道愛是什麼，或者，愛可能是什麼。我仍舊夢想著美妙的婚姻，或是與另一個人的美好連繫，儘管我目前還沒有親身體驗到。我現在可以誠實地說，我正與妻子一同經驗我以前甚至從未想像過的事。換言之，我甚至不知道自己當年錯失了什麼。我只是繼續在關係上下工夫，希望在努力結束時，能夠得到某樣美好的東西。人間確實有愛與關懷和親密的境界，只有真正敞開心扉、彼此揭示自己的恐懼和弱點的兩個人，才可能經驗到。可悲的是，如今活著的大部分人們永遠不會經驗到這些與另一個人同在的極樂體驗。許多人已經放棄了與另一人建立婚姻或親密幸福的希望。但這經驗卻是我們每一個人注定終有一天要達到的境界，不論是在今生或是下一輩子，不然就是再下一世。

為什麼不現在就開始掌握機會經歷愛、向伴侶充分展現你自己。如果對方選擇不要和你的真實本性在一起，就沒有什麼好責怪了。那只意謂著，你們兩人彼此不適合。如果情況是這樣，總是有另外一個人適合你。但如果你願意給宇宙一次機會，完全成為你的本性，你才會找到那個人。潛在的回報是巨大的，何況你只會失去你的不幸。祝你好運喔！

附錄1

關係解讀表格範例
（見第29頁）

完整的關係工作單

從甲方的觀點

甲方名字：＿＿＿＿＿＿　　本命牌：＿＿＿＿　　乙方名字：＿＿＿＿　　本命牌：＿＿＿＿

生日：＿＿＿＿　　守護星牌：＿＿＿＿　　生日：＿＿＿＿　　守護星牌：＿＿＿＿

序號	縮寫	頁碼	比對了哪些牌？	註：
1				
2				
3				
4				
5				
6				
7				
8				
9				
10				
11				
12				

關係指數工作單

比對了哪些牌？	吸引力	強度	相容性
本命牌（BC）比BC			
甲方BC比乙方守護星牌（PR）			
甲方PR比乙方BC			
甲方PR比乙方PR			
合計			
平均（合計除以4）			

完整的關係工作單

從甲方的觀點

甲方名字：＿＿＿＿＿＿　　本命牌：＿＿＿＿　　乙方名字：＿＿＿＿　　本命牌：＿＿＿＿

生日：＿＿＿＿　　守護星牌：＿＿＿＿　　生日：＿＿＿＿　　守護星牌：＿＿＿＿

序號	縮寫	頁碼	比對了哪些牌？	註：
1				
2				
3				
4				
5				
6				
7				
8				
9				
10				
11				
12				

關係指數工作單

比對了哪些牌？	吸引力	強度	相容性
本命牌（BC）比 BC			
甲方 BC 比乙方守護星牌（PR）			
甲方 PR 比乙方 BC			
甲方 PR 比乙方 PR			
合計			
平均（合計除以 4）			

附錄2

關係連結英文代碼
（依字母順序）

BC1060

撲克命牌・我的愛情
從生日，找到我的天作之合

Love Cards:
What Your Birthday Reveals About You and Your Personal Relationships

作　　者	羅伯特・李・坎普（Robert Lee Camp）
譯　　者	星光餘輝
責任編輯	田哲榮
協力編輯	朗慧
封面設計	黃聖文
內頁排版	李秀菊
校　　對	吳小微

發 行 人	蘇拾平
總 編 輯	于芝峰
副總編輯	田哲榮
業務發行	王綬晨、邱紹溢
行銷企劃	陳詩婷
出　　版	橡實文化 ACORN Publishing
	地址：10544臺北市松山區復興北路333號11樓之4
	電話：02-2718-2001 傳真：02-2719-1308
	網址：www.acornbooks.com.tw
	E-mail：acorn@andbooks.com.tw
發　　行	大雁出版基地
	地址：10544臺北市松山區復興北路333號11樓之4
	電話：02-2718-2001 傳真：02-2718-1258
	讀者傳真服務：02-2718-1258
	讀者服務信箱：andbooks@andbooks.com.tw
	劃撥帳號：19983379 戶名：大雁文化事業股份有限公司

印　　刷	中原造像股份有限公司
初版一刷	2018年9月
初版二刷	2022年6月
定　　價	800元

ISBN 978-957-9001-69-4

國家圖書館出版品預行編目資料

撲克命牌・我的愛情：從生日，找到我
的天作之合／羅伯特・李・坎普（Robert
Lee Camp）著；星光餘輝譯. -- 初版. --
臺北市：橡實文化出版：大雁文化發行，
2018.09
　面；　公分
譯自：Love Cards : what your birthday
reveals about you and your personal
relationships
ISBN 978-957-9001-69-4（平裝）

1. 占卜

292.96　　　　　　　　　107012199

歡迎光臨大雁出版基地官網
www.andbooks.com.tw
● 訂閱電子報並填寫回函卡 ●